天心年鉴

YEARBOOK OF TIANXIN

长沙市天心区地方志编纂委员会　编

2023

方志出版社
Publishing House of Local Records

图书在版编目（CIP）数据

天心年鉴. 2023 / 长沙市天心区地方志编纂委员会编. -- 北京 : 方志出版社, 2023.12
ISBN 978-7-5144-6164-0

Ⅰ. ①天… Ⅱ. ①长… Ⅲ. ①区(城市)—长沙—2023—年鉴 Ⅳ. ①Z526.44

中国国家版本馆CIP数据核字(2023)第253019号

责任编辑：齐笑
责任校对：张玉霞
责任印制：梅中英
出 版 者：方志出版社
地　　址：北京市朝阳区潘家园东里9号（国家方志馆4层）
邮　　编：100021
网　　址：http://www.zgfzcb.cn
发　　行：方志出版社图书营销中心（010-67110500）
印　　刷：湖南源圈文化传播有限公司
开　　本：889毫米×1194毫米　1/16
印　　张：24
字　　数：622千字
版　　次：2023年12月第1版
印　　次：2023年12月第1次印刷
定　　价：248.00元

《天心年鉴》编纂委员会

《天心年鉴（2023）》编辑部

《天心年鉴（2023）》组稿人员

（按姓氏笔画排序）

王　沪	王　珍	王　康	毛　敏	毛芳蕊	毛耀华	文　亮
文　琼	邓志强	邓迪曦	石占福	龙灼尧	卢洪波	叶　绍
兰　菲	吕正明	任咏梅	任　湘	刘　伟	刘　波	刘　泽
刘　茜	刘　俏	刘　衍	刘　望	刘　震	刘弘成	刘安妮
刘芷璇	刘晓东	刘晨凌	齐　健	汤　莲	许湘玲	孙春平
严　伟	严思宇	苏　雷	苏玉婕	杜　遥	李　伟	李　军
李　珂	李　俊	李　珺	李　康	李　蓉	李　楠	李　攀
李丹旦	李贞缜	李兴秋	李奕潜	李姣姣	李高明	李浩明
李碧岚	李慧媛	杨　娴	杨雨薇	杨雪倩	杨晶璎	肖胜存
肖朝霞	肖雯靓	肖雅琴	何　密	佘娇兰	余易沾	邹　芳
邹盈盈	闵家喜	汪　杰	沈　幸	宋进源	张　琼	张　勤
张立兵	张亚妮	张雨玲	张洁利	张海涛	张喜盛	陈　佳
陈　智	陈小妞	陈国英	陈熙霖	陈潇潇	欧阳佩	欧利娟
易　畅	易可慧	易立峰	罗　姝	罗桂华	罗鑫欣	周　杨
周　佳	周　茜	周　胤	周冬云	周华利	周杰锐	周绍平
周娟艳	周雯轩	单志华	赵　莎	赵一蓉	赵志芳	赵荣娜
胡　平	胡　玥	胡　晨	胡　喆	胡杨娟	胡典香	柳馨娴
贵　峰	钟翠婷	禹　林	侯正伟	姜　彬	洪　波	贺小毛
贺路帆	夏　强	夏剑航	徐灵闻	殷　婷	高　溧	高叶青
唐卓琳	唐荻松	黄　国	黄雅玲	曹向梅	曹晓姣	崔　博
梁万霞	彭　昱	彭　琦	彭　馨	彭忆萱	彭林仁	董　固
蒋刚龙	焦　畅	鲁怡欣	曾巧明	曾喜军	谢玉丽	谢羽桉
谢雨芯	谢明生	蒙　静	雷云丹	谭　巧	熊　坚	熊双意
熊昊翔	戴　威	戴　娟	戴鹤铭			

编　辑　说　明

一、《天心年鉴（2023）》以马克思列宁主义、毛泽东思想、邓小平理论、“三个代表”重要思想、科学发展观、习近平新时代中国特色社会主义思想为指导，坚持辩证唯物主义和历史唯物主义的立场、观点和方法，围绕中共天心区委、天心区人民政府的决策部署，全面、客观、系统地记载天心区自然、政治、经济、文化、社会和生态建设等方面概貌和发展情况。

二、《天心年鉴（2023）》由中共长沙市天心区委、长沙市天心区人民政府主办，长沙市天心区地方志编纂委员会编纂，是社会各界人士了解天心区的权威性工具书。记述时限为2022年1月1日至12月31日。

三、本卷年鉴采用分类编辑，设类目、分目、条目3个层次。共设专文、大事记、区情概览、中共天心区委员会、天心区人民代表大会、天心区人民政府、政协天心区委员会、纪检监察、民主党派与工商联、群众团体、法治、军事、城市建设与管理、生态环境保护、经济综合管理、农业林业水利、工业信息化、商务服务业、财政税务金融、教育科技、文化旅游体育、卫生医疗、社会生活、园区建设、街道、荣誉榜、附录、索引28个类目。

四、本卷年鉴所载资料由全区各部门专人撰写、领导审核，年鉴编辑部编辑人员加工整理后再反馈原单位核对，最后由编委会定稿。统计资料由区统计局提供。文稿中有些部门数据，由于统计口径不同，与统计局公布的数据可能不完全一致，以统计局数据为权威数据。

五、本卷年鉴汉字规范按照2013年6月国务院公布的《通用规范汉字表》执行。标点符号按照中华人民共和国国家质量监督检验检疫总局、中国国家标准化管理委员会2011年12月发布的《标点符号用法》（GB/T 15834—2011）执行。数字用法按照中华人民共和国国家质量监督检验检疫总局、中国国家标准化管理委员会2011年7月发布的《出版物上数字用法》（GB/T 15835—2011）执行。计量单位采用国家技术监督局1993年12月发布的《量和单位》系列国家标准。

六、本卷年鉴收录截至2022年12月31日的县级领导，区直各部门、各单位、各街道、双重领导和垂直管理单位负责人名单，在2022年度职务内有任免的分别予以注明。名单最终由天心区委组织部审定。

数说天心·2022

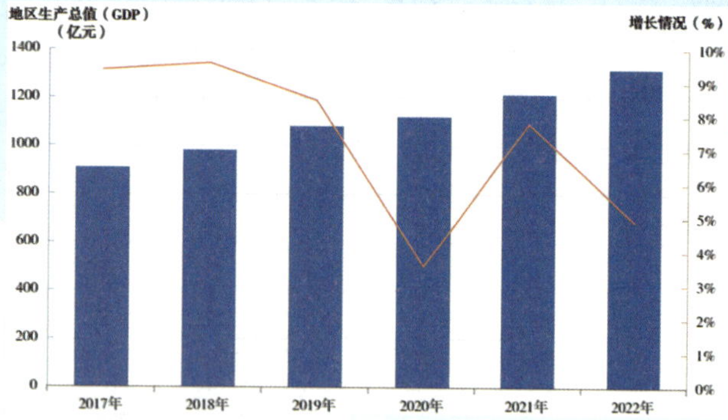

2017—2022 年，天心区地区生产总值（GDP）及增长情况

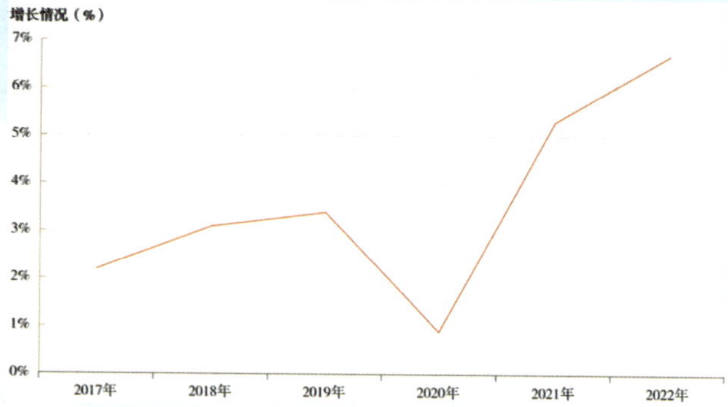

2017—2022 年，天心区规模以上工业增加值增长情况

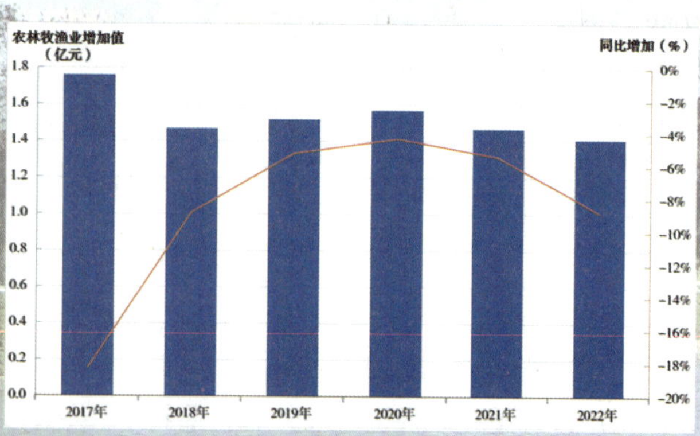

2017—2022 年，天心区农林牧渔业增加值及增长情况

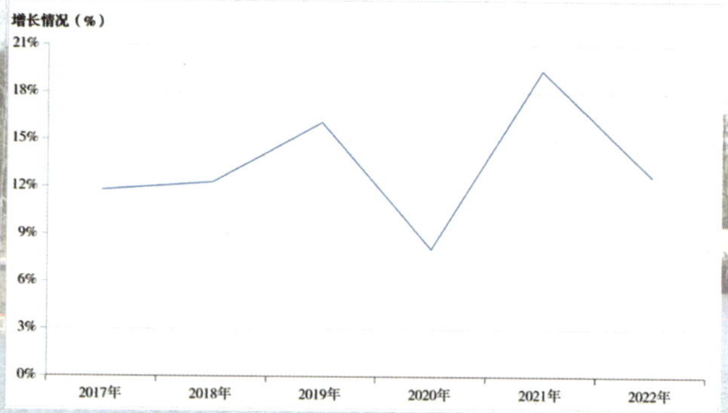

2017—2022 年，天心区高新技术产业增加值增长情况

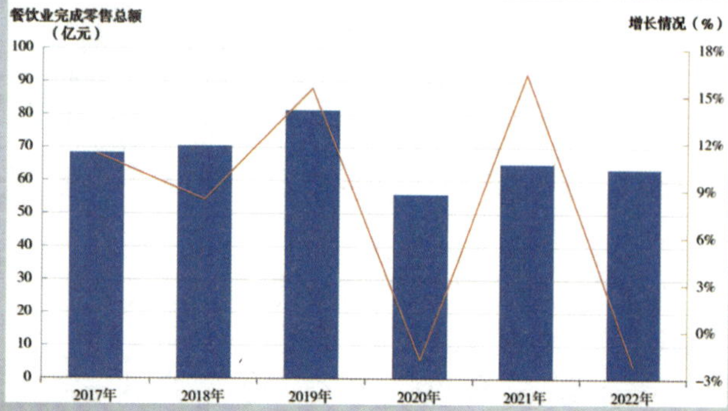

2017—2022 年，天心区餐饮业完成零售总额及增长情况

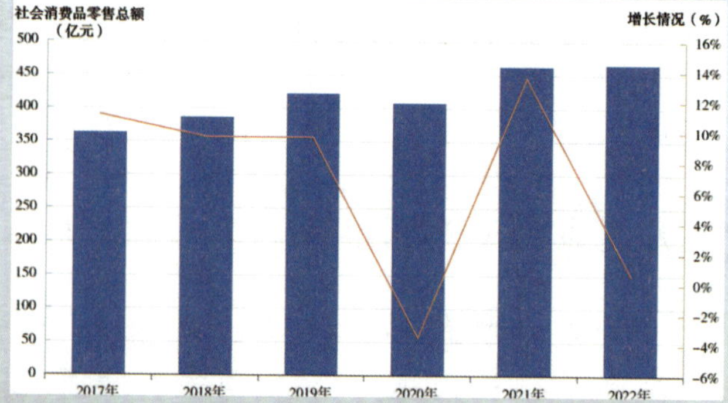

2017—2022 年，天心区社会消费品零售总额及增长情况

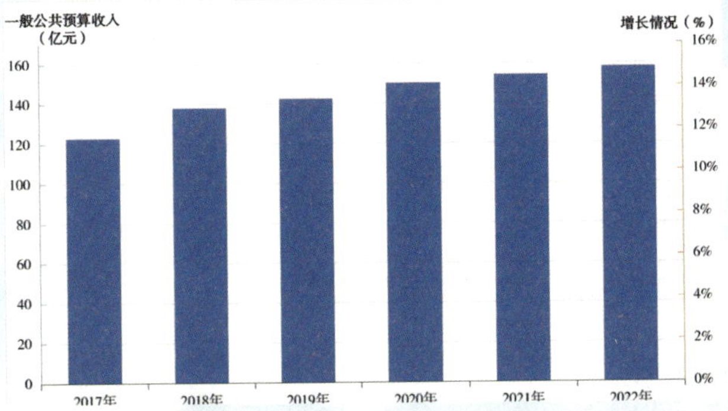

2017—2022年，天心区一般公共预算收入及增长情况

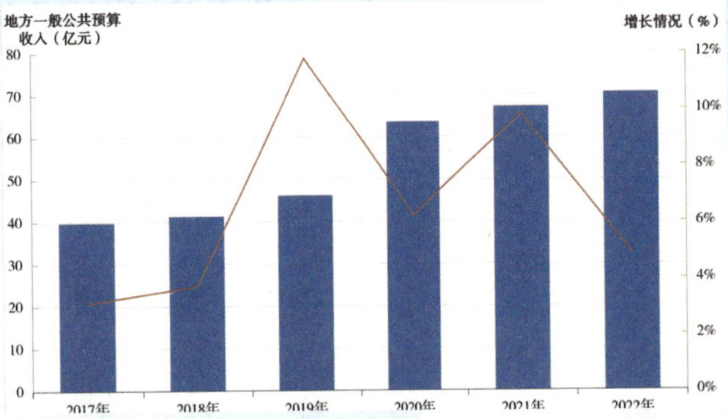

2017—2022年，天心区地方一般公共预算收入及增长情况

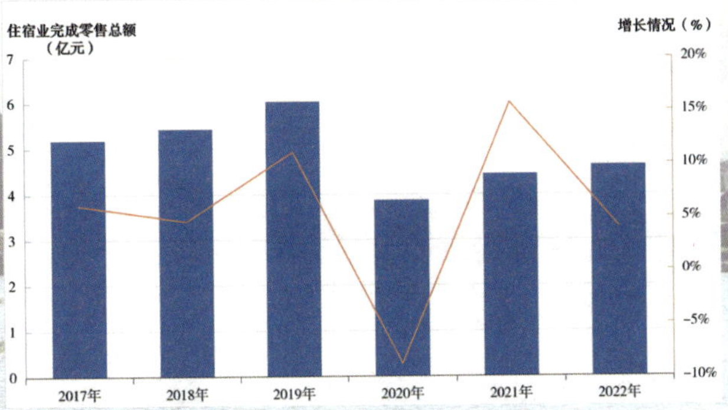

2017—2022年，天心区住宿业完成零售总额及增长情况

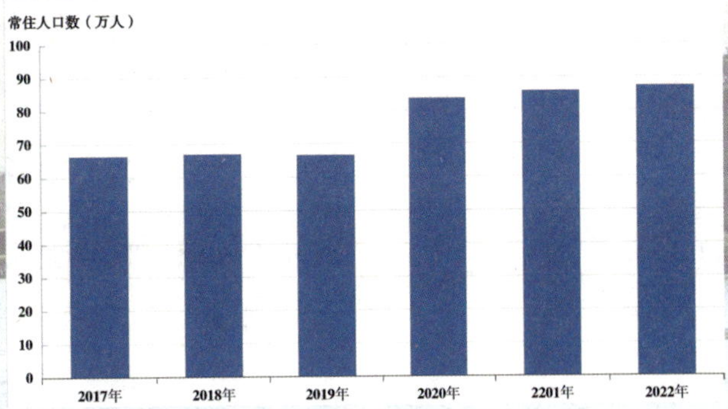

2017—2022年，天心区常住人口数

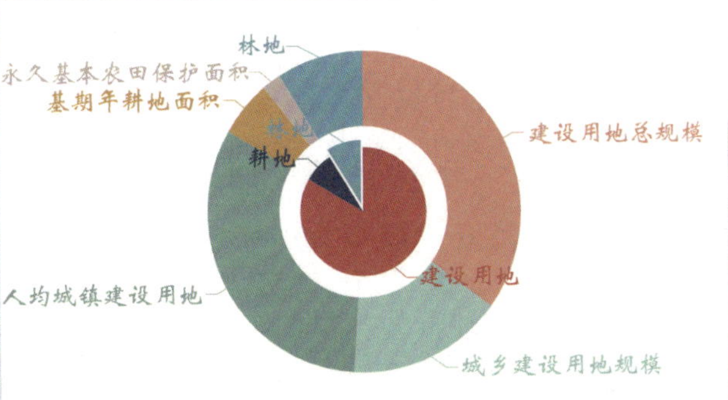

2022年，天心区自然资源情况

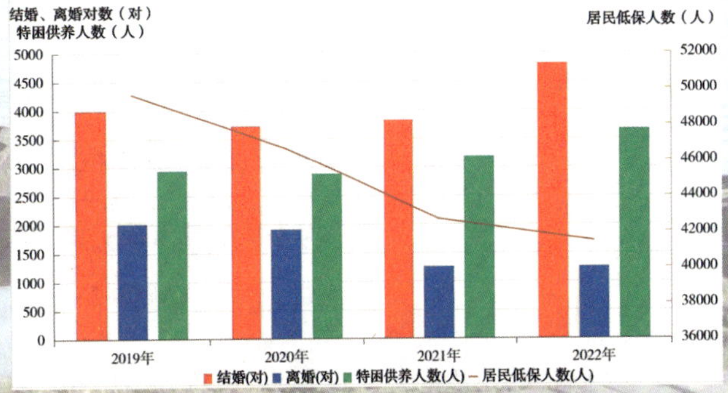

2017—2022年，天心区民政民生指数

数说天心·2022

❖ 总面积 137.34 平方千米，湘江岸线天心段长 32 千米，辖 14 个街道，99 个社区（村）。

❖ 常住人口 87.17 万人。

❖ 地区生产总值（GDP）1302.16 亿元。

❖ 三次产业增加值占 GDP 比重为 0.1 ：31.3 ：68.6。

❖ 规模以上工业增加值增长 6.6%。

❖ 一般公共预算收入 158.08 亿元；其中，地方一般公共预算收入 70.48 亿元，一般公共预算支出 77.90 亿元。

❖ 全社会固定资产投资比 2021 年增长 9.1%。

❖ 城镇新增就业 14486 人，失业人员再就业 8138 人，就业困难对象再就业 1792 人。

❖ 社会消费品零售总额 465.96 亿元。

❖ 内外资招商项目（企业）208 个，实际利用外资 7500 万美元；省外境内资金到位 278.07 亿元。

❖ 各级学校 243 所，在校学生 14.07 万人，专任教师 1.25 万人。

❖ 高新技术产业增加值比 2021 年增长 12.7%，专利授权 3184 件。

❖ 非物质文化遗产项目资源 39 个，非遗展示中心 1 个，文化馆 1 个，公共图书馆 15 个。

❖ 全民健身项目 812 项次，发展社会体育指导员 75 人，年末拥有各级社会体育指导员 3750 人，健身辅导站 14 个，公共体育场地 1547 个。

❖ 医疗卫生机构 520 个。区级注册卫生技术人员 9100 人，其中医生 3660 人、护师护士 5440 人。

❖ 空气质量优良率 84.9%，优良天数 310 天。

❖ 城镇居民人均可支配收入 69985 元。

”天

立天

2017 年

11月，中国地理信息产业大会在长沙召开，中国地理信息产业协会主办，天心区委、区政府承办，湖南地理信息产业园协办。同年，按照中央、省、市部署，天心区启动“绿心”工业退出工作。2017年，天心区税收收入首次登上百亿元台阶

2018 年

1月8日，长沙市大数据产业链办公室、长沙市新能源装备产业链办公室分别在暮云经开区和天心经开区挂牌。5月，首届长株潭一体化区域合作联席会议在天心区召开。7月，湖南长沙人力资源服务产业园落户天心

2019 年

天心区人力资源服务产业园获批国家级产业园。全省首个人工智能产业园成功落地，率先在中部地区实现5G基础网络全覆盖

2020 年

天心区在“腾笼换鸟、凤凰涅槃”的产业进退大行动中完成任务，腾地3000余亩，独具慧眼抢滩数字经济。率先在全省发布“软件产业发展十条”措施。地理信息产业园、人工智能产业园、软件产业园三大数字产业平台阔步向前，“天心数谷”强势启航

2021 年

天心区快马加鞭，从一体化“先行区”向“先进区”迈进：新韶山南路项目开工，暮坪湘江特大桥加速建设；“跨域通办”专窗开设；国家医学中心、长沙奥体中心等项目落地；全球地理信息开发者大会成功举办；长株潭三市千企万岗招聘月强势起航

2022 年

代表天心区形象的天心大道正式开始拓改施工，一条助推长株潭一体化发展的交通大“动脉”已经打通

2012 年

3月，国家级文化产业试验园区落户天心区。4月，长沙广告产业园被国家工商总局授予“国家广告产业园区”称号，7月，天心区行政区划调整，由9街1镇调整为12个街道

2014 年

12月，长株潭商圈规划编制专家座谈会召开，长株潭商圈建设开启

2016 年

6月，长沙地铁1号线开通。11月，“长沙外心区招商推介会走进香港，现场签约120亿元；心区驻香港深圳招商站

2013 年

长沙市湘府路大桥试通车。同年，长沙火宫殿城大庙会成为省会春节文化名片

2015 年

1月14日，原属长沙县的暮云、南托街道整体划入天心区。8月，湖南地理信息产业园落户暮云经开区。11月，国家级广告产业园——创谷·长沙国家广告产业园开园。是年，天心区完成财税总收入102亿元，首次突破“百亿”大关

大桥
物园

2005 年

1月，天心区在全市率先提出“楼宇经济”理念。10月，新建坡子街开街

2009 年

10月，湖南最大的青少年活动场所——湖南省青少年活动中心开园

2006 年

天心区被授予“国家级生态示范区”以及长沙市唯一“湖南省文化先进区”荣誉称号

2008 年

4月，长沙天心文化产业园成立。6月，火宫殿庙会被列入“国家级非物质文化遗产”名录

2010 年

长株潭城际铁路、长沙市湘府路正式开工建设。10月，长沙生态动建成

1997年

10月，中共长沙市天心区第一次代表大会召开，谋划发展新思路。12月，天心区一届人大一次、政协一届一次会议召开

1998年

10月，省、市“九五”重点工程长沙大道（芙蓉南路）建设开工

2001 年

4月6日，为第五届城市运动会新主体育场的建设，老贺龙体育场爆破拆除

2002 年

湖南省天心环保工业园成立，为省级工业园

2003 年

湖南省教育厅将天心区列为全省基础教育课程改革实验区。同年，湖南省重点工程、长沙市人民政府规划发展的四大现代物流园之一的一力物流园于天心区正式开园

2004 年

8月，天心区新的区治机关大院正式启用

天心
月10
举行

1991年

11月，国家文化部、人事部联名授予南区文化馆“全国文化工作先进单位”称号

1978年

12月，中共中央召开十一届三中全会，做出把全党工作重点转移到社会主义现代化建设上来的战略决策，揭开了天心区改革开放的序幕

人民日报
RENMIN RIBAO
中国共产党第十一届中央委员会
第三次全体会议公报

1987年

12月，贺龙体育馆破土动工，建成后可容纳观众6500人，当时居全国第三

1980年

长沙撤销南区革命委员会，改回南区人民政府，辖9个街道。同年，太平街农副产品市场李分龙个体饮食摊被国营红星饭店营业员“砸碗”，这起闹得沸沸扬扬的“砸碗”事件在当时被称为打响湖南经济改革的第一枪

1989年

4月12日，天心区首次优秀私营企业家、优秀个体经营者命名暨发展私营经济动员大会召开

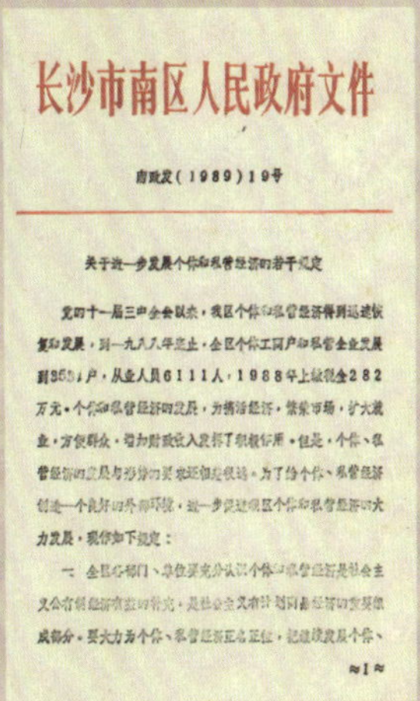

长沙市南区人民政府文件

南政发（1989）19号

关于进一步发展个体和私营经济的若干规定

党的十一届三中全会以来，我区个体和私营经济得到迅速恢复和发展，到一九八八年底止，全区个体工商户和私营企业发展到……户，从业人员6111人，1988年上缴税金282万元。个体和私营经济的发展，为搞活经济，繁荣市场，扩大就业，方便群众，增加财政收入发挥了积极作用。……为了给个体、私营经济创造一个良好的外部环境，进一步促进我区个体和私营经济的大力发展，现作如下规定：

一、全区各部门、单位要充分认识个体和私营经济是社会主义公有制经济……的补充，是社会主义有计划商品经济的重要组成部分。要大力为个体、私营经济正名正位，……个体、

~1~

长沙市人民政府文件

长政发〔1996〕24号

长沙市人民政府
关于调整市辖区行政区划的通知

各区、县（市）人民政府，市直机关各单位：

根据《国务院关于同意湖南省调整长沙市市辖区……区划的批复》（国函〔1996〕29号）和《湖南省人民政府……整长沙市市辖区行政区划的通知》（湘政函〔1996〕86……神，市人民政府决定调整我市市辖区行政区划，现……下：

一、撤销市辖东区、南区、西区、北区、郊区，设……区、天心区、岳麓区、开福区、雨花区。

1996年

长沙市撤销南区，成立
区，由“天心阁”得名。7
日，中共天心区委、区政府
“长沙市天心区”挂牌仪式

天心区行政区划图

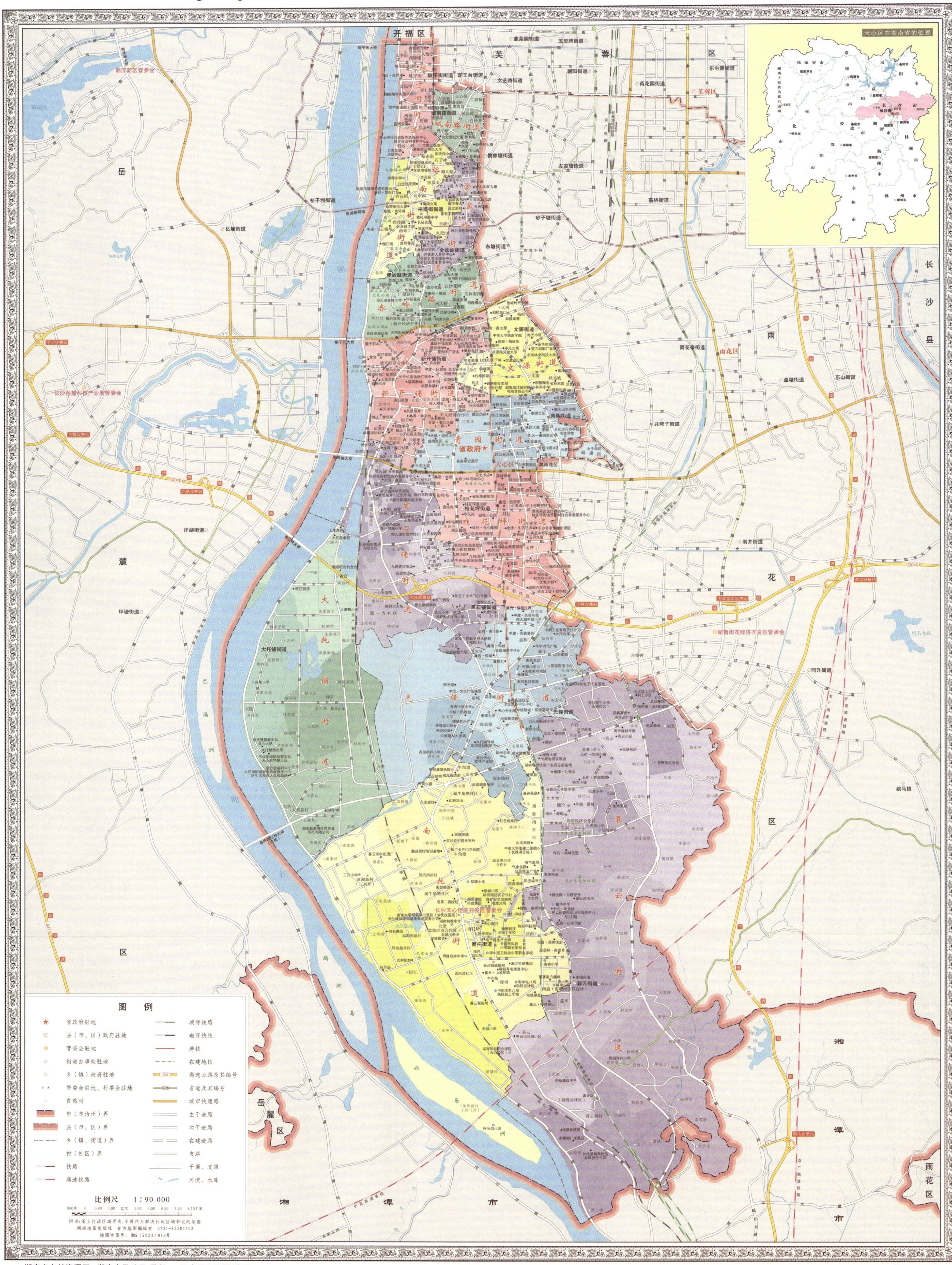

湖南省自然资源厅、湖南省民政厅 监制　　天心区民政局 编制

二〇二三年三月

目 录

专 文

大事记

区情概览

中共天心区委员会

政协天心区委员会

纪检监察

民主党派与工商联

妇女联合会

科　协

法　治

政法委及综治工作

公　安

检　察

法　院

司法行政

网格化综合服务

军 事

人民武装

人民防空

城市建设与管理

自然资源和规划

房屋征收管理

征地管理

住房和建设管理

公共工程建设

经济综合管理

宏观经济管理（发展和改革）

审　计

统　计

应急管理

消防救援

市场监督管理

农业 林业 水利

综 述

农 业

农 村

林 业

乡村振兴

水 利

工业 信息化

综 述

工 业

信息化

商务 服务业

商 务

现代服务业

财政　税务　金融

财　政

税　务

金融事务

长沙农商银行湘江支行

长沙农商银行天心支行

教育　科技

教　育

卫生医疗

卫生行政

疾病预防控制

妇幼保健

卫生监督执法

社会生活

人力资源和社会保障

民政事务

民族宗教事务

退役军人事务

残疾人事务

医疗保障

人居环境管理

园区建设

街　道

暮云街道

南托街道

荣誉榜

附　录

索　引

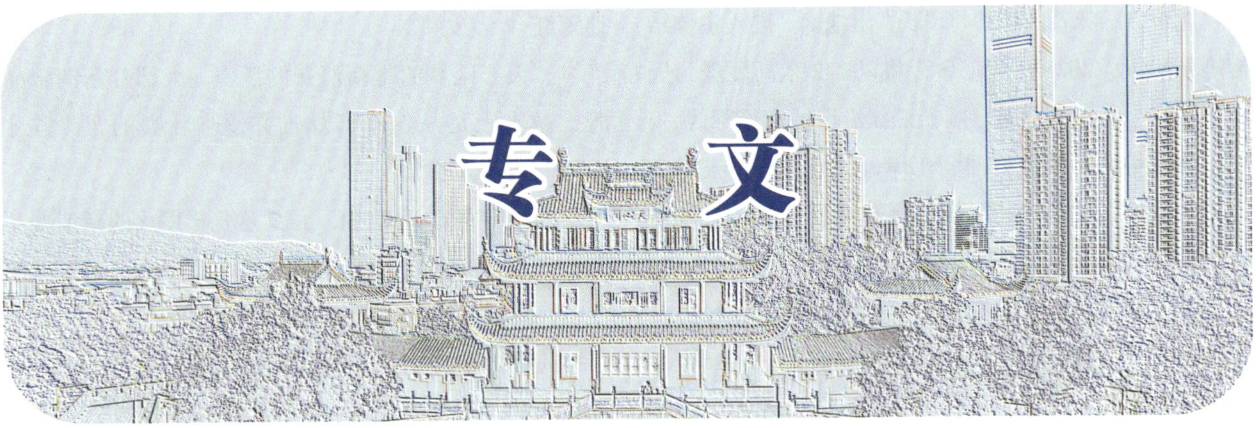

条条大路　熠熠生辉

——从三条道路看天心十年之变

道路，是一个城市的“骨骼”，城市的繁荣，无不是从路开始的。

党的十八大以来，新天心的建设发展，也从这三条路徐徐展开，书写着熠熠生辉的故事，展示着天心历史上浓墨重彩的十年。

尤其是“十四五”以来，天心区委书记吴新伟提出，坚持“北优南融、数字赋能、民生为本”三大战略，全力建设“智慧天心　融城核心”。

天心区也由此开启了围绕“一军三区”定位，勇当“三高四新”战略定位和使命任务排头兵，抢抓长株潭都市圈建设，助力“强省会”的新征程。

一段抬高坐标、跨越赶超的进取史；一段创新实干、担当作为的奋斗史；一段践行新发展理念、推进高质量发展的革新史在天心大地隆重上演。

2012-2022 奋进新征程 建功新时代·非凡十年

湖南日报 15

湘江中路、芙蓉南路、天心大道是串起长沙市天心区城市的主动脉，更见证着天心迈入“智慧天心 融城核心”的新征程——

条条大路 熠熠生辉

——从三条道路看天心十年之变

湘江中路 ——楼宇经济与新消费交相辉映

芙蓉南路 ——融城与智慧成为主基调

天心大道 ——铺就幸福民生底色

《湖南日报》2022 年 10 月 16 日第 15 版（网络截图）

湘江中路

——楼宇经济与新消费交相辉映

2022 年 10 月 5 日晚，位于湘江中路的长沙五矿广场项目二期热火朝天，近百名建设者已连续奋战了 60 个小时，当日将完成约 1 万立方米大体积筏板混凝土浇筑。

此举，意味着大楼即将“长”出地面，进入主体结构施工阶段，2025年竣工后，将以242米高度成为天心区湘江中路最高建筑，刷新湘江沿岸城市天际线。

湘江中路，因地处湘江东岸、城市中心，被誉为“流金淌银”之地，也是天心区重点打造的“长沙外滩”核心区。

十年前，这里还是棚户区，低矮、破旧的民房与时代的发展格格不入。

腾地、招商、动工……十年间，这里早已翻天覆地。

国家开发银行、北京银行、华融湘江银行、汇景环球、保利国际广场、平安财富大厦……如今，漫步在湘江中路，鳞次栉比的高楼早已拔地而起，在湘江边筑起一片“空中园区”。

位于湘江中路的保利国际广场于2015年投入使用，目前已注册入驻企业1491家，它们正在为长沙外滩建设“添砖加瓦”。

“我一直认为湘江是长沙的城市封面，长沙的楼宇经济也在快速发展，因此公司在选址时首先便考虑到了保利国际广场。”采访中，湖南恰到好处创始人王小文说。

五矿集团、华融湘江银行、中国平安、北京银行、汇丰、花旗等重点企业纷至沓来，为湘江中路注入了源源不竭的动能。

数据显示，过去五年，湘江中路的“外滩片区”共实施征收项目32个，完成清零腾地项目30个，完成棚改征拆9503户，总面积77万余平方米，投入资金达144.68亿元。

长沙外滩，开始享誉国际。近几年，天心区60%的税收来自楼宇税收，2021年税收过亿元楼宇达20栋，为长沙市亿元楼宇最多的区（县）。

一半繁华，一半烟火。

湘江中路，也见证着天心区新消费的崛起、红火。

今年暑假期间，湘江中路60号“我在长沙想念你”“想你的风还是吹到了长沙”这两块路牌突然火了，炎炎烈日也挡不住合影留念的游人，还被誉为是长沙新开发的景点。

打造这块路牌的，正是跃升为新消费门店的“方寸LIFE”。这栋湘江中路临江的3层小楼，在今年夏天迅速蹿红。

“天心区真的是新消费的沃土，大部分新消费品牌，基本上是从这里开始，并逐步壮大的。”“方寸LIFE”负责人感慨。

湘江中路60号对面，正是这几年爆火的新消费品牌——超级文和友，不仅成为外地游客来长必打卡的地方，还撑起了天心区新消费的半边天。

还有今年9月初，湘江中路的下河街焕然一新，被打造成的“潮”夜市——WHYLAND不超级文和友，很快成为长沙夜生活的新晋地标。

这块土地，似乎总有这样的魔力，让新鲜事物萌芽、发展、壮大。

在不超级文和友，摇曳的灯光下，有小龙虾盛宴、潮玩集结、粉红沙滩、酒吧、人气乐队到场演出……把闹市之中闲置的一块开阔之地，打造成消费新场景，这种方式真的很“长沙”。

茶颜悦色、黑色经典、果呀呀、柠季、楂堆、墨茉点心局、盘子女人坊……众多的新消费品牌在这块土地上抢滩布局，发展壮大，辐射全国。

而此时，湘江中路，总是以愈加璀璨的灯火，见证和感知着日新月异的天心，十年，下一个十年……

芙蓉南路

——融城与智慧成为主基调

纵观城市发展史，一个时代，有一个时代的主旋律。这十年，融城战略，便是极具代表性的时代主旋律，而芙蓉南路，绝对可以称为同频共振者。

2020年10月，经过快速化改造的芙蓉路通车

（郑　孟　摄）

芙蓉南路串起了大半个天心区，是连接长沙与湘潭的南北主干道之一，也是整个长株潭都市圈的门户大道。

2020年10月，经过快速化改造的芙蓉路通车。湘潭至长沙城区的芙蓉南路成为城际快速道，全程无红绿灯，只需半个小时。

而天心区，抢抓机遇，在融城的道路上步履铿锵。

欢快的音乐、升腾的热气球、摇曳的油菜花海、朝气蓬勃的选手……3000名选手穿越油菜花海，拥抱生态暮云，与春天来了一场热情的约会。

这是2021年“长株潭融城半程马拉松赛暨绿心乡村生态旅游节”令人难忘的场景。

当年的3月12日，湖南省委书记、省长来到天心区融城公园，与长株潭三市主要领导一起参加以“造绿长株潭　植美都市圈”为主题的植树活动，共同培植、浇灌长株潭一体化发展的“大树”。

3月18日，天心区牵手岳塘区开展“长株潭融城禁捕执法宣传联合巡查专项行动”，拉开了联合执法序幕。

新韶山南路项目开工、暮坪湘江特大桥加速建设、长株潭城际铁路开始“公交化”运营、长株潭城际轨道交通西环线一期工程铺轨施工、天心岳塘农村公路交通微循环打通，完成暮云片区13条道路提质改造……

天心区，立足新起点，铆足新干劲。

特别是2022年，在“强省会”战略推动下，天心区主政者谋划：推动天心区从长株潭一体化“先行区”向“先进区”迈进。

天心区将从协同联动、互联互通、项目支撑、产业布局等方面发力，持续推进人社服务、司法行政、市场监管等一系列区域合作协议落实；全力推进暮坪湘江特大桥、新韶山南路、中意路等重点项目建设，增强互通能力；全力推动国家医学中心、长沙奥体中心、省图书馆新馆等一批重大项目建设，争取更多长株潭一体化重大项目落户天心……

十年，芙蓉南路成为城际快速道；天心，也在拔节生长中越来越好。

芙蓉南路一侧的中国长沙人力资源服务产业园，就是最好的证明。

2018年，位于芙蓉南路一侧的鑫远·鑫悦汇开始招商，因定位不清晰，招商效果不佳。天心区决心打造长株潭人才高地，人力资源服务产业园选址鑫悦汇。

当年，该园区就升级为省级园区，次年9月升级为国家级平台，惊艳众人。

如今，该产业园已入驻350余家人力资源服务企业，项目满园、企业满园，去年产值实现45亿元，税收突破1亿元。

芙蓉南路一侧的天心经开区，曾经工厂林立，厂房低矮、陈旧。2017年，一场“绿心”区工业退出的战役在这里打响。

3年时间，361家工业企业从这里退出。随后，天心区、天心经开区谋定而动，高起点规划长沙第五谷——天心数谷，对“绿心”工业退出区实施“凤凰涅槃、未来之城”产业规划，抢抓大数据历史机遇。

不到两年，天心数谷华丽蝶变。

天心数谷布局中的湖南省地理信息产业园，目前已聚集大数据、地理信息企业220家，2021年营收达100亿元，在全国排名前列，发展形势一派大好。

自然资源卫星应用技术中心、湖南大数据交易所、中国电信天翼云中南数字产业园国家级区域数据中心……目前，园区已汇聚7大中心，建立了集数据采集、加工、交易、研发、应用于一体的数据要素市场。

今年9月15日，位于天心经开区，我省目前投资最大的数字新基建标志性项目——中国电信天翼云中南数字产业园一期C1栋运维中心正式完成主体结构宣告封顶。该项目落子天心经开区，就意味着天心区在抢占数字经济主赛道上已占领了重要的一席之地。

6000余家数字经济企业，7000多个5G基站，2个国家级、3个省级产业园区……芙蓉南路一侧的天心数谷，蝶变之路坚定、有力、有效。

天心大道

——铺就幸福民生底色

2022年9月30日上午，天心国资集团宣告与中建五局、葛洲坝集团正式开启新开铺片区城市更新项目的合作。

此举，是三方深入贯彻落实党中央、国务院关于把城市更新作为推动城市高质量发展决策部署的具体行动。而对于片区的百姓来说，意味着不久之后，将拥有一个高品质的居住、生活环境。

这个片区，正处于天心大道的两侧。

2022年6月，长沙市民政局在官网上发布公告：将书院南路（赤岭路口—南二环段）、新开铺路、中意二路、中意三路（107国道天心段）统一更名为天心大道。

天心大道，从北往南，串起了天心区14个街道中的赤岭路、新开铺、黑石铺、先锋、南托、暮云6个街道。

天心大道最北端的赤岭路街道，2012年7月9日成立。在时光荏苒中，曾经的城南郊区赤岭路，如今蝶变成为有着6.8万人口的诗意之地，坐拥城市大氧吧南郊公园、首战首捷广场、火车头党建文化公园等自然人文胜地。

在得知家门口的这条路改名为天心大道后，广厦新村老居民黄纯英很激动，“我在这里生活了60多年，这里原来算长沙的远郊区，现在早已融入城市，小区也经过了提质改造，生活越来越方便，日子越过越开心。”

赤岭路隔壁的新开铺街道，曾经是长沙近现代工业的发轫之地，创办于1912年的长沙机床厂曾是机床工具行业全国18家重点骨干企业之一，湖南机床厂是全国锯床行业规模最大的厂家。由于时代的发展、交通的变迁，这一带冷落了下来。

党的十八大以来，天心区对新开铺一带进行了高水平的规划建设，使得这一带成为省府片区的核心地段，众多大型企业纷纷抢滩而来……目前，正在全力打造湘府消费中心。

而根据湘府消费中心“一圈、一轴、四中心、多点”的商业网点布局规划，天心大道上有新开铺商圈和新开铺路经济轴。目前该段共有待开发商业项目17个，总面积超过5000亩，“钱”景看好。

从新开铺沿着天心大道往南就是黑石铺。“出行只有几趟公交车，一到晚上不敢出门，小孩入学只有几所村小可选，虽是城区，但一点也不热闹繁华。”姚小娟还记得十几年前搬到黑石铺街道黑石铺社区时的场景。

天心大道　（郑　孟　摄）

“如今早已不是当初的光景，地铁通到了家门口，小学初中大提质，高品质的楼房拔地而起，而且出门就有公园，环境很好，生活方便。”姚小娟感慨，“几年时间，就实现了从乡里到城里的转变。”

基础设施差、配套跟不上、土地开发慢……曾经的黑石铺街道一直偏居天心城南一隅，随着天心区“省府新区”的打造，一座功能完善、服务高端的片区雏形初显，黑石铺街道乘着这股东风，全面加快实施城中村改造和项目建设，推动街区迈入高质量发展道路。

沿天心大道继续往南的先锋街道、南托街道、暮云街道，10年间，早已改头换面，先锋成了长株潭一体化进程中名副其实的先锋；原来被誉为城中村的南托成了天心的后花园；暮云从进城、到融城，开启了城市生活品质的新征程……

天心大道，一线串珠，将天心区内的重要商圈、社区小区、新的经济增长点串在一起，成为推动天心区新一轮经济增长的“金光大道”、民生大道。

时光是一条奔腾不息的河流，回溯来处，最终是为了向广阔未来奔涌而去。

天心的下一个十年，更值得期待！

（张福芳，摘自《湖南日报》2022年10月16日第15版）

非凡十年谱华章　非凡十面看南城

十载春华秋实，天心大地镌刻非凡印记

这是踔厉奋发、波澜壮阔的十年；这是勇立潮头、奋楫争先的十年；这是干群携手、共谱华章的十年；这是活力四射、五彩斑斓的十年……

十年来，天心区扎实推动经济社会持续健康发展，全区经济实力迈上新台阶。2018 年，天心区以第 85 名登上全国百强区榜单，2019 年获得第 71 名，2020 年获得第 64 名，2021 年获得第 60 名，2022 年获得第 52 名，排名节节攀升。

十年来，天心区抢滩布局数字经济，推动区域经济高质量发展，城市“智慧”不断提升，新产业、新业态、新模式重塑经济增长新格局，全力建设全省数字经济发展新高地。

十年来，天心区全力打造长株潭都市圈强劲引擎，着力由长株潭融城“先行区”向“先进区”升级转变，率先提出并实施绿心互保等 8 个方面举措，率先提出并实施长株潭三地人才招聘人才培训，率先提出并实施打造法治建设区域协作样本……

天心区委书记吴新伟表示，成绩来之不易，这是党中央、省委、市委正确领导的结果，是历届班子接续奋斗的结果，是全区干部群众团结拼搏的结果，是广大老干部鼎力支持的结果。未来，天心区将继续抬高坐标、跨越赶超，创新实干、担当作为，围绕“一军三区”定位，加快建设“智慧天心、融城核心”，为长沙当好实施“三高四新”战略定位和使命任务领头雁、打造现代化新湖南示范区担当天心作为、贡献天心力量。

聚

非凡十面

2022 年 6 月 29 日，天心区举行“红心向党行强省会有我”迎“七一”主题活动。选树了一批“闯创干”三型干部，激励广大党员干部担当作为砥砺奋进；为天心区第二批 10 位特色产业人才颁发认定证书，实现人才成长与区域发展的“双向奔赴”。

非凡十年

党建聚合力，人才促发展。近年来，天心区持续推进“党建聚合力”工程走深走实，努力形成以高质量党建引领基层治理现代化的新格局，下发了《关于在深入实施“党建聚合力”工程中进一步提升党建融合度的工作方案（试行）》，就如何提升党建融合度推出了 19 条“硬”措施。在征拆和建设一线打造“一线党旗红”党建品牌，在网红经济中探索新消费党建模式，在非公有制企业中开展党建惠企活动……一项项切实可行的“硬”措施，都是在以党建为引领聚人心、聚人气、聚人才。

济济多士，乃成大业。当下的天心，正处于落实“三高四新”战略定位和使命任务，奋力实施“强省会”战略，建设长株潭都市圈的战略机遇窗口期和跨越赶超关键期，只有更多人才留下来，才能为天心区宏伟蓝图的实现提供坚实而持久的“智力引擎”。

天心区认真落实党中央和省委、市委的部署要求，牢固树立“人才是第一资源”的理念，深入实施“人才强区”战略，聚焦院士、谋士、博士、名士、贤士五类人才，强力推进“天心红”人才工程建设。出台区领导干部联系服务院士及高层次人才、人才引进“墩苗

计划”等政策措施，实施“科技副总”助力企业创新发展、校地人才双向互派“跟岗特派员”、“政用产学研”党建共同体创新联合体等人才项目，构建引才、育才、用才、留才“全链条”人才政策体系。

红

非凡十面

长沙，山有故事，河有传奇。庄重浓烈的“长沙红”是这座城市最鲜明的特色。2021 年 7 月 29 日至 30 日，中共长沙市天心区第六次代表大会胜利召开，新一届区委第一次全会选举吴新伟为天心区委书记。当选后，吴新伟带领新一届区委领导班子前往湖南第一师范学院毛泽东与第一师范纪念馆重温入党誓词。

非凡十年

天心的红，红在底蕴。湖南第一师范、李富春故居等红色地标，“红船印初心”“心中的梁家河”等党性教育基地，为天心党员群众补足精神之钙、筑牢信仰之基，并将其转化为推动天心经济社会高质量发展的实际行动。

湖南第一师范旧址是全国重点文物保护单位，具有重要的历史价值。1913 年春至 1918 年夏，毛泽东在湖南第一师范求学五年半，之后在此工作两年半。在这里，青年毛泽东积累了丰富的教育实践经验，其思想经历了从教育救国论到教育服务革命救国论（教育革命论）的转变。毛泽东与第一师范纪念馆馆长艾建玲说：“第一师范是毛泽东初心形成地，也是毛泽东思想的萌芽地。”如今，全国各地党员干部纷纷来到这里感悟初心使命，汲取奋进力量。

在解放西路和太平街交会处附近，有一处砖木结构的三层小楼，和周边的繁华楼宇不同，这里青瓦、灰砖、红窗，是李富春的故居。院内绿树掩映，立着一尊李富春半身石雕像，身着笔挺中山装，留着干练的平头，眉目微微上翘，神采飞扬。李富春是土生土长的长沙人，在历史上留下了“以身许党，经邦治国”的传奇故事。天心这片热土铭刻着深厚的红色记忆，每一处红色遗址背后都蕴含了一个个动人故事，共同构建起天心璀璨光华的文化。

强

非凡十面

人勤春来早，奋进正当时。2 月 7 日是 2022 年春节后上班第一天，一场隆重的项目建设暨“狠抓落实年”工作动员大会拉开了全年的奋斗序幕，天心区 14 个重大项目集中开工，总投资近百亿元。天心人在虎年开年后就以项目攻坚打响了“开门红”，以“狠抓落实”交出了答卷。

2022 年 2 月 7 日，天心区在湖南省人民会堂召开 2022 年项目建设暨“狠抓落实年”工作动员大会（杨 威 摄）

非凡十年

天心区作为省会主城区、长株潭都市圈的核心区，“强省会”战略为天心区加快跨越发展提供了最佳契机和现实路径。2022 年 4 月 24 日，天心区奋力实施“强省会”战略推进大会召开，明确在强产业、强融城、强支撑、强品质四个方面彰显天心特色，以“五区”建设为统揽，贯彻“四精五有”理念，全力打造长株潭都市圈强劲引擎，实现由“先行区”向“先进区”升级转变，增强城市承载力和服务辐射功能。2022 年，天心区铺排 193 个重大项目建设，年度计划投资 455.11 亿元。

近年来，天心区坚持“两手抓两手硬”，以经济发展“十大行动”和“八个一批”重大项目攻坚的主抓手，坚持“日推进、月调度、双月讲评”三段推进，实行“挂图作战、日志清单、逐街督战、问题交办”四项机制。

短短十年时间，曾因城区面积较小而发展空间相对不足的天心区，变成了“数字经济”“夜经济”“网红经济”“楼宇经济”“总部经济”蓬勃发展的全国百强区，从发展受限到拔节生长，从“绿心”工业退出到经济转型升级，各大产业齐头并进。十年间，天心区实现了跨越式增长，2017年财税过百亿元，2018年GDP过千亿元，在全国高质量发展百强区排名逐年上升。2021年，计划总投资120亿元的中国电信天翼云中南数字产业园落户天心，该项目是迄今在我省投资最大的数字新基建标志性项目。目前，全区拥有5个国家级、省级园区平台，有20栋亿元楼宇，全市最多，13万余户市场主体生机勃勃，三次产业结构比调整为0.1 ∶ 28.4 ∶ 71.5，金融业税收占比达40%。在“强省会”的征程上，天心踔厉奋发，笃行不怠，不断创造出新的佳绩。今年上半年，天心区GDP增速排名内五区第一。

商

非凡十面

2022年4月29日下午，“三湘潮涌·消汇天心”2022中国（长沙）新消费发布会暨天心五一消费节在云玺潮汇广场正式启动。现场，天心区率先发布《天心区关于促进新消费产业发展十条措施》和天心创建国际消费中心、国际文化创意中心最新概念规划，成立了“长株潭新消费企业服务平台”以及“长株潭新消费联盟”。

非凡十年

“茅斋定王城郭门，药物楚老渔商市。”诗人杜甫暂居长沙之时，这样描述长沙南城一带的商业盛况。长沙南城自古以来就是长沙商贾繁荣的起源地，也是湖湘商业文化的名片和窗口，三千年的历史文化与现代繁华在这里完美交融。

无论是五一商圈扎堆的网红品牌，还是智慧创新的黄兴南路步行街，或是青石地板上人流熙攘的太平街，热闹红火的解放西酒吧一条街，人气持续火热的长株潭商圈，都给人无穷想象与独特体验。天心区大力培育了茶颜悦色、柠季、文和友、楂堆等网红品牌，擦亮了网红天心名片。与此同时，大力发展夜经济，打造了“夜食、夜游、夜购、夜娱、夜行”等特色鲜明、内容多元的夜间消费目的地，夜经济“亮”出新态势。

商业的繁盛，区域活力与竞争力的不断提升，离不开营商环境的优化。近年来，天心区不断优化营商环境，发展现代服务业，大力培育新消费新业态。率先全省成立区级企业服务中心，出台“营商环境30条”，形成“一日一制一景三中心”模式，上榜首批省级法治政府建设示范区。天心区夜间经济被列为国务院优化营商环境15项创新举措之一，投资竞争力在全国城区中排43位、全省第一位。

智

非凡十面

位于长沙城南的数字产业园工地，机器轰鸣，挖土机振臂挥舞，工程车辆鸣笛进出……2022年9月初，中国电信天翼云中南数字产业园正快马加鞭，抓紧主体建筑施工。项目定位为“绿色、安全”的国家级区域数据中心，是湖南电信实现云网融合、5G大发展战略的重要“基座”项目。建成后，它将是湖南算力最强超大型数据中心、算力中心。

非凡十年

十年来，天心区深入推进智慧城区建设，全面发力抢占数字经济新赛道。抢滩布局数字经济，建立地理信息产业园、人工智能产业园、软件产业园三大平台，全国软件企业50强分（子）公司落户数、全省软件企业50强上榜数均居全省区县（市）首位；全社会研发经费投入大幅增长，高新技术总产值突破1000亿元；着力城市智慧治理，加快推进“智慧天心”建设，率先全省实现5G信号全覆盖，打造“智慧天心”驾驶舱平台和智慧政务大厅“一站式”服务新名片，推动黄兴南路建设智慧街区。

2020年2月24日，天心区在全市率先挂牌成立长沙天心软件产业园，率先成立软件产业协会。2020年7月15日，全国首个市场化开放式应用场景酷哇智慧环卫项目落地天心。2020年7月17日，百度投资20亿元，与天心区共建中国乃至全球最大的云手机产业基地。全国新型、中部唯一的大数据交易所——湖南大数据交易所今年初正式建成使用，作为中部地区数字流通布局的重要节点，交易所吸引了湖南自然资源卫星应用、地理空间、气象应用、地质、能源、通信等大数据中心等集中登陆。

目前，天心区拥有数字经济企业6000余家，5G基站7000多个；拥有地理信息、人工智能、软件业3个省级产业园区，取得全国软件企业50强分（子）公司落户数、全省软件企业50强上榜数均居全省区县（市）首位的辉煌成就，初步形成了“天空地”一体化大数据产业格局。

融

非凡十面

2021年3月28日，2021长株潭融城半程马拉松赛暨绿心乡村生态旅游节在长株潭融城核心区的天心区暮云街道举行。春日暖阳下，随着发令枪齐声鸣响，3000名跑者穿梭在绿海之中。融城半马的起点终点均设在暮云街道许兴村村委会，在21千米的赛道上，在花海艺术展和乡村集市旁、在鼓掌呐喊声中，选手们迈开步伐，穿越油菜花海，拥抱生态绿心，与春天来了一场热情的约会。

非凡十年

作为与湘潭、株洲接壤的融城核心地区，天心区在长株潭一体化发展上担当“急先锋”，真抓实干取得显著成效。天心区突出“一体化”“高质量”，落实“十同”要求，制定实施长株潭一体化发展五年行动方案，牵头与岳塘区、石峰区签署人社服务、司法行政、生态共治等合作框架协议，开设长株潭“跨域通办”专窗，成功举办全球地理信息开发者大会、长株潭千企万岗招聘月、融城马拉松赛、长株潭消费节等系列活动，新韶山南路、暮坪湘江特大桥等重点项目启动建设，国家医学中心、长沙奥体中心等一批重大项目成功落地……

天心区太平老街　　（郑　孟　摄）

天心区在长株潭一体化发展中迈出坚实步伐。

2016年6月，地铁1号线运营，纵贯南北；同年底，城际铁路自北而南，穿越暮云，串起株洲、湘潭。2020年，快速化改造后顺利通车的芙蓉南路，与地铁1号线、2号线、3号线、4号线和长株潭城际铁路纵横交错于南城内外，“长株潭半小时通勤圈”已然形成。

2022年6月2日，在暮坪湘江特大桥项目现场，吊臂挥舞、机械轰鸣。经过连续13个多小时的紧张施工，大桥79号墩左幅承台完成浇筑，标志着大桥主桥所有承台顺利完工。这条新的过江通道将进一步加速长株潭一体化的发展。时间见证不凡，一张可见、可期、可盼的融城蓝图正越来越清晰地呈现在众人面前。

古

非凡十面

悠悠古巷，岁月如歌。2018年8月，西文庙坪片区有机更新项目正式启动建设，天心区用“四增两减”的模式改造西文庙坪片区，增基础设施、增公共空间、增支路、增绿化，从而打通街巷。以往的死胡同死巷道变得四通八达，“天晴一身灰，下雨一身泥”的困扰逐一被解决……

千年文脉又焕发出青春与活力。

非凡十年

“半城历史在天心，半城烟火在天心，半条江岸在天心。”天心区，有传统的底蕴，也有现代的活力。一半古老一半年轻，一半是云淡风轻的生活，一半是星光灿烂的理想，上演着烟火气与时代风情交织的浪漫。近年来，天心区对西文庙坪、太平老街等历史街区进行有机更新，以文化为“魂”，以旅游为载体，以商业为引擎，形成文、商、旅共生共荣的经济生态圈，采取“留、改、拆、建”的方式实施，以原汁原味的细节见真章，通过基础设施建设，改善居民生活条件，促成老城区新陈代谢，让旧城实现重生，让千年老街再度焕发魅力。

"处处是文化，满眼皆历史。"长沙是首批国家历史文化名城，拥有三千年源远流长的文化沉淀，而长沙 60% 的历史文化景点集聚在天心。雄伟壮观的天心阁，清冽甘爽的白沙古井，历久弥新的太平街和竹影婆娑的贾谊故居……一石一木都映刻着千年往事，承载着这座城市的记忆。640 米的坡子街上，火宫殿等老字号与茶颜悦色、炊烟时代、费大厨等"网红店"并肩而立，解放西路酒吧一条街成为长沙夜经济的一张名片，穿越历史走过三千年的太平街成为网红第一街，黄兴南路步行街正在打造"全国示范步行街"，长沙历史步道示范线（天心段），串起了青山祠、西文庙坪、妙高峰、碧湘街等历史街区。

夜

非凡十面

看！那靓丽的红房子，在黄兴南路步行街如此醒目。2019 年 9 月 7 日，在繁华的黄兴广场上，湖南首个"夜间经济服务中心"——天心区夜间经济服务中心正式启动运行，有区领导驻点、有工作专班值守，从晚上 8 时至次日凌晨 2 时，随时为市民和游客提供便民医疗、便民公共雨伞、便民信息咨询等服务，打造"安全、方便、温暖、时尚"的最美"不夜天心"品牌。

非凡十年

"网红长沙、红在天心。"2021 年中国城市夜经济影响力十强城市榜单揭晓，天心区从 60 个入围区县中脱颖而出，进入 2021 年夜经济影响力 20 强区县榜单，排名第一。2021 年，五一商圈入选第一批国家级夜间文化和旅游消费集聚区名单。2022 年，太平街入选国家级旅游休闲街区名单。

近年来，天心区多措并举促进夜间经济发展，出台政策，编制天心"国际消费中心"和"国际文化创意中心"发展规划，从顶层设计入手，为新消费发展指明方向。在人气爆棚的五一商圈，20 多条商业街、2 万多个商业网点，以及文和友、茶颜悦色等网红品牌，构成了完整的吃喝玩乐购产业链。而坐落于解放西路、太平路与坡子街交会处的云玺潮汇，是天心新消费的汇聚之处，创新打造"城市娱乐综合体新模式"，"垂直解放西"绽放夜空。

2022 年 8 月 5 日，在"中国这十年 · 湖南"主题新闻发布会上，省领导热忱欢迎大家来长沙喝茶颜悦色，吃文和友小龙虾，到解放西路"潇洒走一回"。

绿

非凡十面

进入长株潭绿心，满载花香的轻风扑面而来，细细品来，是希望的味道。2021 年 3 月 12 日，融城公园迎来了 160 多名植树人，省领导、长株潭三市干群代表挥锹铲土、扶苗填压、围堰浇水，种植了桂花、梅花、樱花等 6 个品种的树苗，长株潭三市市委书记在此共同栽下一棵"同心树"。这也向社会传达出坚定的发展之声——绿色是发展底色。

非凡十年

2017 年，按照中央、省及长沙市部署，位于长株潭"绿心"范围内的工业企业必须全部退出。天心经开区九成面积处于"绿心"区，361 家工业企业两年内要全部退出。天心区以"壮士断腕"的决心，以"凤凰涅槃"的信心全力推进退出工业用地处置，对"绿心"内不达标的工业企业按照"五个一批"（收回一批、收储一批、收购一批、转型一批、拆除一批）的方式进行处置，如期完成绿心工业企业退出，像保护眼睛一样保护绿心。

在传统企业陆续退出"绿心"后，实现"腾笼换鸟"的天心区瞄准数字经济发展的风口，大力发展以数字经济为核心的高技术产业。行走在园区内，一大批像东方至远、麓星光电这样的高新技术企业逐渐填补工业企业退出"绿心"后遗留的空白，成为天心区打造长沙第五谷——天心数谷的重要支撑。

此外，在天心经开区，还有地理信息产业园、人工智能产业园、软件产业园、人力资源服务产业园等多个绿色科技产业平台，重新聚集了多家企业。过去破损厉害的水泥路，渐渐退出时代舞台，取而代之的是宽敞干净的沥青路，自行车道、景观带一应俱全，绿树成行，一江碧水掩映着蓝天，"天心蓝、绿心绿、湘江青”成为天心高质量发展的靓丽底色。

福

非凡十面

大城之南，爱满天心。2022年9月5日是第七个中华慈善日，天心区委、区人民政府举办“爱心天心·慈善同行”公益慈善大会，表彰善心义举，宣传慈善理念，共襄爱心盛会。活动为湖南金光华融城地产等企业颁发2022年度“爱心天心”公益慈善爱心企业牌匾，爱尔眼科等3家爱心企业代表发言，现场还启动发布了“爱心天心·幸福家”危房援建慈善项目。

非凡十年

民生是天心最厚重的底色。十年间，天心区聚焦人民群众“急难愁盼”问题，健全覆盖全民、统筹城乡、公平统一、可持续的多层次社会保障体系，让“爱心天心”更有温度。位于天心区城南路街道熙台岭社区的席草田双号小区，是典型的老旧小区，经过改造后，小区35处违建20天内全部拆除，消防通道基本打通，新设24个固定停车位，利用停车道闸收费管理，还新增电动车停车棚2个、充电桩2个。

近年来，天心区深入实施“爱心天心”帮扶工程，着力实现凡困必帮、有难必救目标，政府和社会爱心力量累计投入帮扶资金1.5亿元，帮扶困难群众18127户，一大批生活困难群众得到了实惠、改善了生活、重新燃起了希望，标注了城市文明新高度，有力提升了困难群众获得感、幸福感。

社区居民传承传统文化，祝福美好的未来。

十年来，天心区始终把教育放在优先发展的战略位置，全区教育事业呈现蓬勃生机。2021年，全区拥有普通中学18所（含九年一贯制学校4所）、中等职业教育学校5所、普通小学53所（含教学点1个）、幼儿园160所。2022年新增约9000个中小学学位。

天心区还不断完善养老网络，按照“一社一点、一街一中心、全区多机构”规划布局，抓好社区嵌入式养老服务点、街道综合性养老服务中心、区社会福利中心建设，打造了“15分钟健康养老服务圈”。2021年，天心区民政局正式发布“白沙路养老服务示范街区地图”，这是全省首张“养老服务地图”。

天心区委副书记、区长周志军表示，天心区作为省府所在地、长株潭融城核心，历史厚重、商贸繁荣、资源密集，全区上下将坚定政治站位、抬高发展坐标，立足“一军三区”定位，在“强省会”战略实施中全力展担当、倾力作贡献。

征程万里风正劲，重任千钧再出发。踏上实现第二个百年奋斗目标新的赶考之路，天心人正在把优势变为态势，把潜力变为实力，把信任变为决心，让创新实干成为天心阁下的厚重底色，让担当作为成为湘江东岸的时代强音，以新赶考路上的优异答卷喜迎党的二十大胜利召开。

（王　斌　朱德军　李　旦　韩美琪，摘自《长沙晚报》2022年9月13日第04~05版）

长沙市天心区网红经济带动新零售创新 全力推进传统商圈消费复苏

近年来，长沙市天心区大力培育新零售产业，文和友、茶颜悦色、黑色经典、墨茉点心局等新零售企业，擦亮了“网红天心”的新名片。通过科学布局、挖掘动能、激发活力、优化环境、营造氛围等五方面建设，进一步推动传统商圈消费复苏，推动新零售产业做大做强，从“网红天心”向“长红天心”稳步迈进。

一、坚持系统谋划，科学布局新零售产业。一是加强政策支撑。扎实推动党中央、国务院、省委省政府和市委市政府各项决策部署在天心落地生根，发布《天心区关于促进新消费产业发展十条措施》，从“引、新、评、优、服、提”六点发力，增强天心区在消费市场的吸聚带动能力、资源配置能力、创新引领能力和品质支撑能力。二是做好顶层设计。围绕长沙市“国际消费中心”和“国际文化创意中心”创建，天心区重点打造千亿级五一商圈和具有湖湘文化特色的国际大都市商业圈，形成融购物、餐饮、休闲、文化、娱乐、旅游等全业态于一体的多功能地标性千亿级国际商业集聚区。三是强化要素保障。大力推进“天心红”人才工程，出台了区级重点特色产业人才支持政策，对新零售领域杰出人才给予租购房补贴、子女入学、配偶就业、扶持奖励等八项政策支持；合力组建“长株潭新消费联盟”，让百余家新零售企业之间无障碍实现资源共享、资讯共通、品牌共塑、合作共赢；着力创立长株潭新消费产业服务平台，在争资争项、降本增效、用地保障、信贷融资、人力资源、品牌推广等方面为新零售企业提供精准服务。

天心区“不超级文和友”新零售场景

（郑　孟　摄）

二、坚持守正创新，深入挖掘新零售动能。一是加强老字号创新。挖掘火宫殿、杨裕兴、德茂隆、新华楼等老字号品牌的消费潜力，鼓励老字号品牌企业通过传统技艺展示、非遗表演、文化体验等活动形式，吸引市民和游客体验，促进消费者对老字号品牌的认识和了解，扩大湖南老字号的品牌价值和影响力，使老字号焕发新活力。二是推动平台创新。在省商务厅指导下，天心区政府与长沙市商务局共同发起成立长沙新消费研究院。围绕“产业研究、企业培训、投资孵化”三大功能定位，聚焦新消费和新零售产业领域顶尖学术、龙头企业、投融资机构、权威行业媒介、产业服务平台等资源，专注服务与赋能新零售产业，致力成为新消费和新零售领域的“黄埔军校”和“长江商学院”。三是推进消费场景创新。注重多元融合，先后打造了“不超级文和友”、野肆月球、云玺潮汇等一批“以年轻消费者为中心，自带话题传播”的新零售场景。重点围绕古道巷、西文庙坪等项目载体，加大新零售品牌招引力度，聚力在此持续培育一批新零售品牌和新零售示范企业，打造“1+N”个新零售产业孵化基地和示范场景。

三、坚持数字赋能，多维激发新零售活力。一是打造智慧平台。建设经济运行分析平台，融合财税、产业、招商、投资、消费、重大项目等数据资源，对天心区经济运行进行监测分析，推动经济指标科学调控、重点产业高质量发展、招商引资精准高效、营商环境服务优化，为全区经济发展夯实数据支撑、系统支撑和智慧化决策支撑。二是建设智慧街区。按照“政府引导，企业主体”的建设及后期运营模式，打造黄兴南路文旅商务区智慧平台，融合移动大数据、智慧物联网设备、5G基站定位等多项核心功能，可实现全街区实时监控、客流数据搜集、了解消费情况等作用。与百度、喜马拉雅、九次方等互联网、大数据企业探讨合作，打造全国第一条有声步行街，让游客获得“走过一条街，了解一座城”的享受。三是丰富智慧业态。培育了蚂蚁星球、顺凯传媒等产业流量运营商，以短视频和直播为核心内容，帮助新零售企业提升品牌影响力和市场占有率，助力品牌出圈。开设线上“直播带岗”，强化对新零售企业招工需求的支持。

四、坚持兴商护商，优化升级新零售环境。一是做实企业服务。推行“一日一制一景三中心”天心营商模式。创新升级区长企业接待日，建立区领导联系服务企业制度，为新零售企业提供全流程、全生命周期的优质服务，助力企业做大做强。选派131名优秀干部开展百名干部联千企“送政策、解难题、优服务”行动，打造了企业诉求“一站式”办理平台，在线全流程、闭环办理企业诉求。二是做好政务服务。以打造全省营商环境“首善之区”为目标，持续深化“放管服”改革，“三化九办”创新服务高效能。发挥数字产业集聚优势，推出“码上办”、“跨域办”、“容缺办”等特色应用，依申请类事项“网上可办率”达100%。推行“前台综合受理、后台分类审批，综合窗口出件”的审批模式，实现群众办事只进“一扇门”，任一窗口无差别办理。三是做优金融服务。设立新消费产业专项基金，引导社会资金向新消费新零售产业汇聚，联动金融机构根据企业实际情况和经营需要量身定制“一对一”融资方案，服务天心区新零售产业发展，实现区域高端人才、创新平台、成果转化与金融资源相结合。多渠道宣传推动新零售经济企业积极申报金融服务重点支持企业名单，优先纳入信贷白名单。推荐7家新消费新零售企业申报为长沙市上市后备企业。

五、坚持造势引流，竭力营造新零售氛围。一是办好两个峰会。成功举办第三届中国城市夜间经济发展峰会、2022年中国（长沙）新消费城市峰会，邀请了省内外816家企业代表、38家投融资机构参加，17万余人在线观看活动直播，天心区十多位优秀企业家在会上进行演说分享，全力推介天心新零售产业和品牌。二是抓好主题促销。制定全年促消费活动方案，培育发展新零售品牌，着力打造食、游、购、娱、体、展、演等多元消费市场。承办了“乐享消费、湘当韵味”2022湖南消费促进季暨长沙四季主题促消费活动，举办了“三湘潮涌、消汇天心”五一消费节、举办了“春之浪漫”汽车消费节、“夏之热情”汽车消费节等，共组织开展各类消费节50余场次。三是用好宣传推介。围绕新零售品牌企业、网红打卡地、新零售活动等主题，联动省市主流媒体推出了组合拳报道。紧抓热点策划专题报道，抓住湖南省委书记在“中国这十年·湖南”主题新闻发布会推荐茶颜悦色和文和友这一“热点”，迅速策划推出“非凡十年·魅力四射网红天心邀你潇洒走一回”专题，为天心的新消费发展再添一把“火”。创新推出“玩转天心Vlog”“非凡十年·魅力四射网红天心邀你潇洒走一回”系列短视频专题，以记者打卡的方式实地探访不超级文和友、野肆月球、方寸生活馆等新晋网红打卡地，吸引了一大批市民游客前往推介地打卡体验，助推天心文旅消费热潮。

（摘自商务部网站，流通发展司——经验交流板块，2022年12月20日）

天心区“三三法”持续推进夜间经济繁荣发展改革成效

网易财经等发布的疫情后消费“满血复活”指数显示，包括上海、深圳、杭州、长沙、成都等在内的全国11个核心城市最核心商圈客流量，五一商圈位居第二；据不完全统计，在2021年跨年夜当天黄兴南路步行街客流量峰值达到每小时17.5万人次，比去年同期高出10.7万人次，全天客流更是超百万，充分彰显了天心区持续优化营商环境的成效和夜间经济的生命力、活跃度。该案例入选国务院优化营商环境创新举措，在2021年中国城市夜经济影响力20强区县中排名第一。改革举措：

一、贴心支持

构建“专机制”。成立全省首个夜间经济服务中心，建立联席会议制度和区、街、社区三级协调机制，26位区领导参与轮值“夜间管家”，部门驻点值班超过1650人次。出台“硬举措”。出台“夜十二条”“夜十条”等专项政策，完善食品安全、治安和消防安全等措施，受理、化解纠纷800余起，五一商圈刑事案件同比下降56.28%、扒窃案件下降64.7%、侵财案件下降48%。务实“解难题”。开展“区长企业接待日”活动29次，接待企业165家、走访企业498次、处理问题156个。

二、暖心服务

办事更便捷。出台发展壮大市场主体实施方案，推出“工商登记立等可取”“容缺受理”“凡有先例皆可为”“企业准入零收费”，主体净增28375户。管理更包容。出台街头艺人从事文艺活动许可办法、街艺星秀管理规范大纲，推行“四容许”“五统一”管理模式，设置流动摊贩集中点位1226个，解决就业2414人。服务不间断。建设24小时自助服务厅，开展“15分钟政务服务圈”试点，开通“夜间经济”24小时公共服务热线，受理各类投诉、咨询750次。

三、细心维护

完善公共配套。新增停车位1900多个，整合周边公交延长运行时间，实现重点区域共享单车、公共汽车与轨道交通接驳；开展5G智慧街区建设，打造全国第一条有声步行街。加强安全保障。成立夜间护航机构，开展夜间整治“不打烊”，刑拘涉黑涉恶类犯罪人员31人、摧毁涉恶集团1个、涉恶团伙4个。活动凝聚人气。先后策划了购物消费季、诗意天心、网红嘉年华暨夜经济博览会等系列特色活动开发“天心一日游”精品旅游线路，带动全区购物、餐饮、汽车、文旅等消费明显提升。（源自区委政研室）

推进“天心红”人才工程
构建“5+1”人才生态体系

天心区奋力实施“强省会”战略，深入推进“天心红”人才工程体系：聚焦5类人才，建设1个人才政策生态体系，为长沙市争创国家吸引集聚人才平台贡献力量。

“访院士”，从联系服务到联通事业来优化人才服务通道

制定《天心区领导干部联系服务院士及高层次人才实施办法（试行）》等5项制度文件，区委书记、区长领衔联系在区院士，区领导、区委人才工作领导小组成员单位、街道对高层次人才、重点企业人才开展专门服务。一是联系服务，做好子女就学、购房补贴等事项的跟踪服务，落实各类政策奖补9000余万元。二是联通事业，重点关注事关人才成长、天心发展的重要信息，打通人才发展和产业促进的双向通道。

2022年11月9—11日，天心区委组织部、区委统战部、区工商联、区商务局组织非公有制企业高层次人才参加“天心红”高层次人才培训班

（区委组织部供图）

“聚谋士”，从单一类型到多向类型来优化智库建设通道

区委人才工作领导小组成员单位、街道及区重点企业从行业、区域、企业三个不同维度搭建人才智库、创新平台，如中国长沙人力资源服务产业园推进“‘汇智聚才’服务联盟”项目优化人力资源服务智库，区文化旅游体育局推进“文创产业发展智库建设”项目优化特色产业智库平台建设，新开铺街道推进“人才友好示范楼宇建设”项目优化区域智库建设，湖南麓星光电科技有限公司推进“光学薄膜技术产业人才集聚计划”优化企业所在行业智库发展建设等。

“引博士”，从人才引进到人才培育来优化人才引留通道

制定《天心区人才引进墩苗计划（2021—2023年）》，计划用三年时间，主要面向高校应届博士毕业生，重点引进一批党政人才及重点产业人才。“墩苗计划”既有“利好”政策留人，也有“业好”政策留人。区别于以往人才引进，墩苗计划更突出“墩”字，即关注人才引进后的培养及管理，建立“陪跑”制度、落实近距离考察、建立“揭榜挂帅”等5项机制，帮助人才进一步实现自我价值。

“崇名士”，从关键人才到特色产业人才来优化人才认定通道

出台《长沙市天心区促进区域经济高质量发展奖励办法》，专设管理人才奖，对企业关键人才给予最高每年20万元的奖励。制定《天心区重点特色产业人才

分类认定办法（试行）》，结合区域实际，重点扶持区重点特色产业人才，对相关人才给予租房补贴、购房补贴、子女入学、配偶就业、人事档案管理服务、领导干部联系服务、扶持奖励、健康体检等8项政策支持。

“汇贤士”，从企业发展到产业发展来优化人才发展通道

制定《2022年天心区“科技副总”助力企业创新发展工作方案》《2022年天心区校地人才双向互派“跟岗特派员”工作方案》，强化科技赋能，推动成果转化。目前，6位高校及区有关部门的“跟岗特派员”、12位“科技副总”共同搭建起企业发展和产业发展桥梁；制定《天心区“政用产学研”党建共同体、创新联合体（林业领域）工作方案》，首个共同体以林业领域方向为试点，实现政用产学研的人才单兵作战到组团作战，促推行业领域突破发展；制定《天心区支持重点人才团队在区发展的“一事一议”实施办法（试行）》，聚焦高精尖人才、紧缺急需人才、战略发展重要人才，通过“一事一议”给予政策支持。

（源自区委组织部）

探索文旅融合创新　开辟城区旅游休闲新路

近年来，天心区将五一商圈作为改革试验田，实施文旅融合创新工程，坚持“以文塑旅、以旅彰文”发展思路，通过以优质商业配套丰富文旅融合呈现形式，开辟一条具有天心特色的城区旅游休闲新路。2021年，天心区位列中国城市夜经济影响力20强区县榜单第一名。

融入历史文化“筑灵魂”

结合城市有机更新，按照保存“街巷肌理、旧城风貌”原则，对西文庙坪、太平老街等重点板块进行提质改造，形成以“太平街—坡子街—黄兴南路步行街—西文庙坪”为特色的历史文化商业街区空间格局，留住“长沙城的老城根”。通过提质周边配套、挖掘历史资源、讲好人文故事等形式，打造“妙高峰—三泰街口”由南往北2.8公里历史步道，将天心阁、贾谊故居、四正社及共进会旧址、李富春故居、乾益升粮栈、火宫殿、简牍博物馆等历史遗迹、文博场馆、人文景点串珠成链，让市民游客充分感受长沙的历史底蕴与风土人情，为五一商圈旅游发展培根铸魂。

创建文旅品牌“提品质”

持续推进黄兴路步行街创建国家级步行街，对标国家级街区标准，深入挖掘文化内涵，扎实开展专项整治，明确各街区的文化主题与文化定位，进一步深厚历史底蕴、优化街区环境、完善功能配套。引导火宫殿、天心非遗展示中心、天心阁创建文旅融合示范点，协助太平里、文和友、悠优港、君悦酒店等市场主体进行文旅品牌申报，更好地打造五一商圈的文旅

天心区西文庙坪牌坊　　（郑　孟　摄）

消费新场景，切实提升市民游客的体验感与获得感。目前，“五一商圈”已成功获评国家级夜间文旅消费集聚区、太平老街成功获评首批国家级旅游休闲街区。

培育消费品牌“添动能”

坚持审慎包容、鼓励创意创新，在擦亮太平老街、黄兴南路步行街、坡子街民俗名食商业街、解放西路酒吧一条街等商业“金名片”的同时，加大新消费品牌培育与扶持力度，成立高规格的“创建国际文化创意中心和国际消费中心领导小组”，高起点编制发展规划，做好文化创意与新消费产业发展的顶层设计，出台促进新消费产业发展十条措施，成立国资平台公司重点服务新消费产业发展、评定新消费产业高层次人才、建立领导联企制度等，将新消费品牌作为让五一商圈经济“动”起来、消费“火”起来、旅游“活”起来的引爆点，茶颜悦色、柠季、文和友、果呀呀、黑色经典、炊烟餐饮、楂堆、墨茉点心局、虎头局渣打饼行等新消费品牌成为年轻人来长的必打卡点。

提升服务能力“夯基础”

在五一商圈设立夜经济服务中心，每晚由区领导和职能部门负责人轮流值班，及时对五一商圈的20多条商业街、2万多个商业网点进行主动服务、精准服务；在商圈周边配套30多条公交线路、12个地铁出入口，13条公交线路的运行时间延至凌晨2点，周末节假日2条城市地铁运营至凌晨1点，方便游客出行；打通交通“微循环”，整合停车资源，完善引导系统，方便车辆通行、停放，营造便捷舒心的旅游休闲环境；上线黄兴南路文旅商务区智慧管理平台，将智慧物联网设备、5G技术运用到商业街区管理中，从管理、游客、商家三方面全面升级街区管理与服务，着力打造“智慧点亮生活、文旅为夜掌灯”的旅游休闲新格局。

加强宣传推介“浓气息”

创新策划红色斑马线、爱心红绿灯、橘洲焰火、江景灯光秀等，打造城市创意宣传点，塑造商圈年轻、活力、浪漫的旅游休闲新形象。商圈通过文化+创意、文化+科技的形式，不断地为市民游客提供丰盛视听盛宴，今年新年第一天，火宫殿坡子街总店打造美轮美奂的灯光秀，给火宫殿445年的“历史”注入新时代的“密码”；太平老街将运用声光电的形式，在街区北门创新呈现湖湘文化底蕴。加强与媒体机构合作，策划一系列涵盖传统文化、民俗文化、湖湘文化及当代艺术的主题活动，举办美食文化节、快闪活动、网红打卡等系列活动，“守护解放西”火爆出圈，“乘风破浪的姐姐”“元气满满的哥哥”“扫黑风暴”等在此取景录制，向游客展示长沙文旅地标的风采，全力助推五一商圈文旅商融合发展。（源自区委政研室）

长沙超级文和友内景一隅

（区委宣传部供图）

1月

5日，天心区委书记吴新伟，区委副书记、区长周志军率队到长沙理工大学拜访中国工程院院士郑健龙，并与相关高校负责人座谈，了解学校发展建设需求，推动天心政产学研合作发展。长沙理工大学党委副书记、校长曹一家，党委副书记刘建民等高校领导，以及区领导许波、张建、张浩平、王钰莹参加。

6日，区委全面依法治区委员会主任吴新伟主持召开区委全面依法治区委员会第四次会议，研究审议《长沙市天心区“十四五”法治建设规划（2021—2025年）》。周志军，区委副书记、统战部部长叶妙，区人大常委会党组书记、主任黄文先，区政协党组书记、主席张界贻以及相关人员出席会议。

8日，天心区举行重大项目观摩活动。吴新伟、周志军、叶妙带队，对全区14个街道和区城市建设投资开发集团有限公司、区国资发展集团有限公司18个重点项目进行观摩，召开讲评会。

11日，天心经济开发区湖南大数据交易所投入试运营。

12日，2022年度区委务虚会议暨经济工作会议召开。吴新伟出席会议并讲话，周志军对2022年经济工作进行具体部署。

14日，天心区委六届二次全体（扩大）会议在区机关三楼大会议室召开。吴新伟作大会报告。周志军主持会议。讨论通过长沙市出席中共二十大代表候选人推荐人选建议名单。

20日，周志军主持召开天心区慈善会换届工作调度会议。

21日，吴新伟率队走访慰问道德模范、困难党员、困难群众，送上新春祝福。区领导许波、朱云辉、刘瑜参加。

是日，“百年风华茂　奋进正当时”天心区学习贯彻中共十九届六中全会精神宣讲暨党史学习教育总结汇报会在区机关三楼大会议室召开。表彰区委组织部等14家优秀组织单位、冯小珊等10名“最美宣讲人”、何杰等16名“学习之星”。省、市、区相关部门负责人及区宣传思想文化系统干部150余人参加。

25日，长沙市委常委、统战部部长何朝晖到天心区督查安全生产工作。

26日，天心区《信息化精准融合教学赋能教育优质发展》入选教育部年度信息技术与教育教学深度融合示范案例。

27日，天心区在机关南栋9楼会议室召开六届人民政府第一次全体（扩大）会议。对市、区政府工作报告责任分解进行说明和安排。

29日，长沙市“快递外卖小哥红色之家”在天心区坡子街楚湘社区挂牌启动。市委常委、组织部部长罗缵吉，吴新伟等出席活动。揭牌仪式后，楚湘社区站和城南路天心阁站同步开展“就在长沙过大年”主题活动，顺丰、圆通、饿了么等平台公司50余名快递外卖小哥代表现场领取“家庭”大礼包，围炉吃饺子。中央电视台专题直播20分钟。

是月，天心区探索教育改革新路子入选省政府2021年重点工作综合大督查发现的40项典型经验做法，获省政府通报表扬。

2月

7日，长沙市重大项目集中开工天心区专场活动在天心经开区贤盛发中小企业研发及孵化基地3期举行。集中开工项目14个，总投资91.42亿元。

是日，天心区年度项目建设暨“狠抓落实年”工作动员大会在湖南省人民会堂举行。

15—16 日，天心区第六届人民代表大会第二次会议召开。吴新伟出席并讲话。会议审查和批准《关于长沙市天心区 2021 年国民经济和社会发展计划执行情况与 2022 年国民经济和社会发展计划草案的报告》《关于长沙市天心区 2021 年预算执行情况与 2022 年预算草案的报告》，投票表决产生 2022 年天心区 10 件民生实事项目。

17 日，中共长沙市天心区第六届纪委二次全体会议在区机关三楼大会议室召开。吴新伟出席并讲话。审议通过区委常委、区纪委书记、区监察委员会主任罗定豪代表区纪委常委会所作的《永葆自我革命精神，推进清廉天心建设，为建设“智慧天心、融城核心”提供坚强保障》工作报告。

是日，天心区召开年度城建工作会议。坡子街、城南路、裕南街等 8 个街道向区政府递交危房改造责任状。

19 日，“以文促融向未来”——长株潭 2022 年主题活动发布暨文旅产业区域战略合作签约仪式在天心经开区举行。长沙市天心区、株洲市石峰区、湘潭市岳塘区共同对外发布第二届长株潭融城半程马拉松赛暨乡村生态旅游节、“0731”长株潭广告创意大赛、长株潭绿心“九郎福柚福祐天下”品柚大会暨石峰区乡村振兴旅游节和长株潭盘龙花朝节 4 个主题活动。活动现场天心经开区与株洲高新区田心片区、湘潭岳塘经开区共同签订文旅产业战略合作框架协议。

19—20 日，天心区经济战线干部专业能力提升培训班举行。周志军作开班动员讲话，区委常委、常务副区长厉波作点评总结，开班仪式由区委常委、组织部部长张建主持。

22 日，湖南省副省长王一鸥、长沙市副市长周志凯率队到天心区调研长株潭融城体育小镇（长沙奥体中心）项目规划建设情况。吴新伟、周志军等参加。

是日，中国发展研究院院长、国家创新与发展战略研究会副理事长王彤一行到天心区调研如何落实“强省会”战略。中国发展研究院常务副院长牟善荣，中国发展研究院副院长、上海市政府决策咨询专家董锡健，天心区周志军以及区直相关单位主要负责人参加。

23 日，天心区举行第 32 次区长企业接待日 · 金融保险业高质量发展专场活动。湖南省地方金融监督管理局保险处处长黄长河、中华联合财产保险股份有限公司湖南分公司等辖区 11 家重点保险企业负责人，就构建金融保险业发展良好生态区，促进金融保险业更高质量发展进行专题探讨。

3 月

2 日，周志军走访辖区重点企业湖南高新创业投资集团有限公司，就进一步优化营商环境及加强政企合作进行交流。区领导厉波、刘瑜以及园区、区直相关单位、街道相关负责人参加。

6—8 日，天心区县级领导及科级主要负责人学习贯彻中共十九届六中全会精神和省党代会精神专题读书班在长沙市委党校举行。周志军主持开班式。

7 日，天心区举行庆祝“三八”国际妇女节暨“巾帼心向党 奋发新征程”各界优秀女性代表座谈分享活动。辖区各行各业优秀女性代表 100 余人参加活动。

16 日，天心区党建工作会议在区机关三楼大会议室召开。吴新伟出席并讲话。周志军主持。会议以“多会合一”形式，对党委办公室、组织、宣传思想、统战、政法和机关党建工作进行系统部署。

是日，周志军主持第 33 次区长企业接待日 · 新能源（碳达峰）专场活动。邀请市发展改革委副书记、副主任、市长株潭一体化发展事务中心书记、主任熊景业和辖区相关企业共同探讨碳达峰、碳中和形势下新能源企业与行业面临的挑战与机遇，交流践行“双碳”工作思考及行动方向，推动区域绿色低碳发展。区领导厉波、刘瑜，以及区直相关部门、街道主要负责人参加。

18 日，天心区委宣传部召开出版和电影行业安全生产工作会议。区委常委、宣传部部长洪孟春主持。区直相关部门、天心经开区、各街道负责人，辖区重点印刷企业、实体书店企业、商业影院代表 50 余人参加。

是月，天心区开展义务植树活动。

4 月

18 日，天心区委书记、区委审计委员会主任吴新伟主持召开区委审计委员会第七次全体会议。听取全区审计工作情况汇报，审议有关文件，部署下阶段审计工作。

20日，天心区天悦8-3号地租赁住房等17个项目集中开工，总投资近56亿元。

21日，吴新伟在区委常委会议室主持召开推进“双五”工程工作调度会，听取天心区在省、市重大项目和全市“五个”十大工程中牵头项目以及相关重点工作推进情况，就下阶段工作进行调度部署。

22日，长沙市天心区、株洲市石峰区、湘潭市岳塘区联合主办，天心区教育局承办2022年长株潭教育督导一体化专家交流活动在天心区举行。建立三地教育督导联盟，组建长株潭一体化教育督导专家库，12名专家入选。

24日，天心区召开奋力实施“强省会”战略推进大会，解读天心区“强省会”战略领导小组及责任清单。吴新伟，周志军，天心经开区、区直各部门、部分双重和垂直管理单位负责人，各街道党政主要负责人210人参加。

是日，吴新伟主持召开区委人才工作领导小组年度第一次会议。审议《天心区2022年人才工作要点》等有关文件，研究部署当前和下阶段全区人才工作。

是日，天心区人力资源和社会保障局等6部门在湖南省大数据交易中心联合举办第5届“中国创翼”创业创新大赛长沙市天心区选拔赛决赛。本次大赛参赛项目137个，微型广域红外光谱仪、云理整想——赋能女性创造美好生活、“站起来”到站起来等11个项目获评主体赛和专项赛一、二、三等奖，19个项目获评创翼奖。

26日，湖南省商务厅、长沙市人民政府主办，长沙市商务局、天心区人民政府联合承办的2022湖南消费促进季暨长沙市四季主题促消费活动在黄兴广场启动。

29日，天心青年庆祝建团100周年座谈会在区机关三楼大会议室召开。吴新伟出席并讲话。6名来自科技创新、基层治理、创新创业、新消费等不同领域青年代表发言。各界青年代表100余人参加。

是日，周志军主持召开全区“五一”假期安全防范工作会议，听取全区安全生产、防汛抗旱工作情况汇报，安排部署“五一”前后应急值守等工作。

5月

1日，天心区召开自建房排查整治工作调度会议。传达学习习近平总书记、李克强总理重要指示批示精神，部署自建房排查整治相关工作。周志军主持会议。

4—5日，吴新伟带队到长沙理工大学（云塘校区）、暮云街道高云安置小区、裕南街街道、城南路街道督查房屋安全隐患排查整治工作。

4日，周志军带队到坡子街街道西湖路南墙湾巷、金盆岭街道天剑路轻院路等地督查居民自建房安全隐患排查整治工作。

9日，湖南省长株潭一体化事务中心主任吴小月到天心区调研长株潭都市圈建设情况，并召开座谈会。

10日，何朝晖到天心区新开铺街道、暮云街道督导自建房安全隐患排查整治工作。

13日，天心区委人才工作会议召开。现场首批重点特色产业人才获得证书；“政用产学研”党建共同体、创新联合体揭牌。长沙市委组织部副部长、市委人才工作局局长、市委人才办常务副主任易敏华，吴新伟等120余人参加。

16日，湖南省政协主席、党组书记到天心区调研“促进湘菜产业发展”工作。

17日，吴新伟主持召开专题会议，调度推进暮坪湘江特大桥、新韶山南路（西湖—昭山）重点建设项目。周志军等区领导，市城发集团党委副书记、监事会主席、长沙城投董事长吴海东，长沙城投副总经理、项目公司执行董事黄小林等参加。

18日，长沙市委常委、市政府常务副市长彭华松到天心区督导高校周边自建房安全整治工作。

22日，长沙市政协主席、党组书记陈刚到天心区调研“历史文化街区串联整合”工作开展情况。

24日，吴新伟带队到南托街道、暮云街道开展巡河巡林并督查防汛备汛、“十年禁渔”工作。

是日，天心区举行法治副校长选聘任职大会，151名政法干部应聘兼任237所中小学、幼儿园的法治副校长（园长）。

31日，湖南省委副书记、省长毛伟明一行到天心区仰天湖桂花坪小学慰问全体师生，并参加相关活动。

6月

1日，全国人大常委会原副委员长、中国关心下一代工作委员会主任顾秀莲带队到天心区调研关心下一代体系和能力建设工作。吴新伟、周志军等参加。

6日，长沙市天心区应急管理综合行政执法局揭牌成立。

12日，周志军与到访的内蒙古自治区乌海市海勃湾区委副书记、区长崔洪波就两地区域合作举行洽谈。海勃湾区委常委、副区长苏都毕力格，天心区政府副区长刘正文，以及两地区政府相关部门负责人参加。

14日，天心区在黄兴南路步行街中心广场举行“6·14”全国信用记录关爱日主题宣传活动暨“五一信用示范商圈”建设启动仪式。开启“五一信用示范商圈”建设。

17日，文树勋率市人大常委会组成人员集中视察长株潭交通一体化规划与重点项目建设情况。在天心暮坪湘江特大桥项目、新韶山南路项目现场，详细了解项目施工进度和技术工艺等情况。

27日，吴新伟到南托街道、暮云街道调研巩固拓展脱贫攻坚成果与乡村振兴有效衔接工作，并进入脱贫监测户家中看望慰问交流。

7月

11日，湖南省政协到天心区调研“稳经济、惠民生、保安全”工作。

13日，吴桂英到天心区坡子街街道、金盆岭街道调研“两新”组织和社区党建工作。吴新伟、周志军参加。

14日，辽宁省政协副主席陈向群一行12人到天心区调研都市圈一体化建设情况。

26日，天心区邀请中国工程院院士、长沙理工大学公路养护技术国家工程研究中心主任郑健龙，市高层次人才、区重点特色产业人才、区重点企业人才代表参加“以产聚才以才兴产”半年度工作情况通报会暨项目观摩活动。吴新伟等参加。

26日，天心区召开“清廉天心”建设现场观摩推进会，集中观摩部分清廉单元建设，研究部署下阶段“清廉天心”建设工作。吴新伟等100余人参加。

8月

17日，区人大常委会召开年度评议政府专项工作动员会议。

23日，天心区危房改造重建项目开工仪式在城南路街道里仁坡2、3、4栋危房重建项目现场举行。吴新伟出席并宣布项目开工。

24日，邵阳县委书记袁胜良率考察团到天心区，实地考察园区发展、美丽宜居村庄建设等情况。双方就产业合作、人才推广、就业对接、乡村振兴亮点打造等工作展开交流。

9月

5日，吴桂英先后到天心区太平老街、长沙文和友海信店检查督导安全生产工作。

是日，天心区委、区人民政府举办“爱心天心·慈善同行”公益慈善大会。启动发布“爱心天心·幸福家”危房援建慈善项目。年度“爱心天心”公益慈善爱心企业在活动现场获荣誉牌匾。

6日，文树勋率队到天心区督查贯彻落实中央人大工作会议精神情况。

7日，湖南大数据交易所文化大数据交易中心上线暨高峰论坛活动在天心经开区湖南大数据交易所举行。湖南大数据交易所和文化大数据交易中心与IP方、内容创作方、实业方、技术方、销售方等6方代表签约，首批生态合作单位50家。

15日，中国电信天翼云中南数字产业园项目（1期）C1栋运维中心在天心经开区完成主体结构封顶。

18日，长沙市委常委、统战部部长刘汇到天心区湖南省农业发展银行宿舍楼、湘凯石化大厦检查消防安全与燃气安全工作。吴新伟、厉波、许波等参加。

19日，天邵新经济创新产业（飞地）园在邵阳县揭牌成立。

21日，天心区召开安全生产集中攻坚工作会议，部署安全生产大检查“百日攻坚”、高层建筑消防安全整治、深化居民自建房安全专项整治等工作。

10月

10日，天心区组织开展“百街千巷”环境综合整治现场观摩，督查辖区街巷环境综合整治成果，安排部署下阶段工作。

是日，周志军听取当前相关重点工作情况汇报，对下阶段工作进行部署。

16日，吴新伟主持召开区委理论学习中心组集体学习讨论会议暨区委常委会会议，传达学习习近平在中国共产党第二十次全国代表大会上报告精神，研究部署学习宣传贯彻措施。区四大家领导班子成员参加。

19日，吴新伟、周志军走访湖南财信金融控股集团有限公司，与财信金控党委副书记、副董事长、总经理曾若冰等就项目建设、服务需求保障方面交流座谈。

20日，吴新伟到南托街道、先锋街道督查安全生产及森林防火工作。

是日，天心数谷一期项目首栋单体建筑（1#~2#栋）在天心经开区完成主体结构封顶。

25日，天心区在区机关三楼大会议室召开传达学习中共二十大精神会议。印发《贯彻二十大决战四季度全力推进经济社会高质量发展工作方案》。吴新伟主持会议。

26日，天心区残联第五次代表大会召开，选举产生新一届区残联主席团委员和出席长沙市残联第七次代表大会代表。

30日，天心区在华融湘江银行营业用房项目现场举行重大项目集中竣工活动。全区集中竣工重大项目69个，总投资约92.7亿元。

31日，天心区举行第二届长沙企业家日暨“商汇天心”政企恳谈会。30余名民营企业家代表参加。7位企业代表以“落实中共二十大精神，凝心聚力助推天心高质量”为主题说思路、谈困惑、提建议，为天心经济社会发展出谋划策。

是日，2022中国（长沙）新消费城市峰会及长沙新消费研究院授牌仪式举行。长沙新消费研究院由湖南省商务厅指导、长沙市商务局与天心区人民政府共同发起。湖南省商务厅党组副书记谭平，长沙市副市长、市工商联主席康镇麟共同为长沙新消费研究院授牌。设立专项新消费产业基金。

11月

1日，“长沙商标品牌建设大家谈”网红经济品牌专题活动在天心区举行。长沙市中级人民法院知识产权法庭、长沙知识产权保护中心、商标领域行业专家、长沙市网红经济品牌及老字号企业代表等40余人现场交流，共同探讨如何建设保护长沙网红商标品牌。

2日，天心区第二届市域社会治理论坛在金盆岭街道赤岭路社区举行。长沙市委政法委常务副书记、市平安办主任闵文，天心区委常委、政法委书记刘向，各领域专家学者，区直相关部门、各街道政法工作负责人，以及社区和社会组织代表等参加。

7日，学习贯彻中共二十大精神省委宣讲团报告会在天心区机关三楼大会议室召开，全区各级负责人210余人参加。

9日，中央宣讲团成员、湖南省委书记、省人大常委会主任张庆伟到天心区暮云街道莲花村宣讲中共二十大精神。

是日，周志军到长沙城市发展集团有限公司机场迁建公司就相关工作进行对接。

是日，周志军主持召开天心区学校建设工作调度会议，研究师大附中双语幸福小学、长沙润悦房地产开发有限公司配套学校、长沙市一中城南中学（初中部）建设等工作。

10日，毛伟明到天心区实地调研丽江路过京广铁路涵洞拓改工程。

11日，天心区区域化党建“树旗扎根”行动暨推动城区医疗集团建设“天心区柔性引进医疗专家团队工作室”揭牌仪式在坡子街街道卫生服务中心举行。长沙市委组织部、市卫健委、第三医院及天心区有关负责人参加活动。

12日，天心区举办“贯彻二十大、奋进新征程”同心运动会，区委统战部、区工商联、各民主党派区工委、区知联会、区新阶服务团、区侨联等10支代表队参赛。

15日，天心区举行学习贯彻中共二十大精神宣讲报告会。吴新伟作宣讲报告，周志军主持报告会。

16日，“天心红”“一站式”人才政务服务平台在区政务服务大厅启动。人才认定、政策扶持、入职落户、婚育医疗、住房保障5大服务主体涵盖36

个高频服务事项实现“一窗通办、一次办好”。

17日，天心区学习贯彻二十大精神基层党校“第一课”开讲。吴新伟、长沙市委党校副校长刘国杰主讲。主会场设在青园街道，其他13个街道分会场通过网络直播开展同步学习。

是日，周志军走访辖区湖南至名品牌管理有限公司、长沙酷哇研究院，了解企业需求，提升服务质效，助推企业发展。

18日，湖南省政协民族和宗教委员会分党组书记、副主任邓文华，省政协提案委员会分党组成员、副主任聂爱萍到天心区玉泉寺调研周边停车难及环境优化问题。

26日，天心区学习贯彻中共二十大精神集中轮训第一期研讨班开班。吴新伟作动员讲话。周志军主持开班仪式。全区各级负责干部210人参加。

30日，天心区人民政府与湖南省湘水集团有限公司战略合作签约仪式举行。

是日，罗定豪代表区监委向区六届人大常委会第十次会议作《关于协同开展政法队伍教育整顿工作情况的报告》。这是区监委首次向区人大常委会报告专项工作。

12月

5日，中共天心区委六届三次全体会议在区机关三楼大会议室召开。听取和讨论区委常委会工作报告，审议通过《中共长沙市天心区委关于深入学习宣传贯彻党的二十大精神为全面建设社会主义现代化新天心而团结奋斗的决定》《中国共产党长沙市天心区第六届委员会第三次全体会议决议》。

13日，湖南大数据交易所文化大数据交易中心（简称“湖南文数交”）与文悟、吾本熊元宇宙、GGAC银河画廊、保利当代艺术、上海青石幻城、元象星球、隐元数艺、iCloser加密社交元宇宙、数元Meta九大平台联盟正式签约，共建生态合作关系，成为湖南文数交“文悟链联盟成员会员”。

16日，吴新伟带队到全区15个重点项目现场集中观摩项目建设情况、交流经验做法。区委、区人大常委会、区政府、区政协全体在家班子成员，区法检两长，各区属单位、街道主要负责人参加观摩讲评。

26日，天心区第六届人民政府第二次全体（扩大）会议召开。审议通过《政府工作报告（审议稿）》。

29日，华光源海国际物流集团股份有限公司在北京证券交易所上市，是天心区首家登陆北交所的民营企业。

31日，天心区委经济工作会议召开。总结分析2022年经济工作及当前经济形势，安排部署2023年经济工作。吴新伟出席会议并讲话。

区情概览

自然地理

【区域位置】 天心区位于湖南省省会长沙市城区南部，前身为南区，后得名于长沙城著名地标天心古阁。区域范围东以黄兴路、芙蓉中路、韶山路为界，与芙蓉区、雨花区交界，南至暮云，与湘潭昭山示范区毗邻；西邻湘江，以湘江主航道中心线为界，与岳麓区隔江相望；北抵五一路，与开福区接壤。辖区总面积137.34平方千米，湘江岸线天心段长32千米，具有滨江（湘江）、邻洲（橘子洲）、望岳（岳麓山）的独特优势，是长沙“山水洲城”魅力的最佳展示区域。区政府机关驻地湘府中路298号。

（区档案馆）

【地质地貌】 天心区处于湘中丘陵向洞庭湖平原过渡地带，地域呈南北长、东西窄的地理走向，南北长20余千米。地形呈波状起伏，地势南北低、中部为丘陵地带，略高，由东向西略斜，西部地势平坦。由于长期风雨侵蚀，形成红土岗地，地质呈酸性。全区成土母质以板页岩风化物为主（占48.8%），其次为第四纪红土，沙砾岩则集中分布于桂花坪、青园等丘陵地带，土质肥沃的水稻土集中于大托铺街道临江的5个村。鹅洲和兴马洲为湘江上独立的沙洲，特别是京广线以西湖区湘江沉积扇上，适宜于多种农作物的生长。

（区档案馆）

【水文气候】 天心区地处北部亚热带暖湿区域，具有四季分明、春温多变、夏秋多晴、严冬期短、暑热期长的典型内陆季风性湿润温和气候的特点。年平均气温17.2℃，冬季平均气温4.6℃，夏季平均气温29.5℃。年平均日照1730小时，年平均无霜期275天左右，年平均降水量1420毫米。区域内淡水资源丰富，防御自然灾害能力较强，发展经济条件十分便利。南部120平方千米的天心生态新城，山体植被保护良好，空气清新、环境怡人，是全国生态示范区。

（区档案馆）

人口 民族

【人口】 2022年，天心区年末人口总户数20.71万户，户籍人口数53.81万人，常住人口87.17万人，出生率6.28‰，死亡率7.43‰，人口自然增长率-1.15‰，常住人口城镇化率99.1%。

（区统计局）

【民族】 天心区是少数民族散居地区，截至2022年12月31日，天心区有少数民族人口5.4万人，涉及48个族别，少数民族户籍人口2.3万人、流动人口3.1万人。其中人数较多的少数民族有土家族、苗族、侗族、瑶族、回族、满族、壮族、白族、蒙古族、彝族。

（区民宗局）

建置 区划

【中华民国时期】 1927年，国民党执政当局实行“五家挨户联法”，以五家为一联，二联为一牌，十牌为一甲。南区有47个团、区，团为军政合一建制，此建制延伸至1933年建市。1934年，长沙城内设4个区，城南区为第二区，6月成立第二区区公所，驻地朗公庙（今朗公街）。辖4个坊、15个保。1938年，长沙市废除区、坊、保、甲四级，改为镇、保、甲三级建置，城南区改为黄道镇、礼贤镇、天心镇。11月“文夕”大火后，长沙市政府裁撤，原范围归属长沙县管辖，城区分城南、城北两镇。1942年年初，恢复长沙市政府后，城区划为城东、城西、城南（镇址在鳌山庙）、城北、城中（镇址在火药局）5镇。

1944年1月，镇、乡改区，长沙市划为东、南、西、北、会春、文艺、金盆、岳麓8区。抗日战争胜利后，城南恢复区建置，辖8个保。1947年2月，扩充为14个保、453个甲，后调整为292个甲。此建置直至长沙解放。

（区档案馆）

【中华人民共和国成立后】 1949年8月5日，长沙和平解放，市人民政府派军代表接管城南区警察分局及下设四、五、六分驻所。8月26日，成立城南区公安分局。27日，市接管国民政府城南区公所。9月，撤销旧区公所，成立城南区人民区公所，所址在下黎家坡。1950年6月，全区废除原3个公安分驻所、14个保、292个甲，按地域成立城南路、天心阁、西湖路、社坛街、灵官渡、楚湘街、织机街7个居民委员会。1950年9月，金盆区南大十字路（后更名为南大路）和裕南街2个居民委员会划归南区。1951年5月，南区织机街居民委员会划属东区，西湖路居民委员会划属西区。1952年，7个居民委员会均改为街道人民代表大会常务委员会办事处，次年改称街道办事处。1954年，区域调整。全区设南大路、新兴路、裕南街、天心阁、楚湘街、城南路、灵官渡7个街道办事处。1955年5月，城南区人民政府改称城南区人民委员会。1960年4月，区人民委员会撤销，成立长沙市妙高峰人民公社，驻地席草田7号，下辖8个分社（含1个农业分社）。1961年9月26日，妙高峰人民公社撤销，恢复城南区人民委员会。1968年9月，成立南区革命委员会，取代城南区人民委员会。1980年10月28日，撤销南区革命委员会，成立南区人民政府。1996年7月10日，南区更名为天心区，辖9街1镇、68个社区居委会、12个村委会。2012年7月10日，区委、区政府决定对部分街道行政区划调整：撤销坡子街街道、学院街街道、书院路街道，合并组建新的坡子街街道；将原金盆岭街道析置为金盆岭街道和赤岭路街道；将原新开铺街道析置为新开铺街道和文源街道；撤销大托镇，析置为黑石铺街道、大托铺街道和先锋街道。至此，天心区由原来的9街1镇调整为坡子街、城南路、裕南街、金盆岭、赤岭路、新开铺、文源、桂花坪、青园、黑石铺、大托铺、先锋12个街道办事处。2015年1月15日，长沙市政府决定将长沙县暮云街道和南托街道划入天心区，天心区所辖街道办事处由12个增至14个。2016年，根据全市统一部署，全区开展合并村工作。2022年年末，天心区有14个街道：坡子街、城南路、裕南街、金盆岭、赤岭路、新开铺、文源、桂花坪、青园、黑石铺、大托铺、先锋、暮云、南托，下辖87个社区、12个村。

（李丹旦）

经济社会发展

【概况】 2022年，天心区实现地区生产总值（GDP）1302.16亿元，比2021年增长4.9%。分产业看，第一产业实现增加值1.35亿元，下降8.9%；第二产业实现增加值407.91亿元，增长5.8%；第三产业实现增加值892.90亿元，增长4.5%。第一、二、三产业分别拉动GDP增长0个、1.7个和3.2个百分点，三次产业对GDP增长贡献率分别为-0.2%、35.1%和65.1%。第一、二、三产业增加值占地区生产总值的比例分别为0.1%、31.3%和68.6%。

一般公共预算收入158.08亿元，比2021年增长2.5%；其中，地方一般公共预算收入70.48亿元，增长4.9%。一般公共预算支出77.90亿元，增长1.2%。

天心区城镇新增就业14486人，失业人员再就业8138人，就业困难对象再就业1792人；年末城镇登记失业率1.59%，零就业家庭100%动态清零；新增农村劳动力转移就业388人。

【农业】 2022年，天心区实现农林牧渔业增加值1.41亿元，比2021年下降8.8%；其中，农林牧渔服务业增加值0.06亿元，下降6.0%。

【工业和建筑业】 2022年，天心区全部工业增加值比2021年增长6.7%；其中，规模以上工业增加值增长6.6%。

天心区具有建筑业资质等级的独立核算企业76家；其中，特级4家、一级45家。全年完成建筑业总产值1596.42亿元，比2021年增长10.6%；实现建筑业增加值267.57亿元，比2021年增长5.3%。

【固定资产投资】 2022年，天心区完成全社会固定资产投资比2021年增长9.1%。全区计划总投资超过5000万元的在库项目（不含房地产开发）83个，完成投资占固定资产投资总额的51.5%。

天心区全年房地产开发投资比2021年增长13.7%；商品房

2022 年天心区行政区域情况一览表

表 1

街道名称	单位合计（个）	其中：社区居民委员会（个）	其中：村民委员会、管委会、经济合作社（个）	社区居民委员会名称	村民委员会、管委会名称	面积（平方千米）
坡子街	11	11	—	八角亭 西牌楼 太平街 坡子街 登仁桥 文庙坪 碧湘 西湖 青山祠 创远 楚湘	—	2.60
城南路	8	8	—	白沙井 吴家坪 古道巷 燕子岭 天心阁 熙台岭 工农桥 城南中路	—	1.29
裕南街	11	11	—	杏花园 仰天湖 石子冲 裕南街 东电 宝塔山 长坡 向东南 东瓜山 南站 火把山	—	7.08
赤岭路	7	7	—	白沙花园 新丰 芙蓉南路 书院路 广厦新村 南大桥 猴子石	—	
金盆岭	6	6	—	夏家冲 赤岭路 狮子山 黄土岭 涂新 天剑	—	4.86
新开铺	5	5	—	新天 豹子岭 木莲 桥头 新开铺	—	7.07
文源	5	5	—	天鸿 状元坡 文源 梅岭 金汇	—	
桂花坪	6	6	—	新园 桂庄 九峰苑 金桂 银桂苑 丹桂	—	5.75
青园	5	5	—	青园 友谊 井湾子 湘园 康园	—	3.73
黑石铺	5	4	1	一力 黑石铺 创谷 铭安	披塘村	9.46
大托铺	4	—	4	—	黄合村 兴隆村 桂井村 大托新村	23.72
先锋	5	4	1	南城 嘉和 新宇 尚双塘	新路村	7.73
南托	9	6	3	牛角塘 融城 南托岭 南鑫 北塘 欣南	沿江村 牛角塘村 滨洲新村	64.05
暮云	12	9	3	云塘 暮云 华月湖 花园岭 卢浮 丽发 怡海 弘高 高云	莲华村 许兴村 暮云新村	
总计	99	87	12	—	—	137.34

（资料来源：区民政局、区资规分局）

销售面积109.10万平方米，下降17.9%；其中，住宅销售面积93.96万平方米，下降18.3%。商品房销售额120.11亿元，下降21.8%；其中，住宅销售额104.32亿元，下降21.8%。

【国内贸易、商务和招商引资】 2022年，天心区社会消费品零售总额465.96亿元，比2021年增长0.6%，占全市社会消费品零售总额比例为8.9%。按行业分，批发业实现零售总额46.83亿元，增长7.0%；零售业实现零售总额350.99亿元，增长0.3%；住宿业实现零售总额4.63亿元，增长4.1%；餐饮业实现零售总额63.52亿元，下降2.2%。

天心区限额以上批发和零售业单位商品零售额比2021年下降8.8%。分类别看，粮食、食品类零售额比2021年增长14.3%；服装、鞋帽、针纺织品类下降13.9%；日用品类增长14.5%；家用电器和音像器材类下降41.5%；石油及制品类增长29.1%；汽车类下降3.4%。

天心区全年内外资招商项目（企业）208个，实际利用外资0.75亿美元，比2021年增长26.3%；实际到位省外境内资金278.07亿元，增长12.4%。

【教育和科学技术】 2022年，天心区拥有普通中学20所（含九年一贯制学校4所）、中等职业教育学校7所、普通小学54所（含教学点1个）、幼儿园162所。普通中学在校学生37023人，教职工3473人；中等职业教育学校在校学生8603人，教职工835人；普通小学在校学生62384人，教职工3005人；幼儿园入托儿童32648人，幼师5174人。全区小学生毕业合格率达100%。

天心区全年实现高新技术产业增加值比2021年增长12.7%。专利授权3184件，下降4.4%；其中，发明专利授权1112件，增长19.2%；有效发明专利拥有量4314件，增长25.9%。

【文化、体育和卫生】 2022年，天心区共有非物质文化遗产项目资源39个，非遗展示中心1个，文化馆1个，公共图书馆15个（其中，24小时自助图书馆9个），街道文化站14个，示范性街道综合文化站97个，示范性社区（村）综合文化服务中心97个。

开展全民健身项目812项次，全区全民健身运动参加人数达72万人次。全年发展社会体育指导员75人，年末拥有各级社会体育指导员3750人、健身辅导站14个、公共体育场地1547个。

全区拥有医疗卫生机构520个；其中，疾控中心1个、妇幼保健所1个、社区卫生服务中心14个、社区卫生服务站66个、驻区企事业单位医疗机构35个。全年建立电子健康档案746084份，建档率达到89.2%。管理65岁以上常住居民46731人，高血压、糖尿病规范管理人数分别为29067和11164人，慢性病规范化管理率均达63.0%以上。区级注册卫生技术人员9100人，比2021年增加699人；其中，医生3660人，比2021年增加143人；护师护士5440人，比2021年增加556人。

【环境保护和安全生产】 2022年，天心区环保共审批建设项目10件。全年空气质量优良率达到84.9%，优良天数为310天。

全年因各类生产安全事故死亡8人；其中，生产经营性道路交通事故死亡6人；建筑施工行业死亡2人。亿元GDP各类安全事故死亡人数0.006人。

【人民生活和社会保障】 2022年，天心区年末人口总户数为20.71万户，户政人口数为53.81万人，常住人口数为87.17万人；出生率为6.28‰，死亡率为7.43‰，人口自然增长率为-1.15‰，常住人口城镇化率为99.1%。城镇居民人均可支配收入69985元，比2021年增长4.9%，高于全市平均水平4795元。

全区城市低保对象24524户次、34144人次，累计发放低保金、物价补贴、过节费等2168.01万元；农村低保对象4255户次、7310人次，累计发放低保金、物价补贴、过节费等440.15万元；申请廉租房及廉租房补贴228户。全年共发放城乡困难居民医疗救助金239.80万元、858人次；特困供养3586户次、3659人次，供养资金371.86万元；发放优抚金2364.50万元，接待各类退役军人来信来访1341人次；新建14个居家养老服务中心。（戴　娟）

中共天心区委员会

综　述

【概况】　2022年，长沙市天心区委以习近平新时代中国特色社会主义思想和中共二十大精神为指导，团结带领全区上下全面落实“三高四新”战略定位和使命任务、奋力落实“强省会”战略，建设“智慧天心、融城核心”，各项工作取得新进展新成效。

【政治建设】　2022年，天心区委坚持把政治建设摆在首位，引领广大党员干部忠诚拥护“两个确立”、坚决做到“两个维护”。召开常委会会议37次，坚持“第一议题”制度学习习近平重要讲话指示批示精神；深入学习《习近平谈治国理政（第四卷）》，高标准组织“强省会”战略“安全生产”“意识形态”等中心组学习15次。深入开展科级领导班子政治建设情况、运行情况考察，不断提升班子队伍政治能力。坚定不移深化政治巡察，强化巡察整改和成果运用，推动巡察监督、整改、治理有机贯通。严格执行请示报告制度。以“党建聚合力”工程为统揽，出台融合党建19条举措；深化党建引领小区治理，成立小区党支部257个、楼栋党小组648个，基本实现党的工作在小区全覆盖；提升“两新”组织“两个覆盖”质量，“两新”组织党的组织覆盖率达75.27%；深入推进党员分类管理，首创不合格党员“三上三下”界定标准；在自建房安全整治等重大任务中发出“动员令”“倡议书”，全区1306个基层党组织3万余名党员积极投身大战大考，让党旗始终在基层一线高高飘扬。

【学习宣讲】　2022年，天心区委组织全区收听收看中共二十大大会盛况直播，发挥领学促学作用，先后召开区委常委会会议、全区负责干部大会、区委理论学习中心组集体学习等，专题传达学习中共二十大精神。举办中共二十大精神科级以上干部集中轮训，引导各级党员干部进一步筑牢思想理论根基。11月9日，中央宣讲团成员、湖南省委书记、省人大常委会主任张庆伟到该区暮云街道莲华村调研并宣讲，推动中共二十大精神在基层落地生根、开花结果。开展中共二十大精神进机关、进园区、进企业、进社区、进农村、进校园活动，组建50余人的区委宣讲团开展基层宣讲，创新开展“基层党校”教育培训，持续打造“理论轻骑兵一线微宣讲”品牌，累计开展报告会15场、一线微宣讲450余场次。制定下发《中共长沙市天心区委关于深入学习宣传贯彻党的二十大精神为全面建设社会主义现代化新天心而团结奋斗的决定》，将中共二十大精神转化为天心区具体发展思路、目标要求和任务举措，对标对表、狠抓落实。

【经济发展】　2022年，天心区地区生产总值比2021年增长4.9%，固定资产投资比2021年增长9.1%，获省政府真抓实干督查激励；地方一般公共预算收入比2021年增长4.9%，规模以上工业增加值比2021年增长6.6%，高新产业增加值、文化产业营收、服务业增加值增速等指标均居市内城区前列。新消费获省委书记、外交部发言人特别推荐，夜经济影响力排名全国第一；亿元楼宇达到22栋，全市最多；上市企业增至8家，市值占全省近20%、全市近30%；全省6个“独角兽”企业中，天心区占2个，分别为湖南茶悦文化产业发展集团有限公司、湖南文和友文化产业发展集团有限公司，估值分别为31亿美元、15.5亿美元。在全国高质量发展百强区中排名第52位、比2021年提升8个位次。

【城市品质提升】 2022年，天心区新一轮“三区三线”（“三区”即城镇空间、农业空间、生态空间三种类型的国土空间；“三线”分别对应在城镇空间、农业空间、生态空间划定的城镇开发边界、永久基本农田、生态保护红线三条控制线）划定取得重大成果，城镇开发边界由74平方千米拓展至110.4平方千米，解放垸—大托片区永久基本农田全部调出，机场搬迁基本完成，城区发展空间进一步拓展。完成“天心大道”更名，打造新的城区发展中心轴。千亿体量的八大片区城市更新全面启动。“智慧天心城市运营指挥中心”基本建成，打造五位一体城市运营指挥体系。开展市容环境全域提升达标“十大行动”和“百街千巷”综合整治，实施乡村振兴八大专项行动，品质城区建设扎实推进。

【营商环境】 2022年，中共天心区委打造营商环境“首善之区”，打造企业诉求“一站式”办理平台，建立1189家企业信息库，78家单位在线全流程、闭环办理企业诉求。率先在全省创建“无证明园区”“信用示范商圈”，投资竞争力排名全国百强区第40位，居全省第1位。

【民生福祉】 2022年，天心区八成以上公共预算支出用于民生事业。全年未发生较大及以上生产安全事故，连续18年保持全省“平安县市区”称号。深化“爱心天心”帮扶工程，举办“爱心天心”公益慈善大会，募集资金4270万余元，全部用于危房援建等关怀项目。（张雨玲）

重要会议

【年度务虚会暨经济工作会议】 2022年1月12日，天心区委在区机关三楼大会议室召开2022年务虚会暨经济工作会议。会议学习贯彻中共十九大和十九届中央历次全会精神、习近平对湖南重要讲话重要指示批示精神、省第十二次党代会、市第十四次党代会和区第六次党代会精神，全面落实中央、省委、市委经济工作会议精神，总结2021年经济工作并分析经济形势。区委书记吴新伟出席会议并讲话。区委副书记、区长周志军对2022年经济工作作出具体部署。

2022年1月12日，2022年中共天心区委经济工作会议在区机关三楼大会议室召开 （杨威 摄）

【区委六届二次全体（扩大）会议】 2022年1月14日，中共天心区委六届二次全体（扩大）会议在区机关三楼大会议室召开。吴新伟作大会报告。周志军主持会议。讨论通过长沙市出席党的二十大代表候选人推荐人选建议名单。区委委员、候补委员，不是区委委员、候补委员的区四大家领导班子成员，天心经开区领导班子成员，区法院院长、区检察院检察长，区纪委监委、区直机关各单位、各双重领导和垂直管理单位党政主要负责人，街道党政主要负责人，区党代表中的部分基层一线代表、企业家代表参加。

【项目建设暨“狠抓落实年”工作动员大会】 2022年2月7日，天心区委在湖南省人民会堂召开2022年项目建设暨“狠抓落实年”动员大会。宣读《2021年度省政府真抓实干、市政府创新实干工作天心区获奖名单》《关于2021年11—12月份及年度重大项目建设攻坚行动考评结果的通报》《关于天心区2021年全国文明典范城市创建工作先进单位的通报》《关于2021年度全区“十大基层治理标兵”和“十大维护稳定尖兵”的通报》；现场表彰湖南省真抓实干奖、长沙市创新实干奖获奖单位，区“八个一批”优胜单位，区2021年创建全国文明典范城市工作先进单位，2021年度“基层治理标兵”“维护稳定尖兵”单位。吴新伟，周志军等区四大家全体班子成员，园区、区直机关各单位、各双重领导和垂直管理单位，各街道党政主要负责人，以及部分一线“两代表一委员”590余人参加会议。

【天心区党建工作会议】 2022年3月16日，天心区委召开党建工作会议，吴新伟出席会议并讲话，周志军主持会议。区委副书记、统战部部长叶妙，区人大常委会党组书记、主任黄文先，区政协党组书记、主席张界贻，天心经开区党工委书记曾红鹰，区领导厉波、刘向、许波、洪孟春、张建、张浩平、罗定豪、朱云辉参加。会议以“多会合一”的形式，对党办、组织、宣传思想、统战、政法和机关党建工作进行系统部署。

【天心区强省会战略推进会议召开】 2022年4月24日，天心区委在区机关三楼大会议室召开奋力实施“强省会”战略推进会议，动员全区上下以“时不我待、只争朝夕”的姿态，勇担发展使命、彰显担当作为。会议传达省委实施“强省会”战略暨长株潭都市圈建设推进会议精神，省委、省政府关于实施“强省会”战略支持长沙市高质量发展的若干意见文件精神，长沙市奋力实施“强省会”战略推进大会精神，以及市委十四届三次全体会议精神，并对天心区“强省会”战略领导小组及责任清单等进行解读。会上，天心经开区、坡子街街道、桂花坪街道、暮云街道代表分别作表态发言。吴新伟、周志军、叶妙、黄文先、张界贻、曾红鹰，全区副县级以上领导干部，区直各部门、部分双重领导和垂直管理单位，以及各街道党政主要负责人等210人参加。

【传达学习中共二十大精神大会】 2022年10月25日，天心区委召开传达学习中共二十大精神大会。吴新伟主持会议，并传达习近平总书记在二十届中央政治局常委同中外记者见面时的重要讲话精神，以及省市有关会议精神。周志军传达党的二十大精神，黄文先、张界贻、曾红鹰，以及区委、区人大常委会、区政府、区政协全体班子成员、区法检两长、天心经开区全体班子成员等全区副县级以上领导干部，区直机关各单位、各街道主要负责人参加会议。会议印发《贯彻二十大决战四季度全力推进经济社会高质量发展工作方案》。

【区委六届三次全体会议】 2022年12月5日，中共天心区六届委员会第三次全体会议召开。全会听取和讨论区委常委会工作报告，审议并通过《中共长沙市天心区委关于深入学习宣传贯彻党的二十大精神为全面建设社会主义现代化新天心而团结奋斗的决定（讨论稿）》（简称《决定》）、《中国共产党长沙市天心区第六届委员会第三次全体会议决议》。全会由区委常委会主持，吴新伟受区委常委会委托向全会作工作报告并讲话，周志军就《决定》向全会作起草说明。

【区委经济工作会议】 2022年12月31日，天心区委经济工作会议在机关三楼大会议室召开。学习贯彻中共二十大精神和中央经济工作会议精神，落实省委、市委经济工作会议精神，总结2022年经济工作，分析经济形势，部署2023年经济工作。吴新伟出席会议并讲话，周志军部署2023年经济工作。

【区委常委会会议】2022年，中共天心区委常委会共召开会议37次。

1月6日，第1次区委常委会

2022年10月25日，天心区在区机关三楼大会议室召开传达学习中共二十大精神大会 （杨 威 摄）

会议召开。传达学习习近平总书记近期重要讲话、指示批示精神及省委书记、省人大常委会主任张庆伟在中南大学宣讲中共十九届六中全会精神的报告精神，审议《天心区关于进一步优化招商引资工作的若干意见（送审稿）》和《2022年天心区精准招商“三派”工作方案（送审稿）》，审议《天心区2022年重大项目投资计划（送审稿）》；听取2021年度安全生产工作情况汇报。

1月14日，第2次区委常委会会议召开。传达学习习近平总书记近期重要讲话、指示批示精神，传达学习张庆伟和省委副书记、省长毛伟明在省委经济工作会议上的讲话，省委常委、长沙市委书记吴桂英在市委经济工作会议上的讲话精神。

1月25日，第3次区委常委会会议召开。研究干部人事工作。

1月28日，第4次区委常委会会议召开。传达学习长沙市委有关文件精神，传达学习《中国共产党纪律检查委员会工作条例》，研究审议《天心区2022年项目建设暨“狠抓落实年”工作动员大会方案（送审稿）》《关于进一步强化狠抓落实提升效能的若干措施（送审稿）》《长沙市天心区2022年重大项目建设攻坚行动方案（送审稿）》《长沙市天心区2022年经济工作十大行动方案（送审稿）》《长沙市天心区2022年经济工作考核办法（送审稿）》《长沙市天心区重大项目建设攻坚行动领导小组关于2021年11—12月份及年度重大项目建设攻坚行动考评结果的通报（建议名单）（送审稿）》及相关表彰通报；审议区六届人大常委会2022年工作要点（草案）、区六届人大二次会议筹备工作方案（草案），研究2021年区人大代表票决民生实事项目完成情况，审议《2022年人大代表票决民生实事候选项目（送审稿）》《天心区2021年国民经济和社会发展计划执行情况及2022年国民经济和社会发展计划草案的报告》《长沙市天心区2021年财政预算执行情况和2022年财政预算草案的报告（送审稿）》《关于天心区2022年财政预算安排情况汇报》，听取全区宣传思想文化工作情况汇报。

2月10日，第5次区委常委会会议召开。传达学习习近平总书记近期重要讲话、指示批示精神，传达学习《关于加强和改进新时代市县政协工作的意见》文件精神，研究审议《政协长沙市天心区委员会2022年工作要点（送审稿）》，传达学习张庆伟在全省党史学习教育总结会议上的讲话精神，传达学习《关于加强新时代廉洁文化建设的意见》的通知，听取区纪委六届二次全会暨全区党风廉政建设和反腐败工作会议相关情况汇报。

2月24日，第6次区委常委会会议召开。传达学习习近平总书记近期重要讲话、指示批示精神，传达学习《党委（党组）落实全面从严治党主体责任规定》《中共长沙市委关于市委常委班子党史学习教育专题民主生活会情况的通报》，传达学习《关于巩固全国政法队伍教育整顿成果推进全面从严管党治警的意见》的通知，传达学习省委办公厅、省政府办公厅《关于进一步加快发展壮大农村集体经济的意见》，听取全区信访工作情况汇报，审议《天心区2022年文明典范城市创建“五大工程”实施方案》。

3月2日，第7次区委常委会会议召开。研究有关干部任职呈报事项。

3月3日，第8次区委常委会会议召开。传达学习习近平总书记近期重要讲话、指示批示精神，传达学习张庆伟在省委贯彻落实中央人大工作会议推进会上的讲话精神，传达学习习近平、赵乐际在第十九届中央纪律检查委员会第六次全体会议上的讲话和报告；审议《天心区县级领导及科级主要负责人学习贯彻党的十九届六中全会精神和省党代会精神专题读书班方案》；传达学习《关于更加有效发挥统计监督职能作用的意见》文件精神，听取全区统计工作情况汇报。

3月11日，第9次区委常委会会议召开。传达学习习近平总书记近期重要讲话、指示批示精神，审议《中共长沙市天心区委常委会2022年工作要点（送审稿）》，听取全区党办、组织（关工委）、统战（民宗）工作情况汇报并研究审议工作要点，听取全区政法（网格、综治）工作情况汇报，研究审议工作要点及网格、综治各项考评结果。

3月25日，第10次区委常委会会议召开。传达学习习近平总书记近期重要讲话、指示批示精神，张庆伟在自贸区长沙片区和湖南湘江新区调研时的讲话指示精神，传达学习党史学习教育有关文件精神，张庆伟、毛伟明关于人才工作的讲话精神及推进新时代人才强省战略有关意见精神，传达学习吴桂英和市纪委书记、监委主任胡卫兵有关讲话精神，听取贯彻落实意见汇报。审议《天心区2022年乡村振兴提速年实施方案（送审稿）》，听取全区教育工作情况汇报，审议《关于加强新时代人大工作和建设的意见（代拟稿）》，听取2022年全区干部教育培训工作情况汇报，审议《2022年天心区干部教育培训工作要点》。

4月14日，第11次区委常委会会议召开。传达学习习近平总书记4月8日在北京冬奥会冬残奥会总结表彰大会上的重要讲话精神及4月1日《求是》杂志发表的重要文章精神，传达学习习近平在参加全国两会时的有关讲话精神及地方人大审查监督有关文件精神，传达学习党内法规工作有关批示和讲话精神；听取全区一季度环保、市容环境、“12345”政务服务便民热线、食品安全工作情况汇报；研究全区绩效考核工作及全区1—2月重点工作考核结果，研究有关效能工作。

4月27日，第12次区委常委会会议召开。传达学习习近平总书记近期重要讲话及指示、批示精神，传达学习文化发展规划、文化数字化战略有关文件精神，传达学习离退休干部党的建设有关文件精神；审议《关于做好市域社会治理现代化试点评估验收工作的实施方案（送审稿）》《天心区打击整治养老诈骗专项行动实施方案（送审稿）》，传达学习全国、省市安全生产电视电话会议精神，听取安全生产工作情况汇报；审议《长沙市天心区贯彻落实第二轮中央生态环境保护督察报告整改方案（送审稿）》《天心区贯彻落实第二轮中央生态环境保护督察排水问题的整改方案（送审稿）》；听取全区征地拆迁工作情况汇报，听取全区平台公司发展建设情况汇报；审议《天心区关于促进新消费产业发展十条措施》，审议《关于在“强省会”战略中加强全区各单位中层干部队伍建设的若干激励措施（送审稿）》，并听取有关干部人事工作情况汇报。

5月6日，第13次区委常委会会议召开。传达学习习近平总书记近期重要讲话及指示精神，传达学习赵乐际在湖南调研时的讲话精神，传达学习《中共长沙市委关于奋力实施“强省会”战略全面推进高质量发展的决定》《中共长沙市委办公厅关于认真学习宣传贯彻“强省会”战略精神的通知》文件精神，传达学习《中共湖南省委办公厅 湖南省人民政府办公厅印发〈贯彻关于进一步强化安全生产责任落实坚决防范遏制重特大事故的若干措施任务分工〉的通知》文件精神，听取全区安全生产和居民自建房大排查大整治工作情况汇报，听取全区基层党组织整建提质专项行动工作情况汇报。

5月20日，第14次区委常委会会议召开。传达学习习近平总书记近期重要讲话及指示批示精神，传达学习有关人才培养文件精神，传达学习王鸿津、夏立忠、罗礼平在省市两级巡视巡察办主任培训班暨市级巡察机构在上下联动中更好发挥作用试点工作总结会议上的讲话精神，省委关于巡视巡察有关文件精神，《关于加强对“一把手”和领导班子监督的若干措施》文件精神及吴桂英、胡卫兵在巡视巡察整改工作调度推进会上的讲话精神，听取全区政法重点工作情况汇报，听取全区防汛备汛工作情况汇报，听取九峰片区城市体检与更新工作情况汇报，听取关于区国资发展集团有限公司开展AA+信用等级评定工作情况汇报。

5月27日，第15次区委常委会会议召开。传达学习习近平总书记近期重要讲话及指示批示精神，传达学习推动长江经济带发展领导小组会议精神及《中共湖南省委办公厅 湖南省人民政府办公厅关于转发〈省发展改革委关于一季度经济形势分析及下阶段工作建议〉的通知》文件精神；审议《中共长沙市天心区委长沙市天心区人民政府贯彻落实“强省会”战略的行动方案（2022—2026年）（送审稿）》《“强省会兴文化”国际文化创意建设天心区推进方案（送审稿）》《关于贯彻落实“强省会”战略推进天心政法工作高质量发展的实施方案（送审稿）》；听取2022年优化营商环境工作情况汇报，审议《关于深化全区应急管理综合行动执法改革的实施方案（送审稿）》；传达学习习近平关于精神文明建设工作的重要指示重要论述精神及全国、全省文明办主任会议和省、市文明委全会精神，听取全区文明创建工作情况汇报；听取关于进一步做好基层党组织整建提质工作情况汇报，听取古道巷、长机项目土地出让工作情况汇报；研究全区绩效考核工作。

6月6日，第16次区委常委会会议召开。研究干部人事工作。

6月10日，第17次区委常委会会议召开。传达学习习近平总书记近期重要讲话及指示批示精神，传达学习《中共湖南省委办公厅 湖南省人民政府办公厅印发〈关于加强新时代统计工作的意见〉的通知》及服务和融入新发展格局有关文件精神，传达学习党委信息办理及新时代民族工作有关文件精神，传达学习全民国防教育有关文件精神，传达学习中央、省委、市委依法治理工作会议精神，听取依法治区工作情况汇报，听取全区河长制及巩固拓展脱贫攻坚成果同乡村振兴有效衔接工作情况汇报；听取麻园塘城市更新单元（旧城改建）项目情况汇报。

6月17日，第18次区委常委会会议召开。传达学习习近平总书记近期重要讲话及指示批示精神，听取全区信访工作情况汇报，听取全区稳就业工作情况汇报；审议第二批天心区重点特色产业人才分类认定名单。

6月24日，第19次区委常委会会议召开。传达学习习近平总书记近期重要讲话、指示批示精神及省党代表会议精神，听取有关“闯创干”三型干部先进典型评选工作情况汇报。

7月15日，第20次区委常委会会议召开。传达学习习近平总书记近期重要讲话及指示批示精神，传达学习中央督导组到区督导工作指示精神，吴桂英在全市政法系统领导干部政治轮训班上的讲话精神，听取全区政法工作情况汇报，听取全区二季度安全生产、生态环境、市容环境、“12345”政务服务便民热线、食品安全工作情况汇报，听取奥谱天成长沙总部项目招商落地工作情况汇报，传达学习统计相关文件和会议精神，听取国家统计督察反馈意见整改工作情况汇报，研究有关案件工作。

7月18日，第21次区委常委会会议召开。研究干部人事工作。

7月19日，第22次区委常委会会议召开。研究干部人事工作。

7月27日，第23次区委常委会会议召开。传达学习习近平总书记近期重要讲话及指示批示精神，传达学习推进基本养老服务体系建设有关文件精神，传达学习全省常态化扫黑除恶斗争推进会议、平安建设表彰大会，全市住建领域信访突出问题集中化解攻坚部署会议精神及省市领导平安建设工作批示抄清精神，分析上半年全区经济运行形势，研究部署下半年经济工作；审议《关于开展“奋力强省会、喜迎二十大”主题活动的工作方案（送审稿）》；听取全区自建房“百日攻坚”和“两违”清理整治工作情况汇报；审议《国家医学中心（湖南）一核三圈生命健康产业发展规划（送审稿）》；研究市对区绩效考核工作，听取全区重点工作双月考核情况汇报。

8月25日，第24次区委常委会会议召开。传达学习习近平总书记近期重要讲话及文章精神，传达学习毛伟明在市州长视频会议上的讲话精神及吴桂英关于省政府通报第38期的批示精神；研究全区绩效考核体系，听取全区城市管理工作情况汇报；审议《中共长沙市天心区委贯彻落实中央人大工作会议和省委推进会议精神具体实施方案（送审稿）》；审议《2022年度清廉长沙建设考核细则任务分解（送审稿）》《2022年度清廉天心建设考核方案（送审稿）》；研究审议正科职干部晋升有关政策。

9月9日，第25次区委常委会会议召开。传达学习习近平总书记近期重要讲话及指示批示精神，传达省市领导有关批示讲话精神，听取全区信访工作情况汇报，传达学习全省组织系统有关视频会议精神，传达学习《省纪委监委〈关于工程建设项目招投标领域腐败治理的调研报告〉的通知》文件精神；审议《中共长沙市天心区委长沙市天心区人民政府关于全面推行田长制严格耕地保护的实施方案》，审议《关于长沙市天心区2021年财政决算草案和2022年上半年预算执行情况的报告（送审稿）》，研究规范公务员、事业单位工作人员相关待遇及有关工作，研究审议有关市先进典型推荐工作。

9月27日，第26次区委常委会会议召开。传达学习习近平总书记近期重要讲话及指示批示精神，传达学习中共中央办公厅印发《推进领导干部能上能下规定》；听取全区安全生产工作情况汇报，听取全区残疾人工作情况汇报，听取关于新开铺片区城市更新合作协议的情况汇报；审议2022年度1—8月全区重点工作考核结果。

10月16日，第27次区委常委会会议召开。第一时间传达学习习近平总书记在中国共产党第二十次全国代表大会上的报告精神，并开展集中讨论，研究部署学习宣传贯彻措施。

10月21日，第28次区委常委会会议召开。传达学习习近平总书记参加中共二十大广西代表团讨论时的重要讲话精神以及中共二十大报告提出的重要论述，传达学习中共中央有关森林草原防灭火工作的意见和省委、市委主要领导相关批示抄清精神，传达学习省委县域经济工作电视电话会议精神。

10月28日，第29次区委常委会会议召开。传达学习10月25日中共中央政治局会议精神，以及习近平总书记在中央政治局第一次集体学习时的重要讲话精神。审议学习宣传、集中轮训中共二十大精神相关工作方案。

11月7日，第30次区委常委会会议召开。研究干部人事工作。

11月11日，第31次区委常委会会议召开。传达学习习近平总书记在瞻仰延安革命纪念地时，以及在陕西延安和河南安阳考察时的重要讲话精神，传达学习11月10日中央政治局常务委员会会议精神。传达学习中央宣讲团成员、省委书记、省人大常委会主任张庆伟到暮云街道莲华村宣讲中共二十大精神有关指示精神和吴桂英作学习贯彻中共二十大精神专题宣讲报告精神。

11月25日，第32次区委常委会会议召开。传达学习习近平总书记在亚太经合组织第二十九次领导人非正式会议和二十国集团领导人第十七次峰会上的重要讲话精神，传达学习习近平对河南安阳市凯信达商贸有限公司火灾事故作出的重要指示精神；听取有关工作汇报。

12月3日，第33次区委常委会会议召开。传达学习习近平总书记近期重要讲话及指示批示精神，传达学习湖南省委常委会、长沙市委常委会有关规定及实施意见，审议中共长沙市天心区委常委会有关规定及实施意见；审议《区委常委会向区委六届三次全体会议的工作报告》《中共长沙市天心区委关于深入学习宣传贯彻党的二十大精神为全面建设社会主义现代化新天心而团结奋斗的决定》。

12月7日，第34次区委常委会会议召开。传达学习《中共湖南省委关于深入学习宣传贯彻党的二十大精神为全面建设社会主义现代化新湖南而团结奋斗的决定》精神，以及张庆伟在省管干部学习贯彻中共二十大精神集中轮训第一期研讨班上的动员讲话精神。

12月14日，第35次区委常委会会议召开，研究有关干部任职事项呈报工作。

12月15日，第36次区委常委会会议召开。传达学习习近平总书记近期重要讲话及指示批示精神。传达学习《中共长沙市委关于深入学习宣传贯彻党的二十大精神为全面建设社会主义现代化新长沙而团结奋斗的决定》精神。

12月31日，第37次区委常委会会议召开。传达学习习近平总书记在中央农村工作会议、中央政治局民主生活会上的重要讲话精神，以及对爱国卫生运动作出的重要指示精神。传达中央、省委、市委经济工作会议精神，研究天心区2023年主要经济指标测算工作。研究干部人事工作。

（赵一蓉）

区委办公室工作

【概况】 2022年，天心区委办公室以习近平新时代中国特色社会主义思想和中共二十大精神为指导，践行“五个坚持”（坚持绝对忠诚的政治品格、坚持高度自觉的大局意识、坚持极端负责的工作作风、坚持无怨无悔的奉献精神、坚持廉洁自律的道德操守），围绕区委中心工作和发展大局，发挥“指挥中心”“决策中枢”“参谋助手”作用，抬高坐标、跨越赶超，创新实干、担当作为，推动办公室工作提质增效。

【参谋辅政】 2022年，天心区委办公室围绕全区重大决策部署和中心工作，起草各类文稿、调研报告400余篇。编发区领导《周工作计划安排表》47期、《区委重要活动会议预安排》11期。组织全体机关干部下沉联点社区（村）协助开展自建房整治等工作。及时关注意识形态领域问题，报送情报信息月报14篇、专题约稿1篇，被省级采用1篇。配合做好省委巡视、市委专项巡察“回头看”有关工作。

【信息工作】 2022年，天心区委办公室搭建信息传输和共享平台，强化信息工作归口管理，完善紧急信息报送机制，不断加强网络舆情、社情民意、社会动态等信息报送，向省委办公厅、市委办公厅报送党委信息500余条。坚持24小时值班制度，共收集反馈全区社会面情况210余条，没有发生重大紧急信息迟报、漏报、瞒报现象。

【督查督办】 2022年，天心区委办公室及时上报该区贯彻落实中共中央总书记习近平重要指示批示精神2021年度“回头看”有关情况、贯彻落实湖南省委书记张庆伟调研湖南自贸区长沙片区、湘江新区时讲话指示精神和贯彻落实“强省会”战略专项督查情况报告。督办推动群众在人民网留言反映的问题。对全区自建房安全隐患专项整治、信访工作等进行专项督查，形成督查专报或通报10期，推动工作有效开展。印发《2022年天心区督查检查考核年度计划的通知》，明确21个督检考事项均按计划推进。完成9次月工作要点落实责任分解及情况通报，确保各级决策部署落实落地。

【办文办会】 2022年，天心区委办公室持续深化“两个主义”整治、落实“五控六清单”（控形式、控总量、控字数、控时间、控人数、列清单）要求，加强发文办文前置审核。截至12月31日，以区委、区委办名义印发主要文件65份，发文数比2021年减少17.7%；以区委、区政府及两办名义发文共105份，同比减少27.08%；办理上级文件490余份，领导批示件1020余份，向市委报备党内规范性文件15份；做好区委办有关经济合同合法合规性审查。开展全区失泄密专项整治和保密全覆盖式检查，涉及单位90余家、电脑7000余台。完善办会程序，精简各类会议，提升会议效率和质量，年内，区委、区政府召开全区性会议48场，比2021年减少12.7%。承办和参与组织各类会议213次，其中区委常委会会议37次，各类大型、小型会议177次；服务保障各级党委视频会议50余次。

【统筹协调】 2022年，天心区委办公室组织保障中央宣讲团成员张庆伟进农村宣讲中共二十大精神，湖南省委副书记、省长毛伟明2022年“六一”儿童节慰问、国家发改委及国家卫健委到湘调研、全市重大项目集中开竣工天心区专场、长株潭年度主题活动发布暨文旅产业区域战略合作签约仪式等重要活动及全区重点项目观摩专题调研、考察、督查167次。持续优化服务质量，接待来访群众10批23人，及时回应群众诉求，办理回复网络问政留言信件632件，网络问政办理工作多次被市政府表扬，相关问题有效解决，被人民网及省、市党委督查系统推介。

【机关党建】 2022年，天心区区直机关有基层党支部53个，党员1480名，较上年增加19名。从性别结构看，女性占42%；从年龄结构看，30岁以下的党员占7%，31~40岁党员占26%，41~50岁党员占29%，51~60岁党员占23%，61~70岁党员占10%，71岁以上党员占5%；从学历结构看，研究生学历党员占18%，大学本科学历党员占57%，大专学历党员占16%，中专、高中学历党员占10%。严把党员入口关，发展党员16名，确定入党积极分子42名，转正党员41名。区直机关工委发挥党员在项目建设、乡村振兴等方面的先锋模范作用，广泛开展“红色领航，党员先行”活动，推进“三创”（机关创品牌、支部创红旗、党员创五星）工作。分层次举办支部书记培训班、青年党员综合素质提升班、发展对象培训班，推动队伍政治素质和业务水平同步提升。完成区直机关各支部换届选举，新增一批年轻优秀青年党员担任支委，组织活力进一步加强。

【改革工作】 2022年，天心区委办公室坚持谋划在前，确定全年实施6个大类21个方面86项改革任务和街道14项基层改革探索任务。强化改革任务调度，实行月调度、季通报，确保改革进度和实效。“双减”经验被新华社《高管信息》推介；《天心区“三心”推进夜间经济》获评全市“十佳特色改革案例”，《天心区：探索文旅融合创新开辟城区旅游休闲新路》在长沙改革简报推介。

（张雨玲）

组织工作

【概况】 2022年，天心区贯彻落实新时代党的建设总要求和新时代党的组织路线，围绕中心、服务大局，不断夯实基层党组织、干部队伍、人才队伍、老干队伍建设，为加快建设现代化强区提供坚强组织保障。组织工作在中央、省级以上新闻媒体上稿90余篇。区委组织部获评年度省级文明单位称号、湖南省老干部工作先进集体。

【党组织及党员队伍状况】 截至2022年年底，天心区共有基层党组织1407个，其中党委117个，党总支46个，支部1244个。城市社区87个，其中党委71个、党总支16个、党支部5个，行政村12个，其中党委7个、党总支5个。在全区1405家非公有制企业中，共建立804个基层党组织，其中党委17个，党总支8个，党支部779个，覆盖企业1058家。

全区共有党员31470人，其中女性党员1.33万人，占42.22%。35岁及以下的0.6万人，占19.43%；36~60岁的1.14万人，占36.36%；60岁以上的1.40万人，占44.21%。具有大学专科及以上学历的1.84万人，占58.60%。截至年末，全区在岗职工党员0.95万人，占党员总数的30.20%；农牧渔民党员0.15万人，占党员总数的4.85%；离退休党员1.45万人，占党员总数的46.02%；其他党员0.60万人，占党员总数的18.93%。

2022年，全区发展党员207名，其中女性109名，占52.66%；35岁及以下133名，占64.25%；具有大学专科及以上学历的180

名，占86.96%。年内新发展党员中，产业工人9名，占4.35%；农牧渔民11名，占5.31%；高知识群体8名，占3.86%；非公有制经济组织66名，占31.88%；社会组织4名，占1.93%；少数民族8名，占3.86%。

【基层党建工作】 2022年，天心区坚持党建“向下看”，不断提升党建融合度，持续构建极具辨识度的天心党建体系。以“项目制”抓好街道社区党建工作，发布四类项目清单，明确书记项目、基层治理项目、“小切口”项目和示范化小区党群服务中心建设项目154个，实现基层党建工作“可定义、可量化、可操作、可考核”；以“课题制”抓好行业系统党建工作，向区直机关工委、区教育局、区住建局、区市场监管局等部门交办课题4个，推动行业系统党建融入城市基层党建大格局；以“集体经济增收”抓好农村党建工作，搭平台、牵“红线”，省建工集团与大托铺街道签订村级集体经济倍增计划框架协议，实现村企供求互补、联合发展。完善民主评议党员办法，首创“三上三下”模式，制定不合格党员界定标准，解决对不合格党员不愿评、不敢评、评不出的问题，年内，全区614名党员被评为基本合格或不合格党员。开展“一月一课一片一实践”（各基层党支部在每个月固定的时间，组织党员共上一堂微党课，共看一个警示片或教育片，深入经济发展、民生服务一线去服务群众、解决问题、促进发展）活动，与市委党校合作共建，全区14个街道基层党校各派驻1名专家任教学副校长，送优质党课资源到基层一线。优化社区员额人员管理办法，将16名在抗疫一线表现优秀的社区临聘人员纳入员额管理。完善以党支部为主导，业委会、物业服务企业共同参与的小区治理体系，构建党员联户、群众互助、党群共治基层治理模式；建成小区党支部295个，按照楼栋、片区划分党小组685个，挑选骨干分子和党员家庭确立党员中心户近2000户，形成“小区党支部—楼栋党小组—党员中心户”的小区党建格局；以新建、改造、购买、项目配套和整合共享等形式，建设完成小区党群服务中心118个，按照“1+N”的服务模式，将其打造成为培树党建思想、教育管理党员、服务居民群众、彰显先锋形象的平台窗口。统筹辖区新业态、新就业群体党建工作，在14个街道成立“两新”综合党委，相关社区成立“两新”组织联合党支部54个，率先全市在美团、饿了么等新业态、新就业群体新建党组织6个；坚持标杆引领，邀请中共二十大代表马石光走进“红色之家”，为快递、外卖小哥宣讲二十大精神；全区建设“红色之家”28个，截至12月31日，“红色之家”各站点提供服务200余次，500余名小哥回“家”认门，61名困难小哥接受组织慰问，149名小哥组建志愿服务队，为基层治理注入新动力。相关事迹在《人民日报》、新华社等平台报道，“红色之家”除夕开展“相聚一刻回家过年”活动在央视直播20分钟。

【干部队伍建设】 2022年，天心区鲜明选人用人导向，选优配强领导班子，提拔重用干部101人次；其中，中层干部52人，占比51.49%；35岁以下27人，占比26.73%；从基层、项目、经济等工作一线提拔重用干部54人，占比53.47%。出台《关于在“强省会”战略中加强全区各单位中层干部队伍建设的若干激励措施》，通过15条实实在在的举措，在职级晋升、职务提拔、评先评优、人文关怀等方面重点向担当实干的中层干部倾斜。建立健全优秀年轻干部“全链式”培养机制，打好“选育管用”组合拳，组织全区75名“92后”干部开展为期3个月的“优苗计划”专题培训班，10名优秀学员走上副科级领导干部岗位，推动干部队伍形成青蓝相继局面。结合庆祝中国共产党建党101周年，开展“红心向党行强 省会有我”迎“七一”主题活动，在全区选拔13名“闯创干”（永葆“闯”的精神、“创”的劲头、“干”的作风）三型干部，其中8人得到职务提拔、职级晋升；向市委组织部推荐“创新实干担当有为”领导班子6个、领导干部9人。从严从实抓好干部监督管理，建立健全干部能上能下机制，利用政治建设考察、专项考察、年度绩效考核，对主观上履职不力干部进行谈话提醒21人次，对考察中反映强烈的副科级领导干部，采取提拔、晋级、交流、免职等方式，在全区形成震慑效果，让想“躺平”的干部无法“躺平”；成立效能工作领导小组，建立效能“红黑榜”，将不作为、缓作为、乱作为的干部纳入黑榜，将真抓实干的干部及业绩记入红榜，形成效能档案，激发干部担当作为、干事创业；联合区纪委、区委督查室、基层办等单位，针对项目建设、工作作风、街道（社区）借调人员退出等工作开展效能督查8次，对履职不力的班子和干部进行个人效能谈话33人次、集体效能谈话3次、全区通报1次。推进干部教育培训，举办天心区县级领导及科级主要负责人学习贯彻中国共产党十九届六中全会精神专题读书班，培训180余人；制定《天心区学习贯彻党的二十大精神集中轮训方案》，全区科级以上领导干部及基层党组织书记5批，培训1160人；坚持“党校轮训和高校培训”“坐下来学习和走出去调研”相结合的干教培训模式，有针对性地安排经济金融、数字赋能、园区发展等专业化能力培训班，提升干部履职能力，全年举办主体班次6期，业务班次14期，培训学员3000余人次；发挥网络干部教育学院平台优势，组织各级干部在线学习2600余人次。

2022年11月16日，天心区“天心红”“一站式”人才服务平台启动。图为观摩讲解现场　（区委组织部供图）

【人才工作】 2022年，天心区把人才作为第一资源，以“天心红”人才工程为总揽，通过“访院士、聚谋士、引博士、崇名士、汇贤士”，形成“从引进一名人才，到带来一支团队；从兴办一家企业，到兴旺一条产业”的发展格局，截至12月31日，天心区人才总体量20.1万人，争取及兑现各级各类人才奖补资金3692万元。召开区委人才工作会议，总结人才工作，推进“天心红”人才工程，争创国家吸引集聚人才平台；会上为重点特色产业人才颁发证书，为“政用产学研”党建共同体、创新联合体揭牌。落实《天心区领导干部联系服务院士及高层次人才实施办法（试行）》等5项制度，区委书记、区长领衔联系在区院士，区领导、区委人才工作领导小组成员单位、街道对高层次人才、重点企业人才开展专门服务，倾听人才心声、需求和建议，释放尊才重才信号；率全市之先邀请在区院士及人才听取天心区半年度政情通报，认真听取人才对于区域经济社会发展的意见建议。出台柔性引进人才试行办法，通过实施更加开放的人才政策，将有谋之士、有智之才汇聚到天心区经济社会发展中来，柔性引进三甲医院医疗专家团队下沉一线，年内有6家柔性引进医疗专家团队工作室在天心区相继落成，形成儿科、心血管内科等特色专科错位发展、多点开花格局；联合在区高校、辖区重点企业开展“科技副总”助力企业创新发展工作和校地人才双向互派“跟岗特派员”工作，引导科技人才智力向产业集聚。推进《天心区人才引进墩苗计划（2021—2023年）》，拓展人才引进渠道，分层分类分级建立人才成长培育机制，实时关注人才引进后的培养及管理，

2022年5月13日，2022年天心区委人才工作会议召开，为第一批重点特色产业人才颁证　（区委组织部供图）

建立“陪跑”制度、落实近距离考察、建立“揭榜挂帅”等5项机制，帮助人才进一步实现自我价值，通过“墩苗计划”新引进产业博士人才40余名、党政博士人才4名。推进“天心红”人才工程聚星行动，出台《天心区“天心红”人才工程聚星行动实施方案》及8个配套办法，通过实施“产业星”领航行动、“民生星”强基行动、“未来星”点亮行动、“智囊星”汇聚行动，将“天心红”人才从产业帅才扩面至民生慧才、技能匠才等各类人才，建立大人才信息化系统，做好人才分类管理服务，年内，“天心红”人才认定495名。聚焦重点产业，着眼人才发展，建立“重点人才—关键团队—重点企业—重要产业”产才发展机制，与招商引资同向发力，出台“一事一议”实施办法，为人才及人才团队量身定制支持方案，促推奥谱天成（厦门）光电有限公司在1个月内总部企业落户天心；打造“一站式”人才服务平台，实现人才申报、政策扶持、入职落户、婚育医疗、住房保障五大主题涵盖36个高频事项一窗通办、一次办好。

【公务员管理】 2022年，天心区创新工作方法，稳妥做好公务员招录、体检工作。年内招录选调生1人，省考公务员17人，其中区直单位7人、法院7人、检察院3人。共召开人事联席会议4次，涉及人员调配95人次。完成公务员调任28人次，办理公务员（参公人员）登记49人。按政策接收营职及以下军转干部，按程序调配区外公务员及参公人员。完成工资调标工作。通过前期申报，省委组织部对全区24家单位（其中参公事业单位16家，参公群团8家）进行重新认定。参与区内绩效奖金实施办法的拟定。

【老干部工作】 截至2022年年底，天心区有离退休干部独立党支部253个，联合党支部189个；有离休干部42人，其中老干科直管离休干部15人，代管异地离休干部7人，接管省属破产企业离休干部18人，教育局管理离休干部1人，市监局管理离休干部1人；有副县级以上退休干部96人。

党建引领 将老干部工作纳入组织工作绩效考核，占比20%。以老党员之家建设为突破口，完成13个区级示范阵地建设，筹措下拨资金190万元。截至年末，全区共有29个“美在金秋”老党员之家，形成以党建为统领、以志愿服务为平台、以学习活动为基础、以风采展示为窗口的有机整体。举办离退休干部党支部书记培训班，召开离退休干部党建工作推进会、演讲赛、分享会等，全区提炼离退休党建工作创新案例3个，主题党日精品案例11个，“银龄”党支部开展党建联盟试点29个。年内，创建省级示范离退休党支部1个，市级示范离退休党支部4个。

落实待遇 严格落实春节慰问、区情通报、住院探望等5项工作要求，区领导常态化走访慰问离退休老干部，陪同视察全区重点项目建设，广泛听取意见，及时落实离退休干部提出的合理化建议。组织离退休干部参观美丽乡村建设，开展红色教育，举办“银发先锋大课堂”暨形势报告会，老干部参政议政热情高涨。组织120余名离退休干部完成健康体检。完善《天心区特困离退休干部（遗孀）帮扶办法》，扩大慰问范围和帮扶人数。截至12月31日，走访慰问、住院探望、生日祝寿、困难帮扶离退休干部204人次，发放慰问金12万余元。

文化养老 继续实施老年教育“悦心工程”，有区老干部（老年）大学1所，社区老年大学29所，老年教育网络课堂播放站点44个，老年人文艺团队80余支。区老干部（老年）大学发挥老年教育主阵地作用，抗击新冠疫情和教学两手抓，建立全区老年大学教育师资库，组织教师参加市区级以上大型培训讲座、市“说、授、评”教研活动。全区各级老干部（老年）大学开设课程240门，开班283个，学员1.44万人次。其中，区老干部（老年）大学开设声乐、太极拳、绘画、摄影等专业7个、课程38门、开班49个，学员近4000人次。学员活跃在社区核酸检测、环保宣传等各个领域，参加省市区的各项演出和比赛，如“喜迎二十大·奋进新征程”文艺作品比赛、庆祝“三八”妇女节敬老院慰问演出、“崇德向善迎新春，红红火火过大年”、“情暖桥头，粽享欢乐”活动，老年人课余文化生活丰富多彩，成为有作为、有进步、有快乐的新时代老人。

服务中心 组建由区级队伍统筹驱动、涉老协会联动、基层队伍带动、“五老红”志愿者行动的志愿服务队伍，1600余人参与，建立健全“五老”宣讲员考核、培训、激励保障等机制，广泛开展“建言二十大”“奋进新征程·银龄亦先锋”“银发先锋大课堂”“百名‘五老’共商百年大计”等主题活动，开办“五老”

直播间在线宣讲，300余个“银龄e支部”微信群实时开展“主题讨论同分享”“手机党课随手看”活动，制作省示范离退休党支部书记、优秀五老志愿者等5期“奋进新征程·银龄亦先锋”天心区离退休干部学习宣传贯彻中共二十大精神系列宣传片，全网总阅读量超300万人次。引导全区老年人积极投身公益宣讲、基层治理、关爱下一代、抗击新冠疫情等工作，书法精品班学员参加为平江县贫困地区留守儿童公益书法培训班捐资捐款活动，21名学员共捐助善款2000余元；朗诵班学员王刚、手机班学员李子玲等纷纷成为市区“五老”金牌讲师；怡海社区老年大学成立怡心怡益志愿服务中心、平安创建协会、满天星志愿服务队、老年大学艺术团等多支品牌团队，以“社区搭台，百姓唱戏”形式组织策划“喜迎二十大”怡海社区主题文艺活动、“感党恩·听党话·跟党走”文艺会演、“读党史、知党情、跟党走”读书会等活动20余场；康园社区老年大学红星志愿服务队多次参与义务献血，结对帮扶友园山庄困难户，防电信诈骗宣传等服务项目，为社会贡献余热。

特色品牌 全区打造“新时代新征程·阳光伴我行”公益夏令营、一力社区“关工联盟”体系、中建幼儿园“研究孙”工作坊等亮点纷呈的特色品牌项目，创建城南路街道“白沙学习社”、金桂社区“心中的梁家河”、高云社区“云享农场”等多个红色文化教育、科学法制教育、劳动教育实践基地，得到中国关工委主任顾秀莲和省、市关工委主任等领导的现场调研及肯定。建设一批红色教育“五老”直播平台和数字化宣讲平台，“五老”送课760余堂次，开展宣传教育活动19次，组织专题讲座30余次，举办直播间活动16次。

【绩效考核工作】 2022年，天心区统筹和规范绩效考核，突出工作重点，完善全区党政领导班子和领导干部绩效考核管理实施办法，调优重点工作考核频次和奖励标准。截至年底，该区对9项重点工作开展日常考核39次，召开全区绩效考核工作讲评会议5次，以双月考核讲评方式推动重点工作落实。将部门和单位重点工作双月考核结果与干部效能管理相结合，通过整合考核资源，完善考核体系，强化考核结果运用，激励干部在推动高质量发展中勇担当善作为。

【干部信息和档案管理】 2022年，天心区主动适应新时代组织工作新形势、新任务、新要求，践行“组织工作信息化”战略决策，在全市率先打造“天心组织工作一体化平台”。平台改变传统工作模式，运用信息化途径，推动组织部门由数据“收集者”向数据“分析者”“利用者”转变，推进天心区组织工作决策科学化、干部管理精准化、人才与老干服务高效化，提升组织工作效率，得到省委、市委组织部的认可和推荐。11月17日，省委组织部干部信息处，对“天心组织工作一体化平台”进行专题调研。抓实干部人事档案应归档未归档工作，收回需进档材料6000余份。规范干部人事档案查借阅手续，办理查借阅干部档案信息950余人次。推动全区干部人事档案数字化工作，根据省委组织部印发的《关于推进全省干部人事档案数字化建设的意见》通知要求，将3000余册在库干部人事档案进行数字化扫描，提前完成全区干部人事档案数字化建设工作。

【省关工委到天心区调研】 2022年3月3日，湖南省关工委主任杨泰波、市关工委主任董学生一行到天心区调研关心下一代工作。调研组实地考察黑石铺街道一力社区关工委工作，调研暮云街道高云社区“云享农场”劳动实践教育基地并召开座谈会。吴新伟、周志军、张建出席会议。

【“优苗计划”专题培训班开班】 2022年4月26日，经学员自主报名、单位择优推荐、组织部门考察把关，天心区“优苗计划”专题培训班开班。培训实行积分制，学员围绕学习调研、文体活动、服务管理等方面比学赶超，通过量化评估指标，强化争优竞赛意识，加强年轻干部党性锻炼和能力培养。培训班为期3个月，参加培训青年干部76名，年龄均在30岁以下。

【“红心向党行强省会有我”迎“七一”主题活动】 2022年6月29日，天心区“红心向党行强省会有我”迎“七一”主题活动在省音乐厅举行。活动分《人民至上逆风而行》《乡村振兴携手同行》《有凤来栖人才济济》《起而行之敢为人先》4个篇章。现场集中表彰13名“闯创干”三型干部；湖南建工集团与天心区大托铺街道签订助力乡村振兴村级集体经济倍增计划合作框架协议；颁发区第二批特色产业人才认定证书10份。湖南建工集团党委副书记陈克军，长沙市委组织部副部长、市公务员局局长刘建海，天心区委书记吴新伟等区委、区人大常委会、区政府、区政协领导班子成员和部分副县级领导干部参加活动。

【辖区院士及人才听取半年度政情通报】 2022年7月26日，天心区率全市之先，邀请辖区院士和高端人才参加区政府2022年半年度工作情况通报会暨项目观摩活动，听取他们对于区域经济社会发展的意见建议。中国工程院院士、长沙理工大学公路养护技术国家工程研究中心主任郑健龙，长沙市高层次人才、天心区重点特色产业人才、天心区重点企业人才等代表参加。区委书记吴新伟，区领导厉波、许波、张建参加活动。会前，天心区还邀请与会的各类人才代表到平安财富中心、五矿广场和爱尔总部等项目现场进行观摩。

【学习贯彻中共二十大精神研讨班开班】 2022年11月26—30日，天心区学习贯彻中共二十大精神集中轮训第一期研讨班在区机关三楼大会议室开班。研讨班首日，吴新伟作动员讲话。周志军主持会议。区委、区人大常委会、区政府、区政协班子成员，区人武部有关负责人，天心经开区班子成员，区法检两长及区直机关单位主要负责人，天心经开区正科级领导干部，双重领导和垂直管理单位主要负责人，各街道工委书记等198人参加。

（鲁怡欣）

2022年7月26日，2022年天心区半年度工作情况通报会议召开

（区委组织部供图）

宣传工作

【概况】 2022年，天心区宣传思想文化战线获评全省舆情信息优秀联系点，全市先进基层社科联；“满天星乐学课堂”志愿服务入选中宣部志愿服务促进中心“智惠行动”试点项目，为全省入选两个项目之一；简媛长篇小说《棘花》获评长沙市第十四届精神文明建设“五个一工程”奖，《就认这个理》获长沙市理论微宣讲优秀组织奖。（唐荻松）

【意识形态工作】 2022年，天心区严格落实意识形态工作责任制和网络安全责任制，区委常委会会议专题研究意识形态工作4次。将落实意识形态工作责任制情况纳入“党建聚合力”工程，纳入区委党史学习教育民主生活会、班子成员述职报告、纪检日常监督范围和干部效能考核，并对意识形态工作开展双月考核。组织区属党组织书记述职评议会，开展意识形态工作专项检查、检查20家单位，意识形态工作专项督查、督查23家单位，在区委党校举办为期3天的意识形态工作专题培训班，全面压实区属党委（党组）各项责任，提升意识形态工作队伍整体能力。围绕意识形态领域风险隐患分析研判，召开意识形态工作联席会议2次、调度会议5次，在全区范围内开展“扫黄打非”“网络直播”“虚假新闻”“信息发布”“社会宣传”等7个专项整治行动，办理广告违法案件32件，封禁涉嫌低俗直播账号8个。

（张立兵）

【新闻宣传】 2022年，天心区在中央、省、市主流媒体开展宣传报道1.9万余条，中央级媒体报道2600余篇（条），其中中央电视台50余条，省级媒体报道9200余篇（条），市级媒体及自媒体报道7600余篇（条）。新华社、《全国融媒资讯速览》、《湖南宣传》、市委宣传部《新闻阅评》等10余次专题推介天心区新闻宣传典型经验。聚焦中共二十大，策划推出“天心逐梦非凡十年”“学习贯彻二十大踔厉奋发看天心”等多个深度报道；聚焦“强省会”战略，开展2022年粤港澳大湾区主流媒体聚焦长株潭大型主题采访活动；聚焦新消费产业发展，中国国际电视台记者在五一商圈聊消费、展望经济活力，直播时长一个半小时。全网推出全新天心形象宣传片，制作出品原创歌曲《天心在我心》MV，策划“玩转天心Vlog”等系列短视频专题。《红色天心有力量》短视频专题获年度长沙新闻二等奖，《历史与美景交融人文与美食碰撞这里是长沙天心区》获首届长沙市旅游发展大会创意短视频大赛一等奖。

（彭　馨）

【理论武装】 2022年，天心区坚持用习近平新时代中国特色社会主义思想凝心铸魂，全力抓好《习近平足迹》、《习近平谈治国理政（第四卷）》、中共二十大精神学习。组织区委理论中心组学习15次，出台党委（党组）理论学习中心组巡听旁听实施办法，举办中心组学习秘书培训班，全面铺开巡听旁听工作，引导各级党员干部进一步筑牢思想理论根基。持续打造“理论轻骑兵一线微宣讲”品牌，广泛开展中共十九届六中全会、中共二十大精神学习宣讲。组建50余人区委宣讲团和一批理论轻骑兵深入基层宣讲，截至年底，开展一线微宣讲600余场次，覆盖2万余人次，四级宣讲体系工作经验获《长沙要情》推介。张艺等3名选手在全市微宣讲选拔赛入围前十，并在决赛获奖；汤俊杰等获全市“最美基层理论宣讲人”称号；区委宣传部获“优秀组织奖”。中央宣讲团成员、省委书记、省人大常委会主任张庆伟在天心区暮云街道莲华村进行学习贯彻中共二十大精神理论宣讲，入选中宣部2022年《凝心聚

2022年天心区部分理论学习活动一览表（摘录）

表2

日期	主要内容	授课人	主持人
4月22日	学习习近平关于优化营商环境的重要论述，以及全国两会有关优化营商环境精神；围绕解放思想、优化营商环境，深化“放管服”改革主题，对有关政策进行解读	陈永实	吴新伟
4月27日	“强省会”战略专题辅导	吴小月	吴新伟
5月20日	学习贯彻《中国共产党纪律检查委员会工作条例》《中国共产党组织工作条例》和“强省会”战略省市有关文件精神	—	吴新伟
6月17日	围绕意识形态领域如何强化风险防范意识、提高履职尽责能力，以及如何深刻领会并深入贯彻落实我省实施“强省会”战略的实质内涵和总体部署进行了专题辅导	肖金华	吴新伟
6月24日	学习贯彻《地方党政领导干部安全生产责任制规定》，“安全生产十五条措施”等；观看安全生产专题片《不可逾越的红线》	—	吴新伟
7月15日	围绕中央和省、市关于人才工作决策部署，以及长沙人才政策“升级版45条”的出台背景、政策要点和主要变化等进行专题解读和宣讲	杨立志	吴新伟
7月27日	学习贯彻习近平在中央政治局第四十次集体学习时的重要讲话、习近平经济思想，传达学习《把中国文明历史研究引向深入，增强历史自觉坚定文化自信》重要文章精神	—	吴新伟
9月16日	集中观看有关国际战略形势和国防安全专题视频讲座；围绕《习近平谈治国理政》第四卷出版的时代背景、重大意义、创新理论、核心要义等进行专题辅导	柳　行	吴新伟
10月16日	学习习近平在中国共产党第二十次全国代表大会上的报告精神，开展集中讨论，研究部署学习宣传贯彻措施	—	吴新伟
11月2日	研讨学习宣传贯彻中共二十大精神	—	吴新伟
12月31日	学习贯彻中共二十大审议通过的《中国共产党章程（修正案）》	—	吴新伟

（资料来源：区委宣传部）

力担使命　奋楫扬帆新征程——二〇二二年宣传思想工作综述》中首个案例。《新湘评论》《湖南宣传》《长沙要情》多次推介天心区宣讲工作经验。广泛发动金点子征集、学用新思想创新案例等评选活动；《以“红、网红、常红、长红”进阶式发展最大限度释放长沙文旅消费动能》《提升干部专业化能力打造适应“强省会”战略需求的干部队伍》2篇市级课题研究获市领导肯定性批示。《踔厉奋发启新程凝心聚力谋发展，在全面推进中国式现代化进程中贡献天心力量》《微宣讲应把握的几个“小”技巧》等经验理论文章在重点理论刊物或媒体刊登。舆情信息工作连续15年被评为全省优秀联系点，本年度中宣部采用篇数在全省联系点中排名第四，区县联系点排名第一。完成区社科联换届，为全区发展提供理论支撑和信息参谋。（杨晶璆）

【文明创建】　2022年，天心区实施文明典范城市创建“五大工程”，打造首批“114”“1114”项目（“114”项目即1个区域品牌“满天星”、14个街道子品牌，“1114”项目即10个文明小区、10条文明街巷、10个文明集市、4个文明屋场），“文明单元建设”经验被全国专业期刊《精神文明导刊》推介。探索实施智慧创建，运用“天心文明创建”小程序，精准开展创建督查。围绕小区空中线缆整治、“牛皮癣”小广告动态清零等重点，持续开展专项治理，组织召开农安小区治理试点工作推进会，着力破解农安小区文明创建难题。开展各类主题实践活动3500余场，发布天心区新时代文明实践志愿服务区域品牌“满天星”项目，设计品牌LOGO、卡通形象，开发系列文创产品。聚焦文明交通、文明旅游等主题开展各类志愿服务活动4000余场次，发动文明实践志愿者9.8万余人次，服务群众510万余人次，相关工作被《人民日报》、新华社等多家央媒宣传推介，“满天星乐学课堂”入选中宣部志愿服务促进中心“智惠行动”试点项目，在全国志愿服务重点项目培训班上做经验发言。坚持立德树人、培育时代新人，打造区域未成年人“知书达礼”礼文化教育品牌，全面提升未成年人礼仪素养，工作经验被《湖南省精神文明建设简报》宣传推介。组织天心区第四届“十大道德模范”“满天星”优秀志愿者等先进评选，推动形成见贤思齐、崇德向善局面，累计上榜全国最美志愿者1人、“湖南好人”3人、湖南省学雷锋志愿服务先进典型3人，“长沙好人”9人，新时代长沙好少年5人。（彭　馨）

【文化产业】　2022年，天心区大力推进“强省会、兴文化”行动，10家企业入选市文化产业“四雁引领”白名单，年内，新增规模以上文创企业14家，规模以上文创企业营业收入突破50亿元，比2021年增长24.1%，位居全市第一。文化旅游融合升级，太平老街成功获评首批国家级旅游休闲街区；融城体育小镇、天心文体中心等8个重点文化旅游项目被列入“‘十四五’期间湘江百里画廊规划建设重大文化旅游项目库”；设计推出“‘嗨’玩一‘夏’，乐在天心”、美丽乡村艺术创作大赛等系列文化旅游活动，擦亮文化旅游名片。文化惠民持续深入，创建标准化村（社区）综合文化中心5个，建设乡村小舞台3个、乡村图书馆（室）4个。举办惠民演出33场、阅读活动200余场、文化公益培训230场次。文艺精品佳作频出，选送简嫒长篇小说《棘花》获评长沙市第十四届精神文明建设“五个一工程”奖，《我和我的乡村》微电影荣获长沙市“光影湘村”微电影大赛二等奖，《长沙谣》获评“礼赞新时代·我为长沙写首歌”优秀原创歌曲。截至12月31日，天心区商业影院实现总票房收入5983.38万元，影院观影173.7万人次。（彭　馨）

【新闻出版】　2022年，天心区完成出版物零售网上系统年检80余家，依法依规办理出版零售许可证55件。实现作品版权登记10800余件，优秀版权登记近3000件，全面完成党政机关软件正版化工作。组织企业参评年度长沙市优秀版权评奖，湖南无何有文化创意有限公司获评长沙市版权示范单位，湖南金铠文化传播有限责任公司、湖南大球泥瓷艺集团有限公司获评长沙市版权示范提名单位。（彭　馨）

【中共二十大精神主题宣讲】　2022年，中央宣讲团成员、省委书记、省人大常委会主任张庆伟到天心区暮云街道莲华村宣讲中共二十大精神之后，天心区领导随即带头宣讲。区委书记吴新伟深入街道、社区、乡村、园区、企业、校园、机关，向基层党员干部群众开展宣讲7场。四大家班子成员分别到所联街道或所分管行业系统开展宣讲100余场，近万人次参加宣讲。区委理论学习中心组第一时间传达学习中共二十大报告精神，开展集体（扩大）学习2次；及时召开区委常委会会议、全区领导干部大会等传达学习中共二十大精神；组织中央宣讲团报告会、省委宣讲团报告会分会场活动、市委宣讲团报告会3场；举办中共二十大精神科级以上领导干部集中轮训班，开设“践行二十大天心新作为·一线书记有话说”专栏22场，组织区属党组书记开展如何践行中共二十大精神交流分享，受众1000余人次。采取自主推荐和择优选聘方式，由中共二十大代表、党员领导干部、高校专家学者、“五老”金牌讲师等组建50余人的区委宣讲团；邀请市委党校、长沙理工大学、中南林业科技大学等专家教授进行精心授课；根据中央、省市宣讲提纲，结合天心区实际，组织集体备课会，形成56堂精品课课程单，供各单位点单学，受众5000余人次。深入街道一线开展集中宣讲，创新开展“基层党校”教育培训，擦亮“理论轻骑兵 一线微宣讲”品牌，累计开展报告会15场、一线微宣讲400余场次，覆盖7000余人次。区融媒体中心围绕中共二十大精神，开设线上宣讲专栏，组织一线微宣讲员开展“理论轻骑兵线上微宣讲”视频录制，形成《甘做绿叶的市政人》等5期宣讲课程。

（彭　馨）

【志愿服务区域品牌发布】 2022年3月2日，“点亮满天星 同行向未来”长沙市学雷锋纪念日主题活动暨天心区新时代文明实践志愿服务区域品牌发布会在黄兴路商业步行街中心广场举行。天心区志愿服务区域品牌“满天星”正式发布，“满天星”行动首批项目同步发布，涵盖理论宣讲、文化服务、乡村振兴、文明新风宣传、新业态从业者关怀等6个代表性领域；现场颁奖年度天心“最美志愿者”10位；集中授牌“满天星”行动志愿服务示范点。省委宣传部、市委宣传部、市文明办相关负责人及天心区委常委、宣传部部长洪孟春参加活动。

（夏剑航）

【区文明单元创建工作启动】 2022年4月28日，天心区“文明小区”“文明街巷”等文明单元创建工作全面启动。文明单元创建，重点围绕环境优美、氛围浓厚、秩序优良、服务完善、文明向上5个方面细化评比标准，实行定期督导、系统创建、综合考评创建认定机制。

（夏剑航）

【天心区文明委全体会议】 2022年5月27日，吴新伟主持召开2022年度区文明委全体会议。会议听取全区精神文明建设工作情况汇报，审议通过《天心区深化拓展新时代文明实践中心建设实施方案》。会议强调要常抓不懈推进全国文明典范城市创建，坚持目标导向、问题导向、结果导向，开展地毯式排查和全方位整改，做到项目清单化、责任时效化；要深化拓展新时代文明实践中心建设，建设一批示范性所、站、基地（点），打造一批特色案例、活动品牌；要推进市民文明素养提升，推动“两个纲要”落地落实，纵深推进文明礼仪教育，深入推进移风易俗；要强化组织领导，树立“一盘棋”的思想，把精神文明建设融入业务工作、行业管理、社会治理各方面。区委副书记、区长周志军，区人大常委会党组书记、主任黄文先，区政协党组书记、主席张界贻，区领导厉波、许波、洪孟春、张建、罗定豪、刘正文、郑州等参加会议。

（夏剑航）

【公益慈善大会召开】 2022年9月5日，天心区组织召开“爱心天心·慈善同行”公益慈善大会。现场启动发布“爱心天心·幸福家”危房援建项目，310余家爱心企业、1200余位爱心人士慷慨解囊，捐赠善款4270万余元。《人民日报》、新华社、中国新闻网等央媒均进行转载报道。湖南金光华融房地产开发有限公司等企业在活动现场获年度“爱心天心”公益慈善爱心企业荣誉牌匾；爱尔眼科医院集团股份有限公司、湖南一力股份有限公司、中交中南工程局有限公司3家爱心企业代表进行发言。

（彭　琦）

【张庆伟到天心区宣讲中共二十大精神】 2022年11月9日，张庆伟到长沙市天心区暮云街道莲华村，与群众面对面宣讲中共二十大精神。张庆伟用“七个伟大”（高举伟大旗帜的政治宣言、书写伟大变革的时代答卷、阐述伟大思想的光辉文献、引领伟大复兴的科学指南、推进伟大事业的战略部署、建设伟大工程的行动纲领、进行伟大斗争的嘹亮号角）与干群交流学习领会中共二十大精神的认识体会。村党委书记、致富带头人、道德模范、创新创业人员等基层代表围绕“怎么抓党建促乡村振兴”“如何发展新型农村集体经济”“怎样巩固拓展脱贫攻坚成果”“如何理解大食物观”等自己关心的问题向张庆伟提问，张庆伟逐一回答。座谈交流前，张庆伟到莲华村桐梓坡美丽屋场、莲华书屋，与村民、志愿者交流调研，了解莲华村学习宣传贯彻中共二十大精神、美丽屋场、乡风文明、农村基层党组织建设等情况。（彭　馨）

【天心区“优秀文艺团队”“优秀文艺作品”“优秀文艺人才”表彰活动】 2022年7月12日，天心区“强省会 兴文化”2022年文化惠民系列活动暨2021年度天心区“优秀文艺人才”“优秀文艺团队”“优秀文艺作品”表彰活动在天心区暮云街道幸福庄园剧场举行，以“节目展演＋优秀表彰”的形式，搭建起“文艺天心”的交流展示平台。区作家协会等10家单位分别获区“优秀文艺团队”一、二、三等奖；《山涧十八洞》等10个节目分别获区“优秀文艺作品”一、二、三等奖；李正良等分别获“优秀文艺人才”一、二、三等奖。（彭　琦）

【天心区宣讲中共二十大精神】 2022年11月14日，吴新伟到先锋街道嘉和社区鑫远和城小区党群服务中心，和基层党员群众分享学习中共二十大精神心得体会。学习交流中，社区干部、“中国好人”、老党员、居民代表结合自己所思所悟踊跃发言，并就关心关注问题进行提问。吴新伟逐一回答，为大家答疑解惑。会前，吴新伟调研嘉和社区学习宣传贯彻中共二十大精神及基层党组织建设等工作。11月15日，天心区机关举行学习贯彻中共二十大精神宣讲报告会，吴新伟作宣讲报告，周志军主持报告会。11月16日，吴新伟到大托铺街道兴隆村，宣讲中共二十大精神。互动交流环节，围绕“全面推进乡村振兴”这个大家普遍的关注点和兴趣点，吴新伟分享了自己的观点和看法。同日，吴新伟到长沙天心文化（广告）产业园，向基层党员干部、企业职工宣讲中共二十大精神，就企业进一步抓好科技创新、绿色发展、党的建设等工作进行调研指导。中粮国际（北京）有限公司湖南分公司党支部书记、总经理张立军，无何有文化创意公司党支部书记陈聪，湖南海象文化传播有限公司总经理樊海英，一览网络公司党支部书记蒋乐玲等分别就“如何按照二十大精神指引，实现企业高质量发展”“文化企业该如何准

天心区“优秀文艺团队”“优秀文艺作品”“优秀文艺人才”一览表

表3

获奖名称	获奖团队、作品和人才	获奖等级
优秀文艺团队	天心区作家协会、天心区南城花鼓戏团	一等奖
	天心区湘声喜剧社、天心区戏剧家协会、天心区天心之声艺术团	二等奖
	天心区舞韵艺术团、天心区舞缘艺术团、天心区南托艺术团、天心区贺龙友谊乐团、天心区天韵艺术团	三等奖
优秀文艺作品	《山涧十八洞》《先秦至唐书法教育制度研究》	一等奖
	《浮世》《永远跟党走》《红高粱随想》	二等奖
	《再颂沂蒙》《红船之歌》《我爱你中国》《潇湘神韵》《我有一个梦》	三等奖
优秀文艺人才	李正良、彭灿辉	一等奖
	贾文广、黄子恺、向永高	二等奖
	刘燕、刘勇、蒋勇、彭东伟、章小兰	三等奖

（资料来源：区委宣传部）

确把握发展趋势”“文化企业想要从‘网红’走向‘长红’，可以将关注点瞄准哪些方面”“如何积极发挥中国长沙人力资源服务产业园集聚作用，聚八方英才而用之”等关心的问题进行交流发言。吴新伟为在场企业家介绍天心实施文化兴区系列奖补政策和未来发展思路，坚定大家发展信心。11月18日，学习贯彻中共二十大精神市委宣讲团到天心区宣讲，市委宣讲团成员、湖南信息职业技术学院纪委书记姚庆武作宣讲报告，吴新伟主持报告会。姚庆武从“过去五年的工作和新时代十年的伟大变革”“开辟马克思主义中国化时代化新境界”“新时代新征程中国共产党的使命任务”“全面建设社会主义现代化国家的重大部署”“全面建设社会主义现代化国家的政治保障”5个方面，对中共二十大精神进行宣讲解读。11月19日，周志军到坡子街街道八角亭社区“候鸟驿站”24小时党群服务中心宣讲中共二十大精神。长沙王府井百货（五一店）党委书记、总经理董项，78岁老党员易振华等社区干部、企业代表、流动党员和居民代表结合自身工作实际，交流学习二十大精神所思所悟，并就关心关注问题进行提问。周志军在大家发言后，逐一答疑解惑。宣讲前，周志军调研八角亭社区学习贯彻中共二十大精神及基层党组织建设等工作。

（彭　馨）

【“文明实践看天心”系列融媒报道】 2022年11月15日至12月2日，湖南文明网聚焦天心区“满天星”志愿服务品牌，深入辖区12个文明实践站、所，推出“文明实践看天心”系列融媒体报道。用镜头记录文明实践新气象，在服务百姓生活、解决实际问题中凝聚群众、引领群众，推动形成符合时代要求的新观念、新面貌、新风尚。

（夏剑航）

【区文联召开学习贯彻中共二十大精神座谈会】 2022年12月14日，天心区文联在艺术创作基地组织召开学习贯彻中共二十大精神座谈会。区文联主席张少林传达省、市文联会议精神；各协会负责人围绕学习宣传贯彻中共二十大精神及协会工作进行分享和汇报。洪孟春与参会人员进行深入交流。

（彭　琦）

2022年11月14日，天心区委书记吴新伟（右四）到先锋街道嘉和社区鑫远和城小区党群服务中心，和基层党员群众分享学习中共二十大精神心得体会

（杨　威　摄）

统战工作

【概况】 2022年，天心区充分发挥区委统一战线工作领导小组总揽牵引作用，细化领导小组工作规则、职责分工、任务清单、运行机制，及时研究解决统战工作重大问题，认真落实“四个纳入”（把统一战线工作纳入党委重要议事日程，纳入党政领导班子考核内容，纳入宣传工作计划，纳入党校重要教学内容）。区委常委会先后组织召开统战相关学习会、部署会4次，制定《关于加强新时代统一战线工作的实施意见》等多个文件，全面提升统战工作制度化水平。支持各民主党派开展“矢志不渝跟党走、携手奋进新时代”政治交接、“不忘合作初心、继续携手前进”主题教育。围绕中国共产党统一战线政策提出100周年组织开展实地访学、观摩交流、征文比赛、政企联谊、同心运动会等系列活动47场。抓牢抓实“同心建设”，着力打造国家级、省、市级基层统战工作阵地，建成星语林康复中心、城南路街道熙台岭社区“同心聚合力”项目、赤岭路街道白沙花园社区3个市级“同心建设”工作点。持续巩固“关爱燕离家庭”“守护来自星星的孩子”等社会服务品牌成效，深化“富心工程”侨公益品牌，深度参与“爱心天心”民生

工程，广泛开展走访慰问法律援助、爱心助学等同心活动。发挥绩效考核“指挥棒”和“风向标”作用，对区直部门、街道社区统战工作进行差异化考核，形成方案化、项目化、清单化推进工作落实的格局。2月，中共中央统战部到长沙调研座谈，对天心区基层统战工作考核机制给予肯定。

【参政议政】 2022年，天心区坚持把中心所在、大局所需与统战所长结合起来，引导统一战线成员积极建言献策，为天心经济社会高质量发展贡献“统战之为”。支持各民主党派区工委、区党外知识分子联谊会（简称“区知联会”）聚焦项目建设、数字经济、乡村振兴、长株潭一体化等重大课题，开展调查研究；鼓励支持全区72名特约人员行使民主监督职权，通过座谈协商、直通报送等多种形式和渠道，广泛汇集党外人士意见建议，为党委政府科学决策、民主决策提供智力支撑。年内，开展联合攻关、课题调研活动41场，撰写调研报告16篇，其中关于推进长沙市法治城区建设的报告获评长沙市知联会优秀课题，多篇提案议案、建言文章获领导批示或被有关部门采纳。深化“统战搭台、代表建言、部门联办”协商模式，引导统战团体、广大成员主动有序参与基层社会治理，定期召开党风廉政建设、经济运行情况通报会座谈会，在民主协商中凝聚共识、形成合力。

【服务非公有制经济发展】 2022年，天心区实施民营企业家素质提升工程，深耕“天心赢商学院”，举办非公有制经济人士暨“天心红”高层次人才湖南大学培训班；与长沙新闻广播合作推出《天心商谈》宣传专栏，全方位讲好天心故事、展示民企形象。开展“民企大走访、同心促发展”帮扶活动，成立天心区民营经济服务中心、天心区青年企业家商会，牵头组建长株潭新消费联盟、天心石峰岳塘三区总商会联盟，健全完善问题收集、梳理分类、讨论解答、交办处理、跟踪督办长效服务机制。推动“商汇天心”系列活动成功开展，组织召开有区委区政府主要负责人参加的“企业家日”座谈会、政企恳谈会，定期举办“银企对接会”，解决企业难题43个，融资近亿元。

【联创共建】 2022年，天心区聚焦乡村振兴，引导统一战线资源向基层倾斜。支持沿江村创建省级同心美丽乡村，实施统一战线乡村振兴赋能工程。组织党外代表人士深入对口帮扶县乡村开展支教送课、医疗义诊、技能培训等活动。依托“万企兴万村”行动，打造3个产研学乡村振兴项目。选优选强26家民营企业对全区12个行政村开展联创共建，引导全区统战成员助力共同富裕。

【党外代表人士队伍建设】 2022年，天心区制定落实区委、区政府领导与党外代表人士、非公有制经济人士联谊交友制度，按要求配备党外干部，完成无党派人士认定工作，做好市、区两级人大代表、政协委员增补工作。推动党外代表人士队伍建设纳入全区干部和人才队伍建设总体规划。全力支持统战团体加强自身建设，发挥党校（行政学院）、社会主义学院人才培养主阵地作用，举办天心区韶山干部学院党外代表人士思维创新和履职能力提升专题研修班，被《中国统一战线》杂志、“新湖南”等主流媒体肯定推介；指导各民主党派区工委、区知联会创新开展班子成员民主生活会，人大代表、政协委员向党派述职评议等工作。做好统战团体班子成员、骨干力量的日常管理，完成天心区新的社会阶层服务团（简称“区新阶服务团”）班子调整工作。

2022年10月31日，第二届长沙企业家日“商汇天心”政企恳谈会举行

（区委统战部供图）

【民族宗教工作】 2022年，天心区深化民族团结进步创建，围绕政策宣讲、阵地升级、技能学习开展系列活动。湖南第一师范学院（老校区）获评湖南省民族团结进步教育基地。年内，完成130名长沙市普通高校招生享受民族优惠政策资格审核，4名人员民族成份变更，妥善解决6名新疆籍务工经商人员子女入学事项，有效促进各民族交流交往交融，铸牢中华民族共同体意识。建立“天心民宗大讲堂”。纵深开展“两个专项”行动，依法管理宗教场所；全面推进“一所一册”制度建设。玉泉寺获评全国首批宗教界先进集体。

【新的社会阶层人士服务工作】 2022年，天心区完成新的社会阶层人士服务团人员调整工作。组织开展“凝聚新力量·筑梦新时代”主题教育。创建人力资源产业园实践创新基地，打造“扎堆”“创客”“零工”3个实践点。搭建“经理圆桌会”“新智荟”等多个交流平台，组织开展高新技术企业政策分享会、销售人才沙龙活动、赋能灵活用工专题交流会等系列活动。举办“同心关爱·心智成长”亲子互动体验活动，增进广大新的社会阶层人士政治认同和创新活力。

【党外知识分子工作】 2022年，天心区举办“学习贯彻二十大，奋进高质量发展新征程”学习活动，组织引导党外知识分子积极参政议政，撰写提交社情民意和提案议案20余篇，《关于推进长沙市法治城区建设专题调研报告》《构建面向南太平洋地区的中医药海外传播平台》等调研成果获评长沙市知联会优秀调研课题。依托长沙星语林康复中心，打造“守护来自星星的孩子”活动品牌，在春节、“六一”等时间节点，为孤独症儿童送上来自党外知识分子和社会各界人士的关心和温暖。理事单位长沙福膳源餐饮管理有限公司开展“一份网红菜品，一元爱心捐赠”活动，和区知联会爱心理事共同向星语林康复中心捐赠首笔爱心善款4万元，用于特困家庭定向康复课程购买。

【举办党外代表人士专题研修班】 2022年8月27—31日，天心区党外代表人士思维创新与履职能力提升专题研修班在韶山干部学院举办。研修班开展习近平总书记关于做好新时代党的统一战线工作重要思想、《习近平谈治国理政》（第四卷）导读、习近平新时代中国特色社会主义思想对毛泽东思想的坚持与发展等专题教学；组织到韶山毛泽东故居纪念馆、彭德怀故居和纪念馆、中共韶山特别支部历史陈列馆、陈赓故居等现场教学；学员们结合培训收获和自身实际，围绕统一战线事业认识及如何更好推进基层统战工作创新展开讨论，分享工作打算和意见建议。党外代表人士50余人参加。

【侨务】 2022年，天心区加强海外联络联谊，举办“侨爸侨妈想你啦”联谊交流，以“侨爸侨妈”为纽带，畅通海内外联谊渠道。推进“侨胞之家”创建工作，年内，新打造市级“侨胞之家”3个：即天心区先锋街道尚双塘社区、湖南省学士桥商业管理有限公司创谷分公司、法国法中经济文化教育交流协会。截至2022年年底，共建成省级“侨胞之家”3个，市级“侨胞之家”7个，实现建设高标准、功能更齐全、服务更到位。开展海外人才引进专题调研，形成《侨联助力海外人才引进的思考与建议》《“天心红”涉外优秀人才评选办法》等调研报告。开展《中华人民共和国归侨侨眷权益保护法》（简称“侨法”）宣传，编印宣传册、制作宣传展板，进社区、进侨企宣讲侨法知识，依法维护侨界群众权益。开展“九九重阳·情暖归侨”活动，为25名80岁以上老归侨送上祝福与慰问。引导侨界代表人士服务经济社会发展，提交《行政执法不应该有违国家道路交通安全法》《关于成年重度残疾人应纳入独立低保的建议》《吸取“4·29”重大事故血的教训彻底排查整改我区类似问题》《关于进一步完善重度残疾人托养服务的建议》等社情民意、提案议案。

【举办“同心运动会”】 2022年11月12日，天心区统一战线在长沙华中医卫科技中等职业学校举办“贯彻二十大、奋进新征程”同心运动会。区委统战部、区工商联、各民主党派区工委、区知联会、区新阶服务团、区侨联等10支代表队参赛。区委常委、常务副区长厉波，区政协副主席、区工商联主席王珊出席开幕式。运动会设同心篮球、同心拼图、同心同行、同心启航4个团体项目，经过角逐，民建天心区工委代表队获得冠军。 （肖胜存）

机构编制

【概况】 2022年，中共长沙市天心区委机构编制委员会办公室（简称“区委编办”）围绕天心经济社会发展稳定大局，深化机构改革和行政体制改革，规范机构编制管理，提升机构编制法制化、科学化、规范化水平。

【重点领域改革】 2022年，天心区深化重点领域和关键环节改革，助力区域经济社会发展。推进应急管理综合行政执法改革，在区应急管理局加挂“区应急管理综合行政执法局”牌子，组建区应急管理综合行政执法大队；完成疾病预防控制体制改革，区卫健部门加挂疾病预防控制局牌子；推进文物保护改革，设立考古研究和文物保护中心，加挂文化遗产管理所牌子。配合司法部门积极推进园区相对集中行政许可权改革试点工作。

【机构编制服务保障】 2022年，天心区坚持“严控总量、统筹使用、有增有减、动态平衡、保证重点、服务发展”基本原则，围绕“智慧天心、融城核心”战略目标，新设正科级智慧城市建设事务中心；围绕长株潭深度融合发展导向，制定区长株潭一体化发展事务中心“三定”规定；围绕营造“最优营商环境”，将区企业服务中心调整至区政府办管理；围绕“天心红”人才工程体系建设，在区委组织部相关内设科室加挂效能科、人才科牌子；围绕自建房安全监管，新设区房屋安全管理事务中心；围绕落实新时代文明实践志愿服务常态化工作任务，在区委宣传部增设志愿服务促进科。重视教育领域改革，采取只设1个“主园”，下设若干“分园”模式，优化区属42家公办幼儿园管理模式，既满足民众对优质教育资源共享的需求，又实现机构编制资源效益最大化；为区教育局设置“校外教育培训监管科”，全面落实减轻义务教育阶段学生作业负担和校外培训负担改革要求。全年统筹近百名编制用于省委选调生、省公务员考试、事业单位招考及军转干部、退役士官、随军随调家属安置、高层次人才招引；使用440余名编制用于中小学教职工及幼儿园教师引进，相关工作经验被“红星云”等省、市多个平台载体宣传推介，并入选全市机构编制创新案例汇编。

【机构编制日常管理】 2022年，天心区出台《天心区机构编制核查实施方案》，制定《现场集中审核时间安排表》，开展机构编制核查。截至12月31日，核查完成机构编制审批文件整理501个，更正台账信息148条，规范机构信息300余条，完善人员信息异动9536人次，数据比对矫正勘误各类信息40余条。加强实名制平台管理，提升办理机构编制日常业务效率，年内办结入编349笔，出编319笔，人员异动1306笔，人员划转113笔。

【事业单位管理服务】 2022年，天心区强化事业单位监管服务，完成191家区属事业单位法人年度报告公示工作，全年办理设立登记42次，变更登记123次，注销登记36次；完成23个机构机关群团社会信用代码赋码工作。推进该区党政机关、事业单位网站中文域名清理规范，政务公益域名注册率100%。事业单位年度报告公示工作及网上名称管理工作经验被国家级主管部门网站宣传推介。 （邵佳欣）

党　校

【干部教育培训】 2022年，天心区委党校坚持党校姓党原则，围绕理论教育和党性修养主业主课，加强干部教育培训，发挥党校轮训培训党员干部主渠道、主阵地作用。主动做好年度干训摸底，推进精品培训工程，年内举办主体班15期，轮训培训党员干部2010人次，培训工作获得服务对象和单位好评。推进街道党校建设，编印《基层党校工作手册》，建立街道党校26人师资库，指导街道党校组织基层党员培训。率先在全市开展“基层党校第一课”活动，“新湖南”等主流媒体进行专题报道。 （刘　泽）

【科研工作】 2022年，天心区委党校完成省级课题2个、市级课题3个。在长沙市党校系统“强省会”征文活动中，获一等奖1篇、二等奖1篇、优胜奖2篇；在全省党校系统理论研讨会征文活动中，获一等奖1篇、三等奖2篇，另有4篇理论文章在《湖南日报》、《长沙晚报》、红网发表。被评为2022年度长沙市党校系统科研工作先进单位。 （刘　泽）

【教学管理】 2022年，天心区委党校召开校委会议11次，专题研究年度教学计划、意识形态、人员招聘、重大支出、培训办班等工作。落实意识形态工作责任制，制定《党校教师意识形态管理制度》《党校教师外出讲课管理规定》。创新办学理念，树立“大教育、大培训”思维，在培训模式、课程建设、资源共享等方面，挖掘天心潜力，开发特色课程，打造天心特色办学模式和培训品牌。优化培训方法，把读书学习与研究问题、课堂教学与实践锻炼、传统教学与信息化教学结合起来，调动学员主动性和积极性，增强党校教育实效性和感染力。鼓励青年教师参加学历教育、业务学习，支持教职员工上讲台入社区，提升能力和素质。配合排查讲课费、书籍费，从源头消除漏洞、加强监管。 （刘 泽）

【基层党校“第一课”】 2022年11月17日，天心区学习贯彻中共二十大精神基层党校“第一课”在青园街道开讲。天心区委书记吴新伟，长沙市委党校副校长刘国杰为主讲人。活动设一个主会

2022年11月17日，天心区学习贯彻中共二十大精神基层党校“第一课”在青园街道开讲。图为向基层党校副校长颁发聘书

（杨 威 摄）

天心区委党校获奖文章一览表（部分）

表4

主笔人	成果类别	成果名称	发表刊物、课题来源	获奖等级
李欣洁	主题征文	《长沙网红经济发展的逻辑起点、问题与路径》	2022年度全省党校（行政学院）系统理论研讨会征文	一等奖
肖佳怡	理论文章	《坚定不移走绿色发展之路》	《湖南日报》（理论·学习）	省 级
张 东	主题征文	《以“文旅名城”之文，点亮形成发展之光》	全市党校（行政学院）系统“强省会”战略主题征文	一等奖
肖佳怡	主题征文	《共抓大保护协同谋发展全力释放长株潭城市群生态红利——以天心区生态绿心片区为例》	全市党校（行政学院）系统“强省会”战略主题征文	二等奖
张 芳	主题征文	《做好“融”字文章加快建设长株潭一体化融城先行区》	全市党校（行政学院）系统“强省会”战略主题征文	优胜奖
刘 洋	主题征文	《推进政府数字化转型打造现代化城市治理样板》	全市党校（行政学院）系统“强省会”战略主题征文	优胜奖

（资料来源：区委党校）

天心区委党校完成省市级课题一览表

表 5

主笔人	课题名称	课题级别
周雅娴	《天心区打造城市风貌特色区的研究与思考》	湖南省委党校
张　东	《五一商圈夜经济高质量发展的研究》	湖南省委党校
肖佳怡	《长沙绿心片区康养产业发展的研究——以天心区为例》	长沙市社会科学界联合会
肖佳怡	《城市绿心地区康养产业发展的研究——以长沙市天心区为例》	长沙市社会科学界联合会
肖佳怡	《坚持大抓基层的鲜明导向，党建引领城市社区治理的有效路径研究——基于长沙市的调研分析》	长沙市社会科学界联合会

（资料来源：区委党校）

场（青园街道），其他 13 个街道设立分会场，通过网络直播开展同步学习。主会场与会领导和嘉宾为 14 个街道党校授牌，为市委党校下派的基层党校副校长颁发聘书。（鲁怡欣　刘　泽）

史志档案

【概况】2022 年，天心区档案馆（中共天心区委党史研究室、天心区地方志编纂室）（简称“区档案馆”），聚焦服务中心、聚力主责主业，推进新时代史志档案工作高质量发展，履行“存史、资政、育人”职能，史志档案研究形成新成果、宣传教育收到新成效、志鉴编修实现新进展。常态化开展史志档案书籍进长沙市图书馆、天心区社区图书角工作，赠送天心区党史、地方志、档案书籍十余种杂志 100 余册。通过“天心区公众信息网—天心纪录”栏目，年度发布地方史志图文近 30 篇，做好新时代天心史志地情文化传播。（李　强）

【革命遗迹树标立识】2022 年，天心区启动革命遗迹树标立识工作。经过实地考察、档案查证、资料辅证，上报长沙市委党史研究室两处革命遗迹：徐特立革命思想宣讲旧址（火宫殿内）、红三军团临时指挥部（天心阁内）作为新一批革命遗迹，启动树标立识工作。（李　强）

【地方志工作】2022 年，天心区档案馆完成《长沙市乡镇简志——天心区卷》的图文编撰审校工作，指导城南路街道开展《城南路街道志》编撰工作；整理上报宣传天心区文化旅游宣传短视频“天心，智慧在这里启航”“长沙太平街”“走进天心”3 部，服务全省旅游发展。持续开展《天心年鉴（2022）》编撰工作，记录天心发展历程；完成《天心年鉴（2021）》付印出版工作，并发放到区直机关各单位和各街道办事处。（李　强）

【档案利用服务】2022 年，天心区档案馆及时回应政府信息公开申请和“12345”政务服务便民热线的查档申请，定期查看“一网通办”信息平台，执行档案查询规定和档案登统计制度，及时准确提供档案利用服务，全年无泄密失密事故和泄露个人隐私问题。完善档案开放鉴定制度，推进到期档案的开放鉴定工作，提升档案利用服务水平，加强档案开放资源体系建设。根据省民政部门有关要求，对接区民政局，提供馆藏婚姻档案数字化副本，夯实婚姻档案信息全省乃至全国共享的数据资源基础。擦亮档案服务窗口名片。建立查档窗口与区属部门、兄弟区县市档案馆的信息共享和查询对接机制，形成档案利用服务的“互通网络”。开展预约查档、延时服务、受理委托，并运用电话沟通、微信视频等新媒体，即时核实当事人查档需求及身份信息，推行绿色服务，以实现“最多跑一次”。继续实行馆长接待日，由馆领导一线了解群众当前所需，倾听群众建议，经过馆务会研究解决相应改进措施。2022年，区档案馆共接待各类现场查询及电话查询2138人次，免费提供复制件1961份，收到锦旗1面。（石占福）

【第Ⅲ期档案信息化项目】 2022年，天心区档案馆启动第Ⅲ期档案信息化项目，对馆藏8100卷档案实施数字化。12月底完成全部目标任务，馆藏档案（含照片、录像、会计档案等）数字化率100%。（石占福）

【优化档案资源体系】 2022年，天心区档案馆接收2021年度婚姻、城镇奖扶、残疾人补办证3类档案进馆，奠定档案服务民生基础。结合第Ⅲ期馆藏档案信息化契机，梳理馆藏文书档案里的婚姻档案和独生子女档案等民生档案，并将该部分档案重新分件著录，挂接到民生档案专题数据库，提升民生档案专题库的数据资源容量，同时满足该部分群众的查档需求。经过馆藏档案的数量清理统计，针对个别年度已进馆档案未达到应收尽收，主动与立档部门对接，了解相关情况后结合库房实际征集该部分档案并接收进馆，补齐该部分档案的接收进馆年度，确保档案保存的安全和接续。根据国家档案局统一部署，挖掘天心区重点专题档案资源，发现辖区内近现代工业遗产档案1万余卷，经过现场查看和协调对接，提出初步的档案保护开发设想和目标，并向国家局申报国家重点专题档案保护开发任务。（石占福）

【天心区脱贫攻坚口述史】 2022年，天心区档案馆启动天心区脱贫攻坚口述史采编工作。通过到浏阳市富溪村、龙山县洛塔乡、通道县实地采访驻村扶贫队长、队员，走访扶贫地致富带头人，记录精准扶贫成果，汇集口述史料、档案资料，形成《见证　2015—2021长沙市天心区脱贫攻坚口述史》纪录短片和书稿。截至年底，进入审校收尾阶段。纪录短片共3集，总时长40余分钟，成书近40万字，收录随文插图408张、新闻截图72幅。（李　强）

《见证　2015—2021长沙市天心区脱贫攻坚口述史》封面（区档案馆供图）

天心区人民代表大会

综　述

【概况】　天心区人大常委会坚持用习近平法治思想、习近平总书记关于坚持和完善人民代表大会制度的重要思想指导新时期人大工作。坚持党对人大工作的全面领导。严格执行重大事项、重要问题向区委请示报告制度，紧扣区委决策部署谋划和推进人大工作，确保区委中心工作部署到哪里，人大的监督服务就落实到哪里。率先提请区委召开区委人大工作会议暨贯彻落实中央、省委、市委人大工作会议精神推进会，出台《关于加强新时代人大工作和建设的意见》《贯彻落实中央人大工作会议和省委推进会议精神具体实施方案》，推进47项具体任务落实落细。坚持党管干部与依法选举任免相结合，严格落实任前法律考试、任前陈词、向宪法宣誓、颁发任命书等制度，确保党组织人事安排通过法定程序得到实现。全力投入“八个一批”重大项目攻坚、自建房安全整治、文明创建、“爱心天心”慈善工程、营商环境优化等中心工作。主任会议成员带队走访联点企业和项目120余次，协调解决各类困难和问题100余个；奋力助推“强省会”战略实施，常委会率先依法作出《关于全面落实“强省会”战略、助推天心高质量发展的决议》，以法治方式明确全区国家机关、人民群众在推进“强省会”战略实施中的重点任务和工作要求。

截至2022年年底，天心区有区人大代表243人；其中，男性代表144人、女性代表99人；按代表所在街道分，坡子街街道22人、城南路街道17人、裕南街街道20人、金盆岭街道19人、赤岭路街道16人、新开铺街道18人、文源街道17人、青园街道21人、桂花坪街道15人、黑石铺街道15人、大托铺街道13人、先锋街道16人、南托街道16人、暮云街道18人。年内，天心区人大常委会完成区六届人大一次会议确定的各项目标任务。召开人民代表大会1次、常委会会议9次、主任会议13次，作出决议决定3项，听取和审议专项工作报告30个，发出审议意见函6件。

【人大及其常委会建设】　2022年，天心区人大常委会坚持以政治建设为统领，以“喜迎二十大，永远跟党走”为主题，抓实机关学习教育。建立第一议题学习制度和学习分享制度，开展党组理论学习中心组、主题党日活动、“三会一课”、专题辅导讲座等学习活动40余次；规范机关工作程序，提升工作效能，创造性推行常委会议审议卡制度，有效提高常委会审议质量。加大人大干部转岗交流力度，区人大及其常委会各工作机构、专门委员会组成人员年龄和知识结构均得到全面优化，14个街道均配齐配强工作班子。举办区人大系统工作者、人大代表履职能力培训班3期，培训人大干部、人大代表200余人次。推进“清廉机关”建设，开展党风廉政教育，严格落实中央八项制度规定要求，营造风清气正政治生态。加强工作宣传推介，讲好天心人大故事，在“新湖南”、红网、“云上天心”等主流媒体宣传报道200余篇，在《人民之友》《长沙人大》等杂志发表文章30余篇。　（李　珺）

重要会议

【天心区第六届人民代表大会第二次会议】　2022年2月15—16日，天心区第六届人民代表大会第二次会议在区机关三楼大会议室举行。天心区委书记吴新伟出席。大会听取和审查区发展和改革局2021年国民经济和社会发展计划

2022 年 2 月 15—16 日，长沙市天心区第六届人民代表大会第二次会议召开　（区人大办供图）

执行情况与2022年国民经济和社会发展计划草案的报告、区财政局2021年预算执行情况与2022年预算草案的报告，表决通过上述2个工作报告的决议；听取和审议区人民政府2022年天心区人大代表票决民生实事候选项目情况的说明，现场投票表决2022年度民生实事项目。

【区人大常委会会议】 2022年，区人大常委会共召开常委会会议9次。

2月10日，区六届人大常委会召开第3次会议。审议通过区人大常委会“双联双述双评”活动方案、区六届人大常委会2022年工作要点（草案）、区六届人大二次会议筹备工作方案（草案）、关于加强新时代检察机关法律监督工作的决议（草案），听取和审议2021年度重大项目（重点工程）建设完成情况和2022年度重大项目（重点工程）建设计划、区政府关于2021年民生实事项目完成情况报告及2022年民生实事候选项目情况说明报告，初审2021年度国民经济和社会发展计划执行情况和2022年度经济和社会发展计划草案、2021年度财政预算执行情况和2022年度财政预算草案、区六届人大二次会议主席团成员和秘书长建议名单（草案），审议代表异动情况，表决相关人事任免事项。

3月18日，区六届人大常委会召开第4次会议。征求关于加强新时代人大工作和建设的意见（草案）的建议，表决相关人事任免事项。

5月19日，区六届人大常委会召开第5次会议。听取和审议区政府关于2021年天心区环境状况和环境保护目标完成情况报告、残疾人权益保障工作报告、“八五”普法规划情况报告，审议《长沙市

2022 年 2 月 16 日，天心区人大代表投票表决 2022 年民生实事项目　（区人大办供图）

天心区人民代表大会常务委员会关于全面落实“强省会”战略、助推天心高质量发展的决议（草案）》，听取区人民法院员额法官备案报告，审议代表异动情况，表决相关人事任免事项。

7月7日，区六届人大常委会召开第6次会议。听取和审议天心区2021年度国有资产管理情况报告、全区安全生产工作情况报告，审议《天心区人大常委会专项工作评议实施办法（草案）》，审议代表异动情况，表决相关人事任免事项。

8月26日，区六届人大常委会召开第7次会议。听取和审议全区宗教工作情况报告、诉源治理工作情况报告、禁毒工作情况报告、信访工作情况报告，表决相关人事任免事项。

9月26日，区六届人大常委会召开第8次会议。听取和审议2021年度区本级预算执行和其他财政收支审计工作报告、区政府关于义务教育“双减”政策落实情况报告、区法院关于提请确定人民陪审员名额数报告，审查批准区财政2021年财政决算草案和2022年上半年预算执行情况报告。

10月17日，区六届人大常委会召开第9次会议。书面听取区政府关于全区残疾人权益保护工作审议意见落实情况报告，审议代表异动情况，表决相关人事任免事项。

11月30日，区六届人大常委会召开第10次会议。听取和审议区监察委关于协同开展政法队伍教育整顿工作情况报告、关于区五届人大七次会议代表议案、区六届人大一次会议代表建议办理情况报告，审查和批准2022年财政预算调整方案，审议通过区六届人大三次会议筹备工作方案（草案），书面审议规范性文件备案审查工作情况报告，补选市人大代表，审议代表异动情况，表决相关人事任免事项。

12月23日，区六届人大常委会召开第11次会议。听取和审议区政府关于2022年民生实事项目完成情况报告及2023年民生实事候选项目情况说明报告、2021年区本级预算执行和其他财政收支审计查出问题整改落实情况报告、2022年度重大项目（重点工程）建设完成情况和2023年度重大项目（重点工程）建设计划，初审2022年度国民经济和社会发展计划执行情况和2023年度经济和社会发展计划草案、2022年度财政预算执行情况和2023年度财政预算草案、区人大各专门委员会2022年工作报告、区人大常委会工作报告（草案）、区六届人大三次会议相关名单，审议大会筹备工作情况报告（草案）、大会备案资料，补选市人大代表，审议代表异动情况，表决相关人事任免事项。

【区人大常委会主任会议】 2022年，区人大常委会共召开主任会议13次。

1月24日，区六届人大常委会召开第4次主任会议。初审区六届人大常委会2022年工作要点。

2月9日，区六届人大常委会召开第5次主任会议。初审区人大常委会“双联双述双评”活动方案、区六届人大常委会2022年工作要点（草案）、区六届人大二次会议筹备工作方案（草案）、2021年度国民经济和社会发展计划执行情况和2022年度经济和社会发展计划草案和审查报告、2021年度财政预算执行情况和2022年度财政预算草案和审查报告、2021年天心区民生实事项目部分内容调整议案、区政府关于2021年民生实事项目完成情况报告及2022年民生实事候选项目情况说明报告，听取和审议2021年度重大项目（重点工程）建设完成情况和2022年度重大项目（重点工程）建设计划和审查报告。

3月16日，区六届人大常委会召开第6次主任会议。听取《中共长沙市天心区委员会关于加强新时代人大工作和建设的意见（草案）》的建议，初审人事任免工作。

4月21日，区六届人大常委会召开第7次主任会议。初审区环境状况和环境目标完成情况调查报告、残疾人权益保障工作情况报告、“七五”普法工作和“八五”普法规划编制报告、关于开展“优化营商环境监督，支持全区经济高质量发展”行动工作方案，听取政府化债工作情况汇报，初审人事任免工作。

5月18日，区六届人大常委会召开第8次主任会议。听取《长沙市天心区人民代表大会常务委员会关于全面落实“强省会”战略、助推天心高质量发展的决议（草案）》，初审人事任免工作。

7月1日，区六届人大常委会召开第9次主任会议。初审关于安全生产工作情况报告、区2021年度国有资产管理情况综合报告及相关调查报告，初审天心区人大常委会专项工作评议实施办法（草案），初审人事任免工作。

7月6日，区六届人大常委会召开第10次主任会议。现场调研城乡供水一体化工作情况，听取区政府关于城乡供水一体化工作情况汇报。

8月24日，区六届人大常委会召开第11次主任会议。初审关于全区宗教工作、诉源治理工作、禁毒工作、信访工作情况报告，初审人事任免工作。

9月21日，区六届人大常委会召开第12次主任会议。听取关于全区工会工作情况报告，初审关于2021年度区本级预算执行及其他财政收支审计工作报告、关于长沙市天心区2021年财政决算草案和2022年上半年预算执行情况报告、关于长沙市天心区义务教育“双减”政策落实情况报告、长沙市天心区人民法院关于申请选任人民陪审员议案。

10月14日，区六届人大常委会召开第13次主任会议。初审关于落实区人大常委会对区残疾人保障法工作报告审议意见的情况报告、关于召开长沙市天心区第六届人民代表大会第三次会议筹备工作方案（草案），初审人事任免及代表异动情况。

11月28日，区六届人大常委会召开第14次主任会议。初审关于2022年财政预算调整方案报告、关于协同开展政法队伍教育整顿工作情况报告、关于区五届人大七次会议代表议案和区六届人大一次会议代表建议办理情况报告及相关调查报告，初审人事任免、代表异动及市人大代表补选情况说明，书面初审关于规范性文件备案审查工作情况报告。

12月14日，区六届人大常委会召开第15次主任会议。初审天心区第六届人大常委会2023年工作要点、天心区人民代表大会常务委员会工作报告（二稿）、书面初审区六届人大各专门委员会工作报告及区人大常委会办公室、联工委、各人大街道工委2022年工作总结。

12月22日，区六届人大常委会召开第16次主任会议。初审2021年区本级预算执行和其他财政收支审计查出问题整改落实情况报告、2022年度重大项目（重点工程）建设完成情况和2023年度重大项目（重点工程）建设计划、2022年度国民经济和社会发展计划执行情况和2023年度经济和社会发展计划（草案）、2022年度财政预算执行情况和2023年度财政预算（草案）及相关调查报告，初审关于2022年天心区人大常委会对街道人大工委工作绩效考核情况报告，初审区六届人大三次会议相关筹备工作情况、相关名单、区人大代表票决民生实事候选项目有关情况，初审人事任免、代表异动及市人大代表补选情况说明。（李　珺）

2022年6月7日，天心区人大常委会“优化营商环境，服务天心高质量发展”主题座谈会召开（区人大办供图）

依法监督

【营商环境监督】 2022年6月7日，天心区人大常委会召开“优化营商环境，服务天心高质量发展”主题座谈会，在全区授牌设立营商环境监测点18个，聘请营商环境监督员45名，广泛收集反馈影响营商环境突出问题，为经济发展保驾护航。开展建筑行业人大代表座谈会等活动，组织政府相关职能部门和人大代表、企业负责人面对面沟通交流，为企业发展排忧解难。探索开展政府专项工作评议。制定《天心区人大常委会专项工作评议实施办法》，首批确定对区民宗局、区文旅体育局、区退役军人事务局3家单位进行专项工作评议，通过听取报告、征求意见、查看台账、开展测评、提出建议、督促整改等措施，督促被评议单位进一步依法行政、优化服务、提升效能。

【经济发展监督】 2022年，天心区人大常委会加强经济计划审查监督，依法提请大会审查和批准年度区国民经济和社会发展计划，听取和审议2021年度重大项目（重点工程）建设完成情况和2022年度建设计划。加强财政预算监督，依法提请大会审查和批准年度财政预算，严格审查和批准年度财政预算调整方案，主任会议专题听取全区债务情况报告，提高财政资金使用效益。发挥审计监督作用，听取和审议2021年度区本级预算执行及其他财政收支情况审计工作报告以及审计查出问题整改情况报告，开展满意度测评，促进审计查出的47个问题全部整改到位，测评满意率100%。加强国资管理监督，开展国有资产管理专题调研，听取和审议国有资产管理情况报告，夯实国有资产管理基础。

【法治建设监督】 2022年，天心区人大常委会持续开展“司法公正天心行”活动，作出《关于加强新时代检察机关法律监督工作的决议》，支持检察机关依法履行法律监督职能。首次听取和审议区监察委关于协同开展政法队伍教育整顿工作情况报告。听取和审议全区诉源治理、禁毒工作、“七五”普法工作暨“八五”普法规划编制情况报告。听取和审议关于规范性文件备案审查工作情况报告。年内，备案审查政府规范性文件10份。

【群众关切监督】 2022年，天心区人大常委会听取和审议全区安全生产、交通安全、消防安全、生态环境状况和环境保护目标完成情况等工作报告，配合市人大开展《湖南省居民自建房安全管理若干规定（草案）》征求意见工作，协助市人大对天心区贯彻实施《长沙市湘江流域水污染防治条例》情况进行执法检查。开展“乡村振兴长沙行”活动，组织代表开展农村一、二、三产业融合发展、农村小微水体管理、农村公路建设等专项调研，主任会议专题视察城乡供水一体化工作并听取和审议工作情况报告。着力改善民生福祉，对祝威岗巷环境综合整治提升情况进行集中视察，听取和审议该区落实义务教育“双减”政策、残疾人权益保障工作、宗教工作、信访工作、工会工作等情况报告。推进民生实事办理，建立人大机关委办联系项目制度，组织人大各委室和街道联系督办民生实事项目。加强过程跟踪督办，坚持每季度督查一次民生实事办理情况，先后2次组织人大代表对十大票决民生实事项目实地视察督办，截至12月31日，区六届人大二次会议票决的十大民生实事项目全部完成，加装电梯、新增学位、居家养老、农村安全饮水、公路提质改造等一批群众“急难愁盼”问题得到解决。（李　珺）

2022年9月22日，天心区人大常委会召开“双联双述双评”讲评推进会（区人大办供图）

依法履职

【搭建履职平台】 2022年，天心区人大常委会着力推进闭会期间代表活动规范化、常态化，创造性推出“双联双述双评”（街道班子成员联系代表，代表联系人民群众；人大街道工委、人大代表向区人大常委会述职、人大代表向选民述职；评选优秀代表、评选先进联络站/点）主题活动，广泛开展“五个一”（联系一个选区/小区、帮扶一个困难户、结对一家市场主体、领办一件民生实事、提交一条合理化建议或议案）活动，引导代表深入基层察民情、汇民意、解民忧。全区人大代表共联系小区（选区）249个，帮扶困难群众383名，帮扶（引进）市场主体331家，提出工作建议176条，解决民生问题152个，捐款捐物300万余元。全区233名区人大代表均通过书面或述职会议形式完成履职述职，评选表彰优秀代表49名。加强代表联络站（点）建设，高规格建设街道代表联络站14个，代表联络点25个。深入开展五星级代表联络站、点［硬件建设“五有”：有固定场所，有统一标牌，有必要设施，有学习资料，有代表征求意见箱；接受监督“五公开”：公开代表信息、公开工作制度、公开年度计划、公开联系选民群众名单、公开履职情况；组织管理“五到位”：代表驻站（点）到位，人员配备到位，服务保障到位，台账管理到位，经费保障到位；活动组织“五定期”：定期学习交流，定期组织活动，定期接待群众，定期处理意见，定期述职评议］创建活动，实行站点星级评定动态管理，评定示范联络站3个、示范点5个。依托站点平台，各人大街道工委积极开展代表履职培训、代表接待日等活动，培训代表300余人次，接待群众1000余人次，解决实际问题300余件。组织代表参与地区经济建设、公益事业和社会治理，形成坡子街街道“代表＋商会”、城南路街道“金融e+”等“一站一特色”工作品牌，被省、市人大肯定。

【强化履职保障】 2022年，天心区人大常委会拓宽代表知情知政渠道，有计划邀请代表列席常委会会议、主任会议、执法检查、会前调查、调研视察、民生实事项目督办等活动，参与代表120人次。规范情况通报制度，开展半年度政情通报会、常委会及“一府两院”工作报告征求意见会，通过网站、微信公众号等媒体及时公布常委会相关决议和事项。各人大街道工委围绕“强省会”战略、民生实事项目办理、重大项目建设、优化营商环境等主题，组织各类代表视察、调研活动60余次，为代表履职奠定坚实基础。

【人事任免】 2022年，天心区人大常委会任免国家机关工作人员97人次；其中，任免区人大专门委员会及常委会工作机构人员32人；决定任命区人民政府副区长2人，决定免去区人民政府副区长1人，决定任免区人民政府工作部门负责人43人次；任免区人民法院法官、区人民检察院检察官19人次。

【代表建议办理】 2022年，天心区人大常委会健全由常委会牵头、主任会议集中督办、各专门委员会分线督办、政府领导领办、“一府两院”部门承办、人大代表评议等代表建议办理机制。召开代表议案建议办理专题督办会，开展议案和重点建议办理情况调研视察和专题督查，确保建议办理质效。区六届人大一次会议提出建议109件，代表见面率、办复率均为100%，代表满意率为97.25%，35件建议获评优秀代表建议。（李　珺）

2022年8月26日，天心区六届人大常委会召开第7次会议表决相关人事任免事项，并颁发任命书（区人大办供图）

2022年天心区优秀人大代表建议一览表

表6

序号	代表姓名	优秀代表建议名称
1	李雪峰	关于加快汽车6S街区提质，扩大汽车6S街区知名度的建议

（续表 6）

序号	代表姓名	优秀代表建议名称
2	梁　峰 张　超 王　征 潘玉军	关于移交内正巷至区市政中心设施维护中心，优化车辆动线，缓解交通压力的建议
3	晏荣祥 王　维	关于推进文庙坪片区景区化管理模式的建议
4	吴　菁	关于在五一商圈建设老字号特色街区的建议
5	张凤萍	关于天心区非遗保护传承发展的建议
6	黄　靓	关于搭建小微企业融资平台、推动经济发展的建议
7	龙朝东	关于在全区中小学设置医务室的建议
8	王朝晖 李勇军	关于对城区困难家庭实施危房改造的建议
9	林伟明	关于建设物业项目信息平台，保障业主参与权和监督权的建议
10	汪　洋	关于加快解决老旧商务楼宇提质改造相关问题的建议
11	肖　兰	关于全面推进社区居家养老服务的建议
12	黄文霞	关于加强应急救援队伍建设的建议
13	李迎军	关于建立诉源治理机制及化解诉讼压力并常态化执行的建议
14	刘恒震	关于落实生育政策、提高生育率、推动母婴照护的建议
15	唐香军	关于加强对大街小巷电动车乱停放监管的建议
16	谭　赛	关于对省府周边道路沿线行道树及围石树池进行更新提质的建议
17	康向君	关于调整豹子岭社区管辖范围并成立新社区的建议
18	刘　建	关于解决竹塘西路早晚高峰拥堵问题的建议
19	吴　翼	关于支持企事业单位开展分布式光伏发电系统建设的建议
20	汪映红	关于进一步提升城区道路路口通行效率的建议
21	张　浩	关于解决豹塘路、雀园路沿线停车难的建议

（续表 6）

序号	代表姓名	优秀代表建议名称
22	梁　媛	进一步提升五一商圈品牌价值的几点建议
23	张　慧	关于提升我区家庭教育质量的建议
24	万　强	关于在天心区中小学校开展学校社会工作服务试点的建议
25	丁泽卉	关于加强新开铺路湘府大桥至黑石路口行人安全管理的建议
26	湛建平	关于部分国有企事业单位无产权证老旧小区房屋加装电梯的建议
27	欧阳仁	关于加快新开铺路两厢闲置土地、工业用地招商开发建设进程的建议
28	杨文献	关于进一步规范防洪大道与 055 县道（大托铺段）交叉路口交通出行秩序的建议
29	陈建明	关于加大经费投入和项目建设力度，保障农村人居环境治理水平迈入新台阶的建议
30	阳海波	关于统筹盘活土地资源，推动新路村片区更新的建议
31	杨万维	关于解决中意一路先锋公园及周边晚间亮化问题的建议
32	莫新平	关于做好乡村振兴与研学实践有机融合的建议
33	汤俊杰	关于推动农村困难群众帮扶示范点服务体系建设的建议
34	谢优平	关于立足“绿心”定位，做强做大地理信息产业的建议
35	傅　强 孙咏华	关于尽快修复南托街道沿江村南托中干渠相关问题的建议

（资料来源：区人大办）

综　述

【概况】　2022年，天心区政府学习贯彻中共二十大精神，落实“疫情要防住、经济要稳住、发展要安全”要求，实施“强省会”战略、着力打造“智慧天心、融城核心”，推动经济社会稳中有进、稳中向好发展。全年实现地区生产总值1302.16亿元，比2021年增长4.9%。完成一般公共预算收入158.08亿元，比2021年增长2.5%；其中，地方一般公共预算收入70.48亿元，比2021年增长4.9%。

【顶层设计】　2022年，天心区政府全面落实稳经济一揽子政策，扎实抓好“两个统筹”，第一时间出台贯彻落实“强省会”战略行动方案，系统推进“一体两翼”。系统铺排八大片区千亿级城市更新项目，成立全省首个存量土地资源盘活工作指挥部，筑起高质量发展坚实支撑。新一轮“三区三线”划定天心城镇开发边界由74平方千米拓展至110.4平方千米，释放未来发展大空间。主导成立全国首个城市新消费研究院，率先出台促进新消费产业发展十条措施，承办2022中国（长沙）新消费城市峰会、第三届中国城市夜间经济发展峰会，出台国际消费中心暨国际文化创意中心创建发展规划。全力打造营商环境“首善之区”，率先在全省创建“无证明园区”“信用示范商圈”，投资竞争力排名全国百强区第40位，连续两年保持全省首位。

【融城发展】　2022年，长株潭都市圈正式获批成为全国第四个、中部首个国家级都市圈，南部融城被列为“强省会”战略重点功能片区。绿心中央公园总体规划、南部融城片区空间发展概念规划加速推进，大托—解放垸完成城市设计。国家医学中心、长沙奥体中心等标志性项目强力推进，天心大道一标、融城路西延线等骨干路网建成通车，长沙市一中城南中学、青园柒祥小学等优质教育资源扎根南部。举办“以文促融向未来”等系列主题活动，推出“长株潭精品旅游线路”，跨域通办政务服务增至158项。

【项目攻坚】　2022年，天心区政府铺排重大项目193个，完成投资417亿元，市级重大项目投资超额

2022年，建设中的暮坪湘江特大桥　（郑　孟　摄）

完成27%。天心数谷一期、新韶山南路、暮坪湘江特大桥等一批重点建设项目加速推进，中国电信天翼云中南数字产业园一期实现当年开工当年封顶，爱尔眼科全球总部大厦竣工运营，新开铺423、牛角塘城改一期等23个征拆项目扫尾清零，腾地112.33公顷；湖南机床厂、长沙机床厂、古道巷等地块挂牌出让；闲置多年的太和广场等项目复工复产，盘活闲置楼宇11万平方米，新引进“三类500强”企业9家、10亿元项目4个、百万税源企业109家，西文庙坪资产化运营迈出实质性步伐。

【产业发展】 2022年，天心区政府设立产业投资基金、科技成果转化基金，新消费新能源、大数据大健康等产业链群加速布局。园区动能加速释放，天心经开区完成技工贸收入580亿元、比2021年增长28%，人力资源服务产业园获批全国首批“科创中国”创新基地，天邵新经济创新产业（飞地）园实现开园。区属国有企业资产总规模突破700亿元，区城发集团、区国资集团获评AA+主体信用评级，天心区成为全省首个拥有两家AA+直属国有企业的市辖区。数创示范引领，湖南大数据交易所文化板块上线运营，数字经济核心领域规上企业增加值达43.2亿元，比2021年增长12.4%。楼宇经济、总部经济持续发展，亿元楼宇达22栋、全市最多，华光源海国际物流集团股份有限公司作为全省首家民营国际物流企业在北交所上市，全区上市公司增至8家，市值占全省近两成、全市近三成。出台国际消费中心暨国际文化创意中心创建发展规划，五一商圈、太平街分别获首批国家级夜间文旅消费集聚区和旅游休闲街区称号，旅游人数、旅游收入分别增长12.7%、6.9%。

【城乡品质】 2022年，天心区政府着力完善基础配套，完成天心大道更名，打通丽江路、黄土岭路等“断头路”“瓶颈路”8条，治理城市防涝堵点39处，修复园林景观设施4587处，湘江南路等照明提质工程全面完成，湘江东岸更加璀璨夺目。强力开展市容环境全域提升达标“十大行动”“百街千巷”综合整治，提质街巷137条，新改建停车场37座、公厕38座，新增车位14828个。推进城市更新，改造老旧小区157万平方米、危旧房屋96栋。打赢蓝天保卫战，空气优良天数比例84.8%。雀园路截污管网等工程有力推进，港子河生态修复工程深入实施，国、省、市控断面水质100%达标。推动脱贫攻坚成果与乡村振兴有效衔接，系统实施乡村振兴提速八大行动，建成美丽宜居村庄15个，新建提质乡村公路20.5千米，新增农村自来水入户5800人，城乡供水实现全域一体化。

【民生事业】 2022年，天心区政府完成基层医疗卫生机构规范化建设和能力提升三年行动任务，14个社区卫生服务中心实现中医药服务全覆盖，联动10余家省市级医院建立专科联盟和医联体，强化应急能力建设。优质教育均衡发展，连续三年获省政府真抓实干督查激励表彰，新建中小学幼儿园15所，新增学位1.06万个，幼儿园公办普惠率超90%，入选全国义务教育优质均衡先行创建区。大力开展全民健身活动，新改建室外运动场20个。举办首届“爱心天心”慈善大会，募集善款4200余万元，实现困难帮扶与慈善公益深度融合。新增城镇就业1.45万人，城乡居民基础养老金实现“18连涨”，新增养老服务床位200张，老年人家庭医生签约3000人。加装小区电梯199台，筹集保障性租赁住房1478套。深入实施安全提质“十大工程”、安全生产大检查“百日攻坚”，推进自建房安全专项整治，拆除违法建筑12万平方米，开展高层建筑、仓储物流、燃气管网等重点隐患排查整治；年内，生产安全事故数下降33%，获评省安全生产和消防工作优秀单位。强力保障社会安全稳定，坚决打好禁毒和反电诈人民战争，集中化解信访突出问题，连续18年获省“平安县市区”称号。 （欧阳佩）

重要会议

【区政府全体（扩大）会议】 2022年，天心区政府在区机关南栋九楼会议室召开全体（扩大）会议2次。

1月27日，区政府召开六届一次全体（扩大）会议。对区《政府工作报告》主要目标任务进行责任分解，对市《政府工作报告》涉及天心区目标任务进行责任落实，明确牵头单位和责任单位。

12月26日，区政府召开六届二次全体（扩大）会议。审议并原则通过《政府工作报告（审议稿）》。

【区政府常务会议】 2022年，天心区政府召开常务会议13次。

1月27日，召开六届区政府第3次常务会议。研究区重大项目建设“八个一批”、经济工作“十大行动”、经济工作考核办法；研究2021年区人大代表票决民生实事项目完成情况，审议《2022年人大代表票决民生实事候选项目（送审稿）》；审议《天心区2021年国民经济和社会发展计划执行情况及2022年国民经济和社会发展计划草案的报告（送审稿）》等。

2月25日，召开六届区政府第4次常务会议。研究天心区统计、禁毒等工作；审议《天心区土地征收成片开发片区划定方案（送审稿）》《天心区土地征收成片开发工作实施方案（送审稿）》。

4月13日，召开六届区政府第5次常务会议。研究天心区安全生产和防汛工作；审议《长沙市天心区贯彻落实第二轮中央生态环境保护督察报告整改方案（送审稿）》《长沙市天心区2022—2025年水环境改善工作方案（送审稿）》；审议《2022年长沙市天心区全力打造具有核心竞争力的科技创新高地工作行动计划（送审稿）》。

4月26日，召开六届区政府第6次常务会议。审议《长沙市天心区国有土地上房屋征收项目管理办法（试行）》《天心区关于促进新消费产业发展十条措施（送审稿）》等。

5月26日，召开六届区政府第7次常务会议。审议《关于贯彻落实“强省会”战略的行动方案（2022—2026）（送审稿）》《区领导联系服务重点商务楼宇工作实施方案（送审稿）》《关于深化全区应急管理行政综合执法改革的实施方案（送审稿）》；研究优化营商环境工作等。

6月23日，召开六届区政府第8次常务会议。审议《长沙市天心区无障碍环境建设工作方案（2022—2025年）（送审稿）》《长沙市天心区2022年食品安全重点工作安排（送审稿）》等。

7月14日，召开六届区政府第9次常务会议。审议《国家医学中心（湖南）一核三圈生命健康产业发展规划（送审稿）》《2022年天心数谷数字经济创新发展区创建工作实施方案（送审稿）》等。

7月28日，召开六届区政府第10次常务会议。研究规范政府性投资项目决策和立项，防范政府债务风险相关工作；审议《天心区城区居民住宅小区二次供水设施户表改造实施方案（送审稿）》等。

8月30日，召开六届区政府第11次常务会议。研究食品安全工作；审议《长沙市天心区全民科学素质行动规划纲要实施方案（2022—2025年）（送审稿）》《长沙市天心区2021年财政决算草案和2022年上半年预算执行情况报告（送审稿）》等。

9月29日，召开六届区政府第12次常务会议。审议《天心区奋力实施“强省会”战略高质量推进“双五”工程三年行动方案（2022—2024年）（送审稿）》；研究“12345”政务服务便民热线工作等。

10月27日，召开六届区政府第13次常务会议。研究天心区安全生产、2023年老旧小区改造等相关工作；审议《长沙市天心区关于切实加强社会保险基金监管工作的实施方案（送审稿）》《长沙市天心区社会保险基金监督举报奖励办法（送审稿）》等。

11月30日，召开六届区政府第14次常务会议。研究天心区2023年重大项目投资计划、重点民生实事、现代化天心智慧电网建设“630”攻坚等工作；审议《关于全面加强新时代中小学劳动教育的实施方案（送审稿）》。

12月14日，召开六届区政府第15次常务会议。审议区《政府工作报告（送审稿）》《天心区2022年国民经济和社会发展计划执行情况及2023年国民经济和社会发展计划草案的报告（送审稿）》《关于长沙市天心区2022年财政预算执行情况和2023年财政预算草案的报告（送审稿）》；研究2023年区财政预算安排。

【区长办公会议】 2022年，天心区政府召开区长办公会议22次。

1月24日，区政府召开区长办公会，研究天心文化体育产业示范基地建设等有关工作。

1月27日，区政府召开区长办公会，研究黑石铺片区城市更新项目招商公告及合作协议等相关工作。

2月23日，区政府召开区长办公会，研究全区社工站项目建设、湘江南路（黑石铺大桥—昭山）段照明设施改造等工作。

3月5日，区政府召开区长办公会，研究合作成立产业基金、落实中央环保督察整改及城区市政管网雨污分流工程项目建设等工作。

3月22日，区政府召开区长办公会，研究教育工作、长沙奥体新城投资建设有限公司组建等工作；审议《天心区2022年乡村振兴提速年实施方案（送审稿）》。

4月15日，区政府召开区长办公会，审议《长沙市天心区2022

年安全提质“十大工程”实施方案（送审稿）》《关于规范“两安”用地及其他集体建设用地管理使用工作的通知（送审稿）》；研究天心区“厕位”建设及智慧环卫二期项目、老旧小区居民家庭餐厨油烟净化治理等工作。

4月28日，区政府召开区长办公会，审议《2022年天心区坚决遏制“小火亡人”火灾事故百日会战工作方案（送审稿）》，研究区国资公司AA+信用等级评定等工作。

5月18日，区政府召开区长办公会，审议《天心区打造“五一信用示范商圈”工作实施方案（送审稿）》《中共长沙市天心区委长沙市天心区人民政府关于贯彻落实“强省会”战略的行动方案（2022—2026年）（送审稿）》等。

6月13日，区政府召开区长办公会，研究与财信中金（湖南）私募股权投资管理有限公司合作成立产业基金相关工作、研究已建住宅小区电力“专改公”工作。

6月22日，区政府召开区长办公会，研究京广线（南二环）丁家垅段改造、天心区生活垃圾分类、全区城镇燃气安全管理等工作；审议《长沙市天心区“十大行动”全面推进市容环境全域提升达标工作方案（送审稿）》。

7月13日，区政府召开区长办公会，研究奥谱天成长沙总部项目招商落地、打击治理电信网络诈骗等工作；审议《天心区2022年新业态消防安全评估工作方案（送审稿）》。

7月21日，区政府召开区长办公会，研究2023年城镇老旧小区改造工作；听取项目攻坚“八个一批”、经济工作“十大行动”有关工作情况汇报。

8月24日，区政府召开区长办公会，研究创谷文化产业园二期项目有关工作；审议《关于2021年度区本级预算执行及其他财政收支的审计结果报告（审议稿）》等。

9月1日，区政府召开区长办公会，研究全区文明创建及成立长郡外国语教育集团和湖南师大附中双语教育集团等工作。

9月15日，区政府召开区长办公会，审议《天心区乡村振兴项目以奖代补实施办法（送审稿）》《长沙市天心区安全生产联合执法制度（送审稿）》《长沙市天心区安全生产联合督导制度（送审稿）》等。

9月30日，区政府召开区长办公会，研究天心区进一步深化自建房安全专项整治及推进违法建设和违法违规审批专项清查整治等工作。

10月8日，区政府召开区长办公会，研究现代化天心智慧电网建设“630攻坚”等工作。

10月20日，区政府召开区长办公会，研究黑石铺片区城市更新项目招商合作及2023年教师招聘等工作。

11月15日，区政府召开区长办公会，审议《关于2022年财政预算调整方案的报告（送审稿）》；研究南部融城片区空间发展概念规划、创建国家卫生城市等工作。

11月28日，区政府召开区长办公会，审议《天心区财源建设高标准培育市场主体工作方案（送审稿）》；研究“爱心天心”慈善等工作。

12月13日，区政府召开区长办公会，审议《天心区人民政府中南林业科技大学政产学研合作框架协议（送审稿）》等。

【民生实事】 2022年，天心区十大民生实事项目经区六届人大二次会议全体代表票决确定后，区政府及时组织相关部门和街道召开专题部署会，研究讨论项目实施工作，制定《2022年天心区人大代表票决民生实事项目实施方案》，逐个项目明确责任、目标、计划，形成层层落实责任体系。区委书记吴新伟专门作出批示，区委副书记、区长周志军多次调度，相关区领导牵头跟踪推进，周调度、月通报、季检查；区人大常委会多次开展集中视察，监督推进，区政府督查室、区人社局等单位不定期开展督查督导；省人大领导专题调研该区民生实事人大代表票决制工作，给予充分肯定。截至年末，十大民生实事项目全部完成。12月23日，区六届人大常委会第11次会议审议通过《区政府关于2022年区人大票决民生实事项目完成情况报告》，10个项目全部通过满意度测评。

（欧阳佩）

政府办工作

【概况】 2022年，长沙市天心区政府办公室（简称“天心区政府办”）坚持以习近平新时代中国特色社会主义思想为指导，全面贯彻中共二十大精神，围绕中心，服务大局，有效推动政务工作上档次，事务管理上水平，统筹服务上台阶。发挥区政府办“中枢桥梁”作用，牵头谋划全区“强省会”战略实施方案、项目攻坚“八个一批”、经济建设“十大行动”

2022年区人大代表民生实事票决项目完成情况表

表 7

序号	项目名称	项目完成情况
1	城镇老旧小区改造项目	列入计划的乡镇企业局宿舍、保险宿舍等10个老旧小区改造项目全部完工
2	学校建设项目	青园南湖小学、青园栄祥小学（新路二小）、京盛和府幼儿园、福中福幼儿园等新改扩建学校均完工，新增义务教育学位5320个、公办幼儿园学位684个
3	城乡供水一体化项目	南托、暮云4个村（社区）自来水项目管网全部铺设到位，2159块水表安装完毕，均达到通水条件
4	打造“15分钟养老服务圈”项目	完成养老服务信息平台建设，建成6张家庭养老床位，新增210张养老机构服务床位，桥头、东电2个社区老年餐厅试运营
5	“百街千巷”环境综合整治提升项目	整治类107条、提质类12条、整治提质类18条，共137条支路街巷全部完成整治提升
6	既有多层住宅增设电梯项目	累计完成既有多层住宅电梯加装199台
7	农村公路建设项目	完成X055牛冻路（桂苏路至黑石铺铁路涵洞段）4.5千米提质改造；完成大托铺、南托、暮云街道16千米乡村道路提质改造项目
8	厕所建设项目	南郊公园管理处、区环卫中心等4个单位完成新建公共厕所8座；南郊公园管理处、区园林中心等9个单位完成改建公共厕所30座
9	文化惠民工程项目	组织文化惠民演出32场次，培训小区骨干文艺爱好者1000人次，投放建设全民健身体育设施60处
10	保障房建设项目	天心佳苑项目完成既定建设目标，天悦和苑二期项目已交房，筹集既有存量租赁住房改建项目1426套

（资料来源：区政府办）

等一系列顶层设计，统筹抓好自建房专项整治等重大工作任务，助力该区始终做到发展不失速。

【参谋辅政】 2022年，天心区政府办围绕区委、区政府决策部署，及时跟进了解领导思想脉络和工作重点，以系统思维分析问题、撰写文稿，做到参之有道、谋之有方、言之有理，全年起草把关各类会议讲话、工作报告等550篇、110万字。持续加强前瞻研究和经验提炼，在产业提质、项目建设、商圈打造、土地出让、城市建管等方面提出一系列有见地、有价值意见建议，推动率先出台促进新消费产业发展十条措施，法治建设经验材料被省司法厅《法治湖南》收录刊载，危房改造典型做法被纳入2022年第56期《省政府通报》向全省推介。

【信息报送】 2022年，天心区政府办整合优化信息报送渠道，完善信息工作方法，组织出版《天心政情》，每周发布《信息参阅》，向国家和省市办公厅系统报送稿件200余篇，投稿《长沙要情》《政情参阅》160余篇，新消费、长株潭一体化等工作50余次登上央视新闻报道。坚持24小时专人值班到岗到位，严格落实重大节假日领导带班和值班制度，确保工作联络畅通，处理报送各类重大（突发）事件信息256条，收发各类办公邮件15301份，接收转办"12345"工单1700余条，处理群众来电1100余条。

【办文办会】 2022年，天心区政府办创新开发办公室智慧管理平台系统，强化公文收发催办全流程规范化管理，处理传阅性公文4750份，请示性公文806件，处理区政府及办公室行政公章使用审批件近千份，做到"零差错、零失误、零缺陷"。强化部门办文工作监督指导，发布公文办理工作情况通报2期，提升政府系统公文效率。严格落实保密制度，开展涉密管理自查自纠，进一步规范文件传阅流程，强化机要保密和档案管理，严格网络管理和信息上报。突出抓好会前、会中、会后关键环节，组织筹备各类会议，保障会务意图全面实现。年内，主办、承办各类会议1000余次，承办区政府常务会议13次、区长办公会议22次、区政府重点工作推进会议10次。

【督察督办】 2022年，天心区政府办督办落实围绕中央、省、市政策，市、区《政府工作报告》，市、区政府常务会和办公会，区长批示件等事项督促工作落实，全年开展各类督察暗访140余次，编印政务督察通（专）报5期，迎接国务院、省政府大督察等各类督察36次。承办代表建议、政协提案272件，办复率100%。

【制度建设】 2022年，天心区政府办坚持以制度管人、靠制度管事，推动出台《长沙市天心区人民政府工作规则》《长沙市天心区2022年重大项目建设攻坚行动牵头单位考评细则》《长沙市天心区2022年经济工作"十大行动"牵头单位考评细则》等系列制度文件，助力形成一环扣一环、层层抓落实的工作格局。贯彻习近平法治思想，及时公布行政许可事项清单，印发《长沙市天心区人民政府办公室关于进一步加强和改进行政应诉工作的实施意见》《长沙市天心区人民政府办公室关于进一步加强行政机关负责人出庭应诉工作的实施细则》等制度文件，推动法治政府建设。

（欧阳佩）

行政审批与政务服务

【概况】 2022年，天心区以优化营商环境为主线，以"放管服"改革为抓手，以提高便民利企获得感为目标，深入推进"一件事一次办"改革，获长沙市年度深化"放管服"改革真抓实干激励奖。加强行政效能监督，推进政务公开，在省政务公开第三方评估中居全省前列。揭榜"政务服务大厅标准化建设、规范化服务"改革任务，打造"清廉大厅"、开设"私人订制"服务等改革经验获《改革简报》《政务管理服务工作》《长沙要情》《决策咨询》等推荐，重点工作被新华社、"学习强国"、红星网、《湖南日报》等主流媒体正面报道112篇次。加强教育培训，采取跟班学习、课题式调研、"业务大比武"等形式，年内，组织法治专题培训、"12345"政务服务便民热线、政务公开专题培训等各类培训20次，200余人次参加。

【政务服务】 2022年，天心区揭榜"政务服务大厅标准化建设、规范化服务"改革任务，完善区政务服务大厅管理制度，规范服务标准，开展多样化业务和服务培训，通过"三提"（提质、提速、提效）增效，推进政务服务标准化、规范化、便利化，打造优质高效政务服务"新样板"，工作做法被湖南省政务管理服务局评选为"十大经验做法"；率先在全省对外发布336项政务服务事项免提交复印件，其中涉及行政许可180项，行政确认36项，行政奖励2项，行政给付5项，行政裁决1项，其他权力73项，公共服务39项，经验做法获中国政府网政务联播栏目推介；高质量开展"走解优"（走流程、解难题、优服务）行动，成立工作专班，区政府领导班子带头、各职能部门负责人和干部以办事群众和窗口工作人员身份，通过"帮代走""陪伴走""坐窗走"等形式体验办事全流程，参与走流程达到223人次，实现"全流程走、全范围走、全资料走"；创新推出"私人定制"服务，为紧急情况个性"定制"，为特殊群众贴心"定制"。深化"首席服务专员"品牌，为企业群众提供全流程、无差别、精准无偿优质服务，2022年累计服务群众3万余人次，"帮办"近万人次，全程"代办"240余人次，为企业群众提供延时服务720余人次，为老、弱、残等特殊群众全程代办事项187件。

【行政审批改革】 2022年，天心区根据湖南省政务服务事项“三化”（标准化、规范化、便利化）工作进度，及时调整完善部门权责清单、公共服务事项清单、行政许可清单、中介服务事项清单，动态管理和调整政务服务事项，印发《长沙市天心区行政许可事项清单》（2022年版），截至12月31日，该区公布行政许可事项171项，承接市级行政许可事项7项，梳理街道权责清单252项，公布“就近办”政务服务事项234项，调整部门政务服务事项152项；梳理人才关注的各类服务事项，将人才认定、政策扶持、入职落户、婚育医疗、住房保障5个服务主题36个高频服务事项，通过资源整合、流程再造，融合成人才视角的“一件事”，开设人才服务专线，精准编制办事指南，明确申请材料、办理流程和办结时限；设置人才首席接待专区，提供首席服务专员“一对一”“保姆式”全程陪同服务，创新推出“天心红”“一站式”人才服务平台，打造“一件事一次办”改革升级版，实现“一个窗口受理、‘一站式’审批、‘1+N’品牌传播”。

【“跨域通办”“跨省通办”】 2022年，天心区发布5批共158项“跨域通办”政务服务事项，将“跨域通办”事项延伸至街道、村（社区）办理；与上海市宝山区、广州市从化区等12地签订“跨省通办合作协议”，梳理出该区第一批政务服务“跨省通办”事项清单151项，其中可全程网办事项126项，异地直办事项14项，异地代收代办事项11项。

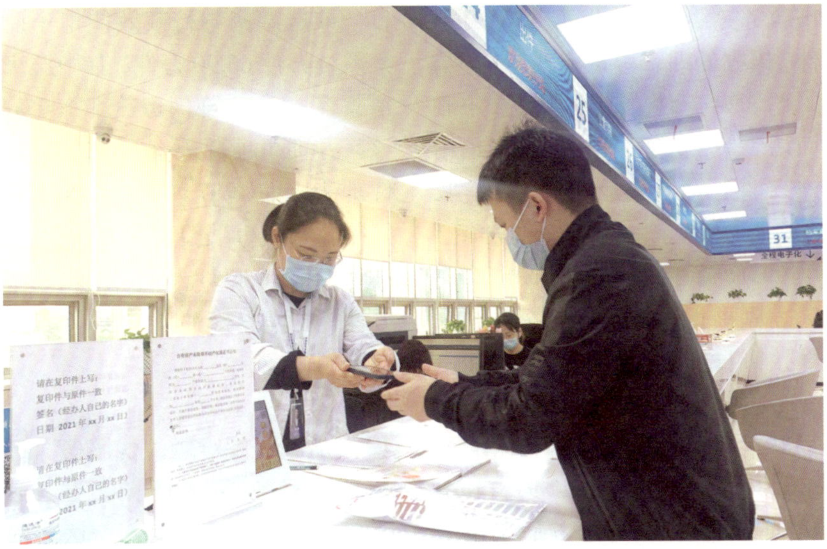

2022年，天心区创新推出“私人定制”服务，贴心服务群众
（区行政审批局供图）

【“清廉大厅”建设】 2022年，天心区通过制度保廉、严管促廉、文化育廉，推进“清廉大厅”建设。签订廉洁承诺书66份，建立“好差评”评价制度和满意度回访工作机制，每月至少开展服务回访评价工作2次，截至12月31日，好评率100%，收到有效建议11条；健全学习培训、监督管理、考核评价等26项工作制度，编制业务事项规范指南630余个；设立“办不成事”反映窗口，倒逼业务窗口转变服务作风、提升服务质量；设置大厅楼层负责人、窗口服务小组长，加强绩效管理制度量化考核；加强廉政文化宣传，设置“清风谈话室”，畅通沟通渠道；建设“清廉书吧”，开展“廉政文化书画展”“手书一封廉洁家书”“我为政务服务建言”有奖征集等活动，收到意见建议20余条。

【政务公开】 2022年，天心区印发年度政务公开工作要点，在区政府门户网站设立“年度政务公开工作要点”专栏，督促各相关单位将政务公开重点内容及时公开到位；编制并发布《长沙市天心区人民政府2021年度政府信息公开工作年度报告》，组织全区各相关单位做好《2021年度政府信息公开工作年度报告》审核发布工作；6月，以政务服务、安全生产、外商投资企业等为主题，开展“政务公开主题日”活动，截至年末，全区各部门、街道组织开展专项活动18场次；畅通依申请公开受理渠道，注重与申请人主动沟通，引导公众正确行使申请权和救济权。截至12月31日，共受理政府信息依申请公开126件，其中线上54件、线下72件，所有申请均按照规定程序和要求及时答复申请人。

【“12345”政务服务便民热线】 2022年，天心区建立政务热线“日预警、周通报、月调度、季讲评”督促指导机制，以问题为导向，对全区工单进行梳理、核对汇总、统计分析，对未解决或不满意工单进行实时预警，提升问题解决率和满意度，全年签收长沙市政务热线中心派发工单10万余件，接收处理工单8.46万件，办结工单8.28万件，市政务热线中心回访工单8.07万件，办理市长信箱1432件、区长信箱622件，签收率、办结率均为100%，回访满意度99.09%，问题解决率80.18%。区委副书记、区长周志军在“领导接听日”当天到长沙市广播电视台接听市民热线电话，现场解答群众疑问、受理投诉、回应民声，共接听市民来电22通，其中16通来电在线解答，6通来电受理转办后第一时间派发至部门处理并答复市民。

【“好差评”政务服务监督】 2022年，天心区监督指导街道和区直部门密切关注一网通办平台和省咨询平台，及时处理预警件，避免“红黄牌”情况发生；完成14个街道社区窗口信息收集，为街道、社区申请好差评二维码并督促张贴；完成汇总、健全经办人员信息表格，督促各单位在规定时限内完成差评处置。截至12月31日，该区湖南省行政效能电子监察系统办件68.90万件，其中层级覆盖率100%，部门覆盖率100%，该区办件事项覆盖率85.62%，办件承诺压缩率87.98%。在湖南省好差评系统事项覆盖率100%，主动评价率99.45%，好评率99.99%，办件评价率92.59%，差评处置超期无扣分。

【“走流程、解难题、优服务”行动】 于2022年5月10日在天心区政务服务中心开展。全区各级各部门坚持“全范围走”“全流程走”和“全资料走”，科学统筹高低频项目，落细落实“三集中三到位”，加强线上线下资料审批，确保从开始受理到最终审批全流程“无死角”。区委副书记、区长周志军，区委常委、常务副区长厉波，区委常委、副区长张浩平，副区长郑州、王钰莹、肖盛辉以及区直相关单位主要负责人223人次参加此次“走流程、解难题、优服务”行动。截至12月31日，全区22个单位走流程事项中高频事项基本全覆盖，完成线下走事项近百个，占比2/3。

2022年6月28日，天心区举行“政务公开主题日”系列活动启动仪式暨“336个政务服务事项免提交复印件”发布会

（区行政审批局供图）

【“天心红”“一站式”人才服务平台正式启动】 2022年11月16日，“天心红”“一站式”人才服务平台在区政务服务中心启动。服务中心一楼导办台设置“天心红”首席接待专区，三楼设置人才服务“一件事一次办”专窗，人才认定、政策扶持、入职落户、婚育医疗、住房保障5个服务主体涵盖36个高频服务事项，实现“一窗通办、一次办好”。

（熊双意）

信　访

【概况】 2022年，天心区认真贯彻落实中央及省、市关于信访工作决策部署，实施《信访工作条例》，聚焦“集中治理重复信访、化解信访积案”专项工作，开展“三无”创建活动，围绕“去存量、控增量、防变量”，推动信访工作提质增效。天心区获评年度维护稳定工作优秀区县，区信访局获评长沙市信访工作责任目标管理考核优秀单位，区信访局党组书记、局长获评长沙市“信访安保维稳工作优秀个人”。

【信访积案化解】 2022年，天心区高度重视信访工作，区信访工作联席会议每月调度，区主要领导先后16次召开会议专题调度信访事项，推进积案化解。开展“集中治理重复信访、化解信访积案”专项工作“动态清零”，梳理重点重复信访事项由区领导领办包案，进行集中攻坚，通过加大包案力度、开展评查评估、工作专班推进等工作措施，去重化积专项工作稳步推进。邀请相关专家、人大代表、政协委员、相关部门对疑难复杂信访事项进行评查评估，提出合法合理性分析专业意见。年内，共评查评估20件，推动疑难复杂信访事项妥善化解7件。发挥区、街道两级信访联席会议作用，成立工作专班，区主要领导亲自调度，上下联动，合力攻坚，问题楼盘项目实现全面复工复产，重复信访得到有效控制。截至12月31日，国家信访局交办第一、二批167件以及市交办疑难复杂信访事项8件全部清零，专项工作总审核化解率100%。

【访源治理】 2022年，天心区加强矛盾纠纷源头预防、前端化解、关口把控，以源头治理为切入点，充分发挥街道、社区（村）在社会矛盾纠纷调处过程中的端口作用，聚焦房地产、征地拆迁、涉众金融等重点领域，开展拉网式滚动大排查、大起底、大化解，将矛盾纠纷化解在萌芽状态，实现“小事不出社区（村）、大事不出街道、矛盾不上交”。推行首接首办责任制，对初次信访“事不过夜”，做到当天联络、3天有效反馈、5个工作日办结，信访事项一次性化解率和群众参评满意率均达90%以上，防止矛盾激化、信访上行。

【吴新伟到暮云督访】 2022年9月22日，天心区委书记吴新伟到暮云街道带案下访、接访督访。针对怡海星城小区存在周边道路交通不畅、待开发地带维护管理不足、绿化不达标、封闭式管理不到位等问题，吴新伟率领相关部门、企业负责人实地察看核实问题症结，主持召开现场办公会，对诉求事项逐一进行批示交办，要求相关街道部门和企业认真研判核实，依法依规、实事求是及时推动具体问题妥善解决，第一时间向群众代表反馈处理意见。

【天心区信访工作部署会议】 于2022年8月16日，在区机关南栋9楼会议室召开。吴新伟主持会议。会议听取信访工作情况汇报，就存在问题和原因进行深入剖析，研究提出有针对性的工作措施。天心区委副书记、区长周志军，区人大常委会党组书记、主任黄文先，区政协党组书记、主席张界贻，天心经开区党工委书记曾红鹰，以及区“四大家”在家领导班子成员，区法检两长参加会议。

【周志军公开接访】 2022年10月9日，周志军到天心区人民来访接待中心公开接待来访群众。周志军认真听取群众诉求，仔细记录群众反映问题，分析问题产生原因，研究解决方案。对群众提出符合政策规定的诉求，现场做出答复，要求相关单位跟进落实。区领导刘向、张建、欧阳伟沙，以及区直相关单位主要负责人参加。

【“烂尾楼”信访难题化解】 2022年9月，天心区开展信访工作“敲门行动”，通过进家入户与信访人面对面沟通，最大限度争取群众理解与支持，化解“烂尾楼”信访问题。对于重点楼盘，分别成立区委、区政府主要领导为组长，区委政法委、区法院、区住建局、区人社局、区信访局及街道等为成员单位的工作专班，按照“一楼一策”要求开展化解工作，并以属地街道名义开设复工复产专用账户，全力推动问题解决。截至年底，推动6个楼盘项目复工复产。

【信访督导工作】 2022年9月，天心区委、区政府领导带队，分3个督导组到街道和有关区直单位分片联点督导信访工作。通过听取汇报、个别谈话、查阅资料等方式对安全保障工作、专项工作等进行督导，现场立整立改问题9项，限期整改问题6项。

（殷　婷）

机关事务

【概况】 2022年，天心区机关事务中心更新工作理念，创新工作方法，紧盯干部职工关心关注重点难点问题，探索“双碳”路径，不断提高物业服务水平，确保公务出行安全高效，食堂就餐满意度节节攀升，项目建设有序推进。机关事务工作得到省、市、区官方媒体推荐和红网宣传报道。

【机关管理建设】 2022年，天心区规范机关事务管理，完善公车管理、财务管理、物业服务、食堂管理等制度，制定机关大院设施设备维保服务负面清单，将检查结果纳入维保服务考核。响应区委、区政府“狠抓落实年”号召，着力解决干部职工“身边事”“烦心事”，通过社会化租赁等形式有效改善大院停车难问题；牵头协调推进太和广场项目建设，取得实质性进展；做好全区办公用房需求调研摸底，完成党政机关办公用房信息统计上报，前往省建投集团对接办公用房购买需求。

【机关安全保障】 2022年，天心区不断提升机关大院安全指数，开展机关大院安全生产大排查大体检，发现各类隐患40处，排查整治一般隐患50余处；开展消防、反恐防暴、电梯救援等应急专项演练18次，督促维保单位对大院设施设备开展安全检查40次，被评为年度天心区单位内部治安保卫工作先进集体；组织司勤人员参与安全生产月活动，签订安全责任承诺书；开展水电气安全知识培训活动，并进行现场实操演练。加强机关大院基建维修及各种设备设施管理，年内进行各类小额零星维修95项，确保各类设施设备正常使用。

【机关服务保障】 2022年，区机关事务中心落实食品安全管理制度，严格进出库登记制度和菜品留样制度，确保膳食安全；组织全体食堂供货商召开供货商培训会，并对5家中标供货商负责人进行约谈。开展机关食堂“文明餐桌”活动和“光盘行动”，引导就餐人员按量取食，反对浪费，提倡节约；举办“共享甜蜜·美味生活”“草香芬芳·艾意情浓”等活动，丰富机关生活。加强食堂厨师理论和实操培训，开展厨艺和服务技能大赛，强化技术交流，增加菜品多样性，提升饭菜烹饪质量，确保干部职工正常就餐、满意就餐。年内，为机关干部职工提供就餐40万余人次。督促物业公司定期进行文明用语、仪表姿态、工作态度、服务水平、遵章守纪等礼仪培训，高标准筹办各类会议，提高会务保障服务水平；加强对物业公司的督导和协调工作，严格考核管理，提高会议服务保障质量，全年保障各类会议服务2234次。

【公车管理服务】 2022年，天心区机关事务中心坚持经济适用、节能环保、保障公务原则，公务用车管理和使用执行国家和省、市、区关于车辆购置、报废等规定。完成年度交通补贴预算审核。坚持公务用车实行定点保险、定点加油、定点维修、集中结算管理和公务用车派遣登记制度，严格机关车辆编制管理和“一车一档”管理。年内，公车平台本级派车8314台次，做到优质服务，没有发生安全事故。

【公共机构节能】 2022年，天心区机关事务中心推进节能及生活垃圾分类工作，通过制度规范、硬件完善、宣传引导等一系列举措，提高机关大院节能及垃圾分类水平。全年制作宣传展板5块，向院内干部职工发放《长沙市生活垃圾管理条例》，宣传垃圾分类40余次，现场桶边指导垃圾分类，进行二次分拣200余次。被评为年度天心区节水型单位。

【节能宣传周活动】 2022年6月15日，天心区开展“践行‘双碳’行动，共建节能机关”主题宣传活动，现场摆放节能宣传周知识宣传展架并设有宣传咨询台，向干部职工发放“践行‘双碳’行动，共建节能机关”倡议书和环保购物布袋。在13—19日的节能宣传周，天心区组织全区各单位参加线上开展的各类云宣传、云展播、绿色低碳讲堂在线学习活动，在全区全面开展节能宣传进机关、进社区、进学校、进园区、进企业等各式各样的宣传活动，同步在区机关大院开展暂停4楼以下办公楼电梯、关闭公共区域照明等能源紧缺体验活动。

（洪　波）

政协天心区委员会

综　述

【概况】　2022年，中国人民政治协商会议长沙市天心区委员会（简称“天心区政协”）深入学习贯彻习近平新时代中国特色社会主义思想和中共二十大精神，立足专门协商机构定位，坚持建言资政和凝聚共识双向发力，围绕“三高四新”战略定位和使命任务，奋力实施“强省会”战略，全力建设“智慧天心、融城核心”，以“四项委员专题行动”为统领、“四个聚焦”为抓手，忠诚履职、开拓创新，为助推天心高质量发展贡献政协力量。全年组织召开常委会议5次（其中议政性常委会议1次）；主席会议协商1次；围绕22件重点提案开展提案办理协商。邀请区领导参加各类协商、监督、调研等工作20余次，商请区领导领办提案16件。邀请市政协主席会议成员调研区政协工作，围绕“长株潭都市圈发展”等难点问题向市政协报送专题协商议题1个、提案3件，30名市、区政协委员入驻湘园政协委员工作室履职。区政协获评长沙市2022年度反映社情民意信息工作一等奖。

【服务中心工作】　2022年，天心区政协按照“狠抓落实年”工作要求，班子成员联系服务企业26家、重点商务楼宇6座、项目建设27个，组织开展环保督查20余次，深度参与联点街道、安全生产、文明创建、自建房安全隐患排查整治等工作，为全区发展稳定大局做出贡献。协助省政协开展“稳经济、惠民生、保安全”“湘菜产业发展”调研活动，推介天心区优质资源。推进微建议工作，全年提交微建议114条，委员李峰提交的《关于进口商品核酸检测前置的建议》获省政协主席批示。参与“爱心天心”帮扶工程，区政协系统捐款300万余元。打造关爱“燕离家庭”、关爱孤独症儿童公益品牌，推动对口帮扶，参与基层社会治理。成立区政协委员法律服务团，为委员、委员企业、基层群众提供公益法律服务。

2022年6月29日，2022年“委员赋能营”之天心区政协系统党员教育培训班在韶山干部学院举办　（区政协办供图）

【队伍及平台建设】　2022年，天心区政协启动涵盖多元化学习平台的“委员赋能营”学习计划，开展全体委员集中学习3次、常委讲堂2期、委员讲坛13期。定期召开街道政协工作会议，加强工作指导；对14个街道党工委、委员组开展“凝聚共识服务大局”集中走访。提质升级14个街道政协委员工作室，建设4个委员个人工作室，结合专委会特色，打造市区提案委共建工作室、乡村振兴工作室、五一商圈工作室、法律服务工作室，其中文源"源圈"工作室、青园书香工作室获评省级示范性委员工作室。组织新春联谊活动和"喜迎二十大健康向未来"气排球赛，增进委员组横向交流。

【政协宣传】 2022年，天心区政协与《湖南日报》、《长沙晚报》、红网等主流媒体建立常态化联系，发表文章100余篇。加强与政协云、《湘声报》、《长沙政协同心园》等政协系统刊物联动，报送相关信息近百条，《以天心政协之为，服务"强省会"战略大局》《在推进中国式现代化中展现政协新作为》等文章在《湘声报》头版刊登。以宣传"政协声音，委员身影"为主线，出版14期《声·影》电子刊物，全方位、多角度展示服务天心发展履职成效。

【区政协六届常委会第1次会议】 2022年2月14日，天心区政协第六届常务委员会召开第1次会议。协商讨论《天心区人民政府2021年国民经济和社会发展计划执行情况与2022年国民经济和社会发展计划（草案）的报告》《天心区人民政府2021年财政预算执行情况与2022年财政预算（草案）的报告》，区政协2022年工作要点和"委员赋能营"工作计划，审议通过有关人事安排。

【区政协六届常委会第2次会议】 2022年5月18日，天心区政协第六届常务委员会在区机关三楼大会议室召开第2次会议。审议通过《区政协2022年提案（重点提案）督办安排》、相关人事安排、拟请辞委员名单，通报专委会兼职副主任调整名单。

【区政协六届常委会第3次会议】 2022年7月29日，天心区政协第六届常务委员会召开第3次会议。审议通过《加快智慧社区建设调研报告（草案）》。

【区政协六届常委会第4次会议】 2022年10月26日，天心区政协第六届常务委员会在区机关1716会议室召开第4次会议及民主评议大会。会议第一阶段审议委员辞免有关工作，审议通过区政协各民主评议工作组评议报告；第二阶段对区市场监管局、区城管执法局、区法院、区文旅体育局、区现服中心5个单位开展民主评议。区政府党组成员、副区长郑州，区政府副区长白甲龙，被评议单位主要负责人和政协各民主评议工作组部分委员代表应邀参加第二阶段民主评议大会。

【区政协六届常委会第5次会议】 2022年12月13日，天心区政协第六届常务委员会召开第5次会议。听取区政府通报六届一次会议以来提案办理情况，就《政府工作报告》（征求意见稿）提出相关协商意见和建议。听取区政协六届二次会议筹备工作情况汇报，审议通过《区政协六届二次会议议程、日程（草案）》《区政协六届二次会议常委会工作报告》《区政协六届一次会议以来提案工作情况的报告》《2022年度区政协履职评先评优建议名单》《政协委员增补建议人选名单》和《新进委员分组、分专委会建议安排、委员分组和组长调整建议安排》，通过有关人事任免。

（任　湘　罗鑫欣）

政治协商

【专题协商】 2022年，天心区政协加强协商工作制度化、规范化、程序化功能建设，优化协商流程，丰富参与主体，促进协商深度互动、意见充分表达、共识广泛凝聚。7月，常委会会议邀请区政府党组成员、副区长刘正文，区工信局、区民政局等单位主要负责人就"智慧社区建设"等工作开展专题协商。调研小组从强化规划引领、提升政府统筹能力，强化运维理念、发挥市场主体作用，强化数据共享、集约建设信息平台，强化保障支持、维护安全长效运营4个方面提出建议。"加快智慧社区建设"专题协商是本届政协第一次议政性常委会协商，会议审议通过《加快智慧社区建设调研报告（草案）》。10月，主席会议成员就"促进北部城区品牌学校发展"进行视察走访，听取各个层面意见和建议。邀请区政府党组成员、副区长王钰莹及区教育局、区城管执法局、区交警大队和相关街道负责人开展主席会议协商。调研小组客观总结和分析天心区北部城区品牌学校发展存在的问题及原因，围绕教育基础设施、生源数量质量、校园安全隐患、教师队伍建设等方面提出具体协商建议。协商成果受到区委、区政府主要领导高度肯定，批示相关部门研究采纳，推动协商成果转化为发展动能。（任　湘）

【对口协商】 2022年4月，天心区政协社会法制和民族宗教委员会就“构建我区劳动纠纷多元化解机制”议题组织专委会部分委员到提案办理主办单位——区人社局开展对口协商暨提案督办。区人社局、区总工会、区法院等主办、会办单位负责人参加。与会人员就如何构建该区劳动纠纷多元化解机制进行沟通交流，参会委员分别从如何规范律师行业管理、提高用工单位法律意识等不同角度提出有针对性的建议和意见。11 月，区政协经济科技和外事委员会组织专委会部分委员围绕“创新我区国有企业投资运营模式”议题到区国资公司开展对口协商。区国资公司介绍公司改革发展举措与成效，下一步深化国资国企改革发展思路与措施；区发展改革局、区财政局、区商务局分别从新能源充电桩规划建设、注重效益和公益结合点、强化招投联动聚合力等方面进行补充发言。区政协专委会课题组就提升国资企业竞争力支撑力、确保国有资产保值增值作协商发言，建议区国资公司通过提升运营思维、杠杆思维、平台思维和合作思维，来实现民生大一统、产业大循环、资产大运营、消费大升级、人才大孵化，达到信用大爆发的良好局面。课题组其他成员从完善管理体制、制定科学考核机制、提高资产使用效益、加强人才队伍建设等方面积极建诤言、献良策。此外，区政协各委员组围绕群众“急难愁盼”问题，开展微协商 20 余次，桂花坪委员组就“残疾儿童精准康复”、暮云委员组就“小区物业管理”组织相关群体协商，以“小切口”解决“大民生”。（任　湘）

【天心区 2022 年政情通报会】 2022 年 7 月 29 日，天心区在区机关三楼大会议室举行 2022 年政情通报会。天心区政协党组书记、主席张界贻主持会议。区委副书记、区长周志军从“抢抓战略机遇，厚植高质量发展动能”“强化系统推进，巩固高质量发展态势”“提质城乡建管，夯实高质量发展基础”“统筹民生保障，共享高质量发展成果”“严实自身建设，提升高质量发展效能”5 个方面通报天心区上半年经济社会发展情况，及下半年工作初步安排。区政协副主席黄会、赵英华、蔡逸、秦超、王珊和区政协第六届全体委员，各街道政协联络工作负责人、联络员、区政协机关全体工作人员近 200 人参加。（罗鑫欣）

2022 年 9 月 7 日，长沙市天心区政协民主评议工作组到天心区法院就互联网司法建设民主评议工作召开调研座谈会

（区政协办供图）

民主监督

【热点问题监督】 2022 年，天心区政协围绕社会、公众关注问题编审报送社情民意信息 165 条，其中邓静撰写的《撒盐化雪的负面影响不容忽视》《基层宗教工作存在的问题及建议》、游宇和金杰撰写的《基层药店存在的问题与建议》、盛敏撰写的《美国“科技脱钩”背景下，应及时调整国家科技发展战略》4 条社情民意信息被全国政协采纳。省政协采纳稿件 13 篇，市政协采纳稿件 12 篇，协助各级政府掌握相关情况，及时作出决策。

【民主评议】 2022 年，天心区政协对区市监局、区城管执法局、区法院、区文旅体育局、区现服中心 5 个单位开展民主评议。5 个小组 50 余名政协委员历时 7 个月，到园区、街道、企业调研座谈，听取一线人员感受和想法，形成 5 篇调研报告。10 月，区政协常委会在区机关 1716 会议室召开民主评议大会。会上，区政协民主评议第一、第四工作组组长分别宣读关于“垃圾分类工作”“提升重点楼宇标准化服务水平”评议报告，第二、第三、第五工作组分别作“加强互联网司法建设”“群众性体育设施建设”“市场主体新增工作”书面报告。区政府党组成员、副区长郑州，区政府副区长白甲龙，被评议单位主要负责人和政协各民主评议工作组部分委员代表应邀参加，现场交流，助力相关工作改进。

（罗鑫欣）

提案工作

【概况】 2022年，天心区政协提案工作坚持“围绕中心，服务大局”，按照“精、准、深、实”“无调研不提案”要求，推动提案提质增效。会议期间共征集提案176件，经审查立案150件，并案后交办132件，其中重点提案22件。经37个单位认真办理，所有提案均已办复，办结率98.4%，满意率100%。年内，区政协表彰优秀提案20件，区政府表彰建议提案办理优秀单位25个。（贺路帆）

【区域发展类提案办理】 2022年，天心区政协本类提案43件，占立案总数的32.6%。就委员叶颖《关于在湘雅医院新院区周边开展交通影响评价及交通优化升级的建议》，区住建局根据土地利用情况和当前交通状况，对项目周边新生成的交通需求、交通运行影响进行系统研判，提前规划路侧泊位，保留环保大道等部分路段作为停车需求增长的预案，并加强与区资规分局的沟通，确保交通规划更为合理；区交警大队按照保持交通联系、减少交通冲突、均衡交通负荷的原则，全面摸底和分析项目周边交通状况，优化完善交通组织方案。就委员杨皓云《关于提升我区引入企业服务水平的建议》，区发改局、区商务局以“一对一”服务委托专人跟进，从项目选址、政策洽谈到项目落地全程参与；对重大优质项目采取“一事一议”，提请区领导调度，确保政策到位。在《促进区域经济高质量发展奖励办法》中，从自建房、租房、购房、税收、高管人才等方面为企业提供政策支持。（任　湘）

【民生类提案办理】 2022年，天心区政协本类提案39件，占立案总数的29.5%。就委员汪阳《关于引导国有资本进入养老市场，构建安全养老服务体系的建议》，区民政局着力打造精品示范公办养老服务机构，天心区社会福利中心完工，并引入华润置地有限公司参与日常运营。引入湖南发展集团股份有限公司参与全区养老服务工作，为10个街道的20个居家养老服务中心、近万名老人提供专业养老服务，为10类297名特殊老人提供居家养老上门服务。就委员孙刚《关于改进我区残障儿童随班就读工作的建议》，区教育局安排预算50万元用于特教研究培训和教室建设，给予随班就读生均公用经费每人8000元，孤残少儿补助经费每人1000元。加强培训和心理疏导，邀请专家现场观摩随班就读教学，对特殊儿童家长开展心理辅导、康复训练培训，共同关爱残障儿童成长。（任　湘）

【社会治理类提案办理】 2022年，天心区政协本类提案50件，占立案总数的37.9%。就委员阳青《关于成立天心区建筑企业诉源治理工作站的建议》，区法院在区金融事务中心、区交警大队、区人社局等窗口部门设立工作站，就金融保险、交通事故、劳动争议纠纷开展诉源治理，调处矛盾纠纷1657件。在14个街道挂牌设站，统一制定工作制度，指派9名业务骨干进行指导。委员王玉宏《关于进一步加强仓储物流场所管理的建议》，助推区政府制定《天心区仓储物流场所整治工作方案》，并将仓储物流提升工程列为区安全提质“十大工程”重点工作，开展双月讲评，纳入绩效考核。区资规分局、区住建局、区商务局、区应急局、区消防救援大队等部门组建专项整治小组，按“三个一批”模式，转产转型29家、4.2万平方米，整改完善82家、33.14万平方米，拆除36家、8.5万平方米。（任　湘）

【提案督办工作】 2022年，天心区政协加大提案督办力度，结合领导领办重点提案时间节点和对应任务，对重点提案开展全程跟踪督办。区委书记吴新伟就领办提案进行专题研究，经常关心、过问办理进展和成效；周志军召开领办提案工作推进会议，听取办理情况汇报，“面对面”与委员协商交流，对后续工作进行部署安排；区政府督查室对交办提案进行梳理研究，与相关部门深入沟通，制订《关于认真做好区政协六届一次会议委员提案办理工作的通知》。开展“提案督办月”工作，部署专题督办。张界贻带队，相关委办牵头，邀请提案委员对联系办理单位全面走访，督促办理进度、协商办理难点，确保办理成效。（任　湘）

调研交流

【调研视察工作】 2022年，天心区政协将调研视察作为委员知情明政的重要抓手，组织“文旅产业发展”视察，开展“垃圾分类工作”“玉泉寺周边环境优化”专题调研。先锋委员组就“新消费产业发展”、大托铺委员组就“美丽宜居乡村建设”、南托委员组就“推动研学基地建设”等部门、街道关心重点问题，坡子街委员组就“坡子街周边道路交通组织优化”、裕南街委员组就“东瓜山片区交通微循环”等群众“身边事”“烦心事”，开展调研，为履职建言掌握“第一手素材”。

（任　湘）

【湖南省政协到天心区调研】 2022年7月11日，湖南省政协党组书记、主席带队到天心区调研“稳经济、惠民生、保安全”工作。调研组一行在爱尔总部大厦详细了解企业生产经营情况、目前存在困难和问题、中央及省、市出台助企纾困相关政策落实情况。长沙市政协党组书记、主席陈刚，区委书记吴新伟，周志军，张界贻，区委常委、常务副区长厉波，区委常委、区委办主任许波、区政协副主席赵英华参与调研。

（任　湘）

【陈刚到天心区调研】 2022年5月22日，长沙市政协党组书记、主席陈刚带队到天心区开展“促进文体旅融合发展，助推建设世界知名旅游目的地”调研，实地走访都正街、太平老街历史文化街区以及天心阁公园等地，重点了解历史文化街区串联整合工作。吴新伟、张界贻、许波等参加调研。

（任　湘）

【学习观摩】 2022年7月27日，天心区政协组织机关全体干部、各街道政协联络工作负责人、各委员组组长到湘园政协委员工作室、马栏山政协委员工作室和雨花区守护绿心政协委员工作室进行实地观摩，现场听取工作室建设情况介绍，详细了解委员工作室创建过程、日常运行经验及服务地方经济社会发展和服务界别群众工作做法。

（任　湘　沈　幸）

【彭民安到天心区走访调研】 2022年4月21日，长沙市政协党组成员、副主席彭民安一行到天心区走访调研基层政协工作。市政协机关党组副书记、副秘书长郑力虎，张界贻及区政协主席会议成员、相关委办负责人参加调研。在文源街道政协委员工作室，调研组实地观摩委员工作室建设情况，听取文源委员组工作情况汇报，详细了解委员们结合街道“源圈”公益服务项目阵地所做工作。在随后召开的座谈交流会上，张界贻就天心区政协基本情况及换届以来开展的工作进行汇报，提出请求市政协牵头组织市区（县）交流活动、同题调研形成履职合力、共建委员工作室强化资源共享等工作建议。

（任　湘）

天心区政协六届一次会议优秀提案一览表

表 8

序号	提案题目	提案人	委员组
1	关于引导国有资本进入养老市场，构建安全养老服务体系的建议	汪　阳	赤岭路
2	关于成立天心区建筑企业诉源治理工作站的建议	阳　青	赤岭路
3	关于天心区南托街道南大门市场居民申请办理不动产权证情况的建议	向雨婷	大托铺
4	关于全面建设数字法治政府的建议	蔡巧芳	大托铺
5	关于打造省府消费中心的建议	廖道荣	桂花坪
6	关于推动我区第三代半导体装备产业发展的建议	黄志海	黑石铺
7	关于在湘雅医院新院区周边区域开展交通影响评价及区域交通优化升级的建议	叶　颖	金盆岭
8	关于改善交通监控补光灯“晃眼”问题的建议	尹筑嘉	金盆岭
9	关于深入宣传“智慧天心”理念，提升群众感知的建议	苏　剑	金盆岭
10	关于加速推进土地流转集中成片的建议	张　维	南　托
11	关于出台支持律师行业发展政策的建议	李　纯	南　托
12	关于对我区企业开展劳资关系培训的建议	杨娜娜	南　托
13	关于将下碧湘街片区打造为天心区现代服务业总部基地的建议	卢路成	坡子街
14	关于汇总整理经营政策信息资源，进行集中发布的建议	江映辉	青　园
15	关于对天心区视障人群帮扶的建议	廖　劲	文　源
16	关于改进区法院互联网办案工作的建议	杨皓云	新开铺
17	关于与投资企业深入合作，推动我区有机更新工作开展的建议	贺玲玲	新开铺
18	关于加强校企合作，开展职业技术人才定向培养的建议	潘瑞旺	裕南街
19	关于推动我区国有公司投行化的提案	周宏歌	裕南街
20	关于促进我区老牌名校发展的建议	潘瑞旺	裕南街

（资料来源：区政协办）

纪检监察

综　述

【概况】 2022年，天心区各级纪检监察组织，以学习贯彻习近平新时代中国特色社会主义思想和中央、省、市纪委全会精神为基本遵循，以清廉天心建设为总揽，一体推进“三不腐”（不敢腐、不能腐、不想腐），发挥监督保障执行、促进完善发展作用。全年处置问题线索227件，立案94件，党纪政务处分74人，其中科级干部10人，留置15人，移送司法机关13人，挽回经济损失3719.21万元。《中国纪检监察报》、《湖南日报》、清廉长沙等媒体宣传报道280余次。天心区监督向基层延伸和纪企校共建清廉生态圈有关工作做法分别获《中国纪检监察报》《中国纪检监察》杂志推介；《以案“联盟”打实战“室组地”办案显成效》经验材料获湖南省纪委副书记蔡亭，长沙市委常委、市纪委书记胡卫兵批示；《坚持共建共治共享创新推进“四大工程”打造“清廉北塘”村居样本》经验材料获市委副书记、市长郑建新和胡卫兵批示；区纪委监委领导班子被市纪委监委推荐为全市“创新实干、担当有为”领导班子。

【自身建设】 2022年，天心区设立专案组临时党支部，引导纪检监察干部在学党史、悟思想中强基固本、补钙铸魂。多维度、全方位开展岗位“练兵”，组织以“探寻基层信访密码”“清风伴青春”等主题“清廉天心沙龙”4期。开展办案安全集中纠治，通过召开专题民主生活会、组织安全应急演练、全员自查自纠等方式，筑牢安全底线。通过招聘、调入等多种形式配齐配强干部队伍。建立健全纪检监察干部廉政档案，执行省纪委十二条“负面清单”，对纪检监察干部落实情况抽查6次，严防“灯下黑”。主动接受人大监督，首次向区六届人大常委会专题报告协同开展政法队伍教育整顿工作情况。

2022年2月17日，中共长沙市天心区第六届纪委第二次全体会议在区机关三楼大会议室召开　（区纪委监委供图）

【天心区六届纪委二次全会召开】 2022年2月17日，中共长沙市天心区第六届纪委第二次全体会议在区机关三楼大会议室召开。出席全会的区纪委委员16人，列席229人。区委书记吴新伟出席全会并发表讲话。区委常委，区人大常委会、区政府、区政协相关负责人出席会议。全会深入贯彻中共十九大和十九届历次全会精神，全面落实十九届中央纪委六次全会、十二届湖南省纪委二次全会、十四届长沙市纪委二次全会部署和区委要求，总结天心区2021年纪检监察工作，部署2022年任务，审议通过区委常委、区纪委书记、监委主任罗定豪代表区纪委常委会作题为《永葆自我革命精神，推进清廉天心建设，为建设“智慧天心、融城核心”提供坚强保障》工作报告。

（李兴秋）

监督执纪

【政治监督】 2022年，天心区把政治监督摆在首位，加大对中共二十大精神贯彻落实情况监督力度，推动党中央决策部署和省、市、区委重点工作在天心落实落地。聚焦实现“三高四新”“强省会”战略目标任务，出台“八条监督措施”。做深做细日常监督，印发《关于全面加强监督检查工作的通知》，聚焦自建房安全专项整治、工程建设项目招投标、乡村振兴等重点工作，组织排查廉政风险点336个，督促职能部门整改问题1200余个，问责12人。深化“洞庭清波”专项行动，推动大气污染防治、小西门泵站汇水区治理等7个问题全部整改到位。强化“一把手”和领导班子监督，对全区各单位进行政治生态分析，动态更新副科级以上领导干部廉政档案902份。强化对街道、村（社区）财务审批、小微工程项目建设、财务公开等工作的监督，加强清廉村居建设，监督向基层延伸经验做法获《中国纪检监察报》推介。

【专项整治】 2022年，天心区持续深化民生领域专项整治，开展清廉医保、惠民惠农“一卡通”、农村集体“三资”、“我为群众办实事”以及养老领域突出问题等专项监督，查处群众身边腐败和作风问题22起39人，重点对“爱之心”老年公寓非法集资问题开展调查，推动职能部门积极化解问题。聚焦交通运输、燃气电力、森林防火、自建房等重点领域，组织15个督查小组开展专项监督，推动整改问题160余个。受理信访举报239件次，其中业务内77件次，信访总量持续低位运行；推动化解暮云街道莲华村等信访问题，维护群众利益，获信访人认可。

【惩治腐败】 2022年，天心区保持惩治腐败高压态势，全区共立案94件，党纪政务处分74人，留置15人，移送司法机关13人，挽回经济损失3719.21万元。贯彻“两为主”要求，抽调100余人次协助省、市纪委监委办理相关案件，上交省财政5126万元。建立与驻区国企、高校办案互助机制，与省电力公司、中国水电八局、中南林业科技大学等共同办理属地省电力公司系列案件，立案14人，留置5人，主动投案15人。深化以案促改、以案促治，发出纪检监察建议书、排查廉政风险点，推动案发单位建章立制20余项。

（李兴秋）

党风廉政建设

【作风建设】 2022年，天心区紧盯“四风”问题新动向，瞄准重要节点、重点领域、重点人群，运用交叉检查、蹲点驻守等多种形式开展作风督查，查处违反中央八项规定精神案件14起24人。深化红包礼金专项整治，全区公职人员签订承诺书，91人主动说明问题，处置问题线索13条，给予党纪政务处分5人。协助区委抓好“狠抓落实年”活动，督促落实干部效能“红黑榜”、作风问题“曝光台”、营商环境“通报制”，全区作风效能和营商环境稳步向好。指导区行政审批服务局通过“三集中三到位”（部门许可职能向一个科室集中、审批科室向政务大厅集中、审批事项向网上办理集中，做到事项进驻大厅到位、审批授权窗口到位、电子监察到位）、“综合窗”改革等工作举措提升服务效能。推动解决“填表报表多”“摊派任务”等问题，清理工作挂牌和证明事项，切实为基层减负增效。

【清廉建设】 2022年，天心区持续开展“凝聚两心兴天心”党风廉政主题教育，开展清廉建设观摩、“清廉故事”微宣讲、“家庭助廉”等活动20余场次。出台《关于加强“廉润天心”廉洁文化建设的若干措施》，实施“政治铸廉、阵地促廉、活动倡廉、教育引廉、文化育廉”五大行动。深入挖掘天心阁、贾谊故居等本土资源蕴含的清廉内涵，建设太平老街“老街廉韵”文化街区，打造“清廉打卡点”。打造城南路街道“家立方”项目、区行政审批服务局“清廉大厅”、南托街道北塘经济联合社、井岗小学等清廉单元示范点。与中交中南工程局、湖南女子学院等10余家驻区企业、高校在办案协作、清廉宣讲、家风培育等方面加强合作，共建“清廉天心生态圈”。

（李兴秋）

政治巡察

【概况】 2022年，天心区组建巡察组15个，开展常规巡察3轮，巡察区属党组织20个、延伸巡察社区（经济合作社）党组织37个。发现问题640个，移交问题线索28件，其中涉及区管干部13人，占比56.5%；立案查处5人，采取留置措施1人；组织处理23人，清退违纪违规资金131万元。交办立行立改事项21件，解决群众“急难愁盼”问题34个。

【巡察工作规划】 2022年，天心区将区委巡察工作与服务改革发展大局紧密结合，加强巡察统筹谋划，制定《中共长沙市天心区委巡察工作规划（2022—2026年）》《长沙市天心区村（社区）党组织巡察工作专项规划（2022—2026年）》，明确新一届区委巡察工作指导思想、主要举措和高质量推进全覆盖任务时间表、路线图，为纵深推进区委巡察工作精准定向。坚持把巡察工作纳入区委年度工作要点，列入清廉天心建设考核内容，与政治生态建设、经济建设等中心工作同部署、同推进、同落实。

【六届区委第二轮巡察】 于2022年3月启动。5个巡察组对区农业农村局、区民政局、区统计局、区文旅体育局、区科技局、区公建中心6个区直单位，区妇联、区总工会、区残联、团区委4个群团组织开展常规巡察。巡察工作围绕上级重大决策部署、区委区政府中心工作，结合工程建设项目招投标专项整治开展，监督重点更加具体、更加精准。加强对“一把手”和领导班子的监督，巡察领导干部39名。本轮巡察发现问题201个，问题线索8个，推动立行立改问题6个。5个巡察小组均建立临时党支部。

【六届区委第三轮巡察】 于2022年6月启动。5个巡察组对裕南街、金盆岭、桂花坪、新开铺、青园5个街道党工委开展常规巡察，对5个街道下辖社区（经济合作社）党组织开展延伸巡察。巡察工作围绕上级重大决策部署、区委区政府中心工作，聚焦乡村振兴、惠农利民、清廉村居、“三资”（农村集体资金、集体资产和集体资源）管理、“四风”问题、信访维稳、队伍建设等重点展开，把解决行业性、领域性问题移交有关部门，着力推动开展专项治理，不断增强巡察治理效果。共发现问题334个，线索12条，推动立行立改问题3个，巡察科级领导干部52名、社区（经济合作社）党组织书记37名，形成“三资”管理专项报告。5个巡察小组均建立临时党支部。

【巡察整改督查】 2022年，天心区强化“巡纪联动”，区纪委监委、区委组织部、区委宣传部、区委巡察办联合对区委第一、第二轮巡察的15个党组织开展巡察整改督查，联合审查上述单位党组织整改材料及专项督查整改落实情况，实现巡察从“量”到“质”的转变。区委第一、第二轮巡察反馈问题整改率达96.5%。因整改进展缓慢，联合巡查组向5个单位下发巡察整改督办函。

【区委书记专题会议】 2022年，天心区委书记专题会议分别于2月11日、5月31日、10月28日召开3次。听取巡察工作情况汇报，部署安排区委巡察工作。区委书记吴新伟带头落实第一责任人责任和“四个亲自”要求，把握政治巡察定位。巡察工作书记专题会点人点事点问题41个，提出针对性处置意见34条，向区委组织部、区政府办等职能部门交办问题8个。

【区委巡察工作领导小组会议】 2022年，天心区委巡察工作领导小组会议分别于1月25日、3月2日、4月12日、5月20日、10月20日召开5次。学习巡视巡察文件精神，听取区委巡察工作情况汇报，研究制定巡察工作规划，修订完善巡察机构相关制度，部署安排巡察工作。 （曾巧明）

民主党派与工商联

中国国民党革命委员会长沙市天心区工委

【概况】 中国国民党革命委员会长沙市天心区工委（简称“民革天心区工委”）加强自身建设，提高队伍素质和参政议政能力，围绕中心，服务大局，履行职能，推进各项工作。

【民革组织建设】 2022年，民革天心区工委建立和加强工委各工作部工作制度，发挥工作部职能，有计划地开展各项党务活动以及同心社会服务活动。建立每季度学习制度，4月23日，区工委组织班子成员及各支部支委传达学习全国“两会精神”、长沙市奋力实施“强省会”战略暨长株潭都市圈建设推进会精神；8月21日，区工委组织各基层支部支委召开工委第二次（扩大）会议，集中学习习近平总书记在中央统战工作会议上的重要讲话精神，宣读中国各民主党派关于反对“台独”分裂的联合声明，传达学习湖南省委书记张庆伟“着力发展壮大新时代爱国统一战线为建设现代化新湖南凝聚磅礴力量”的讲话精神；11月20日，区工委学习宣传贯彻中共二十大精神暨第四季度工作会议在长沙县绿世界拓展基地举行。区工委组织党员参加区政协和区委统战部组织的气排球赛和同心运动会。

【参政议政】 2022年，民革天心区工委组织各支部相关专业领域党员积极参与市、区两级课题调研工作，组织各支部党员及人大代表、政协委员撰写社情民意，聚焦《加快培育新消费动能，全力支撑“强省会”战略》调研课题，完成《加快天心区新消费产业集聚发展的路径探索》和完善《药品经营许可证》（零售连锁）核发、变更审批情况的调研课题。

【社会服务】 2022年1月23日，民革天心区工委在文源街道文源社区开展“迎新春、送春联、献爱心”进社区和“心系老兵，暖心相伴”关爱抗战老兵活动，组织书法家走进文源社区，为老百姓现场书写春联、福字，为抗战老兵提供优质的志愿服务和经济援助，协调解决抗战老兵戴全云住院问题；6月14日，到大托新村开展助力乡村振兴示范点创建工作。2022年，区工委聚焦发动民革党员和社会各界力量，调动资源筹集价值3万余元物资，支持社区基层一线工作。

【助力大托新村乡村振兴示范点建设】 2022年6月14日，民革长沙市委会、民革天心区工委助力大托新村乡村振兴示范点建设启动仪式在天心区大托铺街道大托新村高家坪美丽屋场举行。民革长沙市委会专职副主委兼秘书长杨舜尧，天心区委常委、人武部部长，以及市委统战部、区委统战部、民革天心区工委、大托铺街道办事处等相关单位负责人参加。民革长沙市委会前期对大托新村乡村振兴工作进行调研，对接湖南沩源里农业科技有限公司、红珊瑚艺术馆、湖南清枫律师事务所、湖南中能联合电力有限公司等单位与大托新村进行项目合作。现场发布助力大托新村乡村振兴的“十个一”工程，相关单位现场与大托新村签署供应链销售农商联营、葡萄种植、免费法律顾问等5个合作项目协议；大托新村聘任4名乡贤担任乡村振兴顾问，现场颁发聘书；现场举办义诊、法律咨询和反金融诈骗宣传活动。 （肖胜存）

中国民主同盟长沙市天心区工委

【概况】 2022年，中国民主同盟长沙市天心区工委（简称“民盟天心区工委”）聚焦组织建设、参政议政、社会服务，积极推进各项工作。盟员在各自岗位、所在领域中有作为、有影响、有口碑。区人大代表肖宗文被评为天心“十大道德模范”；区政协委员王剑被评为中国地产经理人100强等。民盟天心区工委在全区统一战线二十大征文比赛中，提交文章和获奖文章最多，参加天心区统一战线“同心运动会”获第2名。

【民盟组织建设】 2022年，民盟天心区工委和各支部开展“矢志不渝跟党走、携手奋进新时代”政治交接主题教育活动，凝聚思想共识；综合支部进行换届，选出新一届支委班子；一批学历高、年纪轻、有思想的新盟员加入，全区盟员人数320余人，在天心区各个民主党派中人数最多。

【参政议政】 2022年，民盟天心区工委年度调研评比获评全区一等奖；区政协委员叶颖的提案被确定为区委书记唯一领办的政协提案。除机关支部外，天心盟员提交社情民意17篇，有8篇社情民意被市级以上采纳；其中，区政协委员金杰的提案被全国政协采纳1篇、被长沙市政协采纳1篇，区政协委员向雨婷、邹新军、叶颖的提案各被湖南省政协采纳1篇。

【社会服务】 2022年，民盟天心区工委、各支部开展形式多样的慰问活动，区工委为新开铺社区、广厦新村捐助了价值3万余元的物资。盟员王婷、徐璐、易斌等作为志愿者贡献力量，捐款捐物。民盟天心区工委盟员、市政协委员李羽组织文艺团队开展各类慰问活动，盟员汤婷婷定期组织公司员工关怀困难群众。

（肖胜存）

中国民主建国会长沙市天心区工委

【概况】 2022年，中国民主建国会长沙市天心区工委（简称“民建天心区工委”）完成全年工作，在政治学习、自身建设、参政议政、社会服务、宣传组织和其他工作方面取得成果。参加天心区统一战线“同心运动会”，获第1名。

【民建组织建设】 2022年，民建天心区工委把政治学习作为各项会议和活动的第一议题，及时学习国家、省、市、区的重大会议精神。中共二十大召开以后，区工委组织班子成员、各支部主委、骨干会员集中学习，将学习任务下达各支部，由各支部举办各具特色的学习会议或活动。工委班子明确责任分工，制定《区工委所属各级人大代表政协委员述职制度》《会员慰问制度》《区级人大代表政协委员换届选拔推荐制度》《工作例会制度》等。发展和培养新会员，提升队伍凝聚力。

【参政议政】 2022年，民建天心区工委会员撰写的社情民意被全国政协采纳2篇、被民建中央采纳2篇、被民建湖南省委采纳6篇、被民建长沙市委采纳14篇。会员中的人大代表、政协委员撰写多篇高质量的提案及议案。经过多次召开会议和开展现场调研，完成区委统战部课题调研任务，报送的《以建设智慧社区推进智慧天心提质升级》调研文章获评一等奖。

【社会服务】 2022年，民建天心区工委打造关爱失独家庭活动品牌，创新以支部为单位负责1个社区的关爱失独家庭工作，从一力社区到整个黑石铺街道的失独家庭，将工作做深做实。坚持捐资助学、爱心帮扶，擦亮桑植捐资助学老品牌，参与结对会员的助学活动，参与其他形式的爱心帮扶活动。

【长株潭融城核心商圈发展论坛】 2022年7月26日，民建天心区工委在鑫远鑫悦汇举办2022年长株潭融城核心商圈发展论坛，论坛由民建天心区五支部副主委、天心区作家协会副主席隆定军全程策划主持。区政协、区工商界等22人参加，区政协常委、民建天心区工委主委赵礼发出席并讲话。参与者分享各自对长株潭核心商圈的建设和发展的意见建议。

（肖胜存）

中国民主促进会长沙市天心区工委

【概况】 2022年，中国民主促进会长沙市天心区工委（简称“民进天心区工委”）实现在中共二十大精神学习上有新深度、在参政议政工作上有新提升、在社会服务上有新亮点、在自身建设上有新突破。

【民进组织建设】 2022年，民进天心区工委发展新会员4人，其中优才1人。会员在党派和各自岗位上双岗建功，得到组织和所在单位的提拔重用，其中陈铭被聘为长沙市天心区检察院“益心为公”行动志愿者；陆源晋升为湖南女子学院招生就业处副处长。天心区工委在民进长沙市委2021年度考核中获评综合考评一等奖。区工委女子学院支部获评民进全市“反映社情民意信息先进集体”；2人获评民进全市“反映社情民意信息先进个人”；6人被评为民进全市“优秀会员”。

【参政议政】 2022年，民进天心区工委提交社情民意34篇，其中《诉讼费用过高恐降低群众通过司法手段维护合法权益的主动性积极性》被全国政协采纳，《完善平台“相约自杀群”监管责任》被湖南省政协采纳。民进天心区工委在7月24日开展“参政议政能力提升”培训，并组织社情民意信息骨干会员参加民进长沙市委会的社情民意信息培训。人大代表、政协委员积极履职，委员彭燕燕作为执笔人参与民进市委会参政议政课题《破解知识产权难题助力科创企业上市——关于长沙市上市后备科创企业知识产权问题的调查与建议》及天心区调研课题《以新消费拉动湘府消费中心腾飞》，其提交的《关于推进医学小镇建设的建议》被列为2022年度天心区政协重点提案，提交的《关于打造中部网红第一强区的建议》提案被区政协评为优秀提案；人大代表黄金利参加民进长沙市委组织的“办理入学事项”专项监督调研及区人大教科文卫委义务教育“双减政策”落实情况专题调研，其提交的《关于积塘街道优化设置的建议》建议案被天心区人大采纳；政协委员蔡巧芳提交的《关于全面建设数字法治政府的建议》被列为2022年度天心区政协重点提案；政协委员孙刚提交《关于在随班就读工作中加大政府协调作用的建议》的提案；政协委员何国瑞参加在明德华兴中学组织关于“双减”背景下“家庭教育促进法”推进调研交流活动。

【社会服务】 2022年，民进天心区工委推进“青春里”白沙花园同心社区创建，谋划一系列主题活动，得到社区居民的广泛赞誉和民进长沙市委会和中共天心区委统战部的肯定。

【“青春里”白沙花园同心社区创建】 2022年，民进天心区工委推进“青春里”白沙花园同心社区创建，联系湖南云想家庭服务有限公司到社区多次开展“居家整理收纳”培训；对接社区学生暑假书法、美术培训需求，联系长沙市开明书院，邀请书院书法家、画家在暑期到社区为学生进行免费的书画培训。5月17日，民进天心区工委联合赤岭路街道白沙花园社区开展“青春里创新创业”创建同心社区系列活动之家居整理公益课堂。白沙花园社区党委书记袁敏介绍区划调整后社区的基本情况及携手民进天心区工委共创同心社区的下步规划。湖南云想家庭服务有限公司的黄文静为现场居民授课，黄文静分别从性格、思维、技能等多方面分析各自性格，找到适合自己的整理收纳方法，并开展学习成果验收比赛。6月28日，第一期居家收纳整理课程，在白沙花园同心社区——青春里创新创业基地结业，结业班学员获结业证书。该次课程共6堂课，利于提升社区居民项目管理、心理管理和信息处理能力。课程完成后，民进天心区工委和湖南云想家庭服务有限公司从社区学员中挑选有意向从事收纳整理职业的优秀学员，签订招聘协议，拓宽社区居民就业渠道。8月8—11日，白沙花园同心社区暑期季“民进美术名师进社区”活动举行。省、市美术家协会会员、长沙民进开明书画院理事宁敏帆为社区儿童讲授4堂美术启蒙课。8月20日，“民进名师同心讲坛”之“青少年时间管理”公益讲座在白沙花园社区举行。民进天心区工委湖南女子学院支部委员、湖南女子学院心理健康教育教研室主任陈志坚，为社区孩子们授课，教会他们“四象限时间管理”等技巧。

（肖胜存）

中国农工民主党长沙市天心区工委

【概况】 2022年，中国农工民主党长沙市天心区工委（简称“农工党天心区工委”）认真学习领会中共二十大精神履行参政党职能，开展学习教育、走访调研活动，发挥农工党员群体的智力优势，围绕人民群众密切关注的重大问题建言献策，开展各项公益活动，展现农工党员风采，各项工作都取得新的成绩。

【农工党组织建设】 2022年，农工党天心区工委组织学习中共二十大和中央统战工作会议精神，学习《关于中国农工民主党党费收缴、使用管理和规定》《农工党长沙市基层组织工作经费管理规定》《中国农工民主党纪律处分办法（试行）》等相关文件；到宁乡市某军事基地开展国防教育活动；参加天心区政协组织的“喜迎二十大、健康向未来”气排球赛，参加天心区统一战线“同心运动会”。农工党天心区工委陪同湖南省人大常委、农工党湖南省委专职副主委蒋秋桃一行调研天心区南托街道沿江村同心美丽乡村建设，沿江村是农工党天心区工委联点建设乡村，是天心区唯一的市级同心美丽乡村；到宁乡市开展乡村振兴工作调研，参观宁乡市大成桥镇鹊山村电商物流中心、湘都生态园等乡村振兴工作示范点。农工党天心区工委副主委张维获评长沙市高级人才（D类人才）、天心区首批特色产业人才（乡村振兴），并被推荐进入天心区委党校师资库，区委宣传部和区乡村振兴局以张维的成长经历及乡约菜菜品牌拍摄微电影《我和我的家乡》。副主委陈晓燕撰写专业论文《UPLCMSMS测定叶下珠中氯虫苯甲酰胺和氟虫双酰胺的残留量》在《中南药学》发表。

【参政议政】 2022年，农工党天心区工委提交《利用乡村闲置资源推动城乡融合发展》《关于建立长沙市老年病专科医院的建议》等提案议案10余件、社情民意12条，撰写《关于提升天心区城市生活垃圾分类效果的建议》的调研报告。行业民主监督员就天心区的各项重要公共决策提出自己的见解和看法，为对口单位的各项工作提供参考意见。

【社会服务】 2022年，农工党党员李光焰分别向株洲市、长沙方舱医院、天心区公安分局、宁乡市双江口镇槎梓桥村捐赠口罩、消毒液等物资，价值近10万元；党员鲍季夫、丁新华利用专业特长，带领医护人员分别在金桂小区南片、星城荣域、鑫远尚玺、长大彩虹都等地开展工作；党员杨昕、贺小俭坚持每周到望城区茶亭卫生院坐诊。（肖胜存）

中国致公党长沙市天心区工委

【概况】 2022年，中国致公党长沙市天心区工委（简称“致公党天心区工委”）认真学习贯彻中共二十大精神，抓实班子自身建设，加强党内关怀，激发党员活力，抓实共识教育，积极参政议政，开展社会服务，认真履职尽职。获评致公党市委“参政议政”特别贡献奖。

【致公党组织建设】 2022年，致公党天心区工委召开工委班子工作会议，进行职责分工和工作细化；每季度召开一次班子扩大会议，推进各项工作任务的落实；年末组织召开班子民主生活会，班子成员逐一自我剖析，认真查摆问题，并就如何改进和提升党务工作提出意见建议。开展走访慰问，慰问老党员谢国均、高炳嘉和张碧霞等，走访党员企业。推荐党员到省委、市委各专委会任职，黄开武、王弘毅、王蓉、罗兴钊、李丽等在省专委会任副主任和委员，在市专委会任主任和委员的有49人。举办新党员集体见面会。致公党天心区工委与致公党荔湾区基层委开展联谊交流活动。在市委举办的“致公·华腾杯”羽毛球赛中获冠军。组织党员参加天心区统一战线“贯彻二十大、奋进新征程”同心运动会。全年新发展党员7人，平均年龄35岁（“90后”1位），其中硕士研究生3人，有侨海关系4人，“85后”副科级干部1人。5月，传达学习中国致公党湖南省第七次代表大会精神；8月，选派党员参加区委统战部组织的党外代表人士思维创新与履职能力提升专题研修班；11月，组织班子成员、骨干党员到杨立三故居开展“学习贯彻二十大，同心奋进新征程”主题活动。

【参政议政】 2022年，致公党天心区工委开展课题调研，撰写《服务“三高四新”战略，地方人才引进策略研究》《关于加快数字经济，支持天心数谷建设的建议》2篇调研报告及《构筑新消费高地》的提案，其中《服务“三高四新”战略，地方人才引进策略研究》获区委统战部参政议政优秀调研成果一等奖。组织支部班子成员开展社情民意撰写、课题调研的专题培训，鼓励党员撰写社情民意、参与课题调研，党员中的人大代表和政协委员积极参政议政，发挥表率作用。在区“两会”上，1人被评为2022年度优秀人大代表，3人被评为2022年度优秀政协委员，1人被评为优秀社情民意先进个人。1人撰写的《撒盐化雪的负面影响不容忽视》《基层宗教工作存在的问题及建议》的社情民意被全国政协采用，并被评为特等奖。1人提出的《关于在天心区中小学校开展学校社会工作服务试点的建议》被评为优秀代表建议，政协委员汪阳提出的《关于引导国有资本进入养老市场，构建安全养老服务体系的建议》和尹筑嘉提出的《关于发送交通监控补光灯“晃眼”问题的建议》被评为优秀提案。

【社会服务】 2022年，致公党天心区工委开展“爱心在传递·冬日暖人心”春节慰问活动，围绕同心社区儿童成长需求开展“至亲家长”关爱儿童社会服务项目，号召党员出智出力为儿童服务。区工委三医院支部普及甲状腺科普知识，呼吁全社会特别是女性群体主动关注自身甲状腺健康，提高甲状腺疾病的就诊率和治愈率。依托党员李丽、万强所在的致公党精神助学基地全面开展社会服务，开展的“青柚课堂”性教育公益项目，走进18所学校、4个社区，共计服务4100人次，开展的社区家庭教育讲座，服务1000余人次。

【“呵护甲状腺，关爱您的健康”主题义诊活动】 2022年11月24日，致公党天心区工委长沙市第三医院支部组织多学科专家，在长沙曙光电子集团举办“呵护甲状腺，关爱您的健康”主题义诊活动。长沙市第三医院内分泌代谢科主任黄德斌以《甲减大揭秘》为题，对甲状腺相关的健康知识进行讲解。在现场开展快速TSH（促甲状腺激素）测定和甲状腺彩超检查，黄德斌和普通外科二十五病室（乳甲外科）副主任医师邓洲子针对检测情况，给予职工们解读和治疗建议。该次义诊活动共为40余名职工提供健康咨询服务，对筛查出需要积极干预的甲状腺患者进行相关知识普及。 （肖胜存）

九三学社长沙市天心区工委

【概况】 2022年，九三学社长沙市天心区工委（简称“九三学社天心区工委”）坚持用习近平新时代中国特色社会主义思想凝心铸魂，将“矢志不渝跟党走、携手奋进新时代”政治交接主题教育活动作为全年的重要政治任务，积极参政议政、认真履职尽责，完成各项工作。

【九三学社组织建设】 2022年，九三学社天心区工委组织开展学习宣传贯彻中共二十大精神宣讲活动，推动中共二十大精神入脑入心。组织召开2022年度工委民主生活会，以及人大代表、政协委员述职会。参加天心区统一战线“同心运动会”。工委副主委朱志邦入选天心区第四届“十大道德模范”。

【参政议政】 2022年，九三学社天心区工委组织集体调研，撰写《加快天心区智慧文旅建设的调研报告》，工委各委员提交提案10篇、社情民意9篇、微建议2条。

【社会服务】 2022年，九三学社天心区工委组织社员同心协力支援同心社区——黄土岭社区工作，以捐款捐物、走访慰问、志愿服务、心理辅导等方式参与社区一线社会服务等工作。

（肖胜存）

工商联

【概况】 2022年，长沙市天心工商业联合会（简称“天心区工商联”）紧扣“两个健康”（促进非公有制经济健康发展和非公有制经济人士健康成长）主题，以“五大工程”（思想引领工程、赢商营商工程、人才培育工程、乡村振兴工程、爱心天心工程）为抓手，发挥桥梁纽带作用，帮助民营企业纾困解难，做好亲商暖商扶商稳商尊商工作。南托街道商会获评2021—2022年度湖南省“四好”（政治引领好、队伍建设好、服务发展好、自律规范好）商会。

【工商联组织建设】 截至2022年年底，天心区有工商联（商会）会员单位141个，会员2260名，基层商会16个，其中14个街道商会、1个行业商会（天心区汽车6S街区商会）、1个青商会（天心区青年企业家商会）。增补6名工商联（商会）执常委。注册成立天心区青年企业家商会，发展会员33名，平均年龄33周岁，涵盖数字信息技术等9类行业。规范组织建设工作，14个基层商会建立商会功能型党支部。推荐4名会长和1名秘书长获评“优秀会长”和“优秀秘书长”。组建工商联（商会）羽毛球队、篮球队，获得长沙市“星商杯”羽毛球赛季军；举办第二届“赢商学院·天心商会杯”羽毛球友谊赛、同心运动会、趣味运动会等活动。组织开展“天心赢商学院”11期，累计培训企业高层次人才1000余人次。链接高校学习资源，举办湖南大学“天心红”高层次人才培训班，组织部分企业家参加韶山干部学院培训，培训100余名企业家。对接省、市“星商大讲堂”“同心抗疫、助企纾困、携企同行”等惠企线上线下培训，为企业送政策、解难题。推广同安医药读书会等优秀党建经验做法，推进工商联党员干部和非公有制经济党员等群体的教育管理。

【区域合作平台建设】 2022年，天心区工商联牵头成立长株潭新消费联盟和长株潭三区商会联盟，召开长株潭三区民营沙龙活动，拓展三区商会发展边界。成立“天心区民营企业服务中心”，打造惠企纾困暖心家。创新宣传推介平台，与长沙人民广播电台新闻广播（FM105.0）合作，开播10期《天心商谈》节目，讲好天心企业家故事。推行“访厅拜院联企”和“三派”招商机制，推行“湘商回归”，新引进“三类500强”企业9家、10亿元项目3个、百万税源企业109家。

【社会服务】 2022年，天心区民营企业、商会开展物资捐赠、志愿者支援等活动，捐款捐物总价值1300万余元。驰援邵阳县，捐赠物资价值10万余元。参加关爱老人、“一老一小”、危房改造“爱心天心”捐赠活动，募集资金50万余元，湖南鑫远投资集团有限公司等9家企业被授予“爱心企业”称号。向妇女儿童基金会捐赠1万元。天心区工商联向联点社区组织捐赠400套红色故事书籍，丰富社区“红色图书角”。

【营商环境优化】 2022年，天心区工商联开展“千企帮扶”活动，全年走访调研企业1045家，收集问题690个，解决630余个，问题解决率92.5%。为企业上门发放《惠企政策操作指南》《“天心红”人才工程图解》等惠企政策书籍6000余本。对接企业融资需求，每月组织银企对接会，解决融资需求近亿元。建立法治营商环境监督员制度、涉企权益保护府院联动机制，“茶颜悦色”商标保护入选全国知识产权行政保护典型案例。对接区法院、区检察院、区司法局，针对企业现实法律需求，开展企业法律政策宣讲。针对辖区部分建筑类企业涉法诉讼较多问题，协调区法院在法律支持范围内，共同为市场主体纾困解难。每月定期开展区长企业接待日活动，针对不同类型企业、问题集中面对面解决问题，帮助企业解决各类问题诉求100余个。

2022年4月26日，天心区工商联牵头举办天心、石峰、岳塘三区总商会联盟签约暨“赢商学院·股权激励与顶层设计”培训

（区工商联供图）

【人才培育】 天心区工商联成立“天心人才红小二”人才服务专员队伍，推行“联企聚才兴产”“墩苗计划”等引才聚才举措，为企业人才送政策，向区内推荐高层次人才10余人。推荐优秀企业家参加2022年“诚信之星”评选活动，商会5名企业家和3家企业获评。组织青年企业家到长沙市青商会、澳优乳业（中国）有限公司等企业开展交流走访活动11次，拓展资源，开拓思路，促进发展。

【长株潭三区总商会联盟签约】 2022年4月26日，天心区工商联牵头举办长株潭三区总商会联盟签约暨“赢商学院·股权激励与顶层设计”培训。长沙市天心区、株洲市石峰区、湘潭市岳塘区3区工商联相关负责人和80余家企业代表参加。商会联盟合作协议包含加强党建交流、加强工作互动、加强商贸合作、加强信息共享、加强技术交流、加强人才交流、组织轮值机制7个方面，3区定期组织交流互访、沙龙座谈、科技服务、经贸合作、企业路演和教育培训等活动。在“赢商学院·股权激励与顶层设计”培训环节，深圳华一世纪股权激励商学机构高级讲师尹洋，就国内国际经济形势进行分析，就如何提升企业发展，做好股权分配，吸引和留住核心人才进行分享交流。

【助力乡村振兴】 天心区工商联开展“万企帮万村”精准扶贫行动，组织26家企业（商会）对全区12个行政村结对帮扶实现全覆盖。开启“万企兴万村”行动，发动辖区民企以“产业＋采购”模式创新帮扶，重点对口帮扶邵阳县等地开展乡村振兴。申报“万企兴万村”行动实验项目认定，推荐13家区级实验项目、5家市级实验项目、2家省级实验项目。引导民企共推产研学项目，在联合区教育局、区乡村振兴局、区文旅体育局等单位开展“农业＋研学＋文旅”产研学项目活动中，培育打造湖南友邦园林工程有限公司等4家涉农企业。

【召开工商联执委大会成立青商会】 2022年5月19日，天心区工商联（商会）六届二次执委会暨青年企业家商会（简称“青商会”）成立授牌大会举行。长沙市委统战部副部长、工商联党组书记何惠风，天心区委副书记、区长周志军，区委副书记、统战部部长叶妙等出席会议。区工商联主席、总商会会长王珊代表区工商联（商会）作工作报告，回顾2021年工作成绩，对2022年工作进行安排部署。会议听取并审议《长沙市天心区工商业联合会（总商会）第六届执行委员会第二次会议选举办法》，增补选举区工商联（商会）执委、常委、主席，王珊当选区工商联（商会）第六届执行委员会主席（会长）。湖南省湘江公益基金会、湖南一喜科技服务有限公司、湖南鑫远投资集团有限公司等9家企业被授予“爱心企业”称号。天心区青商会宣告成立，湖南至名品牌管理有限公司总经理温湘婷作为天心青商会首任会长表态发言。青商会作为天心区青年企业家、青年经营管理者和工商界中具有代表性的青年才俊组成的社会团体，是引领全区青年企业家健康成长的重要平台，也是促进新生代经济力量合作共赢、创新发展的桥梁纽带。

2022年5月19日，天心区青年企业家商会成立授牌大会召开

（区工商联供图）

【“赢商学院·长株潭一体化建设”民企沙龙】 2022年9月27日，天心区工商联举办长株潭三区商会联盟“赢商学院·长株潭一体化建设”民企沙龙，长沙市天心区、株洲市石峰区、湘潭市岳塘区3个区工商联负责人及民营企业家70余人参加。民进中央经济委员会副主任、正和岛首席经济学家王林作题为《国际国内经济形势暨长株潭一体化建设》的专题分享，从国际国内形势到民营企业的发展、企业家精神、企业创新、企业决策等进行解读。3个区民营企业家代表分别就企业品牌打造、商圈的发展规划、两山理论等进行分享交流。

【“商汇天心”政企恳谈会】 2022年10月31日，第二届长沙企业家日暨“商汇天心”政企恳谈会召开，30余名民营企业代表参加。天心区委书记吴新伟主持会议并传达学习中共二十大报告精神。爱尔医疗投资集团、湖南文和友文化产业集团、湖南至名名牌管理有限公司等7位企业代表以“落实中共二十大精神，凝心聚力助推天心高质量”为主题进行分享交流。吴新伟表示，天心区将以企业需求为导向，以企业满意为标准，在政策发力上继续靠前，在优化环境上勇于向前，在要素保障上始终在前，把“人人都是营商环境、个个都是天心名片”的要求落实落细，打造优化营商环境“首善之区”。

（佘娇兰）

总工会

【概况】 2022年，天心区总工会有14个街道工会联合会，1个园区工会联合会，1个外来务工人员工会联合会，9个行业性工会联合会，13个战线工会；全区有基层工会组织7690家，其中规模以上企业工会162家；全区工会会员12.9万人。

2022年，区总工会强化党建引领夯基铸魂，开展“中国梦·劳动美”主题宣传教育活动；推进共建技能培训基地建设，开展“十行状元、百优工匠”系列选拔赛；坚持维权保障，开展农民工工资清欠和劳动安全监督检查，维护职工权益；推进普惠服务，实施“互联网+”工会工程；加强全区行业性工会特别是新就业形态行业工会建设，新就业形态劳动者入会建会工作被全市经验交流观摩团肯定。

【工会组织建设】 2022年，天心区新建企业工会220家，发展会员1.8万人。成立、健全商超信息员、快递行业工会，组织开展“五个最美”劳动者的评选活动。打造20个创新项目，指导3家基层工会创建市级模范职工之（小）家，出台《关于进一步加强行业性工会建设的实施细则》。加强工会经费审计力度，对区总工会本级及辖区25家基层工会经费进行全面审计。开展“喜迎二十大 职工心向党”专题思想政治教育培训80期，1万余人次会员参与网络学习、答题。组织为期3天的全区工会干部能力提升培训班。在商超行业、远征驾校等工会打造清廉阵地。开展“中国梦·劳动美”主题宣传教育活动。开展“庆五一”职工才艺、摄影比赛，开展第五届“天工杯”职工篮球运动会，组队参加长沙市总工会组织的“四球联赛”。在微信公众号开设“劳模讲堂”专栏，组织14场次劳模工匠宣讲活动，组织全区各级劳动模范到宁乡市开展为期2天的红色疗休养活动，进行专场健康体检活动。为14家企业工会拨付文体器材专项经费44万元。

【职工劳动竞赛】 2022年，天心区组织开展乡村美食制作、维修电工、焊工、快递收派技术等“十行状元、百优工匠”系列选拔赛，在市赛中3名职工获“行业状元”、11名职工获“百优工匠”称号。出台《天心区职业技能工匠人才认定办法（试行）》《天心区职工职业技能人才竞赛奖励实施办法》，2022年确定将27名工匠人才纳入“天心红”人才库管理。全区各级工会组织按照政府引导、行业参与、企业开展的要求，开展岗位练兵、技术比武和职业技能竞赛活动80余场次。推进共建技能培训基地建设，组织1200余名职工参加焊工、钳工、维修工、育婴师、家政服务等培训并颁发资格证书。指导3家基层工会创建劳模工匠人才创新工作室，完成500对“师徒结对”。组织防疫等一线技术工人疗休养。

【职工权益维护】 2022年，天心区总工会深化“劳动纠纷溯源治理”机制建设，举办劳动争议调解员和工资集体协商培训，开展农民工工资清欠和劳动安全监督检查3次，参与劳动仲裁5次。指导和监督全区1000余家企业签订工资集体协商，树立2家市级、14家区级企业工资集体协商推进典型。聘请法律顾问，组建1支法律服务分队。开展“情系职工·与法同行”工会法主题宣传活动2次，开展“尊法守法·携手筑梦”法律宣讲进楼宇、工地、企业4场次，法治体检1次。

【职工服务帮扶】 2022年，天心区总工会为654名在长沙过年的会员职工发放新春消费券26.2万元，筹措专项资金45万元开展抗疫关爱、暖心盒饭等活动。慰问困难职工930人次，发放款物价值35.6万元，为4万名会员办理职工医疗互助，发放补助金65万元。创建21家户外劳动者服务站点，全国总工会“最美工会户外劳动者服务站点”、湖南省“百优驿站”各入选1家，全国总工会相关负责人实地考察并肯定环宇城服务站。开展“春风行动”近千名转岗再就业职工完成培训并上岗就业。开展为小微企业返还工会经费、筹备金248万元。依托“天心工会”微信公众号、网格化系统、微博和客户端等工会网络平台，发挥网络互联互通优势，拓展网络服务职工功能，实现网上网下、线上线下的工作联动，打造方便快捷、使用高效的服务新通道，满足职工普遍性服务需要和个性化、小众化服务需求。建设天心区职工服务中心，挂牌职工健康服务基地2个，推动医疗机构与20家企业结对服务，打造2家幸福企业职工品质生活试点单位，实施职工疗休养和女职工生育补助。

【“融城核心·劳动最美”职工摄影大赛】 2022年，天心区总工会组织开展“融城提速度·劳动颂天心”2022天心区工会系统系列活动。竞赛得到基层工会、广大会员职工积极响应，摄影作品1622幅、音乐作品1872首入围。经省、市、区专家评选，摄影作品评选出一等奖3幅、二等奖5幅、三等奖8幅、优秀奖10幅，音乐作品评选出最佳作品奖10首、最高人气奖10首、优秀作品奖30首。区总工会对大赛成绩优异的参赛选手予以通报表扬。

【模范职工之（小）家创建】 2022年，天心区总工会推进基层企业工会“模范职工之家”阵地建设，增强基层工会组织的活力，提升基层工会组织规范化建设水平。6月22日，长沙市总工会党组成员、副主席黄渐坤一行到天心区桂花坪街道新园社区考察省级“模范职工小家”创建工作，实地考察新园社区书屋、职工活动室、心理谈话室、工会宣传园地，听取社区工作汇报，对新园社区如何推进省级“模范职工之家”创建工作提出要求。7月8日，市总工会公布“长沙市2022年湖南省模范职工之家、模范职工小家推荐名单”，天心区桂花坪街道新园社区工会被列入“湖南省模范职工小家推荐名单”。9月28日，区总工会党组书记、常务副主席邹展一行，到长沙云邮通信科技有限责任公司、长沙市威龙保安服务有限公司、中合慧景规划设计有限公司等基层工会实地走访。听取各基层企业工会负责人关于“职工之家”建设情况介绍和建设规划，了解“职工之家”开展的活动内容。邹展对各基层工会“职工之家”创建工作给予肯定，就如何更好地管好、用好“职工之家”提出指导性意见。10月27日，湖南省卫生工会副主任张哲、省总工会基层工作部一级主任科员张芬带领考核验收组一行到新园社区开展社区工会小组“湖南省模范职工小家”考核验收工作。考核验收组一行听取新园社区工会工作开展情况和“模范职工小家”创建情况及下一步工作思路，实地查看新园社区机关工会小组办公场地、硬件设施、职工活动阵地、宣传阵地等，查阅工会“建家”档案和资料，询问了解社区工会日常工作开展情况，对社区工会小组职工小家建设情况给予肯定，指出不足之处及改进意见。新园社区机关工会小组以创建“规范、和谐、温暖、平安、创新、满意”的省级职工小家为目标，利用社区有限空间及辖区各小区闲置房产，设置社区职工书屋、职工活动区、职工学习室、职工健身场所等功能区，通过“职工小家”的建设和运行，加强社区文化建设，增强职工的向心力和凝聚力。12月9日，市总工会公布2022年长沙市模范职工之家（小家）、职工最可信赖娘家人、“司机之家”、“快递小哥之家”等评选名单。天心区大托远征机动车驾驶员培训学校被列入长沙市模范职工之家名单，天心区总工会党组成员、副主席被列入长沙市职工最可信赖娘家人名单，天心区文源街道文源社区“快递小哥之家”被列入长沙市“司机之家”和“快递小哥之家”示范点名单。

【先锋街道户外劳动者服务站点】 2022年1月19日，天心区先锋街道户外劳动者服务站点（环宇城站）启用。该站点位于天心区先锋街道环宇城前坪，面积30余平方米，设有沙发、书架、饮水机、微波炉、医药箱、储物柜等设施，可为环卫工人、快递员、送餐员、建筑工人等户外劳动者提供歇脚休息、热饭喝水等便利，同时推出心理咨询、法律援助、志愿者管理、爱心雨伞等一系列的特色服务项目。该站点以先锋街道机关党支部满天星志愿服务团队“锋速团”和工会志愿者为主负责具体运营。截至2022年年底，先锋街道户外劳动者服务站点（环宇城站）服务户外劳动者2万余人次，被评为湖南省“百优驿站”，并接受中华全国总工会权益保障部副部长索朗德吉一行实地考察。

【企业工资集体协调】 2022年2月25日，天心区2022年企业工资集体协商“春季要约行动”现场会在大托铺街道举行。企业工会主席、劳资方代表、街道（园区、行业）工会主席、社保站工作人员以及区人社局、区工商联相关负责人等120余人参加，共同推进工资集体协商工作。长沙市总工会党组成员、副主席黄渐坤表示，各级工会组织要通过协商前辅导、协商中引导、协商后落实，推动企业规范协商程序、提升协商质量、增强履约实效。天心区总工会党组成员、副主席何干才对2022年度企业工资集体协商工作如何推进作具体动员部署，明确任务；区人社局劳动监察大队大队长袁仲宇对2021年度工资集体协议文本审核备案工作进行总结，就如何提高文本质量提出意见建议；区工商联党组成员、商会秘书长胡根华宣读2021年度市、区工资集体协商典型示范企业名单；区总工会党组书记、常务副主席邹展指出，全区各级工会组织要把握春季有利时间节点，开展工资集体协商“春季要约行动”，拓展协商主体，开展新就业形态劳动者工资集体协商工作，提升协商质量。天心区指导企业和职工通过开展集体协商的方式，兼顾劳资双方合法权益，培育一批优秀工资集体协商典型案例。湖南虹康规划勘测咨询有限公司：增设职工住房补贴500元/月；实习生月工资由2000元提升至2500元；绩效考核结果进行内部公示，涉及绩效奖罚及标准，公示期内职工可以进行反馈申诉。湖南德顺汽车贸易有限公司：2022年员工年平均工资增长幅度为14%；技师设保底工资；实习员工转正立即购买公积金。长沙红海人力资源有限公司：根据国家相关规定“三八”妇女节女职工除休假半天外，单位行政另发放100元/人的福利，其他节日含元旦、端午和中秋给全体职工发放200元同等价值的节日物资；企业在时间和经费上更多支持工会举办职工活动。湖南坤宝汽车销售服务有限公司：单位新建健身俱乐部；增加厂家培训，提升个人专业水平。湖南和立东升实业集团有限公司：在公司实现当年利润800万元的前提下，保障在岗职工年平均工资增长幅度为9.5%，保障企业最低月工资标准在2000元以上。

【天心区商超行业工会成立】 2022年6月10日，长沙市天心区商超行业工会第一届第一次会员代表大会在王府井百货主会场和天虹百货分会场同时举行，标志着天心区商超行业工会成立，全区首批1241名商场信息员加入工会。来自天心区王府井百货、天虹百货、海信广场、友阿奥特莱斯、家乐福超市贺龙店、中海环宇城等单位的82名商场信息员代表参加会议，选举产生第一届工会委员会、经审委员会。卞宇当选为工会主席，许诗香为副主席，刘和梅任经审主任，并协商产生女职工委员会，刘亚为女职工主任。天心区商场信息员群体数量大、集中度高，区总工会先后5次召开工作调度会，宣传发动、调查摸底，走访大型商场超市10余家，与100余名商场信息员“面对面”座谈交流。

【“十行状元、百优工匠”系列选拔赛】 2022年7月29日，2022年长沙市“十行状元、百优工匠”乡村美食制作技能竞赛天心区选拔赛在湘江里老渔村举行。来自全区13个餐饮企业的18名民间厨师参赛。天心区总工会党组成员王鹏致开幕词，长沙市总工会党组副书记、副主席匡涛涛宣布比赛开始。比赛要求厨师制作一道命题菜、一道自选菜，命题菜品为银芽里脊丝。根据理论考试成绩占10%、现场操作技能得分占90%进行综合评分。长沙火宫殿任姣以“羊肚菌酿小龙虾”获第1名，长沙火宫殿卿鹏程获第2名，湘江里老渔村唐杰获第3名，长沙新怡园肖姜华、天心区鹿湘院饶遥、上岸渔民陈帅获得优秀奖。9月6日，天心区2022年职工职业技能竞赛暨长沙市“十行状元、百优工匠”技能竞赛“焊工”“维修电工”赛项选拔赛在晓光工匠学院举行。辖区企业选派21名焊工、维修电工参加比赛。焊工比赛设理论考试和实际操作2个环节，其中理论知识占20%，实际操作占80%。湖南红海人力资源有限公司陈桂良获焊工赛项的第1名，湖南保利物业管理有限公司马高伟获维修电工赛项的第1名。获焊工、维修电工赛项的前五名选手，代表天心区参加长沙市总工会2022年“十行状元、百优工匠”竞赛活动并进行赛前培训。9月19日，天心区快递收派技术技能竞赛暨长沙市“十行状元、百优工匠”竞赛选拔赛在湖南邮电职业技术学院举行。来自顺丰、邮政、申通、菜鸟驿站等快递行业企业的近20名选手参赛。竞赛分为理论知识竞赛和操作技能竞赛2个环节，理论知识竞赛采用计算机答题方式，考察快递员职业道德、专业知识以及新知识新技术；操作技能竞赛采用分批次、流水线的方式进行，参赛选手需在限定的时间内完成多物品收寄、派送路线设计、智能快件箱操作3个赛项。最终评选出金、银、铜奖各1名及优胜奖3名，分别给予2000元、1000元、600元、400元奖金，并代表天心区参加长沙市总工会2022年“十行状元、百优工匠”之快递收派技术职业技能竞赛。申通快递刘林获比赛金奖。

表9

长沙市2022年“十行状元、百优工匠”获奖名单（天心区）一览表

行　业	姓　名	单　　位
焊　工	陈桂良	湖南红海人力资源有限公司
网络信息安全	瞿朝阳	绿盟（湖南）网络安全技术有限公司
快递收派技术	雷　姣	湖南红海人力资源有限公司外派中国邮政速递物流股份有限公司长沙市分公司
	陈江波	湖南顺丰速运有限公司
	刘　帅	中国邮政速递物流股份有限公司长沙市分公司
	杨　景	湖南驿派网络科技有限公司长沙友谊小区B6栋服务站
	孙浩圻	湖南顺丰速运有限公司
	刘　林	长沙法新货运代理有限公司
乡村美食制作	饶　遥	长沙市天心区鹿湘院

（资料来源：区总工会）

【“产改进行时万名师徒结对”仪式】 2022年9月27日，天心区总工会组织开展“产改进行时万名师徒结对”仪式暨“中国梦·劳动美”劳模大讲坛活动分会场。来自辖区50对师徒、100名产业工人聆听劳模宣讲、观看“师徒PK竞赛掠影”视频、宣读“倡议书”。区总工会围绕加快推进产业工人队伍建设改革精准发力，重点聚焦职工创新体系建设，深化“名师带徒”活动，全区师徒结对500对。

【第一届“五个最美”评选活动】 2022年9月，天心区总工会组织开展第一届“五个最美”（最美快递员、最美货车司机、最美护理护工员、最美网约送餐员、最美商场信息员）评选活动，注重对新就业形态劳动者服务帮扶、关心关爱工作。评选对象为已加入天心区各级工会组织并录入湖南省工会会员系统的快递员、货车司机、护工护理员、网约送餐员、商场信息员，其中快递员、货车司机、网约送餐员、护工护理员各评选10名，商场信息员评选20名，共评选60名。12月1日，区总工会组织召开评审委员会议，评审委员由街道工会主席、社会化工会工作者、企业（行业）工会主席以及区总工会机关工作人员代表共11人组成。评审委员会全体成员根据参评人员的基本情况和事迹材料，按照相关办法进行评审后，根据最后得分情况评选出最美快递员、最美货车司机、最美护理护工员、最美网约送餐员各10名以及最美商场信息员20名。12月2日，区总工会对“第一届‘五个最美’评选初步入选名单”进行公示。

【第五届“天工杯”职工篮球运动会】 2022年11月，第五届“天工杯”职工篮球运动会举行。比赛设机关战线组、街道园区组、企业组共3个组别，64支代表队、近千名球员进行为期11天的110余场比赛。11月16日，第五届“天工杯”职工篮球运动会完成全部赛程闭幕。经过角逐，暮云街道工会代表队、城管执法大队工会代表队、天心国资工会代表队分别获街道（园区）组、机关战线组、企业组冠军。（杨　娴）

天心区 2022 年度最美快递员名单一览表

表 10

序号	姓　名	性别	工　作　单　位
1	刘　林	男	长沙法新货运代理有限公司
2	刘　恋	男	长沙飞翔快递服务有限公司
3	汤　威	男	湖南红海人力资源有限公司外派中国邮政集团有限公司长沙市分公司
4	李世杰	男	长沙蟠龙物流有限公司
5	肖　建	男	长沙驿夫速递有限公司
6	陈江波	男	广州仕邦人力资源有限公司长沙芙蓉分公司外派湖南顺丰速运有限公司
7	唐双梅	女	中通快递（兔喜生活创世纪广场二期店）
8	梁治远	男	长沙龙腾速递有限公司新建西营业部
9	雷　姣	女	湖南红海人力资源有限公司外派中国邮政集团有限公司长沙市分公司
10	鞠鑫鑫	男	长沙蟠龙物流有限公司

（资料来源：区总工会）

天心区 2022 年度最美网约送餐员一览表

表 11

序号	姓　名	性别	工　作　单　位
1	王保利	男	美团专送（湖南尚优长沙贺龙体育馆站）
2	李文琪	男	美团专送（湖南尚优长沙奥特莱斯站）
3	杨　勇	男	饿了么（海南新盈科技有限公司湖南分公司南门口站点）
4	杨　检	男	美团众包（长沙市郊省府南众包乐跑 E 队）
5	吴　鑫	男	饿了么（蜂鸟众包优选中信一队）
6	宋　辉	男	饿了么（蜂鸟即配长沙沙漏高升站）
7	陈　阔	男	饿了么（蜂鸟众包优选北冲尾二队）
8	罗　宇	男	饿了么（蜂鸟众包优选北冲尾四队）
9	周振军	男	饿了么（海南新盈科技有限公司湖南分公司南门口站点）
10	袁　可	男	饿了么（长沙星城壹驰物流有限公司保利国际站点）

（资料来源：区总工会）

天心区 2022 年度最美护理护工员一览表

表 12

序号	姓　名	性别	工　作　单　位
1	刘如云	女	长沙康华睦邻健康养老服务有限公司
2	刘联君	男	长沙养和康乐老年服务有限公司

（续表 12）

序号	姓　名	性别	工　作　单　位
3	孙菊华	女	长沙康华睦邻健康养老服务有限公司
4	严配芝	女	长沙爱之心老年公寓管理有限公司
5	邹　琪	女	湖南润地健康养老服务有限公司
6	陈小丽	女	长沙天心巴普护理院有限公司
7	陈艳平	女	长沙康华睦邻健康养老服务有限公司
8	党　瞻	女	湖南贝林母婴服务有限公司
9	蒋　蕾	女	湖南润地健康养老服务有限公司
10	谢美珍	女	湖南金萌秦健康管理有限公司

（资料来源：区总工会）

表 13

天心区 2022 年度最美货车司机一览表

序号	姓　名	性别	工　作　单　位
1	邓正清	男	湖南省长株潭烟草物流有限责任公司
2	任金舫	男	长沙刘剑运输有限公司
3	刘立志	男	长沙恒秦物流有限公司
4	李云志	男	湖南省长株潭烟草物流有限责任公司
5	张海航	男	湖南三正智连供应链有限公司
6	胡聪慧	男	湖南三正智连供应链有限公司
7	夏玉友	男	湖南智连物流供应链有限公司
8	黄铁江	男	湖南三正智连供应链有限公司
9	彭　庆	男	湖南智连物流供应链有限公司
10	腾　化	男	湖南智连物流供应链有限公司

（资料来源：区总工会）

表 14

天心区 2022 年度最美商场信息员一览表

序号	姓　名	性别	工　作　单　位
1	马丽娅	女	天虹商场（芙蓉店）
2	王倩茹	女	天虹商场（芙蓉店）
3	王　霞	女	王府井百货（黄兴中路店）
4	龙　超	女	王府井百货（黄兴中路店）
5	朱春花	女	天虹商场（芙蓉店）
6	向　盼	女	王府井百货（黄兴中路店）

（续表 14）

序号	姓　名	性别	工　作　单　位
7	刘权威	女	海信广场（长沙店）
8	刘　敏	女	王府井百货（黄兴中路店）
9	许　芳	女	王府井百货（黄兴中路店）
10	严冯平	男	海信广场（长沙店）
11	苏英俏	女	天虹商场（芙蓉店）
12	李逢枝	女	天虹商场（芙蓉店）
13	张　毅	男	中海环宇城
14	陈　敏	女	王府井百货（黄兴中路店）
15	陈　瑛	女	王府井百货（黄兴中路店）
16	孟　娇	女	友阿奥特莱斯
17	骆细丹	女	天虹商场（芙蓉店）
18	徐　璐	女	王府井百货（黄兴中路店）
19	陶孝义	男	天虹商场（芙蓉店）
20	颜　清	女	王府井百货（黄兴中路店）

（资料来源：区总工会）

共青团

【概况】 中国共产主义青年团长沙市天心区委员会（简称“团区委”）有下级团组织 1055 个，其中团委 27 个，团工委 18 个，团总支 23 个，团支部 987 个，有团员 7703 人。

2022 年，团区委坚持以党建带团建，履行凝聚青年、组织动员青年、联系服务青年的基本职责，推荐长沙市优秀共青团员 3 名，长沙市优秀团干部 3 名，长沙市五四红旗团委 4 个，长沙市五四红旗团支部（总支）3 个；推荐市级青年岗位能手 6 名、青年文明号 5 家、“向上向善”好青年 5 名、长沙农村青年十佳“领头雁”2 名；“青年大学习”参与人数超 9 万余人次，团支部学习率 100%；“青年清廉·献礼百年”系列活动征集绘画、书法、手工、微视频等作品 1300 余个，青春战“疫”、青年画“清廉”等工作被《人民日报》、新华社、“新湖南”等主流媒体宣传报道 80 余次；组建 280 支青年突击队、青年文明号，助力天心区项目建设、产业发展；率先在全市开展“未来星”优秀青年人才申报认定工作。天心区少先队辅导员代表队以团体总分第一的成绩，获 2022 年长沙市少先队辅导员风采大赛冠军。

【共青团组织建设】 2022 年，团区委发展学校团员 993 名，在天心区青年志愿者协会（简称“青志协”）中发展社会领域团员 31 名，将团员档案全部扫描录入智慧团建系统，全区无 1 例违规入团情况。推进“智慧团建”系统，完善团员、团干、组织信息，做好团员清理及“学社衔接”等工作，团工作网络化，“学社衔接”率 100%。开展“推优入党”，团员推优入党率 85%。指导湖南三发餐饮管理有限公司（柠季）等“两新”组织建立团组织，社会领域新增 682 家，比 2021 年增长 278.37%，“两新”领域新增 285 家，比 2021 年增长 103%。推进“青年之家”建设，创建 2 个区级青年之家，共有“青年之家”34 家，全区 14 个街道均有阵地覆盖。在 14 个街道规范成立 53 家社区少工委。团属微信号、视频号“青年天心”粉丝 6 万，原创《天心青年向未来》等宣传视频 7 个，点击率破万次，“青年天心”发布推送 300 余条，阅读量超 5 万人次。围绕“学习二十大、永远跟党走、奋进新征程”开展万人万场宣讲，覆盖青少年5万余人次。教育实践“党的青年运动史”“建团100周年大会精神”“新时代伟大成就”“中共二十大精神”参学团支部956个，学习率100%。

【社会服务】 2022年，天心区坚持“1+16+23+N”（即1个青志协、16所高校、23个校级分会、N个社团兴趣小组）的社会化选配、项目化用人模式，推进社区青春行动，巩固升级“河小青”“长沙蓝”“城市追光者”等志愿服务品牌项目。推动实施中长期青年发展规划，深化“研学天心”“天心青英汇”“希望小屋”等实事项目内涵，打造“法治天心·‘宪’正青春”活动品牌。开展“天心里·遇见你”主题联谊社交活动3场，慰问事实孤儿等重点青少年25人，改造希望小屋20余家，筹集爱心资金30万余元，为青年成长成才搭桥筑梦。

【天心青年庆祝建团100周年座谈会】 2022年4月29日，“青春向党·建功天心”天心青年庆祝建团100周年座谈会召开。区委书记吴新伟寄语全区广大青年扎根天心、逐梦天心、建功天心。6名天心青年代表，围绕科技创新、基层治理、创新创业、新消费等主题分享各自故事。

【服务青少年】 2022年，团区委推荐34名来自基层社区、教育、医疗、企业等一线领域青年获市级荣誉。推荐1个项目参加“建行杯”第六届湖南省农村创业创新项目创意大赛，获二等奖。“天心红”实践育人机制获评长沙市改革创新项目大赛三等奖。天心区《少年立志正当时》获评“2021全国优质少先队活动课”。团区委开展100余期研学天心系列活动，包括科技教育、法治宣传、应急逃生技能培训、非遗手工课程、禁毒防艾、性侵教育等内容。推出“天心里·遇见你”天心专场线上联谊活动。开展青年志愿者爱心护航高考活动，提供爱心送考、心理疏导、便捷服务、高考助力等服务。开展天心区第二十四届“芙蓉学子”大型公益活动、“湘窖·我的大学梦——2022”公益助学活动、“圆梦行动”主题助学活动，资助辖区内5名困难学生圆梦大学。

【县域共青团基层改革】 2022年，团区委推进县域共青团基层组织改革，构建“党委领导、政府支持、团委主导、各方协同”的改革工作格局，改革工作被纳入区委常委会工作要点，党建带团建纳入巡察监督范围。5月11日，团区委组织开展街道团（工）委兼职副书记面谈交流活动，来自中南林业科技大学的26名社团干部、校学生会干部参与面谈，兼职干部统一派往辖区各街道团（工）委开展青年和共青团工作，由团区委和兼任单位共同管理，任期1年。5月18日，共青团湖南省委办公室主任李卫锋一行到天心区调研评估国家级县域共青团改革工作，长沙市各县域改革试点县（市、区）团委负责人参加座谈交流。团省委一行现场查看自评报告、自评结果及相关佐证资料，了解天心区在共青团改革的4个方面、10个举措、20项分解任务的推进情况，肯定天心区在县域共青团基层组织改革试点工作中的成效和亮点。天心区区属一级团组织新增工作力量60人，增幅166.7%，团区委本级新增工作经费46.5万元，增幅26.96%，社会领域团组织新增588家，增幅240%，形成团干部全流程管理等制度性成果9项，“青聚力·公益100”“研学天心”等4个项目获市级共青团改革大赛奖励，团改相关工作被新华社、人民网、团中央微博等主流媒体推介100余次。10月，天心区县域基层组织

2022年4月29日，天心区庆祝建团100周年座谈会召开

（团区委供图）

改革经验《湖南长沙天心区：锚定“红人”“热点”“实事”推进组织建设》被团中央基层建设部《县域共青团基层组织改革案例选编》收录。

【“‘青’心一夏，‘苗’荟天心”系列活动】 2022年8月，团区委打造“‘青’心一夏，‘苗’荟天心”项目品牌，为高校青年提供岗位实习、志愿服务、城市体验、项目观摩、课题调研等暑期实习实践。团区委联动辖区各政企单位发布实习岗位，累计收到实习简历1100余份，辐射厦门大学、中南大学、四川大学等国内100余所高校，100余名大学生参与岗位实践，实习岗位覆盖经济高质量发展、新媒体运营等多个领域；开展“‘青’心一夏，与‘警’同行”高校青年暑期志愿服务活动，组织60余名青年志愿者在全区12个站点开展文明交通义务劝导活动；组织高校青年参观超级文和友、火宫殿、湖南柠友餐饮管理有限公司等网红点；组织高校青年实地走访调研创谷·长沙天心文化（广告）产业园、湖南微算互联信息技术有限公司、湖南漫村文化发展有限公司、爱尔眼科医院集团股份有限公司、湖南长株潭跨境电商综合服务中心，了解天心区数字经济、文化创意领域项目；组织高校青年围绕新消费经济、数字经济、文化创意、乡村振兴、社会治理、城市发展6个领域开展课题调研，80余名高校青年立足天心实际开展为期7天的专题调研，形成调研报告6篇。

【“希望小屋”爱心帮扶项目】 2022年5—12月，团区委启动并实施“希望小屋”爱心帮扶项目。经过前期资料申报，现场走访考察，最终确定天心区、洛塔乡两地共21户改造对象并对其居住环境进行改造，项目通过为青少年改造一间房屋、提供一个舒适的生活学习环境，从而促使青少年健康成长。

【长沙市新消费行业团工委成立】 2022年11月，长沙市新消费行业团工委在天心区成立。“土流”“果呀呀”“文和友”“山有舍”等优秀企业高管、青年担任长沙市新消费行业团工委副书记、委员，专为新消费企业提供服务的天鑫优服平台公司负责人担任常务副书记。长沙市新消费行业团工委以长沙市新消费研究院为依托打造实体阵地，发挥行业系统团工委的“孵化”功能，拓展新消费行业团建工作的广度和深度。

【团省委到天心区调研基层团建工作】 2022年11月11日，团湖南省委副书记叶妙一行到天心区调研基层团组织建设相关工作，并开展湖南共青团学习贯彻中共二十大精神宣讲。叶妙一行到赤岭路街道白沙花园社区“青春里”青年之家，参观青春漫疗吧、青春学习社、青春创业汇、青春同心站、团代表联络站5个板块，实地了解社区团支部在开展传递青年声音的“朋友圈”、搭建青年需求的“连心桥”、打造服务青年的“好平台”、整合青年的“好队伍”、发挥青年“好作用”等特色工作中的具体举措。调研结束后，叶妙在赤岭路街道芙蓉南路社区举行湖南共青团学习贯彻中共二十大精神省级示范性宣讲活动，天心区基层团员青年代表50余人参加；现场为5名“80后”“90后”“00后”青年讲师团讲师代表颁发聘书。

【百万青少年学雷锋志愿服务行动】 2022年2月6日，“喜迎二十大永远跟党走奋进新征程”湖南百万青少年学雷锋志愿服务行动启动仪式在天心区黄兴广场举行。团湖南省委书记李志超出席活动并讲话，长沙市政府副市

2022年8月，团区委打造“‘青’心一夏 ‘苗’荟天心”项目品牌，为高校青年暑期实践提供助力 （团区委供图）

长邹特致辞。团省委书记班子成员以及省委宣传部、省委教育工委、省教育厅、省民政厅等20家单位和企业负责人，以及270余名青年志愿者参加。3月1日，裕南街街道长坡社区开展免费听力知识讲座和检测志愿服务活动，长沙市顺聪听力服务中心的医生为居民群众开展爱耳护耳的健康知识讲座和听力评估核检测。3月2日，“点亮满天星同行向未来”长沙市学雷锋纪念日主题活动暨天心区新时代文明实践志愿服务区域品牌发布活动在黄兴广场举办，团区委组织100余名天心青年开展“满天星”志愿服务集市，包括文明天心青年行、雷锋献血、医疗自护、爱心义剪、爱心义诊、垃圾分类、法律咨询等志愿服务。3月3日，四季同行雷锋家乡学雷锋、天心区文明实践志愿服务“满天星”行动暨坡子街街道“坡多爱之爱在牌楼”志愿服务主题活动在坡子街街道胥乐园前坪举行。3月5日，团区委组织20组家庭参与研学天心102期“三月学雷锋植树我先行”主题活动；“学习雷锋精神，展现湘江美颜”主题活动在杜甫江阁湘江岸边举行，崇善公益联盟社工、志愿者30余人参加活动，沿途捡拾路边绿化带隐藏的垃圾；坡子街街道文庙坪社区联合长沙民政职业技术学院团委在社区新时代文明实践站开展学雷锋志愿服务活动，走访慰问辖区残疾人困难家庭，长沙民政职业技术学院学生马小甜进行冬奥会志愿者故事分享。3月6日，在第43个植树节到来之际，共青团湖南省委、共青团长沙市委、共青团天心区委、南托街道团工委、沿江村团支部“五级”团组织联合开展义务植树活动，120余名团干部参加。

【优秀青年人才申报认定】 2022年11月，团区委根据区委组织部“天心红”人才工程统一安排部署，开展2022年度优秀青年人才申报认定工作，并在全区建立优秀青年人才库。申报对象范围为在天心区发展的35周岁（含）以下的国内及境外高校博士、硕士及全日制本科毕业生（机关事业单位在编人员除外），包括优秀青年企业家、各领域专家和作出贡献的专业技能青年人才，创业青年、新社会组织创办者或从业人员、新媒体从业人员、文化创作传承人、自由撰稿人等新社会阶层青年。经推荐与申报后，团区委通过核查申报材料、组织实地考察等形式对申报个人和单位进行审核，并联合有关部门进行联审。12月16日，“天心区第一批优秀青年人才认定名单”公布，109名优秀青年被纳入优秀青年人才库，可享受租房和生活补贴、购房补贴、政策咨询、档案管理服务、交流学习平台、优先推荐支持等政策激励。（李贞缜）

天心区第一批优秀青年人才一览表（按姓氏首字母排序）

表15

序号	姓名	性别	工作单位	职务
1	安冠星	男	湖南省第一测绘院	工程师
2	蔡倩颖	女	湖南若华律师事务所	专职律师
3	曹远国	男	锅炉技术研究所	专责工程师（二级）
4	陈迪钦	男	长沙城投机场迁建投资开发有限责任公司	公司开发运营部负责人
5	陈明霞	女	湖南建投四建集团有限公司	团委书记
6	戴冰武	男	湖南省国土资源规划院	专业技术人员
7	邓苗苗	女	禾木木音乐	自主创业者
8	邓萧淘	男	中国能源建设集团华中电力试验研究院有限公司	专责工程师（二级）
9	丁程程	女	爱尔眼科医院集团股份有限公司	技术员
10	杜伟平	男	中建信和城市更新分公司	项目运营部经理

（续表 15）

序号	姓名	性别	工 作 单 位	职 务
11	郭 胜	男	湖南省国土资源规划院	专业技术人员
12	贺 震	男	长沙农商行芙新支行	行长
13	胡 茜	女	长沙供水有限公司	办公室
14	黄小丽	女	中地海外中扬建设有限公司	技术负责人
15	金乾明	男	中交中南工程局科研设计院	副经理
16	雷 恒	男	湖南金诺泰医疗器械有限公司	总经理
17	雷志鹏	男	湖南省第四工程有限公司	项目技术负责人
18	黎智智	男	湖南省京湘电力开发有限公司	执行董事
19	李嘉丽	女	中建信和城市更新分公司	综合办主任
20	李骏欣	男	天心区司法局	行政复议与应诉科工作人员
21	李 奎	男	湖南中科工程检测有限公司	总经理
22	李丽妹	女	湖南日成园景文化发展有限公司	总经理
23	李乾峰	男	中建国际投资（湖南）有限公司	天心佳苑项目部技术负责人
24	李双红	女	湖南本章律师事务所	主任
25	李晓龙	男	中交中南工程局有限公司	技术质量与数字化部副经理
26	李 洋	男	中国能源建设集团华中电力试验研究院有限公司	一级职业项目经理
27	李峙衡	男	中建信和城市更新分公司	财务部经理
28	廖惠民	男	天心城发集团文投公司	综合部副部长
29	廖梦莲	女	长沙爱尔眼科医院	眼科医师
30	刘阿青	女	湖南省第四工程有限公司	风险审查岗
31	刘 杰	男	长沙盼星信息科技有限公司	董事长
32	刘梓健	男	长沙水业集团、长沙水业百铜学苑	团委委员、培训与开发专干
33	龙 婷	女	长沙市天心区湘江里老渔村餐饮服务有限公司	品牌负责人
34	罗 锦	男	湖南龙源风力发电有限公司	见习安全员
35	罗 珂	女	长沙城投机场迁建投资开发有限责任公司	公司开发运营部中级主管、团支部书记、分工会委员
36	罗 思	女	湖南省第一测绘院	工程师
37	孟 鑫	男	中国能源建设集团华中电力试验研究院有限公司	电气技术研究所二级职业项目经理
38	缪雯婕	女	长沙爱尔眼科医院	信息部主任
39	莫一莎	女	长沙供水有限公司	人力资源部绩效薪酬专员

（续表 15）

序号	姓名	性别	工 作 单 位	职 务
40	南瑞芳	女	湖南德都律师事务所	副主任
41	欧阳君怡	女	长沙爱尔眼科医院	主治医师
42	潘登凡	男	长沙水业集团有限公司	技术管理部副部长
43	潘紫阳	男	湖南省第一测绘院	工程师
44	彭拔萃	男	中国能源建设集团华中电力试验研究院有限公司	电网事业部生产副经理
45	彭　微	女	长沙供水有限公司	人力资源部副部长
46	彭稳华	男	长沙昂卓智能科技有限公司	总经理
47	瞿　智	女	湖南省国土资源规划院	专业技术人员
48	全　伟	男	湖南省自然资源事务中心	地质矿产专业技术人员
49	沈　蓝	女	湖南省第二测绘院	地理国情监测部技术员
50	盛　凯	男	湖南省生态保护志愿服务联合会	秘书长
51	宋天骥	男	中国能源建设集团华中电力试验研究院有限公司	电气技术研究所副所长
52	宋亭萃	女	长沙爱尔眼科医院	主治医师
53	谈　超	女	湖南省国土资源规划院	专业技术人员
54	覃俩继	男	湖南省第二测绘院	国土工程部项目负责人
55	谭　军	男	湖南有蘑有样创意科技有限公司	总经理
56	唐　雯	女	湖南华博信息技术有限公司	综合管理部党工宣主管
57	唐　军	男	湖南六建机电安装有限责任公司	技术研发部部长
58	唐玄璇	女	天心城发集团	纪检、工会主管
59	唐亚平	女	湖南龙源风力发电有限公司	综合管理岗
60	唐　垚	男	湖南爱尔眼视光研究所	研究专员
61	唐　禹	男	湖南省第一测绘院	技术员
62	王　静	女	长沙水业集团	团委书记、风控法务部副部长（兼）
63	王敏芳	女	湖南省国土资源规划院	专业技术人员
64	王明斌	男	长沙城投机场迁建投资开发有限责任公司	公司开发运营部－中级主管（规划设计师）
65	王　鹏	男	湖南鼎悟文化传播有限公司	联合创始人
66	王星星	女	湖南省第一测绘院	工程师
67	王　玄	男	湖南爱尔眼视光研究所	研究专员
68	王　学	女	湖南省第三测绘院	执法数据部质检员

（续表 15）

序号	姓名	性别	工　作　单　位	职　务
69	王学岩	男	长沙城投机场迁建投资开发有限责任公司	公司品质管理部经理
70	王　媛	女	长沙市天心区龙湾小学	音乐老师
71	魏希雯	女	湖南建投四建集团有限公司市政公用工程分公司	党群办公室主任
72	温湘婷	男	湖南至名品牌管理有限公司	总经理
73	吴　丹	女	湖南省第二测绘院	空间规划监测部项目负责人
74	吴淞全	男	湖南省第六工程有限公司	团委副书记
75	吴　昱	男	湖南省第二测绘院	调查监测分析评价部技术员
76	伍建红	男	湖南省第一测绘院	工程师
77	伍锡仁	男	湖南中科工程检测有限公司	董事长
78	武少华	女	湖南朝昇律师事务所	主任
79	向再磊	男	中交中南工程局有限公司	宣传文化部经理、团委书记
80	肖育军	男	中国能源建设集团华中电力试验研究院有限公司	化学环保技术研究所所长
81	谢　璐	女	长沙城投机场迁建投资开发有限责任公司	公司招商合作部副经理
82	徐　蓓	女	长沙市天心国资发展集团有限公司	副总经理
83	徐异凡	女	湖南省第二测绘院	遥感技术应用部项目负责人
84	许　雯	女	土流集团有限公司	董事长助理
85	许晓峰	男	长沙水业集团有限公司	采购管理部招标采购主管
86	杨德金	男	中南局广州供电局项目部	总工程师
87	杨　帆	男	中交中南工程局有限公司	项目总工程师
88	姚德懿	女	湖南省国土资源规划院	专业技术人员
89	易懿彬	男	湖南九星体育文化发展有限公司	董事长
90	易咏河	男	湖南本章律师事务所	专职律师
91	袁伏琪	男	湖南柠友餐饮管理有限公司	品控经理
92	袁昭岚	女	湖南烁科热工智能装备有限公司	科技发展部主任
93	曾海波	男	湖南省第二测绘院	遥感统筹部项目负责人
94	曾柳絮	女	湖南省土地综合整治局	团总支书记
95	曾为友	男	湖南中建信和钰和城置业有限公司	总经理
96	张世国	男	江西地源土地房地产评估规划测绘有限公司湖南分公司	总工程师

（续表 15）

序号	姓名	性别	工 作 单 位	职 务
97	张心怡	女	湖南省国土资源规划院	专业技术人员
98	张燕妮	女	湖南胜和汇酒店有限公司	总经理
99	张志明	男	湖南省国土资源规划院	专业技术人员
100	赵安基	男	中交中南工程局有限公司	生产运营中心物设部经理
101	赵旷纬	男	湖南省国土资源规划院	专业技术人员
102	赵 冉	男	中建国际投资（湖南）有限公司	天心佳苑项目部行政主管
103	赵 钰	女	湖南本章律师事务所	副主任
104	周楚岳	女	湖南省国土资源规划院	专业技术人员
105	周 丹	女	长沙茶悦你我餐饮管理有限公司	区域经理
106	周 维	男	长沙农商银行木莲支行	行长
107	周星煜	男	湖南建投四建集团有限公司直属项目管理公司	直属项目管理公司团支部书记、BIM 分中心主任
108	邹煦妍	女	长沙爱尔眼科医院	主治医师
109	邹喻琪	女	长沙华中医卫中等职业学校	团委书记兼语文教师

（资料来源：团区委）

妇女联合会

【概况】 2022 年，天心区保障妇女儿童权益，加强基层妇联组织建设，打造特色亮点工作，开展“百千万巾帼大宣讲”活动 7 场，推荐市级“三八红旗手”4 名，推荐市级“三八红旗集体”、市级巾帼文明岗、市级巾帼建功先进集体、市级巾帼建功标兵各 1 个，推荐市级“文明家庭”8 户、市级“五好家庭”4 户、市级“最美家庭”6 户、市级“绿色家庭”2 户，开展“共成长向未来”家庭教育讲座 20 余场，微信公众号“天心女性”推送宣传红色家风、清廉家风故事 7 篇。在商圈楼宇、非公有制经济组织、社会组织等妇女集中地新建妇女组织 52 个。接待信访件 20 件，处理“12345”工单 6 件。天心区妇女联合会（简称“天心区妇联”）获评 2022 年度长沙市妇女工作考核“红旗单位”。

【维护妇女儿童权益】 2022 年，天心区妇联结合“三八”妇女节、“11 · 25”国际反家暴日开展“建设法治天心，巾帼在行动”普法宣传活动。全区各级妇联组织开展“禁毒宣传进万家 · 妈妈在行动”宣传活动 200 余场，近 7000 人次参与活动。开展“利剑护蕾”专项行动，在辖区学校、社区开展“利剑护蕾”女童权益保护课程宣讲活动 30 余场。区婚姻家庭纠纷调解委员会受理调解 469 起，调解和好 196 对；全区各级妇联开展“建设法治天心巾帼在行动”普法宣传 100 余场。出台《天心区妇女儿童发展规划（2021—2025 年）目标责任分解书》《天心区妇女儿童发展规划（2021—2025 年）统计监测指标体系》。

【引领巾帼建功】 2022 年，天心区妇联推荐夏天、颜新艳、杨娜娜、丁泽卉为市级“三八红旗手”，推荐长沙市长郡外国语实验中学为市级“三八红旗集体”、推荐天心区人民法院立案庭（诉讼服务中心）为市级巾帼文明岗、推荐天心区教育局为市级巾帼建功先进集体，推荐熙台岭社区党委书记张艺为市级巾帼建功标兵；选派湖南贝林母婴育婴员范艳参加湖南省第二届育婴员、保育师职业技能竞赛并获育婴赛项的市州组三等奖。

【服务妇儿民生】 2022 年，天心区动员基层妇联组织、巾帼志愿者、妇女群众在禁毒、垃圾分类、防溺水、安全生产等工作中主动发挥作用，开展宣传讲座、公益志愿服务等活动 1000 余场。利用春节、“六一”慰问困境儿童 6 人（1000 元 / 人）；开展“把爱带回家”活动，为 20 名困境儿童赠送棉被、牛奶等春节“温暖大礼包”，为桂井小学学生赠送“六一”儿童节礼物，为联点幼儿园赠送体育用品。开展“共成长向未来”家庭教育公益项目。在 6 所学校、4 个社区（村）开展“青柚课堂”性教育讲座 15 场，为近 600 名青少年普及科学的性教育知识。在端午、七夕、中秋等传统节日，开展“悦享端午粽爱天心”“湘妹子能量家园”暨“岁月无声真爱永恒诗情花意过七夕”“礼承华夏，迎庆佳节”等主题活动。

【助推乡村振兴】 2022 年，天心区妇联为暮云、南托 2 个街道 321 名建档立卡脱贫户女性每人捐赠“湘女关爱保”；参与美丽宜居村庄建设，创建 60 户区级美丽示范庭院；联合区卫健局完成农村适龄妇女“两癌”（乳腺癌、宫颈癌）免费检查 1495 人，完成率 115%；申请中央级“两癌”救助名额 2 个（1 万元 / 人），市级 2 个（3000 元 / 人）；参与“出手吧，姐姐”公益项目，在腾讯平台募集善款近 15 万元；在丽发社区建立“湘妹子能量家园”项目站点。

【“妇女儿童之家”建设】 2022 年，天心区推进“妇女儿童之家”建设，新建市级精品“妇女儿童之家”3 个（南托街道欣南社区、暮云街道弘高社区、黑石铺街道一力社区）、区级精品“妇女儿童之家”5 个，并依托阵地开展家庭教育、技能培训、劳动实践、科普讲座等形式多样的主题活动。11 月 9 日，长沙市妇联评估组到天心区评估验收市级精品“妇女儿童之家”。评估组一行到南托街道欣南社区、暮云街道弘高社区、桂花坪街道九峰苑社区、黑石铺街道一力社区，通过实地察看、翻阅资料、听取汇报等方式，了解天心区精品“妇女儿童之家”的硬件设施、阵地建设、活动开展等情况。评估组肯定天心区精品“妇女儿童之家”创建工作，从组织体系、工作机制、品牌打造等方面提出意见。12 月 21 日，长沙市深化妇联系统改革现场推进会召开，天心区欣南社区、弘高社区、一力社区被授予“2022 年长沙市精品妇女儿童之家”称号。

2022 年 3 月 7 日，天心区举行庆祝“三八”国际妇女节暨“巾帼心向党 奋发新征程”各界优秀女性代表座谈分享活动（杨 威 摄）

【庆祝“三八”国际妇女节优秀女性代表座谈分享活动】 2022 年 3 月 7 日，天心区举行庆祝“三八”国际妇女节暨“巾帼心向党奋发新征程”各界优秀女性代表座谈分享活动。区委书记吴新伟、天心经开区党工委书记曾红鹰等区领导，全区女性县级领导，区属各部门、各街道女性党政主要负责人，“三八红旗手”“巾帼岗位建功先进个人”等各级各类先进典型女性代表 100 余人参加活动。6 名来自金融、银行、企业等行业的优秀女性代表，围绕“巾帼心向党奋发新征程”的主题交流发言。吴新伟表示，希望全区广大妇女工作者，争做传统美德的弘扬者，争做社会稳定的维护者，争做民生事业的推动者。

【“共成长向未来”家庭教育公益项目】 2022 年，天心区妇联联合湖南东方基石道和文化科技发展有限公司开展“共成长向未来”家庭教育公益项目，走进辖区学校、社区开展家庭教育讲座，为广大家庭提供家庭教育指导服务，推动《中华人民共和国家庭教育促进法》落实。5月13日，天心区妇联“共成长向未来”家庭教育公益项目启动仪式举行。青园梓枫小学党支部书记李敏介绍该校加强家校协同共育情况。区妇联党组书记、主席孙咏华表示，希望广大家长努力学习提升家庭教育的本领和方法。家庭教育指导教师周健以《爱孩子，从懂孩子开始》为主题，从情绪产生的原因、如何管理情绪等方面进行授课，并通过现场问答的方式为家长答疑解惑。全年开展线上线下家庭教育讲座20余场。

【“把爱带回家——暖冬行动”】 2022年1月18—23日，天心区妇联到辖区8个街道开展“把爱带回家——暖冬行动”2022寒假儿童关爱服务活动。区妇联为辖区20名留守儿童、贫困儿童赠送棉被、牛奶、跳绳、零食大礼包、新年春联礼盒等慰问物品，询问孩子们的学习生活情况、父母在外务工情况等，了解他们的思想动态及所需帮助，送上节日祝福，赠送《中华人民共和国家庭教育促进法》《湖南省家庭教育促进条例》等法律法规宣传册。

【女性成长读书分享会】 2022年8月24日，天心区妇联举办“悦读天心遇见更美的自己”女性成长读书分享会。区直机关女干部、各街道妇联干部等40余人参加活动。湖南师范大学文学院教授赵树勤、天心区作家协会主席简媛，围绕简媛的长篇小说《棘花》的创作背景、书名的含义、故事情节的设计以及现实生活中女性的成长、夫妻关系的相处等方面展开对话，进行互动交流。简媛赠送签名书籍。

【妇女儿童工作委员会全会】 2022年11月2日，天心区妇女儿童工作委员会全会召开。天心区妇儿工委主任、区政府副区长王钰莹，52个成员单位分管负责人参加会议。会议由区妇儿工委副主任、区政府办副主任钟慧玲主持。天心区妇儿工委副主任、区妇联主席孙咏华专题解读《天心区妇女儿童发展规划（2021—2025年）》（简称《规划》），组织学习《中华人民共和国家庭教育促进法》，汇报《规划》的实施情况及责任分解情况。会议听取区卫健局、区教育局、区法院、区检察院、区公安分局等部门关于《规划》的实施推进情况，调度反家庭暴力、婚姻家庭纠纷调解、“利剑护蕾”等工作。王钰莹要求各成员单位全面落实好新一轮妇女儿童发展规划。

【“关爱女性健康捐赠‘湘女关爱保’”活动】 2022年11月8日，天心区妇联联合中国人寿天心支公司开展天心区2022年“关爱女性健康捐赠‘湘女关爱保’”活动，向全区321名建档立卡脱贫女性（18~60周岁）每人捐赠一份“湘女关爱保”，降低辖区妇女因病致贫、因病返贫的风险。“湘女关爱保”是一款普惠型保险产品，保费低、保障高、保险范围广，是针对乳腺癌、宫颈癌、卵巢癌、子宫癌等7种女性特定疾病的专属女性福利保险。

【“家庭助廉团团圆圆”手工塑廉活动】 2022年11月24日，天心区“家庭助廉团团圆圆”手工塑廉活动举行。天心区党员干部、妇联干部近30人参加活动。活动将廉洁文化与非遗文化相结合，通过传承中国民间传统艺术的方式，营造倡扬清廉家风、建设廉洁家庭的氛围。长沙市金杵面塑文化有限公司创始人、长沙非物质文化遗产面塑传承人陈金成对面塑艺术的发展历程、制作工艺进行介绍。参与者在陈金成的指导下，用面泥塑捏莲叶、莲花，制作成摆件，并将亲手制作的“廉洁”面塑带回家，与家庭成员分享“廉洁”之美。（焦　畅）

科　协

【概况】 2022年，天心区争创全国科普示范区，落实《全民科学素质行动规划纲要（2021—2035年）》，强化组织领导，健全体制机制，巩固和壮大科普阵地，提升科普成效，构建大科普发展格局。天心区将科普经费列入同级财政预算，全年投入经费133.2万元，为科协工作开展创造条件。天心区“全国科普示范区”检查验收成绩排名全省第一；“满天星乐学课堂”志愿服务项目入选中国科协科普部、中宣部志愿服务促进中心文明实践科技志愿服务“智惠行动”试点项目；“四力同发科普助力双减”工作经验在《中国科协工作简报》推荐；天心区科学技术协会（简称“区科协”）被中国科协评为科普中国信息员队伍建设优秀组织单位。

【科协组织建设】 2022年，天心区科协从提质社区科普阵地、打造科普活动亮点、拓展科普志愿队伍、创新科普供给等方面全方位提升全区科普工作质量。出台《长沙市天心区全民科学素质行动规划纲要实施方案（2022—2025年）》。结合新时代文明实践中心（所、站）、党群服务中心和社区服务中心（站）建设，构建以志愿服务为重要手段的基层科普服务体系，组织学校、医院、科研院所、企业、科学共同体和社会组织等组建“满天星”科技志愿服务队。截至2022年年底，全区注册科技志愿者1506名，开展科技志愿活动100余场。涌现长郡天心实验中学科技名师肖宗文、天心科普学会李璐等热心科普、乐于奉献的“最美科技志愿者”先进典型。

【科普提质行动】 2022年，天心区开展“天心区科普提质行动”，量化“科学传播能力项目、月度科学传播之星、年度科学传播之星”评选指标，助推科普信息员队伍扎根基层、为民服务。截至年末，全区注册科普信息员26803人（全省排名第22），科普传播量1462万余次（全省排名第2）。申报省、市科协科学传播能力提升项目，争取省、市科协项目经费支持各10万元。投入18万元实施科普能力提升项目，支持丹桂等6个社区从科普阵地建设到科普活动开展等方面进行提质改造。支持南托街道欣南社区、城南路街道熙台岭社区申报长沙市科协科普项目，争取市科协经费支持10万元。

【科技活动周】 2022年5月25日，天心区2022年科技活动周启动仪式暨科技工作者日在湖南省科学技术馆举行。天心区政府副区长王钰莹代表区政府与湖南省科技馆党委副书记、副馆长陈诲就助推“双减”科普教育行动签订框架协议。双方将共同探索“双减”政策下如何优化科普资源供给新模式，实现校内与校外科学教育的有效衔接，通过加强馆区合作，以馆校融合试点、科技教师科学素养提升、流动科技馆、科普大篷车、数字科技馆、科普专题活动、科普文创开发、孵化科技竞赛等项目为抓手，实现科普阵地共享、科普活动共建。区委常委、组织部部长张建，市委组织部人才处相关负责人共同见证湖南省京湘电力开发有限公司、湖南林科达农林技术服务有限公司等5家辖区企业与“科技副总”合作协议集体签约。长沙市科技局、天心区科技局相关负责人共同为2021年获得认定的湖南蔬东坡科技有限公司、湖南华信通信息网络技术有限公司、中南水务科技有限公司等10家高新技术企业代表授牌并颁发奖金。20余位参会人员围绕“科创天心”、“科普天心”主题展开分享交流。天心区科技局党组书记、区科协主席杨倩介绍天心区科普工作，表示将推动科技、文化与素质教育的有机融合，增强科普的互动性、趣味性；湖南省科技公共服务部部长褚维坊向与会委员介绍省科技创新馆建设相关情况；天心区教育局艺体中心科技专干金国荣就天心区中小学科普工作情况进行介绍和展望；天心区科普教育协会会长谭征凯对天心区“乐学课堂”科普活动品牌进行推介。

2022年9月15日，天心区2022年“全国科普日”启动仪式暨“满天星乐学课堂”科技志愿服务示范活动举行（区科协供图）

【“乐学课堂”】 “乐学课堂”是天心区科协2018年创立的基层科普示范活动品牌项目，旨在为基层单位传播科学知识、展示科技成果、提供科学实践服务，提升公民科学素养。“满天星乐学课堂”志愿服务由天心区志愿服务联合会、区科普协会联合打造。该项目将文明实践与科技志愿服务深度融合，链接省、市20余家社会组织，40余名各行业专家、知名教授开展科学普及、理论宣讲、科技咨询等活动，推出“3D打印笔”、“大疆机甲大师”、无人机体验、机器人展示等课程。2022年8月，天心区“满天星乐学课堂”志愿服务项目入选中国科协科普部、中宣部志愿服务促进中心文明实践科技志愿服务“智惠行动”试点项目，为湖南省入选的2个项目之一。9月28日，“满天星乐学课堂”作为实施“智惠行动·百会百县乡村行”科技志愿服务项目的代表，应邀参加中宣部促进中心组织开展的“重点项目实施单位志愿服务工作培训班”，进行线上交流发言。2022年，“乐学课堂”深入社区、学校开展科普活动59场。

【“全国科普示范区”创建推进大会】 2022年7月7日，天心区全民科学素质建设工作暨“全国科普示范区”创建推进大会召开。区科协解读《天心区建设“2021—2025年度全国科普示范区”工作实施方案》，就相关工作进行部署。会议宣读《天心区科技志愿服务嘉许激励办法（试行）》《2022年天心区新时代文明实践志愿服务满天星“最美科技志愿者”评选结果的通报》，对10位“最美科技志愿者”进行颁奖。会议下发《关于组织开展2022年“乐学课堂”科普活动的通知》和《“乐学课堂”科技志愿者招募倡议》。

【“全国科普日”活动】 2022年9月15日，天心区2022年“全国科普日”启动仪式暨“满天星乐学课堂”科技志愿服务示范活动举行。湖南省科协科普部副部长肖鹏，长沙市科协副主席夏立新，天心区政府二级调研员韩昌喜，区委宣传部（文明办）、区科协、区教育局、区志愿服务联合会等13家主办单位相关负责人，以及300名科技志愿者和湘府英才小学师生参加。活动为全校学生提供科普讲座、智能编程体验、天文望远镜体验、3D打印技术展示、大疆机甲机器人体验等科普体验活动。该活动被中国科协评为2022年全国科普日优秀活动。9月15—21日“全国科普日”活动期间，全区6个主办单位、8所学校、12个街道社区依托新时代文明实践中心（所、站）和社区科普阵地等场所开展科技志愿服务22场活动。活动内容包括科普助力“双减”、卫生健康、食品安全、科学防疫、防灾避险、数字素养、航天航空等10余个方面。青园许兴小学邀请中国发明协会中小学创造教育分会会长谭迪熬开展科技发明讲座；湘府英才益清小学举办首届校园科技节暨全国科普日系列活动，长沙市科学技术协会载着互动式科普展品的“科普大篷车”开进校园；湘府英才小学开展“减负不减趣，科普筑梦行”趣味科普游园活动，组织“走进科学，你我同行”“博古通今，智汇未来”“守护视野，让EYE传递”趣味运动会、“新”作品“心”创造双减作品展、智能编程体验、天文望远镜体验、主题画卷共创、“科普大篷车”体验、科普知识讲座、趣味创意快闪等多个分会场活动；明德天心中学举办科技读书节，14个教研组、30余门活动课、近千名师生参与；南塘小学举办第四届“小池塘”校园科技节，包括天心区科协的“乐学课堂”、湖南省气象台科普气象知识以及食品知识安全问答等一系列科技体验活动和校园科技竞赛；长郡外国语第一附属小学以“科技梦向未来”为主题，开展科普宣传、动手制作、科学实验秀及科技项目互动体验等活动；幼幼新宇幼儿园开展“科普润童心”科普周系列活动。

（刘晨凌）

政法委及综治工作

【概况】 2022年，天心区委政法委学习贯彻习近平法治思想和中共二十大精神，推进政法各项工作，努力开创更高水平平安天心、法治天心。连续19年保持省“平安县市区”称号，获评市平安建设优秀区县、市维稳红旗区县、市反邪教优秀区县。原司法部部长唐一军，省委常委、政法委书记魏建锋在现场调研天心区维稳安保相关工作时予以充分肯定。

（陈小妞）

【平安天心建设】 2022年，天心区委政法委充分发挥区平安建设领导小组及下设各专项小组作用，建立党委领导、平安综治协调、各部门齐抓共管、社会力量积极参与的平安建设工作协调机制。出台年度平安建设考评办法、《平安建设实有人口管理及社区安全防控工作的通知》等一系列制度文件。开展“十大平安”创建工作，152个平安创建先进单位（集体、家庭）获表彰。整合群防群治力量，管好用好区平安创建协会队伍，对全区14个街道协会分会工作情况进行实地督导调研，平安创建协会会员日活动每月开展。贯彻落实《平安长沙建设条例》，利用综治宣传月，以宣传栏、新媒体、学习活动等方式组织政法各单位干部走出机关、深入基层、贴近群众，听民声、访民情、解民忧、暖民心，在全区范围内开展平安建设集中宣传“百千万工程”活动。

（谢雨芯）

【市域社会治理】 2022年，天心区委政法委成立区级市域社会治理现代化试点工作领导小组，出台《市域社会治理现代化试点考评办法》，组织开展试点工作专项督查，使共性工作逐项落实到位、短板弱项整改到位、负面清单管控到位、特色指引细化到位，确保区直部门和街道任务全面达标。7—8月，接受省、市督导组督导检查，市域社会治理现代化试点工作得到督导组肯定；社会组织化、社区共治等工作得到督导组推介。11月举办天心区第二届市域社会治理论坛，探讨、分析、总结当前基层社会治理新情况和新创造。

（谢雨芯）

【社会治安综合治理】 2022年，天心区委政法委建立常态化梯次增援处突机制，维护辖区安全。建立五一商圈“平战结合”三级响应机制，打造“平安示范商圈”。发出全国首份《家庭教育令》，首次将禁止进入酒吧、网吧写入预防未成年人犯罪判决书。选聘128名政法干警到全区237所中小学校和幼儿园担任兼职法治副校长（副园长），推进校园综合治理、依法治校。推进铁路护路联防，消除隐患2处。完成长株潭年度主题活动发布暨文旅产业融合发展战略合作签约仪式、联合国教科文组织驻华代表赴火宫殿考察、第五届“中国创翼”创业创新大赛湖南选拔赛领奖仪式等重大活动安保70余次，确保辖区安全稳定。召开区见义勇为评审会，树立见义勇为典型人物2人。

（谢雨芯）

【扫黑除恶】 2022年，天心区委政法委落实上级常态化扫黑除恶斗争工作要求，完善常态化扫黑除恶工作机制，加大宣传力度，畅通线索举报渠道，强化统筹协调，督促政法各单位加大涉黑涉恶案件线索侦办力度，严厉打击涉黑涉恶犯罪。办结涉黑涉恶犯罪案件数起，有效打击涉黑涉恶犯罪。

（邓志强）

【执法监督】 2022年，天心区委政法委落实省委、市委政法委有关要求，出台实施刑事案件跨部门网上流转试点工作推进方案。做好重点案件评查工作，督促政法机关依法纠正整改。制订《打击拒不执行判决、裁定罪协调会商工作机制》，建立联席会议机制，每季度组织就相关工作进行研究调度。加大涉法涉诉信访案件办理力度，制订下发《关于继续开展集中治理涉法涉诉重复信访、化解信访积案专项工作方案》。做好司法救助，完成救助39人。加强法学会融媒体建设，制订《关于认真贯彻落实党中央决策部署加强法学会融媒体建设的实施方案》。做好习近平法治思想宣讲及小微课题、“百名法学家百场报告会”相关工作。制订出台《天心区政法机关法治营商环境监督员制度》《天心区政法机关优化营商环境专项执法检查工作方案》，做好法治营商环境监督员聘任工作，推进党内监督与社会监督相结合。（李高明　陈熙霖）

【平安示范商圈建设】　2022年，天心区委政法委创新开展五一商圈“平安商圈”打造，坚持党建引领商圈治理，通过打造“1+”阵地（依托黄兴南路步行街智慧指挥中心及周边办公场地搭建平安商圈建设主阵地，根据需要在辖区街道办事处、派出所打造平安商圈建设分阵地），建立定期调度、会面协商2项机制，增强立体化、系统化、社会化能力，突出诚信商圈、平安商圈、同心商圈、智慧商圈4个特色商圈，推进党建联心、数据联通、问题联商、事项联办、日常联管五联同治，达到“六无”（无安全隐患风险、无重大治安案件、无网络舆情事件、无非法聚集事件、无黄赌毒诈、无安全生产事故）目标。

该做法获司法部原部长唐一军及湖南省委常委、政法委书记魏建锋肯定。（严　伟）

【天心区第二届市域社会治理论坛】　2022年11月2日，天心区第二届市域社会治理论坛在金盆岭街道赤岭路社区举办，共同探讨天心区作为长沙市市域社会治理现代化试点区的经验做法及如何进一步推进市域社会治理高质量发展途径。长沙市委政法委常务副书记闵文，天心区委常委、区委政法委书记刘向等市区领导，中共湖南省委党校副教授邓志强等专家学者、区相关部门负责人、各街道政法工作负责人、社区代表、社会组织代表58人参加。（罗桂华　胡　喆）

【区法治营商环境监督员受聘上岗】　2022年3月4日，天心区委政法委为28位法治营商环境监督员颁发聘书，聘期2年。该区根据《天心区政法机关法治营商环境监督员制度》《天心区政法机关优化营商环境专项执法检查工作方案》，从全区人大代表、政协委员、资深律师、企业家代表中挑选出首批监督员。其职责是对天心区政法机关及其工作人员执行法律、法规，贯彻落实党的路线方针政策以及中央、省委、市委、区委关于法治营商环境工作要求情况进行多种情形监督，提出意见建议。（严　伟　李高明）

公　安

【概述】　2022年，长沙市公安局天心分局（简称“天心公安分局”）围绕安保维稳工作主线，推进严打整治“冬春攻势”、安全隐患排查整治“百日攻坚”、夏季治安打击整治“百日行动”等系列专项行动，防风险、保安全、护稳定、促发展，守住“五个不发生”工作底线，打赢捍卫政治安全关键战、打击违法犯罪围剿战、维护社会稳定攻坚战、服务中心大局主动战、夯实基层基础提升战、锻造公安铁军持久战，确保全区社会政治大局平稳平安。获评年度省政府真抓实干奖，湖南省“喜迎二十大忠诚保平安”大练兵活动优胜单位。

2022年8月12日，天心公安分局夏夜治安巡查宣防集中统一行动启动　（天心公安分局供图）

截至12月31日，天心公安分局立案（刑事案件）2913起，比2021年下降17.03%；破案1422起，比2021年增长2.76%。刑事打击处理2707人，抓获网上逃犯558人，先后破获“1·9”专案、“3·6”专案、“3·18”部督案等多起大要案件，实现破案上升、发案下降工作目标，人民群众安全感、满意度显著增强。

【护航经济】 2022年，天心公安分局破获经济案件47起，刑事打击处理132人，移送起诉180人，扣押涉案资金100余万元。发起云端线索10条，公安部采用7条，积案化解率、情报导侦应用率及监测预警率均为100%。严厉打击非法集资，侦破“明天养生”“怡乐仁孝”等涉众案件并移交区检察院。保护知识产权，侦破“白咖啡”案、雪山中古假包案等典型案例。协调街道社区、司法所、行业商会妥善处置“五一商圈”商户疫情后复工复产租金纠纷等问题100余条，化解涉疫纠纷30余起，协商减免租金1000万余元。

【维稳工作】 2022年，天心公安分局对标全国一流，依托治安防控指挥调度中心，对重点区域人防、物防、技防全面提质改造。全年出动警力1.8万人次，依法妥善处置各类突发事件，确保全区安全稳定，受到省政府办公厅表彰。

【安全保卫】 2022年，天心公安分局投入220万元对“五一商圈”人防物防技防全面提质升级，设置12条巡逻路线、20个固定执勤点、13个派出所巡防平台，全天候开展巡逻值守，提高街头路面见警率、管事率。根据人流量、时段、治安秩序启动三级响应预案，建立“平战结合”安保体系。年内，累计出动警力1.2万人次，做好群众性活动安保工作91场次，确保跨年夜、元旦、春节、“五一”、国庆节等27个节点重点部位平安稳定。

【打击电信诈骗】 2022年，天心公安分局坚持打防结合、以快制快，全链打击电信诈骗犯罪，截至年末，打击处理电信诈骗791人，其中刑拘310人、取保481人，电信诈骗发案比2021年下降7%。破获“1·9”特大诈骗专案，现场控制1100人，刑事打击处理487人。公安部副部长杜航伟专门批示肯定。被省公安厅评为“全省打击治理电信网络诈骗犯罪工作成绩突出单位”。

【禁毒工作】 2022年，天心公安分局全面强化禁毒“打防管控”措施，年内破获毒品刑事案件46起，刑事拘留160人，移送起诉147人，行政处罚151人，强制戒毒14人。开展涉毒在逃人员抓捕行动，相继规劝、劝返潜逃外地重特大毒品案件涉毒在逃人员对象4人，获湖南省公安厅贺电表扬。禁毒大队被评为全省禁毒“清源断流”专项行动成绩突出单位。

【黄赌整治】 2022年，天心公安分局破获黄赌刑事案件60起，其中省级督查案件12起，跨境网络赌博案件2起，打击处理169人，行政处罚1533人。破获公安部督办“3·18”聚众淫乱案，在全国17个城市同时收网，抓获涉案人员125名，刑事拘留34人，行政处罚12人，受到中共中央书记处书记、公安部部长王小洪专门批示肯定。破获“优子桑”公安部督办案，刑拘30人，取保9人，获公安部贺电表扬，入选公安部十大经典案例。

【基层基础工作】 2022年，天心公安分局实施派出所建设三年行动计划和“一所队一警车”计划，新建暮云派出所实体化运行，赤岭路派出所、裕南街派出所完工，坡子街派出所改扩建工程按计划推进。为基层派出所、大队配备执法执勤车32辆。建成智慧小区383个、智慧单位312家；完成重点单位“智慧安防”前端建设，医院、学校、银行及加油站等重点行业、重点部位一键式报警覆盖率100%。推进视频大数据智能化应用，在中小学校及周边建设具备人脸识别或车辆抓拍功能安防设备。

【服务群众】 2022年，天心公安分局办理区人大建议和区政协提案11件，办结率和满意率均为100%。公安部、省委政法委、市委政法委交办涉法涉诉重复信访、信访积案化解率均达100%。窗口部门办理户口业务58928笔，网办率45.09%，全市排名第三。分局入境大厅继续保留“全国巾帼示范岗”称号，并被湖南省精神文明建设指导委员会评为“湖南省文明窗口单位”。

【从严治警】 2022年，天心公安分局贯彻落实政治建警“1+11”意见规定，严格执行《全省公安机关严禁违规宴请饮酒规定》《清廉过节十条铁规》，年内编发督察通报76期，立案查处违法违纪人员5人，给予党纪政纪处分3人，问责56人次。组织全体警员参加市局政治轮训10期，市局调训590人。组织民辅警开展涉毒筛查，清理图文影像等资料57处。

【宣传工作】 2022年，天心公安分局微信公众号发表原创作品195篇、转载96篇，抖音发表原创76篇、微博刊载1000余篇。主动向社会主流媒体提供新闻线索，中央、省、市等主流媒体刊载该局经验、做法200余篇次。

【安全生产】 2022年，天心公安分局出动警力112人，配合处置火灾火情12次，配合火灾调查7次。开展高层建筑消防安全综合治理39次，开展老旧场所突出消防风险隐患排查整治76次，配合开展消防车通道专项治理行动38次。开展消防监督检查1898次，发现隐患980处，责令整改963处。开展消防宣传167次，教育培训79场、1.7万余人次。

【王一鸥到天心区调研】 2022年6月20日，湖南省政府副省长、省公安厅党委书记、厅长王一鸥带队到省府周边治安防控指挥调度中心督导调研。王一鸥现场检查省府周边执勤警力部署情况，召开座谈会，听取重点部位安防等工作汇报。长沙市委常委、市委政法委书记张敏，省公安厅党委副书记、常务副厅长周赛保，市政府副市长、市公安局党委书记、局长刘新良等陪同调研。

【周赛保督导派出所工作】 2022年1月28日，湖南省公安厅党委副书记、常务副厅长周赛保到天心区桂花坪派出所检查督导工作，了解勤务部署、巡逻执勤、重点人员管控、社会面防控等措施执行情况。省、市公安部门相关负责人，天心区副区长、天心公安分局局长欧阳伟沙，区公安分局政委罗晖等陪同督导。

【侦破“1·9”特大诈骗专案】 2022年，天心公安分局在工作中发现湖南芊影互联网医疗有限公司（简称“芊影公司”）通过虚构身份、夸大效果、隐瞒事实、套路消费等手段推销减肥产品，欺诈消费者牟取巨额利益，严重危害社会秩序，涉嫌犯罪。分局迅速抽调精干力量成立专案组进行侦办，经过3个月的数据分析、外围侦查、走访调查，2月21日，分局组织800余名警力，对专案进行收网，抓获487人，刑拘120人，取保226人。该案已冻结账户资金1500万余元，理财资金3000万余元，冻结房产2处，查扣汽车1辆。

【侦破“3·6”养老诈骗案】 2022年，天心公安分局在工作中发现一起涉医养老诈骗领域犯罪线索，成立专班开展侦查。7月11日，分局组织100余名警力，到北京市、南京市、柳州市、衡阳市、怀化市等地开展集中收网，抓获违法犯罪嫌疑人37名，现场查扣大量药品、手机、电脑等作案工具，主要犯罪嫌疑人全部到位，主要违法犯罪证据全部在控，采取刑事强制措施犯罪嫌疑人42名。（刘　震）

检　察

【概况】 2022年，长沙市天心区人民检察院（简称“天心区检察院”）落实《中共中央关于加强新时代检察机关法律监督工作的意见》和省委实施意见，紧扣“强省会”战略，聚焦“一军三区”定位，以高度的政治自觉、法治自觉、检察自觉把学习贯彻中共二十大精神融入检察履职全过程，各项工作取得新进展。获年度全国检察宣传先进单位称号、人民检察概念曲MV大赛三等奖；全省检察机关常态化开展扫黑除恶斗争先进集体、省级年度信息工作表现突出集体称号。办理的龙某等剥夺政治权利执行监督案获评年度全省刑事执行检察优秀案件，长沙盛歌文化传播有限公司与湖南锦源盛世投资担保有限公司、资兴和谐共进投资有限公司借款合同纠纷案获评全省虚假诉讼十大典型案例，黄某桢刑事申诉案刑事申诉结果通知书获评全省检察机关优秀控申法律文书，向某故意杀人案入选湖南省人民检察院2021年度优秀案件，长沙威翰电子科技有限公司（宗某）涉嫌虚开增值税专用发票案入选《湖南检察情况反映》2022年第165期（典型案例）。公开听证工作做法与成效在第15次全省检察工作会议上作经验交流，保障律师执业权利工作经验在省级保障律师执业权利工作座谈会上作经验发言。

【刑事检察】 2022年，天心区检察院受理批准逮捕各类刑事犯罪704件1236人、审查起诉1711件3000人。其中，受理审查起诉涉黑涉恶犯罪3件19人；起诉故意杀人、抢劫等严重暴力性犯罪15件34人；生产、销售有毒有害食品，销售假药等侵害食品药品安全犯罪3件39人；盗窃、诈骗等侵财性犯罪243件396人。依法提前介入在全国有重大影响的法官周春梅遇害案，引导全面侦查，获取、固定证据，被告人向某被判处死刑，该案获评全省检察机关优秀案件。办理非法吸收公众存款，组织、领导传销活动，合同诈骗等侵害“钱袋子”案件34件92人。以合同诈骗罪精准指控某大型国企被冒名签订巨额购货合同案，帮助挽回国有资产1856万元。开展打击电信网络诈骗犯罪专项行动，办理利用电信网络诈骗案件99件361人，帮助信息网络犯罪活动案件160件235人，妥善办理“减肥神药”“倒卖公民个人信息”等一批特大网络诈骗案。

【诉讼监督】 2022年，天心区检察院监督立、撤案17件，追捕追诉42人，发出纠正违法通知书455份。对事实不清、证据不足或者不构成犯罪案件不批准逮捕97人，不起诉51人；对犯罪情节轻微、社会危害较小案件不批捕605人，不起诉1044人。对在押犯罪嫌疑人进行羁押必要性审查达22.15%。受理各类民事、行政诉讼监督案件，对4件民事、行政生效裁判案件提出再审检察建议，提请抗诉；对送达、终结本次执行不规范等10类审判、执行活动违法发出检察建议4份。办理1起民事执行监督案件，市、区两级纪检监察、检察院、法院联动协作，挽回国有资产损失129万余元。

【公益诉讼检察】 2022年，天心区检察院办理涉环境保护、安全生产、食品安全等公共利益领域公益诉讼案件94件，发出诉前检察建议93件，回复整改率100%。建立“河（湖）长+检察长”“林长+检察长”协作机制，通过联席会议、信息共享、线索移送、专项治理、联合督导督办形成行政履职与检察监督同向发力生态保护格局。支持天心区政府就某农业公司非法采矿破坏土地进行生态损害赔偿磋商，获赔生态修复费415万元，复绿受损土地4万平方米。推动瓶装燃气经营、老旧小区飞线充电、“电梯吃人”等专项治理，维护城市公共安全，办案经验在全省推介。主动接受人大代表监督，对其反映校园周边交通安全、“三无食品”、盲盒等问题的建议，转化为公益诉讼案件办理，与政府职能部门协同发力，共同护航未成年人成长。联合军事检察院对违停乱放影响军事利益案件开展监督，中央电视台等媒体予以报道。

【助推社会治理】 2022年，天心区检察院用心办好人民群众信访案件，做实群众信访“件件有回复”，7日内告知信访人“已收到、谁在办”，3个月内办理过程或结果答复率100%。落实“领导包案+公开听证+司法救助”三位一体化解信访矛盾工作机制，曹某清信访积案和黄某桢首次申诉案均由院领导包案，成功化解矛盾，并对曹某清帮扶救助，实现14年信访积案化解和困难解决双重效果。对不起诉、刑事申诉、公益诉讼等138起案件邀请人大代表、政协委员、人民监督员、律师、专家学者公开听证，做法成效在第15次全省检察工作会议上作经验交流。以“我管”促“都管”，从民营经济保护、安全生产、寄递安全、未成年人保护等多发性类案着手，制发社会治理类检察建议41份。积极推动司法救助与民政救济、教育支持等社会救助有效衔接，办理向某军司法救助案，给予司法救助金的同时，联合社区帮助解决住房等问题，让司法传递应有温度。落实“谁执法谁普法”责任制，深入学校、街道、社区等开展各类普法宣讲42次。

【服务营商环境】 2022年，天心区检察院依法惩治侵犯民营企业和企业家合法权益犯罪，共批

2022年5月8日，天心区检察院公益诉讼部门检察官到辖区液化气站，就消防安全进行专项监督（区检察院供图）

准逮捕33件65人，提起公诉66件150人。审慎办理涉民营经济案件，依法对20名涉案民营企业负责人和业务骨干不批捕、不起诉。全面开启企业合规改革，设立企业合规第三方监督评估专家组办公室，对4家涉案企业启动合规审查程序；督促某电子科技有限公司进行合规整改，经第三方组织评估合格后依法不起诉，促使该企业完善管理制度，扩大生产规模，增加就业人数，相关经验被最高检、省、市三级检察机关推介。探索涉知识产权案件“四检合一”（知识产权，刑事、民事，行政、公益，诉讼检察）办理，依法审查起诉侵犯商标权犯罪17件39人，对14件涉知识产权的民事、行政、公益诉讼案件依法监督。支持樟树港辣椒产业协会对销售假冒樟树港辣椒商户起诉，促使多名经销商主动下架侵权产品，有效保护湖南本土国家地理标志产品，维护农村合作经营主体发展。

2022年，天心区检察院对一起涉销售假冒注册商标商品的关联企业开展实地调研 （区检察院供图）

【未成年人综合司法保护】 2022年，天心区检察院开展“利剑护蕾”专项行动，加大对强奸、猥亵儿童、强制猥亵等性侵未成年人犯罪的打击力度，受理批准逮捕案件91件139人，审查起诉108件161人。对苏某与袁某共同强奸未成年少女、余某多次强制猥亵儿童案从重情节准确把握，依法建议从重惩罚，3名被告均被判处10年以上有期徒刑。对未成年人犯罪“宽容不纵容”，附条件不起诉19人，相对不起诉55人，竭力挽救“问题少年”。落实强制报告制度，对未履行强制报告义务的某旅馆，监督公安机关对其作出罚款1万元，责令停业整顿10天的处罚决定。规范推进法治副校长工作，13名检察官担任辖区学校法治副校长，协助开展法治宣传教育和校园安全监管。

【特殊群体权益保障】 2022年，天心区检察院紧盯养老诈骗高发态势，开展打击整治养老诈骗专项行动，以集资诈骗罪、非法吸收公众罪起诉涉养老诈骗犯罪16件31人，办理涉养老诈骗公益诉讼案件7件，3人获刑5年以上，挽回经济损失3200万余元；与民政等部门共同研究解决养老机构规范性管理或备案监管问题。维护精神障碍者权益，对7人利用精神障碍女孩开展网络低俗直播，分别以涉嫌强制猥亵罪、侮辱罪提起公诉，用法律保护弱者、为弱者发声。

【欧阳文到区检察院调研】 2022年7月6日，湖南省检察院第十检察部副主任欧阳文、长沙市检察院第八检察部主任李磊和湖南省律师协会会长杨建伟一行人到天心区人民检察院就贯彻落实保障律师执业权利工作进行专项调研。参会人员就如何充分保障律师执业权利、高效发挥检察机关法律监督职能、促进检律良性互动、创造良好的执业环境、建立新型检律关系等问题进行深入交流探讨。与会律师对天心区检察院保障律师权利所做的相关工作给予肯定，并在提升电子阅卷质效、畅通检律沟通渠道、保障律师知情权、充分听取律师法律意见等方面提出具体、有针对性的意见和建议。 （刘芷璇）

法　院

【概况】 2022年，长沙市天心区人民法院（简称“天心区法院”）新收各类案件2.81万件，审（执）结各类案件2.50万件，员额法官人均结案396件，3项指标比2021年分别增长13%、16%和18%，均创历史新高。发出全国法院首份家庭教育令，妥善审理“茶颜悦色”奶茶诉“茶颜观色”不正当竞争纠纷案，该2项司法创新被写入最高人民法院工作报告，创下基层法院之最。少年家事、刑事审判等工作获全国、全省集体荣誉，31名个人获全国、省、市、区级表彰。湖南省委常委、长沙市委书记吴桂英和湖南省高级人民法院院长田立文先后批示肯定天心区法院相关工作。

【刑事审判】　2022年，天心区法院严惩暴力犯罪，审结故意杀人、故意伤害、强奸、抢劫等案件69件122人。依法惩治集资诈骗、非法吸收公众存款等涉众经济犯罪活动，审结案件16件59人，维护金融秩序和社会稳定。持续保持反腐败高压态势，审理贪污、受贿等职务犯罪案件8件10人。常态化开展扫黑除恶斗争，审理涉黑恶犯罪案件2件11人，持续保持对黑恶势力的强大震慑。严惩养老诈骗犯罪，审结养老诈骗案件11件51人。打击电信网络诈骗犯罪，审结119件201人。坚持铁腕禁毒，打击制毒贩毒犯罪行为，审结案件56件104人。发布《毒品犯罪案件审判白皮书》，总结审判经验、分析犯罪特征、明确打击重点。推进“利剑护蕾”专项行动，依法严惩性侵未成年人犯罪案件22件23人。

【民商事审判】　2022年，天心区法院贯彻平等保护市场主体原则，审理涉企民商事案件3873件。规范资本市场投融资秩序，审理金融借款、融资租赁等案件1767件，执行到位金融案件标的11.3亿元。加大破产案件审理力度，审理案件19件，出台6项破产程序规范性文件，提升破产案件审理规范化水平。发挥知识产权审判激励创新创造、维护公平竞争、促进文化繁荣作用，审结案件1314件，其中“茶颜悦色”诉“茶颜观色”案、袁隆平院士姓名权及肖像权被侵权案同时入选全省法院知识产权司法保护15大典型案例。严厉打击侵犯知识产权犯罪，审结案件11件，开出全省知识产权刑事案件首份从业“禁止令”，有效提高犯罪成本和刑罚威慑，该做法被《法治日报》《中国知识产权报》宣传推介。加强知识产权专业审判建设，新设立并实质运行创谷知识产权专业法庭。贯彻保护劳动者原则，聚焦解决人民群众“急难愁盼”问题，审结教育、医疗、就业、住房等涉民生案件1508件。审结婚姻家事案件81件，发出人身安全保护令8份、家庭教育令3份。

【执行工作】　2022年，天心区法院执结案件7981件，执行到位26.85亿元。依法查封土地3400平方米，拍卖房产348处，扣押车辆208台次，公布失信被执行人2146人次，限制高消费5471人次，司法拘留45人次。开展涉农民工工资案件专项执行行动，执结案件145件，到位1.2亿余元。全面推进网络司法拍卖，网拍成交2.9亿元，破解网拍成交后不动产移交难问题，开展强制腾房29次，打通不动产网络拍卖“最后一公里”。依法打击拒不执行判决裁定犯罪，向公安机关移送拒执罪犯罪线索15条，判决案件2件，维护法律尊严和司法权威。

【司法责任制综合配套改革】　2022年，天心区法院突出员额法官核心地位，完成第4批员额法官遴选，优化配置审判团队41个。细化案由分配，开展专业化审判，案件质量和办案效率明显提升。深化民事案件繁简分流，探索简案快审、普案细审、繁案精审，5657件民商事案件归口速裁团队“要素式审判”（对固定案情的基本事实要素进行提炼，就各要素是否存在争议进行归纳，并围绕争议要素进行审理，简化裁判文书制作，达到简化审理流程、提高审判效率、实现类案专审简案快审的审判方式），平均办案周期缩短为32.2天。发挥“头雁效应”，院长、庭长带头办理疑难复杂、新类型案件，结案数量达到全院结案总数的50%。

【审判权监督制约机制改革】　2022年，天心区法院压实院庭长监督管理职责，完善“四类案件”（重大、疑难、复杂、敏感案件；涉及群体性纠纷或者引发社会广泛关注，可能影响社会稳定案件；与本院或者上级人民法院的类案裁判可能发生冲突案件；有关单位或者个人反映法官有违法审判行为案件）识别监管机制，院庭长办理及监管“四类案件”385件。加强类案检索指引，强化专业法官会议统一法律适用功能，专业法官会议讨论案件212件次。推进均衡结案，统筹全年目标任务，实现分案、结案动态均衡。常态化开展案件质量评查663件，促进案件审判质效提升。开展积案清理专项活动，实现立案1年以上积案动态清零目标，获上级法院肯定。

【诉讼服务“一站式”建设】　2022年，天心区法院拓展诉讼服务功能，“一站式”办理立案、诉调对接、司法确认、集约送达等诉讼服务。打造数字司法“天心样本”，完成网上立案7336件，在线庭审1045件，电子送达39269件次。深化无障碍建设和适老化改造，为残疾人、老年人群体提供无差别诉讼服务。深化诉源治理，推进诉源治理工作站实质运行，诉前调解邻里纠纷、物业纠纷、婚姻家庭纠纷等4968件，调解成功率72.64%。依托人民法院调解平台，利用“总对总”诉调对接合作机制（最高人民法院依托人民法院调解平台、人力资源社会保障部依托劳动人事争议在线调解服务平台，通过系统对接与机构、人员入驻相结合方式，共同推进“总对总”在线诉调对接机制建设，逐步畅通线上线下调解与诉讼对接渠道，指导全国劳动人事争议调解组织与各级人民法院开展劳动人事争议全流程在线委派委托调解、音视频调解、在线申请司法确认调解协议等工作），诉前委派调解成功576件，切实减少纠纷成讼。自主开发诉源治理大数据平台，对辖区街道万人成讼率、民事案件增长率等数据实行动态监管。推动召开全区诉源治理工作推进会，协助出台考核细则，压实属地街道诉源治理责任。贯彻落实《信访工作条例》，做好“送上门来的群众工作”，处理群众来信来访510件，接访1184人次。

【全国首份家庭教育令】 2022年1月6日，天心区法院少年法庭审理一起抚养权变更纠纷，并针对监护人监护失职的情况，发出家庭教育促进法施行后的全国首份《家庭教育令》。该案例入选由最高人民法院与中央广播电视总台共同主办的“新时代推动法治进程2022年度十大案件”，并位列榜首，系湖南省唯一入选案件。全国首份《家庭教育令》的发出，让《家庭教育促进法》的落实落地有了抓手，开启“依法带娃”新时代，对于全面保护未成年人健康成长具有深远意义。家庭教育令是人民法院严格贯彻落实家庭教育促进法的重要司法举措，体现人民法院依法维护未成年人合法权益不松懈的立场和决心。全国首份家庭教育令让“依法带娃”成为家长必修课。

（谢明生）

司法行政

【概况】 2022年，天心区召开区委全面依法治区委员会会议2次，研究部署法治建设工作；区委理论学习中心组集体学习研讨习近平法治思想2次。持续推进依法治区，全力服务中心大局，不断优化公共法律供给，防范化解社会矛盾，继续保持全省首批法治政府示范区称号，并在全省学习贯彻习近平法治思想座谈会上作典型发言（区县唯一代表）。天心区司法局获评全省社区矫正和安置帮教工作成效突出单位、全省法律援助案卷质量评估优秀单位、全市司法行政红旗单位。南托司法所被评为全省司法行政先进集体，芙蓉南路社区获评省级民主法治示范社区，天心区学海法律服务所被评为市级优秀基层法律服务所。公共法律服务、行政复议、人民调解工作被湖南卫视、《湖南法治报》、“新湖南”等省市媒体报道。截至12月31日，天心区司法局监督管理律师644人，基层法律服务工作者52人。

（李碧岚）

【依法治区】 2022年，天心区根据《长沙市天心区“十四五”法治建设规划（2021—2025年）》和《中共长沙市天心区委全面依法治区委员会2022年工作要点》，编制落实长沙市法治建设“一规划两方案”[《法治湖南建设规划（2021—2025年）》《湖南省法治政府建设实施方案（2021—2025年）》《湖南省法治社会建设实施方案（2021—2025年）》]措施清单。开展法治督察，对照市委依法治市办“关于落实中央督察反馈问题实施方案”要求，制定年度法治督察清单，组织全区各单位开展自查，并实地开展督察，对重点单位实行问题清单对照认领、逐项核查和限时整改，截至年末，反馈问题均整改到位。推动落实《天心区重大行政决策程序实施办法》，围绕重大项目早落地早投入早开工目标，强化法律服务保障，审查出具各类征拆法律文书101件；专注自建房专项整治、闲置资源盘活及社会资本合作等重点领域，强化法制审查和法律风险管理，为各类政府文件、政府合同出具法律意见344份。推进法治乡村建设，区司法局、区农业农村局联合开展农村学法用法示范户培育工作，率先实现农村学法用法示范户全覆盖；培育推树大托铺街道大托新村、南托街道滨洲新村、暮云街道暮云新村等参评全市法治乡村示范点；芙蓉南路社区获评第10批湖南省民主法治示范社区。（周雯轩）

【法治政府建设】 2022年，天心区围绕法治政府建设重点多次组织召开政府常务会议，听取和研究重大行政决策、行政复议与应诉等工作情况汇报。制定《长沙市天心区人民政府重大行政决策程序实施办法》，进一步健全依法决策机制，保障全区行政决策合法性。落实法治政府建设年度报告制度，并面向社会公布。落实《法治政府建设与责任落实督察工作规定》，组织全区47个单位和14个街道开展书面自查。联合区委督查室、区政府督查室、区委政法委，对区住建局等6个单位及裕南街等7个街道实地督察，综合形成督察通报，督促有关单位限时整改，保障法治建设工作部署落地落实。巩固深化法治政府建设成果，以长沙市创建“全国法治政府建设示范市”为契机，全面落实“创则必胜”“创则必优”“创则必成”目标要求，组织召开迎接创建实地评估工作调度会，发放《倡议书》和“应知应会20问”30万余份、发送宣传短信近50万条。（周雯轩）

【普法工作】 2022年，天心区按照法治宣传教育第八个五年规划，落实“谁执法谁普法”责任制，通过创新普法手段和方式，丰富普法载体和内容，结合“送法下乡”、国家安全日、农村法治宣传月等专题活动推动法治宣传走深走实。开展法治宣传活动350余场次，发放普法宣传资料10万余册。组织各单位开展国家工作人员学法考法和旁听庭审活动，全区参学、参考、考试通过率均为100%。规范兼职法治副校长选配管理。组建“八五”普法讲师团，鼓励社会力量参与普法工作，组织推荐年度湖南省“最美公益普法集体”4个、“最美公益普法个人”2人；“送法下乡”大学生志愿者获评湖南省“最美公益普法个人（送法下乡）”特别贡献奖。推进法治文化建设，推出《“宪”在身边》等动漫微视频。创新开展“以案释法”—“茶颜悦色”商标保护案入选全国知识产权行政保护典型案例。（周雯轩）

【公共法律服务】 2022年，天心区落实“市域通办”“绿色通道”“助企纾困”等为民便民举措，开展赢商学院企业负责人培训、法律援助进企业、进工地等活动，统筹调配全区公共法律服务资源，为群众提供法律服务免费咨询、分流处置、专题宣讲、法律援助、跟踪回访的“一站式”、全过程闭环公共法律服务。区公共法律服务中心和驻法院值班律师共接待咨询9100余人次，各街道社区（村）法律顾问接待咨询4260余人次，参与或独立调处纠纷409件，开展法治讲座166场次，参加社区（村）工作会议67次，为社区（村）治理提供法律建议214条；受理法律援助案件438件，其中刑事385件，民事53件。长沙公证处驻天心区公共法律服务中心公证窗口接待、办理公证事项708件。《法援律师助意外伤害市民索赔案》被评为2022年度长沙市十大典型法律服务案例，在全省组织的法律援助案件质量评查中优良率为90%，居全省第二。区公共法律服务中心作为长沙市典型代表通过省公共法律服务体系建设验收，先进工作经验被湖南卫视专题进行报道。（许湘玲）

【人民调解】 2022年，天心区开展“调解促稳定喜迎二十大”专项调解活动，定期排查矛盾纠纷，落实源头预防、排查预警、多元化解。以创建“平安天心”为目标，人民调解、行政调解、司法调解衔接联动，合力攻坚，截至12月31日，全区各级人民调解组织调处各类矛盾纠纷1564件，其中重大矛盾纠纷42件，涉及金额9397.81万元，调解协议履行率达98%。全区没有因调解不及时或调处不当而引发“民转刑”、非正常死亡、群体性械斗事件。（赵志芳）

【社区矫正和安置帮教】 2022年，天心区按照“五化”建设要求，建设打造“智慧矫正”并通过省级验收。落实社区矫正工作机制，年内接收社区矫正对象320人，开展社会调查评估284起，在册社区矫正对象362人没有发生因监管不到位而脱管漏管现象。开展刑满释放人员安置帮教工作，740名在册列管刑释人员衔接率和帮教率均为100%。强化特殊人群服务功能，引入社会力量拓宽安置帮教内容形式，因人施矫实施个性化教育帮扶，创新举办女性专题教育工作坊及以弘扬传统文化引领的分类教育活动。推进社区矫正对象就业创业培训，介绍就业岗位18人，为符合条件的社区矫正对象落实低保14人次。（李浩明）

【执法监督】 2022年，天心区研究制定《长沙市天心区人民政府2022年度重大行政决策事项目录》，通过政府门户网站向社会公布。对《天心区2022年度行政许可事项清单》进行合法性审查，依法设定行政许可事项全部纳入清单管理。落实行政执法三项制度（行政执法公示、行政执法全过程记录、重大执法决定法制审核），增加法制审核人员、加强执法记录仪等设备配置。落实区委、区政府加强自建房安全整治行政执法监督工作要求，制订《长沙市天心区自建房领域行政执法监督专项行动实施方案》《长沙市天心区自建房安全专项整治法务保障指引》，完善执法程序，规范、合法推进自建房安全整治。开展2022年上半年和下半年行政执法案卷评查活动，对14个区直行政执法单位198宗行政执法案卷随机抽查，就评查中发现的共性问题和个性问题督促指导各执法单位及时整改落实，规范行政执法行为。推进长沙市行政执法监督系统对接填报工作，督促43家行政执法单位、街道将本单位行政许可、行政处罚、行政强制、行政征收征用、行政检查、行政裁决、行政给付、行政确认、行政奖励、权力清单等各项数据，以及相关被行政复议、被行政诉讼相关数据按时按质填报。截至12月31日，及时填报率100%。开展行政执法证、行政执法监督证集中换（核）发，对全区拟申领行政执法证、行政执法监督证人员进行证照核查、考核核查和资格公示核查。（余易沾）

【规范性文件备案审查】 2022年，天心区全面落实行政规范性文件管理和合法性审查规定，有序开展规范性文件专项清理行动，加强规范性文件备案管理，实行“统一登记、统一编号、统一公布”。年内，新制发政府规范性文件10份，全部按规定报区人大常委会及市人民政府备案，报备率、及时率、规范率均为100%。

（周雯轩）

【行政复议与应诉】 2022年，天心区持续推进行政复议规范化建设，配齐配优行政复议工作人员，完善行政复议工作规则；在区公共法律服务中心增设行政复议接待窗口、行政复议调解室，高标准数字听证室，以数字化助推复议审理公开化；创新成立区级行政复议咨询委员会；在区政府和区司法局官网首页开设行政复议专栏，将行政复议指南、行政复议申请渠道、行政复议文书进行网上公示，接受社会监督。全年办理行政复议案件148件，办结116件，审结案件中因调解、和解、申请人撤回复议申请53件，占全部审结案件的46.9%，复议后应诉率为5.3%，行政复议实质化解行政争议成效显著。组织办理以区政府本级为被告（被申请人）的行政应诉（应复议）案155件（含往年转结案件），审结86件，无败诉情况。获长沙市首届行政复议案卷评查第1名。出台《关于进一步加强和改进行政应诉工作的实施意见》《行政机关负责人出庭应诉工作实施细则》，建立区领导定期调度工作制度，推动行政机关负责人出庭应诉工作，截至年末，经法院通知的行政机关负责人出庭应诉率达100%。（周　杨）

2022年7月20日，天心区举行区行政复议咨询委员会委员聘书颁发仪式（区司法局供图）

【智慧行政复议听证室落成】 2022年6月8日，天心区智慧行政复议听证室在区公共法律服务中心建成，总投资16.45万元。室内配有计算机、大屏高清电视、全方位监控、打印机、执法记录仪等设备设施，具备实时语音转文字录入、笔录多屏显示、同步录音录像等功能，实现行政复议案件办理信息化和智能化。

（周　杨）

【区级行政复议咨询委员会成立】 2022年7月20日，天心区举行区行政复议咨询委员会委员聘书颁发仪式。来自区人大、区政协、辖区律师界12名专家，通过定向邀请方式，成为该区首届行政复议咨询委员会成员。区委常委、区委政法委书记刘向出席并向委员会委员颁发聘书。（周　杨）

网格化综合服务

【概况】 2022年，天心区网格化综合服务中心（简称“区网格中心”）坚持把网格化作为创新基层社会治理重要抓手，推动网格化管理和服务进一步做细做实。截至12月31日，全区网格驻点日共有32位县级领导、415名网格治理指导员（科级干部）进网格开展网格巡查、走访帮扶、政策宣传等工作；下沉网格治理指导员共收集网格信息1914条，开展为民办实事258件。网格化综合服务平台收集上报各类事项27134条，其中立案25592条，结案25317条，处置率8.93%。（陈 智）

【制度建设】 2022年，天心区根据《关于全域推进整体提升城市基层党建引领基层治理的若干举措（试行）》文件精神，区委政法委、区委组织部、区网格中心牵头制定《关于志愿网格员队伍建设的指导意见》并于11月3日印发。该意见明确总体要求、实施意见和组织保障，在网格划分、队伍组建、岗位职责、经费保障等方面予以保障和落实，更好地发挥志愿网格员在推进基层社会治理现代化中的重要作用，提升基层社会治理效能。（吕正明）

【网格管理单位调整】 2022年，天心区以社区（村）为基础，根据“界限清晰、便于管理、全面覆盖、责任明确”指导思想，按照300~500常住户为一个网格单位调整布局，在原有基础上拆分1000户以上网格，新调整网格单位由435个扩大到497个。每个网格按照“5+X”［即一个党组织、一名网格管家、一名科级联点干部、一名公安民（辅）警、一支网格志愿者队伍、X名社会力量］模式配备网格力量。（姜 彬）

【网格品牌打造】 2022年，天心区各街道结合自身特色，创新网格服务模式，网格特色和亮点进一步显现。金盆岭街道赤岭路社区推行“单元长”楼栋治理模式，治安义务巡逻队、老年食堂、居民网格单元长等举措激发居民参与小区管理热情；城南路街道熙台岭社区构建“院落式”居民自治新模式，涌现一大批优秀志愿服务者；新开铺街道木莲社区通过“网格＋物业＋业委会＋党员＋辖区单位党委＋志愿者”方式实现辖区环境“管控精细化、响应实时化、环境优质化”；南托街道欣南社区通过打造网格工作站，联通区人大常委会、区政协、区民政局、区委政法委、区人社局、区卫健局、区人武部、区总工会、区民宗局9个部门到网格，将社区员额工作人员全部下沉到网格，实行全岗通制，居民不出小区就可以办理准生证明、老年人社保认证等21项最基础民生事项。年内，中央、省、市级媒体推广该区网格工作相关经验和做法340余条。（严 伟 高 溧）

【网格工作标准化建设】 2022年，天心区纵深推进社会治理创新，全面提升基层社会治理网格化精细化水平，区网格中心拟制《天心区网格化综合服务工作标准化建设实施方案》，明确工作目标、基本原则、网格划分、人员职责、阵地建设、网格事项、平台管理和组织体系、工作机制、考核工作、保障措施等内容，规范网格化综合服务工作标准，力争做到网格划分科学化、阵地建设规范化、网格力量专业化、工作内容精细化，打造基层社会治理网格化的天心样板。（胡 玥 张洁利）

【何俊峰调研基层社会治理工作】 2022年3月17日，湖南省委政法委副书记何俊峰到天心区调研基层社会治理工作。在网格化管理平台指挥大厅，区网格中心工作人员详细介绍网格化工作开展模式、运行机制、网格事项设置及问题处置流程等，现场模拟基层社会治理过程中居民群众发现问题，如何通过网格化管理快速上报并及时解决。调研组对该区网格化管理运行模式和处置流程表示肯定。长沙市委常委、市政法委书记张敏，区委常委、政法委书记刘向等参加调研。（胡 玥 高 溧）

【网格培训工作会议召开】 2022年5月11—12日，天心区年度网格工作培训暨优秀社区（村）表彰会在区网格中心指挥大厅召开。专题培训网格工作重点、网格党建、网格数据、问题上报与处置、网格考核等；同时表彰年度网格化综合服务优秀社区（村）56个。全区街道网格工作人员、社区（村）书记70余人参加。（姜 彬 高 溧）

军事

人民武装

【概况】 2022年，天心区人民武装部（简称“天心区人武部”）全面贯彻中共二十大精神，坚持以党在新形势下的强军目标为指引，深入学习贯彻习近平总书记系列重要讲话精神和强军兴军新思想新战略，突出首位立根本抓紧政治教育，聚焦中心抓备战，夯实基础谋发展，正风肃纪促和谐，单位全面建设充满向上活力，人民武装工作取得明显成效。民兵工作“三落实”知识竞赛在省、市取得好成绩。推进兵役征集工作，挖掘未来强军资源，完成兵役征集任务，被评为“湖南省征兵工作先进单位”。改革牵引抓深国防教育，推进“英模挂像进校园”活动落地落实，落实国防教育一条街即“国防之星”宣传落地超级文和友对面湘江风光带。联动湖南革命陵园、《潇湘晨报》开展“云祭扫”+“慢直播”活动，135万余人在线观看。开展“天心大讲堂”国防教育专题讲座，以“破除和平积弊 树牢国家安全观”为题作主题分享。区人武部始终紧跟布局谋划，从捍卫“两个确立”、做到“两个维护”的高度出发，重力强化政治引领，重心锚定备战打仗，重点配强人才队伍，凝神聚力干事业、守正创新谋发展、严明纪律守底线，以“稳定压倒一切”的基调有序、平稳、推进年度工作落实。

【全区武装工作会议召开】 2022年3月4日，2022年全区武装工作会议召开。天心区委书记、区人武部党委第一书记吴新伟到会并讲话，会议由区委常委、常务副区长厉波主持，区委常委、区人武部部长，区人武部政治委员，街道党工委书记、武装部部长，辖区高校、街道武装专干，人武部机关全体干部职工参会。会前，吴新伟一行参观天心区人武部2021年度武装工作和个人风采展示板，观看人武部军事训练专题片。会上传达学习湖南省军区、长沙警备区党委全会精神，总结回顾2021年武装工作，安排部署2022年工作任务，并对2021年度武装工作先进单位和先进个人进行表彰。

【春季征兵定兵会召开】 2022年3月11日，天心区二级调研员于德海，区委常委、天心区人武部部长，区人武部政治委员，区人武部副部长及征兵领导小组全体成员，廉洁征兵监督员，接兵部队领导出席在天心区人武部5楼会议室召开的天心区2022年度春季征兵领导小组定兵会议。会议宣读定兵方案，与会人员针对方案进行讨论和研究，初步确定兵员名单及其去向。

【湖南省2022年下半年高校征兵宣传启动仪式】 2022年5月19日，湖南省2022年下半年高校征兵宣传启动仪式在长沙理工大学大会堂隆重举行。湖南省军区副司令员、省征兵工作领导小组副组长出席活动并讲话，长沙市委常委、常务副市长、市征兵工作领导小组组长彭华松，省军区动员局副局长、省征兵办副主任，省教育厅二级巡视员李纪武，长沙市警备区司令员、政治委员，天心区人武部部长、政治委员，长沙理工大学校长曹一家以及长沙市56所高校分管领导，9个区（县、市）人武部负责人以及有应征入伍意愿的大学生代表参加本次启动仪式。副司令员在启动仪式中指出，作为新时代的青年学生，秉承红色基因，以国家安危、民族复兴为己任，在实现中国梦、强军梦的伟大实践中，充分展示人生价值和人生追求，是大学生应有的时代担当。

【基干民兵抗洪抢险演练】 2022年5月20日，天心区人武部联合区防汛抗旱指挥部办公室、区应急管理局、区农业农村局、南托街道办事处开展基干民兵抗洪抢险演练。天心区基干民兵、干部职工、社区村民等参加演练。通过演练，基干民兵熟练掌握水上救援设备操作，实现救援技巧和能力的提升，树立灾情意识、责任意识。

2022年5月20日，天心区人武部联合相关单位开展基干民兵抗洪抢险演练
（区人武部供图）

【邀请专家为民兵授课】 2022年5月26日，湖南省人民武装学校教研室主任黄维华以“认清形势，保持警惕，时刻绷紧备战打仗之弦”为主题，为参加训练的天心区基干民兵讲授战备教育课。黄维华副教授通过解析国家周边的安全形势和俄乌战争，引导参训民兵认清当前严峻复杂的国际形势，强化民兵政治意识和使命担当。

【民兵应急力量轮训】 2022年7月1日，天心区人武部民兵应急连在军珲训练基地开展一期为期12天的民兵应急力量集中轮训。训练围绕队列训练、体能训练、警卫执勤、哨兵反袭击技术、警棍盾牌术、灭火器材操作使用、冲锋舟操作、政治教育等科目展开，还组织了反恐维稳演练和实弹射击。表彰一批表现突出、成绩优异的先进个人和先进单位。

【“返乡第一课”实现军人服务闭环保障】 2022年9月30日，天心区人武部与区退役军人事务局联合举行“返乡第一课”欢迎仪式暨适应性培训活动，为2022年度天心区自主就业退役士兵开办固强补差培训，聚焦“入伍前—当兵时—退伍后”，实现军人服务闭环保障，提升军人的创新力和尊崇感。此次培训邀请对越自卫还击作战一等功臣罗振明为退役士兵进行革命军人光荣传统思想教育，法律顾问江玉阳围绕“保密法、劳动权益保障法”主题作知识讲座，观看《这里是天心》宣传片，解读退役军人保障法政策和长沙市自主就业退役士兵就业创业政策，推介退役士兵职业技能培训机构，并开展心理调适及健康教育服务。

2022年10月28日，天心区人武部在长沙理工大学举办“爱我国防”演讲比赛现场选拔赛
（区人武部供图）

【“爱我国防”演讲比赛现场选拔赛】 2022年10月28日，天心区人武部在长沙理工大学举办“爱我国防”演讲比赛现场选拔赛，12名参赛选手展开比拼。此次活动旨在增强全民国防意识，在全社会形成关心支持国防和军队建设的浓厚氛围。“爱我国防”演讲比赛是落实加强全民国防教育指示精神的重要举措。天心区人武部政治委员给获奖选手颁奖。

【"国际减灾日"集中宣传活动暨应急避难场所综合应急演练】 2022年10月11日，天心区人武部针对长沙市"4·29"望城自建房倒塌事件、电信大楼火灾事故，协同区应急管理局、区公安分局等13家相关单位在长沙市雅礼外国语学校组织师生和居民群众900余人开展"10·13"国际减灾日地震应急综合演练活动。演练以"城区突发6.5级地震"为背景，雅礼外国语学校师生展开校园地震疏散、启动应急避难场所及其设备、等待应急保障支援到达等活动。（柳馨娴）

人民防空

【人防工程安全生产工作检查】 2022年1月26日，长沙市人防办到天心区开展人防工程安全生产工作检查，实地察看部分结建工程项目现场，对已建人防工程维护管理情况及设备设施运行状态提出要求。3月7日，天心区人防办对辖区内早期人防工程开展安全生产巡查工作。4月13日，市人防办检查组一行采取重点抽查的方式对天心区人防工程维护管理情况进行现场检查，对维护管理工作提出具体工作要求。5月23日，市人防办四级调研员黄宇佳一行到天心区检查、指导人防工程安全生产和隐患排查工作，强调要加强人防工程、人防设施的维护管理，对巡查发现的安全隐患要做到及时处理，确保不发生问题。从5月开始，区人防办组织专业技术人员，对全区范围内的人防地下早期工程和结建工程开展拉网式安全巡查，查看人防地下工程进出口道路，防护设备和设施性能情况，通风、给排水、供电系统运行等情况，发现部分人防工程存在堆放杂物、防护门掉漆生锈、保养不当等问题，现场督促管理单位针对问题限期整改，并及时上报整改情况。（李珂 王沪）

【全民国防教育日主题宣传活动】 2022年9月17日是第22个全民国防教育日，主题为"开启时代新征程，爱国强军谱新篇，铸盾强防为人民"。9月28日，天心区人防办到天心区八局小学开展"全民国防教育日"国防专题教育活动。现场播放《人防小卫士》宣传短片；传授防空防灾的知识技能，围绕什么是人防，防空警报信号的识别，对空袭、自然灾害的应对方法等知识进行讲解；教授快速穿戴防护装备及心肺复苏操作方法、灭火毯的使用等多项实用技能。室内培训结束后，人防专家带领学生开展疏散演练。（李珂）

【"11·1"全省防空警报试鸣日宣教活动】 2022年11月1日，天心区人防办在仰天湖金峰小学开展"11·1"全省防空警报试鸣日宣教活动暨防空应急疏散演练。在防空疏散演习现场，演练采取情景模拟的方式，结合防空警报试鸣信号，演示防空警报信号辨识、早期疏散人员集结等防空应急疏散科目；防空防灾技能培训环节，现场讲解培训人防基础知识，内容涉及人防法律法规、人防工程功能结构、人防警报及疏散要点、紧急救护等，传授心肺复苏技能技巧和防护装备穿戴及校园人防应急柜操作方法；防空防灾游园会环节，通过形式多样的趣味体验式活动，引导学生参与"现场救护我最行""小稳我来做"等多个游戏项目，在游戏中体验防空防灾求生要领和自救互救技能，在游戏闯关中学会掩蔽和救生方法。区人防办为金峰小学送去人防应急箱和防空防灾宣传手册，用展板和视频向师生普及人民防空基本常识。通过活动，仰天湖金峰小学师生意识到学校人防教育的重要意义，了解人防知识，掌握防空防灾技能，提升应对空袭和各种灾害事故的能力。（李珂）

【人防指挥通信培训】 2022年11月15日，天心区人防办联合开福区人防办、长沙县人防办开展人防指挥通信培训暨准军事化训练。训练采取集中培训、单兵分练、分组合练等方式进行，组织实施通信设备基础理论知识到电台天线架设与收拢实际操作，电台基本参数设置、功率改变、功能切换到数据重置、自主选频、故障排除，移动指挥车短距离互联到与长沙市、郴州市人防办远程联训，完成卫星通信、3G视讯会议、短波电台等通信科目训练内容，提高全体参训人员组织指挥、通信保障和跨区应急支援的能力。（王沪）

城市建设与管理

自然资源和规划

【概况】 2022年，天心区推动国土空间规划成果落地实施，全区永久基本农田保护目标由977公顷核减至300公顷，城镇开发边界规模增加至110.41平方千米，生态保护红线1.98平方千米；严格土地执法，实现全年耕地零违法；围绕建设现代化新长沙，提高建筑外立面质量、提升城市品质；实施征拆的项目77个，拆迁腾地约69.4公顷；解决好购房群众产权登记难的问题，超额完成2022年新增房地产办证突出信访问题化解率45%的考核目标。南托街道滨洲新村抛荒林地整治恢复工作获湖南省自然资源厅耕地保护专项督导组肯定，《中国自然资源报》、《湖南日报》、湖南卫视、红网等省、市媒体进行专题报道，该项工作获2022年长沙市政府真抓实干督查激励。

【国土空间规划】 2022年，天心区合理优化、科学划定天心区“三区三线”（“三区”即生态空间、农业空间、城镇空间，“三线”即永久基本农田控制线、生态保护红线、城镇开发边界）方案，对接长沙市自然资源和规划局，谋求天心区长远发展空间，整体谋划全区国土空间开发保护格局。加强重点片区、重要地段、关键节点的规划修编和城市设计。按照“镇村一体化”模式推进全区村庄规划编制全覆盖，启动国土空间总体规划编制工作和“多规合一”村庄规划编制工作，完成暮云新村、许兴村、莲华村、沿江村、滨洲新村、牛角塘村6个村庄规划编制全覆盖。要求新建农村住宅选址应避开地质灾害隐患点和临坡、切坡避让区。提出天心区综合防灾减灾的目标，预防和排除各类灾害危害的措施，重点督促各街道在规划中落实消防等规划相关要求。

【自然资源管理】 2022年，天心区夯实粮食安全根基，落实粮食安全党政同责，守住耕地红线，确保耕地保护责任目标实现。严禁“农地非农化，耕地非粮化”，助力乡村振兴。加快矿业专项绿色发展，坚持山水林田湖草沙一体化保护和系统治理。完成湖南省自然资源厅下达的工作煤矿山整治任务。完成南托街道杨桥、暮云新城砖厂关闭退出工作，按照“三不留一毁闭”（不留人员、不留设备、不留建筑物；毁闭井硐）标准拆除到位；强化渣土消纳场地管理，加强巡查，消除安全隐患。

【土地执法监管】 2022年，天心区协调沟通各平台公司和用地单位，完成天心区2009—2018年批而未供土地处置率35%以上的任务目标。坚持动态巡查制度，实行早巡查、早发现、早预警、早制止、早整改的“五早”工作方法，社会国土信息员、国土巡查员、执法队员“三员”联动的工作机制，实现全年耕地零违法。推进天心区自然资源部增存挂钩闲置土地和省湖南自然资源厅例行督察反馈闲置土地处置工作。2022年，天心区构建土地盘活的大系统，成立全省首个存量土地资源盘活工作指挥部，搭建全省首个存量土地信息平台，全区2133.33公顷存量土地“一图尽览”，土地要素实现精准配置。长沙市自然资源和规划局天心区分局（简称“天心资规分局”）闲置土地处置工作多次在天心区存量（闲置）土地资源盘活工作指挥部考核中被评为一类。

【规划批后管理】 2022年，天心区以品质规划为引领，指导建设单位开展建筑外立面设计，打造高品质城市风貌。制定高层建筑风险防控工作方案，全面摸清底数，建立建筑底数台账和问题隐患清单，排查潜在的消防安全风险，做到立行立改。开展物流仓储企业大排查大整治大管控及过期临时建设分类处置工作，逐宗逐地明确整改措施，坚决消除违法状态，深入企业，做到“拆除一批、整改一批、销号一批”，维护全区涉土涉规开发利用秩序。

【依法征拆】 2022年，天心区实施征拆的项目77个，其中新启动项目19个；拆迁腾地约69.4公顷，完成私房补偿207栋，拆除合法房屋面积约4.7万平方米，拆除集体企业9家。发布各类公告50余个；完成法院强制执行2户，行政诉讼43件，已开庭41件，行政复议24件，已答复24件。通过积极协调沟通，发挥各方优势，确保人民法院快速审结案件，裁定准予强制执行。

【地质灾害防治】 2022年，天心区在册地质灾害隐患点11处。列入市级地质灾害隐患点4处，区级地质灾害隐患点7处。入汛后，天心区制定《长沙市天心区2022年度地质灾害防治方案》，及时发放明白卡，严格实行24小时领导带班值班制度，成立2支应急处置分队，确保汛期地质安全。

【自建房排查整治】 2022年，天心资规分局开展自建房安全整治工作，成立领导小组，制定居民自建房大排查大整治工作方案和落实自建房安全整治“百日攻坚”专项行动方案。班子成员分片负责，组织审批、执法和基层资规所工作人员会同街道、社区开展自建房摸排。对1997年以来自建房（含城市个人私房、农民安置房和村民建房）审批、登记情况逐一核查，建立摸排、审批、登记“三本账”。对全区摸排自建房的用地许可、规划许可、产权登记、违法占地和建设情况以及地质灾害隐患情况进行全面核查，共摸排房屋18155栋。编制《天心区居民自建房手续办理指引》；印发《天心区高等院校及周边区域控规评估及修编工作方案》，启动对高等院校的控规评估及修编工作。参与指导城南路街道里仁坡2栋、3栋、4栋等D级危房，按照统一规划、统一建设、纳入基本建设程序等措施，采取“四原”（原址、原面积、原高度、原使用性质）方式进行拆除重建。

【民生实事】 2022年，天心资规分局围绕“菜食住行购、教科文卫体、老幼站厕园”等民生问题，办理既有多层住宅加装电梯备案193台，参与老旧小区改造方案研讨30余次。处理各级交办的信访件11起，处理重复件6件、积案4件，配合接访及参加各类协调会50余次。处理“12345”政务服务便民热线及群众诉求电话236件，办结率100%，回访满意率95%；办理依申请政府信息公开47宗；承办市、区两级人大建议、政协提案，区人大代表发言49件（主办12件），均按照时间节点和工作要求落实完成。

【市资规局区局会商会议】 2022年3月，长沙市自然资源和规划局与天心区委、区政府举行会商会议。会议着力解决天心区自然资源和城市规划管理相关问题，探讨天心区新一轮国土空间规划。天心区委书记吴新伟表示，将继续突出重点，守住底线，推动长株潭一体化建设发展，确保自然资源和规划政策在天心区落地见效。 （谭　巧）

房屋征收管理

【概况】 2022年，天心区完成14个项目征收结算工作，4个项目实现清零腾地，3个项目启动前期手续办理，全年腾地出让总额近70亿元，盘活退还实际统贷棚改闲置资金约5.6亿元；出台《长沙市天心区国有土地上房屋征收项目管理办法（试行）》，推动征收工作实现模板化、公式化、流程化。

【长郡中学扩建工程项目】 该项目被列入长沙市2021年重大项目投资计划，建设单位为长沙市长郡中学，项目建设地点为天心区学院街24号，项目征收范围属天心区坡子街街道辖区，东邻黄兴南路步行街、南邻学院街、西邻师敬湾、北邻人民西路，由坡子街街道办事处承担房屋征收与补偿的具体工作。2022年2月21日，天心区征收办发布长郡中学扩建工程项目征收范围公告，启动征收工作；3月3日，发布被征收房屋调查结果公告；4月27日，经区政府批准后发布房屋征收补偿方案征求意见公告；6月7日，经区政府批准后发布项目房屋征收补偿方案征求意见情况及根据公众意见修改情况的公告；6月10日，长郡中学扩建工程项目报告论证会召开，会议一致认为该项目社会稳定风险评估初步意见，经参会相关部门、街道论证并予以修订之后，原则上一致同意通过，并要求加快公告发布；12月15日，天心区政府对长郡中学扩建工程项目范围内房屋作出征收决定。

【暮坪湘江特大桥河东段项目】 该项目征收范围属天心区大托铺街道辖区，东起南部新城万家丽路与天心大道交叉口以西约800米，西至坪塘大道以东约770米，由大托铺街道办事处承担房屋征收与补偿的具体工作。2022年4月6日，天心区征收办发布该项目征收范围公告，启动征收工作；5月30日，发布被征收房屋调查结果公告；6月15日，启动征拆签约，涉及农村集体土地约6.21公顷、共43户，用时7天实现集体土地征拆签约清零；7月8日，经区政府批准后发布房屋征收补偿方案征求意见公告；9月9日，经区政府批准后发布项目房屋征收补偿方案征求意见情况及根据公众意见修改情况的公告。街道引导和规范拆迁及补偿行为，保障被征拆群众的合法权益，用时7天实现暮坪湘江特大桥（大托段）项目集体土地征拆签约清零，集中15天时间完成签约房屋倒栋清零，60天签订集体大协议交地。

【中化湖南地质勘查院基地棚改项目】 该项目征收范围属天心区文源街道辖区，位于木莲西路与林大路交会处东北角，东至中煤和悦府项目、南至木莲西路、西至林大路、北至中煤和悦府项目，由文源街道办事处承担房屋征收与补偿的具体工作。2022年10月26日，天心区文源街道中化湖南地质勘查院基地棚改征收项目揭牌仪式暨动员会举行；10月28日，区征收办发布该项目征收范围公告，启动征收工作；11月29日，发布被征收房屋调查结果公告。

【长沙肉联厂清租项目】 该项目是天心区黑石片区城市更新“首开项目”，东邻天心大道、西接京广铁路、南靠天心大道与牛冻路连接道路，土地总面积13.56公顷，地上建（构）筑物71栋、13.17公顷。该地块共有租赁户325户。其中，“中南大市场”（原长沙肉联厂将原有厂房改建而成的132户“门面房”所形成的市场）购买50年“门面”使用权104户、物流仓储以及食品加工企业52户、冷库及周边门面房租赁户138户、其他租赁户31户。2022年4月16日，天心区政府与湖南辉鸿食品有限公司（原长沙肉联厂改制后成立的新公司）签订《长沙市国有土地上房屋征收补偿协议》，对其所有的原肉联厂厂区（不含宿舍）地块及地上附属建筑（房屋）启动征收。黑石铺街道成立项目清租指挥部，抽调各办所、社区46名骨干力量组成攻坚组进驻，协助湖南辉鸿食品有限公司开展租户清退工作。截至2022年12月31日，325户租赁户中签约318户，签约率97.85%。

【黑石铺片区城市更新（旧城改建）项目5–2地块】 该项目征收范围属天心区黑石铺街道辖区，东至新联路、南至春明路、西至新开铺路、北至肉联厂小区，由黑石铺街道办事处承担房屋征收与补偿的具体工作。2022年12月13日，区征收办发布该项目征收范围公告，启动征收工作。

【下碧湘街城市更新单元（旧城改建）——油脂厂工业遗存改造项目】 该项目征收范围属天心区坡子街街道辖区，位于天心区下六铺街22号（油脂厂），北至劳动路、南至可可清吧、西至湘江大道、东至港航机械局仓库，由坡子街街道办事处承担房屋征收与补偿的具体工作。2022年11月29日，天心区征收办发布该项目征收范围公告，启动征收工作。

（叶　绍）

征地管理

【概况】 2022年，天心区征地服务中心围绕“八个一批”（项目征拆一批、项目建设一批、闲置资源盘活一批、土地出让一批、楼宇去化一批、招商引资一批、开发销售一批、资源争取一批）项目攻坚行动，启动新项目19个，完成15个项目的扫尾清零；推进纯货币安置，督促加快保障住房选址建设，落实天悦和苑二期保障住房安置1040人；制定全区“两安”（生活安置、生产安置）用地及其他集体建设用地管理使用指导文件，制订三年行动计划，编制“一地一策”，推进5宗存量“两安”用地处置和盘活。

【土地征收】 2022年，天心区发布《征收土地预公告》和《征收土地方案公告》19个，完成项目社会稳定风险评估方案，及时报送长沙市自然资源和规划局及市征地办进行备案。全年集体土地实施征拆的“103号令”（《长沙市征地补偿实施办法》）项目有74个，腾地69.4公顷，完成私房补偿207栋，拆除合法房屋面积4.7万平方米。

【拆迁安置】 2022年，天心区对省府新区和暮云片区“103号令”征拆项目中的被征地农民进行安置，纯货币化安置625人，实物安置1055人。

【征地补偿安置社会稳定风险评估】 2022年，天心区征地服务中心探索和实践社会稳定风险评估工作，引入第三方专业评估机构，召开联席会议科学民主决策征拆项目可否实施，寻求防范、应对风险的措施，稳妥推进项目建设，从源头上预防和减少征地矛盾和不稳定因素。

【长沙市2020年第七十八批次项目（暮坪大桥）】 长沙市2020年第78批次项目（暮坪大桥）地处天心区大托铺街道大托新村，该项目红线内需征地面积约6.21公顷，涉拆房屋46户。2022年，用时7天实现签约清零。

【长沙县2013年度第四批次建设用地项目】 长沙县2013年度第四批次建设用地项目地处天心区南托街道南塘村、暮云街道莲华村，需征地面积1.88公顷，涉拆房屋8户。2022年，1天内实现签约清零。 （曹向梅）

住房和建设管理

【概况】 2022年，天心区完成建筑业总产值1596亿元，比2021年增长10.6%，全市排名第二；建筑业全口径税收15.44亿元，占比11.53%，建筑业占GDP比重20.05%；新建商品房入市121.27万平方米，销售116.28万平方米；商业非住宅入市38.94万平方米，销售29.45万平方米，在“内五区”排名第一，入市面积增幅在“内五区”中唯一实现正增长。

（谢羽桉）

【民生保障】 2022年，天心区加装电梯199台；铺排既有小区品质提升项目23个，总投资约1亿元；“精美长沙”品质项目、供水管网改造、物业管理绩效考核均在“内五区”中排名第一；停车设施建设、停车难重点区域治理工作获全市第一。

（谢羽桉）

【建筑领域安全生产】 2022年，天心区建筑领域监管项目20个，工程受监率、合格率、竣工验收及备案率均为100%；推进工程建设质量品质提升和施工安全生产专项整治行动，区监工程质量安全形势基本平稳；完成蓝天保卫战、黑臭水体治理工作；完成18556栋自建房安全隐患核实工作，C/D级自建房隐患整治销号率100%；启动高层建筑风险隐患排查工作，完成全区2418栋高层建筑风险隐患排查；累计排查346个住宅小区外立面安全隐患，经排查确定73个小区需实施外立面整治，61个小区已进行整治。 （谢羽桉）

【保障性住房房源筹集】 2022年，天心区把抓实保障性租赁住房房源筹集列入政府工作报告民生清单，由分管副区长挂帅，区住房保障服务中心作为统筹单位，相关部门全力参与，各房地产开发企业、国有平台公司发挥主力军作用，共同推进任务落实。天心区通过争取政府投资建设、政府收购回购、企业代建、企业通过市场竞得开发权后自行建设、企业配套建设等多种举措，推进保障性住房房源筹集；在住房保障发展规划、近期建设规划年度实施计划及土地利用计划中落实人才安居工程项目用地，通过政府提供土地、企业自有用地和产业园区配套建设用地等多种方式加以保障。鑫远揽悦、鑫远御文雅苑、海坤美寓3个保障性租赁住房项目，共有房源1143套（间），服务对象主要是中国长沙人力资源服务产业园的人员；弘高车世界6号栋、7号栋、A区公寓3个保障性租赁住房，有房源418套（间），服务对象主要是天心经开区附近的产业工人。截至2022年年底，天心区筹集保租房项目41个，7618套（间）。 （谢羽桉）

【克拉美丽山庄项目复工】 2022年1月11日，克拉美丽山庄业主代表赠送锦旗，感谢天心区住房和城乡建设局（简称“区住建局”）帮助居民解决克拉美丽交房的问题。克拉美丽山庄项目规划净用地面积6.76万平方米，总建筑面积60.22万平方米。项目分三期（共4个批次）开发，其中一期已交付；二期一批次于2019年3月交付；二批次出现延期交房的情况，2020年7月停工。区住建局推进克拉美丽山庄项目有序复工，多次约谈项目开发商，督促其解决因资金短缺导致的停工和延期交房问题，及时将项目存在的潜在风险和问题向区政府及上级主管部门报告，请求长沙市政府进行高位协调。在市、区两级政府和相关部门推动下，利用该项目的预售监管资金使克拉美丽山庄二期于2021年11月29日复工。区住建局和相关部门多次对接湖南信托基金、南丰基金、东莞银行、三湘银行要求解控资金，支持复工；多次接待克拉美丽项目信访业主，做好项目复工、交房解释工作。2021年12月27日，项目二期二批次1135户实现交付房屋。2022年6月30日，克拉美丽山庄项目三期住宅116户、商业1408户实现交付房屋。（何 密 周华利）

【既有多层住宅增设电梯】 2022年2月22日，天心区既有多层住宅增设电梯企业座谈会召开。天心区住建局副局长胡华波，10家电梯加装企业代表参加会议。区住建局通报各企业在2021年天心区增设电梯项目情况。与会单位分别对2022年工作计划进行汇报，对天心区既有多层住宅增设电梯工作提出相关建议。8月22—30日，区住建局对坡子街街道楚湘社区二条巷南栋1单元、2单元，桂花坪街道银桂院32栋1单元、2单元、3单元，新开铺街道天翔新新家园G栋2单元，文源街道华银南苑16栋2单元等7个项目进行勘查，配合属地街道、社区现场协调森宇佳园3栋、4栋加装电梯方案与矛盾。10月28日，赤岭路街道华新花苑小区32个单元的加装电梯完成验收。（邓迪曦）

【建筑施工安全生产工作会议及专项检查】 2022年4月14日，天心区建筑施工安全生产和工地扬尘整治工作会议召开。区委常委、副区长张浩平，全区建安委成员单位和14个街道以及全区在建工地建设、施工、监理单位负责人参加会议。会议部署建筑施工安全生产大排查大整治及扬尘治理工作，传达省、市领导批示精神并通报建筑施工安全生产、扬尘整治有关工作要求，对建筑施工安全生产工作进行强调。7月12日，区住建局加强预拌混凝土质量监管，对天筑六建混凝土公司进行专项检查。9月14日，天心区建筑施工安全生产工作会议召开。会议传达省、市领导批示精神并通报建筑施工安全生产大检查“百日攻坚”和安全生产工作有关情况。张浩平阐以“敬畏”“排查”“整改”“重罚”“宣教”5个关键词为切入点，就如何抓好当前建筑施工安全生产工作进行分析。9月27日，区住建局、区消防救援大队组织全区超高层建筑、高层公共建筑、老旧高层商住混合体、老旧高层住宅4类重点对象的业委会、管理单位，召开消防安全集中约谈和警示教育会。9月30日，天心区国庆假期暨中共二十大期间建筑施工安全生产工作部署会召开，会议宣读《天心区国庆及二十大期间建筑施工安全隐患大排查大整治工作方案》，强调要对标对表开展安全隐患排查整治、“三违”行为自查自纠。9月30日，张浩平一行到中建西部搅拌站、恒泰芙蓉悦府、尚悦国际等项目，督察国庆期间安全生产工作。11月24日，天心区建筑施工安全生产暨区建安委会第四次工作会议召开。会议观看学习天心区建筑工地安全生产暗访片，传达长沙市建安委有关建筑施工安全的情况通报，宣读关于加强建设领域安全生产工作的通知，就安全生产及扬尘防治工作进行部署，要求各在建项目单位提高对施工现场全流程安全管控，规范安全管理，预防生产安全事故发生。12月30日，区住建局开展元旦节前建筑工地安全生产督察检查工作。

（毛芳蕊 谢羽桉 董 固）

2022年6月30日，长沙市克拉美丽山庄项目三期住宅116户、商业1408户实现交付房屋 （区住建局供图）

【“长沙易停车”智慧平台数据接入技术培训】 2022年8月3日，天心区开展“长沙易停车”智慧平台数据接入技术培训。天心区静态交通管理领导小组办公室、辖区街道、天心国资经营集团有限公司、长沙市重大交通设施建设事务中心、长沙静态交通投资运营有限公司及相关技术公司人员参加会议。区静态交通管理领导小组办公室安排布置“长沙易停车”数据接入工作，明确街道及社区主要任务；长沙静态交通投资运营有限公司技术人员现场组织业务培训；各街道、单位针对数据接入中可能遇到的困难问题进行探讨交流。长沙市重大交通设施建设事务中心要求与会单位保质保量完成智慧平台数据接入工作。（李　俊）

【既有小区品质提升项目督察】 2022年10月11日，长沙市住建局党组书记、局长王伟胜带队到天心区新开铺街道海利科院佳园小区，对既有小区品质提升项目进行现场督察。海利科院佳园小区地下室改造项目被纳入2021年全市既有小区品质提升项目。海利科院佳园小区于2007年建成，由于年久失修，小区地下车库顶面、地面和墙面四处破损、漏水，车库光线昏暗，存在安全隐患。自2021年起，小区业委会以“红星照物业”为抓手，通过党建引领，调动业主的积极性，发挥业主所长，在小区进行广泛宣传、解释政策。改造期间，小区采用政府奖补、公共收益、维修基金、众筹等方式筹集资金136.5万元，进行地下室项目改造，通过对漏水修补、墙面粉刷、地面打磨画线、排水沟翻新等提质改造后，地下车库焕然一新。（夏　强）

公共工程建设

【概况】 2022年，天心区推进湖南省政府“为民办实事”项目丽江路下穿京广铁路涵洞拓改工程，于12月底实现建成通车；完成许兴小学建设，新启动4个学校项目建设；完成10个市政基础设施项目建设，打通一批省府新区“瓶颈路”“断头路”，完善暮云片区路网建设，改善片区交通能力；推进政法基层基础设施项目建设；创新增效工作，争取各级资金2845万元；开展“一线党旗红”党建品牌创建，在丽江路、中雅培粹学校（新校区）等项目建立联合党支部，开展“党员示范项目”活动，成立党员、青年突击队，推动中心工作落实；完成省纪委联系推进的“洞庭清波”项目雀园路截污工程建设，解决片区污水分流问题。全年完成投资约6亿元。花山巷提质改造等项目被评为“2022年度精美长沙市级示范项目——精美街道”。雀园路（芙蓉南路—先锋路）截污干管建设项目被评为2022年度长沙市市政优良工程。

【项目建设】 2022年，天心区完成丽江路下穿京广铁路涵洞拓改工程、黄土岭路、杉木冲路一标、招月路、南四线西延线、刘家冲北路、云塘路东段、莲花山巷提质改造、雀园路截污工程等10个市政基础设施项目建设。启动广场东路、东四线、桂花坪路西段等项目建设。完成许兴小学建设，春季开学投入使用；新启动石碑中学、一中城南初中部、高云小学、碧湘街小学4个学校项目建设。推进实施区公安分局联勤值守指挥中心维修改造、赤岭路派出所、裕南街派出所、坡子街派出所、星城快警平台5个项目建设。

【项目管理】 2022年，天心区公共工程建设中心前期工作完成立项15个，完成测量45个，组织地勘8个，办理红线9个、用地审批单2个、工程规划许可证9个、方案设计12个、可研批复10个、初步设计9个、初步设计批复4个、施工图设计8个、施工图设计审查5个。完成结算22个，进入结算三审15个，进入结算二审7个、进入结算一审22个。完成16个项目29个相关部门的移交工作。

【黄土岭路提质改造工程】 黄土岭路（南沿路—规划支路）提质改造工程西起南沿路，东至规划支路，主要建设内容为对原有道路进行拓宽提质改造，长度380米，宽18米，道路设计速度30千米/小时，项目总投资为3825.36万元。2021年1月27日，天心区发布该项目招标公告；3月3日，发布该项目中标结果公告，中标单位为戎征建工集团有限公司，中标金额为1052.75万元，该项目于2021年8月开工，2022年9月竣工通车投入使用。

【丽江路下穿京广铁路涵洞拓改工程】 丽江路下穿京广铁路涵洞拓改工程位于丽江路与京广铁路交会处，由中铁二十五局集团第三工程有限公司负责施工。丽江路西接湘江大道、东至新开铺路，是湘府西路至南二环之间唯一穿越京广铁路的一条交通要道，丽江路铁路桥于1965年建成（当时为单线桥，后建成复线桥），丽江路从铁路桥下方穿过，路面宽12米（最窄处7米）、双向2车道，随着周边经济社会发展，铁路桥下成为经常拥堵的“瓶颈路”。2021年6月4日，湖南省委副书记、省长毛伟明调研长沙城区交通疏堵保畅工作时要求加快进行该涵洞道路拓宽改建，并将其纳入省政府“为民办实事”重点项目。2022年8月17日，丽江路铁路桥开拆，前期已经安装好D型钢梁，建好墩柱，完成架空体系转移。铁路桥拆除后，原址开始新建一座跨度54米的4孔框架桥。11月28日，毛伟明对项目推进情况进行批示，给予肯定。12月31日，丽江路过京广铁路涵洞拓改工程项目实现双向通车。丽江路原双向2车道拓宽为39米宽的双向6车道，道路两侧框架桥用于非机动车及人行通道，中间两孔框架桥为行车通道，该次开通的中间两孔现浇框架桥为双向4车道。通车后，缓解新开铺路与湘江南路之间的交通拥堵情况，畅通南二环、书院南路等道路的交通微循环。

【杉木冲西段道路工程】 杉木冲西段（书院路—书香路）道路工程一标段（桩号K0+020—K0+820）是长沙市2022年十大堵点治理工程之一，位于天心区黑石铺街道，西起书院路，东至书香路，道路标准断面宽度30米，设计车速为40千米/小时，全线长820米。该项目于2022年8月30日实现通车，通车后实现杉木冲路全线贯通，提升省府新区东西向区域交通能力，分流湘府路、长郡外国语实验中学交通压力。

【刘家冲路道路提质工程】 刘家冲路（木莲路—友谊路）道路提质工程位于省府片区青园街道内，呈南北走向，北起木莲路，南至友谊路，道路全长270米，宽12米。该项目于2021年11月开工，于2022年10月竣工并投入使用。

【南四线西延线“南城雅苑”项目段道路工程】 南四线西延线（长株潭城际以西—107国道）“南城雅苑”项目段道路工程位于天心区南托街道，为城市次干道，施工范围为K0+100~K0+460，长360米，宽26米，设计车速为40千米/小时。项目于2021年10月启动建设；2022年7月14日完成第一层水泥稳定基层施工，9月完成沥青路面施工。项目建成，方便长沙市一中城南中学和南城雅苑小区人员、车辆出行。

【招月路道路工程】 招月路（披塘路—蓝天路）道路工程位于天心区黑石铺街道，南起披塘路、北至蓝天路，为城市支路，道路全长253.3米，路幅宽20米，双向4车道，设计速度30千米/小时。从北往南依次与蓝天路、披塘路相交。该项目于2021年10月15日进场施工；2022年1月28日完成沥青路面施工，5月20日项目完工。招月路通车，方便披塘安置小区住户、湘府英才益清小学师生出行，降低上下学时交通事故发生率。

【云塘路道路工程】 云塘路（新韶山南路—通达路）道路工程是2022年天心区重点项目，位于天心区暮云街道，西起新韶山南路、东至通达路，道路标准断面宽度18米，全线长680米。项目于2022年4月启动建设，于12月15日完成建设。云塘路建成后，利于暮云东部片区发展，便于丽发新城等沿线小区居民出行。

【莲花山巷提质改造工程】 莲花山巷（含莲花巷）提质改造工程位于天心区新开铺街道及赤岭路街道，南起新姚路、北至竹塘西路。项目主要建设内容为对原有道路及沿线立面进行提质改造，改造长度约812米，包括拆除原有路面、重新铺设沥青混凝土路

2022年12月31日，长沙丽江路下穿京广铁路涵洞拓改项目主线通车
（区公建中心供图）

面及人行道、排水管网改造、新增路灯及部分强电地埋、重新划定交通标识线、绿化及沿线建筑立面提质改造等。莲花山巷（含莲花巷）提质改造过程中，街道、社区、城管以“美化街巷”为契机，与建筑风貌相结合，保持传统空间肌理，打造历史、人文、艺术、商业、休闲等特色文明美丽街巷，整体效果达到“路平、水畅、灯亮、立面整洁清爽”等要求。改造完成后，莲花山巷功能设施齐全，市容环境整洁，街巷环境优美，项目于2022年11月完成建设，并被评为“2022年度精美长沙市级示范项目——精美街道”。项目完工后，方便爱尔眼科、天心区防疫站、汇杰设计集团股份有限公司、新悦家园小区及莲花山巷小区等周边居民出行。

【雀园路截污干管建设项目】 雀园路（芙蓉南路—先锋路）截污干管建设项目位于天心区桂花坪街道，属于石碑大港水系，为“洞庭清波”行动的重要子项目。该项目主要建设内容包括拟建截污干管约1.2千米，管径1.2米，埋深6～11米及其支管，13座工作井，施工方式为干管采用顶管、支管采用顶管与开挖结合施工。该项目分两期实施，其中一期施工内容为雀园路（芙蓉路和雀园路交会处）原有箱涵挡水墙拆除及清淤工程，于2020年12月完成建设；二期施工内容为雀园路（芙蓉南路—先锋路）截污干管建设项目，于2022年11月完成建设，被评为长沙市市政优良工程。项目建成后，利于完善石碑大港流域“雨水分流，源头截污”体系。 （刘　望）

长株潭融城

【概况】 2022年，天心区围绕“南部融城发展”和“生态绿心保护”2个主题，完善长株潭一体化工作机制，推进国土空间规划行动、生态绿心保护、“两型”示范创建、南部融城发展等工作，推进存量土地资源盘活、国家医学中心、长沙奥体中心、国创中心、绿心中央公园规划建设等。

【国土空间规划】 2022年，天心区推进片区重大项目谋划，反馈重大项目用地需求，优化国土空间规划“三线”划定方案，在自然资源部批复的长沙市国土空间规划“三区三线”方案中，天心区城镇开发边界增加至110.41平方千米，增加近36平方千米，解放垸基本农田全部调出并全域纳入城镇开发边界，为天心区释放发展空间。

【片区规划】 2022年，天心区编制天心南部融城片区空间发展概念规划，为绿心总规优化和片区详规修编提供最优用地布局参考。参与绿心中央公园总体设计，推动并完成绿心总规实施评估报告相关建议反馈，推动中央公园规划选址优化和空间布局深化。

【片区历史遗留问题处理】 2022年，天心区推进暮云片区长沙县未移交的22宗用地手续办理工作，明确承接主体，分解目标任务，采取划拨方式，推动供地工作。推动受绿心整改影响的4家房地产用地处置，解决丽发、怡海置业控股有限公司、福中福用地问题，推进金光华用地问题处理。

【片区重大项目建设】 2022年，天心区按照原存量土地指挥部统一部署，完成14个街道的土地调查摸底。摸排出存量用地2161.61公顷，建立集展示、查询、分析功能为一体的存量土地信息平台。推动长沙奥体中心规划建设。参与编制长沙奥体新城概念规划设计，跟进长株潭绿心中央公园总体设计的任务清单，推动完善奥体中心概念规划并配合项目首开区划定。强化国家医学中心用地保障。推动将湘雅医院新院区二期中涉及先锋村约3.23公顷“两安”用地调整为医疗用地，将该片“两安”留地等价值置换到仙姑岭公园，获湖南省发改委、长沙市资规局支持。推动国家第三代半导体技术创新中心（湖南）建设，项目完成3.43公顷用地划拨手续办理。

【绿心保护监管】 2022年，天心区长株潭一体化发展事务中心开展联合巡察9次，核查疑似土地变化信息47条，完成圭白路低排涵排渍泵站及附属设施建设项目、南塘村南四线西延线建设项目等4宗违法违规图斑整改工作；推动幸福庄园御园、颐昇学府等16个项目通过省、市绿心准入；争取2022年绿心生态修复项目资金396万元，奖励性生态补偿资金423.56万元，推动西湖经济联合社国土绿化试点示范项目、莲华村榨术塘、扁塘生态修复项目、滨洲新村三兴片湿地生态保护等10个生态项目建设。

【家庭餐厨油烟净化治理】 2022年，天心区长株潭一体化发展事务中心通过精准摸排、制定工作方案、区长办公室审议、现场督导安装、组织现场验收，完成全区5000台家庭餐厨油烟安装任务。

【“两型”创建活动】 2022年，天心区长株潭一体化发展事务中心发动社区（村）、学校、企事业单位参与区级“两型”示范创建活动，通过项目申报、街道（部门）推荐、现场督导、联合评审会等环节，评选“两型”示范单位17家。参与市级示范创建工作，推荐上报7家单位，争取资金165万元。依托天心区“两型”宣教基地，配合开展长沙市“绿心体验官”宣传活动，发动社区（村）开展“两型”宣传活动20余场。

【长株潭2022年主题活动发布】 2022年2月19日，长株潭2022年主题活动发布暨文旅产业区域战略合作签约仪式在天心经开区举行。湖南省发改委党组成员、省长株潭一体化发展事务中心党委书记、主任吴小月出席活动并讲话，长沙市委常委、统战部部长何朝晖出席活动。长沙市天心区、株洲市石峰区、湘潭市岳塘区共同对外发布第二届长株潭融城半程马拉松赛暨乡村生态旅游节、“0731”长株潭广告创意大赛、长株潭绿心“九郎福柚·福祐天下”品柚大会暨石峰区乡村振兴旅游节和长株潭盘龙花朝节4个主题活动。天心经开区与株洲高新区田心片区、湘潭岳塘经开区共同签订文旅产业战略合作框架协议。

【天心区长株潭一体化发展事务中心挂牌成立】 2022年2月17日，天心区长株潭一体化发展事务中心挂牌成立。9月，天心区推进长株潭一体化领导小组办公室工作移交区长株潭一体化发展事务中心，对标对表市对区考核任务，推动规划建设、基础设施、资源要素、产业创新、生态保护、公共服务6个方面的一体化发展。根据三定方案，区长株潭一体化发展事务中心主要负责统筹推进区长株潭一体化和南部融城片区发展、长株潭生态绿心地区保护和“两型社会”建设相关工作，同时负责对接长沙市国土空间规划、绿心规划、闲置土地处置工作及推动医学中心、奥体中心、绿心中央公园、国创中心（湖南）等重大项目建设工作；内设办公室、生态绿心部、协调发展部。

（王　康）

城市发展建设

【概况】 长沙天心城市发展集团有限公司（简称“天心城发集团”），主要负责天心区范围内片区城市更新和土地整理开发、文化、体育、旅游产业项目投资开发、城中村改造和社保安置、棚户区改造和老城区有机更新以及天心区政府授权的重大项目建设。集团下设8个部室，包含3家全资子公司、1家控股公司和1家参股公司，资产总额335亿余元。3家全资子公司分别为长沙天心城市建设投资开发集团（旗下包含长沙顺之安棚户区改造投资有限公司、长沙天悦投资有限责任公司，代管长沙市天心棚改投资有限责任公司）、长沙市天心文化产业投资有限责任公司、长沙市天心城市更新投资建设运营有限公司，1家控股公司为长沙融城先锋建设有限公司，1家参股公司为奥体新城公司。集团办公地址位于长沙市天心区雀园路568号创谷·长沙天心文化（广告）产业园1栋3楼。

2022年，天心城发集团推进5个片区城市更新，完成29.97公顷土地出让，投入拆迁安置资金15.43亿元，建立健全融资、财务、工程、资产、成本控制等51项内部管理制度，构建城市建设、城市更新、城市运营、产业投资的“3+N”业务体系经营目标。天心城发集团获评全省优秀内部审计项目“一等奖”、长沙市优秀内部审计项目“一等奖”；新路二小项目获评“2022年度长沙精美建筑示范项目”；“长株潭城市更新项目技术管理创新人才培训班”工程获得区重点创新人才项目“大拉练大提升”活动二等奖；创建“青年文明号”，企业员工中1人被评为市委巡察优秀干部，2人入选天心区第一批优秀青年人才名单。

【城市更新】 2022年，天心区统筹推进黑石铺、九峰、先锋、麻园塘、狮子山5个片区城市更新。其中，黑石铺片区“投资、建设+股权合作”公开招标顺利开标，中建国际中标；九峰片区与中国电建签订投资合作协议；狮子山、麻园塘、先锋3个片区与中国能建、蓝城控股、招商蛇口、中交集团等深度洽谈。

【土地出让】 2022年，天心区完成湖机、长机、古道巷、天悦1号地、天悦5-1号地、天悦11号地、新天城改零星地块以及湖机S2、S3地块等9宗共29.97公顷土地出让，总成交金额66.97亿元。

【项目招商】 2022年，天心城发集团坚持产城融合理念，通过举办银企对接会、重大项目推介会进行产业链招商，引进中国电建地产集团有限公司、华润置地有限公司2个“三类500强”企业，促成4个投资过10亿元项目落地，未来三年总投资300亿余元。

【民生实事】 2022年，天心城发集团投入拆迁安置资金15.43亿元，完成房源安置847套、1076人；长机、丁家垅等7个项目扫尾清零；长沙肉联厂厂区征收补偿协议签订，清租腾房基本完成。天心佳苑项目实现主体封顶，教育配套提质改造项目按期交付；天悦和苑（二期）完成竣工验收，实现交房；新路二小、天悦和苑二期幼儿园实现开学；碧湘街路实现通车；天悦8-3号地保障性租赁住房项目启动建设。完成狮子山、天心一中等8个市级统贷棚改项目财务决算，退回结余资金5.92亿元。

【产业投资】 2022年，天心城发集团打造文创特色项目，西文庙坪运营方案、运营合作协议经区长办公会、区委常委会审议通过，于11月23日签约全市重大文旅项目；推进天心文化体育产业示范基地、丁家垅铁路沿线文创特色项目。完成天悦嘉园、天悦和苑等商业门面，下河街地块等多处零星土地招商，实现经营收入2194万元。

【天心城发集团获AA+信用等级】 2022年3月31日，天心城发集团获得国内权威评级机构——联合资信AA+主体信用评级，评级展望为稳定，成为天心区首家实现AA+等级的区属国有企业。该次主体信用评级为天心城发集团初次评级，通过对集团经营绩效、管理架构、风险管控、偿债能力、发展战略等方面的全面分析和综合评估获得，体现市场对公司资本实力、治理能力、经营能力、盈利能力、抗风险能力的认可和对未来发展的信心。

【湖南机床厂及周边地块棚改地块出让】 2022年4月12日，天心区湖南机床厂及周边地块棚改地块被湖南中建信和珏和城置业有限公司摘牌，实现出让，楼面价7997元/平方米，成交金额9.8224亿元。天心区湖南机床厂及周边地块棚改地块是天心城发集团2022年出让的第一宗地块，该地块出让工作由集团全程负责。地块位于省府片区，北至海棠路，西邻博林金谷，东、南邻中建钰和城，净用地面积35633.46平方米；宗地规划用途为居住用地，总建筑面积12.28万平方米。

2022年7月23日，天心城发集团举行重点项目招商推介会

（天心城发集团供图）

【重点项目推介会】 2022年6月23日，天心城发集团举办重点项目推介暨金融机构对接会。天心区委常委、常务副区长厉波，区直相关单位，以及国家开发银行、中国农业发展银行、中国银行、中国工商银行、华融湘江银行等29家金融机构代表参加。天心城发集团重点推介黑石铺片区、九峰片区、先锋片区等5个更新片区和天心区文化体育产业示范基地等共8个项目。天心城发集团与中国工商银行、华融湘江银行签署战略合作协议，“十四五”期间，中国工商银行、华融湘江银行将分别给予天心城发集团300亿元、200亿元授信支持。7月23日，天心城发集团举行重点项目招商推介会。区委副书记、区长周志军，区直相关部门主要负责人，以及近百家国内知名企业代表参加。天心城发集团发布黑石铺片区、先锋片区、狮子山片区城市更新项目3个，麻园塘城市更新单元（旧城改建）项目1个，劳动广场及周边零星地块棚改、碧湘街周边地块棚改（二期）、丁家垅地块出让项目3个，天悦8-3号地保障性租赁住房建设、天心区文化体育产业示范基地重点建设项目2个，

以及西文庙坪项目等重点资产运营项目。天心城发集团与华润置地长沙片区公司、电建地产长沙城市公司分别签订合作协议。

【长株潭城市更新项目技术管理创新人才培训班】 2022年6月10日，天心城发集团“长株潭城市更新项目技术管理创新人才培训班”开班典礼举行。该次培训班是天心区2022年度重点创新人才工作项目，是集团落实人才强企战略的重要实践，旨在通过对集团全体干部职工进行城市更新项目技术管理知识和能力的系统培训，系统理解国家、湖南省、长沙市城市更新政策，掌握城市更新理论知识、操作方法与实施技术，为集团、天心区乃至长株潭培养一批知政策、有知识、懂技术、会管理、善经营的城市更新项目技术管理创新人才。长沙理工大学项目管理研究所所长、天心城发集团科技副总卢毅，以《培养自己服务经济主战场的专业能力》为题进行授课。11月3日，天心城发集团“长株潭城市更新项目技术管理创新人才培训工程”结业典礼举行，94名学员顺利获得结业证书。该次培训通过课堂讲授、专题讨论、现场参观、拓展训练等方式，完成13次40余课时学习任务量，学习最新的城市更新模式、城市更新方法与技术、城市更新政策等内容。

【天悦和苑二期安置房项目分房】 2022年6月20日，天悦和苑二期安置房项目启动分房。该项目是天心城发集团子公司长沙天悦投资有限责任公司承建的重点民生工程，有3种面积6种户型可选择，多种户型可满足不同年龄层次、不同家庭成员数、不同居住类别的居住需求。天心城发集团30余名工作人员分为签到组、选房组、审核组等7组，安置分房现场按入场检测体温、安检、身份验证、领取分房顺序号、按号入座等流程有序开展分房工作，保障选房过程公平、公正、公开、透明。

【长沙机床厂、古道巷2宗地块挂牌出让】 2022年8月8日，长沙机床厂及周边地块棚改项目（简称“长沙机床厂地块”）挂牌出让，起始总价39亿元；古道巷地块挂牌出让，起始总价8.5亿元。9月7日，长沙机床厂、古道巷2宗地块皆以底价成交，由华润置地（南昌）开发有限公司摘得。长沙机床厂棚改地块为商住用地，位于天心区新开铺街道，木莲冲路与新开铺路交会处东南角，地块总出让面积16.09万平方米，总建筑面积67.31万平方米，由1块商住混合用地和4块纯住宅用地构成。古道巷地块为纯商业地块，位于天心区城南路街道，南至城南西路、北至人民路、西至黄兴路步行街、东至蔡锷南路，地块总面积为31427.46平方米，出让面积31427.46平方米，由5幅地块组成。（赵　莎）

国资经营

【概况】 2022年，将长沙市天心国资经营集团有限公司作为全资子公司，划入新成立的长沙市天心国资发展集团有限公司（简称“天心国资集团”）。截至2022年年底，天心国资集团权属一级子企业3家，二级子企业14家，三级子企业12家，参股企业3家。天心国资集团位于长沙市天心区雀园路568号创谷产业园1栋12层。

2022年，天心国资集团完成现金流115.2亿元，营业收入35亿元，净利润2.16亿元，资产创收6720.4万元；累计招商3.7万平方米，资产出租率稳定在85%；引进湖南楚才会计师事务所、湖南中南水务环保设备有限公司、湖南省天心人才集团有限公司、沧州恒祥工程材料有限公司长沙分公司、汇杰设计集团股份有限公司、长沙天鑫嘉业供应链有限

长沙市天心国资发展集团有限公司（颜益阳　摄）

公司6家百万税源企业和湖南天新成业城市更新投资发展有限公司1家“三类500强”企业。天心资产公司负责运营管理的“天心区金盆岭街道扫把塘市场”，获得长沙市市监局评定的“2022年度文明示范市场”；湖南天筑六建混凝土有限公司获评长沙市水利局评定的“2022年度示范性节水载体”。

【新能源】 2022年，天心国资集团完成湖南晟威信息科技有限公司的合作方股权回购，打开新能源产业链的切口，在运营及在建新能源充电站10个。

【资产板块】 2022年，天心国资集团完成区税务局1公顷地出让；完成29.33公顷批而未供土地办理；引进全国首家“星巴克咖啡+企业孵化共享空间”并开始运营；完成黄兴南路步行街中国黄金物业的收购储备。完成韶山南路华景苑加加大商业街办公场地、芙蓉南路和庄及波波天下城商业资产购置。

【建材板块】 2022年，天心国资集团完成产业延链升级，湖南天筑六建混凝土有限公司成功申报2022年湖南省第二批高新技术企业，拥有多项专利、创新产品方案和成果；湖南中御建材有限公司收购安徽雷鸣矿业有限责任公司部分股权，降低材料成本；促推与湖南省湘水集团有限公司的铜官港码头合作项目，进入砂石建筑材料的上游领域。

【人才板块】 2022年，天心国资集团完善劳务外包、档案管理、人才培训等人力资源服务体系，年度服务13万余人次。与港资企业“数字化人力资源”——“易展翅”（由尊一科技集团与共青团广东省委共同搭建的年轻人职业成长服务平台）合作，拓展线上人力资源服务。

【项目招商】 2022年5月20日，天心国资集团举办广告产业园区二期招商推介会。创谷·长沙天心文化（广告）产业园管委会主任徐伟，天心国资集团党委书记、董事长何竞，中国一冶集团有限公司、湖南建工集团有限公司等10余家企业负责人参加。何竞从产业、区位、环境3个方面介绍项目；中国一冶集团有限公司、湖南建工集团有限公司、长沙水业集团有限公司负责人进行交流讨论；与会客商就创谷·长沙天心文化（广告）产业园二期的开发建设、后期运营等模式进行探讨。通过持续对接区商务局、天心经开区管委会，引进开发资源，与意向单位初步磋商合作协议，拟定合作框架协议。7月8日，裕南街街道更新片区招商推介会举办，中建信和地产有限公司、中国海外发展有限公司、中铁城建集团有限公司、湖南愿景集团有限公司等10余家企业参加。10月9日，新开铺片区城市更新项目精准招商推介会举行，天心区委常委、组织部部长、省府新区指挥部指挥长张建，国家开发银行湖南省分行以及中国房地产开发集团有限公司等20余家企业负责人参加。

【小翅科技成立】 2022年6月15日，湖南小翅科技有限公司（简称“小翅科技”）成立，是天心国资集团旗下的科技型人力资源服务企业集团，由天心国资集团与尊一科技集团共同注资。小翅科技以科技改变中国劳动力市场为使命，致力于通过科技赋能企业人力资源服务转型升级、优化企业用工结构，打造小翅零工、小翅快招、小翅用工管家、小翅薪宝等服务产品，在行业内打造“招—用—薪—服—保”的企业灵活用工智能化、全托管服务模式，帮助企业“更快招人、更好管人、更省用人”，实现企业人力资源高效配置。

【“清风国企”专项行动】 2022年6月22日，天心国资集团举行“清风国企”微宣讲暨清廉企业示范点启动仪式，拉开集团清廉企业示范点序幕。活动通过身边人讲身边事、讲廉洁奉献、讲担当作为，厚植廉洁氛围、传承廉洁基因，为天心区清廉国企建设提供可借鉴的“国资方案”。天心国资集团主营国有资产经营与管理、城市资源开发运营等业务，涉及项目多、资金量大、流程复杂，为确保权力行使在阳光下，该集团探索廉政风险防控新路子，先后出台47项规章制度，有效堵塞漏洞，促进规范管理。

【获评AA+信用认定】 2022年9月29日，天心国资集团获得第三方评级机构——中证鹏元资信评估股份有限公司对集团主体AA+信用认定；11月25日，获得第三方评级机构——上海新世纪资信评估投资服务有限公司对集团主体AA+信用认定。获评AA+信用双评级，体现出市场对天心国资集团发展前景、战略方向、业务运营水平等方面的认可，有利于天心国资集团拓宽融资渠道、增强市场核心竞争力。

【文创产业园CMBS产品发行】 2022年7月26日，由作为原始权益人及增信方，天风证券资产管理有限公司作为计划管理人的天风—天心国资创谷广告产业园资产支持专项计划于上海证券交易所发行,这是全国首单文创产业园CMBS（商业房地产抵押贷款支持证券）产品。创谷长沙广告产业园区是国家工商总局授予的首批“国家级广告创意产业园区”之一，是国家级文创企业孵化器基地，由天鸿房地产开发有限公司、中信资本控股有限公司和天心区政府共同打造。首单文创产业园资产证券化的上市，是天心区集团国有企业多元化融资渠道、盘活存量资产的突破。

【“不超级文和友”夜市开业】 2022年7月29日，“不超级文和友”夜市开业。“不超级文和友”夜市位于天心区橘子洲大桥下河大市场旁，面积1万余平方米，是集吃虾、消夜、集市、露营和现场乐队为一体的夏夜狂欢乐园，由湖南天鑫优服企业服务有限公司与长沙文和友联合推出。“不超级文和友”作为多业态融合发展的夜经济项目，通过创新的多元化体验和丰富的内容维度，让美食、美酒、交友、音乐、集市、潮流文化等在城市的“夜间模式”中融合，扩容夜休闲的内涵，在推动城市夜经济增长的同时，保持可持续性发展的商业活力。

【新开铺片区城市更新项目签约】 2022年9月30日，天心国资集团与中国建筑第五工程局有限公司、中国葛洲坝集团举行新开铺片区城市更新项目合作签约仪式。签约仪式现场，天心区委组织部、天心国资集团、中国葛洲坝集团和中建信和城市更新分公司主要负责人共同为新开铺片区城市更新项目“党建联合体”揭牌，根据资源共享、优势互补、共同发展的总体思路，推动党建与生产经营深度融合、同频共振。

【持有上市公司股权突破】 2022年11月8日，天心国资集团完成北京证券交易所拟上市企业汇杰设计集团股份有限公司增资入股缴款1488万元，持有240万股；12月13日，完成北京证券交易所上市企业华光源海国际物流集团股份有限公司战略投资者配售缴款480万元，持有60万股，实现天心国资集团持有上市公司股权的突破，开启在资本市场股权投资的新路径。

2022年9月30日，天心国资集团与中国建筑第五工程局有限公司、中国葛洲坝集团举行新开铺片区城市更新项目合作签约仪式

（天心国资集团供图）

【战略合作签约仪式】 2022年11月30日，天心区政府与湖南省湘水集团有限公司举行战略合作签约仪式。双方将在现有合作基础上，丰富合作内涵、拓宽合作领域、提升合作水平，全面赋能高质量发展。湖南省湘水集团有限公司党委书记、董事长易放辉表示，希望在水运投资、绿色建材、水利水电等领域开展全方位、多领域、深层次合作。天心区委副书记、区长周志军表示，希望双方能够进一步深化双边合作，推动更多优质项目平台落户南部片区，增强发展后劲，实现互利共赢。

【产业基金签约仪式】 2022年12月28日，天心国资集团与财信中金公司成立产业基金签约仪式举行，标志着双方开启产业基金战略合作。 （杨雪倩）

城市管理

【概况】 2022年，天心区城管工作围绕“狠抓落实年”工作要求，把握“四精五有”（“四精”即精准规划、精美建设、精致管理、精明增长；“五有”即有颜值、有气质、有内涵、有格调、有品位）工作标准，处置城管数字化案卷8.4万余条，问题及时有效解决率99.6%；在坡子街路、白沙路等13条道路试点推行“门前三包”责任“红黄蓝”牌动态管理，带动全域临街商铺落实“门前三包”责任；初步在区城管系统以党建引领建立“社区吹哨、部门报到”工作机制；在全区范围内开展“十大行动”“六个到位六个严格”“百街千巷”环境综合整治等工作，提升城市环境品质。

【城管项目建设】 2022年，天心区将“百街千巷”环境综合整治工作纳入区人大票决项目，完成137条街巷整治提升，其中整治类107条、提质类12条、整治+提质类18条。打造祝威岗老长沙文化特色街巷、银杏路廉政文化街区、裕南街交通微循环街等一批精品街巷。完成贺龙体育中心周边支路街巷提质，包括回龙山巷、好乐迪巷、清真寺巷等街巷，提质内容为照明亮化、护栏、交通设施等。

【垃圾分类工作】 2022年，天心区加大宣讲力度，吸收党员干部、退休人员、楼栋长等人员壮大垃圾分类宣讲员、督导员、志愿者队伍，全区有志愿者915名、宣讲员324名。开展垃圾分类主题宣传活动555次、党员活动596次、志愿者活动557次，省、市级主流媒体宣传223次。推进撤桶并点工作，评定撤桶并点小区67个，楼层撤桶率100%，建成垃圾投放厢房95个。优选暮云街道及27个社区、36个小区参与示范创建。针对单位及个人不按规定进行生活垃圾分类的违法违规行为，累计进行现场教育及劝导3000余次，处罚212起，处罚金37259元。

【燃气行业监管】 2022年，天心区制定下发《长沙市天心区城镇燃气安全整治“百日行动”工作方案》。长沙市天心区城市管理和综合执法局（简称“天心区城管局”）采购便携式可燃气体检测仪131台，用于街道、执法中队、社区日常燃气安全执法检查工作；制作279块有奖举报公示牌，在辖区重点区域和人员密集型场所的醒目位置进行燃气有奖举报电话和举报邮箱的公示；成立燃气执法中队，关停15家存在安全隐患的三级液化气站，新增1家二级液化气站，配合新奥燃气完成7处老旧管网改造，排查安装燃气报警器4800余户，排查整改燃气隐患7500个，发放各类宣传册1.6万份。拆除违规户外广告招牌682处、5400平方米。累计开展燃气安全执法700次，惩戒187次，处罚金9.5万元。

【渣土管理】 2022年，天心区城管局结合深化“洞庭清波”行动，开展扬尘整治，会同城管执法大队、交警、交运，开展渣土扬尘联合整治行动。全年开展联合执法48次，参加人数1906人次，整治工地501个次，教育整改车辆1442台次，渣土行政处罚案件271个，扣押车辆75台，处罚金97.2万元，其中1万元以上的23个。针对渣土工地黄土裸露、出入口污染等问题，下达整改通知单197张、停工通知单60张。开展渣土安全运输大检查工作，检查运输企业307家（次）、工地（消纳、回填场）182处（次），对安全生产检查反馈的问题企业下达整改通知单51张，停工通知单21张。

【行政审批】 2022年，天心区城管局录入企业行政许可信用信息700条，双公示率保持在100%。及时录入监管信息，共录入执法监督系统信息220条。全年办理各类审批事项1035件，其中占用、挖掘城市道路审批290件，临时占用街道两侧及公共场地360件，砍伐城市树木审批15件，占用城市绿化用地审批35件，门店招牌登记240件，渣土回填事项80件，水电气外线审批承诺备案制15件。

【拆控违工作】 2022年，天心区城管局参与全区自建房安全整治“百日攻坚”拆违控违工作行动，组织相关街道出动6510余人次（城管执法力量1120余人次），拆除违法建（构）筑物446处，面积12万余平方米。户外广告方面拆除违规户外广告招牌682处、5400平方米。

【“十大行动”】 2022年，天心区制定下发《天心区“十大行动”全面推进市容环境全域提升达标工作方案》，对工作进行全面安排部署，明确分工，确保责任落实到位。天心区以主干道、快速路、广场、商业中心和景区为重点，优化环卫作业模式，提升保洁整体水平，开展重点区域精洗行动；以芙蓉南路、书院路、湘江大道、劳动路等路段两厢楼宇为重点，开展临街建筑立面整治行动；结合“百街千巷”环境综合整治提升，以太平街、县正街等重要街巷为示范点，辐射带动全区，开展背街小巷环境整治行动；全面摸排城乡接合部乱象，实现乱象“清零”，开展城乡接合部综合整治行动；加大建筑工地扬尘污染（建筑工地周边市容环境）日常监管巡查力度，开展建筑工地文明整治行动；全面摸排全区桥下空间情况，以南二环、湘府路大桥、芙蓉南路为重点区域，开展桥下空间环境清理行动；重点针对市容环境秩序、渣土运输、拆违控违等方面，开展执法办案行动；深化“全民参与”理念，打造“天心诚心”全民城管工作品牌，组织各行业协会、志愿者协会、工青妇团少等组织参与垃圾分类等志愿服务活动。组建专班对全区14个街道巡查，对环境卫生、乱堆乱放、店外经营、车辆停放不规范、黄土裸露等市容乱象开展综合整治。累计督查交办各类问题1000余个，各街道开展市容秩序专项执法1200余次，整治流动摊贩6700余处，劝导店外经营、占道经营等行为8000余次，清理堆物、建筑垃圾5100余处，黄土裸露覆绿11.8万平方米，整治乱停车辆8700余台。

【“六个到位六个严格”工作】

2022年，天心区成立“六个到位六个严格”（重点区域清洗精洗到位、背街小巷环境维护到位、城乡接合部综合整治到位、闲置地块常态管控到位、建筑工地文明措施到位、桥下空间精细管理到位；严格责任落实、严格采集交办、严格督查通报、严格拉练考核、严格依法执法、严格问责问效）工作领导小组。领导小组下设办公室，由区城管局党组书记、局长雷杰淋任办公室主任，设综合组、督查组、宣传资料组3个工作组，分别负责市级交办问题的接收、分配和整改回复汇总；各类问题督查及整改后的复核；材料的撰写和宣传。4月18日，区政府副区长郑州带队到青园、先锋、新开铺等街道，实地察看友谊路、韶山南路、中意一路、新梅路及新联北路等路段市容环境提升情况，询问问题整改进展等，要求各部门、街道深入开展“六个到位六个严格”推进城区市容环境全域提升达标工作。4月21日，“六个到位六个严格”工作领导小组第一次调度会议召开。会议对各项整治任务进行细化和分解，明确工作目标，要求全力抓好环境卫生问题整改，推进天心区城区市容环境全域提升达标。

【“百街千巷”环境综合整治】

2022年，天心区区长办公会审议通过《长沙市天心区“百街千巷”环境综合整治提升工作方案》，在全市创新将“百街千巷”工作纳入区人大票决项目，采用联席会议、专题通报、一街一策等方式加快工作落实和推进。由区城管局牵头，建立工作专班，各个区职部门、各个街道共同参与，按街巷制定提质和整治方案。市、区专班督查人员逐一对全部137条街巷进行实地督查走访。3月9日，天心区“百街千巷”环境整治工作会议召开。区委副书记、区长周志军主持，副区长郑州，区属相关单位、街道主要负责人参加。会议听取区城管局关于全区“百街千巷”环境综合整治提升工作情况的汇报，就相关具体工作进行铺排。会议要求，各相关单位和街道要从完善市政基础设施、确保交通通畅、消除安全隐患、规范招牌雨棚、整治空中管线、提升街巷形象等方面入手进行整治，通过整治实现街巷干净整洁、规范有序、配套完善、布局合理；要通过整治探索形成背街小巷管理的长效机制，实现环境提质、管理提标。会议召开前，周志军一行到裕南街街道裕南后街、城南路街道贺龙体育中心周边支路街巷、赤岭路街道莲花山巷、新开铺街道石竹路等相关街巷进行现场调研。5月20日，天心区“百街千巷”环境综合整治提升联席会议召开。会议由郑州主持，长沙市城管局规划处处长陈奇勋、“百街千巷”专班负责人张定国、省建筑设计院相关专家及天心区相关职能部门和各街道负责人参加会议。坡子

2022年，天心区开展“百街千巷”环境综合整治提升活动。图为整治后的裕南街街道望月村路（区城管局供图）

街、城南路等街道汇报街巷“一街一策”整治和提质方案，区城管局和区公建中心汇报贺龙体育中心周边枫香路等街巷的提质设计方案。会议基本同意各街巷和职能部门的街巷整治和提质设计方案，各职能部门对项目手续办理、技术把关、安全生产、后期维护等问题提出相关的建议和意见。10月10日，天心区“百街千巷”环境综合整治工作推进会议召开。区城管局汇报全区“百街千巷”环境综合整治提升工作整体情况，相关街道代表进行典型发言。周志军、郑州以及区直相关单位、街道办事处主要负责人参加。会议要求，全面对照“违要拆除、路要平整、行要通畅、线要规整、面要美观、文要呈现”的“六要”标准，高质量落实整治工作；科学制定评分细则，强化评分评比；通过出台社区“文明公约”和评选文明示范家庭、示范工商户等举措，提升群众参与街巷环境维护的积极性。会前，周志军带队到坡子街街道药王街巷、金盆岭街道轻院路、裕南街街道钟馗庙巷现场观摩，听取各点位街巷环境综合整治相关情况汇报，要求区相关单位和街道解决乱停、飞线和充电桩安全等问题，提升市容形象。

【城市管理工作大会】 2022年6月30日，天心区服务“强省会”战略、推进更高水平城市管理工作大会召开。周志军、厉波、彭元强、郑州，区城管委各成员单位分管负责人、各村社区书记、部分人大代表政协委员260余人参加会议。会议对城管工作进行全面部署，要求认真践行人民城管的理念、着力构建大城管工作格局、聚集基础的夯实、加快推动智慧城管建设、坚守城管安全底线，全面提升城市管理水平，以“强品质”促推“强省会”。

【燃气安全生产培训会】 2022年6月28日，天心区城管局组织召开燃气安全生产培训会。全区各街道燃气专干、各驻街执法中队、督查中队、广场中队、步行街中队执法干部、部分餐饮门店负责人共100余人参加会议。新奥燃气输配公司、客服公司以及瓶装液化气公司的专家进行授课，讲解燃气泄漏应如何应对、液化石油气瓶的检查、可燃气体探测器的安装使用等燃气安全知识；现场演练液化石油气瓶泄漏着火情景应急处置。 （李　攀）

2022年5月22日，天心区城管执法大队黑石铺中队在黑石铺街道披塘村安置小区一期展开拆违行动 （陈　卫　摄）

城市管理综合执法

【概况】 2022年，天心区城管执法大队办理各类案件9866起，罚款365.18万元；实施行政强制244件次；柔性执法1168件次，其中现场教育（规范）1056件次，轻微免罚112件次；经过听证的行政处罚18件次；受理政协提案13起，办理各类交办件99件，其中省信访局交办8件，区委督查室交办26件、区长信箱8件，网信办57件；处理“12345”工单4123条，工单办结率100%，24小时报警平台受理投诉9403条。城南路中队、文源中队、青园中队、黑石铺中队、先锋中队完成规范化建设任务并通过市局验收，南托中队、暮云中队进入设计施工阶段；对全体执法人员和执法辅助人员进行法律法规及业务培训，全年培训520余人次；各级各类媒体采编涉及天心区城管执法工作的新闻、视频稿件250余篇，其中省级以上新闻、视频稿件212件。采编的天心城管抗击冰雪视频素材被中央电视台《新闻联播》播出。

【重大活动保障】 2022年，天心区城管执法大队落实大型活动保障任务，参与保障元旦跨年夜安保行动，“两会”期间市容秩序管控和显性执法工作，春节期间黄兴路步行街夜间秩序管控工作，文明创建迎检期间市容秩序管控工作，“新三考”及评卷工作期间校园周边市容秩序整治工作，重大会议期间市容秩序管控等重大活动。

【自建房专项整治行动】 2022年，天心区城管执法大队开展自建房安全专项整治，出动执法力量880余人次，拆除违法建（构）筑物303处，面积79406.6平方米。

【燃气安全专项整治】 2022年，天心区城管执法大队根据燃气执法工作特点，专门成立燃气中队。燃气中队开展安全生产大检查活动，提高执法巡查频次力度，勤查严改，及时排除风险隐患。全年办理燃气类案件76起，罚款15.01万元。案件数比2021年上涨950%，罚款额比2021年上涨154%。

【机动车违停专项整治】 2022年，天心区城管执法大队引进吸盘式电子告知单、后视镜电子锁车罚单等新型锁具，并运用移动云MAS短信平台和城管执法语音告知辅助系统，对未及时缴纳罚款的违停人员进行短信和电话语音催缴，机动车违停处罚到位率长沙市各区县最高，全年抄牌数量15426件，处罚到位7053件，处罚到位率45.8%。

【“牛皮癣”小广告专项整治】 2022年，天心区城管执法大队开展小广告专项整治行动，启用城管执法语音告知辅助系统。4月29日，区城管执法大队组织召开“牛皮癣”小广告追呼系统执法培训工作会议，全面开展“牛皮癣”小广告治理工作，重点整治道路、广场和居民小区等公共场所悬挂、张贴、刻画“牛皮癣”小广告行为。全年处理小广告案件共462起，罚款2.6万余元，案件数比2021年增长231倍，罚款额比2021年增长170倍。

【共享单车管理系统建设】 2022年，天心区城管执法大队共享单车管理系统上线投入运行，系统拥有实时发现、实时预警、实时推送、实时监测、实时排名等功能，从执法队员发现共享单车违规现象，到系统预警并推送给共享单车运营方，再到运营方清运响应完毕并反馈，整个过程不超过30分钟。（周杰锐）

环境卫生维护

【概况】 2022年，天心区市容环境卫生维护中心有1个垃圾运输队，坡子街、城南路、裕南街、赤岭路、新开铺、桂花坪、青园、黑石铺、先锋9个环卫所，各类环卫作业车辆243台，其中垃圾运输车107台、水车96台、洗扫车40台。负责全区127条主次干道721.29余万平方米道路和232万平方米绿化带、新世纪体育文化中心广场、黄兴南路步行街、湘江风光带（湘江一桥至辣椒广场）的清扫清洗、“牛皮癣”小广告清理以及沿线果皮筒、路名牌等公共设施的维护工作，全区47个地下人行通道及1座车行通道、8座人行过街天桥保洁工作，全区每年30万余吨生活垃圾的收集清运工作，大件垃圾、有害垃圾等其他垃圾的运输工作，全区127座公共垃圾站、136座公共卫生间、57座环卫工作间等环卫设施的建设、管理、维护、保洁工作。（蒙　静）

【环卫项目建设】 2022年，天心区环卫公共设施建设项目总投资近1700万元，包括新建公厕8座，提质改造公厕30座。10座垃圾站轨道和附属设施改造全部完工并投入使用。启动智慧环卫二期车辆准备、人员转接、道路清扫岗位设置等前期准备工作，扩大智慧环卫应用场景和成效。（蒙　静）

【日常作业维护】 2022年，天心区市容环境卫生维护中心制定《天心区环卫维护中心精洗精扫方案》，加大保洁维护频次，提高全域环卫精细管理水平。对重点区域、重要干道、快速路、广场、五一商圈周边道路，通过“双车作业、洗扫结合”模式进行清洗精洗。对辖区内127座公共垃圾站、136座公厕以及所有作业车辆、“城市家具”进行强力清洗。对绿化带、“牛皮癣”小广告、河滩进行全面清理，清理“牛皮癣”小广告近108万张，清运厨余垃圾3.8万吨、其他垃圾34万余吨。（蒙　静）

【市容专项整治】 2022年，天心区市容环境卫生维护中心开展道路扬尘专项整治、站厕专项整治、河道专项整治、绿化带专项整治、牛皮癣专项整治等行动，出动清扫员15万余人次、洒水车1.2万余台次、机扫车4300余台次、船只700余艘次，对路面扬尘较多、污染严重的路段循环降尘并开展人机配合精洗；对127座垃圾站和136座公共厕所内外进行精洗；清理河道垃圾360余吨；清运路面及绿化带垃圾500余吨；清除“牛皮癣”小广告近5万张。（张　勤）

【河长制工作】 2022年，天心区市容环境卫生维护中心制定《湘江天心段水面保洁一体化维护方案》《湘江天心段保洁应急处置方案》，组织7支清理小队60余人、14艘打捞船，对河道进行日常保洁。开展河道专项整治行动41次，出动清理人员2653人次、电动三轮收集车287台次、船只446艘次，清理水面及河滩垃圾1710吨。灵官渡泵站保洁维护得到加强，湘江天心段实现全域保洁一体化。 （蒙 静）

【重大保障工作】 2022年，天心区市容环境卫生维护中心在低温雨雪天气期间，调集大量人力、物资、设备全力保障责任区域扫雪除冰工作，配备撒盐车6台、铲雪车5台，购置融雪剂740吨、铁锹1000把、套靴1000双、手套2000双，累计出动人员1.72万余人次，使用融雪盐352.2吨、麻袋4360个。全年做好迎接中央、省、市主要负责人调研，中共二十大市容环境保障检查、湖南省“两会”、文明创建、河道巡查等重大保障60余次。 （蒙 静）

【“厕所革命”工作】 2022年5月26日，天心区2022年“厕所革命”工作调度会召开。区政府副区长郑州、区属相关单位和各街道相关负责人参加会议。会议听取“厕位”建设项目的实施进度，计划2022年新建公厕8座、改建30座。会议强调，各相关单位要落实好民生实事项目，开辟绿色通道，支持办理建设手续，加快改厕进度，确保公厕建设工作高质量完成。截至2022年年底，天心区完成新改建公厕38座。在新改建的20座公厕中，增设母婴室、无障碍设施等人性化的设计，配置智能除臭系统、感应式龙头等智能化设施；对于农贸市场内公厕配置不齐、内部设施老旧等问题，采用以奖代补的模式发动8个农贸市场对其内部的公厕实施改造。 （蒙 静）

【庆祝湖南省第二十七届环卫工人节表彰大会】 2022年11月2日，天心区学习贯彻中共二十大精神暨庆祝湖南省第二十七届环卫工人节表彰大会举行。区市容环境卫生维护中心班子成员、全体中层干部、一线环卫工人代表等60余人参加。大会对工作成绩突出的47名一线先进个人、16名优秀中层干部和6个先进集体进行表彰。获奖集体及个人依次上台领取荣誉证书，先进集体代表和先进个人代表分别作典型发言。 （蒙 静）

【环卫行业技能竞赛】 2022年7月11—15日，天心区市容环境卫生维护中心举办以“弘扬工匠精神，共建精美天心”为主题的环卫行业技能竞赛。142名环卫工人参加人工清扫、洒水车、洗扫车、重型勾臂车、自卸式垃圾车等6个技能比武项目，其中人工清扫技能比武中增设“牛皮癣”小广告清除比赛。每项比武皆为环卫日常工作，根据比赛内容不同实行不同的比赛规则、评分标准和操作要求。经过比赛，6个项目共产生个人一等奖5名、二等奖12名、三等奖19名，团体一、二、三等奖各1名。 （蒙 静）

市政设施维护

【概况】 天心区市政设施维护中心主要负责全区25条主干道、119条次干道、83条支路、386条背街小巷的市政道路和排水设施，13个高排涵通江口、无物业小区约6600座化粪池的日常维护管理及城区防涝排渍工作，并根据市、区下达的任务，实施市政道路、地下排水管网等提质改造任务。

2022年，天心区市政设施维护中心秉承“把市政当家政、把市民当亲人、把岗位当舞台、把服务当事业”工作理念，立足维护主业、紧扣项目重点、坚守安全底线、严抓队伍管理，解决南湖路隧道雨水倒灌问题，推进城区重点道路坑洞隐患整治工作和湘江路等城区主要道路交通安全隐患整治工作，新姚路（芙蓉路—黑石铺路）、南湖路（湘江大道—芙蓉路）、天心大道等提质改造工程完成竣工验收。主办政协提案、人大建议各1件，会办政协提案1件、人大建议2件，办理后代表满意度均为100%。获评2022年度长沙市“以四精五有标准建设精美长沙”工作先进单位。

【防涝排渍】 2022年，天心区市政设施维护中心改造小型堵点39处，改造管网长度356米。完成湘江中路人民路口路面积水专项整治工作、南湖路隧道周边排水设施汛前整治工程项目和灵官渡泵站汇水区市政排水管网系统性清淤疏浚项目，解决南湖路隧道雨水倒灌问题，减少网管堵塞和城区内涝风险。做好防汛工作，出动人员巡查、值守城区各堵点共25次，出动人员约4093人次，车辆、设备约1093台次。在各轮强降雨过程中，天心区城区范围内未出现长时间、大面积积水现象。

【市政道路维护】 2022年，天心区市政设施维护中心修护车行道25883.56平方米、人行道约9777.39平方米、侧平石约1344.11套米，安装障碍球301个，安装障碍杆、柱1519根；查勘、疏通地下排水管道561.57千米，检查及清淘泄水井29685座次；检查及清淘化粪池井12368座，疏通化粪池地下管道26.86千米；更换、修复各类井座井盖4208座；安（补）装防坠网4854个。

【设施安全运行】 2022年，天心区市政设施维护中心加强道路维护管理，实行市政道路“路长制”，建立班子成员、联点科室及巡查维护所的三级日常巡查机制；突出五一商圈、省府周边等重要区域的精细化维护；加快推进城区重点道路坑洞隐患整治工作和湘江路等城区主要道路177处交通安全隐患整治工作。加强对井盖井座安全运行的监控，通过安装防坠网、更换四防井盖井座等，消除井盖设施安全隐患。加强城区市政类井盖、道路坑洞病害安全隐患的排查整改，对城区主要路口、地铁轨道、高排涵通江口由经路段及人流、车流量大路段定期检测。

【市政民生项目】 2022年，天心区市政设施维护中心组织实施一系列专项工程项目：新姚路（芙蓉路—黑石铺路）、南湖路（湘江大道—芙蓉路）、天心大道提质改造工程，白沙路行道树树池改造工程，天心大道、天心阁标牌整改工程，湘江南路（黑石铺大桥—昭山风景区）照明设施改造工程均完成竣工验收。推进芙蓉南路东侧污水管网改造工程、南湖港排水提标改造工程、书香路人行天桥建设工程、雀园路高速出入口提质改造工程、圭白路泵站建设工程、圭白路箱涵建设工程、小西门坡子街管网修复及混接改造工程、“630”电力埋管改造工程。

【24小时服务热线】 2022年，天心区市政设施维护中心确保“12345”政务服务便民热线、110“市民求助热线”平稳运行，接收“110”热线439条，“12345”工单办理1183条，均已办结，群众满意率100%。受理数字化案卷15345条，完成15345条，其中排水类2501条、道路类2717条、人行道类10127条，依据系统流程申诉撤卷94条，结案率和按期结案率每月均为100%，无一例返工、超时案卷产生。

【行政审批】 2022年，天心区市政设施维护中心办理行政审批手续267起，依据相关文件减免5985.39万元，收费340.21万元。其中，占道审批手续204起（收费169.80万元）；挖掘审批手续63起（收费170.41万元）。

【南湖港水系系统性提标改造工程】 南湖港水系系统性提标改造工程建设地点为天心区南湖港水系范围内，总投资9584.53万元，主要内容为低排管扩容、钟馗庙巷拱涵修复、管道瓶颈修复、截污井改造、路面破除及恢复等。2022年5月19日，天心区南湖港水系系统性提标改造工程总体方案设计技术审查会召开。湖南大学设计研究院、中国市政华北设计研究总院、长沙市规划勘测设计研究院、湖南省建筑设计院、市城区排水事务中心的5位排水领域专家及长沙市、天心区相关职能部门参会。会议经过严格方案审查和科学论证，形成一致意见：原则通过此次设计一期方案，并从方案设计治理目标、实施条件等多方面提出意见建议，形成水安全与水环境相结合的整治理念，并将开展二、三期整治。9月25日，南湖港流域排水系统提标改造工程（一期工程）项目工程总承包招标公告发布；10月31日，该项目工程总承包中标结果公告发布，中标单位为湖南乔口建设有限公司（牵头方）、长沙市规划设计院有限责任公司（成员方），中标价格为9197.39万元。

【南湖路隧道口周边排水设施整治项目】 南湖路隧道口周边排水设施整治项目由天心区市政设施维护中心负责实施，2022年3月初进场施工，5月底完成主要工程量，7月进入扫尾工作。该项目新建23条截水沟（长180米），铺设40米管道；新增3条雨水边沟（长192米），雨水沟改建100米；雨水口扩容（2改4）56处。

【天心大道提质改造工程】 天心大道是为加快落实长株潭一体化发展战略，推进天心区提质扩容建设，缓解南北方向交通压力，优化城市管理，提升地名标准化水平，而将书院南路（赤岭路路口—南二环）、新开铺路、中意二路、中意三路统一以天心区命名的主干道，全长22.1千米，沿线经过天心区赤岭路、新开铺、黑石铺、先锋、南托、暮云6个街道。天心大道提质改造工程项目总投资214.5万元，由天心区市政设施维护中心负责实施，包括市政设施完善、新建车行道及人行道、重新划定标线、交通信号灯迁移等工作。该项目于2022年6月入场施工，截至2022年年底完成竣工验收。

【办公场所搬迁】 2022年10月27日，天心区市政设施维护中心举办搬迁仪式，搬迁至创谷·广告产业园B2栋写字楼7楼。

（彭忆萱）

园林建设与绿化

【概况】 2022年，天心区核定绿化维护面积，合理安排辖区各路段、公园、广场等维护工作，推进日常维护工作规范化；推进锦绣路行道树提质、省府景观中轴线公园景墙维修、社区公园“厕位”改建、特定区域高压喷淋设施安装、省政府机关院内民阜山自然山体树木修复与清理等绿化工程建设；在仙姑岭市级义务植树基地开展全民义务植树活动，在海棠公园开展“天心区政务公开暨园林绿化知识宣传主题日”活动，参与“发现古树名木之美”系列评选活动；受理临时占用绿地申请和砍伐移植城市树木手续39例，及时处理交通汽车肇事损坏绿化行为10件。对海棠公园和绍基公园进行提质改造，其中海棠公园被评为全市“人民满意公园”。

【绿化维护管理】 2022年，天心区补栽乔木500余株，灌木9.5万株，草花、小苗95万盆，草皮、地被4.5万平方米；修剪乔木、大灌木5.7万株，修剪绿篱及草坪237.4万平方米；扯草除杂274.68万平方米，清运园林绿化类垃圾3502车；喷洒药物214.85万平方米，未发生大面积病虫害；施肥89.6吨，保障苗木良好长势；全面排查修补园林景观设施，修复各类设施5334处；累计处理数字化案卷5355条，按时结案率达100%，无重复案卷发生。

【绿化工程建设】 2022年，天心区完成湖南省政府南门、省政府东门周边、杜甫江阁等城区重要节点园林景观常态化布置工作。完成省政府机关院内锦绣路行道树提质建设，获得省政府相关负责人肯定。完成省府景观中轴线公园景墙维修工作，按原貌修复面积约1000平方米，及时消除安全隐患。完成2022年天心区社区公园“厕位”改建项目，进入试用阶段。完成天心区特定区域高压喷淋设施安装项目。完成省政府机关院内民阜山自然山体树木修复与清理工作，共计清理死树约240株、修剪树木约30株。完成殷家冲街头游园街角花园项目，其他3个街角花园均进场施工。

【古树名木保护】 2022年，天心区园林绿化维护中心对照湖南省发布的古树名木名录，根据纠偏工作程序要求，纠正错误记载、补

2022年10月1日，布置在天心区湘府公园的园林景观　　（区园林绿化维护中心供图）

充缺失内容。采取全区排查与日常巡查相结合的方式对辖区101株古树名木进行排查，全面、准确地掌握古树名木资源现状与动态，及时救治赤岭路古树。参与“发现古树名木之美”系列评选活动，在全区范围对古树名木信息数据重新进行收集整理，运用无人机、高清数码相机等多种形式捕捉古树名木之美，推选具有文化历史内涵、生长态势良好的古树名木17棵。

【生态文明行动】 2022年，天心区园林绿化维护中心提倡勤俭节约、绿色环保，推动节约型机关（单位）创建，开展清洁行动80余次，清洗花坛、地面80万平方米，清除卫生死角1800余处，处置园林绿化及大件木质垃圾4285吨。

【安全生产主题活动】 2022年，天心区园林绿化维护中心组织学习新《中华人民共和国安全生产法》、交通安全知识、园林设备操作等培训6次，开展道路交通安全知识竞赛1次，点对点培训60人次，与中心65名驾驶员签订“安全承诺书”。开展安全生产专项整治三年行动、“安全生产月”活动和“安全生产长沙行”行动以及“奋力强省会、喜迎二十大”主题活动“保安全”专项行动，开展安全隐患大排查50余次，排查各类安全隐患97处，并督促责任单位立行立改，及时消除隐患。为126具干粉灭火器换粉，购置安全锥100个、护目镜130副、安全作业护围挡30套、安全帽50顶、安全警示带50卷等物资。

【危树险情处置】 2022年，天心区园林绿化维护中心公开受理社区居民死危险树木砍伐报告32份，协助处理城管“110”案件、数字化信息平台案卷、“12345”政务服务便民热线及社区死危树事件58例，处理死危树229株。2月22日，区园林维护中心提前对侯家塘立交桥、殷家冲立交桥撒盐除雪，避免路面结冰；及时清除辖区社区公园的所有人行游道积雪，并设置安全警戒线，提醒市民游客注意安全；及时处理被大雪压倒的树枝枯枝，排除安全隐患。其间，共出动人员300余人、设备15台，撒盐车辆2辆，吹风机12台，扫把竹竿200支，对中心城区重点桥梁撒盐4吨，处置芙蓉路、新韶路、湘府路等路段倒塌树木问题30余处，排查隐患20余处。9月2日，对湘府文化公园开展绿化巡查，安排登高车和专业人员对位于莲花广场南侧的桂花、银杏部分枯枝进行处理，及时消除安全隐患，累计处置问题苗木60余株。12月7日，区园林绿化维护中心组织人员对赤岭路行道树垂枝进行修剪，出动维护人员10人次、随车吊1台次，清理园林绿化垃圾2车，及时消除安全隐患。

【抗旱保苗】 2022年，面对旱情，天心区园林绿化维护中心采取早晚班轮班、人休车不休的工作方式，合理调整作业时间，每日出动维护人员200余人次、车辆64台次，日均用水量约1.5万吨，累计浇水15766车，确保各类苗木顺利度旱，全区未出现大面积枯萎、斑秃现象。同时学习借鉴其他抗旱方法，采用吊挂带塑料内胆的编织袋，滴灌浇水，解决浪费人力资源、水资源及浇灌效果不佳等难题，有效保障辖区苗木存活率。

【绿化养护】 2022年1月23日，天心区园林绿化维护中心组织维护人员进行冬季施肥作业，保证苗木摄取充足养分，提高防冻抗旱能力；3月9日，对辖区绿化植物进行春季施肥工作，满足绿化植物萌芽、开花的营养需求；3月24日，对城南路两厢绿化进行除杂作业；3—4月，采取化学防治和人工防治相结合的方式，对主次干道、社区公园及公共绿地进行除杂作业；5月18日，针对虫害特点在金桂社区北小游园进行打药作业；6月14日，在红旗公园开展夏季修剪除杂作业，改善树木通风透光条件；7月4日，在芙蓉南路分车带进行除杂作业；7月11日以来的暑期，采用错时工作法，每天安排维护人员分早、晚班对辖区主次干道行道树、社区公园及公共绿地进行浇水作业，出动洒水车2563台次；8月9日，对芙蓉南路进行修剪除杂作业；12月23日，对海棠公园水生植物进行清理。2022年冬季，区园林绿化维护中心累计完成行道树刷白5.6万株。

【安全操作培训】 2022年2月22日，天心区园林绿化维护中心邀请设备厂家人员对一线员工进行园林机械设备操作使用培训，受训人员120人次；5月10日，组织驾驶员进行专项培训，学习交通法规相关知识、观看警示教育片等，76人次受训；6月30日，开展安全知识讲座暨安全知识竞赛活动；11月11日，组织开展森林防火演练观摩和灭火器实操演

2022年8月5日，天心区园林绿化维护中心在海棠公园组织开展园林绿化知识宣传科普活动　　（区园林绿化维护中心供图）

练，各维护所配合参加。

【全民义务植树活动】　2022年3月11日，天心区园林绿化维护中心在仙姑岭义务植树基地开展主题为“履行义务植树共建美丽长沙”的全民义务植树活动。湖南省市场监督管理局、天心区城管执法大队先锋中队、平和堂有限公司等单位代表和社会志愿者近300名参加。活动期间，共种植杜鹃、桂花、夹竹桃等树种树苗300余株。

【绿化维护培训】　2022年4月26日，天心区园林绿化维护中心春季培训班在湘府文化公园开班。湖南农业大学教授吴铁明讲述园林植物修剪的必要性和重要性，强调修剪对植物生长的影响，在现场实操中示范茶花、樱花、桂花等常见乔灌木的修剪技术；病虫害防治专家崔立明系统介绍园林植物常见病害、虫害的识别及防治方法，在现场实操中对湘府文化公园内长势不佳的植物进行“刨根问底”式的病虫害分析。11月，在长沙市第二届城市园林“星城杯”比武中，经角逐，区园林绿化维护中心王雷获个人三等奖。

【绿化科普活动】　2022年8月5日，天心区园林绿化维护中心在海棠公园开展“天心区政务公开暨园林绿化知识宣传主题日”活动。活动向市民群众普及城市园林绿化法律法规、全民义务植树、保护古树名木等知识，发放《长沙市城市绿化条例》《长沙市城市绿线管理办法》等知识宣传资料300余份，接待市民群众200余人次。

【增花添彩】　2022年国庆期间，天心区园林绿化维护中心组织园林维护骨干，将湖南省花境景观营造技术培训班学习的花境理论与施工实践相结合，集中人力、物力、财力对芙蓉路、湘府路、万家丽路、环保路、湘江南路等重点路段及杜甫江阁、滨江公园等区域更换草花，营造花境，使用鸡冠花、鸭脚木、矮牵牛、孔雀草、千日红、一串红等各种时令草花39.77万盆，更换面积约4680平方米，扮靓城市园林街景，展现优质市容市貌。　　（高叶青）

步行商业街管理

【概况】　长沙黄兴南路步行商业街（简称“步行街”）是一条百年老街，位于长沙“五一商圈”，全长1154米，街面宽23~26米，黄兴广场面积近万平方米，是集购物、休闲、娱乐、餐饮、文化及旅游等多项功能于一体的综合性商业街，被业内誉为“三湘第一街”。

2022年，步行街累计客流量6362万人次，比2021年增加4%；营业额60亿余元。街区经营商铺近1150家，其中百货业占比约67%、餐饮业28%、休闲娱乐业2.6%、文化教育0.7%、其他行业1.7%。发布宣传报道200余条，新华社、《人民日报》、湖南卫视、腾讯网等主流媒体、新媒体平台，专题报道步行街商圈、街区和夜间经济相关情况。

【日常管理服务】　2022年，步行街管理服务中心促进步行街提档升级，丰富业态，促进街区健康有序发展。步行街的公共秩序、市容环境、治安交通、商业经营、公共设施等实施综合管理，开展联合专项整治行动3次，配合消防大队、派出所进行相关检查4次，配合市监部门处理侵权、违规等消费事件6起。做好街区指示牌、路面、井盖、路灯等公共设施的日常维修、维护40余次，维护费用35.3万元。改造无障碍通道2处、无障碍厕所5个，在坡子街通道口新增智能升降设备。向街区商户发放各类安全防范宣传资料5000份。举办大小商业活动50余场。联合消防部门、物业公司开展消防演习1次，步行街全年无安全生产事故。检查街区各类广告招牌1300余块。

【提质改造项目】 2022年，步行街管理服务中心以“千年湖湘 烟火长沙”为提质改造主题并编制方案，针对商务部主要考核指标进行节点、重点改造，项目总体完成90%，完成司门口、中心广场、古道巷等重要节点的改造提升。对黄兴广场舞台及电子显示屏进行升级，街区西南角显示屏完成升级。

【智慧商圈建设】 2022年，步行街管理服务中心对黄兴南路智慧平台进行升级，新的平台对大数据分析、视频监控、5G基站定位、5G消息触达等功能进行优化，日均为20万名商户和消费者提供服务。6月17日，在商务部组织召开的“智慧商圈、智慧商店示范创建工作座谈会”视频会议上，黄兴南路步行街作为典型发言，就智慧街区项目建设和运营、后期工作设想等工作进行经验介绍。

【宣传活动】 步行街开展五菱宏光、大众汽车、麻辣王子等品牌宣传活动50余场；开展“湖南省消费季——长沙四季消费节启动仪式”、红网“JIU要爱到底”、“五一信用商圈创建”等公益、主题活动30余场次。5月25日，中国国际电视台CGTN在街区做“稳经济促增长”直播，总台记者在长沙黄兴南路步行街探访长沙夜间经济；6月14日，外交部发言人赵立坚推特发文向全球推介长沙美食街；11月5—11日，长沙黄兴路步行街参加第五届中国进出口博览会，在人文交流展区展示步行街提质改造成绩和湖南消费品。全年步行街迎接中央政法委、国家发改委、共青团中央、湖南省政协、省商务厅等上级领导督查考察，江西省、内蒙古自治区、广州市等地考察交流团体20余批次。

【夜间经济服务】 2022年，天心区夜间经济服务中心实行“夜间管家”、部门轮班驻点制度，整合城管、市监、应急、街道等相关部门，成立“隐患查纠队”“纠纷调解队”“打击整治队”，开展驻点办公、巡查办公。全年受理、化解各类纠纷30余起，为市民游客提供帮助、救助100余次。

【“五一信用示范商圈”建设启动仪式】 2022年6月14日，长沙市“6·14”全国信用记录关爱日主题宣传活动暨“五一信用示范商圈”建设启动仪式在长沙黄兴南路步行街中心黄兴广场举行。活动现场发布《长沙市天心区“五一信用示范商圈”信用管理办法》及《长沙市天心区“五一信用示范商圈”守信激励政策》。火宫殿、茶颜悦色、果呀呀等五一商圈具有代表性的商户集体宣读“商家信用承诺书”；湖南大学金融发展与信用研究中心研究员黄卫东、长沙远征驾校校长张建明和湘诚现代城市运营服务股份有限公司党委书记、董事长刘洋等就天心诚信建设与诚信经营企业代表进行交流访谈。“小诚优优”小程序在现场以“小诚子”的卡通形象介绍程序系统。通过将信用良好的商户免费入驻到“小诚优优”上，让政府更便捷地对商户进行信用监管，同时依据商户信用度进行评分。天心区开展“五一信用示范商圈”创建活动，以信用制度和信用数据为基础，拓展政府部门、企业商户、消费者3个主体应用场景，开发运营“五一信用示范商圈”“小诚优优”程序系统；同时通过《守护解放西》《百行诚信面对面访谈》《诚信之声》等主题宣传活动，评选推介一批“遵纪守法、规范管理、诚信经营、口碑良好”五一商圈“诚信商户”，规范五一商圈管理，树立信用建设新标杆，打造“诚信消费新高地”。（苏　雷）

2022年4月26日，“湖南省消费季——长沙四季消费节”在步行街黄兴广场启动　（步行街管理服务中心供图）

城市建设与管理

交通运输

【概况】 2022年，天心区以打造“畅、安、舒、美”的“四好农村路”示范乡镇为目标，以路美村、以村带路；围绕乡村振兴战略和南部片区乡村生态休闲旅游、特色种植产业、美丽屋场发展需要，优化乡村休闲路、产业路示范布局，发挥优势产业带动效应；完成县道牛冻路提质改造项目，开通全区首条城乡公交“村村通”C1线路，推广应用道路运输电子证照，开展VR模拟安全培训系列活动。天心区交通运输局（简称“天心区交运局”）被评为长沙市推进国家综合交通枢纽中心建设优秀区县，天心区农村公路养护考核排名全省第七，被评为省级农村公路养护工作先进单位、市级农村公路目标管理红旗单位，交通顽瘴痼疾整治工作、治超工作在市级年度综合考评中获“内五区”第一。（王　珍）

【交通项目建设】 2022年，天心区新改建项目中，县道牛冻路4.5千米、涉农街道15千米提质改造项目均完成路面施工，并全部完成竣工验收。实施农村公路大中修25千米，农村公路安全生命防护工程20余千米。（王　珍）

【超限超载整治】 2022年，天心区交运局统筹推进日常执法、专项整治、源头治理、宣传引导等工作，开展货运车辆超限超载大整治。截至2022年年底，开展治超专项整治行动59次，查扣超限超载车辆1622台，卸载货物2258.55吨。（崔　博）

【道路运输行政审批】 2022年，天心区交运局在一网通办上办理各项行政许可业务，新增许可104家（其中企业36家），许可换证160家（其中企业36家），新增车辆258台，年审车辆1984辆，受理机动车维修企业备案52家。（苏玉婕）

【客货运市场整治】 2022年，天心区交运局按照“天心区两客一危安全生产联合检查工作方案”对辖区内注册地客运企业进行检查；采取巡查的方式对物流市场门店进行检查；对三类维修业户开展监督检查行动，对全区汽修行业进行全面摸排，建立问题清单，制作宣传横幅196条、宣传手册120份，打击各类违法违规行为，确保道路运输领域安全。（王　珍）

【仓储物流场所监管】 2022年，天心区交运局对全区仓储物流场所进行全面摸底排查，登记161处，排查安全隐患41个。多部门联动指导企业加强安全生产管理，督促企业落实安全生产责任，推进安全隐患整改。区领导多次带队开展仓储物流安全生产专项检查，重点检查省市督办的安全隐患。对仓储物流企业科学分类、分级监管，联合各相关单位重点检查安全隐患较明显的单位，定期巡查其他企业。截至2022年年底，省、市挂牌督办的4处重大安全隐患全部整改到位。（崔　博）

【农村公路隐患排查治理】 2022年，天心区交运局加强临水临崖、急弯陡坡、平交路口、学校等重点路段的隐患治理，共投入100万余元，整治农村公路安全隐患56处、桥梁安全隐患2处。（王　珍）

【公共交通出行】 2022年，天心区交运局协调长沙市交通运输局解决辖区居民公交出行需求，优化公交线路、调整公交车站。完成省人大交办的385路公交线路调整；上报市交通运输局公交线路优化调整请示16份，现场走访踏勘40余次，批复调整优化到位5条线，提质改造、迁移公交站

2022年1月14日，天心区中学生在南门口开展“文明交通·绿色出行”系列宣传活动（区交运局供图）

台7对，新开通“村村通”线路1条；配合完成天心大道沿线公交站台更名工作。在辖区中小学、五一商圈开展“文明交通·绿色出行”系列宣传活动，倡导公共绿色出行。（王　珍）

【铁路运行安全保障】　2022年，天心区交运局聚焦跨铁桥梁安全隐患整治、公铁并行路段安全防护设施移交、铁路非法栅栏缺口封闭、违法施工整改和轻飘浮物治理5类问题，协调相关单位完成铁路沿线动态隐患整治5处，完成跨铁涵洞积水隐患整治2处，现场勘查确认省整治办交办任务2处，累计组织相关单位进行现场协调10余次，保障铁路运行安全，所有隐患均按照时间节点整改完毕并验收销号。（孙春平）

【牛冻路提质改造】　牛冻路（X055）北起新开铺路、南至中意三路，是天心区唯一的区管县道，是大托铺街道、南托街道与主城区连接的重要交通枢纽，是一力物流园及大托铺街道村民出行的一条主要交通干道。牛冻路（桂苏路至黑石铺铁路涵洞段）提质改造项目属于天心区2022年重大项目投资计划和2022年民生实事农村公路建设项目。牛冻路（桂苏路至黑石铺铁路涵洞段）提质改造项目为四级公路，设计速度20千米/小时，改造长度约4.5千米，总投资约860万元，争取到省、市专项奖补资金约120万元。项目起点位于本线路与桂苏路交叉口，终点位于本线路与京广铁路立交涵洞处。主要改造内容为：增设路面排水设施，全线加铺沥青面层，完善交通标志、标线、护栏、凸面镜等交通安全保护设施。2022年10月24日，牛冻路完成“白改黑”提质升级，道路整体更加平整，村民出行更加安全便利。（王　珍）

【城乡公交“村村通”线路开通】　2022年3月，天心区交运局启动城乡公交“村村通”工作，提升城乡居民出行便捷程度。通过开展线路摸底、实地勘测等工作，于8月31日开通天心区首条城乡公交“村村通”C1线路。C1线路走向为：从融城路铁路跨线桥发车，经融城路（右转）湘江南路、（右转）844乡道、（左转）三排路、（左转）县道X055、（左转）绕城高速路桥下铺道、（右转）湘江南路、（右转）湘府路、（右转）芙蓉路至地铁1号线省政府清风地铁站，往返运营，单程16.3千米。“村村通”使用小型的电动公交车，长约6米，线路共投入2台12座全电动新能源公交车，每天每台车行驶5个往返，共计20个单边。（王　珍）

【道路运输电子证照颁发】　2022年4月20日，市民李某在天心区政务服务中心交通运输窗口通过“湖南道路运输”App（“运证通”App）申领道路运输经营许可证和道路运输证电子证照，成为天心区办理的首张道路运输电子证照。4月18日，湖南省交通运输厅启用道路运输电子证照，涵盖道路运输许可证、道路运输从业人员和从业资格证3个大类共9种证件，电子证照与纸质证照具有同等法律效力。为推广应用电子证照，天心区交运局专门组织规模以上企业相关人员进行业务培训，业务窗口工作人员现场指导经营业户下载应用软件和申领电子证照。（王　珍）

【VR模拟安全培训系列活动】　2022年6月15日，天心区交运局联合区禁毒办、区交警大队等组织辖区30家运输企业的90名驾驶员，在远征驾校开展交通安全体验培训活动，标志着天心区2022年运输企业驾驶员VR模拟安全培训系列活动开幕。活动设置VR模拟体验、消防演练、知识竞答、专家授课、线上安全知识考试等环节，涉及交通问题顽瘴痼疾、超限超载、安全生产、禁毒、扫黑除恶等多个方面的知识培训。90名驾驶员分3组轮流进行培训体验。（王　珍）

【事故应急处置演练】　2022年12月26日，天心区交运局联合区交警大队组织辖区路航客运公司、通勤客运公司开展事故应急处置演练活动。区交运局副局长刘良清传达近期国内发生的一系列交通安全事故和火灾事故，对部分典型案例进行分析，针对安全问题后续如何处理进行讲解。组织驾驶员对突发交通事故、火灾处置、组织人员抢救、及时控制险情等方面开展应急演练。通过该次演练，提高客运公司及司机安全意识，增强自救互救和处置突发事件的能力。

（王　珍）

生态环境保护

综　述

【概况】　2022年，天心区环境质量保持稳中向好，全年空气优良310天（优良率84.9%），$PM_{2.5}$浓度36微克/立方米，在9个国控站点排名第一；7个国省市控考核断面达标率100%，获国控省控断面2022年城市水质综合指数及改善幅度方面市级真抓实干奖励。

【环境保护宣传】　2022年，长沙市生态环境局天心分局（简称“天心区生态环境分局”）发布媒体报道144篇，其中市级以上69篇。6月1日，2022年“6·5”世界环境日天心主场活动在湘府文化公园举行，拉开天心区2022年生态环境保护宣传月的序幕。活动号召辖区居民从选择简约适度、绿色低碳生活方式做起，参与生态环境事务，打好污染防治攻坚战。6月，天心区围绕“共建清洁美丽世界”主题，开展环保知识培训会议、教育基地参观、户外公益宣传、环保志愿者“五进”（进机关、进企业、进社区、进乡村、进家庭）等系列环境保护宣传活动30余次，营造保护环境、爱护自然的社会氛围。

（周娟艳）

生态环境管理

【“大环保”联合治理格局】　2022年，天心区生态环境局分局定期向区委区政府汇报重点环保工作。在市对区考核基础上细化指标70项，开展双双月考核；制订出台“一规定一办法”《天心区2022—2025年水环境改善方案》等18份辖区重点环保文件，压实落细部门职责。

【环评审批环保审批与政务服务】　2022年，天心区生态环境分局编制《长沙市天心区生态环境产业布局规划指导意见》，明确环境准入要求。深化生态领域“放管服”改革，全年批准环评项目10件，核发辐射安全、排污、夜间施工许可证共507件；审核非道路移动机械697台，通过编码631台；提供群众办事咨询400余次；受理各类信访投诉312起，回复率100%。

【挥发性有机物治理】　2022年，天心区生态环境分局开展挥发性有机物治理，检查非道路移动源400余台，完成抽测256台；审核非道路移动机械697台，通过编码631台；完成“夏季攻势”长利电气综合整治，累计削减3.3吨挥发性有机物；大气中央绿岛“钣喷中心”获批项目资金330万元。

【水污染防治】　2022年，天心区生态环境分局强化饮用水水源地规范化建设保护，开展饮用水水源地巡查1145次，修复护栏及标识标牌261处；开展排口监管整治，完成53处排口标识牌竖立及14处排口整治；做好“一江四河”（湘江天心段；港子河、双管子河、南托港、官桥湖撇洪渠）重点水域蓝藻水华防控工作，湘江天心段实现无蓝藻水华问题发生；推进生态湿地、河湖缓冲带项目建设，申报港子河综合治理1800万元中央资金。推动科学精准治水，开展水质监测点位布设踏勘；排查暮云片区突出水环境问题并着手进行治理；加强应急处置检查及汛期应急排渍管理。

【静音净土工作】　2022年，天心区生态环境分局推进生态示范创建，完成青山祠社区噪声控制与兴隆村生态文明建设示范创建；做好“三考禁噪”，为考生营造安静考试环境；加强建设用地安全利用，完成17个土壤地块调查。

【生态环境损害赔偿】　2022年，天心区生态环境局分局推进生态环境损害赔偿，通过开展专题培训、组织线索筛查，推动全区20起生态损害赔偿案件办结，案件办理数量居中心城区（芙蓉区、开福区、天心区、雨花区、湘江新区）第一，其中天心区生态环境分局牵头办理的湖南力鼎工贸有限公司噪声污染案件为全省首例噪声污染类生态损害赔偿案，通过湖南省生态环境损害赔偿第一批磋商典型案例初评，并被推荐参加全国生态环境损害赔偿第三批磋商典型案例评选。

【饮用水水源地巡查】 2022年4月3—5日，长沙市生态环境局天心分局（简称“天心区生态环境分局”）组织辖区裕南街、新开铺、黑石铺、大托铺等沿江街道开展湘江天心段饮用水水源地保护巡查。巡查过程中，工作人员对擅自进入饮用水水源保护区内垂钓和踏青的市民进行劝离。4月5日，天心区政府副区长刘瑜带队对橘子洲国控点、猴子石省控点、黑石铺鸭笼子二级水源保护区、大托铺一级水源保护区进行督查并强调，要加强饮用水水源地巡查检查，防止人员聚集；强化饮用水水源保护区环境监管，确保饮用水水源水质稳定达标。6月2日，刘瑜带队检查桂花坪街道智慧新城内汽修企业、橘子洲断面国控站点以及灵官渡泵站机排口，对智慧新城内汽修企业污染防治设施运行情况、安全生产情况及饮用水水源地、排口环境安全情况进行重点检查。7月13日，长沙市生态环境局天心分局总工程师倪正带队，对湘江暮云街道段肖家鱼馆及广益创新中学开展水环境问题隐患检查，及时消除排污隐患，保护辖区水环境安全。7月18日，刘瑜带队对入河排污口整治、医疗机构废水治理、智慧新城废气整治等工作进行现场检查。7月28—31日，天心区组织对灵官渡排口下方进行清淤。9月6日，刘瑜带队到湘江天心段一级饮用水水源地保护区、相关雨洪排口及环保信访涉诉企业进行检查，要求各相关街道加强饮用水水源地巡查，及时维护修缮一级饮用水水源地保护区护栏、标识标牌，对违规下河游泳、垂钓等行为进行劝阻。11月3日，刘瑜带队检查湘江一级饮用水水源地猴子石水厂段、洋湖水厂段，要求杜绝饮用水水源保护区内排口、涵闸泵站污水下江问题，开展饮用水水源地经常性巡查，对护栏破坏情况及时修复，保障湘江饮用水水质安全。

（周娟艳）

防范化解环境风险

【“利剑”行动】 2022年，天心区印发《全区防范化解重大生态环境风险隐患“利剑”行动实施方案》，全面摸排辖区风险隐患，完成10个隐患风险降级；配合完成省级专项督察，严抓交办问题整改；天心区被湖南省生态环境保护委员会办公室评为“利剑”行动优秀县（市、区），是长沙市中心城区唯一获奖单位。

【突出环境问题化解】 2022年，天心区生态环境分局印发《长沙市天心区贯彻落实第二轮中央生态环境保护督察报告整改方案》，5轮环保督察转办信访件共512件，均已办结销号；牵头整改反馈共性问题8项，按要求推进；其中文源街道“零担港湾夜市问题整改”案例入围长沙市“十大（正面）典型案例”评选。

【生态环境安全生产】 2022年，天心区生态环境分局开展生态环境安全生产“百日攻坚”，组织专项检查70余次，完成交办单整改20份；组织突发环境事件桌面演练，提高环境应急处置能力。

【环境监测】 2022年，天心区生态环境分局及时掌握辖区排污情况，对156家单位实行日常监管监测，全年开展执法监测444次，出具报告117份，涉及对象219个。

【天心区生态环境保护委员会全会】 2022年4月13日，天心区2022年第1次生态环境保护委员会全会召开。区委副书记、区长周志军主持会议并讲话。会议审议并原则通过《长沙市天心区贯彻落实第二轮中央生态环境保护督察报告整改方案》《长沙市天心区2022—2025年水环境改善工作方案》。会议强调，要把环保督察反馈问题整改和水环境改善这两项工作抓好抓实。会议要求，强化问题意识，照督察反馈的22个问题逐条逐项整改；强化时间意识；强化责任意识，区环委办要做好牵头抓总；强化统筹意识，雨污分流改造等涉及重大投资的整改工作，要科学谋划，精准铺排；强化协同意识，加强部门属地协同，加强区域联动协同，加强政府社会协同。

5月12日，天心区2022年生态环境保护委员会第2次会议暨“利剑”行动工作部署会召开。区政府副区长刘瑜参加会议并发表讲话。会议听取区环委会办公室关于《2022年长沙市天心区生态环境保护工作目标考核办法》《长沙市天心区2022年生态环境保护重点工作双双月考核办法（试行）》《全区防范化解重大生态环境风险隐患“利剑”行动实施方案》等文件的解读，部署河湖蓝藻水华及汛期水污染防控等重点工作，传达全省、全市污染防治攻坚战“2022年夏季攻势”动员部署电话会议精神。会议要求，加强领导强化统筹；对照目标加快工作进度，一体推进省、市污染防治攻坚战“夏季攻势”和污染防治行动计划各项任务；明确任务狠抓落实，全面排查各自监管领域、各自辖区生态环境风险隐患，全面消除环境风险隐患。

7月15日，天心区2022年第3次生态环境保护委员会全会召开。区委书记吴新伟参加会议并发表讲话。会议听取区环委办关于2022年上半年天心区生态环境保护工作开展情况的汇报，公布2022年度天心区生态环境保护重点工作第一次双双月考核定等情况。会议强调，要对照年度目标，找齐短板弱项；紧盯关键节点，加快推进任务；全面排查问题隐患，持续推进问题整改。

10月14日，天心区2022年第4次生态环境保护委员会全会召开。刘瑜参加会议并发表讲话。会议听取区环委会办公室关于2022年天心区市对区绩效考核、“利剑行动”工作情况汇报，部署辖区排口整治任务，与会单位结合部门环保职责进行发言。会议要求，全面完成各项目标任务，加快污染防治项目推进，开展生态损害赔偿案件线索筛查工作；推进污染防治攻坚，开展重污染天气应急减排巡查与大气污染日常巡查，推进湘江干流入河排口规范化整治；抓好“利剑行动”问题整改，紧盯问题防范风险，做好风险管控，开展隐患排查，加大宣传力度。（周娟艳）

大气污染防治

【概况】 2022年，天心区区委办公室加强应急管控，制定《天心区污染天气预警防控工作机制》，细化预警会商、管控指令分级和发布、管控要求等，发布应急管控调度令104次，实现临界天保良22天。强化科技支撑，结合“智慧天心”系统，积极推进“天心大气污染综合防控平台”建设，加强智能化在线监控，依托第三方服务公司技术手段，完善智能化走航监测。组织各部门广泛开展联合整治行动，截至年末，该区空气优良率为84.9%，优良天数为299天，在全市10站点中排名第一。（贵　峰）

【餐饮油烟整治】 2022年，天心区城管局对餐饮单位油烟净化设备及清洗情况进行检查，交办油烟在线监测系统显示超标的问题90余个；春节、清明节、中元节期间组织禁燃禁放的宣传和专项督查；利用数字化城管、日常督查和专项督查等方式，整改露天焚烧垃圾问题60余个，治理裸露黄土7.1万平方米。生态环保方面进行第三方油烟检测80余次，其中10处超排问题移交区城管执法大队进行执法处置；完成青园街道正塘坡路绿色餐饮示范街、湘江风光带社会噪声污染治理项目等市对区环保考核任务。（李　攀）

【渣土专项整治】 2022年，天心区城管执法大队做好蓝天保卫战整治工作，出动2600余人次，开展夜间渣土集中整治行动46次，处罚案件428件，罚款142.7298万元。（周杰瑞）

【道路降尘整治】 2022年，天心区市容环境卫生维护中心每日出动大小水车90余台次、机扫车30余台次，对全区主次干道实行冲洗降尘，加强对一力物流园周边道路、南二环（猴子石大桥段）、天心大道（新韶西路至披塘路段）、雀园路、大托收费站等大型物流园区、高速出入口、重型柴油车通行密集路段开展专项整治行动，确保省府周边等重点区域和重点道路洒水降尘保湿。开展涉及工地、道路、渣土扬尘、车辆带泥上路、黄土裸露等重点问题的日常巡查，发现问题及时督办，共巡查12次。开展周末大清洗行动，日均出动人员900余人、水车70台次，对人行道、天桥通道、立面设施进行清洗，提升路面洁净度，巩固除尘效果。（蒙　静）

宏观经济管理（发展和改革）

【概况】 2022年，天心区实现地区生产总值（GDP）1302.16亿元，比2021年增长4.9%。分产业看，第一产业实现增加值1.35亿元，下降8.9%；第二产业实现增加值407.91亿元，增长5.8%；第三产业实现增加值892.90亿元，增长4.5%。第一、二、三产业增加值占地区生产总值的比重分别为0.1%、31.3%和68.6%。全年完成全社会固定资产投资比2021年增长9.1%。该区计划总投资超过5000万元的在库项目（不含房地产开发）83个，完成投资占固定资产投资总额的51.5%。分产业看，第二产业完成投资增长11.3%；其中，工业投资增长14.2%；第三产业完成投资增长7.1%。

【宏观经济谋划】 2022年，天心区结合区域发展实际，聚焦省、市目标任务，制定出台《天心区关于贯彻落实“强省会”战略行动方案（2022—2026年）》，明确全区贯彻落实“强省会”战略实施路径、年度计划以及重点举措；成立区委书记、区长任组长，区四大家领导任副组长，各区直部门为成员单位的天心区贯彻落实“强省会”战略领导小组，设立服务业集聚、创新引领、智慧天心、开放通融、交通枢纽、能源保障、绿色低碳、精美城区、文旅名城、全龄友好、金融保障、天心红人才12个专项行动组。针对总体要求、专项行动、平台支撑、目标体系、重大项目出台专项责任清单。

【经济政策调研】 2022年，天心区加强政策形势研究，研究修订《长沙市天心区促进区域经济高质量发展奖励办法》，制定《关于促进天心区新消费产业发展的十条措施》《天心区“奋力强省会、喜迎二十大”主题活动“稳经济”专项行动方案》等文件，完成年度国民经济和社会发展计划草案报告，在区第六届人民代表大会第三次会议获得通过。研究回复省、市规划，政策相关意见260余件，为推动区域经济发展当好参谋助手。

【产业发展推进】 2022年，天心区加快国家医学中心规划政策研究，做好《国家医学中心（湖南）一核三圈生命健康产业发展规划》编制工作，起草国家医学中心生命健康产业高质量发展政策。启动《天心区工业高质量发展规划》编制和《天心区综合实力诊断报告（送审稿）》上会审议。参与南部融城等多项规划编制工作。加强政策对接，做好第3批湖南省先进制造业和现代服务业融合发展试点工作、年度国家企业技术中心申报、第4批国家物流园申报、市级创新平台储备等10余次项目申报工作。做好项目资金监管相关工作，完成长沙市2021年度新增各级创新平台评价、长沙市高技术服务业专项验收。

【长株潭一体化工作】 2022年，天心区根据加快推进长株潭一体化发展工作方案（2021—2025年），紧扣“一体化”和“高质量”两个关键，针对实施方案出台年度重点任务清单，明确该区一体化发展60项年度重点任务。其中31项重点任务被列入市级年度重点任务清单，涉及重点事项12项、重点项目19项。加强向上对接，为辖区项目争取政策资金支持。长沙奥体中心、天心数谷一期项目获得省级长株潭一体化发展专项资金270万元。加大宣传推介力度。围绕一体化特色亮点工作，人民网、红网等主流媒体报道40余次。

【社会信用体系建设】 2022年，天心区开展湖南省社会信用体系建设示范区创建，打造“五一信用示范商圈”。探索推行“2+3+1”（以信用制度和信用信息为基础，拓展政府部门、企业商户、消费者三大主体应用场景，开发运营“五一信用示范商圈”“小诚优优系统”）诚信商圈模式，举办“6·14全国信用记录关爱日”主题宣传活动，开发“小诚优优”小程序，出台商圈信用管理办法、诚信商户激励措施。

【重大项目建设】 2022年，天心区发布市、区两级重大项目投资计划，新增入库项目212个，固定资产投资比2021年增长9.1%。以重大项目建设“八个一批”攻坚行动为抓手，实行“挂图作战、日志清单、逐街督战、问题交办”四项机制，坚持“日推进、月调度、双月讲评”三段推进，全区重大项目建设稳步推进。贤盛发企业孵化基地三期、天悦8-3租赁用房等一批项目开工启动建设；暮坪湘江特大桥、新韶山南路等项目加快推进；中国电信天翼云中南数字产业园、天心数谷一期实现主体封顶；湖南银行总部基地、天城商业广场等一批项目完成建设投入使用。全年，组织开展重大项目集中开竣工活动3次，在全市重点项目观摩中受到肯定评价。

【政府投资管理】 2022年，天心区规范政府投资项目立项决策管理，严格要件审批。全年，办理企业投资项目备案244件，完成项目建议书审批142件、批复项目可行性研究报告31项，完成初步设计概算审查29个。加强政府专项债、中央预算内资金项目储备申报和调度监管。截至12月31日，下达中央预算内资金项目9个，发行专项债项目2个。做好招投标统筹协调，完成法定限额以上市级交易工程65项；落实全省关于开展建设工程招投标领域专项整治要求，组织开展招标代理机构选取“回头看”、专家评标行为标后评估等专项整治。

【价格管理服务】 2022年，天心区备案（核准）商品住宅小区前期物业服务、政府指导价停车场停车服务等收费标准27起。新增永辉超市南郊公园店作为重要民生商品价格监测点，上报《粮油食品价格监测采价表》《疫情时期相关药品价格应急监测报表》等358期，提高价格调控前瞻性和预见性。向国家发改委价格认定综合平台录入价格认定存量案卷154份；受理完成涉案价格认定业务361例，金额345.15万元。受理“12345”工单等价格收费咨询（投诉）89件，每件咨询（投诉）均在规定时间内予以回复。开展价格收费巡视活动，重点对重要节假日前后重要民生商品市场物价、中小学收费等进行巡视，确保有关价格收费政策落到实处。

【能源监管】 2022年，天心区组织开展“温控”检查10次，对3家重点用能单位开展节能监察，完成全区176家公共机构能源消耗统计和评审；对3家新建高能耗项目能评报告进行初审；开展虚拟货币“挖矿”专项治理行动25次，核查疑似点136个。组织全区党政机关开展节能和垃圾分类业务培训2次，创建省级公共机构节约型示范单位13家。组织开展年度区级节能专项资金申报，下发专项资金180万余元，争取市级以上各类专项资金46万元。推进新能源汽车充电基础设施建设，年内，建成并验收新能源汽车充电桩1946个，已建成未验收新能源汽车充电桩282个，超额完成年度建设目标。推进居民小区电动汽车充电桩试点示范建设工作，制定区级小区充电站试点建设方案。

2022年，建设中的天心数谷一期项目工程 （郑 孟 摄）

【垃圾分类抽查】 2022年1月18日，天心区发展和改革局、区机关事务中心对机关大院公共区域垃圾分类情况进行联合检查。检查发现机关大院垃圾分类总体投放情况良好，个别垃圾桶存在混投情况，总体正确投放率85%。

【重大项目集中开工】 2022年2月7日，天心区重大项目集中开工活动在天心经开区贤盛发孵化基地三期建设项目现场举行。本次集中开工重大项目14个，总投资近91.42亿元。长沙市委常委、市委统战部部长何朝晖宣布项目集中开工。市政府副市长刘汇，天心区委书记吴新伟，区委副书记、区长周志军等区领导以及区直相关单位、街道主要负责人参加此次集中开工活动。

【长株潭文旅产业融合发展战略合作签约】 2022年2月19日，“以文促融向未来”——长株潭2022年主题活动发布暨文化和旅游产业融合发展战略合作签约仪式在长沙市天心经开区文化（广告）产业园举行。湖南省发展和改革委党组成员、省长株潭一体化发展事务中心党委书记、主任吴小月，长沙市委常委、统战部部长何朝晖，长沙市发展和改革委员会党委书记、主任蒋红波，长沙市发展和改革委员会党委副书记、副主任，市长株潭一体化发展事务中心党组书记、主任熊景业，天心区委书记吴新伟以及株洲市和湘潭市两市、区相关主要负责人、特邀嘉宾、三区重点企业代表出席本次活动。

【“五一信用示范商圈”启动建设】 2022年6月14日，天心区在黄兴南路步行街中心广场举行长沙市“6·14全国信用记录关爱日”主题宣传活动暨“五一信用示范商圈”建设启动仪式。湖南省发展和改革委员会党组成员、副主任杜中华，长沙市发展和改革委员会党组副书记、副主任、长株潭一体化发展事务中心主任（兼）熊景业，市优化营商环境协调事务中心党组书记、主任刘莉霞，市发展和改革委、市商务局、市文化旅游广电局、市市场监督管理局等相关负责人，天心区吴新伟、黄文先、厉波、刘向、许波、洪孟春、刘正文等参加。新华网、人民网、《湖南日报》等10余家媒体进行宣传报道。

（刘弘成）

2022年6月14日，长沙市“6·14全国信用记录关爱日”主题宣传活动暨“五一信用示范商圈”建设启动仪式举行　　（区发改局供图）

审　计

【概况】 2022年，天心区落实审计“经济体检”和“治已病、防未病”要求，完善审计运行机制。全年召开区委审计委员会会议2次，审议年度审计项目计划、区级预算执行审计报告、经济责任审计综合报告等重要事项。落实重大事项请示报告制度，向区委审计委员会报送审计专报5篇，获区委、区政府主要领导肯定性批示。截至12月31日，共完成审计项目22个，查出问题394个，移送相关部门案件线索2起。获评年度全国优秀审计项目一等奖、湖南省优秀审计项目一等奖，湖南省文明标兵单位。

【财政财务审计】 2022年3—11月，天心区紧盯重点经济领域、重大资金使用，开展区本级预算执行、全区80家一级预算单位全覆盖审计及2家国有企业审计，发现征拆资金滞留在市征收办账户未及时收回、国有资产被无偿占用、资产出租出借不规范等问题，督促相关单位进一步规范政府采购行为，加强资产管理，提高财政资金使用绩效。

【经济责任审计】 2022年7—11月，天心区对新开铺街道办事处、金盆岭街道办事处、裕南街道办事处及区征收办4家单位15名干部进行经济责任审计。3个街道办事处经济责任审计均探索实施“巡审结合”监督模式。审计中重点关注领导干部担当作为、规范用权、令行禁止、廉洁从政等方面情况，查出问题117个，涉及问题金额13762.95万元，发现被审计人职能职责履行不到位、重大经济事项未经集体决策等多个问题，真实反映领导干部履职尽责情况，为规范权力运行和监督责任落实提出建议。

【政府投资审计】 2022年3—11月，天心区开展工程变更签证管理及教育系统维修改造资金专项审计调查、新建西路零星地块棚改项目征拆、结算评审项目质量情况及老旧小区提质改造项目审计。发现区内现有工程变更制度未及时修订，未建立工程变更管理台账、工程低中高结等问题；教育维修改造项目未建立改造标准和立项标准；结算评审结论不准确、多计造价；部分工程项目未按设计施工，部分工程存在质量缺陷等问题。在促进政府投资规范化管理、提高建设资金使用绩效、防止损失浪费等方面发挥监管作用。

【审计整改】 2022年，天心区建立审计整改跟踪督办长效机制，针对城管线、卫生服务中心、工程变更和乡村振兴存在的问题，撰写审计专报报送区政府后，区长签批，由分管副区长牵头落实整改；加强纪检监察、巡察与审计联合贯通，将所有审计发现问题抄送区纪委，由各被审计单位纪检组督促落实整改。通过审计整改，督促调整账务34365.34万元，盘活闲置资金3060.19万元，收回各类款项1000.96万元，挽回财政资金损失187.01万元，推动出台制度23项，实现以审计整改倒逼工作规范目的。

【区委审计委员会第7次会议】 2022年4月19日，天心区委审计委员会在区委常委会会议室召开第7次全体会议。区委书记、区委审计委员会主任吴新伟主持会议。会议听取全区审计工作情况汇报，审议有关文件，部署下阶段审计工作。区委副书记、区长、区委审计委员会副主任周志军，区委审计委员会副主任罗定豪，区委审计委员会委员厉波、许波、罗孟怡等参加。会议肯定2021年以来审计工作取得的成效，指出审计工作要突出政治引领，把握正确方向；强化担当作为，提升工作质效；践行初心使命，狠抓队伍建设。

【区委审计委员会第8次会议】 2022年8月25日，天心区委审计委员会第8次会议在区委常委会议室召开。吴新伟主持会议。会议审议通过《关于2021年度长沙市天心区财政预算执行和其他财政收支的审计报告（审议稿）》，部署下阶段审计工作。周志军、许波、罗定豪、罗孟怡以及相关区直部门主要负责人参加。会议指出，区审计部门要坚持履职尽责、狠抓自身建设，扛起“为国而审、为民而计”的责任担当，扎实做好常态化“经济体检”工作，以高质量审计监督护航天心高质量发展。 （徐灵闻）

统　计

【概况】 2022年，天心区统计局以服务高质量发展为主线，着力提高监测精度，拓展分析深度，把握运行维度，加大解读力度，持续夯实基层基础，提升统计服务，提高数据质量，以统计之“能”彰显统计之“为”。

【经济运行监测】 2022年，天心区围绕区政府中心工作，持续跟踪监测全区经济运行走势，定期召开统计数据讲评，对倾向性、苗头性问题及早发出预警。编印《天心区统计系统经济形势分析材料汇编》，对经济运行态势作出客观分析研判，重点是工业、投资、服务业、劳动工资和消费市场调研分析，各职能部门形成统计信息共享。围绕领导关注焦点和全区发展重心，深入开展调研分析，全年撰写经济运行分析、GDP主要测算指标、“强省会”战略分析、中共十八大以来天心经济社会发展成就综述、从“四上”企业（规模以上工业企业、资质等级建筑业企业、限额以上批零住餐企业、有开发经营活动的房地产开发经营业、规模以上服务业等企业统称）新增看天心产业发展之路、R&D分析等综合经济材料近10篇，其中3篇获区委书记吴新伟，区委副书记、区长周志军等批示。

【统计调查与普查】 2022年，天心区组织实施常规统计调查，全年完成基本单位、工业、重点服务业、消费、投资、房地产、建筑业等国民经济领域，以及人口就业、社会科技、能源资源环境等领域统计调查工作；完成采购经理指数调查、月度劳动力调查、城乡一体化住户调查。

【数据开发利用】 2022年，天心区发布《天心经济运行快报》《2021年天心区国民经济和社会发展统计公报》《2021年统计提要》《2020统计年鉴》《天心一套表调查单位统计分析报告》，制作《天心统计基层基础建设概览》《“数”说天心十年高质量发展之路》工作手册，编印《统计视角下财务报表》等统计工具书。

【依法统计】 2022年，天心区统计局以国家督察反馈意见整改和区委巡察整改为抓手，加大依法治统力度。制订《天心区贯彻落实国家统计督察反馈意见整改方案》，对全区298家“四上”单位和投资项目，特别是新增和退出单位逐一进行数据核查，完成“四上”单位和固定资产投资项目入库退库专项检查，抓好国家统计督察反馈意见整改。下发《关于开展统计造假不收手不收敛问题专项纠治工作的通知》，结合区委巡察对青园等5个街道开展统计监督；统计执法检查45家企业，行政处罚1家企业。

【统计宣传】 2022年，天心区以区委、区政府门户网站为主阵地，综合运用户外宣传、报纸杂志、网络新兴媒体等平台，开展统计主题宣传。聚焦“9·20”统计开放日、“12·4”国家宪法日、“12·8”统计法颁布纪念日等时间节点，制作微视频、图解、漫画等符合新媒体传播特点统计法治宣传作品10余个，编发《天心经济运行快报》11期，收到法治征文19篇，宣传统计法律法规。区统计局政务信息公开网，落实信息发布“三审制”，规范统计数据发布与解读，做到信息发布零差错。

【统计基层基础建设】 2022年，天心区率先在全市出台《统计工作星级企业创建三年行动方案》，争取专项经费50万元，奖励工作规范、数据严谨企业，打通统计基础建设“最后一公里”，提高数据质量。完善《2022年天心区季度基层基础工作评估办法》《天心区统计局基层统计工作联点制度》《天心区企业统计工作制度》等规定。以全省乡镇规范化建设三年行动计划和全市星级统计站建设为契机，打造一批标杆，以点带面促进全区各街道统计基础工作提升。5月，在金盆岭街道召开全区统计基层基础现场会。年内，金盆岭街道获评全市五星级统计站，并成为全省统计基层基础现场会观摩点；坡子街、城南路等4个街道被评为市四星级统计站；金盆岭、裕南街等5个街道获全市乡镇街道统计站点目标管理综合考评一类和二类单位，为“内五区”最多。聚焦理论水平、业务能力双提升，印发《天心区统计系统教育培训计划》；每季聘请统计、会计等方面专家举办“统计课堂”；11月，首次在湖南大学举办“天心区统计战线干部履职能力提升专题培训班”。截至年末，通过开展年报培训会、经济形势分析会等各类业务培训，共培训2000余人次。

【天心区统计基层基础现场观摩暨星级统计站创建培训会】 于2022年5月13日在金盆岭街道办事处召开，区委常委、常务副区长厉波，长沙市统计局党组成员、副局长曹敬波，市、区统计局相关负责人，各街道经济工作分管负责人、统计机构负责人、基层基础工作统计员60余人参加。培训前实地观摩金盆岭街道统计站的阵地建设、制度建设、硬件配备、人员配置和档案管理等情况，了解工作亮点及典型经验。在培训会上，区统计局汇报全区统计基层基础建设情况，金盆岭街道就统计站规范化建设作经验发言，长沙市统计局农业处处长李妮红就星级统计站创建工作进行培训。

2022年11月9—11日，天心区在湖南大学举办统计战线干部履职能力提升专题培训班 （区统计局供图）

【统计战线干部履职能力提升专题培训班】 2022年11月9—11日，天心区在湖南大学举办统计战线干部履职能力提升专题培训班。在统计专业模块授课上，讲解宏观经济学基本指标、统计视角下财税报表分析、统计分析写作及统计学原理在实际工作中的运用。区统计局全体工作人员、天心经开区、各街道分管统计工作负责人、公共服务办主任及统计专干80余人参加培训。

（戴 娟）

应急管理

【概况】 2022年，天心区安全生产形势持续平稳。1—12月，全区发生各类生产安全事故8起，死亡8人、受伤2人，经济损失661万元。与2021年同期相比，一般生产安全事故起数、死亡人数同比下降50%、44%，经济损失下降89%，未发生较大及以上生产安全事故。获评年度省级安全生产和消防工作优秀单位、长沙市安全生产和消防工作第1名。

【安全生产】 2022年，天心区严格落实安全生产15条措施，召开区委常委会、区政府常务会、区安全生产委员会（简称“区安委会”）等各类安全工作会议48次。印发《天心区创建湖南省安全发展工作示范区实施方案》，系统谋划安全提质“十大工程”，从隐患排查、整治规范、能力提升等方面对安全生产进行全面安排。出台《区委、区政府领导安全生产和消防工作责任清单》，率先在全市实行安全生产专业委员会主任述职，区领导包案挂牌督导重大隐患整改。面对新业态安全监管“缺位”问题，率先在全市明确新兴行业领域安全监管牵头部门，开展新业态消防安全评估。建立群众参与监督机制，开辟“安全违法行为有奖举报”渠道，落实安全生产违法行为举报奖励6.54万元。

【安全治理】 2022年，天心区聚焦交通运输、建筑施工、仓储物流、特种设备、消防、燃气、学校、居民自建房等重点领域，强化综合监管。完成省安委办调度的文和友海信店、蒙台梭利托育机构等安全隐患整改，长沙市交办涉及天心区系统性源头性问题整改。整治销号市安委办调度的三年行动重大隐患11处，重点行业领域潜在重大风险隐患38处；完成辖区湖南辉鸿食品有限公司液氨回收等20处重大安全隐患处置；挂牌督办重大火灾隐患78家，销案70家。突出安全生产大检查“百日攻坚”，排查隐患19510处，做到立行立改、动态清零；突出自建房安全整治“百日攻坚”，摸排自建房18556处（其中经营性自建房6480处，非经营性自建房12076处），排查二类隐患7808处（其中一般安全隐患5817处，严重安全隐患1991处），5类重点区域经营性自建房2888处。整改铸铁燃气管网4150米，实现铸铁管网全部清零；拆除违建仓库36家，面积18.5万平方米；安装集中停放、智能充电装置4125处，满足居民电动车停放充电需求，消除电动车隐患；投入2100万余元资金安装“智慧用电”10160套，强化居民用电防火安全。

【执法整治】 2022年，天心区严格依法治理安全生产问题，加大安全监管力度。检查企业12011家次，责令限期改正安全隐患3214个，责令停产停业整顿50家，罚款66万起（含交警65.87万起）、处罚3570.13万元（含交警2836.94万元），其他类别行政强制措施211件，行政拘留38人。

【执法建设】 2022年，天心区推进应急管理综合行政执法改革，在区应急管理局加挂“区应急管理综合行政执法局”牌子，组建区应急管理综合行政执法大队，改革工作进度走在全市前列。加强执法规范化建设，在全市执法竞赛中获一季度第二、二季度第一、三季度第一，案卷质量在全市执法案卷评比检查中位列“内五区”第一。继续开展“百场‘安全生产法’送企业”公益普法行动，加强《中华人民共和国安全生产法》《湖南省安全生产条例》宣传贯彻，严格典型事故调查处理，落实灾害事故调查评估机制，树立应急管理执法权威。

【防汛抗旱】 2022年，天心区立足防大汛、抗大旱，更新18个各类防汛应急预案，5个城区易渍点实行“一点一策”。全面排查堤垸、穿堤建（构）筑物、泵站、在建涉水工程，清淘疏浚管道4530米，检查清淘泄水井2630座次，排查处置窨井351座次。加强调度会商，督促人员队伍、物资保障、值班值守、隐患排查、信息报送、应急处置“6个到位”，云广播、微信群24小时滚动预警宣传。在易渍点实行“人车等雨”，确保无积水、无内涝。全区安全度过“4·25”防汛Ⅳ级应急响应、“5·26”洪峰过境、“端午水”短历时强暴雨极端气象灾害。

【森林防火】 2022年，天心区强化巡查守卡，严格火源管控，倡导文明祭扫，确保该区经受住高温、晴热等高火险情况考验，未出现森林火灾事故。全区92天无自然降雨，该区第一时间启动森林火险红色预警，发布禁火令，严控火源，督促落实森林防火各项工作要求，安全度过重大森林火险期。

【应急宣传】 2022年，天心区推进安全宣传进企业、进农村、进社区、进家庭、进学校活动，组织开展“5·12”防灾减灾日集中宣传，参与市“安全生产月”“最美应急人”演讲比赛，1213个应急云广播点位实现应急通知、安全宣传一键通、全覆盖。街道、社区形成354名“铁脚板”网格员、文源街道“辣利婆”护路队、桂花坪街道“金姐桂哥”志愿队、南托街道“点对点”宣传队、赤岭路街道“精准入户”宣传员等安全宣传特色。常态化开展“敲门行动”，在1月长沙出现冰冻灾害期间，全区敲门34.9万户，入户发放宣传资料及提醒34.81万次，张贴用水、用电、用气及预防一氧化碳中毒安全须知25.77万张，摸排处置安全隐患3.19万处。

【吴新伟督查安全生产工作】 2022年1月25日，天心区委书记吴新伟到长沙鑫能先锋村加气站实地检查消防器材、报警装置等设备，询问燃气输配送、应急救援演练等情况；吴新伟到湖南中烟长沙卷烟厂大托铺库房内部，查看各项消防设施使用；到消防监控指挥中心，详细了解值班值守、问题处置相关情况。相关街道和部门负责人参加。

【区安委会专委会主任述职安全生产】 2022年5月25日，天心区召开安委会各专委会主任述职会议。区委常委、常务副区长厉波主持会议，区委副书记、区长周志军讲话，安排部署全区安全生产大检查“百日攻坚”行动。长沙市安委办副主任、市应急局党委委员、副局长段建军，区领导张浩平、欧阳伟沙、刘正文、郑州、王钰莹、肖盛辉以及园区、区属相关单位、街道主要负责人参加。

【天心区应急管理综合行政执法局揭牌成立】 2022年6月6日，长沙市天心区应急管理综合行政执法局揭牌成立。整合应急管理部门有关危险化学品、烟花爆竹、工贸等行业领域安全生产监管，以及地质灾害、水旱灾害、森林火灾等有关应急抢险和灾害救助、防震减灾等方面的行政处罚、行政强制职能。

【吴新伟到殷家冲地质灾害点检查】 2022年6月6日，天心区委书记吴新伟到湘江中路边坡殷家冲地质灾害点进行现场检查，实地察看周边环境、地形地貌，听取该地质灾害点因连日降水存在发生山体滑坡风险的成因及处置措施汇报，就有关问题进行现场办公。该地质灾害点已设立警戒范围，并安排专人24小时进行巡逻值守。

【天心区安委会年度第三次会议暨安全生产大检查“百日攻坚”推进会】 2022年6月23日，天心区安委会召开2022年第三次会议暨安全生产大检查“百日攻坚”推进会。会议听取安全生产大检查“百日攻坚”及半年度考核工作情况汇报，宣读《天心区安委会主任、副主任包案挂牌督办重大隐患整改“百日攻坚”任务清单》《天心区安全生产巡查工作方案》，对下阶段安全生产工作进行部署。

【郑建新到文和友海信店督导安全隐患整改】 2022年8月31日，长沙市委副书记、市长郑建新到天心区督导文和友海信店安全隐患整改工作。郑建新一行在长沙文和友海信店入口处，实地检查扫场所码、测温及安检设施；实地查看门店后厨、微型消防站、监控室等重点部位，逐项检查安全隐患整改情况。 （宋进源）

消防救援

【概况】 2022年，天心区消防救援大队对标应急救援主力军和国家队职能定位，围绕“夯实基层基础、破解瓶颈难题、推动转型升级”主基调，全面提升“管理教育、应急救援、战勤保障、火灾防控”四大能力，工作呈现“稳中有进、稳中有为”良好态势。全年接警出动2015起、抢救被困人员135人、抢救财产431万元。获评湖南省、长沙市“全面建设先进大队”。

截至12月31日，全区共发生火灾469起，死亡1人，受伤3人，直接经济损失118.3万元。与2021年同期相比，火灾起数上升10.87%，亡人数、伤人数均持平，直接财产损失下降88.62%。

【战训安全】 2022年，天心区消防救援大队坚持“常态化”议训议战议安全制度，定期召开党委会，研究作战训练安全工作，同时组织开展作战训练安全大讨论活动；每月安排辖区消防救援站开展一次针对队伍管理、作战训练安全、个人防护装备、车辆安全等方面的督导帮扶，发现问题当场进行整改；建立紧急救援制度，选举大队干部为安全员，各消防救援站成立3人紧急救援小组，在作战训练工作中，履行安全员职责；建立车辆装备安全操作管理制度，开展装备效能测试工作，要求指战员掌握所配备装备基本性能参数、懂操作、懂注意事项，落实车场日制度。

2022年，天心区消防救援大队开展深井救援训练

（区消防救援大队供图）

【实战练兵】 2022年，天心区消防救援大队紧盯实战，年初大队依托中心站开展全员岗位大练兵和实战大比武，健全训练档案，全员体能优秀率达80%；每月组织1次大队级灭火救援演练，对较大影响作训伤亡事故全面剖析，提升风险隐患意识和能力，全年没有发生安全事故。罗家坡站获全市消防救援队伍初战快速出水控火操项目第3名，团体总分第6名。立足高层建筑、大型商业综合体、人员密集、仓储物流等场所主要灾害事故特点，组建山岳、地震、高层灭火、化学危险品专业救援小组，分类制订灭火救援预案16份；开展恒泰物流园、中央储备粮长沙直属库等代表性单位综合性实战演习23次，制定突发火灾及应急救援灾情处置预案203份，实战模拟演练435次，联勤联训53次。联合区应急管理局举办森林防火装备演练，在林地铺设预留多级泵、水带等设备对林区树浇灌浸透，以演代训，以训促防，确保演练训练效果，全方位遏制和减少森林火灾发生。推进灭火救援专业化、实体化运行，组织社区微型消防站、村志愿消防队人员进行专业训练，在"空心化"区域、老城区、商业密集区和劳动力密集区消防基础薄弱地带开展联动协同演练，提升灭火救援实战能力。举办全区技能比武选拔赛，建立联动应急体制，提升防灾防御能力；参加全市消防队伍比武竞赛，获社区微型消防站利用室外消火栓快速出水操、村志愿消防队防火检查宣传科目、村志愿消防队初期火灾扑救操、村志愿消防队灭火器油锅接力灭火操4个项目第1名；社区微型消防站防火检查宣传科目、社区微型消防站一人两盘水带连接操、村志愿消防队1500米徒手跑3个项目第2名；社区微型消防站搬运重物折返接力、社区微型消防站利用室外消火栓快速出水操2个项目第3名；团体总分第1名。

【基础建设和保障】 2022年，天心区积极落实《湖南省消防救援队伍地方财政保障经费管理暂行办法》，地方消防业务经费预算比2021年增长14.76%。加快政府"交钥匙"工程消防站建设，10月，新路消防站正式驻队执勤。截至12月31日，全区有消防站6个，村志愿消防队12个，社区微型消防站87个，初步建立社区、村与消防救援站联动应急体制。全年，区消防救援大队投入装备建设资金采购消防装备1405件（套）；修缮改造各消防站房屋漏水、墙壁污损等问题13处。

【火灾防控】 2022年，天心区委常委会、区政府常务会定期听取消防安全形势汇报、专题研究部署消防工作，按照"谁主管谁牵头、谁为主谁牵头、谁靠近谁牵头"原则和"三管三必须"（管行业必须管安全，管业务必须管安全、管生产经营必须管安全）要求，明确化学储能电站、医养结合养老服务机构、村（居）民自建房，小区电动车、仓储物流、快递场所，乡村道路，密室逃脱、剧本杀等娱乐场所，电竞酒店，月子中心、母婴会所，医养结合医疗机构，电子礼炮，小饭店、民宿等9大类行业分别由区发改局、区民政局、区住建局、区交运局、区文旅体育局、区卫健局、区应急局、区市监局、区公安分局9个部门牵头监管，细化行业领域职能职责、压实工作责任。区消防救援大队对高层建筑、经营性自建房、医养场所、涉疫场所、多合一场所、私人影院、密室逃脱等沉浸式场所、大型商业综合体、仓储物流企业、“厂中厂、园中园”10个重点领域开展消防安全专项整治。摸排电动车生产、销售、改装、维修企业6家，落实电动车集中充电管理小区262个；督促老旧小区258个、企业416家开展消防车通道划线，办理“占用消防车通道”违法案件22起；完成老旧小区消防工程建设6个，将24个老旧小区新纳入民生工程；排查高层建筑2418栋（其中老旧高层商住混合体4栋、老旧高层住宅12栋、超高层建筑25栋、高层公共建筑223栋，其他高层2154栋），发现隐患1047处，督促整改989处；排查41家医院、养老院，发现隐患84处，立案查处11家，查封2家，重大火灾隐患挂牌4家；1359家“多合一”场所发现督促整改隐患1348处。

【百日会战专项整治】 2022年，天心区成立由区公安分局、区住建局、区应急局、区消防救援大队、区卫健局、区民政局等14个部门和14个街道组建的百日会战“攻坚行动”专项整治小组，在辖区开展“六大整治”（出租屋、旅馆业类，电动自行车类，医院、养老院类，密室逃脱类，室内冰雪活动场所类，汽车4S店类）。每类整治分别由职能监管部门牵头，设立50万元专项基金奖励经费，工作同步纳入消防工作考评和绩效考评范畴。专项整治经验获省安全生产委员会办公室推广。

【消防安全“百日攻坚”专项行动】 2022年，天心区消防救援大队成立消防安全“百日攻坚”行动领导小组，负责攻坚行动统筹协调。采取排名制、巡查制、约谈制、挂牌制、一票否决制、“四不两直”方式督导。每周对部门、街道工作开展情况排名通报，排名靠后进行约谈；火灾事故高发、攻坚行动工作分类排名后3名实行挂牌督办；发生较大及以上火灾单位实行“一票否决”。百日攻坚行动中，检查单位14562家，排查整改火灾隐患20135处，立案查处单位106家，依法查封60家，责令“三停”（停产停业、停止使用、停止施工）7家，罚款30万元；重大火灾隐患立案42家，整改销案34家。区消防救援大队、区市监局联合查处涉嫌销售不符合国家标准电动自行车案1起，开展电动车、占用消防车道联合执法10次，立案查处6起。

2022年，天心区消防救援大队组织消防站开放接待日活动

（区消防救援大队供图）

【消防宣传教育】 2022年，天心区以区消防救援大队、政府专职消防员、社区消防宣传大使为骨干组建消防宣传队15支，全年开展“三小场所”上门培训7600余场，专场培训300余场，灭火演练120余场，应急疏散逃生演练150余场，入户宣传6500余户，发放消防安全手册4万余份，张贴消防安全海报3800余张。组织重点单位责任人、管理人400余名开展消防知识集中培训；联合省、市媒体曝光18家存在突出火灾隐患的单位；开展消防宣传车进社区活动36次，对外开放消防站50次，接待中小学校、企事业单位等参观者2500余人。发布消防安全提示、播放消防公益广告2400余条次。组织开展“5·12”防灾减灾、安全生产月、暑期消防安全教育等大型主题宣传活动8次。“119”消防宣传月启动当天，开展大型商业综合体消防器材装备展示以及灭火逃生体验等嘉年华活动，现场400余名群众参加活动，中央、省、市级媒体进行宣传报道。

【自建房消防安全性整治】 2022年，天心区自建房安全专项整治工作指挥部、区消防安全性领导小组9次召开专题会议研究部署自建房消防安全性整治，推进消防隐患落实整改。区消防救援大队按照工作部署，实时调度6322栋8838处存在消防安全隐患经营性自建房整改。结合街道人员力量薄弱和自建房隐患复杂、业态种类繁多等特点难点，聘请消防技术服务机构人员集中培训，同消防监督员分片包干，对14个街道进行帮扶指导和技术支持，一栋一策分类分级处置，定期反馈、定期研究、定期解决，推动闭环管理，保证整改工作按标准、按节点、按工期落实落地。实施“政府购买服务+专业机构排查+集中交办”模式和整治工作经验，获市安全生产委员会办公室推介。

【仓储物流专项整治】 2022年，天心区安全生产委员会下发仓储物流专项整治方案，区委副书记、区长周志军牵头，对全区180家仓储物流企业按照“三个一批”（69家被列入“拆除开发一批”，29家被列入“转产转型一批”，82家被列入“整改完善一批”）创新要求，明确整治标准、整治重点、整治时段开展整治。10月1日，全区完成各项整治。（蒋刚龙）

市场监督管理

【概况】 2022年，天心区落实《市场主体登记管理条例》，推进“放管服”改革，降低准入门槛。推进证照分离改革和办证全程电子化，整合线下窗口，推出“新办企业服务包”六款服务。开展“走流程、解难题、优服务”行动。组织创客企业恳谈会，探索推进经营场所登记告知承诺制。截至12月31日，市场主体总数存量14万余户，比2021年净增1.8万余户。实现食品安全、药械化安全、特种设备安全、产品质量安全零事故，获评湖南省市场监管（知识产权）系统先进集体，食品安全工作获评省级优秀，促进市场主体高质量发展、食品安全工作获评长沙市政府2022年度真抓实干成效明显地区（单位）。

【市场公平竞争维护】 2022年，天心区完善公平竞争审查工作联席会议制度和工作机制，清理歧视性和不公平市场待遇政策措施13份，出台文件均符合公平竞争审查要求。加强消费者权益保护，全年“12315”政务服务便民热线和“12345”工单3.7万余件，办结率100%，满意率99.4%，为消费者挽回经济损失300万余元。强化诉转案工作，对消费纠纷中发现侵害消费者权益涉嫌违法行为加大查处力度，打击假冒伪劣商品和商标侵权商品，推进五一商圈等诚信示范街建设。开展农村假冒伪劣食品整治、食品安全“护老”暨保健食品行业清理整治行动、“湘冷链”专项整治、校园“护苗”行动等专项行动11起。抓好“民生项目”放心肉智能监管平台建设运行工作，完成14个街道民生快检室选址和建设。开展餐饮行业质量安全提升工程，强化网络订餐平台和入网餐饮单位监管，加强对中央厨房和集体用餐配送单位的监管，提升集体聚餐管理水平。完成“两节”“两会”“三考”等多个重大活动食品安全和特种设备安全保障任务。保持对传销活动高压打击态势，组织打击传销执法行动53次，捣毁传销窝点42个，劝返遣散传销人员142人。

【质量标准监管】 2022年，天心区加强认证认可监管，抽取检查10%检验检测机构，组织70余家计量器具管理负责人参加计量器具知识培训。开展加油站计量专项整治工作。加强标准化建设，推进1家企业标准化试点，上报2家企业申报2021年度标准创新奖励，推选湖南汉坤实业有限公司参加长沙市“质量诊断”活动。开展“计量服务中小企业行”活动，持续跟进帮扶入选“质量体检进企业”活动企业，提升辖区名优企业综合竞争力。对电动自行车、可燃气体报警器、消防产品、农资等27种重点产品55个批次开展监督抽查。

【知识产权保护】 2022年，天心区开展知识产权宣传周系列活动，建立知识产权进企业工作站，开展知识产权专利代理机构信用评价调查，形成该区15家名录库。开展知识产权转化运用，推进知识产权质押融资“入园惠企”，探索建立重点产业专利导航工作对接机制，提升企业核心竞争力。扶持中小微企业发展，指导中小微企业开展知识产权体检30家，完成知识产权贯标7家，企业专利导航2家。截至12月31日，共开展3批非正常专利撤回工作，第一批撤回率100%，第二批撤回率95.2%，第三批撤回率暂为86.23%，全年撤回率达93.81%。

【综合监督执法】 2022年，天心区加大行政处罚力度，立案600余起，罚没入库300万余元。开展

“长江禁捕打非断链”、烟草市场和向未成年人销售电子烟清理整治专项工作。推进长株潭一体化执法联动，与岳塘区市场监督管理局联合对食品、涉安领域黑窝点执法4次。开展养老领域专项整治，打击处置涉嫌非法集资企业8家。开展转让供电价检查、教育收费检查、农资市场价格检查和新冠核酸检测收费检查。开展网络市场监管“网剑”行动，查办虚假宣传、刷单炒信等网络类违法案件36件，罚没26.13万元。开展民生领域案件查办“铁拳”行动、农村侵权假冒食品专项整治、地理标志使用专项整治等20余次联合执法行动，开展商标代理行业“蓝天”专项整治行动，查办商标侵权案件28起、假冒专利案件2件、专利侵权纠纷裁决3件、专利纠纷调解2件。查办正明利新食品商行销售侵犯商标专用权白酒案被评为湖南省市场监管系统典型案例。

【市场安全监管】 2022年，天心区规范事中事后监管和日常监管，推进“双随机、一公开”涉企检查，对无证无照经营开展查处。推进企业诚信体系建设，及时公示更新信用监管系统数据。5—8月，开展辖区经营性居民自建房“百日攻坚”专项排查整治和“回头看”清查，累计排查用于经营性居民自建房6477栋，经营市场主体3132户；完成湖南省自建房安全整治专项平台自建房经营安全性资料复查6477户。开展食品安全“守底线、查隐患、保安全”专项行动，检查食品生产环节19户，销售环节7000余户，连锁餐饮环节6000户，特殊食品环节900户，处置风险问题近1.5万起。开展食品安全检验检测，定量检测3446批次、定性检测8555批次，按程序处置到位率100%。强化特种设备监管，开展年关守护行动、锅炉隐患排查、维保单位专项整治、超期未检设备专项检查、起重作业专项检查、仓储物流场所专项检查以及经营性自建房使用电梯专项整治等，检查特种设备使用单位1000家、设备4000余台、压力管道22条，下达安全监察指令书33份，办理特种设备案件41个。开展双重预防机制建设，申报双重预防机制建设示范企业5个。做好药品、化妆品、医疗器械经营使用监管工作，开展“线上清网线下清源”专项整治，对全区零售药店、医疗机构、医疗器械经营单位、化妆品经营使用单位完成全覆盖检查。

2022年6月24日，天心区食品安全宣传周启动仪式举行
（区市场监管局供图）

【未成年人保护监管】 2022年7月1日，天心区坡子街市场监管所、坡子街派出所和坡子街街道办事处联合开展未成年人保护联合整治行动。街道辖区50余家酒吧、KTV、清吧等娱乐行业负责人参加“在娱乐行业开展未成年人保护工作”部署会，现场签订《不向未成年人销售酒水和不接待未成年人消费承诺书》。截至年末，坡子街先后8次开展联合执法行动，以解放西路为重点路段，对酒吧、KTV、清吧等娱乐场所开展突击检查，重点检查是否有未成年人消费和向未成年人销售酒水情况，检查过程中，由派出所执法人员负责查看消费者身份证，发现有向未成年人销售酒水情况，市场监管所执法人员现场取证，依法依规立案调查。检查娱乐场所46个，立案3起，责令6家娱乐场所按时整改。

【基层基础建设】 2022年，天心区根据市场监管所标准化建设实施方案（2021—2023年全区打造天心市场监管一类所13个、二类所1个）开展市场监管所标准化打造，截至12月31日，全区9个市场监管所通过验收，占比64.28%。

【“个转企”定制服务】 2022年，天心区推行“三个一”（“一口清”“一站式”“一对一”）举措，为有需要的个体工商户提供精准服务。“一口清”解读“个转企”

政策，梳理打包“个转企”各项政策，利用咨询电话、各类创业平台、工作交流群等载体，宣传“个转企”方面的优惠政策；“一站式”审批，区市场监管局协同区行政审批局设立“个转企”窗口，为业主开通“绿色通道”，集中统一受理个体工商户注销登记和企业设立登记事项，“个转企”最多跑一次就能办好业务；“一对一”服务，按照网格化管理办法，由街道办事处、市监所区块负责人对辖区内较大个体工商户进行上门服务，宣传政策，引导商户转型升级。

【年度食品安全宣传周活动启动】 2022年6月24日，天心区食品安全宣传周启动仪式在天虹商场前坪举行。现场播放保健食品及预防野生蘑菇中毒宣传视频，组织食品安全“你送我检”、食品安全知识宣传，长沙南泥湾食品厂等10名食品生产经营企业代表集体宣读“承诺书”。启动仪式共发放各类宣传资料2500余份，接受咨询300余人次。区食安委、区市场监管局、各市场监管所负责人，各街道食安分管领导，辖区食品生产经营企业及市民代表100余人参加。

【省市场监管局到天心区调研】 2022年6月27日，湖南省市场监督管理局副局长、一级巡视员李沐带队到天心区开展“走流程、解难题、优服务”行动，体验公司登记全程电子化审批业务全流程。通过线上、线下两种登记渠道，全流程体验办事环节，切身感受工作人员对政策业务是否精通、服务流程是否便捷、态度是否热情，查找窗口服务中存在的堵点、难点问题，全身心听取群众意见，全方位发现运行问题。全程体验后，省市场监督管理局肯定天心区市场准入窗口工作。8月16日，省市场监管局党组成员、副局长廖健率调研组到天心区调研餐饮食品安全管理工作。调研组先后到长沙和码餐饮管理有限公司（德天顺）和长沙肯德基有限公司现场查看食品制作间、文明餐桌、明厨亮灶开展情况，对餐饮重点工作人群健康管理、食品安全管理制度落实及食品原材料抽检情况进行询问。长沙市市场监管局局长周志辉、天心区副区长郑州等全程参与调研、座谈会。10月11日，省市场监管局党组书记、局长向曙光率队到天心区调研市场监管工作。调研组一行走进南托市场监管所，实地了解基层监管所场地、设备、办公用房等硬件配备及内部管理体系、数字化服务等软件管理升级情况，与办事主体进行交流。副市长周敏，长沙市市场监管局党组书记、局长周志辉，天心区委副书记、区长周志军等参加调研。

【“长沙商标品牌建设大家谈”活动举行】 2022年11月1日，“长沙商标品牌建设大家谈”网红经济品牌专题活动在天心区举行，长沙市知识产权局、天心区市场监管局（知识产权局）、长沙商标品牌协会联合承办。活动以“创建国际消费中心城市、打造网红经济知名品牌”为题，共同探讨如何建设保护长沙网红商标品牌。会议邀请市中级人民法院知识产权法庭、长沙知识产权保护中心、商标领域行业专家、全市网红经济品牌及老字号企业代表等40余人现场交流。长沙市知识产权局局长侯向宇、天心区副区长郑州等参与座谈。

（任咏梅）

2022年10月11日，省市场监管局党组书记、局长向曙光（右一）率队到天心区调研市场监管工作　　（区市场监管局供图）

农业 林业 水利

综 述

【概况】 长沙市天心区有农业人口5.7万人，有暮云、南托、大托铺、黑石铺、先锋5个涉农街道，12个行政村、26个集体经济合作社（联合社）；耕地面积1543.79公顷，永久基本农田面积为300公顷，主要分布在大托铺、南托、暮云3个街道。2022年，天心区农作物种植面积854.51公顷（其中粮食种植面积228.15公顷），油菜播种面积328.71公顷；落实“长牙齿”的耕地保护制度，完成受污染耕地整治177.33公顷，抛荒耕地复耕复种84.31公顷。林地面积1800公顷，水产养殖水面170公顷，畜禽养殖户4200户（均为散户）；生猪存栏6500头，家禽9.5万羽，牛羊1700头，家犬900只（不含城区）；动物诊疗机构29家，冷库1座；农业企业128家，农业专业合作社52家，其中省级龙头企业4家、市级龙头企业2家、境外省级现代农业特色产业园（省级示范园）2个、涉农网络信息企业2家，省级四星生态农庄3家，省级示范家庭农场1家。全区农业生产逐渐向蔬菜、瓜果、花卉苗木种植、水产养殖等休闲农业方向发展。2022年，天心区获评全省农村人居环境整治提升先进区县，美丽宜居村庄建设、水利建设、林长制工作3项工作获市政府真抓实干激励。

【水利建设】 2022年，天心区有南托垸和解放垸2个万亩堤垸，官桥湖垸1个千亩堤垸以及兴马洲1个江心洲岛；防洪设施湘江一线大堤32.05千米，其中港子河以北湘江一线大堤22.56千米，达到防御100年一遇洪水标准，南托垸湘江一线大堤9.49千米，达到防御50年一遇洪水标准；小（二）型水库1座、涵闸62个、泵站17处。 （周绍平）

农 业

【农业企业高质量发展】 2022年，天心区积极培育龙头企业，引导企业开展评估工作并积极提交申报材料，天心区有舍庄园店、湖南西湖万家农场有限公司被认定为长沙市五星级休闲农业庄园。有3人申报高级新型职业农民，经街道、区级审核后推荐至长沙市农业农村局。

【农机工作】 2022年，天心区有实行牌证管理的拖拉机60台，均为盘式拖拉机，全区无实行牌证管理的变型拖拉机。开展变型拖拉机整治工作，在区重点地带（一力物流、钢材市场、蓝天路等地）开展联合执法20余次，打击无牌无证、假牌假证、逾期不检验、擅自改装改型等违法违规行为。开展2022年度拖拉机农业机械检审工作，在检审开展前，对农机操作手进行安全生产培训，组织农机手学习农机安全事故警示案例等安全内容。截至2022年年底，全区农机手购买安责险共36单。

【动物疫病防控】 2022年，天心区完成免疫猪口蹄疫1.3万头份，牛羊口蹄疫三价0.34万头份，羊小反刍兽疫0.3万头份，家禽二价禽流感19万羽份，鸡新城疫13万羽份。组织免疫效果“回头看”，对新补栏、超过免疫保护期的畜禽组织开展强制免疫病种补免行动。组织技术人员进场入舍开展畜禽生产及免疫情况以及健康状况调查，持续抓好非洲猪瘟、禽流感等重大动物疫病防控日常排查和入场采样监测工作，及时掌握疫情的免疫动态，提高预警预报能力。2022年，排查生猪养殖户24510户次，排查存栏生猪14.96万头次，未发现异常情况。在全

农业 林业 水利

区开展非洲猪瘟等重大动物疫病“大清洗、大消毒”专项行动。全年下发消毒药品7.5吨，降低动物疫情发生的风险。

【动物卫生监督】 2022年，天心区对动物诊疗机构、兽药经营企业、无害化处理暂存点、实验动物养殖场所等安全生产和监督检查76次，出动检查人员274人次，要求整改30次。向长沙市农业综合行政执法局移送动物卫生监督和兽药案件3起，市局立案3起。1—12月，动物尸体暂存点收集动物尸体7739千克，其中猪76头、6691千克；禽类69羽、110千克；其他27只、698千克，其他产品240千克。全年办理行政许可5起，其中动物诊疗许可1起，兽药经营许可4起。

【农产品质量安全】 2022年，天心区开展农产品检测，检测样品为8690批次，其中定性检测蔬菜水果检测6012批次、水产品131批次、瘦肉精2547批次；省、市对区例行检测样品267批次，其中蔬菜水果178批次，水产品42批次、畜禽及其产品47批次，上述所有检测结果均为合格，合格率为100%。出动监管人员382人次，检查农资经营门店、农产品生产经营主体153家次。5月、6月、9月，先后3次开展农产假冒伪劣食品专项整治执法行动，随机抽查农资经营门店6家次、农产品生产企业7家次，对其中存在的问题及时指出并整改。将农产品生产经营企业、合作社、家庭农场、休闲农庄等全部纳入国家农产品追溯平台，保障农产品生产源头质量安全。开具合格证总张数1790张，附带合格证上市的农产品68.34吨。开展食用农产品合格证制度专题宣传培训1次。发放《农产品质量安全生产基本知识》《农产品质量安全法》等宣传手册450余份，发放识假辨假、质量安全管理及种植技术等宣传资料300余份。

【渔业】 2022年，天心区落实水产品质量安全承诺制度，各街道与水产养殖基地签订水产品质量安全承诺书。各街道负责辖区内水产养殖户的日常监管，对每户不少于6次入户检查；区级对辖区内养殖基地进行定期、不定期巡查，规范基地生产经营行为。建立投诉举报制度，向社会公开举报电话，鼓励群众举报经营假冒伪劣农业投入品等行为。开展抽检和联合整治行动，水产品检测131批次；省、市对天心区例行检测水产品42批次，所有检测结果均为合格，合格率为100%。开展水产养殖用药减量行动，发放《水产养殖用药明白纸》600份。对全区4座小（二）型以上水库和湘江一级水源保护区竖立永久性“禁止投肥养殖”公示牌10块。科学制定渔业数据统计方法、报送流程，统一报送表格。

【湘江流域禁捕退捕】 2022年，天心区开展湘江日常巡查和联合执法，湘江巡查923次，开展联合执法17次，出动2592人次，出动巡查、执法车辆933辆次、渔政快艇136次，收缴违规钓具244根、丝网2张，劝离垂钓人员2041人，联合有关部门检查渔具店6家，移送长沙市农业农村局案件线索39起。开展“五一”期间长江禁渔专项执法行动、“十年禁渔”百日攻坚专项整治行动、长株潭联合打击禁渔水域非法捕捞专项行动、“2022清风行动”。完善湘江巡护“网格化”管理，对沿江8个街道实行网格化管理。启动“智慧渔政”布局，对天心区湘江段布局15个摄像头点位，基本做到全覆盖。办理14起生态环境损害赔偿案。通过湖南都市频道、湖南经视、“今日头条”、天心区政府网等媒体宣传禁捕工作11次，发放宣传资料2296份。

【湘江流域增殖放流】 2022年，天心区通过增殖放流，实现对湘江渔业资源生态环境的修复。2月22日，市民喻女士组织开展社会公益增殖放流活动，在湘江长沙段兴马洲渡口水域放流草鱼鱼苗10万尾，所有放流鱼苗均经过专业部门检疫并取得动物检疫合格证明，天心区农业农村局进行事前和放流现场监督；3月29日，杨某等7人因非法捕捞致生态环境损害赔偿磋商会召开，会议决定由杨某等7人分别购置规格≥0.1米价值500元的鲢鱼、鳙鱼鱼苗，并于3月30日在湘江大托铺街道河段实现放流；6月29日，罗某等7人因非法捕捞致生态环境损害赔偿磋商会召开，现场签订生态环境损害赔偿协议，并于当日下午采用增殖放流的方式履行赔偿责任。

【重大动物疫病防控应急管理培训会】 2022年9月27日，天心区秋冬季动物疫病防控暨重大动物疫病防控应急管理培训会举行。区农业农村局党组书记、局长冯学武出席开班仪式并讲话，区各涉农街道、区动物疫病预防控制中心、区狂犬病授权免疫点及区动物尸体无害化收集暂存点代表等70人参加培训。会议就全区秋冬季动物疫病防控工作进行部署。湖南省动物疫病预防控制中心、长沙市动物疫病预防控制中心、湘安消防等有关专家，分别就兽医实验室检测与生物安全防护、认真履行法定职责规范做好动物检疫、《中华人民共和国动物防疫法》等政策解读、农业行业突发事件应急和生产安全管理进行系统培训。（周绍平）

农 村

【优化农村人居环境】 2022年，天心区制订《2022年天心区美丽宜居村庄及美丽庭院建设实施方案》，建设市级示范型美丽宜居村庄2个，市级达标型美丽宜居村庄11个、区级达标型美丽宜居村庄2个。依托美丽宜居村庄建设，创建评选“文明屋场”4处，评选天心区“五星级”美丽庭院60户。推动农村人居环境常态化管理，制定出台《天心区农村人居环境常态化管理工作评比方案》。拍摄农业农村微电影《我和我的乡村》以及《天心·美丽乡村等你来》宣传视频。开展农村高价彩礼、大操大办等移风易俗整治专项行动，出台《天心区关于开展高价彩礼、大操大办等农村移风易俗重点领域突出问题专项治理工作方案》，推动乡风文明建设。

【农村环境保护】 2022年，天心区在春耕生产、“五一”、国庆、中共二十大等重要时节启动秸秆禁烧宣传工作，出动秸秆禁烧宣传车100余次，在全区涉农片区范围内进行秸秆禁烧宣传，通过村村广播播放秸秆禁烧宣传语音。截至年底，全区未发生1起焚烧秸秆现象。

【农村饮水安全“回头看”】 2022年6月27日，天心区农业农村局召开农村饮水安全“回头看”排查工作部署会。该次排查工作成立专班，分10个小组对南托街道、暮云街道的10个村、社区的饮水安全状况进行全面“回头看”，开展为期5天的集中排查，全面复核农村群众特别是建档立卡脱贫户的饮水安全状况，形成排查台账，制定整改措施，确保农村群众的饮水安全。

（周绍平）

2022年，天心区创建美丽宜居村庄15个 （区农业农村局图）

林 业

【林长制工作】 2022年，天心区明确6位区领导、29位街道班子成员分别担任区、乡级林长，落实“县包乡”林长责任分区；全区8个涉林街道加挂林长办、19个涉林村（社区）科学划分为6个网格，“一长三员”（林长；监管员、护林员、执法员）全部实施网格管理并向社会公示。出台《2022年天心区全面推行林长制工作要点》，区委、区政府主要负责人签发“天心区林长令”，拟定《2022年天心区林长制工作考核细则》。组织“一长三员”业务培训603人次，建立林长制工作微信专群，林长巡林、护林员巡林台账，动态跟踪了解全区林长制工作推进及护林员日常打卡情况。召开林长制工作会议5次，区级林长巡林29次，街、村两级林长巡林1696次，护林员落实巡护系统使用。

【森林防火】 2022年，天心区在区农业农村局成立森林防灭火专办，厘清林业、应急、公安等部门的职能职责，要求各森林防火责任单位严格落实森林防灭火责任，组建森林防火应急队伍，装备设备补给到位。加强森林火灾防控，完善应急预案，做好应急处置，针对特殊时段下沉森林防火一线进行督查、蹲点、排查。落实宣传教育，下村入户签订防火承诺书3000余份，印发张贴省、市、区林长令和森林防火令800余份，在重要林区位置设立检查站58处，重要林区进口张贴防火码并温馨提示扫码进山。针对重点地方、时段和人群，严查野外用火行为，落实24小时值班和领导带班制，确保全年无森林火灾事故。

【林业病虫害防治】 2022年，天心区守护好全区200余公顷混交松林，杜绝松材线虫病及其他林业病虫害的传播危害，印发《长沙市天心区松材线虫病预防五年攻坚行动计划（2021—2025年）的工作方案》。压实基层“一长三员”松材线虫病疫木防治主体责任，建立林业有害生物防控责任体制，杜绝松材线虫病疫情的传入；委托技术服务公司采取释放生物天敌赤眼蜂和花绒寄甲成虫2.52万头，进行生物防控松材线虫病的发生，3次安排无人机对辖区的松林进行洒药并清理枯死林木，预防和治理全松材线虫病的发生。广泛宣传松材线虫病危害的严重性和大力开展预防工作的意义，以及识别、除治松材线虫病的技术知识，提高群众对松材线虫病防控工作的认识。争取将松材线虫病预防资金列入财政年度计划，落实预防经费，逐步加大投入力度，区财政每年统筹安排40万元专项资金用于松材线虫病预防和治理。

【图斑整改】 天心区2022年度共下发森林督查图斑133块，其中林地图斑121块、草地监测图斑12块，绿心地区土地变化图斑（前三季度）共37块。天心区以林长制为抓手，做好森林图斑整改销号工作，对3块涉嫌违法图斑、面积0.66公顷，全部立案查处并整改销号到位。

【森林资源管理】 2022年，天心区对林木采伐和林地使用进行严格审批，办理永久使用林地9起、面积21.47公顷，临时占用林地2起、面积0.54公顷，林木采伐指标控制在全年额定范围内。结合全区生态公益林资源布局，区农业农村局与涉及街道（村、社区、经合社）签订管护协议，下拨公益林补偿资金77.23万元、天然林补偿资金800元。发展林下经济产业，对辖区友邦园林等花卉苗木经营主体进行政策扶持和技术指导。鼓励引导村民和农业经营主体发展林下种植，带动农民增收，加强与中南林业科技大学等高校对接，探索科研苗木种植基地在天心区布局。推进国土绿化，完成营造林13.33公顷，新造油茶20公顷，抚育修复26.07公顷，完成59.4公顷的目标任务，完成率100%；推进6公顷补造修复，下拨资金122.37万元。

【野生动物保护】 2022年，天心区依法整治非法捕猎和经营利用野生动物及其产品的违法行为，普及《中华人民共和国野生动物保护法》《中华人民共和国动物防疫法》等法规知识，加大执法检查力度，设立举报救助电话，共救助野生动物10余只，将其放归大自然。

【林业安全生产】 2022年，天心区开展森林执法和林业企业安全大检查，夯实林地保护和行业监管，坚持依法治林和护林。开展行业安全生产大检查，累计检查生产经营单位55次，出动检查人员120人，利用森林防火宣传月开展宣传工作。 （周绍平）

乡村振兴

【概况】 2022年，天心区制定出台《长沙市天心区2022年乡村振兴提速年实施方案》，以全面开展脱贫攻坚巩固行动、现代农业发展行动、乡村人才培优行动、人居环境提升行动、乡村建设提升行动、农村集体经济发展晋阶行动、生态环境保护行动、乡村治理提质行动8项行动为重点，推进2022年乡村振兴工作。修订出台《天心区乡村振兴项目以奖代补实施办法》，配套出台《天心区2022年乡村振兴项目计划》，激发广大村民群众参与乡村振兴的积极性、主动性、创造性。

【农村集体经济】 2022年，天心区24个村（涉农社区）集体经济总收入19676.5万元（其中集体经营性总收入16218.54万元）。全区各村集体经济总收入均已突破50万元，收入超过1000万元的8个，收入超过100万元的10个，其中金桂经济合作社收入最高，总收入达5026.07万元（经营性收入4906.17万元）。

【巩固拓展脱贫攻坚成果】 2022年，天心区出台天心区巩固拓展脱贫攻坚成果同乡村振兴有效衔接常态化督查工作方案、突出问题整改方案以及产业发展指导意见，脱贫人口比2021年增收14.2%，安排衔接专项资金959万元，实施产业项目7个，带动脱贫群众或村集体经济增收45.6万元，人均年增收505元。运用平台对监测对象及农村易返贫致贫人口、因病因灾因意外等农村低收入人口开展动态监测，实施精准帮扶，结合爱心天心帮扶工程，强化脱贫群众兜底保障。用好各级衔接资金，谋划衔接项目，促进乡村特色产业发展壮大。落实帮扶项目联农带农机制，管好用好扶贫项目资产，确保就业帮扶车间、公益性岗位促进脱贫人口持续增收。

【迎新春消费帮扶展销会】 2022年1月20—21日，长沙市天心区、邵阳市邵阳县、湘西土家族苗族自治州龙山县洛塔乡三地迎新春消费帮扶展销会，在天心区机关大院人武部篮球场举行。三地26家企业带来腊肉、腊肠、锥栗、芝麻麦芽糖等70余种农特产品进行展销。展销会除线下活动外，还开辟线上销售平台，市民可选择线上选购。

【优化产业布局】 2022年，天心区大力实施“农业+”产业发展战略，推进文旅、研学等产业融合发展，有舍庄园、西湖万家被认定为长沙市五星级休闲农业庄园，联合湘潭市、株洲市发布“天心微旅行”、乡村生态旅游年卡等产品，举办“十行状元、百优工匠”美食制作技能竞赛、最美农嫂等评比活动。主动牵线搭桥，中南林业大学专家团队3人进企业任“科技副总”，并与天心区签订校政合作框架协议。开展“一产+三产”融合发展人才激励培训项目，在涉农街道开设农业人才服务窗口，建立乡村产业人才数据库，认定市级新型职业农民3人、区级重点特色产业人5人、十佳农村青年人才领头雁2人。

【巩固拓展脱贫攻坚成果同乡村振兴有效衔接政策业务培训会】 2022年6月13日，天心区巩固拓展脱贫攻坚成果同乡村振兴有效衔接政策业务培训会举行。区教育局、区民政局、人社局等相关区直单位，南托街道、暮云街道及下属有脱贫人口的村（社区）相关负责人及专干共50余人参会，会议由区乡村振兴局局长冯学武主持，区政府副区长肖盛辉作开班动员讲话。长沙市农业农村局扶贫开发指导处副处长屈强通过就如何巩固拓展脱贫攻坚成果与乡村振兴成果有效衔接进行授课。区农业农村局对全省防返贫监测与帮扶管理平台操作流程进行解读，对参会单位、人员进行答疑。7月15日，“脱贫致富感党恩·扬帆起航再出发”主题活动暨巩固拓展脱贫攻坚成果同乡村振兴有效衔接政策现场解答会举行。区人社局、区民政局、区医保局等10个行业部门、街道业务骨干及脱贫户、监测户代表30余人参会。区人社局介绍养老保险缴纳、就业困难人员的社保补贴、就业技能培训等优惠扶持政策；区医保局针对参保缴费、大病保险、再救助制度申请条件和程序等政策进行解读；其他行业部门就本单位优惠政策进行解读。脱贫户、监测户代表就慢性病报销、低保办理等问题提出咨询，各行业部门进行回应和承诺。 （周绍平）

2022年7月29日，天心区举办“十行状元、百优工匠”乡村美食制作技能竞赛 （区农业农村局供图）

水 利

【水利工程项目建设】 2022年，天心区完成解放垸土木桥至桂苏路主排渠清淤护砌、南托港莲华烟竹湖至京广铁路渠道清淤护砌等21个水利工程，圭白路排渍泵站完成穿堤部分施工，周公塘泵站完成前期手续。

【地方小农水项目建设】 2022年，天心区推进年度冬春修水利项目建设工作，重点解决山塘加固、排涝、灌溉沟渠损毁修复、清淤疏浚等问题。区农业农村局执行项目建设管理相关制度，注重工程全过程质量监管，抓好组织、协调和监督工作。

【农村饮水安全工程建设】 2022年，天心区完成《天心区农村自来水建设三年行动计划（2020—2022）》，开展南托街道2879户农村自来水工程建设，除兴马洲及牛角塘待征拆的区域，全部通上自来水，改善农村居民的饮水条件。

【河长制工作】 2022年，天心区总河长、区级河长带头巡河29人次。督促整改区级河长及河长办交办问题47个，核查湘江河道管理范围内疑似碍洪问题图斑10个，省、市控断面水质100%达标，流域综合治理任务全部完成。全面铺开县域节水型社会建设工作，补齐节水工作短板。

【水利行业管理】 2022年，天心区加强对工程重点、敏感部位和薄弱环节的安全检查，累计巡查河道长度810千米，出动人员、车辆、舰艇600余批次。开展各项专项检查和排查84次，检查排查内容涵盖防洪安全、饮水安全、用水安全、水生态安全4个方面，排查一般隐患11个，并整改销号到位，实现安全生产无事故。实行最严格的水资源管理制度，完成县域节水型社会达标创建。顺利承接长沙市水利局下放的水土保持方案审批以及疑似违法图斑核查等工作。

【抗击水旱灾害】 2022年，天心区上半年雨水集中，多次出现强降雨，下半年遭遇夏秋连旱，3个月时间无有效降雨。天心区成功应对6次防汛Ⅳ级预警，从8月12日起应对3个月时长的防旱抗旱Ⅳ级应急响应，未发生较大灾情险情，未出现人员伤亡情况。4月，区防汛抗旱指挥部办公室职责移交至区应急管理局，区农业农村局水利线1名负责防汛工作的人员转隶到位。完善《长沙市天心区水旱灾害防御预案（试行）》，规范全区水旱灾害防御应急响应工作程序。区委、区政府主要负责人进行指挥调度，全面督导检查水利备汛情况，协调解决水旱灾害隐患问题；分管区领导深入现场调度指挥，排查发现湘江大堤双管子涵闸南侧崩岸、中心港泵站无双电源等11处防汛隐患，均按照“一点一策”有效开展治理。做好物资储备工作，足额储备防汛抗旱物资。2个水利管理站与涉农街道、农林线团结协作，采取抽水车送水、农村自来水保障基本生产生活用水等措施，将旱情影响降至最小，实现大旱无大灾。

【“加强水土保持监管，共享山美水美长沙”主题宣传活动】 2022年3月2日，“加强水土保持监管，共享山美水美长沙”——《中华人民共和国水土保持法》和《湖南省长株潭城市生态绿心地区保护条例》普法宣传活动在长株潭城市群生态绿心举行。该活动由长沙市水利局主办、天心区农业农村局承办，企业代表、网格管理员、社会监督员、大学生代表等200余人参加。在水土保持网格管理员及社会监督员聘任仪式上，18人上台领取聘书。现场布置展廊，展示长沙水土保持工作历年取得的成效。

【节水型社会建设宣传活动】 2022年9月16日，“节水天心，你我同行”天心区节水型社会建设宣传活动举行。长沙市水利局、天心区农业农村局相关负责人为1家节水型公共机构、1家节水型学校、2家节水型单位、11个节水型居民小区授牌。天心区推进节水型单位、小区创建，开展节约用水管理和取水管理，发挥各类节水载体的示范引领作用，树立居民节水意识，调动居民节水积极性。节水型单位湖南天筑六建混凝土以环保为核心，建立环保型混凝土搅拌站；将雨水、河水和沉淀后的各种废水用于生产，实现生产用水循环利用；使用各类节水工艺用于生产。节水型学校仰天湖实验学校减少学校总用水量，培养学生节水减排的意识，在校园内营造节水文化，并将节水意识向家庭、楼栋、小区辐射。

（周绍平）

工业　信息化

综　述

【概况】 2022年，天心区适应新形势发展新产业，抢抓产业数字化、数字产业化赋予的发展机遇，发展数字经济，强化大数据（地理信息）产业链建设，打造长沙第五谷——天心数谷，抢占新一轮产业发展制高点。依托湖南地理信息产业园、人工智能产业园、软件产业园、湖南大数据交易中心及国家级人力资源产业园等产业平台，加强与知名互联网、软件企业的对接，瞄准龙头企业精准招商，引进亿元以上企业2家，规模以上数字企业3家，新增国家级“小巨人”企业3家、省级专精特新“小巨人”企业10家、创新型中小企业（市级“小巨人”企业）51家，构建出良好的产业生态环境。天心区“建设信息基础设施、推进产业数字化、加快工业互联网创新发展、促进网络与数据安全能力建设方面”和“清理拖欠民营企业中小企业账款”2项工作获得2022年全市工业和信息化领域真抓实干督查激励奖励。天心区工业和信息化局获评2022年湖南省中小企业“两上三化”工作先进单位、2022年“创客中国”湖南省中小微企业创新创业大赛优秀组织单位。

2022年6月22日，长沙市天心区“送政策、解难题、优服务”惠企政策在线集中宣讲活动举行　（区工信局供图）

【服务企业发展】 2022年，天心区开展全区百名干部联千企“送政策、解难题、优服务”行动，组织全区131名联企干部走访调研企业1045家，其中：工业45家、建筑业86家、服务业395家、其他519家，收集问题690个，解决638个，问题解决率92.5%。开展惠企政策精准推送，帮助企业对接项目审批和实施部门，指导企业及时准备好政策申报。组织惠企政策线上集中宣讲，邀请湖南省工信厅和长沙市工信局相关负责人和专家进行政策解读，120家企业相关负责人参加，2100家企业通过直播收看。组织开展“送政策、解难题、优服务”联企服务行动。

【惠企政策在线集中宣讲会】 2022年6月22日，长沙市千名干部联千企、天心区百名干部联千企“送政策、解难题、优服务”惠企政策在线集中宣讲活动举行。天心区120家企业相关负责人和区直各部门、街道联企干部现场参加活动，2100家企业通过直播观看该次政策宣讲活动，天心区工业和信息化局将长沙市惠企政策口袋书发送到直播群内。湖南省工业和信息化厅信息化和软件服务业处副处长张戈对湖南省移动互联网产业发展专项资金项目、首版次软件产品奖励政策进行解读和在线答疑，表示各相关部门要推进中小企业数字化网络化智能化转型，支持企业“上云用数赋智”。长沙市工业和信息化局人工智能处副处长杨愈远解读《长沙市加快先进计算产业发展若干政策的实施细则》，从支持加快计算基础技术研发、强化计算适配测试平台服务能力、支持加快算力终端产品供给等政策的申报条件、申报流程、注意事项等方面向参会企业进行解读。

（欧利娟）

工 业

【概况】 2022年，天心区有规模以上工业企业34家（含长沙电力），参与统计报数的32家（2021年退库2家），完成规模工业总产值340.1亿元（含长沙电力292.5亿元），比2021年增长6.6%（湖南省7.2%、长沙市8.5%），工业增加值占GDP比重10.8%，对GDP增长贡献率13.8%，工业完成全口径税收4.34亿元（不含国网湖南、长沙电力）。培育与推动中小企业走“专精特新”发展之路。

【电网建设】 2022年，天心区完成天心110千伏变电站项目的场平和交地工作，完成万家丽路（芙蓉路—港子河路）、湘江大道（湘江一桥—人民路）2个电力埋管项目。完成丹桂苑、恒盛佳苑等9个小区的电力“专改公”改造，使2640户居民群众享受供电公司提供的“供电、抄表、收费、服务”四到户服务。配合天心供电支公司解决5条10千伏线路重过载问题，实施8条10千伏线路网架结构优化、16条老旧线路改造、93个配电变压器增容补点。完成天心电网“630攻坚”任务。制定《天心区2022年迎峰度夏有序用电工作方案》《天心区2022—2023年迎峰度冬电力负荷管理方案》，组织相关电力用户参与需求响应及负荷管理，确保天心区顺利迎峰度夏、迎峰度冬。加强重大活动期间的电力保障，协调电力公司加大对电力线路和设备的检查和维护，做好全市学习贯彻中共二十大精神集中轮训、中国创翼创业创新大赛等重大活动保电工作12次。（欧利娟）

信息化

【5G建设】 2022年，天心区新增规模以上信息和软件业企业14家，全区规模以上信息和软件业企业达36家，营业收入累计50.30亿元，营业收入比2021年增长45%，增速居中心城区第一，拉动GDP增长1.2个百分点。全年数字经济核心领域增速完成值23%，居中心城区第一。开展“信息通信补盲补弱补点行动”，解决居民群众、商务楼宇、企事业单位反馈的通信信号质量、宽带网络等问题78个。统筹推进5G基站建设，2022年建成5G基站1020座，任务完成率110.9%，居中心城区第一，累计建成5G基站8100座。提升全区城乡5G网络覆盖率，截至2022年年底，实现全区家庭千兆光纤网络覆盖率100%。推进空中线缆整治，按照创建全国文明典范城市线缆整治工作实施方案及整改标准，摸排梳理全区123个社区、458个小区的整治点位，制定天心区弱电线缆整理标准手册，作为优秀方案在全市进行推广。

【软件产业发展】 2022年，天心区组织开展区级软件产业发展专项资金、天心区促进区域经济奖励（“数字经济发展奖”）政策兑现工作，惠及企业140余家，区级扶持资金473.5万元；指导企业申报上级中小企业发展专项资金、技改贴息、智能化改造、移动互联网等惠企政策，累计拨付扶持资金5900万余元。依托湖南地理信息产业园、人工智能产业园、软件产业园、湖南大数据交易中心及国家级人力资源产业园等产业平台，加强与知名互联网、软件企业的对接，瞄准龙头企业精准招商，引进亿元以上企业湖南蚂蚁星球科技有限公司、湖南思极科技有限公司2家，规模以上数字企业湖南万恒工程项目管理有限公司、湖南华博信息技术有限公司、汇杰设计集团股份有限公司3家。举办2022“创客中国”创新创业大赛天心区赛，推荐6家企业（项目）进入市级决赛。辖区内信息和软件服务业企业土流集团作为互联网土地流转第一品牌，平台已挂牌土地资源3860万公顷，成交920万公顷，业务覆盖1156个区县，土地经纪人3万余人，获中央电视台推介。

【大数据（地理信息）应用场景项目】 2022年，天心区组织和指导企业加强技术研发和投入，推荐湖南烁科热工智能装备有限公司等5家企业入选省级“企业技术中心”。明创慧远科技集团有限公司、湖南省地质博物馆、长沙移动3家企业的3个项目申报为2022年全省5G典型应用场景。在建设信息基础设施和推进产业数字化方面，出台相关推动配套政策9项，为企业争取国家级荣誉3项、省级荣誉36项。开展中小微企业服务工作，组织辖区湖南省轩荣知识产权代理有限公司等5家服务机构参与申报并获评为湖南省中小微企业核心服务机构。

【智慧管理】 2022年，天心区编制《长沙市天心区新型智慧城市“十四五”区域规划（2021—2025年）（送审稿）》报长沙市政府审议，明确“智慧天心”建设的总体蓝图、规划布局和发展路径。出台《长沙市天心区政府投资信息化建设项目管理办法》，审核4家单位的4个信息化建设项目，送审项目金额8616.5万元，核减金额2146.39万元。聚焦产业经济、城市管理、社会综治、民生服务等领域，推动智慧应用场景落地，打造试点示范应用。重点建设经济运行分析平台、城市综合治理平台和民生服务平台。

【“智慧天心”建设】 2022年，天心区打造智慧天心能力中枢，运用物联网、区块链、云计算、大数据、人工智能、5G等技术手段，归集政务、互联网、企业数据2000万条，构建数据中枢、业务中枢、AI中枢、三维实景地图等能力中枢底座，通过市、区两级智能中枢协同联动，推动数据共享交换，统筹信息化基础资源，实现“一网感知全城，一屏调度全域”的综合指挥调度能力。打造智慧天心特色应用，结合城市管理、社会治理和经济发展中的痛点、难点问题，聚焦态势感知、经济运行、综合指挥调度、民生服务、城市管理与社会治理5个领域，推动智慧应用场景落地，打造试点示范应用。重点打造经济运行分析应用场景、城市管理与治理应用场景和民生服务应用场景。建设城市运营指挥中心，整合应急指挥、数字化城管、区网格化3个指挥中心，融合党委、政府、综治、应急4个视频系统，建设城市管理、指挥调度、综合治理、事件处置、辅助决策五位一体的城市运营指挥中心。利用大数据、人工智能、可视化等信息技术，升级会议、联勤值守及宣传展示功能，将运营指挥中心打造为展示天心风采的综合窗口。2022年，天心区处理电子政务外网接入点位网络故障166次、网络权限开通240余次、网络新建14次、区直部门网络咨询及建议60余次。完成湖南省“2022湖湘杯”网络安全应急演练、长沙市公安局组织开展“护网2022”网络攻防实战演习、天心区“2022年天心区网络安全应急演练”，未出现重大网络安全事件。完成152次视频会议保障调试工作，其中政府会议110次、省值班1次、党委17次、应急6次、扶贫6次、有线电视2次。处理区机关大院各类故障2049起，电脑故障853起，网络故障414起，打印机故障728起，电话故障54起，为“互联网+”政务服务发展提供支持。

智慧天心城市运营指挥中心 （区工信局供图）

【区政府网站建设】 2022年，天心区打造便民利民政府门户网站，制定《网站信息员管理办法》《政府网站运维管理标准》《网站使用手册》等一系列管理细则，推进政府网站公开、互动、服务3个板块的创优提质。全年网站总访问量277.2万人次，总浏览量777.2万人次，发布各类信息9649条。天心区政府网站在中国软件测评中心组织的2022数字政府评估大会暨第二十一届政府网站绩效评估结果中，首次挺进全国参评区县级政府网站前十强，名列第九位，连续4年获湖南省区县级政府网站第1名。天心区《智慧教育为天下“双减”提质赋能，聚焦教育改革发展》案例入选“2022年数字政府服务能力评估暨第二十一届政府网站绩效评估政府网站类优秀创新案例”。《长沙市天心区政府门户网站场景导航栏目》在2022年政务网站精品栏目评选中获奖。

【“麻花在线上门洗车”落户天心区】 2022年6月19日，“麻花在线上门洗车”落户天心区，为天心区数字经济引擎添新动力。据介绍，该项目在全国多个省、市布局20余家分支机构，项目以“互联网+传统产业升级”大型综合服务类电商平台为基石，通过科技赋能实体，推进数字技术与传统洗车行业相融合，为市民提供更便捷、贴心的洗车服务。“麻花在线上门洗车”通过自主研发“移动式蒸汽洗车设备”，每洗一辆车，能比传统洗车行节省约98%的用水量；通过纯物理饱和蒸汽的清洗方式，移动式蒸汽洗车设备以专业的压力和温度，全面地对汽车每个细微部位进行清洁，无须任何化学添加，就能在除污的同时做到杀菌、除螨、祛异味。

【“创客中国”创新创业大赛】 2022年7月13日，2022年“创客中国”中小微企业创新创业大赛天心区决赛暨颁奖典礼举行。湖南省工业和信息化厅中小企业服务指导处处长肖洋扬、长沙市工业和信息化局中小企业处处长王笑笑、天心区政府副区长刘正文等出席，参赛企业代表、天心区直部门、街道办事处及相关机构等120余人参加活动。该次大赛以“智慧天心，融城核心”为主题，通过1个月的项目征集，涌现出60余个业态新、创新强、潜力大的创业项目，涉及现代农业、人工智能、互联网、软件信息、乡村振兴、地理勘测等多个行业领域。经过报名初筛及线下海选，15个项目进入天心区决赛，决赛采取“7+3”模式进行，即项目现场路演7分钟，评委提问3分钟。5位不同行业的专家评委根据项目的创新性、经济效益、社会效益、可推广可复制性及商业模式、市场前景、团队情况等维度进行评分。最终评出企业组一等奖：湖南省实淳新能源有限公司，二等奖：湖南微算互联信息技术有限公司，三等奖：长沙麦粒软件开发有限公司、湖南东方至远科技有限公司；创客组一等奖：长沙大燚文化有限公司，二等奖：长沙奥影软件科技有限公司。天心区赛决赛中产生的企业组前4名和创客组前2名代表天心区参加“创客中国”7月28日举办的“创客中国”长沙市中小微企业创新创业大赛决赛，湖南东方至远科技有限公司、长沙奥影软件科技有限公司分别获得企业组、创客组三等奖；参加8月30日举办的“创客中国”湖南省中小微企业创新创业大赛决赛，湖南微算互联信息技术有限公司开发的基于自研虚拟化技术的云手机平台项目获企业组三等奖。

【湖南省中小微企业核心服务机构认定】 2022年8月3日，“湖南省中小微企业核心服务机构（2022—2025）名单”公布，天心区的湖南省轩荣知识产权代理有限公司、湖南天择质量技术服务有限公司、湖南华洋企业管理咨询有限公司、湖南湘江研究院有限责任公司、长沙市集佳知识产权咨询有限公司5家服务机构位列名单。 （欧利娟）

2022年7月13日，2022年“创客中国”中小微企业创新创业大赛天心区决赛暨颁奖典礼举行 （区工信局供图）

商务　服务业

商　务

【概况】 2022年，天心区实施“七个一”（一个国际消费中心规划、一个产业政策、一个服务平台、一个新消费联盟、一个新消费产业基金、一个全国性的新消费峰会活动、一批新消费场景）工程，构筑新消费产业高地；紧盯“三新”（新消费、新能源、新零售），优化社零结构；系统谋划推进，构建“两商圈、一中心”（五一商圈、长株潭商圈；湘府消费中心）；多措并举办节兴会，持续激发市场主体活力。《长沙市天心区网红经济带动新零售创新全力推进传统商圈消费复苏》文章被商务部官网刊发，向全国推介天心区经验。天心区新消费工作获湖南省委书记、省人大常委会主任张庆伟及外交部原发言人赵立坚特别推荐。区商务局获评全省内贸工作先进单位、全市全面促进消费真抓实干奖和全区项目攻坚“八个一批”优胜单位等。

【招商引资】 2022年，天心区新引进“三类500强”企业10家，50亿元以上项目4个，10亿元以上项目5个，百万税源企业121家，新注册湘商回归企业17家。出让土地8宗，出让面积近45公顷，成交金额112.76亿元。引进光学仪器中的“独角兽”企业奥谱天成（湖南）信息科技有限公司，成为全市“湘商回归”代表性项目。墨茉点心局、金东珍酒电商平台等新消费项目和兰博基尼、比亚迪腾势等新能源项目落户天心区，省府中央生态教育智慧城项目等重点项目成功签约。培育华光源海国际物流集团作为全省首家在北京证券交易所上市的民营国际物流企业。九峰、新开铺2个片区更新项目签约，投资额均超100亿元。重点闲置楼宇太和广场实现招商出让盘活。

【提振消费】 2022年，天心区编制《天心区创建国际消费中心暨国际文化创意中心发展规划》；率先在全省出台《天心区关于促进新消费产业发展十条措施》；成立国资全资子公司——天鑫优服企业服务有限公司；牵头组建“长株潭新消费联盟”；主导成立全国首个城市新消费研究院；举办第三届中国城市夜间经济发展峰会、首届中国（长沙）城市新消费峰会；培育茶颜悦色、文和友、黑色经典、墨茉点心局等一批新消费头部品牌；打造“不超级文和友”、野肆月球等一批新消费示范场景。组织开展“三湘潮涌·消汇天心”2022中国（长沙）新消费发布会暨天心五一消费节、“夏之热情”汽车消费节等各类消费节50余场次。

【对外开放】 2022年，天心区走访对接中湘美好城市运营服务股份有限公司、湖南金铠文化传播有限责任公司、湖南楚地恒大检测有限公司等拟境外上市企业，做好对接服务；跟进奥谱天成（湖南）信息科技有限公司、现代财富资本管理有限公司、中湘海外建设发展有限公司等外贸新增企业，督促开展外贸业务。邀请省、市商务部门主要负责人多次到区走访调研，指导企业发展，协同天心经开区争取设立自贸协同联动区。用好项目服务和政策支持2个抓手，累计走访开放型经济企业50余次，组织开展区长企业接待日·开放型经济专场；组织企业申报省、市外经贸、跨境电商相关奖励资金1000余万元；出台区级开放型经济奖励政策，将到资5000万美元以上外资企业纳入区级重点特色产业人才支持目录，鼓励企业增资扩投、拓展业务。举办“孵化万企　湘聚出海”跨境电商培训、外贸行业政银企对接会。

2022 年 4 月 29 日，“三湘潮涌 · 消汇天心”2022 中国（长沙）新消费发布会暨天心“五一”消费节在云玺潮汇广场启动

（区商务局供图）

【安全生产】 2022 年，天心区商务局督促 5 家企业完成双控体系建设，2 家企业被评定为市安全生产标准化三级企业，3 家企业完成“一会三卡”示范建设，2 家企业完成安全生产标准化班组建设。完成成品油和生活必需品市场供应突发事件应急预案编制，做好文和友、一力物流园安全专项整治，联合市监、交警依法查处 4 家非法拆解回收企业，全区商贸行业实现全年零事故。

【营商环境】 2022 年，天心区推行“一日一制一景三中心”营商模式，“一日”，即在全省首创区长企业接待日，搭建企业与政府面对面交流平台；“一制”，即区领导联系服务企业制度，每位区领导联点相应数量的企业和项目，定期走访调研；“一景”，即应用场景的打造，率先在长沙市发布人工智能和大数据应用场景；“三中心”，即企业服务中心、园区产销对接服务中心、夜间经济服务中心，为企业服务。开展干部联企“送解优”行动，“茶颜悦色”商标保护案人选全国知识产权行政保护典型案例。推进“天心红”人才行动，推荐 33 家企业参评服务业发展奖、76 家企业参评入规入统奖。推荐文和友、茶颜等 7 家新消费企业申报为省、市上市后备企业，推荐长沙王府井百货有限责任公司总经理董项、黑色经典 CEO 卢路成等 5 人认定为天心区重点特色产业人才。

【天心汽车消费节】 2022 年 1 月 6 日，“冬之狂欢 · 乐享天心”购物消费节暨天心汽车消费节落幕，共持续 7 天时间。该次消费节提供 80 万元消费补贴回馈广大市民，覆盖生活方方面面，区内指定大型商超及企业共同参与，为消费者提供丰富多样的让利促销活动，在企业的活动基础之上，政府叠加补贴 50 万元。7 月 13—20 日，“夏之热情”汽车消费节在雀园路汽车 6S 街区开幕。在该次消费节中，凡购买 10 万元（含）以上乘用车的消费者，可参加补贴活动；购车金额在 10 万元（含）~20 万元（含）的补贴 1000 元 / 台；购车金额在 20 万元（不含）以上的补贴 2000 元 / 台。

【天心“五一”消费节】 2022 年 4 月 29 日，“三湘潮涌 · 消汇天心”2022 中国（长沙）新消费发布会暨天心“五一”消费节在云玺潮汇广场启动。100 余家新消费企业代表现场参与，吸引数十万人次线上观摩。湖南省商务厅党组副书记谭平，长沙市人民政府副市长、市工商业联合会（市总商会）主席（会长）康镇麟，经济学家柳思维，吴新伟等出席活动。现场，天心区发布《天心区关于促进新消费产业发展十条措施》和天心国际消费中心、国际文化创意中心最新概念规划；为天鑫优服“长株潭新消费企业服务平台”和“长株潭新消费联盟”进行授牌，其中“长株潭新消费联盟”由 100 余家新消费模式企业联合组建，旨在培育、带动一批新消费企业，激活一批新业态，首任盟主为“黑色经典”CEO 卢路成；发布创新文化意涵汇聚流量的新消费场景代表——“云玺潮汇”、太平老街数字孪生平台——“太平粮仓”、“直播 + 短视频 + 新媒体”新业态产业集群——“盘古新潮直播城”3 个新消费场景；为防疫医护人员、社区一线工作人员等发放消费“大礼包”，包含 1000 张由多家景区及新消费品牌合作的“嗨卡”，总权益价值 500 万元。该次消费节持续 7 天时间，天心区以“线上 + 线下”双重消费补贴的形式，为消费者提供亿元消费大礼包。《天心区关于促进新消费产业发展十条措施》，从“引、新、评、优、服、提”六点发力，在支持新消费企业集聚发展、创新发展、示范引领，鼓励传统企业转型发展，支持新消费品牌升级，强化新消费服务保障，优化新消费项目运营，加快新消费能级提升，引育新消费高端人才，加大新消费营销推介等10个方面推出助企措施，支持地方企业创新发展，服务区域新消费产业打造，提速区域性国际消费中心的建设与发展。其中，包括“鼓励有影响力的新消费品牌在天心区开设首店，一次性给予10万~200万元奖励”“每年定期评选具有突出贡献或重要创新的新消费经济人才，可享受租房、购房补贴、子女入学等综合服务”“鼓励传统品牌与区域文化结合开发产品、创新品牌，给予最高不超过30万元的奖励”等内容。

【沈裕谋调研天心“两稳一促”工作】 2022年6月27日，湖南省商务厅党组书记、厅长沈裕谋到天心区调研“两稳一促”（稳外贸、稳外资；促消费）工作，实地考察云玺潮汇新消费项目、长株潭跨境电商综合服务中心和酷哇机器人项目并召开调研座谈会。长沙市商务局，天心区委、区政府相关负责人参加调研和座谈。长沙市商务局、天心区政府分别围绕长沙市和天心区“两稳一促”工作作汇报。调研组就有关问题进行回应，提出工作建议。沈裕谋强调，支持天心区继续做好“两稳一促”工作。

【区长企业接待日·开放型经济专场】 2022年7月7日，天心区举行第35次区长企业接待日·开放型经济专场活动，邀请辖区20余家开放型经济企业代表座谈，了解辖区外资、外贸、外经企业发展情况，推动全区开放型经济提质增效。区领导周志军、厉波、刘正文、何海兵，以及区直相关单位主要负责人参加。各开放型经济企业代表介绍各自企业的发展情况，对天心区增进开放型经济新优势进行建言献策。周志军强调，各级各部门要在做强平台、做大市场、做优通道、做细政策和做实服务等方面精准发力，助力技术成果转化和技术贸易发展，要落实政策支持，深化“一日一制一景三中心”天心营商模式；各企业要持续深耕新业态，积极探索新模式，坚持聚焦新技术，在外资、外贸等经济指标和以商招商、资本招商等方面做出新贡献。

【奥谱天成第二总部基地落户天心区】 2022年8月19日，奥谱天成第二总部基地签约落地天心区。天心区在了解到奥谱天成的投资计划和发展诉求后，认为奥谱天成发展方向与天心区产业导向高度吻合，项目的落地能有效提升天心区产业技术能级，并将此作为重点项目上报长沙市。成立由市商务局、市人才办、市科技局、市工信局、天心区政府组成的招商服务专班。天心区政府副区长刘正文带领招商队伍到厦门奥谱天成总部洽谈合作，奥谱天成董事长刘鸿飞带领团队到长沙与吴新伟、周志军座谈交流，洽谈项目落地细节。8月19日，奥谱天成第二总部基地签约落地。奥谱天成是集研发、生产和销售于一体的高科技公司，公司专注于光谱分析仪器等光机电一体化产品，以拉曼光谱仪为拳头产品，涉及光纤光谱仪、高光谱成像仪、地物光谱仪、荧光光谱仪、工业测量仪等多个领域，为国内外不同领域的众多客户提供光谱技术解决方案。12月18日，奥谱天成长沙公司开业，入驻长沙天心经开区人力资源服务产业园。

【天心区外贸行业政银企对接活动】 2022年9月1日，天心区外贸行业政银企对接活动暨物流、金融对接交流会举行。活动邀请华光源海国际物流集团股份有限公司、光大银行天心支行、中国银行湘府路支行，以及区商务局、区金融事务中心、各街道及辖区内重点外贸企业50余人参加。活动为天心区内外贸企业、物流企业、金融机构之间搭建沟通平台，各企业代表分别就江海联运内支线进出口运输、危险品物流服务、国内水路运输服务、跨境结算需求解决方案、贸易融资等方面进行分享和讲解。区商务局就省、市、区开放型经济相关政策进行讲解。

【新开铺片区城市更新项目签约】 2022年9月30日，天心国资集团与中国建筑第五工程局有限公司（简称“中建五局”）、中国葛洲坝集团举行新开铺片区城市更新项目合作签约仪式。吴新伟、周志军，区相关单位负责人，以及中建五局、中国葛洲坝集团华南分公司负责人等出席签约仪式。吴新伟对项目推进提出“三个期待、一个承诺”：期待项目打造成城市品质新高地，期待项目探索出城市更新新路子，期待项目携手拓展出合作新空间；承诺为企业和项目做好服务，为企业发展、项目建设创造优良环境，帮助企业获得更好的投资效益和回报。天心区委组织部、天心国资集团、葛洲坝一公司和中建信和城市更新分公司主要负责人共同为新开铺片区城市更新项目“党建联合体”揭牌，推动党建与生产经营深度融合、同频共振。新开铺片区城市更新项目是长沙市重点推进的32个城市更新项目之一，项目东邻芙蓉路与新姚北路，南接友谊路，西靠湘江南路，北依南二环，总面积约393公顷，总投资200亿元。

【2022中国（长沙）新消费城市峰会】 2022年10月31日，2022中国（长沙）新消费城市峰会举行。国内各领域消费品牌、互联网品牌、投资及MCN机构等相关负责人参加。本届大会设置“1+3+1”（1场开幕式暨主论坛、3场专题论坛、1场颁奖典礼）活动形式，其中3场专题论坛分别为“从网红经济到长红经济——星势力掌舵者的灵魂对话”“从品牌自信到文化自信——星势力创新者的思想碰撞”“从新媒体到新消费——星势力融合者的智慧转型”。活动现场，经济学博士、国务院发展研究中心市场经济研究所所长王微作题为《现代化新征程中的消费新趋势》的主题演讲；湖南省商务厅流通业发展处处长李彪为首席专家顾问颁发证书，吴新伟为首批智库专家颁发证书；长沙市商务局党组书记、局长郑平，周志军与共创合作伙伴代表签约；谭平、康镇麟共同为长沙新消费研究院授牌。同日，以“点亮中国不夜城”为题的第三届中国城市夜间经济发展峰会开幕，来自全国各地的城市代表及行业代表、专家学者共享夜间经济发展经验，其中消费投融资论坛由天心区政府承办，区政府副区长刘正文在论坛现场推介天心区新消费产业。长沙新消费研究院由湖南省商务厅指导、长沙市商务局与天心区人民政府共同发起，以城南书院张栻“行之力则知愈进，知之深则行愈达”的思想为指导，以“消费向上·中国向前”为愿景，以“共创·共生·共享”的价值理念，围绕“产业研究、企业咨询、投资孵化”3个功能定位，设立专项新消费产业基金，并聚焦新消费产业领域学术、企业、投融资、权威行业媒介、产业服务平台等资源，共同推动新消费产业前沿理论与产业实践的高质量互动发展。

2022年10月31日，2022中国（长沙）新消费城市峰会举行。图为天心区委书记吴新伟（左一）为智库专家颁发证书　（杨　威　摄）

【2022湖南—长三角经贸合作洽谈周】 2022年11月3—8日，2022湖南—长三角经贸合作洽谈周（简称“沪洽周”）在上海举办。天心区委常委、常务副区长厉波率天心代表团到上海参加沪洽周活动，开展长三角精准招商活动。厉波代表天心区与华润置地执行董事、高级副总裁谢骥就生态教育智慧城项目进行现场签

2022年11月3—8日，2022湖南—长三角经贸合作洽谈周（简称“沪洽周”）在上海举办　（区商务局供图）

约。该项目落地省府片区，总投资108亿元，建设国际水准的产城融合示范项目，以新消费产业+文旅融合、金融科技产业为核心引擎，打造集商业消费、高端公寓、一流教育、国际生态社区于一体的活力之心、人文之城。

【天心区位列赛迪投资竞争力百强区全国40位】 2022年12月2日，赛迪顾问发布《赛迪投资竞争力百强区（2022）》榜单，长沙市天心、雨花、开福、芙蓉、岳麓5区上榜，其中天心区列全国40位，比2021年提升3位，排名湖南省第一。该榜单以政务服务、对外开放、基础环境、产业活力、人才吸引、要素保障6个一级指标及20个二级指标为评价体系，对全国除直辖市和港澳台地区外的900余个市辖区展开综合评价。天心区坚持以“一日一制一景三中心”为抓手，把优化营商环境作为推动高质量发展“头号工程”，为项目建设和企业发展提供全方位、全要素、全生命周期的优质服务。天心区聘请首批法治营商环境监督员，聘期2年，对天心区政法机关及其工作人员在执行法律、法规，贯彻落实党的路线方针政策以及中央、省委、市委、区委关于法治营商环境工作要求等多种情形进行监督，提出意见建议。发挥人大职能作用，人大代表认真履职，当好优化营商环境的“信息员”“监督员”“贴心人”。（陈益文　杨雨薇）

现代服务业

【概况】 2022年，天心区打造现代服务业发展高地，与长沙理工大学合作，推动数字经济创新发展区创建；激发楼宇经济发展活力，推行“楼宇服务日”制度，为企业纾困解难，楼宇经济成为天心区发展的“空中聚宝盆”。天心区服务业增加值总量892.9亿元，比2021年增长4.5%，增速排名中心城区第一；新增规模以上服务业企业38家；其中，新增营收过亿元企业数量3家；规上服务业企业212家。区现代服务业发展中心争取市级服务业新增奖励60万元，市级现代服务业专项引导资金95万元。省级服务业“双百工程”纳入天心区重点服务业项目2个；市级现代服务业“三百工程”纳入天心区重点服务业项目11个、重点服务业企业9家、重点楼宇14栋。

（汤　莲　兰　菲）

保利国际　（区现服中心供图）

【楼宇经济】 2022年，天心区引进各类楼宇企业350余家，盘活闲置楼宇约11.29万平方米，新增楼宇税收1.29亿余元；新增重点税源企业71家，62家企业实现税收关系、58家企业工商注册关系迁转至区内主要商务楼宇。建立长沙市首个区级楼宇分类评定标准。新增亿元楼宇2栋，总量22栋。建立“重点楼宇服务日”常态化机制，共收集解决问题60余个；建设楼宇服务一线阵地，新增保利国际楼宇服务站；通过开展平安楼宇创建、聘请楼宇管理专家开展商务楼宇运营管理培训等举措，提升商务楼宇标准化服务水平。推动老旧楼宇提质增效，明确楼宇提质奖补细则及申报流程，完成五一新干线、世纪情大厦、星浩物流园、长沙移动指挥通信大楼4栋楼宇的提质升级。

（李　伟）

【现代服务业创新发展课题研究】 2022年4月2日，天心区现代服务业发展中心与长沙理工大学经济与管理学院，就2022年天心区现代服务业创新发展课题研究进行合作，双方围绕“在2022年打造全省首个现代服务业创新发展区”战略目标发力。该次课题研究合作包括1个主课题研究和2个子课题研究，主课题研究为“天心区2022年打造全省首个现代服务业创新发展区战略研究与实施方案”；2个子课题研究为创新发展区范围内的具体产业（项目）发展智库报告。课题研究主持人为湖南服务业标准化技术委员会委员、长沙理工大学经济与管理学院党委委员副院长彭新宇。

（胡　晨）

【“楼宇服务日”制度】 自2022年6月始，为加强楼宇精细化服务，天心区建立联点区领导“楼宇服务日”制度，每月15日（节假日顺延）为区领导“楼宇服务日”，由区领导与入驻企业面对面沟通交流，了解入驻企业的诉求，帮助入驻企业解决存在的问题和困难。根据“楼宇服务日”制度，联点楼宇的区领导主要职责为：指导楼宇做好发展定位，明确发展目标；指导和督促联点责任领导采取各项措施，推动楼宇招商、护税协税、楼宇提质提档等各项培育发展工作，提升楼宇入驻率和经济贡献率；推动楼宇服务站建设，利用“楼宇服务日”等活动，加强楼宇服务，调度解决楼宇重点难点问题；指导和出席楼宇招商、政企座谈等重大活动。区领导、联点责任人调度解决楼宇入驻企业问题每月不少于1次。全区32栋重点楼宇均有相应的区领导联点，每栋楼宇配备所在街道的1名负责人作为联点责任人。区人大常委会党组书记、主任黄文先，区政协党组书记、主席张界贻，区委常委、常务副区长厉波，区委常委、政法委书记刘向，区委常委、宣传部部长洪孟春，区政府副区长郑州等，分别走访调研鑫远国际大厦、天城国际广场、长沙移动指挥通信大楼、爱尔眼科大厦、嘉盛国际广场、康园大厦等，了解楼宇发展情况，以实际行动和举措提升楼宇企业工商注册率、税收贡献率及满意度。

（彭　莹）

【“商务写字楼运营管理策略”培训】 2022年7月13—14日，天心区现代服务业发展中心专门组织开展“商务写字楼运营管理策略”培训，辖区街道相关负责人、楼宇企业营运负责人参加。楷林学院金牌讲师、长沙市楼宇经济促进会专家顾问刘小娅从长沙写字楼市场走势分析、写字楼营销与客户关系管理、如何通过租赁实现高价值兑现3个方面，分享商务写字楼宇的运用管理策略。针对学员们提出的疑惑和问题，现场进行交流、探讨。

（胡　晨）

【长沙外滩楼宇服务中心运营】 2022年7月，长沙外滩楼宇服务中心运营。该中心的本部设在保利国际广场一楼，既是党群服务中心，又是楼宇企业服务中心，提供党建服务、政策解读、上门服务等，配备商务洽谈区、志愿服务区等，企业办事不用出楼，就能享受优惠政策送上门服务。保利国际广场入驻161家企业，包括华能国际电力股份有限公司湖南分公司、湖南建融资产管理股份有限公司、远洋集团控股有限公司等大型企业，新消费代表企业为湖南蚂蚁星球科技有限公司、湖南三发餐饮管理有限公司（柠季）等。（胡　晨）

【“重点楼宇、特色楼宇、甲级写字楼”评定】 2022年11月4日，经自主申报、街道推荐、现场复核、部门审查、专家评定等环节，评出2022年度天心区重点楼宇5栋、特色楼宇2栋、甲级写字楼1栋，并予以公布。重点楼宇：保利国际广场、鑫远鑫悦汇、汇景发展环球中心、波波天下城CTA财富中心、标志商务中心；特色楼宇：金色阳光物流园、鑫远鑫悦汇；甲级写字楼：华远国际中心。

（彭　莹）

财 政

【概况】 2022年，天心区财政局主要负责本区财政收支预算及执行、财税政策制定、国有资产管理、财政检查监督、财政投资评审和承担政府采购监管等各项工作。被湖南省财政厅相继授予预算绩效管理工作先进单位、市县财政日常工作整体水平高质量评价A级区县、财政暂付款清理激励A档区县，预算管理一体化月度考核5个月位居全省第一，获市政府“真抓实干奖”。

（杜 遥）

【财政收支】 2022年，天心区完成地方一般公共预算收入70.48亿元，为调整预算的100.7%，比2021年增长4.9%。其中：税收收入46.63亿元，为调整预算的100.9%，比2021年增长0.9%；非税收入23.85亿元，为调整预算的100.3%，比2021年增长13.7%。完成一般公共预算支出77.90亿元，比2021年增加0.92亿元，比2021年增长1.2%。其中区本级一般公共预算支出65.70亿元，为调整预算的99.4%，比2021年下降0.4%。 （闵家喜 张喜盛）

【支持经济发展】 2022年，天心区按照全省万名干部联万企“送政策、解难题、优服务”行动有关部署，组织干部开展指导帮扶，面对面向广大企业宣传解读新的组合式税费支持政策。全年，新增减税降费及退税缓税缓费32.28亿元，激发区内各类市场主体活力。发挥专项扶持资金作用，主动对接省、市财政部门，组织辖区优质企业做好制造强省、招商引资、省移动互联网等23项专项资金申报工作，享受各级产业扶持资金2.62亿元，促进辖区企业持续健康发展。湖南机床厂、长沙机床厂、古道巷等一批地块实现挂牌出让，太和广场等闲置项目实现复工复产，围绕商务楼宇去化形成康园大厦等新晋亿元楼宇。实行“楼宇服务日”制度，提升楼宇整体品质，引导在建楼宇高端定位；支持打造“绿色楼宇”“智慧楼宇”，鼓励重大项目入驻，推动商务楼宇提质升级，全区亿元楼宇22栋，全市最多。优化营商环境，助力打造营商环境“首善之区”，清理涉企收费项目，规范涉企收费行为，助力企业轻装上阵。降低企业参与政府采购活动门槛和成本，政府采购中预留一定比例专门面向中小企业采购。

（闵家喜 张喜盛 李 蓉）

【财源建设】 2022年，天心区出台年度财源建设及国有企业高质量发展行动实施方案，围绕经济工作十大行动双月目标，重点加强百万元以上金融企业税收征缴。对上市公司、建筑业、酒吧等企业和行业的税收征缴、欠税、用电等情况开展分析，摸清税源底数和增收潜力。对接省、市财政部门，掌握上级财政资金最新支持动向，争取上级财政资金向天心倾斜；鼓励各单位向上争取资金，并纳入考核。坚持重点与零散并重，做到颗粒归仓，不断优化收入结构，推动收入“量”增“质”优。 （闵家喜）

【财政保障】 2022年，天心区靠前发力，在优结构中强化重点保障。优先保障公共应急处置，统筹拨付5000万元作为自建房安全隐患排查整治资金。支持重点项目建设，投入近2亿元用于新韶山南路、暮坪湘江特大桥等一批重大民生基础设施建设；教育投入增长22.1%，新建中小学幼儿园15所，新增学位1.06万个。推动城区品质改善，筹集各级各类资金5.26亿元，用于改善人居环境；铺排老旧小区改造项目78个，全年安排“百街千巷”提质、整治资金6000万元。织牢民生保障网，支出占比保持80%以上，城乡居民基础养老金实现“18连涨”，新增车位1.48万个，新改建公厕38座，新装电梯180台，新增养老服务床位200张。

（张喜盛）

【财政监督】 2022年，天心区预算绩效管理持续扩面提质，预算绩效自评、绩效运行监控持续覆盖全部预算单位和预算资金。对26个项目7.73亿元资金开展财政重点绩效评价，通过评价结果应用指导压减2023年预算资金，做到“花钱必问效、无效必问责”。财政监督不断趋严，切实履行财会监督主责，开展会计评估和监督、预决算公开、地方财经秩序专项整治行动等专项检查，常态化执行“互联网＋监督”民生资金目录公开，落实财经纪律各项要求。

（张志华）

【国企改革】 2022年，天心区财政局履行区属国有企业出资人职责，牵头深化国资国企改革，推动厘清企业发展赛道，聚焦主责主业，实现错位经营、协同发展。完成45项改革任务，推动出台《天心区国资监管机构以管资本为主推进职能转变方案》，探索构建以管资本为主国资监管大格局，整合注入资源资产，壮大国有企业实力，助力区城发集团、区国资集团成功取得AA+主体信用评级，天心成为全省首个拥有两家AA+直属国有企业的市辖区。

（占智琰）

【数字人民币工资代发试点工作会议】 2022年8月10日，天心区财政局组织召开数字人民币工资代发试点工作会议，全区10家试点预算单位参会。会议邀请中国农业银行湘府路支行网点主任王诗琴进行业务培训，从数字人民币的概念、特点、使用场景和使用方法等方面进行讲解。试点代发银行就业务问题答疑解惑，与会部门就工作开展中的问题进行讨论交流。

（龙海媛）

税　务

【概况】 2022年，国家税务总局长沙市天心区税务局（简称“天心区税务局”）设机关科室14个，派出机构税务分局、所10个，有在职干部385人。辖区内有纳税人60427户，其中一般纳税人13315户、小规模单位纳税人31001户、小规模个体工商户16111户。获评“全国青年文明号”、省级文明单位、“优化营商环境十佳服务单位”、长沙市“两红两优”十佳团支部。

（毛耀华）

【组织收入】 2022年，天心区税务局坚持稳增长、重实效、防风险，发挥税收职能，服务“六稳”（稳就业、稳金融、稳外贸、稳外资、稳投资、稳预期）、“六保”（保居民就业、保基本民生、保市场主体、保粮食能源安全、保产业链供应链稳定、保基层运转），展现作为。共入库税收收入（还原留抵退税后）141.58亿元，其中：中央级收入62.37亿元、地方级收入79.21亿元。市、区两级收入完成78.26亿元，同比增加0.19亿元，比2021年增长0.24%。省、市、区三级社保费入库149.27亿元，非税收入69.39亿元。

（齐　健　罗　姝）

【税收宣传】 2022年，天心区税务局开展税收宣传月、税法进校园、一分钟说税等宣传活动，持续打造“一局一品”，连续6年开通“地铁春风专列”，覆盖纳税人、缴费人60万人次。

（毛耀华）

【便民办税】 2022年，天心区税

2022年，天心区税务局开通“地铁春风专列”，宣传税收知识

（区税务局供图）

务局树立“以纳税人和缴费人为中心”服务理念，开展“便民办税春风行动”，逐条逐项落实“放管服”改革举措，办理各类涉税业务227万笔，线上办税占比94%。增值税电子专用发票网格化服务纳税人19514条，办结率100%；征纳互动平台任务2189户，办结率100%。探索“天心云”服务模式，提供“办得快的云窗口”“听得进的云座席”“学得进的云课堂”，成立集中处理中心，开通小呼中心，精简办税流程，提升服务质量和成效。（熊昊翔）

【减税降费】 2022年，天心区税务局新增减税降费28.88亿元。其中：增值税留抵退税7.84亿元，年度新出台政策减税降费2.64亿元，年度展期实施政策减税降费3.97亿元，制造业中小微缓缴税费0.6亿元，阶段性缓缴企业社会保险费12.46亿元。办理个人所得税优惠减税9.93亿元，房土两税困难减免2425万元，出口退税4.13亿元。（齐　健）

【曾光辉调研天心区纳税服务】 2022年10月13日，国家税务总局湖南省税务局党委书记、局长曾光辉到长沙市天心区税务局调研纳税服务情况，主持召开税务干部座谈会，了解基层意见建议；并与天心区委、区政府主要领导交流工作。区委书记吴新伟，区委副书记、区长周志军，湖南省税务局一级巡视员孙险峰，湖南省税务局办公室主任胡巍，长沙市税务局党委书记、局长罗旻，天心区税务局党委书记、局长王勇刚等参加会议。（毛耀华）

金融事务

【概况】 2022年，天心区发挥“湘江东岸金融外滩”优势，依托汇景环球中心举办省内保险机构楼宇推荐会，新增平安养老险湖南分公司等12家金融机构及其配套机构；其中，新设立玖润典当等地方金融机构3家。辖区华光源海国际物流集团股份有限公司（简称“华光源海”）作为全省首家民营国际物流企业在北京证券交易所（简称“北交所”）成功上市。上市公司增至8家，市值占全省近20%、全市近30%。截至12月31日，金融业完成全口径税收入库46.07亿元，占比超38%，连续5年成为该区纳税贡献第一大行业。（彭林仁）

【金融产业服务】 2022年，天心区坚持区领导联系服务企业工作制度，走访接待金融机构和企业100余家次，收集、解决各类问题80余个。出台区级金融人才认定标准，认定长沙农村商业银行股份有限公司、阳光财产保险股份有限公司湖南省分公司等企业区级金融产业人才7名，金融骨干人才13名。指导22家金融机构和企业申报区域经济奖励资金2200万余元，为6家金融机构和企业争取上级金融发展奖励资金1000万余元。（彭林仁）

【企业上市培育】 2022年，天心区组织20余家企业、30余人次参加各级企业上市培训，联合北交所、湖南股交所、新三板协会专家走访企业，为企业上市工作提供现场指导。截至年末，全区27家企业入选长沙市上市后备企业库，13家企业入围湖南省上市后备企业库；汇杰设计集团成为新三板创新层企业，10月向湖南证监局申请辅导备案。区政府主要负责人带队走访湖南证监局、中国证监会、北交所，针对企业短板问题，协调省市区分级召开专场业务对接会，陪同企业点对点拜访大型国企，帮助企业拓展优化客户结构，补齐上市短板。11月14日，华光源海通过北交所上市

2022年10月13日，国家税务总局湖南省税务局党委书记、局长曾光辉（左二）到天心区税务局调研纳税服务情况（区税务局供图）

委员会审核，获得公开发行股票注册批复；12月29日，在北京证券交易所上市，成为长沙天心区首家登陆北交所的民营企业。

（彭林仁）

【地方金融行业规范】 2022年，天心区督促辖区地方金融机构通过监管系统报送经营情况及指标数据，结合分类监管评级工作对融资担保公司、小额贷款公司、典当公司进行全覆盖现场检查，发现问题，要求限期整改。作为全省第一批试点区县，该区开展寄卖行违规开展典当业务清理整顿，对辖区登记的106家寄卖行逐一摸排并分类处置，此项工作获得湖南省金融监督管理局认可。抓好《湖南省地方金融监督管理条例》（简称《条例》）学习宣传和贯彻落实，结合现场检查，开展“送法上门”活动，推动《条例》宣传进机关、进企业。

（彭林仁）

【金融风险防范】 2022年，天心区建立健全风险预警提示制度，及时向全区发布涉嫌非法集资企业风险提示函11份，并通过社区转发至居民群、企业群，扩大知晓范围。组织开展防范非法集资宣传“五进”活动1000余场，联合长沙市人民政府金融工作办公室在悦方IDMALL举办年度防范非法集资宣传月活动，在坡子街街道西牌楼社区设立防范非法集资宣讲站。发动辖区金融机构利用自身资源，开展防范新型电信网络诈骗学习及宣传工作，提醒客户提高反诈防骗意识。提请区长办公会审议非法集资风险隐患大排查专项行动方案，组织各成员单位通过日常扫楼和行业监管检查，对辖内5000余家企业开展风险排查。对涉嫌非法集资企业约谈、督促整改或移送公安机关进行处置；限期清退资金，提前化解风险；全年，摸排清理第三方财富公司，吊销或注销无相关资质企业177家。关注历史遗留问题，做好集资参与人稳定工作。妥善化解房地产金融风险，安排专人参与辖区房地产企业防风险专班工作，引导多家金融机构支持辖区内新力铂园、恒泰芙蓉悦府等楼盘风险处置。

（彭林仁）

【金融保险业高质量发展专场活动】 2022年2月23日，天心区举行第32次区长企业接待日·金融保险业高质量发展专场活动。湖南省地方金融监督管理局保险处处长黄长河以及中华联合财产保险股份有限公司湖南分公司等辖区11家重点保险企业负责人，就构建金融保险业发展良好生态区，促进金融保险业更高质量发展进行专题探讨；区相关部门负责人就部分企业代表提出的具体问题进行现场回复和解答。区委副书记、区长周志军，副区长刘瑜参加。（彭林仁）

【银企对接会】 2022年，天心区举办银企对接会2次。4月27日，区金融事务中心、区科技局举办科技专题银企对接会，湖南宝微科技有限公司、中湘智能建造有限公司等10家企业、5家银行相关负责人应邀参会，达成融资意向超1亿元。5月26日，区金融事务中心、区工商联举行非公有制企业专场银企对接会，12家民营企业、4家金融机构受邀参会。（彭林仁）

【华光源海在北交所上市】 2022年12月29日，华光源海在北交所上市，亮相资本市场。华光源海是一家综合性现代物流服务企业，主要从事国际货运代理、江海联运长江内支线集装箱班轮运输以及公路运输等业务，业务区域主要集中于长江中下游各主要港口。华光源海是天心区首家在北交所上市的企业，也是北交所的国际物流板块第一股。该次上市，华光源海的发行价为8元/股，发行数量约2278万股，募资总额约为1.82亿元，募资净额约为1.57亿元。（杨雨薇　彭林仁）

长沙农商银行湘江支行

【概况】 截至2022年年末，长沙农商银行湘江支行各项存款余额为76.58亿元，比年初净增4.36亿元，增幅为6%；各项贷款余额67.42亿元，较年初净增5.26亿元，增幅为8.3%；法人贷款客户851户，个人贷款客户8192户；当年到期贷款收回率99.54%，不良贷款率为1.17%。获评长沙农商银行年度“优秀一级支行”。

【银行金融服务】 2022年，长沙农商银行湘江支行改进服务手段，拓展普惠性金融，支持天心区经济建设。加大对中小企业帮扶力度，给予实体经营坚挺支持，全年，支持重点科创企业70户，营销拓优客户净增180户，发放贷款1.48亿元，所辖南托支行和营业部打造为对公特色支行。多个网点主动融入地方发展大局，践行本土银行担当，长沙农商银行湘江支行获评中国金融思想政治工作研究会、传承雷锋精神委员会和中华志愿者协会传承雷锋精神志愿者委员会“金融系统学雷锋活动示范点”。所辖南托支行携手暮云新村德育基地落地异业联盟，助力残疾人实体经济，先锋支行获街道“融城先锋”称号，协办并参与街道十周年庆典活动。多次组织反假货币知识、存款保险知识、防范电信网络诈骗等主题宣传活动。

【区域网格化服务】 2022年，长沙农商银行湘江支行完成整村授信项目8个，包括营业部一力社区、先锋支行嘉和社区、南托支行南托岭社区、西湖支行高云社区、黑石支行黑石铺社区、大托支行铭安社区、城南支行桂井村、牛角塘支行牛角塘社区，累计录入信息3297户、签约1191户、用信746户，项目在街道辖区覆盖率达95%以上。发挥“金融村官”载体作用，解决客户贷款难题、做好金融知识宣传、完善基础金融服务。突出管理精细化、服务差异化，坚持走零售转型之路，逐步优化资产负债结构，开展移动营销和电子银行业务，增强批量获客能力，通过获客、激活、转化一体化营销，信用卡、“邻里荟”、二手车分期业务有声有色，产品交叉与联动营销加强，实现客户“质”“量”双提升，组织长沙农商银行零售转型大会并参与拍摄零售转型纪实片。

【强化风险管控】 2022年，长沙农商银行湘江支行注重风险管理建设，提升方案免疫力。年内开展全面风险排查，权限内贷款专项检查，假借冒、运营业务检查等，防范操作风险。推进防范电信诈骗，落实“断卡”行动，严格开户流程、推动财政惠民惠农补贴“一卡通”发放风险排查整改和结算账户管理系统信息整改，做好行内账户风险排查。严格落实安全生产各项工作要求，加强全员安全培训，优化物防、技防设备设施，被天心区公安分局评为“内部治安保卫标兵单位”。

【银行网点建设】 2022年，长沙农商银行湘江支行树立标准化建设示范网点西湖支行、城南支行，通过示范网点带动全行所有网点标准化建设。所辖南托支行、营业部、黄合支行被省联社评为五星网点，先锋支行、大托支行、机场支行被评为四星网点。

（钟翠婷）

长沙农商银行天心支行

【概况】 2022年，长沙农商银行天心支行面对疫情反复冲击和不断下行经济环境，坚持“疫情要防住、经济要稳住、发展要安全”工作要求，围绕区委、区政府“三高四新”战略定位和使命，紧扣长沙农商银行总行“优结构、提质效、强队伍”战略方针，精诚团结、奋发有为、砥砺前行。截至2022年年底，天心支行各项存款余额88.48亿元，比2021年增长9.6亿元，增幅12.2%，各项贷款余额69.23亿元，增长7.52亿元，增幅12.19%，实现贷款利息收入37507万元（含税），较2021年同期增长3620万元，增幅10.68%。

【服务区域经济】 2022年，长沙农商银行天心支行贯彻落实总行助力稳定地方经济16条硬核举措，发挥金融供给优势，加大辖区内实体经济支持服务力度，稳步扩大信贷资金投放，特别是向基础性行业、民生保障行业、居民消费行业等倾斜信贷资源。截至年末，全行超90%信贷资金投向天心区，用于三大板块、九大民生工程推进和中小微企业、商户发展需求，累计投放各类贷款48.44亿元，1000万元以下普惠型小微企业贷款余额14.97亿元，占贷款总额21.6%，较年初净增2.75亿元；支持区级平台和重点项目建设，加大对天心国资、天心城发、顺之安棚户区、新开经济合作社、石人经济合作社、新天经济合作社等授信力度，共计授信37.99亿元。开展“三高四新千企行”行动和“暖春行动”，侧重先进制造、高新技术、乡村振兴和绿色环保等行业领域，银政、银企对接更为主动紧密，截至年末，新增投放高新技术企业贷款15户，用信金额达7600万元，为辖内经济注入金融活水。代发天心区民政局低保费、特困供养费和春节慰问资金12856笔，金额652万元；代发区人力资源和社会保障局机关养老保险55200笔，金额2.52亿元；代理区国库集中支付业务24578笔，金额24亿元；代理区税务局社保费上缴国库28978笔，金额136亿元。

【区域网格化服务】 2022年，长沙农商银行天心支行做好“六稳”工作，落实“六保”任务，将“整村”“整圈”授信与“党建共创、金融普惠”相结合，积极与村社和商圈建立战略合作关系，覆盖居民3000余户、9000余人，为辖内村级经济组织授信3.69亿元。坚持“厅堂营销日常化、外拓营销经常化、学习培训常态化”

服务理念，开展企业专项营销80余场次，走访社区及周边商户300余次，持续增强小微企业供给。截至2022年12月31日，支行存款客户数174236户，比2021年增加7580户，增幅4.55%；贷款客户数6078户，比2021年增加348户，增幅6.1%。

【服务改善民生】 2022年，长沙农商银行天心支行开展“新春送温暖”“圆梦微心愿”活动，与辖内街道、社区、商会、高校携手开展“金融讲座”“清廉金融进企业”“金融普惠进校园”“反洗钱、反电诈、远离非法集资”等宣传活动50余次，参与人数8600余人次。运用采购农副产品等方式支持扶贫地区和乡村振兴产业发展，累计采购物资价值7万余元。

【风险防控】 2022年，长沙农商银行天心支行开展员工合规风险教育，筑牢内部案防机制。坚持实施“阳光信贷”工程，开展信贷、运营和安全等各类检查20余次，实现全年“零案件、零事故”目标。注重不良资产清收，定期召开“压不良、控风险”专题调度会，严格落实“贷款三查”，将风险处置工作列入该支行常态化工作列表，加大现金清收、贷款盘活和诉讼清收力度，年末天心支行不良贷款余额较年初减少208万元，不良率为0.76%，较2021年下降0.13%。多维度提升优质文明服务水平，年内，辖区2家网点被湖南省农村信用联社评为“五星级银行网点”，3家网点被评为“四星级银行网点”，1家网点被共青团长沙市委授予“青年文明号”称号。

【银行网点建设】 2022年，长沙农商银行天心支行对营业网点进行优化布局，完成湘府支行迁址工作，金桥支行扩建工作，迎新路支行装修改造工程稳步推进。截至年末，天心支行有12家营业网点，其中10家网点覆盖天心区6个街道、2家网点设置在雨花区辖内。 （雷云丹）

教育　科技

教　育

【概况】　2022年，天心区共有直属学校62所，其中九年一贯制学校4所、中学6所（高中1所、初中5所）、小学49所；另有行业子校3所。区属中小学在校学生69345人，其中高中1946人、初中14461人、小学59161人。有公办及民办注册幼儿园165所，其中直属幼儿园45所、企事业单位幼儿园8所、民办幼儿园112所，入园幼儿32648人。有区属民办小学1所、市管民办中学2所、市直属中学3所；民办教育培训机构71所。全区有区属教师4696人，其中在职教师3008人、离退休教师1688人。

截至12月31日，天心区入选教育部义务教育优质均衡先行创建区，创建为全国青少年足球试点区、国家级信息化教学实验区、湖南省人工智能教育实验首批实验区。文明礼仪教育课题被列为湖南省思政重点调研课题，教研创新实践获湖南省第五届基础教育成果一等奖，“智慧教育”案例获评全省基础教育信息化应用优秀案例，学校课程体系建设工作、智慧教育新课程创新工作、“三区”支教工作在全市会议上作典型经验交流。教育考试工作连续6年获市级考试工作优秀，高考工作天心考区获评湖南省优秀考区，“双减”提质增效工作获市领导肯定并做推介批示，获评市政府2022年真抓实干表彰激励项目奖。新华社和《人民日报》《湖南日报》《湖南教育快讯》《长沙教育》等多次推介天心区教育经验。天心区在市教育局绩效考核中连续四年获评一等奖。

（文　琼）

【立德树人工作】　2022年，天心区聚焦“一体两翼”行动德育，开展“红领巾”达标争章、校外红色阵地设计辅导、天心红辅团巡讲等德育活动，推进少先队社会化工作“四个一”全覆盖。区教育局获全国“心中有祖国，心中有他人”主题教育先进集体、长沙市德育案例和劳动教育特色项目一等奖，在长沙市辅导员风采大赛中连续四年获得团体冠军。推进“体艺2+1”项目，建立“智慧体育”监测平台，获评全省首届体育“云运动”突出贡献奖，创建为全国青少年校园足球试点区、长沙市冰雪运动试点区。重视学生身心健康发展，推进“三位一体”志愿服务，心理图文创作获全国优秀奖。与湖南省博物馆签订“馆校合作”协议，确定12所学校为基地校（可优先享用省博物馆优质教育资源）、发展校（基地校的后备学校）。推进校园劳动实践，仰天湖新路小学等一批学校创建为省、市级劳动教育试点校。重视加强“五项管理”，毕业年级体艺项目达标率80%以上，学生视力不良率比2021年下降0.5%，被评为全市首批青少年近视防控试点区。　（文　琼）

【教师队伍建设】　2022年，天心区公开招聘教师450人，其中特殊人才、名优特教师128人，应往届类教师307人，公费师范生15人，队伍结构整体优化。31名教师参加“三区支教”，190名校长、教师参与交流，39名优秀年轻干部得到提拔重用，40名教师选拔为后备干部。实施人才项目管理，完成45个国培计划、省培计划和52个市培项目。加强名师名校长培养，刘登峰、张艳2个名师工作室获评湖南省优秀名师网络工作室。推进长沙市第一批人工智能助推教师队伍建设试点区工作，创建区级试点校9所，完成第一批人工智能教育教学研究“种子教师”团队组建。重视师德师风常态督查，查处违纪违规行为8起，退缴费用2.2万元。　（文　琼）

新建的青园南湖小学（张墨雨　摄）

【教育事业发展】 2022年，天心区有教育集团6个，其中初中教育集团1个：长郡外国语教育集团，九年一贯制教育集团1个：湖南师大附中双语教育集团，小学教育集团2个：仰天湖教育集团、青园教育集团，学前教育集团2个：幼幼幼教集团、白沙幼教集团。年内，区财政投入学前教育资金1.44亿元，新增公办幼儿园2个，新增公办园学位684个，公办园在园幼儿占比由2018年的23.52%增长到55.18%；新增普惠性民办幼儿园23所，普惠性幼儿园占比由2018年的77.87%增长到90%以上。成立特殊教育专家委员会，完成特殊教育资源教室建设，适龄残疾儿童义务教育入学率达98%以上，黄土岭小学获评长沙市融合教育示范学校。累计回收小区配套幼儿园53所，幼儿园产权基本办到区教育局名下，近4年回收的新园全部办成公办园。入选教育部公布义务教育优质均衡先行创建区名单，公办义务教育在校生占比95.86%，学前三年教育毛入园率96%以上。坚持智慧引领，8个智慧校园项目成功立项，雅礼外国语学校、西湖小学获评教育部网络空间应用优秀学校，仰天湖实验学校、湘府英才益清小学被认定为长沙市未来学校创建校，天心区获评长沙市智慧教育示范区。

（文　琼）

【学校建设】 2022年，天心区加强学位保障，投入资金9.04亿元，铺排学校建设项目13个。完成区级投资中小学新建项目3个：许兴小学、青园柒祥小学、青园南湖小学，扩建项目3个：长郡天心实验学校、长郡外国语实验中学及其附属小学，暑假提质改造项目23个，新增学位6900个；启动长沙市一中城南中学初中部、石碑中学、湘府英才小学高云校区建设；完成幼儿园新建项目2个：幼幼京盛和府幼儿园、白沙幸福庄园幼儿园，新增公办幼儿学位684个。落实楼盘教育配套责任，新增教育用地0.93公顷，争取学校建设资金1.09亿元。年内，长沙市一中城南中学高中部、青园许兴小学、青园南湖小学、青园柒祥小学、白沙翡丽郡幼儿园、白沙电力科技幼儿园开始招收新生。

（文　琼）

【教育惠民工作】 2022年，天心区推进教育惠民，开展送教上门、贫困学生建档立卡资助等工作，资助学生4114人次，金额245万元，送教上门976次。完善社区学院、社区学校、社区学习中心社教工作网络和社区教育师资库，选聘、招募专（兼）职社区教育

2022年9月5日，仰天湖实验学校智慧美育“定格动画”课堂现场（张墨雨　摄）

教师309人、志愿者610人。线上社区教育"双百工程"新增52门课程，送课40余次，惠及民众2000人次。（彭　昱）

【中小学生减负工作】　2022年，天心区开展"智慧五育"（智慧德育、智慧教学、智慧体育、智慧美育及智慧实践）教育教学方式改革，建设未来学校示范校3所，区智慧校园试点项目42所。推进个性化课后服务，开设服务课程80余类，参加课后服务学生5.85万人，实现区域课后服务全覆盖，满足学生个性发展需要。出台《天心区中小学劳动教育实施意见》，指导建设区级劳动实践基地17个，市级研学实践营地（基地）13个，4所学校获评长沙市优秀劳动实践基地，1所小学获评湖南省首批劳动教育实验基地。健全和完善天心区教育督导机制，组建教育督导专家库，组织展开"双减""五项管理"工作专项督导，6—8月，清理关停一批无证幼儿园。加强校外培训机构网格化管理，印发"告家长书"7万余册，引导家长理性参培、规范参培。开展联合执法行动35次，查处无证培训机构15家、违规办学行为85起，对8起无证办学、6起违规办学行为立案调查，66家有证培训机构100%开通平台支付，39家学科类培训机构预收费100%纳入监管，接受教育部专题调研获得好评。（彭　昱）

【教育评价改革】　2022年，天心区贯彻落实《深化新时代教育评价改革总体方案》部门工作安排和部门重点举措清单、负面清单，确定评价改革"怎么改"措施25条，部门重点举措51项，负面清单21条，组织开展自查自纠，相关工作被长沙市教育领导小组秘书组通报表扬。推进"树立正确用人导向"试点项目，相关案例获评长沙市深化新时代教育评价改革典型案例一等奖。

（文　琼）

【校园安全建设】　2022年，天心区教育局、区委政法委联合推进法治宣传进校园，为全区中小学校、幼儿园聘请法治副校长156人，实现法治副校长规范化管理和科学化选聘。启动为期三年、总投资561.47万元的"校园安全末端智能预警系统"建设，年内有58所公办中小学安装校园安全隐患智能分析服务设备，提升学校安全风险实时预警能力和处置能力。全面推进"百日攻坚"校园安全大检查，排查治理校园安全风险隐患891处，启动6个学区警务室试点校建设，抓实抓牢新冠疫情各项防控举措，64个单位创建为市、区级平安校园。安全工作经验在省级刊物《湖南安全和防灾》刊发推介。

（文　琼）

【线上心理健康教育公益课堂开启】　2022年4月，天心区未成年人心理健康辅导中心开设线上心理公益课堂，为家长、孩子、教师提供线上心理疏导和建议。截至年底，提供心理咨询辅导400人次。开通周末心育线上课堂，开设家长线上学习"68云课堂"36场，参与100万余人次。

（文　琼）

【天心区教育改革工作被省政府通报表扬】　2022年1月，湖南省人民政府办公厅通报表扬2021年全省重点工作综合大督查40项典型经验做法，天心区探索教育改革新路子入选。（文　琼）

【中小学校级领导培训班开办】　2022年1月21日，天心区开办以"提升领导力，助推学校高质量发展"为主题的中小学校级领导培训班，全区170余位中小学校级领导参加。湖南省中小学教师发展中心副主任左梦飞、长沙市第十一中学校长聂庭芳、长沙市高新区金桥小学校长赵华分别作主题讲座。明德天心中学、雅礼外国语学校、青雅丽发学校分别就落实"双减"政策相关经验和举措进行分享交流。

（李　楠）

【幼儿园园长培训】　2022年1月24—27日，天心区幼儿园园长课程领导力提升研修培训举行，全区120余名园长参加。湖南师范大学学前教育系主任康丹、湖南师范大学教育科学学院教授曹中平、长沙师范学院副教授路奇、新晃县发展中心兼职副主任李奕等围绕幼儿园如何做课题、幼儿园"真·假"游戏的思考、"儿童为本、深度学习"价值取向下的幼儿园区域活动、幼儿园自主游戏的常态化、园长的教研领导力等主题开展专业培训。

（李　楠）

【天心区智慧教育案例入选全国示范案例】　2022年1月26日，教育部基础教育司公布年度信息技术与教育教学深度融合示范案例名单，天心区《信息化精准融合教学赋能教育优质发展》入选。（彭　昱）

【天心区年度教育工作会议召开】 2022年2月10日，天心区年度教育工作会议在湖南师大附中双语实验学校召开。长沙市教育局党委委员、副局长缪雅琴，天心区委副书记叶妙，区政府党组成员、副区长王钰莹出席会议。区教育系统290余人参加会议。会议由王钰莹主持。区教育局党委书记、局长张伟作工作报告。会议宣读《关于天心区教育系统2021年度绩效考核情况的通报》《关于天心区2021年度基础教育质量综合评价考核结果的通报》《关于表彰2021年度考核评优人员的通报》，对天心区教育系统2021年绩效考核、教育质量综合评价考核优秀单位进行表彰。（李　楠）

【长株潭教育督导一体化专家交流活动在天心区举行】 2022年4月22日，长沙市天心区、株洲市石峰区、湘潭市岳塘区联合开展年度长株潭教育督导一体化专家交流活动，建立三地教育督导联盟，组建长株潭一体化教育督导专家库，12名专家入选。湖南省教育厅相关负责人，长株潭三市教育总督学及三区教育督导专家参加交流活动。（李　楠）

【毛伟明走访慰问仰天湖桂花坪小学】 2022年5月31日，湖南省委副书记、省长毛伟明一行到天心区仰天湖桂花坪小学慰问全体师生，向学生致以节日祝贺，向教师表示问候，并参加相关活动。省政府秘书长邓群策，省教育厅党组书记、厅长夏智伦，长沙市委副书记、市长郑建新，天心区委书记吴新伟，区委副书记、区长周志军等陪同参加。（李　楠）

【天心邵阳教育合作全面开启】 2022年7月7日，天心区和邵阳县签署合作共建协议，开启两地教育全面合作。双方以加强区域间教育优质均衡发展、提升学校教育质量、帮助两地教师成长为目标，从成立教育发展联盟、开展学校"手拉手"结对活动、建立教师互派交流机制3个方面着手，推动乡村振兴和两地教育共同发展。（彭　昱）

长沙市一中城南中学　　（区教育局供图）

【"同行"责任督学管理团队成立】 2022年8月25日，天心区创新成立教育督导"同行"责任督学管理团队。管理团队由团长、副团长、学习部、宣传部、组织部、支援部和后勤部正副部长13名成员组成，主要职责是对全区督学队伍实施全方位、全过程的监督和把控，组织全体督学定期开展交流、研讨活动，听取责任督学工作汇报，交流工作经验，总结督导成果，促进督学提高政策水平和工作能力。（李　楠）

【长沙市一中城南中学等新建中小学投入使用】 2022年，天心区有长沙市一中城南中学、青园许兴小学等4所新建中小学校开始招收新生。长沙市一中城南中学为长沙市教育局和长沙市一中合作办学的全日制公办中学，位于芙蓉南路与南四线交会处，占地面积6.73公顷，总办学规模为108个教学班，其中高中部60个班。年内，高中部首期办学规模16个班，招生800人，秋季开学。青园许兴小学（原许桥小学）位于天心区暮云街道许兴村雄方塘组，该学校为原址重建，2月正式建成并交付使用，占地面积约1.53公顷，办学规模18个班，可提供学位810个。青园南湖小学（原书院小学）地处天心区裕南街街道，该学校为原址重建，总建筑面积约9300平方米，办学规模24个班，可提供学位1080个，秋季开学。青园柒祥小学位于天心区先锋街道天悦和苑安置小区南侧，地处长株潭融合发展核心区，总建筑面积约9000平方米，办学规模12个班，可提供学位540个，秋季开学。（彭　昱）

【白沙翡丽郡幼儿园等新建幼儿园开学】 2022年，天心区新建2所直属公办幼儿园开园，4所公办幼儿园完成提质升级改造。天心区教育局白沙翡丽郡幼儿园位于天心区园艺路106号，总占地面积4000余平方米，可开设9个班级，容纳270个幼儿，9月开园；天心区教育局白沙电力科技幼儿园位于天心区正塘坡路天一康园南区169号，占地面积3506.25平方米，开设9个教学班，可容纳270名幼儿，3月开园。6—8月，对大托片区黄鹤幼儿园、桂井幼儿园、新港幼儿园、兴隆幼儿园4所公办幼儿园进行提质升级改造，将已出租的4处房舍收回改为幼儿园功能室或室外场地，提升周边公办学前教育品质。

（彭 昱）

【天心区400余名教育工作者受表彰】 2022年9月7日，天心区在机关三楼大会议室举行庆祝第38个教师节表彰大会。会上，400余名教师分别被授予“教育发展贡献奖”“十佳魅力校（园）长”“十佳师德标兵”“十佳魅力教师”“优秀思政教师”“优秀支教教师”“班主任30年坚守奖”“优秀班主任”“优秀校聘教师”“优秀教育工作者”和“从教30年教师”等称号，受到表彰；天心区委机构编制委员会办公室等6家区直单位获“尊师重教先进单位”称号。天心区委书记吴新伟出席并讲话。区委副书记、区长周志军主持会议，区人大常委会党组书记、主任黄文先，区政协党组书记、主席张界贻等领导及全区各中小学校、幼儿园负责人和受表彰的优秀教师代表参加。

（李 楠）

【人工智能助推教师队伍建设试点学校授牌】 2022年11月16日，天心区年度第一批人工智能助推教师队伍建设试点学校授牌仪式暨主题培训在青园梓枫小学举行。龙湾小学、仰天湖金峰小学、青园小学、红卫小学、湘府英才益清小学、雅礼融城学校、仰天湖赤岭小学、青园梓枫小学、长郡外国语实验中学9所学校成为该区第一批人工智能助推教师队伍建设试点学校接受授牌。长沙市教育学院专家进行《人工智能助推教师队伍建设的探索和思考》主题培训。

（李 楠）

【长沙市新课程创新实施交流活动在天心区举办】 2022年12月18日，长沙市“基于智慧教育的新课程创新实施”暨“慧聚天心”教育论坛交流活动在天心区雅礼书院中学举行。活动由市教育科学研究院主办、区教育局承办。以线上线下融合、线上直播的方式进行，通过课程实施成果展示、经验交流分享、专家专题讲座、智慧课堂展示等形式，探讨如何进一步推进新课程创新实施和智慧教育在教学模式、教学评价、教学研究等方面的融合创新发展。

（李 楠）

【校园安全末端智能预警系统启动建设】 2022年4月，天心区58所公办中小学启动“校园安全末端智能预警系统”项目建设。学校安装校园安全隐患智能分析服务设备，识别已接入该服务摄像头下发生的奔跑、徘徊、攀爬、物品滞留、物品盗遗、异常出入、睡岗离岗、周界越界、扭打、聚集10种异常行为，提升安全风险实时预警能力和处置能力。项目服务期限3年，总投资561.47万元。

（彭 昱）

科学技术

【概况】 2022年，天心区围绕落实“三高四新”战略目标，以产学研对接暨高企提升行动为抓手，实施创新驱动发展，发挥科技在加快全区经济社会发展的支撑与引领作用，为推动全区经济发展助力。完成高新产业增加值464.4亿元，比2021年增长12.7%，“内四区”排名第二；每万家企业法人中高新技术企业数达到153家，比2021年增长24.39%。完成技术贸易服务合同登记项数3487项，比2021年增长97.34%，总量“内四区”排名第一；登记金额113亿元，比2021年增长123.97%，“内四区”排名总量第二、增长速度第一。全社会R&D达到32亿元，比2021年增长17.17%，占GDP比重2.64%，内四区排名第一。专利授权3184件；其中，发明专利授权1112件，增长19.2%；有效发明专利拥有量4314件，增长25.9%。天心区获评长沙市年度真抓实干奖（科技创新），区科技局获评年度湖南省技术市场工作优秀县市区科技行政管理部门。

【创新主体培育】 2022年，天心区推进科技型中小企业入库工作，分级分类建立“科技型中小企业—规模以上企业中准高新企业—高新企业中准规模以上企业”的高新企业培育梯队。通过广泛摸排、多维筛查、一企一策、提质预审，在提高技型中小企业入库数、高新技术企业申报数、高新技术企业通过率上精准发力。

全年，储备科技型企业1000家以上，完成科技型中小企业入库423家，申报高新技术企业204家，比2021年增长15.9%，“内四区”第一，高新技术企业总量386家，比2021年增长25.73%。推进创新创业载体建设，截至12月31日，全区有高等院校11所，各类科研院所17个；国家级创新中心1个，市级技术创新中心20个；国家级重点实验室（工程技术研究中心）4个，省级重点实验室（工程技术研究中心）61个；建成国家级众创空间2家、省级众创空间7家、市级众创空间4家；省级科技企业孵化器1个，市级科技企业孵化器1个。年内，新增省级科技创新平台2家。

【研发投入】 2022年，天心区在省、市研发奖补政策的基础上，出台区级研发奖补政策，并纳入《长沙市天心区促进区域经济高质量发展奖励办法》。全年指导规上企业开展研发经费归集和日常管理，全区高校和科研院所上报研发经费11.83亿元，比2021年增长25.32%。指导200家企业完成研发准备金备案、119家企业申报研发奖补2312.69万元；为164家高新技术企业申报兑现奖补资金1562万元，争取省市科技项目资金2480.52万元，148家单位获区级科技创新奖补，金额1000余万元。

【政产学研融合】 2022年，天心区建立“三单、三库、一平台”（“三单”即技术需求单、人才需

2022年天心区有效高新技术企业分类表

表16

序号	技术领域	数量（家）
1	高技术服务	181
2	电子信息	112
3	先进制造与自动化	41
4	资源与环境	23
5	新能源与节能	15
6	新材料	8
7	生物与新医药	6
合计		386

（资料来源：区科技局）

2022年天心区新增科技创新平台一览表

表17

序号	中心名称	依托单位	级别
1	湖南省道路与轨道交通绿色建造与数智运维工程技术研究中心	湖南交通国际经济工程合作有限公司	省级
2	湖南省地质灾害监测预警与应急救援工程技术研究中心	湖南省地质矿产勘查开发局四〇二队	省级

（资料来源：区科技局）

求单、资金需求单，“三库”即科技资源库、科技项目库、科技人才库，“一平台”即区科技创新智慧管理产学研对接服务平台），打造产学研融合创新生态。根据企业实际需求重点攻关，试行“订单式”科研成果转化，促成中南林业科技大学与长沙市天心国资发展集团有限公司、湖南省林业科学院与长沙市天心国资发展集团有限公司2个订单合作成功。全区技术贸易合同登记金额突破100亿元，比2021年增长123.97%。

【科技项目攻坚】　2022年，天心区对照长沙市“重大科技创新标志性项目”要求，梳理遴选出优质项目15个。其中，中电48所牵头建设的国家第三代半导体技术创新中心（湖南）入选全市“十大重点科技创新标志性项目”，岳麓山实验室林科大林科院片区建设按照“一次规划、分步实施”原则，品种创制中心建筑7栋主要建筑同步开工，其中A区3栋建筑即将主体封顶，其余4栋正在进行地下室施工，累计完成投资约8000万元。国家医学中心除临床诊疗中心外，规划布局建设研发攻关中心（5.6万平方米）、人才培养中心（1.2万平方米）、医学研究转化中心（3.2万平方米）等7大功能中心，项目总投资47.64亿元，占地9.97公顷，总建筑面积35.01万平方米，计划2030年建成，入选湖南省2022年十大基础设施项目。

【科技人才工作】　2022年，天心区加强校企、校地深度合作，区人才工作领导小组牵头，从辖区高校、院所选派12名专家教授到有需求的企业担任“科技副总”，开展技术指导、技术攻关，为企业解决技术难题，助力企业创新能力提升；从辖区高校选派3名专家，从区选派3名优秀工作人员，开展“校地人才跟岗互派”，借助辖区高校科研、学科优势，为天心的新旧动能转换、产业升级注入新动力。4月11日，区人社局、区科技局、区长株潭一体化办公室等部门联合在湖南科技大学、长沙理工大学、中南林业科技大学等高校招生就业网开展辖区科技企业线上专场招聘1次。

【科技服务升级】　2022年，天心区聘请专业服务团队，对企业进行全业务流程“一站式”跟进服务。全年，走访服务企业100余家，开展科技业务培训10场，录制10堂科技业务口袋微课堂在微天心、新湖南上线，上门送政策2000余份，惠及企业400余家。助推辖区企业华光源海12月29日在北交所上市。指导辖区企业参与各级科技竞赛，湖南麓星光电科技有限公司（简称“麓星光电”）、土流集团有限公司、长沙麦粒软件开发有限公司、湖南声广科技有限公司、中国能源建设集团华中电力试验研究院有限公司5家企业入围创新创业大赛省赛，麓星光电代表天心入围全国赛。区科技局、区金融办联合开展科技企业专场银企对接会2场次，31家企业、6家银行参与，助力企业获批银行授信6000万元，解决企业融资难题。　　（龙灼尧）

文化 旅游 体育

综 述

【概况】 截至2022年年底，天心区有各类文化经营场所233家；其中，网吧129家、娱乐场所35家、剧本娱乐场所62家、文艺表演团体7家；A级景区3家、星级酒店5家、旅行社55家、旅行分社10家、旅行社营业网点80余家；高危体育经营场所24家；区级图书馆、文化馆、非遗展示中心各1个，街道综合文化站14个（示范性9个）、标准化村（社区）综合文化服务中心97个、社区分馆6个、乡村分馆4个、自助图书馆3个。各类公共文化场所坚持全年免费开放。

2022年，天心区推动文旅体事业高质量发展，促进文旅体事业融合发展，开展文化惠民、公益培训、阅读推广、非遗传承等志愿服务活动。策划推出涵盖“天心微旅行”线路、首发乡村生态旅游年卡长株潭采摘护照、“共赏暮云星空房车露营活动月”等9个主题的“‘嗨’玩一‘夏’、乐在天心”系列文旅活动；举办2022年天心区美丽乡村艺术创作大赛活动等。完成全区“非遗”代表性项目的普查，签订政校企三方非遗合作协议。太平街获评首批国家级旅游休闲街区及省级旅游休闲街区。编制《天心区全民健身实施计划（2022—2025）》，组织开展天心区首届云上健身运动会、承办2022年长沙市区（县、市）“公仆杯”篮球赛、2022年长沙市“羽协杯”区县（市）羽毛球邀请赛。区文旅体育局获评湖南省第二届体育运动会年度最佳推广单位、长沙市扫黄打非先进单位。（汪 杰）

【文旅融合一体化建设】 2022年，天心区深入实施文旅融合创新工程，促进文旅公共服务高质量发展，择优打造湖南省科技馆和长沙生态动物园2个公共文化机构文旅融合示范点。新建设的2个文旅融合示范点，进行科学合理的功能分区，符合《旅游景区游客中心设置与服务规范》和《关于印发〈长沙市2022年度20个公共服务文旅融合示范点建设实施方案〉的通知》的相关要求，顺应旅游市场需求，打造主客共享的新型文旅空间，以确保提供高品质的公共文旅服务。

（邹盈盈）

【文旅体市场管理服务】 2022年，天心区对全区376家文旅体育场所进行自建房检查，排查出36家体育经营场所、43个文化阵地、31家有证网吧、71家无证歌厅位于自建房或厂房，均督促隐患点进行隐患处理，并形成安全管理台账；聘请第三方机构，开展消防安全检测，实时掌握行业安全生产底数并对有较大隐患的场所自行关停，其他场所进行整改，实现全区文旅体市场安全零事故。结合安全生产大检查“百日攻坚”行动、“净网”“护苗”专项行动、校园周边文化市场专项整治、境外卫星电视地面接收设施专项整治、疫情防控期间违规营业专项整治等，建立行业动态管理台账和安全生产研判会议制度，形成检查督导长效机制。组织开展2022年“全民国家安全教育日”暨反恐怖宣传教育、综治宣传月、应急安全知识线上培训、行业消防演练等安全宣传培训活动，组织场所负责人签订安全生产承诺书并督促场所观看安全生产视频、播放安全教育短片；开展禁毒宣传及《中华人民共和国反有组织犯罪法》宣传工作。制定下发《天心区酒吧行业监管工作方案》，规范全区酒吧行业监管；制定下发《天心区剧本娱乐经营场所规范管理实施方案》，开展剧本娱乐经营场所整治行动，规范全区剧本娱乐经营场所管理；制定下发《天心区无证歌厅整治方案》，对无证歌厅予以分类整治。全年完成网吧、KTV、营业性演出、高危体育场馆和新闻出版的行政许可146件：设立88件、换证30件、变更5件、注销23件；备案8件：艺术品经营单位备案3件，网络备案5件。开展无证小歌厅、演艺市场摸底、文化市场证照年检、出版物零售和印刷企业网络年检等工作，实时更新市场主体数据，及时掌握市场动态，规范全区文旅体行业监管。接到群众举报246起，办结100起，退回146起，满意率95%，处理交办函、核查函5起。（汪　杰）

【网络媒体天心行专场活动】 2022年9月29日，湖南省第十一届网络文化节之“大国足迹湖南行”第二季暨“体验文旅融合邂逅天心之美”——网络媒体天心行专场活动在长沙市天心区举行。10余家中央、省、市主流网络媒体以及众多网络大V到天心区，宣传天心区文旅资源，助力天心文旅发展和消费增长。湖南财信金融控股集团纪委书记陆群，省委网信办网络宣传评论处副处长王倩，长沙市委网信办副主任刘艳军，天心区委常委、宣传部部长洪孟春，湖南国际频道、湖南广电国际传媒公司书记、总监汤集安等及相关职能部门和企业代表出席活动。网络媒体记者和网络大V一行参观太平街、贾谊故居、坡子街、火宫殿、南郊公园等地，与手工“非遗”传承人互动交流；参观柠季、黑色经典臭豆腐、楂堆·山楂鲜果茶、鸳央咖啡等一批网红餐饮，观察和了解天心区文旅发展成效；通过微博、抖音、微信等平台发布#邂逅天心之美#话题，以视频、图片、文字等形式，向广大网友展示天心区文旅发展成效，微博相关话题总阅读量超5428.8万人次。座谈会上，为“天心区特约网络评论员”“天心区文旅推荐官”代表颁发聘书，征求网络媒体记者和网络大V对天心区旅游产业提质升级的意见建议。（汪　杰）

2022年6月2日，“我们的节日——端午”2022年天心区文化志愿服务进社区京剧专场活动在太平街宜春园戏台开演

（区文旅体育局供图）

文　化

【公共文化阵地建设】 2022年，天心区创建标准化村（社区）综合文化中心5个，新改建室外运动场20个，投放建设全民健身体育设施60处，打造基层文旅融合示范点2个、建设乡村小舞台3个、乡村图书馆（室）4个。

（邹盈盈）

【文化惠民】 2022年，天心区通过艺术知识、艺术活动等形式，以及遍布乡镇街道的各类文化场所空间，面向基层、贴近群众、贴近生活，组织开展群众文化惠民活动，发挥“文化惠民、文化乐民”的作用，全年开展文化惠民演出活动33场次。联合学校、社区等开办涵盖舞蹈、古琴、少儿美术、情景剧等多个课程的公益培训班4期；开展“非遗”培训“进校园”“进商场”“进展厅”等活动近30场；利用各类节假日举办各类全民阅读活动200余场；开展文化公益培训230场次；共惠及群众近8万人次。开展原创文艺作品培育活动、青少年经典文化诵读－湖湘少年中华颂活动、湖南省第九届环保四联漫画创作征集活动、“献礼二十大”群文活动展演等；承办湖南省第九届环保四联漫画创作征集活动启动仪式，天心区报名活动学生19022人、总获奖数2231人（获一等奖20人、二等奖148人、三等奖320人、优秀奖1743人），获市级优秀组织奖的学校/单位22个，省级PK赛获金奖2个、银奖20个、铜奖60个；组织优秀节目参加长沙市第七届“百姓大舞台·有艺你就来”群众文艺团队大赛，获得4金7银5铜的成绩，杜布尔等4位团长获得优秀群众文艺团长称号；参加“喜迎二十大放歌新时代”2022年“欢乐潇湘·品质长沙”群众音乐展演活动。

（邹盈盈）

【文物保护】 2022年，天心区明确街道文物工作内容，确定街道行政主要负责人为辖区文物安全第一责任人；区文管所所长文亮被国家文物局推选至中宣部参评“中国好人榜”2022年第三季度爱岗敬业模范。将原长沙市天心区文化遗产管理所（加挂天心非物质文化遗产保护展示中心牌子）更名为长沙市天心区文物保护与考古研究中心（加挂长沙市天心区文化遗产管理所牌子），确定为天心区文旅体育局所属公益一类事业单位。完成湖南省立第一师范学校旧址消防提质改造工程、天心阁修缮工程层级申报；参与贾谊故居二期修复工程；指导市城投完成乾益昇粮栈修缮；参与长沙市考古所对竹山湾遗址挖掘工作等。对辖区不可移动文物点及各类革命史迹进行摸底整理，充实天心区不可移动文物名录。在雨季、汛期等重要节点多次开展文物安全排危抢险行动，对予园公馆、乾益昇粮栈旧址、百米高炉等文物点进行修缮维护，消除安全隐患。完成辖区内重点不可移动文物保护单位白沙古井、赵汝愚墓、何绍基墓安装实时监控设备试点及智能巡检机设备升级置新工作，提高文物巡查工作效率。对全区不可移动文物点及各类革命史迹进行摸底，遴选出具有民主革命属性的地点进行专题研究并形成报告文本、遴选出革命史迹中具有代表性的革命故事形成文本，同时建立档案。

（文　亮）

【“非遗”保护与传承】 2022年，完成全区非遗代表性项目的普查，确定11个项目列入天心区第七批非物质文化遗产名录。签订政校企三方“非遗”合作协议，借助高校的研发能力、企业市场推广和策划能力，助力天心“非遗”活态传承。2022年元旦期间，

表18

2022年新增区级非遗代表项目一览表

序号	项目名称	项目类别	公布时间	批次	项目保护单位
1	明式家具传统红木小木作制作技艺	传统技艺Ⅷ	2022.6	第七批	大斌工作室
2	大球泥瓷器烧制技艺	传统技艺Ⅷ	2022.6	第七批	湖南大球泥瓷艺有限公司
3	拓片制作技艺	传统技艺Ⅷ	2022.6	第七批	湖南艾盟芽文化传媒有限公司
4	民间造像雕刻技艺	传统美术	2022.6	第七批	湖南艾盟芽文化传媒有限公司
5	东窑港龙王出巡	传统民俗	2022.6	第七批	湖南艾盟芽文化传媒有限公司
6	一刀剪字技艺	传统技艺Ⅷ	2022.6	第七批	湖南艾盟芽文化传媒有限公司
7	掐丝珐琅工艺画	传统技艺Ⅷ	2022.6	第七批	天心区疯二画舍
8	水晶盐菜糖包传统制作技艺	传统技艺Ⅷ	2022.6	第七批	长沙麦熙餐饮管理有限公司
9	大蒜炒腊肉等系列菜品	传统技艺Ⅷ	2022.6	第七批	许家故事餐饮管理有限公司
10	湘一正骨疗法	传统医药	2022.6	第七批	长沙市中医医院
11	湖南花鼓大筒制作技艺	传统技艺Ⅷ	2022.6	第七批	湖南八音民族乐器有限公司

（资料来源：区文旅体育局）

联合湖南工商大学师生推出主题为“以地为名——‘承·融·创’湖湘地名文化展”活动，包括专题展览、传承人现场展示体验、非遗特色文创产品展销、非遗表演项目。天心非物质文化遗产保护展示中心坚持免费开放，接待游客近22万人次。开展“非遗”进商场、“非遗”进社区、“非遗”进校园、“非遗”进乡村系列活动，举办展示体验活动17场，参加人数8700人次；与天虹商场、鑫远·鑫悦汇商场共同举办五一“艺起添新”活动，让市民在逛商场时现场体验非遗传统技艺；寒暑假期间，举办天心“非遗”进社区公益课堂，54课时、2500人次参加学习；开展首期天心“非遗”进乡村系列公益活动：走进莲华村，天心区非物质文化遗产面塑传承人陈金成现场传授技艺，让孩子们感受中国的传统文化魅力。

（文　亮）

【文创产业发展】　2022年，天心区以“强省会、兴文化”国际文化创意中心建设大比赛为契机，加快推进国际文化创意中心建设，推动文创产业发展。制定《关于进一步加强文化企业发展的若干措施》，拟制《天心区创建“国际消费中心城市示范区和文化创意先行区”的实施意见》及《天心区创建国际消费中心暨文化创意中心发展规划》。开展调查摸底，天心区有规上文化企业60家。

（邹盈盈）

【标准化村（社区）综合文化服务中心建设】　2022年，天心区成立标准化村（社区）综合文化服务中心建设工作领导小组，在建设面积、功能布局、活动开展、场地开放管理、特色品牌创建上进行指导，打造坡子街街道坡子街社区、城南路街道白沙井社区、裕南街街道仰天湖社区、桂花坪街道丹桂社区5个标准化村（社区）综合文化服务中心。

（邹盈盈）

【“阅动力·护地球”生态文学阅读分享会】　2022年，天心区图书馆邀请湖南本土知名作家开展“阅动力·护地球”生态文学阅读分享会系列活动，在天心区具有文化底蕴的地标场所和文旅消费新场景举办，旨在用阅读诠释文化、用文化涵养旅游、通过旅游传承文化，实现文化和旅游的完美融合。2022年，该活动邀请湖南省作家协会副主席沈念，省作家协会副主席谢宗玉，雅礼中学教师徐昌才，湖南广播电视台记者范诚，省文联原主席谭仲池，省作家协会名誉主席、著名作家水运宪，分别在天心区暮云街道山有舍·野奢庄园、白沙共享图书馆、湘府文化公园内乐之书店、天心区图书馆湘府文化公园分馆、天心阁景区、天心区盛砚博物馆，分别分享《大湖消息》《草木童心》《人间至味在唐诗》《吊脚楼下的湘西》《土地》《戴花》的感悟体会。

（陈　佳）

【公益艺术培训】　2022年，天心区文化馆启动2022年春季、夏季、秋季免费公益培训工作，开设古琴、舞蹈、声乐、主持、硬笔书法等多个班级。区文化馆与湖南省文化馆、市群艺馆、学校以及社区开展联合办学，培训学员近千人次。

（肖雅琴）

【图书馆公益活动】　2022年，天心区图书馆在图书馆三楼少儿阅览室开展20场以“圈圈故事会”、“阳光周末”为主题的少儿活动，活动惠及青少年儿童500余名；到多个社区开展多场“E课堂之玩转智能手机”公益课堂，帮助近200名中老年读者体验便捷而丰富的现代移动互联网生活。寒暑假期间，区图书馆在中心馆、区机关一楼中厅、怡海社区、黄合村等多个场所针对青少年儿童开展各项主题活动近200场，包括少儿硬笔书法培训、“巧手做纸艺欢乐迎新年”手工系列活动、“挥毫写青春泼墨书未来”少儿软笔书法公益培训、“黑白对弈乐在棋中”少儿国际跳棋公益培训、“盘中天地棋乐无穷”少儿围棋公益培训、小小志愿者等8类活动，惠及青少年儿童3000余名。元宵节期间，区图书馆开展“我们的节日·书香天心冬日暖阳”猜灯谜活动，活动展示近千个灯谜谜面供广大读者竞猜和鉴赏，线上（小程序“阅天下·邂逅图书馆之美”）、线下多渠道参与活动的读者1万余人次。

（陈　佳）

【南墙湾78号建筑】　2022年3月1日，天心区召开建筑文物身份专家评审工作会议，邀请长沙市、天心区相关职能部门负责人及文物保护相关专家参加会议，研究天心区坡子街街道南墙湾78号建筑的不可移动文物定性问题。经评审，会议认为：南墙湾78号建筑作为当代杰出地质学家田奇瑰的旧居，体现长沙民国时期公馆建筑风格，具备不可移动文物应有的历史、艺术价值，同意将南墙湾78号建筑认定为天心区一般不可移动文物。

（文　亮）

【文物维修维护】 2022年4—9月，天心区完成对予园公馆的维修维护。6月，长郡中学西围墙出现变形，区文管所及时安排专业维修公司现场配合，指导长郡中学完成排危抢险工作。乾益昇粮栈旧址前栋危险性等级为D级，后栋危险性等级为C级；9月，区文管所对乾益昇粮栈旧址采取关停措施并实施抢险加固。指导暮云街道对一般不可移动文物百米高炉进行提质改造。（文 亮）

2022年9月28日，天心区图书馆仰天湖中建小学开展“青苗计划——阅读，一个都不能少”馆校共建活动暨“携书香·润春光”第二届校园读书节活动

（区文旅体育局供图）

【第27个世界读书日系列主题活动】 2022年4月22日，天心区图书馆联合长沙市图书馆在仰天湖中建小学开展“青苗计划——阅读，一个都不能少”馆校共建之校园流通服务点授牌活动，为仰天湖中建小学1000余名学生送去免押金读者证、心理健康小课堂、流动图书车借阅服务，并给学校授牌“校园流通服务点”及“青苗计划实践基地”。4月23日，区图书馆组织湘府文化公园分馆、乐之书店、白沙共享图书馆等5个图书馆同步举办静阅活动。活动吸引各年龄层次的200位读者参加，进行长达3个小时的挑战。开展“图书，春风，还有你——给读者的一封邀请信”、“4·23”世界读书日主题音视频征集活动，活动为期1个月，征集作品120余个。（陈 佳）

【第34个“图书馆服务宣传周”系列主题活动】 2022年5月23—29日，天心区组织开展第34个“图书馆服务宣传周”系列主题活动。区图书馆在图书馆三楼少儿室及湘府文化公园分馆开展4场“春风十里·猜猜你”活动，活动选取中小学生必读书目中的封面、插画布展，读者通过看图来猜书名，累积一定数量后可兑换奖品，活动惠及青少年学生近500名。5月28日，“书香天心悦读你我”2022年天心区图书馆服务宣传推广周活动暨“阅动力·护地球”生态文学阅读分享会启动仪式在湘府文化公园分馆举办，包含特约读者感言“图书馆陪我成长”、表彰2021年度“阅读达人”、聘请“书香天心悦读你我”全民阅读活动文化志愿者领阅人等5个活动，现场100余位读者参与活动。（陈 佳）

2022年9—11月，天心区组织美丽乡村艺术创作大赛。图为涂鸦作品

（区文旅体育局供图）

【美丽乡村艺术创作大赛】 2022年9—11月，天心区组织开展2022年天心区美丽乡村艺术创作大赛，助力美丽屋场建设，以文化艺术赋能乡村振兴。通过面向全国艺术爱好者、高校学生、艺术团体等群体进行网络征集，收到

240 幅参赛作品。该次艺术创作大赛基于艺术主题定位，围绕滨洲新村特有的南托文化背景，整合区域内闲置房屋和公共空间，以“乡村美学”理念包装建设的评选标准，组织专家评审团评选出 30 幅作品，最终评定一等奖 1 名、二等奖 4 名、三等奖 6 名。获奖作品在南托街道滨洲新村黄家坪屋场指定墙面绘制，实现艺术与农业、人文的新结合，升级滨洲新村全域新形象。（邹盈盈）

【乡村图书馆建设验收】 2022 年 10 月 28 日，由长沙图书馆、天心区文旅体育局组成的专家验收组，完成天心区 2022 年乡村图书馆建设验收工作。长沙图书馆馆长王自洋带领专家验收组到暮云街道莲华村、暮云新村和大托铺街道兴隆村、黄合村，通过现场询问、实地查看、座谈交流等方式，了解天心区 4 家乡村分馆建设情况，对照验收标准进行评价，经讨论决定，一致通过验收。专家验收组对天心区乡村分馆开放后要如何突出乡村本土特色、提升文化在乡村治理中的作用等，提出意见建议。2022 年年初，天心区图书馆对全区 5 个街道所含 12 个行政村进行实地走访和全面调研，制定《天心区进一步加强乡村图书馆（室）建设实施方案》及《天心区乡村图书馆（室）必备条件和验收标准》，方案明确按照 6 万 ~8 万元的标准补贴每个乡村图书馆，计划在 2022—2024 年实现乡村图书分馆全覆盖，完善“统一管理、同一平台、资源共享、通借通还”的城乡一体图书馆阅读服务网络。（陈　佳）

【群众文化活动舞台建设】 2022 年 11 月 15 日，天心区南托岭社区、桂井村、莲华村 3 个群众文化活动舞台验收合格并予以公示。天心区为推动现代公共文化服务体系一体化建设，提高公共文化服务能效，加大对南部片区的辐射力度，通过前期的选址，在南托街道南托岭社区、大托铺街道桂井村、暮云街道莲华村建设 3 个群众文化活动舞台。

（邹盈盈）

旅　游

【概况】 2022 年，天心区旅游总收入 128.3 亿元，比 2021 年增长 9.18%；旅游总人数 1220.12 万人次，比 2021 年增长 9.72%。天心区推进劳动西音乐剧街区、东窑港等文旅项目建设；推进长沙生态动物园、湖南省科技馆、南郊公园等全面升级，形成以西文庙坪特色文旅街区为龙头，野肆月球、文和友、方寸 LIFE、1123 文化艺术创意园、湘江里·老渔村为支撑的湘江东岸风光带文旅新消费集群。举办“‘嗨’玩一‘夏’，乐在天心”系列文旅活动、2022 年天心区美丽乡村艺术创作大赛、小森林大梦想南郊公园森林亲子音乐季活动。天心区推荐 8 个重点文旅项目纳入“‘十四五’期间湘江百里画廊规划建设重大文化旅游项目库”、12 个文旅项目纳入“湖南省文化旅游产业项目库”、8 家单位获评市十佳文旅项目。

【旅游品牌项目】 2022 年，太平老街获评首批国家级旅游休闲街区；“西湖共享农场”通过验收，被评为湖南省五星级乡村旅游区

2022 年 5 月 1 日至 9 月 30 日，天心区策划推出“‘嗨’玩一‘夏’，乐在天心”2022 年天心文旅体消费节系列活动

（区文旅体育局供图）

（点）；“湘江里·老渔村”获评湖南省四星级乡村旅游区（点）。

【天心文旅体消费节】 2022年5月1日至9月30日，天心区以“5·19”中国旅游日为契机，策划推出“‘嗨’玩一‘夏’，乐在天心”2022年天心文旅体消费节系列活动，包括开展微旅游线路、采摘护照、“非遗”项目体验、全民阅读、健身运动、露营、摄影摄像比赛、美食节、游园9个系列活动。活动发布“天心微旅行”系列文旅产品，设计推出“天心微旅行”文旅手绘地图和“缤纷娱乐时尚游”“探秘自然研学游”“美丽乡村生态游”“童心筑梦亲子游”4条文旅主题线路；发布乡村生态旅游年卡长株潭采摘护照，包括长株潭30家优质果园25千克免费水果、5家民宿100元代金券、10家网红餐厅19.9元畅吃招牌菜等权益；推出“热炼天心·一起AI”天心区首届云上健身运动会、“非遗重塑新业态·商场尽显新风貌”天心非遗项目体验活动、“欢乐‘五一’，萌兽伴我行”长沙生态动物园游园活动、“共赏暮云星空·房车露营活动月”主题活动、“书香天心·悦读你我”全民阅读主题活动、“美丽南托·美在乡野”乡村旅游摄影摄像比赛、大托生态小镇休闲美食消费节等活动。“五一”期间，五一商圈、太平老街、等级景区接待游客130万余人次，乡村旅游网红餐厅、劳动素质教育基地、民宿民居也吸引了数万市民游客。

【长株潭阳光娱乐节】 2022年12月27日，长株潭阳光娱乐节开幕式暨阳光娱乐节启动仪式在长沙市天心区黄兴广场举行。该活动发挥长株潭丰富的文旅资源及娱乐品牌优势，历时4个月，从食、住、行、游、购、娱等方面给长株潭人民带来文旅消费实惠。活动现场发布该次长株潭阳光娱乐节的“有声”“有色”“有趣”“有情”4个系列主题活动。“有声”——“南郊公园城市森林音乐节”系列活动将让你听见长株潭的美好未来，涵盖“魔力全开”大型亲子魔术杂技秀、“伴我来成长”儿童亲子剧场、“欢动南郊·童心飞扬”少儿才艺舞台秀等；“有色”——“艺术星光璀璨星城”长株潭文旅文娱场所艺术博览系列活动，涵盖0731新文娱影像艺术展、“城市五感”展览、“老房子与插画”展览活动、美丽乡村艺术创作大赛、太平老街戏剧节活动等；“有趣”——“长株潭好趣处”上亿流量助推消费·千万福利惠民全城活动，设置“阳光潮玩品牌奖”，开展长沙地区2022年旅行社、旅游饭店、KTV、露营基地、文娱消费新场景、娱乐达人等系列评选活动，招募200位娱乐达人探店为商家带货，通过网络消费平台推出各类活动，联动长株潭各大娱乐场所向长株潭市民免费发放消费券；“有情”——“解放西造梦人”系列短片传播活动，通过多维度挖掘解放西新商业、新品牌、新青年的动人故事，展现长沙繁华夜生活背后的多元文化，深化优质IP影响力，展示品质旅游魅力。

【太平街入选首批国家级旅游休闲街区名单】 2022年1月9日，文化和旅游部发布《关于国家级旅游休闲街区名单的公示》，长沙市天心区太平街街区入选。太平街得名于清朝嘉庆年间的城门“太平门”，意指“天下太平，世道昌盛”。太平街历史文化街区保护区北至五一大道，南到解放路，西接卫国街，东至三兴街、三泰街，占地面积约12.57公顷。街区主要路面全长约1170米，以太平老街（375米）为轴线，共有南北主出入口及9条支巷出入口等11个出入口，西侧以金线街（155米）、孚嘉巷（150米）、马家巷（200米）为主要构架；东侧以太

2022年12月27日，长株潭阳光娱乐节开幕式暨阳光娱乐节启动仪式在长沙市天心区黄兴广场举行　　（区文旅体育局供图）

傅里、江宁里、西牌楼（180 米）和新胜村（100 米）为主要构架；另有众多小巷，共同构成其鱼骨状的街区格局。街区存有省级文物保护单位贾谊故居、乾益昇粮栈、辛亥革命共进会旧址、四正社旧址等 6 处文物古迹和近代历史遗迹，以及利生盐号、美孚洋行、宜春园戏台、洞庭春茶馆等 31 处老字号旧址，体现“湖湘文化发源地”“辛亥革命首应地”“长沙商贸聚集地”3 个特征。截至 2022 年 1 月，街区沿街铺面 200 余家，以旅游产品、特色休闲和名特老字号等传统产业为主，引进天心区非遗馆、太平里文创社区、前行美术馆、文和友臭豆腐博物馆等一批文化旅游企业，培育文和友集团、茶颜悦色、承源百年古酒馆、桃花源礼记等一批新兴的网红企业。其中，文化企业比例约占 61.8%，其余业态为餐饮、娱乐、购物、住宿、休闲等。街区是夜间经济的集聚区，90% 的门店营业至深夜 24 时，日均人流量近 10 万人次，全年接待游客量近 3000 万人次。（严思宇）

体　育

【概况】 2022 年，天心区新改建室外运动场 20 个、投放建设全民健身体育设施 60 处，其中新改建 4 个乡村室外运动场，投放农村地区健身设施 6 处；指导在民政部门登记的 14 家体育社会组织（体育总会 1 家、单项体育协会 2 家、体育俱乐部 11 家）做好年审、登记管理等业务指导和行业监管工作；完成太极拳社会体育指导员培训项目，新发展三级社会体育指导员 75 人。区文化旅游体育局获评湖南省第二届体育运动会“年度最佳推广单位”、长沙市第十届运动会优秀组织单位、长沙市第十届全民健身节优秀组织单位。

【全民健身】 2022 年，天心区编制《天心区全民健身实施计划（2022—2025）》，统筹推进全民健身服务体系建设。采取委托第三方管理服务的形式，对全区的 5000 余件各类健身设施统一进行建档、巡查和专业管理、维护，所有健身设施实现电子身份信息网络化、数字化，建立起健身设施导航图；提质城市社区“10 分钟健身圈”和农村“30 分钟健身圈”，实现健身设施覆盖率 100%，全民健身场地设施向社会开放率 100%。全区 25 家智慧社区健身中心场馆服务群众近 1.3 万人次，累计参加锻炼人数 40 万余人次。

健康步道（区文旅体育局供图）

【省市体育赛事】 2022 年，天心区组织参加湖南省第二届“健康湖南”全民运动会长沙市选拔赛并承办轮滑、广播操 2 个项目。其中广播操取得团体二等奖；乒乓球项目男子双打、混合双打获第 3 名，女子双打获第 2 名，获团体二等奖；拔河、广场舞获三等奖。6 月 10—15 日，天心区承办 2022 年长沙市区（县、市）“公仆杯”篮球赛，各区（县、市）8 支代表队、160 名运动员参赛，天心区代表队获第 2 名。6 月 26 日至 7 月 6 日，天心区承办 2022 年湖南省直机关气排球比赛，78 支队伍、2000 余人参赛，为省直机关展示全民健身运动成果搭建平台。9 月 24 日，天心区承办 2022 年长沙市“羽协杯”区（县、市）羽毛球邀请赛，各区（县、市）9 支队伍、200 余名运动员参赛。9—10 月，天心区组成代表团参加长沙市第十届老年人运动会的钓鱼、门球、围棋、象棋、桥牌 5 个项目的比赛。其中，门球获女子组第 1 名、男子组第 2 名，象棋获团体亚军、男子个人刘绪伟第 4 名、女子个人李茵第 5 名，桥牌获双人赛第 4 名。

【全民健身系列活动】 2022 年，天心区制定《2022 年度天心区“全民健身动起来 · 共建美好新时代”全民健身系列活动方案》，组织全区各单位、各街道、社区推进实施，开展一系列体育健身活动。5月1—30日，天心区首届云上健身运动会活动举行。在阿里体育乐动力App开展AI体能挑战赛，设开合跳、深蹲、高抬腿、跳绳4个单项的AI体能挑战；挑战21天运动打卡，倡导运动爱好者在指定游泳场馆进行10天/21天的运动打卡挑战；1万余人参与该次云上健身活动。6月22日，“全民健身正当时，奋楫扬帆向未来”2022年天心区干部职工趣味活动举行，天心区63个单位、95支队伍、近2000名干部职工参与。8月8日，天心区承办并组织街道、社区参加2022年长沙市全民健身日展演暨市民运动技能挑战赛，杨芳园、王裕琪等4人获评2021年度长沙市优秀社会体育指导员。9月4日，“喜迎二十大·一起向未来”天心区第四届干部职工运动会羽毛球邀请赛举行，13支队伍、100余名来自区直机关各单位、街道、园区在职的羽毛球爱好者参赛。

【暑期游泳场馆免费开放政府购买服务】 2022年7月11日至8月19日，天心区通过政府购买服务，对康之泉星城活水馆、荣悦台小区游泳馆2家游泳场馆，面向中小学生实行免费开放，累计服务中小学生10256人次。开展安全生产培训，提交年度安全生产承诺书，完成需换证场馆的换证前检查，检查情况及时登记记录本，明确专人专线对免费开放游泳场所开展40天不间断的巡查，做到免费开放“零失误”、溺水事件“零发生”。（张海涛）

南郊公园

【概况】 长沙市南郊公园地处长沙市天心区南二环442号，总面积约36.53公顷，地处湘江之畔，远眺岳麓山、西邻橘子洲头，是长沙城区离湘江最近的综合性山体公园，享有“湘江东岸绿色明珠”的美誉。公园是长沙市一处集休闲、游赏、娱乐为一体的综合性城市公园，年接待游客300万人次。公园是青年毛泽东第一次指挥军事战斗并取得胜利的地方，史称“猴子石首用兵”，西南角的首战首捷广场成为红色旅游打卡景点。园内有自然景观景点“双亭映秀”“竹苑听泉”“赋咏湘江”“龙泉小院”“秀峰醉月”“高阁数红”“江天一揽”等，有新晋网红打卡点恐龙大世界、飞鸟世界、星球乐园、自由派、慈观山房等。长沙市南郊公园管理处属于副处级公益二类事业单位。

2022年，南郊公园坚持“公园姓‘公’、公益第一”的宗旨，围绕“智慧天心、融城核心”建设，明确“一聚二提三争四满意”的工作思路，通过党建聚合力，开展“狠抓落实年”工作，提升优化营商环境质量和全园工作效能，打造智慧公园、儿童友好公

长沙市南郊公园“双亭映秀”景点　（南郊公园管理处供图）

园、市民满意公园。南郊公园被纳入全国少工委“喜迎二十大”红领巾讲解员打卡场馆。

【日常管理】 2022年，长沙市南郊公园出台《南郊公园应对低温雨雪冰冻天气工作预案》《南郊公园应对汛期工作预案》，大雪和防汛期间开展主游道巡查工作，采取封园、安全提示、按应急预案值班巡园等方式，确保广大市民的游园安全和公园财产安全。出台《长沙市南郊公园2022年突发公共安全事件应急处置预案》《长沙市南郊公园森林火灾应急预案》等系列文件，在园内新增消防管道、消火栓，为消防安全专门建设宣传栏，制作30余条横幅标语，提醒游客进入林区、严禁烟火。开展安全教育、应急救援、森林防火演习等各类专项培训8次，培训500人次。在重大节假日前开展安全生产大检查，对园内经营户用水、用电进行排查，办公用房、餐饮管理房屋进行隐患排查，对存在较大安全问题的房屋及时上报。举办“保安全”专项行动之2022年天心区森林火灾应急处置演练活动。9月11日接森林火险红色预警后，公园启动24小时值班制度，与园属企业签订森林防火承诺书，组建20人非专业森林防火应急队伍。采购电动车8台，增强应急力量。加强用水用电管理，定期对水电设施进行巡查检修，每日定岗定人进行巡查，发现问题及时上报处理。

【园容园貌维护】 2022年，长沙市南郊公园以长沙市“人民满意公园”创建为契机，提升公园品质，用良好的园容园貌来塑造公园形象。推行领导干部“天天巡园制”，通过每日巡查及时发现和处置园容、设施、服务等问题；对园内过时、陈旧、破损的社会主义核心价值观宣传广告进行更换、维护；成立南郊公园“满天星”志愿服务队。加强对公园绿化和保洁的管理，办结案卷46条。清理全园倒伏树木、枯死树、危树，对园内植物进行整形修剪、中耕、施肥及病虫害防治；对南门黑松花坛及时更换草花，在前门区、粉旦竹区域撒播波斯菊、勋章菊等一年生草花种子；结合“3·12”植树节与周边学校、公司开展植树活动；清理竹苑区域消防隔离带；完善垃圾分类设施，每日做好垃圾分类台账，组织游客参与公园垃圾分类志愿服务。更换故障路灯180余盏，修复石桌石椅和健身器材30余处，漫竹湖前坪水泥路面提质为透水沥青路面；修复更换公共厕所设施设备30余处；对公园后山宿舍的排污管道堵塞清淤5次。雷锋林更换健身器材2套，安装乒乓球桌2张。提高水面安全意识，在公园漫竹湖周边新增3块提示牌，将原有的5块提示牌进行更换；对惠泉井水进行水质检测，并公示检测结果。在公园车行道边健身娱乐区域新增设19个挡车大理石球、御龙泉上坡路段增设6块车辆禁停标牌，规范入园车辆停放。

【工程项目】 2022年8月，长沙市南郊公园启动实施公园厕所新建改建项目，该项目立项批复总投资额451.5万元，改造7座、新建2座厕所，于年底全面竣工投入使用。完工后的厕所内全部改用的节能设备，包括照明灯、感应龙头、除臭设备等。

【公益活动】 2022年，长沙市南郊公园开展学雷锋和志愿者服务活动，组织开展森林防火、应急救援演练和宣传展示、中医义诊、“播种南郊一点绿，收获天心一片蓝”垃圾分类宣传、孩子王（湖南）2022年首届公益亲子跑、“九九重阳、健康陪伴”长沙市首届登高活动等一系列主题活动。协助举办“畅享健康生活快乐与你同行”天心区省府新区春季健步大型活动。为周边中小学生提供社会实践活动50余场次。与天心区摄影协会共同举办“南郊春景”摄影大赛。

【创新宣传模式】 2022年，长沙市南郊公园通过“新湖南”、“微天心”、华生在线、“智慧长沙”等发布的推文、新闻稿件、小视频等10余篇，其中《狠抓落实年，南郊公园这么干》稿件点击量10.3万次。6月起，恢复“南郊公园”微信公众号运营，拓展公园对外宣传推介的平台。《底线》《爱情储蓄罐》《赢在孩子》等拍摄剧组到公园内取景拍摄。“五一”、中秋、国庆节假期前，通过“微天心”公众号集中推文推送公园慈观山房、自由派、它它池、民宿等商铺信息，并分享至旅行社，帮助经营户拓宽宣传渠道，吸引人流客流。为商户专题组织新闻宣传推广培训，提升宣传推文的撰写技巧和能力。推荐园内飞鸟乐园、御龙泉苑、水滑道等景点作为湖南省第十一届网络文化节之“大国足迹湖南行”第二季暨“体验文旅融合邂逅天心之美”——网络媒体天心行专场活动的打卡点。

【孩子王公益亲子跑长沙站】 2022年6月25日，2022孩子王

“关爱来自星星的孩子”公益亲子跑长沙站在南郊公园举行，600组爱心家庭参加。活动提供亲子服、定制赛事包、背包水枪、盲盒、防疫礼包（洁净伴侣包、儿童创可贴、儿童医用口罩）等纪念品，每一位完赛的小朋友可获得精美奖牌和爱心证书，整个赛程中，设置多个任务打卡站、游戏区。该次孩子王公益亲子跑在“长沙宝贝”亲子平台进行全场直播，观看人数13409人次，最高在线人数430人。

【“南郊春景”摄影大赛】 2022年3月下旬，天心区启动“南郊春景”摄影大赛，聚焦长沙市南郊公园各处美景。活动收到各界摄影爱好者作品93幅，经专家评委评审，评出一等奖1名：曹静宇的《晨练》，二等奖2名：陈德彪的《春到南郊花盛开》、崔明皓的《春红涧绿山水》，三等奖3名：曹福新的《南郊之春》、潘伟群的《春雨》、清枫侠的《曲水流觞》，四等奖4名：黄丽丽的《长青亭》、李婷的《摩天轮》、袁桦的《慈观山房》、张琼的《竹苑戏水》。

【森林火灾应急处置演练】 2022年9月20日，天心区在南郊公园举行2022年森林火灾应急处置演练。演练模拟“游客乱丢烟头引发火灾”的场景，南郊公园管理处监控室发现“险情”后快速上报至保卫科，保卫科派出灭火一队携带相关工具到现场进行初期“灭火”，同时上报相关情况。天心区启动“森林火灾Ⅳ级响应预案”，调动各部门单位参与扑救“火灾”，公园管理处向游客广播疏散通知，无人机进行“火情”侦查。金盆岭消防救援站2台消防车、12名消防救援人员对“火灾”进行处置。公安、医疗、交警、景区等人员开展疏散警戒、转移游客、医疗救护、交通管制等演练项目。

【南郊公园北门建成开放】 2022年，长沙市南郊公园启动北门建设计划，联合园内经营户、周边新建楼盘开发商共同出资。12月，公园北门建成并对外开放。北门面向猴子石路，周边有湘江锦绣、南国新城、楠竹家园等多个小区，以及新力铂园、观江佳园等新楼盘，周边上万户居民可通过北门直接入园。 （易　畅）

天心阁景区

【概况】 天心区因天心阁而得名，天心阁景区位于长沙市中心东南角，自古享有“潇湘古阁，秦汉名城”的美誉，是三千年古城长沙最具代表性的文化旅游景点，也是长沙城标志性的历史建筑。现为国家重点文物保护单位、国家AAAA级旅游景区、中国历史文化名楼、爱国主义教育基地。景区内有古城墙、天心古阁、崇烈系列抗战纪念建筑等文物保护建筑；其中，古阁楼为明清园林建筑风格，历史上曾作为观测天象、祭祀神灵、军事防御等场所，也是近代革命志士聚集地和现代参观纪念地。长沙市天心阁管理处隶属于天心区人民政府，为正科级差额拨款事业单位。

2022年，天心阁围绕“文化提质、景观提质、功能提质”工作核心，推进景区事业发展。

【宣传推广】 2022年，天心阁景区配合长沙市文旅广电局对外宣传片中的白沙古井取景拍摄；天心区纪委拍摄的廉政文化宣传片《廉润天心·史鉴》在天心阁首发，通过讲天心阁廉洁故事，探索民族清正廉洁、明德至善的文化精神，并在“学习强国”等多平台、媒体发布。湖南教育电视台《诗说中国》栏目在天心阁进行专题拍摄；湖南卫视、湖南都市频道、红网、“新湖南”等新闻媒体，对天心阁进行宣传报道。

【活动开展】 2022年，天心阁景区在“五一”假期推出免费导览讲解服务；开展端午“过传统节·共中国情”主题活动；联合市规划局以“麓山之顶，天心之阁”为主题，组织开展文化走读活动，为市民游客体验“我们的节日·七夕长沙之爱”；举办“月圆中秋爱在长沙”长沙市“我们的节日·中秋”主题活动暨天心阁景区“阁上天心月”中秋游园会活动；指导映山楼在景区内开展“万里寻芳”天心阁兰花展专题活动，展出300余盆精品兰花；以“喜迎二十大·方寸颂辉煌”为主题，举办“红色经典老电影连环画陈列展”。

【市场开发】 2022年，天心阁景区通过电话访谈以及实地走访长沙地区旅行社，沟通了解旅游市场情况，收集旅游景区发展相关的意见建议；与湖南新康辉国际旅行社有限责任公司、湖南橄榄枝国际旅游有限公司、长沙市湘辉旅行社有限公司等32家旅行社，进行签约合作。旅行社奖励票开始投入使用，同时开展线上OTA的合作，多渠道进行旅游营销。与长沙市旅游景区协会签订“长沙游”平台合作协议。2022年，园区购票49966人次。其中，旅游团队4171人次，现场购票散客39775人次，网络购票散客6020人次。

【项目建设】 2022年，天心阁景区推进公厕改建项目，对景区3处厕所实施不同程度改建。1处推倒重建：建筑面积80平方米，新设立蹲、坐位20余处，屋瓦防水铺设90平方米，洗手台设立1个，保洁室2个，第三卫生间1处，室外麻石铺贴120平方米等。2处提质提档：面积约100平方米，有机更新洗手台2处，蹲位隔断换新近20个，小便器换新4处，墙漆粉刷约50平方米等。

【教育培训】 2022年，天心阁景区在内部日常培训学习的基础上，进行专业能力培训，通过实地演练、沟通盲点的方式，加强讲解队伍培训。参加省、市各类讲解培训，参加2022湖南省A级旅游景区职业技能讲解员大赛启动仪式暨景区讲解员培训班，获评长沙市第8名。组织开展天心阁历史文化之《湖南第一公园（天心公园）的前世今生》专题讲座培训。做好接待讲解工作，省、市、区接待讲解40余次。

【景区管理维护】 2022年，天心阁景区局部栽植乔木近百株，移植铺排乔木300余株，更新灌木150余株、播种草坪700余平方米、麦冬草铺设1000余平方米。抓好日常养护工作，对缺株部位进行补植，对草坪、绿篱、横纹进行整形修剪，清除绿化带内杂草、枯死树木，及时打药防治病虫害。修剪草坪4200平方米、绿篱3000米、花灌木2000余丛，打药除草3万平方米。对景区内卫生垃圾、休闲设施实行专人、专职、全天保洁，确保垃圾日产日清，保证整洁、舒适的景区环境，设置更新垃圾桶及消防器材各80余套。

2022年9月8日，天心阁景区举行中秋晚会“月圆中秋，爱在长沙”之长沙市“我们的节日·中秋”主题活动　（唐　迪　摄）

【“过传统节·共中国情”主题活动】 2022年6月3—5日，端午节三天假期期间，天心阁景区组织开展“我们的节日·端午”之“过传统节·共中国情”主题活动。讲解员身着汉服，在天心阁景区阁楼区域为市民游客提供2场免费导览和讲解服务。活动邀请群众参与“端午”有奖知识问答，提高大家对传统节日文化内涵的了解与认识。

【“阁上天心月”中秋游园会】 2022年9月8日晚，天心阁景区“阁上天心月”中秋游园会举行。该次活动主题为“月圆中秋，爱在长沙”之长沙市“我们的节日·中秋”，分为晚会、游园2个环节，旨在打造诗情中秋的良辰美景，凸显节日氛围。活动包括“拜月祈福”“汉服游园”“中秋集市”“祈愿河灯”等，上演特色汉服秀、诗歌朗诵、民乐表演等节目，现场设知识问答。

【红色经典老电影连环画陈列展】 2022年9月30日至10月25日，天心阁景区在景区游客服务中心举办红色经典老电影连环画陈列展，展出200余册红色经典电影连环画。展览以“方寸颂辉煌”为主题，展示和讲述中国革命历程，再现英勇奋斗的共产党人形象，让广大市民、游客重温红色历史。　（熊　坚）

卫生医疗

卫生行政

【概况】 2022年，天心区拥有医疗卫生机构520个；其中，疾控中心1个、妇幼保健所1个、街道社区卫生服务中心14个、社区卫生服务站66个、村卫生室13个、驻区企事业单位医疗机构35个。区级注册卫生技术人员9100人，比2021年增加699人；其中，医生3660人，比2021年增加143人；护师护士5440人，比2021年增加556人。街道社区卫生服务中心有医护人员669人（11家公办中心有医护人员512人），其中初级职称300人，中级职称283人，副高及以上职称21人。截至12月31日，全区建立电子健康档案74.61万份，建档率89.23%。

【基层卫生】 2022年，天心区落实区级基层医疗卫生机构规范化建设和能力提升三年行动方案（2020—2022），完成黑石铺街道社区卫生服务中心新址装修改造和配套设施设备安装并投入使用，进行文源街道社区卫生服务中心搬迁改造。累计投入800万余元，为14个街道卫生服务中心配齐医疗救治设备；为区疾控中心采购一批核酸检测设备，提高全区核酸检测能力。推进中医药发展，新建街道卫生服务中心均达到标准化中医馆。基层医疗机构全部完成标准化配备，服务能力得到提升。做实“家庭医生”签约服务内容，与长沙市第三医院协作开展紧密型城市医疗集团建设，柔性引进6个专家团队到街道社区卫生服务中心开展日常诊疗工作，实现优质资源下沉基层，市级医疗专家参与家庭医生团队开展签约工作，提高签约对象依从性。实施“人才兴卫”战略，面向社会公开招聘、直接考核引进急需专业技术人员50余名，充实基层卫生队伍。

【卫生行政】 2022年，天心区按照方便群众、优化配置、合理布局原则，在医疗机构设置上实行“阳光审批”，全年依法新增注册医疗机构29家（中医备案制7家），依法注销医疗机构12家；行政许可医疗机构变更注册178家，医生护士分别变更注册1356人次、1569人次，并录入信用平台。共受理来访医患纠纷400起，得到妥善处理。

【计生奖励扶助】 2022年，天心区落实计划生育奖励扶助政策，核定独生子女保健费、城市低保、农村部分计划生育家庭奖励扶助、计划生育家庭特别扶助

2022年11月11日，天心区与长沙市第三医院举行共建医疗集团战略框架协议签约仪式

（区卫健局供图）

等多项扶助24434人次，发放奖扶资金4313.94万元。

【爱国卫生运动】 2022年，天心区开展全方位、多角度爱国卫生运动月健康宣传教育活动，在全区范围内开展“文明健康，绿色环保”爱卫月主题宣传活动。街道社区开展“清脏治乱、治理四害”大扫除活动。累计发放宣传手册2万册、纪念品400余份。

【红会与协会工作】 2022年，区红十字会开展博爱送万家慰问活动、争取省市公益救助，共计365人受益，慰问救助金额19.6万余元。2022年累计开展红十字学雷锋社区陪伴、关爱抗战老兵、造血干细胞志愿服务145次。2022年接收捐赠现金1000万元，接收捐赠物资16笔，折合人民币264.3万元。2022年，天心区完成无偿献血3701人次，被评为“区县（市）无偿献血组织工作先进单位”；全年951人自愿办理遗体（器官）捐献登记，组织志愿者给造血干细胞、器官捐献者陪伴服务55次。区计划生育协会推进赤岭路街道芙蓉南路社区“暖心家园”项目，组织特扶家庭开展集体过生日、中秋节自制月饼、重阳登山唱歌、新年小组活动、大型端午活动、集体游艺慰问活动4次，重病探访2次，吊唁2次，走访探望、心理疏导活动18次，参加人员100余人，慰问经费4万余元。“5·29”会员宣传活动日期间，区计生协组织14个街道、19个社区、村开展宣传纪念活动19场。

【“最美医师”座谈会召开】 2022年8月19日，天心区在区疾病预防控制中心举行“‘医’心向党、踔厉奋进”第五届“中国医师节”庆祝活动。为“长沙市骨干医师”李咨，“长沙市优秀护士”彭芳、胡旺苗、李伶，区卫健系统兰泽龙、王凌霞、宋国强等28名“优秀医师”，吴文菊、阮蒋芳、董芳等36名“优秀护士”颁发荣誉证书；对奋战在全区卫生健康战线上一线抗疫人员进行慰问。区委副书记、区长周志军，区政府党组成员、副区长王钰莹等参加。

2022年8月19日，天心区举行“‘医’心向党、踔厉奋进”第五届“中国医师节”表彰大会 （区卫健局供图）

【首届“同心战疫，共享健康”主题摄影大赛举办】 2022年11月22日，由区委宣传部指导、区爱国卫生运动委员会主办、区卫生健康局（简称“天心区卫健局”）承办、区融媒体中心协办的首届“同心战疫，共享健康”主题摄影比赛启动。大赛历时3个月，面向全区各级各单位、摄影爱好者及广大居民群众征集作品600余幅，经省市专家综合评定，评选出一等奖5幅、二等奖10幅、三等奖20幅。 （易可慧）

疾病预防控制

【概况】 2022年，天心区疾病预防控制中心（简称“天心区疾控中心”）以建设“健康天心”为主线，始终坚持人民至上、生命至上，努力提高疾病防控水平，不断增强突发公共卫生事件的应急处置能力，巩固“国家慢性病综合防控示范区”“县级甲等疾控中心”建设成果。

【疫情监管】 2022年，天心区疾控中心专业技术人员对辖区医疗机构、社区卫生服务中心传染病及突发公共卫生事件管理、应急演练等工作进行专项指导44次。每月对辖区传染病疫情进行专题分析，并将结果向上级部门和31家疫情网络直报单位进行通报；安排专人24小时值班，负责传染病预警信号查看和相关信息分析、核实与处理。截至12月31日，处理预警信息380条，及时处理大于99%。全年天心区发生乙类传染病11种1640例，报告发病率19.33/万；丙类传染病5种11052例，报告发病率130.29/万；无甲类传染病发生。传染病及时报告率100%，及时审核率99.75%，无重卡，身份证填写完整率100%。

【重点传染病防控】 2022年，天心区开展禽流感环境监测，无阳性发现。5—10月，对霍乱外环境疫源检索，完成外环境样90份，1—12月，辖区医疗机构腹泻病人登记检索542人，无阳性发现。每月采集散发手足口病病例相关标本送市CDC进行病原学检测，累计采样60例。全年，天心区手足口病发病734例，无重症病例，无死亡病例。

【突发公共卫生事件处置】 2022年，天心区处理肺结核聚集性疫情、手足口疫情等突发公共卫生事件，出动机动队280余次、1000余人次，各起事件均处理及时妥当，疫情得到有效控制。按照学校、社区卫生服务中心、区疾控中心三级处置原则，做好学校和托幼机构聚集性疫情风险排查和疫情分级处置工作。截至年末，未发生重大疫情和突发公共卫生事件。

【结核病防治】 2022年，天心区处理学校结核病散发疫情83起，共计病例84例。管理肺结核患者295人，辖区肺结核报告病例总体到位率95.7%，定点医疗机构肺结核患者病原学检测阳性率54.44%，病原学阳性患者耐药筛查率91.95%，耐多药患者治疗率87.5%，基层普通肺结核患者规范管理率90.75%，普通肺结核患者成功治疗率90.75%，肺结核患者开展HIV筛查率99%。65岁及以上老年人、糖尿病患者结核病筛查8.73万人次。

【艾滋病防治】 2022年，天心区对辖区艾滋病户籍患者继续实施50元/月电话补助，共计发放19.76万元。对辖区自愿咨询检测等人群采样3178份，初筛阳性15例。截至12月31日，天心区共报告新发现HIV/AIDS病例52例。累计现住址为辖区范围存活可随访HIV及艾滋病病例867例。患者随访率、配偶检测率、治疗率，结核检查率指标均达到上级要求。

【艾滋病防治宣传】 2022年，天心区创新宣传形式和载体，开展形式多样的艾滋病防治宣传活动。走进辖区长沙理工大学、湖南女子学院、保险职业学院等10所学校，开展年度“新生艾滋病、结核病防治主题”知识专题讲座，以学生容易接受的方式，针对在校学生进行艾滋病防治、结核病防治等有关知识防控宣传并发放宣传物资，覆盖青年大学生2万余人。10—12月，在途经辖区重点线路100台公交车及辖区13个小区100台电梯内投放艾滋病防治宣传知识，倡导广大居民和在校大学生树立正确防范艾滋病意识、掌握艾滋病相关知识，促进身心健康发展。12月21—28日，组织主题为“共抗艾滋·共享健康”第35个“世界艾滋病日”宣传活动，对辖区10所大中专院校新入学大学生开展“开学第一课”防艾宣传。

【慢性非传染性疾病防治】 2022年，天心区有国家严重精神障碍信息系统在册患者2734例，在册率3.27‰；在管患者2728例，管理率99.78%；规范管理患者2712例，规范管理率99.2%；规律服药人数2660例，规律服药率为97.29%；面访人数2709例，面访率99.06%；全年完成随访10401人次，体检1808人。高血压在管患者45970人，任务完成率75.48%；规范管理数28907人，规范管理率62.88%。糖尿病在管患者17452人，任务完成率80.06%；规范管理数11141人，规范管理率63.84%。共收集肿瘤新发病例1725例，发病率325.47/10万；收集肿瘤死亡病例367人，死亡率为69.25/10万。完成防癌风险评估问卷1302份，临床筛查1190例。区卫健局、区教育局联合发文，选定湖南师大附中双语学校七年级7个班及雅礼外国语学校七年级5个班参加为期3个月的心理团体辅导（简称“团辅”）干预项目，在团辅前、团辅中、团辅后开展心理健康、中学生学习动机量表、中学生社会适应能力诊断3个方面问卷测评；专业测评显示，通过一个学期12个主题课程互动，学生对于如何面对学习和生活压力、人际交往、青春期发育、学习动力等方面加深认识，掌握科学方法，愿意以更加积极的心态迎接未来挑战。对桂花坪和城南路街道312名居民进行心理健康促进及现况问卷调查，历时2个月，根据居民心理健康素养水平达标的标准，判定86人心理健康素养水平达标，达标率为27.56%。

【健康教育与健康促进】 2022年，天心区疾控中心围绕健康促进区创建和中心重点工作，提高居民传染病防治素养等健康教育活动，组织培训2次，接受培训200人次，业务指导2次。组织“3·24”结核病宣传日、“4·15”全国肿瘤宣传周、“4·25”预防接种日、“5·31”世界无烟日、全民健康生活方式“三减三健”(减盐、减油、减糖,健康口腔、健康体重、健康骨骼)等线上线下相结合的宣传活动;14个街道社区卫生服务中心同时下发宣传视频资料和宣传折页,定期更换宣传栏,全区接受健康教育宣传人员6.2万人次;组织大小讲座561场,受益人员近1.68万人。组建健康讲师团,从全区各级医疗机构选拔36人组建健康讲师团队,定期开展巡讲,提升公民健康素养。推进健康社区、健康学校、健康促进医院等健康细胞创建工作,截至12月31日,全区有健康社区40个、健康学校10个、健康促进医院2个。

【地方病防控】 2022年,天心区开展血吸虫病防治,春季对以黑石铺滩为重点的沿江一线河滩、兴马洲沿江河滩进行螺情调查,共调查200.89万平方米,调查框数5871框,未发现死、活钉螺;制作氯硝柳胺缓释球并投放于黑石铺滩进行药物灭蚴,灭蚴面积10万平方米;开展血防宣传活动及日常宣教活动;落实急感防控工作,全年,共排查和登记232人(其中当地230人、外地2人),未发现疑似“急感”病例,无一例急血病例报告;组织全区中小学校和幼儿园老师、学生观看血防知识视频,发放不下河游泳协议书;对7个学校222名学生进行血防知识测试,及格人数215人,血防知识知晓率96.85%;对352名本地居民进行血检、2名居民进行粪检,结果均为阴性;化疗15人,无不良反应报告;按照检测方案要求,对291名流动人群进行检测。开展碘缺乏病防治,对200名8~10岁儿童尿样、家中盐样采集、甲状腺B超检测,对100名早、中、晚期孕妇尿样及家中盐样进行盐碘、尿碘含量检测,检测结果为非碘盐率3.33%、碘盐覆盖率96.67%、碘盐合格率93.79%、合格碘盐食用率90.67%,甲状腺肿大率1%;5月15日,开展第29个“防治碘缺乏病日”宣传活动。开展疟疾防控,辖区各医疗机构以不同形式开展以“防止疟疾输入再传播,共创无疟世界”为主题的“全国疟疾日”宣传活动。截至12月31日,完成不明原因发热病人疟原虫镜检19例,镜检结果均为阴性;对2张阴性血片进行复核,阴性血片符合率100%。

【免疫规划】 2022年,天心区有预防接种点33个,开展预防接种培训5轮,培训预防接种人员776人次,均通过培训考核、资质注册。面向各类人群开展多种形式的宣传工作,落实辖区疫苗调拨分配、对接协调、AEFI监测、完善工作方案制度;收集比对上报数据表格;定点定期业务指导、督促任务进度推进等工作。

【卫生监测】 2022年,天心区设置生活饮用水监测点25个,完成137份生活饮用水采样监测任务,包括城市管网末梢水、自建水厂出厂水及末梢水、二次供水、学校饮用水、农村分散式供水、学校直饮水等,监测合格126份,合格率91.97%,不合格水样均为农村分散式供水。采集检测食品样品174份。其中本地种植的大米、稻谷样品37份,天心区检测30份,检测指标为镉,其中1份合格,合格率为3.3%,其中7份送市疾控检测,检测指标为多元素分析及无机砷,检测结果2份合格,合格率为28.57%。本地蔬菜样品10份,检测指标为铅,检测结果10份均合格,合格率为100%。甜品及现制饮料样品30份,检测指标为菌落总数、大肠埃希氏菌计数、金黄色葡萄球菌,检测结果30份均合格,合格率为100%。包子、馒头、花卷、面包、油条20份,检测指标为含铝添加剂,18份合格,合格率为90%,其中1份油条超标、1份花卷超标。采集粽子7份,月饼7份,含乳饮料5份,巧克力5份,半固体复合调味料样品5份,采集薯片、薯条等膨化食品5份,饼干、小面包蛋糕7份,蜜饯7份,熟制坚果及其籽类7份,本地玉米样品2份,市售大米样品20份样品送至长沙市疾控中心食品安全科,合格率均为100%。对长沙理工大学医院、暮云街道社区卫生服务中心2家医疗机构进行医院消毒检测,其中采集15份器械检测消毒灭菌效果,结果均合格,符合卫生学标准;采集20份医务人员手样进行检测,菌落总数结果均合格;采集4份医疗用水进行菌落总数检测,结果均合格;采集2份医疗污水进行消毒效果检测,均未检出粪大肠菌群,余氯合格。另采集医用B超探头30个,医疗机构直饮水10个,经检测,菌落总数均合格,符合卫生学评价标准。

【职业病防控】 2022年,天心区利用网络、电视、广播、宣传资料等多种形式,加大对《中华人民共和国职业病防治法》等相关法律、法规及职业病防治知识宣传力度。及时跟进、了解尘肺病人健康状况,通过网上查询、电话核实、实地核查、面访等方式,对61例尘肺病人进行随访,随访结果显示:

死亡2人、存活59人。收集辖区内工作场所用人单位本底资料，通过筛选，确定20家进行工作场所职业病危害因素检测，聘请具有计量认证合格证书（CMA）、实验室认可（CNAS）、职业卫生技术服务资质的第三方职业病危害因素现场检测机构（湖南华中宏泰检测评价有限公司）进行现场检测，并按照要求将检测结果上报至“工作场所职业病危害因素检测系统”，同时督促20家用人单位在网上进行职业病危害项目申报。完成34家医疗卫生机构医用辐射防护检测调查及2家非医疗机构放射性危害因素检测，为制定职业性放射性疾病防治政策和修订国家放射卫生标准提供科学依据。

【实验室计量认证资质复评通过】 2022年7月4日，天心区疾控中心实验室从人、机、料、法、环5个方面做好准备，精心准备资料，完成现场实验，通过专家组考核，完成实验室计量认证资质复评审工作。

【天心区疫情防控应急演练】 2022年9月30日，天心区在大托铺街道党群服务中心举行“年度新冠疫情防控应急处置实战演练”，确保应急状态下快速、高效、规范开展新冠疫情防控应急处置工作。活动由区防控指挥部主办，区卫健局、先锋街道、区疾控中心承办，区公安分局、区教育局、区民政局、区应急管理局、各街道办事处分管负责人、各街道社区卫生服务中心负责人、机动队200余人参加。

（易可慧）

妇幼保健

【概况】 2022年，天心区保障妇女儿童生命安全与健康，年内，助产机构活产数1909人，户籍活产数6031人，孕产妇死亡率为0，5岁以下儿童死亡率0.99‰，婴儿死亡率为0.5‰，出生缺陷发生率为129.87/万。区妇幼健康工作获评年度全市母婴安全保障工作成绩突出单位，省、市重点民生实事项目工作成绩突出单位，危重孕产妇管理工作优秀单位。

【母婴安全】 2022年，天心区压实母婴安全红线，多措并举保障母婴安全。针对危急重孕产妇，做到流程最简化，资金到账快，救治力度强。年内成功救助1名肺功能衰竭危重产妇、1例精神分裂症产妇、4名高危孕产妇，争取和拨付救助金12万元（区级5.5万元、市级4万元、红会0.5万元、公益2万元）。截至12月31日，孕产妇死亡率为0，连续多年保持无孕产妇死亡发生。

【“两癌”检查及产前筛查】 2022年，天心区完成免费产前筛查5567人，目标人群覆盖率135.78%；完成农村适龄妇女和城镇低保妇女“两癌”筛查1495人，目标人群覆盖率115%，发现宫颈癌前病变15例，暂未发现乳腺癌对象。完成长沙市健康民生项目——适龄妇女“两癌”免费检查9212人，完成目标任务131.6%，发现宫颈癌前病变72例，宫颈原位腺癌1例，其他恶性肿瘤1例，乳腺癌2例，乳腺其他恶性肿瘤3例，2例获得分期，宫颈癌及乳腺癌早诊率均为100%。宫颈癌筛查阳性对象73例、乳腺癌筛查阳性对象5例，均进行治疗及随访，治疗及随访率100%。完成无创产前基因检测6143人，做到应检尽检。

【妇幼公共卫生服务】 2022年，天心区加强孕产妇及儿童健康管理，辖区孕产妇保健覆盖率99%，孕产妇保健系统管理率99%，早孕建册率95%，产后访视率98%；有0~6岁户籍儿童47242人，3岁以下儿童系统管理率95.09%，7岁以下儿童健康管理率96.73%，新生儿访视率99.8%。依托“妇记通”微信小程序开展入园体检，截至12月31日，区妇幼门诊完成儿童入园体检7739人次，托幼机构工作人员体检5568人次。全省调整避孕药具采购资金管理模式后，7月份天心区率先开展药具自行采购工作，10月底完成县级避孕药具采购。全区完成免费计划生育手术436例，围绝经期免费取环193例。爱心助孕义诊活动2次，为275个不孕不育家庭开具“爱心助孕服务卡”，为20520人免费提供避孕药具。

【出生医学证明管理】 2022年，天心区5家助产医院和区妇幼所严格规范《出生医学证明》管理和发放，明确责任科室和责任人，建立出生医学证明管理和签发人员终身责任追究制度，全年首次签发出生医学证明人数1807人、首次签发率94.7%，废证7张、废证率0.36%。5月，根据省卫健委统一部署，积极配合省公安厅打击拐卖妇女儿童犯罪专项行动，妇幼所对辖区2014—2022年所有签发的出生医学证明进行信息核查，共核查出生医学证明2万余份，按要求完成信息核查任务。

【妇幼卫生信息管理】 2022年，天心区健全妇幼健康信息管理制度，规范信息资料上报、接收、审核、反馈登记程序。强化妇幼信息质控和安全管理，加强各部门间数据共享互通，收集全面准确源头信息，保证数据上报及时性、完整性和真实性。加强妇幼健康服务工作培训与质控，推进妇幼工作管理规范化、精细化。

【出生缺陷综合防治】 2022年，天心区遵循政府主导、部门协作、社会参与原则，完善出生缺陷防治服务体系，提升出生缺陷综合防治能力，全面推进出生缺陷防治工作。通过婚前医学检查，孕前优生健康检查，加强预防艾滋病、梅毒和乙肝母婴传播，增补叶酸，孕产妇产前筛查及NIPT检测（无创DNA检测），新生儿疾病筛查等项目，降低出生缺陷发生率，提高出生人口素质。年内，全区完成孕前优生健康检查2560人，目标人群覆盖率128%；完成免费婚前医学检查3416人，婚检率80.9%。遗传罕见病综合防控项目完成1218人。孕产妇叶酸服用率99.06%、依从率97.37%；艾滋病、梅毒和乙肝孕期检测率99.16%，孕早中期检测率98.53%，无艾滋病感染孕产妇，梅毒感染孕产妇所生儿童接受预防治疗率100%，乙肝感染孕产妇所生新生儿乙肝免疫球蛋白注射率100%。完成辖区新生儿多种遗传代谢病筛查5873人，新生儿遗传性耳聋基因检测5873人。

【关爱重点特殊人群】 2022年，天心区对病情危重孕产妇、家庭贫困“两癌”患者以及残障儿童等重点特殊人群给予持续关注关爱，定期走访慰问。拨付经费1.6万元，慰问关爱“两癌”贫困患者6名、特殊儿童6名。

【应急状态下孕产妇和儿童救治】 2022年，天心区制定中高风险地区孕产妇和儿童就医工作预案，完善应急状态下孕产妇和儿童救治机制。在疫情发生时，对全区孕产妇进行全面摸底，对排查出的孕产妇实行全程追访，提供24小时咨询服务；区妇幼所专人对感染孕妇进行动态随访、心理疏导和就医指导；区妇幼所安排孕产专干对辖区36周以上的孕妇进行接管和随访，确保疫情状态下母婴安全。截至12月31日，动态管理感染孕妇1627人，均已痊愈。（易可慧）

卫生监督执法

【概况】 2022年，天心区开展卫生计生监督检查专项执法行动，办理各类行政处罚案卷84起，其中一般程序61起、简易程序23起。一般程序中，公共场所类案件28个、饮用水及二次供水类案件5个、传染病类案件3个、医疗卫生类案件18个、放射诊疗类案件3个、消毒产品类案件2个、职业卫生类案件2个，罚没64.75万元。办理大要案7起，罚没40.98万元。全年，接到投诉举报243起，立案25起，每起投诉均及时处理，回复率及满意率均为100%。做好信用建设工作，对行政处罚满3个月的当事人引导其进行信用修复，信用修复率70%。新闻作品《如何生产一套消毒餐具——实地走访长沙天心区这家餐饮具消毒服务企业》以及《走进李富春故居、重温红色记忆》分别获第二届“蓝盾新闻奖——十佳新闻作品”“优秀新闻类作品”以及“视频类作品（微视频）二等奖”。

【卫生行政许可工作】 2022年，天心区受理发放公共场所许可证739家（有临时许可证514家），其中饮用水168家（有分质供水13家，二次供水155家），放射诊疗许可18家。落实“最多跑一次”“一件事一次办”政务服务事项工作，优化卫生许可证办理流程，为群众减负。

【医疗执业监督】 2022年，天心区按照长沙市卫生健康委和长沙市卫生计生综合监督执法局工作安排，开展医疗机构医疗乱象专项整治工作。截至12月31日，发现医疗机构医疗乱象等违规违法行为线索12条，其中立案12起，结案12起，罚款34.85万元，没收违法所得4.01万元。结合医疗机构医疗乱象专项整治，配套执行打击非法医疗美容、健康体检服务机构等专项整治，检查健康体检机构10余家，规范各体检机构设置、人员、设备配置等情况，保障人民群众健康权益；检查医疗美容机构30家，生活美容机构60余家，查处违法行为5起，立案5起，结案5起，罚款14.5万元；检查医疗机构500余家，办理案件18起（含12起医疗乱象案件，5起医疗美容案件），罚款44.05万元。

【传染病防治监督】 2022年，天心区按照《中华人民共和国传染病防治法》属地管理原则相关要求，开展医疗机构传染病防控专项检查3次，对全区500余家医疗机构进行全方位指导和专项整治，主要检查发热门诊、预检分诊点设置执行情况，医疗废物、废水处置情况，暂停30余家不落实相关政策的医疗机构执业活动，对3家有严重违法行为医疗机构进行立案查处，罚款2.17万元。对7家医疗机构生态环境风险隐患进行排查，防范化解生态环境重大风险，完成整改销号。7月，对辖区8家病原微生物实验室生物安全工作开展专项督促，检查各实验室管理制度、应急预案、菌株使用登记、场所消杀等情况，排除各类风险隐患，防范生物安全风险。

【职业病防治监督】　2022年，天心区根据开展职业病危害专项治理工作方案（2022—2025年）任务要求，对全区企业用人单位进行摸排，截至年末，共登记汇总用人单位基本情况62家，建立《专项治理企业挂账台账》8家，分别收集《用人单位尘、毒、噪危害情况及防护设施自查表》《用人单位职业健康管理措施自查表》62家。5月，召开年度职业病危害专项治理工作推进会，各街道公共服务办、各街道社区卫生服务中心协管员、用人单位企业职业卫生负责人190人参加；5月下旬至11月中旬，组织开展建材行业职业病危害专项监督检查，结合辖区企业用人单位职业病危害实际，建立建档立卡职业卫生本底160家。落实“谁执法、谁普法”要求，在中国第20个《中华人民共和国职业病防治法》宣传周期间，天心区联合长沙5712飞机工业有限公司围绕“一切为了劳动者”主题开展《中华人民共和国职业病防治法》进企业宣讲活动，提高用人单位和劳动者职业病防治法律意识，维护劳动者职业健康权益。加强职业卫生监督管理工作，加大对作业场所监督检查力度，及时查处违法、违规行为，职业卫生一般程序立案3起，结案2起，罚款6万元，简易程序4起（警告）。

【公共场所卫生监督】　2022年，天心区开展辖区各类公共场所专项执法检查，出动执法人员140人次，执法车辆30车次，监督检查公共场所等单位90店次，重点检查公共用具消毒情况，书写执法文书45套。开展爱国卫生、游泳场所、住宿场所、美容美发以及控烟等方面专项执法检查，对严重违法的公共场所进行行政处罚，截至年末，立案查处28起，罚款8.95万元。5月，开展经营性自建房公共场所专项清查工作，通过“拉网式、地毯式”摸排，采取上门走访、现场查看方式，了解自建房公共场所经营情况，登记造册建立本底；对排查出的重点对象，跟踪督导，做到“发现一处、整治一处、教育一处、规范一处”；出动执法人员460人次、执法车辆160台次，联系街道14个，社区22个，摸底各类场所154家，其中有证场所17家，关停场所43家，责令整改场所112家。

【学校卫生监督】　2022年，天心区卫生计生综合监督执法局（简称“天心区卫监局”）制订春季学校卫生专项暨校园周边环境整治检查方案，查看学校传染病防控情况、学校生活饮用水情况和学校环境卫生，排查校园周边医疗机构、公共场所，出动卫生监督执法人员150余人次，监督检查学校72所次，做到中小学覆盖率100%；监督检查校园周边医疗机构80家次、公共场所单位等120家次，未发现校园周边医疗机构违规宣传、非法行医和公共场所违规行为。6月，区卫监局监督员到长郡中学、明德中学、长郡湘府中学等考点督查卫生防疫工作，共督查高考（学考）、中考考点等10所次，巡查考点周边医疗机构15家、酒店宾馆21家，做好天心区“三考”卫生监督指导。出台《2022年天心区中小学校教室采

2022年2月，天心区卫监局工作人员到仰天湖桂花树小学开展学校卫生监督　（区卫健局供图）

光照明暨近视防控专项监督检查工作方案》，按不低于中小学总数20%比例，抽取14所学校进行检查检测。2次委托湖南山水检测有限公司按照《中小学校教室采光和照明卫生标准》（GB 7793—2010）、《中小学学校设计规范》（GB 50099—2011）要求，对被抽中14所学校卫生教学环境进行采光照明专项检测，检测结果通报至天心区教育局，并同步向社会公示。7—11月，开展托育机构专项监督检查，出动卫生监督执法人员74人次，监督检查托育机构37家次，对2家未及时备案托育机构给予警告行政处罚。

【食品安全工作】 2022年，天心区卫监局制定餐饮具集中消毒服务专项整治工作方案。2月，举办餐饮具集中消毒单位卫生监管专题培训，重点学习《食品安全国家标准餐（饮）具集中消毒卫生规范（GB 13651—2021）》等相关法律法规知识；组织企业签订年度餐饮具集中消毒服务卫生安全承诺书。截至年末，出动执法车辆23车次、执法人员56人次，开展餐饮具集中消毒服务单位专项监督检查活动，全面覆盖餐饮具集中消毒单位4家，书写执法文书15套，责令整改2家，当场处罚1起。根据市卫监局《长沙市2022年集中消毒餐饮具检验检测工作方案》，6月、9月，区卫监局分别委托第三方检测公司对4家企业进行监督抽检15次共68个单品，检测项目包含阴离子合成洗涤剂等理化指标和大肠菌群等微生物指标，按《食品安全国家标准消毒餐（饮）具》（GB 14934—2016）执行，实验室结果均合格，检测结果在天心区政务网站进行公示并同时抄送区食安办。

【生活饮用水及二次供水监督】 2022年，天心区卫监局对辖区内所有二次供水单位进行监督检查，出动执法车辆42车次、执法人员84人次，书写执法文书42套，责令整改22家，立案处罚5起，处罚金1.29万元。结合学校卫生专项检查，对辖区学校65家分质供水单位进行监督检查，书写执法文书65套，责令整改13家。针对辖区现制现售饮用水经营情况，2月，开展现制现售饮用水卫生监督“回头看”专项行动，联系第三方检测机构对2处现制现售饮用水供水点进行水质检测，检测结果合格。结合国家双随机任务，抽检辖区二次供水单位10家、现制现售饮用水供水点10处，检测结果均合格。开展饮用水卫生宣传活动，组织各街道卫生、计划生育专干及卫生协管员进行饮用水卫生知识培训，并与长沙理工大学（云塘校区）合作开展饮用水卫生安全宣讲进校园活动，出动执法人员19人、执法车辆4台，悬挂宣传横幅6条，大型展板6块，发放宣传资料1500余份，现场接受师生咨询450余人次。

【双随机工作】 2022年，天心区继续实行“双随机”抽查机制，提高随机抽查在检查工作中的比重，是日常监管主要方式。全年，双随机131家抽检工作任务全部完成，立案查处11家。双随机抽查抽检结果在天心区政府官网公示，接受群众监督。

【集中式餐饮具消毒整治提质改造完成】 2022年，天心区4家集中式餐饮具消毒产品生产企业进行提质改造，对生产厂房设计、功能布局做了调整，做到去渣、粗洗和精洗、消毒分离，消除厂区异味、噪声、污水污染，建成花园式生产厂区。长沙市年度餐饮具集中消毒企业提质改造工作经验交流会在天心区召开，并对2家企业获“天心区餐饮具集中消毒企业示范单位”授牌。

【口腔医疗机构在线监控率先启动】 2022年7月，天心区卫监局率先在辖区各口腔医疗机构启动在线监控工作，要求各口腔医疗机构在消毒供应、污水处理和放射诊疗等环节安装视频和监测设备，实现与智慧长沙医疗监管平台对接。全区22家口腔医疗机构实现在线监控。（易可慧）

社会生活

人力资源和社会保障

【概况】 2022年，天心区坚持民生为本，稳就业、保民生、聚人才、促和谐，完善供需平台，持续推进技能培训，创建充分就业社区，强化高校毕业生等重点群体就业兜底，打造乐业天心环境；推进全民参保登记，优化社保经办服务，兜底社会保障服务；落实人才政策，加强高层次、急需紧缺人才引进培养；加大根治欠薪力度，文明执法，公正调解，规范发展新就业形态，切实维护劳动者合法权益。人社工作被“学习强国”学习平台、新华社、《人民日报》、《湖南日报》等媒体报道。天心区人力资源和社会保障局（简称“区人社局”）获评第五届“中国创翼”创业创新湖南省选拔赛特别贡献奖和长沙市选拔赛优秀组织单位奖、2022年度长沙市促进就业和社会保障工作真抓实干奖励、2022年度长沙人社窗口单位业务技能练兵比武团体三等奖等。天心区城镇新增就业14486人，城镇登记失业率在4%以内，失业人员再就业8138人，就业困难人员再就业1792人，新增农村劳动力转移就业388人，新增就业见习人员95人；全区企业养老保险参保26.34万人，机关事业单位养老保险参保5926人，城乡居民养老保险参保46417人，享受待遇人数约3.5万人；养老保险基金总收入约34亿元，总支出约34亿元；城乡居民养老保险基数每人每月238元，失业保险金标准提高到1737元/月；劳动保障监察根治欠薪线索平台核处率98%以上；劳动人事争议纠纷案件申请1439起，其中调解结案863起，调撤率60%以上，为劳动者挽回经济损失2900万余元。

【就业创业服务】 2022年，天心区围绕高校毕业生、乡村劳动者、就业困难人员等群体，组织“春风行动”“民营企业招聘月”等线上线下招聘活动18场，发布招工岗位1.8万余个。组建援企招工小分队，带企业、带岗位到邵阳县开展脱贫劳动力就业专场招聘会，签订省内劳务协作对接协议。发动41个社区（村），开展省级充分就业社区创建工作，覆盖比例全市最高。落实惠民惠企政策，审核发放各类就业补助资金3133.6万元，惠及9162人次。组织电工、工程测量员、无人机、网络安全管理员等专业技能培训，审核发放政府补贴性技能培训和创业培训补贴3114人次。打造创新创业带动就业项目16个，新增申报市级创业孵化基地7个。推荐的湖南金领玮业职业培训学校被认定为2022年度长沙市特色劳务品牌建设单位。承办第五届“中国创翼”创业创新湖南省选拔赛。聚焦新消费经济文化创意产业人才，开展长株潭创新创业训练营，35名学员参加4天集训和60天陪跑辅导。

【社会保障服务】 2022年，天心区优化社保经办服务，推广业务“指尖”办理，在社会保险认证、查询、资料收取等方面实现数字化转型，社会保险单位和个人业务基本实现网上办、手机办。推进社保系统统筹改革，社保业务办理全面切换到省级社保信息系统。启动机关事业单位退休人员养老保险线上自助认证。落实社保援企稳岗和阶段性社保减免和缓缴政策，为企业减免1.69亿余元。做好被征地农民社保工作，为10962人次发放2064万元生活补助费。落实困难群众参保资助政策，代缴贫困人员城乡居民养老保险费1792人，发放贫困人员养老保险待遇486人，代缴率、发放率均为100%。开展企业退休人员社会化管理服务，完成原试点机关养老保险退费工作，涉及163

家单位、2797人、1500万余元。

【社保基金管理】 2022年，天心区落实“社会保险基金管理提升年”行动，严格内部控制管理，出台《天心区关于切实加强社会保险基金监管工作的实施方案》，构建事前预防控制、事中核验比对、事后稽核检查的风险防控体系。开展社保基金疑点数据核查，排查疑点数据649条，均无违规数据。抓好日常防控，运用基金监管软件发现预警信息核查完成率100%。

【劳动权益维护】 2022年，天心区开展“千名干部联千企”“送法进工地”等法律宣传活动，宣传劳动保障法律法规。在创谷·长沙（国家）广告产业园开展安全生产培训，宣传《工伤保险条例》。完善《天心区欠薪突发事件应急处置预案》，分类防范、处置突发事件。制定《工程项目工资支付责任告知书》《工程项目保障农民工工资支付承诺书》，为新开工项目提供服务。全年根治欠薪线索平台核处率98%以上，动态排查新开工项目63家，核缴农民工工资保证金4245万元，处理全国互联网欠薪平台线索2918条，涉及金额947.54万元；协调处理农民工工资拖欠21起，涉及工资金额3350万余元。接待投诉纠纷1863起，协调处理矛盾1057起，立案调查806起，涉及劳动者2235人、金额6663万余元。充实调解力量，新增劳动人事争议仲裁庭1个。收到劳动人事争议纠纷案件申请1439起，其中立案受理1325起，结案1295起，调解结案863起，为劳动者挽回经济损失2900万余元。

【人才招录】 2022年，天心区组织事业单位公开招聘，招录硕士研究生19名、本科生44名，招引博士人才4名。面向社会公开招聘教师435名，其中特殊人才、名优特教师128名。指导39家单位通过公开招聘、选聘等方式补充200余人。

【人才服务】 2022年，天心区落实省、市、区各类人才政策，累计发放高校毕业生租房和生活补贴1684.07万元，留学归国人员租房和生活补贴166.58万元，青年人才租房和生活补贴141.51万元，职业技能晋级奖励6.9万元，制造业企业专业技术人才职称晋级奖励1.8万元。推荐申报成功B类人才1人，C类人才9人，D类人才12人。做好职称认定和评审服务，完成初中级初任1060余人，中级职称（初）审核800余人，高级职称（初）审核300余人。

【人事改革】 2022年，天心区推进事业单位岗位设置，落实县以下事业单位管理岗位职员等级晋升制度，完成事业单位九级职员晋升八级职员工作，82人得到晋升。强化人事监督职能，规范编外人员管理，建立后备人才库。

【民生实事】 2022年，天心区人社局牵头统筹推进省、市、区民生实事项目，完成省、市13个项目27项指标和区人大代表票决制10大项目，解决群众“急难愁盼”问题。

【“春风行动”系列招聘活动】 2022年2月7—11日，天心区招工小分队到湘西土家族苗族自治州龙山县开展线上线下招聘活动，提供长沙市重点用工企业蓝思科技股份有限公司、长沙市比亚迪汽车有限公司，以及天心区用工企业湖南之子乐业数字网络科技有限公司、湖南金领玮业现代家庭服务产业联盟管理有限公司等7家企业以及辖区内100余家企业的1万余个招聘岗位。2月15日，天心区南北联动举办专场招聘会，辖区198家企业参加，为各

2022年2月7—11日，天心区招工小分队到湘西自治州龙山县开展“春风行动”招聘活动 （区人社局供图）

类求职群体提供11008个岗位。其中，南托街道、大托铺街道、黑石铺街道、暮云街道、先锋街道5个街道在北塘文化广场联合举办南部片区招聘会；坡子街街道、城南路街道、裕南街街道3个街道在黄兴广场联合举办北部片区招聘会。2月18日，先锋街道、黑石铺街道在环宇城联合举办招聘会，250家企业参加，为各类求职群体提供1万余个岗位，2000余人达成求职意愿。

【省级充分就业社区（村）建设动员部署会】 2022年3月2日，天心区组织召开2022年省级充分就业社区（村）建设动员部署暨业务培训会。天心区人社局、各街道办事处、相关社区（村）负责人92人参加培训。培训邀请湖南省就业服务中心就业服务部相关负责人开展业务培训，解读政策体系，帮助区、街道、社区（村）三级就业专干补强专业知识，明确2022年创建省级充分就业社区的新内容、新要求、新重点。现场配备电脑，实现一人一机培训，邀请省平台系统工程师现场讲解。2022年，天心区以持续推进省级充分就业社区推优扩面为目标，申报省级充分就业社区（村）建设单位20个、省级充分就业星级社区（村）建设单位21个，覆盖比例超过40%。

【第五届“中国创翼”创业创新大赛】 2022年3月23日，第五届“中国创翼”创业创新大赛长沙市天心区选拔赛（简称“选拔赛”）动员部署会在天心区人社局召开。大赛组委会成员单位、天心经开区、各街道办事处、院校及孵化基地、创培机构相关负责人参加。区人社局相关负责人解读选拔赛实施方案，长沙市蓄势创新教育科技有限公司负责人讲解赛事技术规程和项目实施计划与推荐规则。4月15日，选拔赛遴选结果公布，参赛的137个项目中，30个项目晋级下一轮。4月24—25日，选拔赛举行，30个项目参赛。经评选，一等奖3名、二等奖4名、三等奖4名、创翼奖19名，优秀导师奖6名，优秀组织单位奖4名，特殊贡献奖13名。6月24日，天心区承办第五届“中国创翼”创业创新大赛湖南省选拔赛，获省级“特别贡献奖”和长沙市选拔赛“优秀组织单位奖”。

【“迎老乡、回故乡、创三湘”云上恳谈会】 2022年3月29日，天心区人社局召开2022年“迎老乡、回故乡、创三湘”云上恳谈会。长沙市创业指导中心主要负责人，天心区人社局主要负责人、分管负责人参加会议，30余名湘籍企业家代表线上参与。广东佳翼科技总经理雷利群、广东省尊一科技集团总裁喻文涌、深圳煜天集团董事长白煜暄、林科达科技董事长曾文钧等10余名创业者代表分享创业故事、介绍创业项目、回长沙创业思路和建议。区人社局负责人表示，将为有创业意愿的湘籍人士回乡创业提供优质服务、营造优良环境。

【专技人才政策解读专场活动】 2022年5月30日，天心区人社局举办2022年软件产业园企业初中级职称认定暨专技人才政策解读专场活动，园区60余名技术岗位的专技人才参加活动。长沙市人社局专技处处长文彤、天心区人社局副局长蔡鹏分别对专场认定中级职称、初级职称工作情况进行通报，并宣读认定文件。参会市、区领导为认定的专技人员代表颁发证书。区人社局根据前期对软件产业园企业专业技术人员职称需求摸底、调研的情况，邀请专家对工程系列专技人才、职称评审政策以及计算机软件工程专业考试政策进行解读。

【专场招聘会】 2022年6月10日，天心区离校未就业高校毕业生专场招聘会暨文源街道“源人才（就业）”启动仪式在中南林业

2022年4月15日，天心区人社局举办第五届“中国创翼”创业创新大赛长沙市天心区选拔赛 （区人社局供图）

科技大学举行。来自中南林业科技大学、中南大学铁道学院等院校的1000余名大学毕业生参加招聘会。招聘会线上线下同步进行，线上由湖南红海人力资源有限公司进行直聘。线下，来自天心经开区、天心区“政用产学研”党建共同体、创新联合体、文源商会等成员单位近50家重点优质企业提供125个专业岗位、合计735人的招聘需求。现场宣传人才就业政策、反电诈、防非处非等知识。8月26日，天心区人社局联合邵阳县人社局、邵阳县高新区等单位在邵阳县新经济产业园举办2022年“助力高校毕业生就业暨县高新区科研助理岗位开发、脱贫劳动力就业帮扶”专场招聘会。该次招聘会以服务高校毕业生、科研助理岗位开发为重点，兼顾农民工和就业困难群体实现再就业，邀请各地企业近40家，提供就业岗位1000余个，囊括制造业、服务业、数据信息等各行业。参加招聘会的求职人员600余人，现场有150余人填写“企业求职人员登记表”达成初步就业意向。

【事业单位新进人员岗前培训】 2022年7月21—22日，2022年天心区事业单位新进人员岗前培训班在天心区委党校教室开班，48名事业单位新进人员参加培训。区委常委、组织部部长张建，以“知天心，爱天心，兴天心”和“向上而行，向善而行，向美而行”2个主题，为学员们讲授开班第一课。该次培训以“2+3”模式开展，即2天集中培训和3个月社区（村）基层锻炼。在集中培训的课程设置上，区人社局邀请区领导和高校专家教授，围绕基层履职能力提升、党风廉政建设、公文写作、公务礼仪修养等内容为学员进行专题授课。

【长沙市工伤预防文化建设基地落户天心区】 2022年9月7日，长沙市工伤预防文化建设基地揭牌仪式在中国长沙人力资源服务产业园举行。长沙市工伤保险服务中心、天心经开区管理委员会、天心区人社局、中国长沙人力资源服务产业园相关负责人及企业代表参加。该基地依托中国长沙人力资源服务产业园优势，加强工伤预防文化建设，形成学习引导、教育培训、推广展示、理论研究、成果总结等功能体系，打造工伤预防系列品牌效应，普及工伤预防优先的理念，为培育全民工伤预防文化、提升工伤预防意识和技能、减少工伤事故发生提供平台和载体。

【根治欠薪工作推进会】 2022年10月21日，天心区人社局联合区住建局召开天心区2022年度根治欠薪工作推进会，各街道分管负责人及辖区内57个在建工程建设项目经理参加。会上通报天心区当前根治欠薪工作情况和保障农民工工资支付各项制度落实情况，就实名制管理、工资专户开设、保证金缴纳、农民工工资按月足额发放进行专题培训。现场向各在建项目负责人发放《保障农民工工资支付条例》《天心区工程项目保障农民工工资支付条例责任清单》，为工程项目保障农民工群体合法权益提供法律法规咨询和指导。

【“项目联系卡”】 2022年10月，天心区人社局推出的“项目联系卡”，实施欠薪项目责任制，项目责任人就是项目“一对一”的劳动监察员，监察员每月对项目进行现场检查，以确保每个项目从建档立卡到签订工作责任书、实名制、工资专户、工资保证金、维权告示等各项工资支付保障制度全部落实到位。“项目联系卡”张贴于在建项目公示栏上，包括建设单位及责任人、总包单位及责任人、区人社局责任领导、街道负责人、区监察大队责任人、联系电话等信息，督促在建项目履行责任，畅通农民工维权渠道。全区52个在建项目在落实实名制管理、保证金缴纳、农民工工资专户开设、按月发放工资方面均达到100%。

【长株潭新消费经济文化创意产业人才训练营】 2022年11月19日，2022长株潭新消费经济、文化创意产业创新创业人才训练营暨2021年长株潭一体化创新创业训练营结业典礼在天心区举行。长沙市创业指导中心、天心区人社局、区退役军人事务局等相关部门负责人出席活动。该期训练营收到长株潭地区、邵阳县等多地创业者的报名，经过1个多月的审核、笔试和面试筛选，最终选拔出35名优秀创业者，参加为期4天的集训实践和60天陪跑辅导，学习和探索长株潭新消费经济的前行方向。活动现场，为完成2021年长株潭一体化创新创业训练营全部课程和考核的学员代表、优秀学员和优秀班委分别颁发证书。 （李　康）

民政事务

【概况】 2022年，天心区践行“民政为民、民政爱民”理念，完成省考项目城乡低保和残疾人“两项补贴”提标，完成115户适老化改造项目并通过验收；完成14家社区养老服务设施建设任务。实施“爱心天心”帮扶工程，开展“爱心天心·特‘蔬’关爱”封控区域居民群众慰问行动；制定自建房安全整治困难群体关怀帮扶、D级危房重建困难户帮扶2个专项指引；实施“爱心天心·幸福家”危房援建慈善项目，筹集慈善资金4000万余元，帮扶危房困难群众住有所居、居有所安；探索社会救助“放管服”改革，指导文源社区打造基层救助帮扶“一站式”服务平台；举办首届“爱心天心”慈善大会，得到《人民日报》等央媒宣传推介，擦亮“爱心天心”民生品牌；实现“天心大道”更名；守住养老机构不发生规模性疫情感染的安全底线。新开铺街道桥头社区获评“全国先进基层群众性自治组织”称号。

【社区治理】 2022年，天心区完善村（居）务公开制度，99个社区公共卫生委员会设立完成全覆盖；推动基层减负增效，规范社区挂牌，规范印章使用；推动赤岭路社区成立湖南省首家社区公益发展基金，桥头社区成为长沙市“做靓社区”创新试验点9个单位之一；推动金盆岭、裕南街等街道创建全市基层治理真抓实干激励项目；推动丹桂、欣南等社区做好阵地提质改造、优化功能布局，新争取项目配套社区办公服务用房7处，面积11644.76平方米。从抗疫一线表现优秀临聘人员中择优比选16人纳入社区员额管理。建立健全社区小区党组织牵头、物业服务企业等多方参与的小区治理机制，培育丽发凝聚“丽”开放空间、南城社区直播间、天鸿“鸿”社网格等品牌。

【社会事务】 2022年，天心区落实“利剑护蕾”专项行动工作任务，开展农村留守儿童和困境儿童暑期安全宣传活动，发放孤儿生活费27.6万元、事实无人抚养儿童生活费48.61万元；发放高龄补贴2093万元，残疾人“两项补贴”976.196万元；落实惠民殡改政策，确保清明节、中元节文明祭扫安全有序；指导披塘村创建省级儿童之家示范点。

【养老服务】 2022年，天心区完善“一社一点、一街一中心、全区多机构”养老服务布局，推行智慧养老服务，建设并运营全区养老服务信息平台，接入“安联网”系统，实现“智慧养老”和“智慧消防”融合对接，实时监控辖区养老服务机构。开办3家试点社区老年食堂，解决社区老年人吃饭难、吃饭贵的问题。结合自建房排查等工作，检查养老机构安全生产272次，关停消防不达标养老机构3个、转移入住老人191人；开展养老领域防诈骗主题宣传活动，发放《老年人防诈骗指南》3万余份；联合金融、市监等部门对全区新增涉及养老服务的643家企业逐一排查。

【社工站建设】 2022年，天心区实施街道社工站（2022—2024）建设计划，以打造“15分钟公益服务圈”为目标，设置区级社工服务指导平台、街道社工服务站，推进站点、制度、队伍和品牌建设，抓好“5+5+10”体系（社工站建设五大重点计划、“爱心天心”五大帮扶举措和社工服务十大特色项目）建设，巩固提升天心社工站建设“3.0”版；依托社工服务体系建设，创新探索党建引领、需求导向、资源链接、项目牵引、应急响应、统筹协调等机制，丰富“五社联动”服务场景，提升社区治理社会化、组织化水平；把握基层群众服务需求，开展专业化、精准化、精细化社工服务。推进社工站项目建设，争创湖南省基层社工站项目示范区。成立区社工站联合党支部，完善区级服务指导平台、街道社工服务站和村（社区）社工室的三级社会工作服务体系。开展入户探访525次、社区活动65场、志愿者累计注册1626人。打造“社会工作＋民政业务”服务品牌，实现“一街道一品牌”。培育“桂花心愿”“黑石聚力会”等特色站点品牌。桂花坪等3个街道社工站获评全省“五星级”街道社工站，文源街道等2个街道社工站获评长沙市“五星级”社工站。

【社会组织】 2022年，天心区成立街道枢纽型社区社会组织2家；引导社区社会组织下沉社区参与基层治理；对登记在册的435家社会组织进行全面摸底，规范清理9家；动员社会组织在慈善公益、社区治理等方面贡献社会力量。

【婚姻登记服务】 2022年，天心区落实婚姻登记全省通办，办理婚姻登记5830对，业务量较2021年增长56%；有效应对“5·20”等婚登业务高峰，保持平稳有序；

开展婚姻家庭辅导服务进高校、进社区公益活动，开展讲座10场，服务群众1200余人，促进移风易俗。

【全省民政系统专题培训班到天心区观摩考察】 2022年3月10日，湖南省民政系统学习贯彻中共十九届六中全会精神专题培训班学员［各市州、区县（市）民政局主要负责人］到天心区观摩考察民政工作。湖南省民政厅党组成员、副厅长游劲民，长沙市民政局党组书记、局长刘亮，天心区委副书记、区长周志军等参加观摩考察活动。专题培训班学员到新开铺街道桥头社区，了解社区打造“桥头堡·党旗红”工作品牌，推进公共服务“一门式”和“网格化”服务情况，听取省民政厅社工“禾计划”服务小程序在天心区落地试点情况介绍，观看《社区治理和服务创新的天心之路》工作宣传片，了解天心区促进基层治理能力提升的有益探索和发展路径；到天心区社会福利中心、裕南街巴普护理院，参观入住老人样板间、配套服务设施，了解运营管理、医养融合、养老服务创新、政策保障等有关情况，观摩天心区养老服务信息平台，了解平台搭建、运营及智慧养老服务应用等情况。

【“爱心天心”特“蔬”慰问行动】 2022年4月6日，天心区“爱心天心”特“蔬”慰问行动启动，780份“爱心蔬菜包”分4车运往湖南省林业科学院。该批“爱心食材包”由天心区国资公司捐赠，共2836份，每份包含猪肉、番茄、黄心土豆、胡萝卜、青菜等。打包完成后，统一发往城南路、金盆岭、新开铺、文源和桂花坪街道等区域的物资配送点。

【省民政厅到天心区调研智慧养老信息平台建设运营工作】 2022年4月26日，湖南省民政厅副厅长蒋建华一行到天心区福利中心调研智慧养老信息平台建设运营工作。蒋建华一行到设立在区社会福利中心二楼的天心区养老服务信息平台实地调研了解，听取区民政局及平台运营方湖南发展相关负责人所做的情况介绍，观看区养老服务平台集安全监管、资金监管、服务监管、呼叫服务、应急救助保障体系建设等功能演示和流程示范，查阅平台功能手册和日常运营日志等相关资料，与现场人员就养老服务信息平台建设、功能定位、运营管理、服务创新等方面进行交流。随后的座谈会上，区民政局主要负责人汇报天心区养老服务工作情况，重点介绍推进养老信息化、养老智慧监管、养老服务创新等方面的探索和经验做法。蒋建华认为天心区在智慧养老、服务创新等方面探索积累了经验，试点工作富有实效，具有天心养老的特色亮点，相关经验做法值得在全省推介。

2022年6月，“天心大道”完成更名 （郑 孟 摄）

【“天心大道”更名】 2022年6月，天心区书院南路（赤岭路口—南二环段）、新开铺路、中意二路、中意三路（107国道天心段）被统一更名为“天心大道”。该道路涉及21个区直部门、8个涉改街道、4段涉改道路及近万户居民和企事业单位。“天心大道”是天心辖区内继湘江大道、芙蓉南路、韶山南路后的南北走向主干道，全长22.1千米，规划宽度60米，北起赤岭路口，沿书院南路（900米）、新开铺路（9.1千米）、中意二路（3.1千米）、中意三路（即107国道，9.1千米），横穿天心区赤岭路、新开铺、黑石铺、先锋、南托、暮云等街道，与湘潭市区域内的芙蓉南路南沿线对接。

【居家适老化改造】 2022年6月，天心区民政局印发《2022年度天心区民生实事困难老年人居家适老化改造实施方案》的通知，要求适老化改造家庭以村、社区为单位进行报名。适老化改造硬件改造标准为：房间、卫浴安装扶手、抓杆，防止老人滑倒；根据老人身体状况和需要对洗手间以及厨房2个高危区域做整体防滑处理，无法做整体防滑的改造家庭放置防滑垫；如果改造老人家庭地面有高低差，根据实际情况用红砖水泥和直接胶贴坡垫2种方案。7月，适老化改造开始实施。天心区适老化改造按照“一户一策”原则，通过施工改造、设施配备、老年用品配置等，对困难老年人家庭居家地面、门、卧室、如厕洗浴设备、厨房进行改造或配置手杖、防走失等老年人用品，提升老年人居家养老的安全性、便利性。

【社工服务重点项目品牌发布会】 2022年7月27日，天心区举行“共建爱心天心·社工筑梦同行”天心区新三年社工站建设启动暨社工服务重点项目品牌发布会。长沙市民政局副局长周义中、天心区政府二级调研员孙志余等参加活动。孙志余宣读《关于明确新三年天心区社工站项目承接机构的通知》。现场为天心区社工站指导服务平台及14个街道社工站授牌；《快乐老人报》报社代表分享禾计划智服小程序试点经验，展示禾计划小程序打通线上、线下社工服务的成果；现场播放天心社工宣传片；社工机构与10名困难对象现场帮扶结对；发布包括社工站建设5项重点计划、“爱心天心”5项帮扶举措和社工服务10个特色项目在内的天心区社工服务重点项目、品牌。

【“爱心天心·慈善同行”公益慈善大会】 2022年9月5日，天心区在湖南省文化馆群星剧场举办“爱心天心·慈善同行”公益慈善大会。长沙市政府副秘书长冯意刚出席并致辞，区委副书记、区长周志军，区人大常委会、区政协、天心经开区相关负责人，爱心企业、爱心人士代表等参加。该次公益慈善大会以“爱心天心·慈善同行”为主题，分为“大爱·汇聚”“大爱·传递”“大爱·绽放”3个篇章，展现天心区爱心氛围、公益慈善风采和社会爱心企事业单位的善心善行。活动为湖南金光华融城房地产开发有限公司、湖南建设投资集团有限责任公司、阳光财产保险股份有限公司湖南省分公司、湖南省第四工程有限公司等企业颁发2022年度“爱心天心”公益慈善爱心企业荣誉牌匾，爱尔眼科医院集团股份有限公司、湖南一力股份有限公司、中交中南工程局有限公司3家爱心企业代表发言，现场启动发布“爱心天心·幸福家”危房援建慈善项目。该次“幸福家”危房援建慈善项目，310余家爱心企业、1200余位爱心人士共捐款4000万余元。

【社会服务机构等级评估授牌仪式】 2022年11月18日，天心区2022年度社会服务机构等级评估授牌仪式举行。天心区民政局局长胡波，湖南师范大学社会工作硕士教育中心主任孙建娥，长沙市民政局社会工作初级督导、中级社工师姚小兰及参评社会组织代表参加授牌仪式。区民政局开展社会组织评估工作，按照分级管理、分类评定、客观公正的

2022年9月5日，长沙市天心区举办“爱心天心·慈善同行”公益慈善大会　　（区民政局供图）

原则，经过社会组织自愿申请、资格审查、专家组审核和实地考察、评估委员会审定、网上公示等程序，16家获评估等级，包括2家AAAAA级、7家AAAA级、7家AAA级。评估承接机构天创负责人熊小红通报天心区2022年度社会服务机构等级评估的情况；区民政局社会组织事务中心主任万敏宣读《2022年度社会服务机构等级评估》结果；天心区崇善公益联盟作为AAAAA级社会组织代表作典型发言；胡波、孙建娥、万敏等向16家获AAA级以上等级资质的社会组织进行授牌。

（李丹旦）

民族宗教事务

【概况】 2022年，天心区民族和宗教工作紧扣中心大局，推进民族团结进步，依法管理宗教事务，确保天心民族团结、宗教和睦、社会和谐。玉泉寺获评首届全国宗教界先进集体，湖南第一师范学院（老校区）获评湖南省民族团结创建实践教学基地，5家单位获评市级民族团结进步示范单位。相关工作获市委统战部主要负责人肯定性批示，市民宗局专刊转发天心经验做法，供其他区（县）借鉴学习。截至2022年12月31日，天心区有48个民族族别，少数民族人口5.4万人；其中，户籍人口2.3万人，流动人口3.1万人，有少数民族门店104家；有佛教、道教、伊斯兰教和基督教四大宗教，登记开放的宗教活动场所4处。

【民族工作】 2022年，天心区开展“铸牢中华民族共同体意识”宣传教育，设置电子显示屏114个、宣传栏71块，发放宣传单1万余份、宣传折页3560册，制作宣传海报68块，开展政策法规学习培训4400余人次。完成130余名高校招生民族优惠政策资格审核。区、街、社区对104家少数民族门店进行走访，解决少数民族“急难愁盼”问题，其中解决3起民族纠纷、5名经商务工子女入学难题，组织流动少数民族人员政策法规培训100余人次，少数民族门店“三化”治理成效显著。推进民族团结进步创建工作，6个单位创建省、市民族团结进步示范单位。

【宗教工作】 2022年，天心区通过思想引领、活动载体、典型示范，推进宗教中国化走深走实。组织宗教界人士学习宣传贯彻中共二十大和各级宗教工作会议精神，开展“五项活动”（五进五好、宗教中国化大讲堂、民族团结进步创建、参观红色教育基地、观看红色电影），打造有看点、有学头、有亮点的特色场所。以安全生产专项整治三年行动为抓手，对宗教活动场所内部及周边环境进行集中整治。玉泉寺作为现场教学点先后承办2期全省民宗干部和1期全省宗教教职人员培训班。

【宗教领域安全生产】 2022年4月27日，湖南省委统战部民宗处副处长黄昕一行到天心区，与清真寺、玉泉寺和城南堂主要负责人座谈交流，听取关于宗教专项整治工作、安全生产等情况的介绍；到金盆岭街道夏家冲社区检查调研宗教专项整治工作开展情况。6月23日，天心区民宗局在长沙市玉泉寺开展宗教领域“安全生产月”活动暨消防培训。区民宗局全体人员，相关街道，辖区内各宗教（民间信仰）活动场所负责人、教职人员及义工（同工）参加活动。活动组织学习《习近平总书记关于安全生产重要论述》《中华人民共和国安全生产法》等文件，通报天心区1—5月安全形势，观看《生命重于泰山》安全教育片，发放安全生产宣传手册，与各宗教场所签订安全生产责任书，组织参训人员进行消防安全培训演练，向各宗教（民间信仰）活动场所赠送消防器材。9月15日，长沙市委常委、统战部部长刘汇一行到天心区玉泉寺、清真寺督查安全生产工作，了解安全生产工作落实情况，查看场所周边环境、建筑房屋墙体、用电线路布设、消防器材配备等安全管理情况。9月20日，市民族宗教事务局副局长何水军一行对清真寺、城南堂、包谷庙、南托聚会点等场所进行安全生产督查检查。11月11日，市委统战部副部长彭顺勇到清真寺、玉泉寺，了解场所安全生产、财务管理等方面情况。

【流动少数民族同胞务工经商相关事宜暨安全生产培训】 2022年7月29日，天心区民宗局组织开展流动少数民族同胞务工经商相关事宜暨安全生产培训。培训邀请区教育局、区市场监督管理局、区城管执法大队等单位的业务科室负责人分别就学龄儿童入学（转学）、食品安全、营业执照办理以及城市管理、“门前三包”、油烟排放等事宜进行专题授课，并现场解答与流动少数民族同胞务工经商密切相关的问题。彤安

社会生活

消防公司负责人进行消防安全宣讲和教育。

【天心区民族宗教系统新时代基层干部主题培训】 2022年9月16日，天心区民宗局举办全区民族宗教系统新时代基层干部主题培训活动。区民宗工作领导小组成员单位、各街道分管负责人及专干、社区（村）负责人等150余人参加培训。湖南省社会主义学院一级巡视员、教授周述杰，长沙市民宗局四级调研员赵萍、黄鸣强分别就习近平总书记关于加强和改进民族宗教工作的重要思想、城市民族工作、如何做好基层宗教工作进行解读和讲授。区民宗局现场进行交流分享，对下一步民宗工作提出要求。

【宗教活动场所“五进五好”建设】 2022年12月6日，天心区民宗局指导辖区内宗教活动场所“五进五好”（中共二十大精神、国旗国歌、社会主义核心价值观、政策法规、中华优秀传统文化进宗教活动场所，宗教教职人员努力做到政治品格好、守法遵规好、文明友善好、传承文化好、服务社会好）工作，到玉泉寺、清真寺、城南堂等宗教活动场所，查看场所政策法规宣传栏中共二十大精神学习宣传、优秀传统文化布置等情况。区民宗局表示要继续深入开展“五进五好”主题实践活动，与时俱进推进“我国宗教中国化”，提升宗教活动场所和宗教教职人员整体形象。

（禹　林）

退役军人事务

【概况】 2022年，天心区退役军人事务系统以推动退役军人工作高质量发展为主题，以“让退役军人获得感成色更足”为主线，服务保障水平稳步提升，退役军人作用有效发挥。推进全区退役军人优待证的集中办理；举办天心区第二届“最美退役军人”颁奖仪式；推介“应急消防全产业链”项目参加第二届全国退役军人创业创新大赛，获传统产业及生活服务业赛道第2名、二等奖；在湖南省退役军人事务厅“邮储银行杯·老兵流光影”活动中获优秀组织单位奖；为辖区荣立军功的现役军人及其家属送去喜报和慰问金，其中立二等功1人。

（胡典香）

【服务体系建设】 2022年，天心区100%完成服务对象100～299人的社区退役军人服务站示范型服务中心（站）的创建工作，其中赤岭路街道退役军人服务站被评为湖南省标杆型退役军人服务站。先锋街道、赤岭路街道以及黑石铺街道一力社区、新开铺街道新开铺社区、裕南街街道长坡社区、桂花坪街道银桂苑社区、暮云街道暮云社区、坡子街街道西牌楼社区、大托铺街道桂井村、南托街道沿江村退役军人服务站被评为长沙市“五优”退役军人服务站。

（陈潇潇）

【困难援助】 2022年，天心区《退役军人和其他优抚对象特殊困难援助资金管理暂行办法》，对退役军人和其他优抚对象因重大疾病、意外伤害、突发灾害等原因导致基本生活暂时陷入困境的，进行困难援助。1月、7月，分2批援助退役军人和其他优抚对象759人。

（侯正伟）

【军休服务】 2022年，天心区接收军队移交地方退休干部和退休士官，按政策及时足额发放军休干部、无军籍职工退休费及各项福利待遇。11月，组织军休干部和军休职工开展文体活动，丰富军休干部职工的精神文化生活。

（刘　茜）

【移交安置】 2022年，天心区完成转业干部、随调家属、退役士兵年度安置及服务工作。推进退役军人“一件事一次办”专项改革，将集中报到、建档立卡、优待证办理、党组织关系转接、户口登记、保险接续等多个部门审批的事务集成打包，实行“一站式”集中办理。依法保障退役军人退役后相关待遇的落实，及时发放退役士兵地方一次性经济补助和转业士官待安置期间生活费，完成转业士官待安置期间的社保接续工作，确保其待遇享受的连续性。

（周冬云）

【就业创业】 2022年，天心区组织线上、线下招聘会3次，提供优质就业岗位7000余个，达成就业意向40余人。组织军创企业参加退役军人创业创新大赛，展示退役军人“双创”风采。推介的湖南中邦瑞达建设有限公司“应急消防全产业链项目”获评全国第二届退役军人创业创新大赛传统产业及生活服务业赛道第2名、二等奖。推进有就业意愿、生活困难、基本养老金低于全省上年度企业退休人员月平均基本养老金的下岗（失业）转业志愿兵和转业士官摸底调查、资格审查等工作，将符合条件的对象纳入年度帮扶计划，并及时拨付资金。（周冬云）

【优抚对象三级医疗保障体系】 2022年，天心区为全区重点优抚对象购买商业保险，形成国家医保兜底，以《长沙市天心区优抚对象医疗保障实施细则》进行政府救助为辅，购买商业保险为补充的优抚对象三级医疗保障体系，确保重点优抚对象得到实惠。（毛 敏）

【优抚褒扬】 2022年，天心区有“三属”（烈士遗属、因公牺牲军人遗属、病故军人遗属）、烈士子女、在乡复员军人、带病回乡退伍军人、伤残军人、60周岁以上农村籍退役士兵等重点优抚对象及时发放各类抚恤补助金、医疗救助、价格临时补贴、病故军人一次性抚恤金、义务兵家庭优待金。（毛 敏）

【烈士墓迁葬】 2022年，天心区严格按照“应迁尽迁、集中管护”原则，通过完善补充烈士资料、摸排烈士家属迁葬意愿，完成全部集中迁移、安葬任务，其中11座迁往湖南革命陵园，4座迁回原籍。（毛 敏）

【双拥工作】 2022年，在春节、“八一”等节日，天心区委、区政府主要负责人带队走访慰问驻区部队单位，组织各街道对退役军人和其他优抚对象开展慰问。打造暮云街道丽发社区、桂花坪街道九峰苑社区、湖南省荣军医院3个双拥示范点。（毛 敏）

【散葬烈士集中安葬仪式】 2022年4月20日，天心区在湖南革命陵园内举行散葬烈士集中安葬仪式。天心区人武部政治委员，湖南革命陵园管理处主任蔡喜华，天心区退役军人事务局局长段文波，副局长苏奇、曾维唯，四级调研员邓荣华，各街道退役军人服务站站长30余人参加。安葬仪式现场，军乐队奏哀乐，工作人员安放3名烈士的骨骸，全体人员依次向烈士献花、鞠躬、默哀。（毛 敏）

【第二届“最美退役军人”颁奖】 2022年5月10日，天心区“最美退役军人”颁奖典礼暨“老兵喜迎二十大、不忘初心跟党走”颁奖仪式在湖南省地质博物馆举行。市、区两级相关负责人，辖区一等功臣，各街道退役军人服务站分管领导及站长，辖区退役军人代表、志愿者、居民群众等100余人参加活动。活动上演舞蹈《军旅人生》，朗诵《曾在军旅》《最美退役军人》等节目；为10名“最美退役军人”颁发荣誉证书和奖杯。（胡典香）

【退役军人优待证首发仪式】 2022年5月17日，天心区退役军人优待证首发仪式举行。天心区南托街道南鑫社区凯富南方鑫城小区的退役军人赵聚广，获全区首张退役军人优待证。区退役军人事务局副局长曾维唯为赵聚广发放优待证，中国邮政银行工作人员为赵聚广完成信息核实、人脸识别、密码设置等环节，现场激活卡片。（胡典香）

【退役军人返乡欢迎仪式】 2022年7月22日，天心区退役军人事务局为2022年退役军人返乡举行欢迎仪式。现场播放宣传片《这里是天心》，全方位介绍天心区发展情况；为退役军人佩戴绶带、在签名墙上签名留念。区退役军人事务局局长于意讲授“返乡第一课”，通过金融安全、保密安全、人身安全等方面的知识培训，提高退役军人的安全防范意识。由区退役军人服务中心统筹，开通组织关系转接、落户、社保接续、银行卡办理等业务专区，为退役军人提供“一站式”服务。（周冬云）

【退役军人适应性培训班】 2022年，天心区为退役军人搭建返乡就业创业的便捷桥梁，落实适应性培训、免费职业技能培训、学历提升教育等退役军人补贴性教育培训政策，推出退役军人专场招聘、直通车定向推荐就业等促进就业举措，细化推荐参加创业培训、推动创业孵化扶持等措施，帮助退役军人尽快熟悉地方经济社会发展情况，更好地适应和融入地方的工作生活，适应新环境新岗位，实现角色转变。8月1—16日，区退役军人事务局举办2022年度退役军人适应性培训班。军队转业干部和政府安排工作退役士兵参加培训。培训采取专题辅导、交流研讨和主题实践活动等方式，开设“计算机操作初级”“计算机操作中级”“公文写作与公务礼仪”3个系列课程，涵盖政治教育、职业技能等内容。9月30日，2022年度自主就业退役士兵“返乡第一面”欢迎仪式暨适应性培训式活动举行。该次培训设置多项课程，包括法纪教育、乡情介绍、相关政策解读宣传、心理调适等实用性课程，活动组织10家企业现场招聘。

（周冬云）

残疾人事务

【概况】 2022年，天心区实施“光明关爱”项目、成人助听器、假肢装配、辅具适配等康复项目；落实2022年省政府重点民生实事项目，残疾儿童康复项目获长沙市残联优秀，并向省重点民生实事办申报“A类区县”等次；率先在全市建立首个特殊教育资源室和首批特殊教育委员会；落实困难残疾人生活补贴和重度残疾人护理补贴制度，实施好残疾人及子女就学教育救助，实施“阳光家园计划”；加大乡村振兴残疾人帮扶力度，完成1347人农村户籍残疾人返贫致贫风险排查，开展“联村联户、四帮四促”帮扶残疾人10户；开展按比例安排残疾人就业联网认证“跨省通办”和年审工作，做好残疾人职业技能培训工作；推进困难残疾人救助慰问工作，开展集中托养机构等级评定工作，落实高中（中职）和大学以上阶段残疾学生和贫困残疾人家庭子女学生资助；促进残健融合发展，依托“全国助残日”“国际残疾人日”等节日开展扶残助残活动；开展无障碍社区改造与家庭畅行工程，推进省政府重点民生实事困难残疾人家庭无障碍改造，实施无障碍社区改造；发展壮大助残志愿组织，开展形式多样的助残爱残活动。《湖南日报》以《残疾人的向往不断变为现实》为题专题报道天心区残疾人工作。在湖南省第十一届残疾人运动会上，天心区唐宇冰获游泳项目金牌4枚，唐明杰获游泳项目金牌2枚、银牌2枚。

【民生实事项目】 2022年，天心区完成困难残疾人家庭无障碍改造54户，超额完成任务135%；完成332名0～14岁残疾儿童康复救助，完成率151%。天心区“残疾儿童康复救助”和“困难残疾人家庭无障碍改造”2项工作获得省级“优秀”等次。

【康复工作】 2022年，天心区开展“光明关爱”活动，组织眼疾筛查87场次，筛查患者11380人，为48名白内障患者、45名翁肉低视力患者实施复明手术和眼疾救助。实施“辅具适配”项目，为524户残疾人家庭免费上门实施辅助器具适配，配发辅具946件，投入经费50.84万元。实施“儿童关爱”项目，为9名儿童家长发放康复家长陪护经费3.24万元。为16名残疾儿童发放康复救助（项目外）补贴10.16万元。举办2022年天心区残联儿童康复机构教师培训，140余名特殊教师参加。中国残联副主席张卫星、省政府副省长李建中一行到天心区残疾儿童康复机构视察指导并高度肯定。中央电视台新闻频道、湖南经视报道家嘉康复中心爱在“无声的家”——特殊的学校残障孩子温暖的“家”。

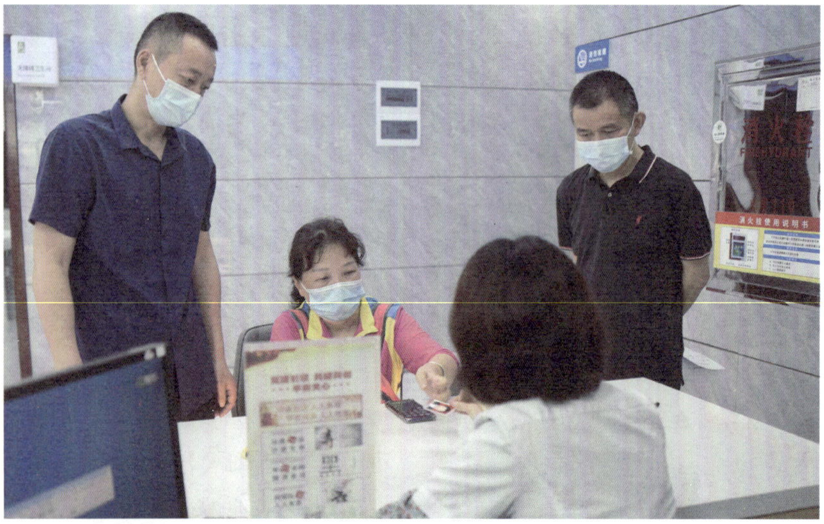

2022年4月27日，天心区残联开展爱心卡办理情况调研

（张　琼　摄）

【教育就业】 2022年，天心区适龄残疾儿童入学率98.18%。对397名因病住院困难残疾人发放临时救助金92.01万元。对227名残疾学生及困难残疾人家庭子女发放就学救助金84.93万元。为79名困难个体户残疾人发放就业金和养老保险补贴11.3万元。为4名残疾人创业者申请省、市创业扶持补贴23606元。举办2期就业培训班，培训残疾人60人。为3000余名重度残疾人及原建档立卡残疾人购买意外伤害保险。

【社会保障】 2022年，天心区残联落实《天心区困难残疾人临时救助办法》文件，对397名因病住院困难残疾人发放临时救助金92.01万元。春节慰问困难残疾人357人，助残日慰问困难残疾人69人，办理爱心卡130余张。为149名就业年龄段内未就业的智力、精神、重度肢体残疾人提供日间照料服务，为区内120名就业年龄段内未就业的智力、精神、重度肢体残疾人购买居家托养服务。为辖区内121名重度残疾人或多残家庭发放重度困难残疾人家庭托养补贴28.52万元。

【组织建设】 2022年，天心区残联出台关于《进一步明确残疾人专职委员选聘程序的通知》，规范残疾人专委员的选聘程序，新选聘专职委员11名。召开区残联第五次代表大会。承办全市专职委员知识竞赛大赛。在全国助残日期间举办“曲艺讲党课”“满天星志愿服务”等活动5场次，选送2名运动员参加省残运会比赛获6金2银的成绩。加强持证残疾人调查工作，完成持证残疾人调查7974人，入户率99.13%，App采集率100%。央视新闻、《人民日报》、人民网、《湖南日报》、“新湖南”等媒体报道天心区扶残助残工作特色亮点。

【持证残疾人基本状况调查工作】 2022年，天心区残联做好全区持证残疾人基本服务状况工作，完成2022年度持证残疾人基本状况调查工作。成立天心区残联状况调查工作领导小组，明确专人负责调查工作具体事宜，明确街道残联的工作职责。区残联研究制定《关于做好天心区2022年度全国持证残疾人基本状况调查工作的通知》，从加强组织领导、认真抓好培训、规范入户调查、严格使用App采集等方面作出明确要求。9月2日，组织全区各街道残联副理事长及街道、社区（村）状况调查员140余人，进行状况调查工作培训。培训采取集中授课、现场演示及入户实操相结合的方式进行。区残联要求每一位调查员入户时佩戴调查员证，如实记录被登记人的相关信息。

【志愿服务活动】 2022年1月6日，天心区残联、长沙爱尔眼科医院在南托街道北塘社区开展“光明·光爱”视力救助项目免费义诊活动。爱尔眼科医院眼保健医疗队为社区的居民提供专业的眼部健康检查和健康宣教服务。2月8日，长沙市文郡洋沙湖中学组织高二年级30余名学生到天心区怡心家园精神障碍人士服务中心开展“爱心助残，汇聚微光”社会实践活动。学生们和残障托养对象一起体验剪纸精细动作训练以及麻绳缠绕塑料花盆的辅助性就业项目，并发起现场募捐。3月3日，由区残联、裕南街街道东瓜山社区和区合力社工组织联合开展的“弘扬雷锋精神·特殊群体‘裕见爱’”学雷锋暖心志愿服务活动在东瓜山社区多功能活动室举办。长沙爱尔眼科医院医务人员为居民普及眼科健康知识，进行视力检查，为有疑似眼疾患者居民提供专业指导；义剪志愿者为社区残疾人、老年人免费理发；区残联党员志愿者上门对5户困难残疾人进行帮扶慰问。3月18日，湖南省第二人民医院主任医师薛亦男，副主任医师徐琳、周晓璇等人到天心区怡智家园托养中心和家嘉康复训练中心开展送医助残的爱心义诊活动，义诊内容有心理精神疾病、神经系统疾病、优生优育和呼吸系统疾病。6月2日，区残联到南托街道沿江村开展“党建引领，携手助残”主题党日活动，对沿江村10户困难残疾人帮扶慰问，为每户残疾人家庭送上米油物资，并发放残疾人优惠政策、防电信诈骗、《中华人民共和国民法典》等法规知识宣传资料。7月20日，大托铺街道社区卫生服务中心一行7人到天心区怡慧托养服务中心，开展“夏季送清凉”慰问活动，为中心的残疾学员送上防暑、大米等爱心物资，为残疾学员测量血压。7月25日，区残联在先锋街道新宇社区残协开展“为残疾人投保意外险，送上一份安心保障”志愿服务活动，为社区23户重度残疾人送去爱心意外保险单。9月23日，南托街道北塘社区残协与湖南省康复辅具技术服务中心团支部青年志愿者一行8人，开展以“喜迎二十大我为残疾人办实事”为主题的学雷锋志愿服务活动，到北塘社区残疾人家中走访慰问，送去米、油等生活用品和爱心轮椅、腰围、助行器等康复辅具。

【对口帮扶邵阳县残联】 2022年3月，天心区残联支持邵阳县残疾人托养、康复机构建设发展，给予帮扶资金10万元，天心区怡心家园精神障碍人士服务中心与邵阳县彗心残疾人日间照料服务中心主动结对，邵阳县彗心残疾人日间照料服务中心在3月通过省残联AAA检查验收。5—6月，区残联选派天心区小蜜蜂志愿者协会，走访邵阳县16户困难家庭。7月，区残联在邵阳县丽家坪镇城天堂学校举办“爱心天心·爱从湘江来”之“绘七彩童年，促共同成长”夏令营结对帮扶活动。7月11日，区残联副理事长何映章、教就部部长付育文一行到邵阳县残联开展助力乡村振兴之“对口帮扶邵阳县，慰问困难残疾人”

活动，到二级肢体残疾人家里进行慰问，送上米、油慰问物资。

【第32个“全国助残日”主题活动】 2022年5月15日是第32个全国助残日，主题是“促进残疾人就业，保障残疾人权益”。天心区举办“知联护花开·一起向未来”长沙市困境未成年人精准帮扶公益行动启动仪式；举办天心区残疾人文化进家庭“五个一”活动（组织区内孤独症、听力、智力障碍儿童参加一次展览、观摩一次演出、开展一次游园、观看一场电影活动，并向孤独症儿童及家庭赠送一本图书）；对2022年以来对残疾人因病、因灾等情况造成家庭生活困难的残疾人给予慰问帮扶。5月14日，区委宣传部（区文明办）、团区委、区残联等单位在黄兴广场联合开展天心区新时代文明实践“满天星”志愿服务——“圆梦助残暖心关爱”全国助残日公益活动，残疾人士、爱心企业代表、青年志愿者等近200人参加活动。湖南建投四建集团有限公司、中国农业发展银行湖南省分行、长沙远征驾校等爱心单位向残疾人士捐赠微心愿物资，米、油、凉席、风扇、床上四件套、残疾人学车500元优惠券等60件；残疾人士就业创业代表、新村阳光服务中心负责人汤俊杰，分享自身的创业故事，从残疾人士的类别、如何做好残疾人志愿服务、残疾人的就业政策进行讲解；湖南女子学院青年志愿者进行残疾人福利政策科普，从就学、就医、出行、旅游、创业等多个方面，进行互动问答，并通过抽取盲盒微心愿的方式，增加残疾人对助残政策的印象；120余名青年志愿者向市民游客赠送空白爱心便利贴。5月14日，天心区怡慧托养服务中心开展第32次全国助残日“筑爱助残共享美好”趣味运动会。怡慧托养服务中心20余名残疾人和长沙航空职业技术学院的志愿者参加。运动会设置套圈圈、趣味保龄球、踩气球等竞赛项目，旨在从不同方面锻炼参赛选手动手、动脑、手眼协调能力，起到康复训练的作用。5月20日，天心区第32次全国助残日暨新时代文明实践志愿服务“满天星”行动在暮云街道暮云新村举行。爱心企业湖南正旺项目管理有限公司为残疾人何某兰赠送电动轮椅1台；优秀残疾人代表、湖南省残疾人创业导师胡平以《残疾人就业的幸福密码》为题分享她的创业故事；吉泰祥（湖南）消防机电设备有限公司为暮云新村阳光志愿者服务中心捐赠价值5000元的消防设备；天心区摄影家协会捐赠活动图片；区人大常委会党组副书记、副主任王海军为中国建设银行新中路支行、长沙市远征驾校、卡斯迪漫享酒店、湖南至名品牌管理有限公司等爱心单位授牌。5月28日，长沙市曲艺家协会到天心区开展送戏进社区文艺会演活动，通过弹词、小品、快板等方式，为残障人士表演快板《书山有路》、长沙弹词《一张借据》、长沙快板《崛起》、小品《老革命的心里话》等节目。

2022年6月29日至7月28日，天心区残联举办2022年天心区残联职业技能（面点师）培训班 （区残联供图）

【职业技能（面点师）培训班】 2022年6月29日至7月28日，2022年天心区残联职业技能（面点师）培训班在湖南宏达职业学校举办。该次培训是天心区残联首届举办面点师职业技能培训。该次培训班招收30名残疾人学员，其中天心区有15名。培训班为期20天，学习内容包括蛋糕、面包、饼干、甜点等西式点心制作；包子、饺子、馒头等中式面点制作，主要传授面点师专业知识和就业技能。培训班结束后，进行结业考核，包括理论考试和实操考试。

【残疾预防宣传周活动】 2022年8月25日是全国第六个残疾预防日，8月25—31日天心区怡智家园开展以“普及残疾预防，共建和谐的残疾人融居环境”为主题的残疾预防宣传周活动。活动以精神障碍人士的康复教育、残健融合、生活照料、社会接纳、康复成果等方面进行干预科普，帮助残疾人能够自信、积极地参与社会活动，为家庭减轻负担。

【天心区残联第五次代表大会】 2022年10月26日，长沙市天心区残联第五次代表大会在区机关三楼会议室召开。大会全体代表和各街道、区直有关部门负责人131人参加会议，区政府副区长刘瑜主持会议。会议总结区残联第四次代表大会以来所取得的成绩，确定未来五年工作目标。大会选举李梅等25人为天心区残联第五届主席团委员，选举刘瑜为区残联第五届主席团主席，夏继明、黄洁、李梅、周莉、彭思勤、李勇波、汤俊杰为副主席，选举汤俊杰等13人为出席长沙市残联第七次代表大会代表。

（张　琼）

2022年10月26日，长沙市天心区残联第五次代表大会召开

（张　琼　摄）

医疗保障

【概况】 2022年，天心区医疗保障工作在优化统筹管理、扩大待遇保障、提升经办服务等方面着手着力，落实基本政策，保障全民参保待遇，全区常住人口参保率稳定在95%以上；优化便民服务，开展医保窗口“好差评”，畅通现场服务“一次一评”和网上服务“一事一评”，“12345”政务服务便民热线回复满意率98%以上；维护医保基金安全，组织全区定点医药机构开展规范使用医保基金行为自查自纠工作，自查退款16.95万元。

【医保参保待遇】 2022年，天心区常住人口参保率稳定在95%以上，困难群众100%参保，居民医保参保22.8万人，职工医保参保68.8万人。加强宣传职工基本医疗保险门诊共济保障机制实施细则，做好职工医保退休审批工作。开通纳入门诊统筹［含“两病”（高血压、糖尿病）］定点医疗机构89家，形成打通村（社区）医保服务“最后一公里”的结算网络，实现天心区基层医疗机构医保门诊报销全覆盖。“学习强国”学习平台、《湖南日报》、“新湖南”、“我的长沙”同步报道《“家门口”卫生服务站也能门诊报销了长沙天心区基层医疗机构医保门诊报销全覆盖》。

【“两病”保障】 2022年，天心区享受普通门诊统筹“两病”用药的城乡居民参保高血压患者12260人次，基金支付69.24万元，糖尿病患者2626人次，基金支付20.03万元；享受“两病”专项保障政策用药的城乡居民参保高血压患者9263人次，基金支付71.11万元，糖尿病患者3698人次，基金支付40.26万元，实现城乡居民医保参保人群中纳入卫生健康部门规范化管理的“两病”患者100%享受医保待遇。

【医疗救助和精神障碍患者救助】 2022年，天心区规范和巩固医保市级统筹，扩大参保覆盖面，健全防范和化解因病致贫返贫长效机制，强化三重制度综合保障。全年城乡困难居民医疗救助884人次，支付救助金239.8万元；精神障碍患者救助5170人次，救助金额89.6万元，实现应救尽救，医保待遇应享尽享。

【维护医保基金安全】 2022年，天心区开展多种形式的医保宣传，发送手机短信10万余条。开展打击欺诈骗保套保挪用贪占医保基金集中整治“回头看”工作，与区公安分局、区卫健局等建立联动机制。监督检查全区定点医药机构272家，检查覆盖率100%，中止医保服务协议8家。对13家住院定点医疗机构进行大数据分析、专家组现场检查，9家医疗机构因违规金额少予以协议处理，追回违规金额6446.2元；立案调查4家医疗机构，追回违规金额34173.87元。全年追回违规金额（含自查＋处理）21.01万元。《湖南日报》市州头条报道《天心区重拳打击骗取医保基金行为》。

【医保经办服务】 2022年，天心区医保政务服务窗口办件3万余件，开展医保窗口“好差评”，市民现场对区医保局经办工作人员业务能力、服务态度评价满意率100%，医保政务窗口收获市民亲笔表扬信19封；医保“12345”政务服务便民热线办结3000余件。推进医保经办事项“跨域通办”，梳理医疗保障政务服务事项，优化办事流程，将高频业务纳入“跨域通办”事项。推进区、街道、社区（村）医保经办三级管理体制机制建设，挂牌成立4家医保服务驿站，街道社区9项医保经办政务服务可经办。《长沙晚报》、“红网时刻”同步报道《天心区“15分钟医保服务圈”，圈出便捷暖心“幸福圈”》。落实民生实事项目，全区8家定点医疗机构实现普通门诊医疗费用跨省直接结算。

【政策宣传培训】 2022年，天心区启动医保DRG支付方式改革，开展医保信息化标准化学习，运用新媒体平台宣传医保政策，短信、微信公众号推送参保动员、基金监管等信息10万余条，印发医保宣传资料5万余份，组织学习培训1000余人次。

【医保信息化标准化工作】 2022年5月7日，天心区医保信息化标准化工作推进会召开，辖区定点协议医药机构负责人100余人参加会议。区医保局党组书记、局长童振宇就天心区医保信息化标准化工作进行动员部署，长沙市医保信息化两定机构督导小组组长冯清明作“领导重视、主动作为”的主旨发言，区医保局事务中心明确定点医药机构医保信息化标准化考核验收注意事项和完成期限，市医保局信息数据部、泰阳科技有限公司信息工程师分别就15项医保业务编码贯标工作及全量接口改造工作进行业务培训并现场答疑，支付宝科技有限公司信息工程师就推广使用过程遇到的问题进行现场答疑。

【长沙银行天心支行医保服务驿站】 2022年，天心区对照“15分钟医保服务圈”示范点建设标准，统筹场所、人员、设备、网络，确保驿站经办服务及时到位。医保服务驿站内设引导咨询区、政策查询区、帮代办服务区和等候休息区4个专区。银行大厅放置天心区“医码在手，医保无忧”宣传板，居民通过手机可查询医保转移、医保退休、异地就医备案、生育津贴申领等高频事项的具体政策解读和所需资料；提供天心区医保服务驿站介绍折页册、长沙市职工医疗保险政策宣传报纸。

【困难群众医疗救助参保缴费政策培训会】 2022年1月12日，天心区医保局组织召开困难群众医疗救助参保缴费政策培训会，各街道医疗救助经办人员参加。培训会对《长沙市医疗救助实施细则》的救助人群、相关政策、申报、审核流程和城乡居民特殊身份参保缴费等相关问题进行讲解，解答各街道专干的疑问。

【医保基金监管全覆盖检查】 2022年5月，天心区医疗保障局启动天心区定点医药机构医保基金监管全覆盖检查，该次纳入天心区全覆盖检查计划的定点医药机构共272家。为确保医保基金监管工作落实到位，区医保局成立医保基金监管联动工作组，童振宇任组长，将综合监管科和医疗保障事务中心稽核工作人员全部纳入工作组，实行统一管理、统一调度。该次全覆盖检查针对定点医疗机构重点检查：分解住院、挂床住院；违反诊疗规范过度诊疗、过度检查、分解处方、超量开药、重复开药或者提供其他不必要的医药服务；重复收费、超标准收费、分解项目收费；串换药品、医用耗材、诊疗项目和服务设施等违规行为。5月11日，童振宇带队到湖南柏润湘之雅医院管理有限公司长沙天心湘之雅医院等8家定点医药机构进行现场检查，了解医保基金使用情况。截至7月20日，完成对263家机构的检查，其中7家机构因存在违反医保服务协议行为，被终止医保协议3个月并通报批评。

【DRG支付方式改革推进会】 2022年9月7—8日，天心区医保局组织召开DRG（Diagnsis Related Groups按疾病诊断相关分组付费）改革推进暨业务培训会。童振宇作动员讲话，就推进全区DRG支付改革工作进行安排部署，明确工作要求。培训会邀请湖南省医疗保障局的专家组举办讲座，重点围绕DRG医保支付方式改革政策的解读与剖析、长沙市康复病组按价值付费医保支付方式改革技术方案、DRG支付方式院端信息化及基础工作、DRG付费背景下医院医保精细化管理等方面进行授课，从付费改革的整体部署到具体的经办规程进行培训讲解。现场开展问答交流，省医保专家就DRG支付方式改革面临的具体问题进行解答。（邹　芳）

人居环境管理

【概况】 2022年，天心区推进城镇老旧小区改造、城镇危旧房屋改造、棚户区改造、城中村改造、重点片区城市更新等工作，国家、省、市下达的年度目标任务完成率100%，获评市政府真抓实干奖。铺排城市更新项目5个、街区微改造项目1个、老旧小区改造项目78个、铁路沿线项目13个，为困难群众改造危房募集首批资金4270万元；处理“12345”工单近520件；办理棚改补贴700户次、面积5.4万平方米，年度新增披塘村城改项目，完成城改162户。《天心区：破解六道难题，推动危房改造》获省政府通报肯定。

【片区城市更新】 2022年，天心区铺排城市更新项目5个，总投资约904亿元。其中纳入全市首批的下碧湘街片区的碧湘街二期进行杆线迁移和结算资料准备等；待征收的S9和油脂厂地块完成前期手续办理；楚湘片区老旧小区改造进场施工。纳入全市第二批的黑石铺、新开铺片区完成市更新立项和发改立项；狮子山、九峰、天心数谷、先锋4个片区进行方案深化等前期工作。黑石片区建立“投资、建设+股权合作”开发新模式，引入中建国际联合体；新开铺片区与中国建筑第五工程局有限公司、中国葛洲坝集团签约，构建湘府消费中心；下碧湘街片区与华夏银行长沙分行签订“意向合作协议”，打造总部企业聚集地；西文庙坪片区按照“保底收益+超额分配+产业导入”模式，打造“新消费经济产业融合示范区”。

【老旧小区改造】 2022年，天心区铺排78个老旧小区改造项目，总投资约5.23亿元，涉及7个片区、20984户居民、707栋居民楼，建筑面积157.72万平方米。有104个老旧小区改造项目，其中7个完工、37个扫尾、60个在建，16个铁路沿线综合整治项目（含2个“城中村”改造项目）完成建设，1个街区微改造项目完成竣工验收；96栋危房中18栋完成改造、18栋进行施工、60栋进行前期工作或通过研究片区改造方案等实施推进。东电、仰天湖片区项目，仁和家园项目，工农桥片区完成竣工验收；长坡、广厦新村项目完成预验收，东瓜山、石子冲2个片区完成95%，裕南街、宝塔山2个片区完成96%，西湖、创远2个片区完成87%；赤岭路街道信息中心、逸景苑片区完成70%；青园街道佳乐公寓、先锋街道某部干休所完成70%；裕南街街道项目南郊公园、华丽家族片区完成60%；坡子街、城南路街道项目完成55%；文源街道项目完成40%；新开铺街道长沙铸造厂完成30%。智慧用电及弱电：楼栋内完成97%，楼栋外完成85%，整体完成进度为90%。广厦新村项目、长坡（木材厂宿舍）项目入选省、市观摩项目。

2022年8月23日，天心区危房改造重建项目开工仪式举行
（杨　威　摄）

【危旧房屋改造】 2022年，天心区制定《长沙市天心区2022年危旧房屋改造工作攻坚方案》，将危房分成棚改城市更新类、独栋私房类、楼栋危房类3类研究推进实施，提出代办制等6项支持措施；制定《长沙市天心区自建房安全整治工作困难群体关怀帮扶专项指引（试行）》；搭建“爱心天心”慈善帮扶平台，通过财政注资、区属国有企业捐献、社会企事业单位捐助、行业部门募集、机关党员干部捐献等工作途

径，为困难群众改造危房募集首批资金4270万元；动员选取一批爱心企业，以零利润方式承担危房重建援建任务，在确保工程质量和房屋品质前提下，最大限度降低居民群众经济负担。4月11日，天心区委副书记、区长周志军主持召开2022年全区危旧房屋改造工作调度会议。会议听取全区危房改造攻坚方案、各街道危房“一栋一策”改造方案等情况汇报，就下阶段工作进行部署。通过城市更新及棚改项目、老旧房屋结构加固、危房重建等方式，分类推进危旧房屋改造工作；相关单位统筹解决好危房重建、资金保障、工作落实3个问题。会议原则通过《长沙市天心区2022年危旧房屋改造工作攻坚方案（送审稿）》。8月23日，天心区危房改造重建项目开工仪式在城南路街道里仁坡2栋、3栋、4栋危房重建项目现场举行。区委书记吴新伟出席并宣布项目开工。11月9日，市政府副市长周志凯到楚湘片区，调研城镇老旧小区和危旧房屋改造工作。

【街区微改造】 2022年，天心区铺排街区微改造项目1个，为白沙路北侧提质改造项目，总投资约400万元，完成竣工验收。

【农安小区摸底】 2022年，天心区对全区的34个农安小区进行摸底并建立项目库，涉及4340个单元栋、6522户、房屋23901套，总建筑面积252.81万平方米。

【铁路沿线人居环境提升】 2022年，天心区铺排铁路沿线项目13个（含2个“城中村”改造项目），均启动建设，完成总投资额约5000万元，项目建设完成总任务超过90%，完成电路器材厂、新天小区后方、下新市街项目建设和竣工验收。

【新开铺片区城市更新项目】 新开铺片区城市更新项目是长沙市重点推进的32个城市更新项目之一，位于天心区赤岭路和新开铺街道，东邻芙蓉路与新姚北路，南接友谊路，西靠湘江南路，北依南二环，总投资200亿元，总面积约393公顷，建设内容含片区前期开发、基础设施建设及城市更新改造、产业招商、社区及城市运营服务等。项目以完善城市功能、优化交通循环、提升城市品质、改善人居环境为目标，依托湘江岸线、南郊公园优势生态区位，利用新开铺城市发展轴、京广铁路沿线绿带，打造现代化高品质生活功能区和城南宜居示范区，构建湘府消费中心。2022年9月30日，天心国资集团与中国建筑第五工程局有限公司、中国葛洲坝集团举行新开铺片区城市更新项目合作签约仪式。

【黑石铺片区城市更新项目】 黑石铺片区城市更新项目位于天心区黑石铺街道，北至湘府路，西至湘江南路，东至芙蓉南路，南至三环线、雀园路以及黑石路，总面积约660.93公顷，可出让面积为70.47公顷，总投资约316亿元。项目定位为“省府门户，湘江客厅”，以长沙肉联厂文创产业街区为载体构建文化中心，采取静态保护、文化演绎、活力注入3个策略，对肉联厂工业遗址和铁路遗址进行保护与利用，打造以人文互动体验、创意休闲娱乐、设计创客产业为主要功能的文化创意园，由更新公司或项目公司进行一、二、三级联动开发。项目紧邻湖南省人民政府，有约2.76千米的滨江岸线、近百公顷的冬瓜湖水面和保留较完好的33.33公顷豹子岭山体植被。2022年6月23日，“同心协力谋发展　合作共赢谱新篇”天心城发集团重点项目推介会暨金融机构对接会举办，黑石铺片区城市更新项目等8个项目获银行资金支持；7月23日，天心城发集团举行重点项目招商推介会，现场推出黑石铺片区城市更新项目等招商项目，吸引华润置地、中海地产、中房集团、中交集团等企业关注。

【先锋片区城市更新项目】 先锋片区城市更新项目北起长沙绕城高速、南至梨塘村、西邻大托机场、东至月塘村和云塘村，总用地面积724.7公顷，项目规划新建建筑面积约245万平方米，定位为“融城核心·创智新城”，打造新城活力中心、科技创新高地、现代宜居家园。2022年11月7日，天心区先锋片区城市更新首开区中海寰宇天下项目开工暨师大附中双语树人学校签约仪式举行，先锋片区城市更新启动。中海寰宇天下项目是先锋片区城市更新首开区的重点项目，位于天心区环保西路与果子园交会处西南角，规划用地26.25万平方米，总建筑面积约70万平方米。湖南师大附中双语树人学校为中海寰宇天下项目配建的九年一贯制学校，占地面积3.4万平方米，总建筑面积4万平方米，办学规模为48个教学班，其中小学30个班、初中18个班，可容纳2200余名学生就读，由湖南师大附中双语学校选派管理团队和教师队伍进行教学管理。

【九峰片区城市更新项目】 九峰片区城市更新项目东邻芙蓉南路，西至新开铺路，南起长沙绕城高速，北邻黑石路，总面积213.67公顷。项目定位为行政办公、生活居住、商贸等多功能相结合的综合性社区，配套部分商贸功能，集都市商业板块、生态绿谷板块、智慧教育板块、智慧社区板块于一体。2022年5月11日，2022年湖南省第一批省级招商引资重大项目集中签约仪式线上线下举办。九峰整村城改项目作为天心区重大项目，与中国电建集团签约，打造省府中央生态智慧城。九峰整村城改项目位于长沙市天心区黑石铺街道，东邻芙蓉南路，西至新开铺路，南抵5712工厂，北邻杉木冲路（具体以用地红线为准）。总用地面积约69.03公顷，其中公益设施配建总用地约40.95公顷、经营性总用地约28.08公顷，净用地约22.86公顷。用地规划商住比不超过3∶7，商业容积率不低于3.0，住宅类容积率不低于2.5。

【下碧湘街城市更新单元（旧城改建）项目】 下碧湘街城市更新单元（旧城改建）项目是长沙市首批启动的8个城市更新单位之一，是“十四五”期间城市更新“一线二带”（“一线”即铁路沿线；“二带”即湘江风光带、潇湘风光带）重要工程的重点项目。项目位于天心区坡子街街道，南至创远街、北至西湖路、东至书院路、西至湘江大道，总规划范围面积约32.8公顷，项目一、二、三级总投资预计约40亿元。项目通过导入优势产业、融入湖湘文化、设计精致场景及专业的运营管理，形成“15分钟便民生活圈”，打造集金融总部办公、历史文化街区、滨江休闲商业中心等多功能、高复合于一体的长沙新地标。2022年4月21日，周志军主持召开下碧湘街城市更新项目工作对接会议。11月15日，南湖新城片控规Z11-A-14等地块（下碧湘街城市更新单元）规划修改批前公示，将南湖新城片Z11-A-09地块和Z11-A-21地块调整优化。11月29日，天心区征收办发布《关于下碧湘街城市更新单元（旧城改建）——油脂厂工业遗存改造项目房屋征收范围公告》，对油脂厂工业遗存改造项目征收范围内国有土地上的房屋进行征收，征收项目具体范围位于天心区下六铺街22号（油脂厂），北至劳动路，南至可可清吧，西至湘江大道，东至港航机械局仓库（最终以土地调查红线确定的范围为准）。12月1日，“长沙国资”官方微信平台发布碧湘街周边棚改地块产业综合体效果图。

【广厦新村老旧小区改造项目】 2022年，天心区广厦新村小区旧房改造项目启动，投资金额5600万元。广厦新村小区位于天心区赤岭路街道书院南路189号，始建于1997年，有楼栋56栋，建筑面积16.7万平方米，住（租）户2276户，是典型的城镇老旧小区。小区设施老化，道路破损、停车混乱、违章搭建等问题突出。改造内容有基础类：拆除违建、拆除围墙、供排水设施、供电和管线设施、道路改造（翻修道路、人行道铺装）、消防设施、房屋外墙改造、屋顶防水、照明设施、单元门口坡道和扶手改造；完善类：新增机动车位、非机动车位、智能充电桩、文化休闲活动场所、景观节点、绿化改造提升、垃圾分类设施、新增安防设备、海绵化改造（生态停车位、人行道铺装透水砖等）；提升类：店招更换、雨棚翻新、空调格栅、外墙真石漆。该项目以打造绿色完整社区为目标，与海绵城市建设相结合，创建集中与分散相结合，点、线、面相结合的绿地系统，设置相应的小游园、组团绿地、中心绿地，整体打造绿色社区，对原有“火车头”文化元素进行翻新，新增文化墙及党建宣传标志标牌，针对多个局部空间进行整修，新增停车位，缓解小区居民的停车问题。天心区国资集团发行专项债1.96亿元，其中1024万余元用于广厦新村的老旧小区改造。项目同步进行电改、水改等工作，并对小区弱电管网完成“三网合一”改造。

【东电、仰天湖社区老旧小区改造项目】 东电、仰天湖社区老旧小区改造项目位于天心区裕南街街道东电及仰天湖社区，涉及改造小区5个，建设任务楼栋81栋2696户，总投资为2783.13万元，主要建设内容为雨污分流改造（包括铺设排水管网约2643米），新建检查井、屋顶防水维修改造、外墙清洗、楼道及外立面粉刷、更换灯具、增设消防设施、空调机位归整、更换立面落水管及雨棚、排水沟及盖板改造等。2022年6月2日，该项目发布招标公告；7月4日，中标结果公告，中标单位为湖南志鹏建设集团有限公司（牵头方）、辽宁省中元智建设计工程有限公司（成员方）；7月20日，项目开工建设。截至年底，改造项目竣工验收。

【仁和家园片区老旧小区改造工程项目】 仁和家园片区老旧小区改造工程项目位于天心区新开铺街道仁和家园小区，总投资为2573.88万元，主要建设内容为屋顶及外墙防水维修改造，小区雨污分流改造：新建雨水管道约3260米、改造污水管道约468米、新建检查井102个、排水沟及盖板修复，路面提质、外墙重新粉刷、绿化提质、停车位规整等。2022年6月16日，该项目发布设计施工总承包招标公告；7月29日，召开技术交流会；年底前，项目基本完工。

【佳乐公寓老旧小区提质改造项目】 佳乐公寓老旧小区提质改造项目，位于天心区青园街道青园路56号，总建筑面积约0.25平方千米，改造面积约0.25平方千米，惠及居民28户，总投资造价122.9万元。改造的主要内容是解决小区房屋防水、道路、路灯、监控、停车等基础设施老化和功能缺失问题，分为场地、屋顶、外立面、楼道内墙和电梯增装5个部分。2022年2月8日，《天心区2022年城镇老旧小区改造计划》发布，佳乐公寓被纳入改造名单；4月30日，佳乐公寓小区配套基础设施建设项目立项的批复公告发布；6月27日，青园街道组织相关单位就佳乐公寓老旧小区提质改造项目召开技术交流分析会；10月19日，区人大常委会副主任凌异一行调研佳乐公寓小区提质改造工程，项目完成屋面管道、防水及护墙的改造，外立面整体翻新，楼道内墙的粉刷等工作。截至2022年年底，佳乐公寓老旧小区提质改造项目完成施工。

【金三角、晓园宿舍老旧小区改造项目】 金三角、晓园宿舍老旧小区改造项目包括2个老旧小区，分别为状元坡社区金三角花园小区、梅岭社区晓园宿舍，分别位于天心区韶山南路558号、28号。其中金三角花园小区7栋260户，晓园宿舍3栋48户，共10栋308户。项目主要建设内容为违章建筑拆除、雨污水管网改造、弱电下地、围墙改造、屋顶防水改造、消防管道改造、垃圾站改造、电动车棚安装、增设智慧用电系统、停车位规划及其他配套设施建设等，项目总投资820万余元。2022年2月8日，《天心区2022年城镇老旧小区改造计划》发布，文源街道金三角花园小区、晓园宿舍2个小区被纳入改造名单。5月9日，《文源街道2022年老旧小区改造（金三角、晓园宿舍）项目设计施工总承包招标公告》发布。7月22日，《文源街道2022年老旧小区改造（金三角、晓园宿舍）项目设计施工总承包（第二次）中标结果公告》发布，中标单位为潇湘建工集团有限公司（牵头方）、华地设计有限公司（成员方）。10月19日，文源街道组织召开金三角、晓园宿舍老旧小区改造项目调度会。状元坡社区书记刘清军对前期工作情况进行汇报；文源街道工委副书记、办事处主任周云对金三角违章建筑拆除工作进行强调和部署；文源街道工委书记黄振国表示要加快工程进度，加快金三角违章建筑拆除，确保如期完成项目建设。12月16日，区委书记吴新伟率区四大家班子，以及园区、街道、区直部门等负责人观摩老旧小区改造（金三角、晓园宿舍）项目等建设情况。

（李慧媛）

长沙天心经开区

【概况】 2022年，长沙天心经济开发区（简称“天心经开区”）落实中央、省、市各项决策部署，抢抓“强省会”战略实施和长株潭都市圈建设重大机遇，实施天心数谷大建设行动，加快创建“五好”园区，全力建设天心数谷。截至12月31日，完成全口径税收16亿元，比2021年增长36.01%；实现技工贸总收入580亿元，比2021年增长28%；实现服务业主营业务收入270亿元，比2021年增长15%；完成固定资产投资155亿元，比2021年增长10%，增量15亿元，超额完成市定增速目标；实现亩均税收22万元/亩，亩均营收450万元/亩；外贸进出口额24.8亿元，超额26.78%完成年度目标任务。爱尔眼科全球总部基地项目在全市年度项目观摩中获评第1名，知识产权、优化营商环境、建设信息基础设施推进产业数字化3项工作获长沙市真抓实干督查激励奖，在长沙市现代服务业发展综合考核中连续4年获评全市省级园区一等奖。长沙人力资源服务产业园创新基地、遥感技术创新基地获评全国首批“科创中国”创新基地。天心经开区在全省“五好”园区创建排名中由2021年的第73名提升到前40名。

【招商引资】 2022年，天心经开区围绕主特产业，开展招商引资，聚焦“三类500强”，行业前20强；坚持产业链招商，专程到北上广深，实施精准招商；新引进省地质测绘院等企业220家，新增百万税源企业30家，千万税源企业1家，新注册“三类500强”企业3个。投资2亿元以上项目10个，其中50亿元以上重大项目1个。对接国内外优质生物医疗企业碧迪医疗、美国美敦力公司以及航天一院湖南创新基地、重庆金山科技等重大项目，储备一批优质数字经济、生物医疗、军民融合产业项目。

【发展保障】 2022年，天心经开区积极拓展园区发展空间，提升产业载体能力。拓展增量，积极向上协调争取支持，推动调区扩区，加快绿心调规，获得更多的产业承载空间；与邵阳县合作共同建设天邵新经济创新产业（飞地）园区。盘活存量，加快对园区闲置土地、低效用地、批而未供土地的处置工作，全部完成省、市年度考核目标任务，逐步实现“腾笼换鸟”。研究出台《天心经开区奋力实施“强省会”战略全面推进高质量发展的扶持奖励政策》等政策，推进中国（湖南）自贸试验区天心协同联动区、现代服务业创新发展示范区和国际人才特区首开区的申报工作，湖南省知识产权（天心经开）综合服务分中心获批。

【产业发展】 2022年，天心经开区全力推动“入规、升高、上市、扩面”，全年新增34家规上企业，总量210家，其中1家年营收超过10亿元；申报高新技术企业85家，总数180家以上。国家级专精特新“小巨人”企业3家，省级专精特新“小巨人”企业8家，入选湖南省2022年移动互联网重点企业6家。纳税额超2000万元企业13家。全年实现专利质押融资3400万元，超额完成全年目标任务；实现技术合同登记项目数超2000份，同比增长81%；技术合同登记额超34亿元，同比增长21%，超其他3个中心城区省级园区登记额之和。“湖南能源大数据智慧平台”上榜湖南省“数字新基建”100个标志性项目名单（2022年）。长沙天心软件产业园被评为2022年度市级创业孵化基地。1月11日，湖南大数据交易所（简称“湖数所”）投入试运营；其位于万家丽南路，总投资5亿元，总建筑面积4.3万平方米。湖数所是全国持牌第5家、中部第1家大数据交易所。

【项目建设】 2022年，天心经开区坚持一线工作法，对46个重点项目进行集中攻坚，全方位拓展服务维度，做好项目建设服务保障工作，推动重大项目加快建设，形成更多实物工作量。市级重大项目均已开工建设，完成投资额42亿元，超额18%完成全年目标任务。其中，投资120亿元的中国电信天翼云中南数字产业园项目实现当年开工当年封顶；天心数谷一期两栋高层完成主体封顶。湖南大数据交易所文化大数据交易中心上线运营。

【营商环境】 2022年，天心经开区围绕营造政务服务、工程建设、开放创新等推出一系列改革举措，推动营商环境持续改善。推进“放管服”，全面开展相对集中行政许可权改革试点工作，行政审批事项办结及时率100%，行政效能提速69.88%。“12345”政务服务便民热线满意率99.67%，双公示“三率”均为100%。率先在全省开展“无证明园区”，实施“四减三不”（减时间、减程序、减流程、减环节；不见面、不证明、不白跑）改革。通过精简材料、合并环节、优化配置等方式，对园区18项高频事项全面优化，合并、减少审批环节29个，减免材料19份，缩短审批时间24天，行政效能提速69.88%。打造“我要开人力资源服务公司”一件事一次办的特色，加快诚信园区建设步伐，首批选定101家企业建设大数据信用档案。率先在全市成立园区知识产权法庭，精心做优金融服务超市、人才服务专厅、公共法律服务中心。成立26个网格小组，统筹经济运行、企业服务等十余项工作，构建“横向到边、纵向到底”的园区管理服务全覆盖体系。成立园区第2只产业基金科技成果转化基金以及天心经开创投母基金，园区产业基金规模12亿元。全年兑现企业各类奖励扶持资金8300余万元，为5家企业提供风补资金1477万元。园区企业可享受“政策快车”服务，实现精准申报。共为企业申请兑现各级政策2500余万元，完成贷款授信5090万元。强化人才服务，创新成立人才赋能“星链”团，整合政府、院校、企业资源，服务45家重点企业人才；常态化开展“橘洲大讲堂”等各类培训活动，赋能企业发展。落实“四精五有”理念，启动9条道路建设，完成12条道路的移交。同时加大园区基础教育、医疗机构、重点区域品质等提升力度，在一个月内完成东三线提质改造及南塘生态停车场项目建设，提升新落户南城的长沙市一中（城南中学）的学校周边品质。

2022年2月19日，天心经开区在“以文促融向未来”活动中发布“0731”长株潭广告创意大赛 （天心经开区供图）

【交流合作】 2022年，天心经开区深化长株潭产业协作，成立长株潭一体化发展领导小组及办公室，市“两型”社会建设服务中心更名为市长株潭一体化发展事务中心。举办“以文促融向未来”长株潭2022年主题活动，开展“0731”长株潭城市形象创意设计大赛，推动长株潭区域形象和文旅品牌发展。探索新型合作化人才培养方式，推动区内职业院校与企业的产教融合。整合锐仕方达等品牌猎头资源，成立湖南高端猎头服务联盟，服务高端人才，全年引进高端人才200余名；与长株潭地区高校对接合作，服务大学生就业。新引进1名外籍院士（获评国家创新型人才），其创新团队（奥谱天成公司）项目落地投产；开展与湖南师范大学（简称“湖师大”）“访企拓岗”合作行动，通过走访调研与相关企业单位建立就业合作渠道，为湖师大毕业生与200余家湖师大校友开办或经营管理的企业建立联系；同时，为湖师大科技成果找到转化途径。天心经开区与邵阳县新经济产业园飞地园区合作，新增规模以上企业4家。

湖南长沙人力资源服务产业园外景　　（天心经开区供图）

【长沙人力资源服务产业园】 2022年，人力资源服务产业园入驻企业258家、入驻率91%；其中大中华地区人力资源服务品牌100强机构16家，集聚湖南人才市场、株洲钻石人力、湖南湘楚人力等本土知名人力资源服务机构，引入湖南省人力资源服务协会、湖南省人力资源管理学会两大行业机构，形成集人事代理业务、劳务派遣服务、人力资源服务外包、人才招聘服务、高级人才寻访、培训开发、管理咨询、人才测评、互联网+人力资源的人力资源链式产业生态。园区被评为省级现代服务业示范集聚区、省级众创空间、中国人力资源服务产业园“最具管理特色园区”称号。截至12月31日，营收58亿元，比2021年增长29%；税收1.8亿元，比2021年增长80%。是湖南省内规模最大、功能最完备的现代人力资源服务产业园。

【长沙天心文化（广告）产业园】 2022年，长沙天心文化（广告）产业园（简称“文广园”）有规模以上服务企业38家，高新技术企业41家，产值过亿企业11家。龙头骨干企业有湖南顺凯文化传媒有限公司、湖南微算互联信息技术有限公司、湖南顺风传媒有限公司、湖南金铠文化传播有限责任公司、湖南亚文传媒股份有限公司、湖南大唐先一科技有限公司、红网、湖南东道品牌管理咨询有限公司、幻维数码创意科技有限公司、湖南山猫吉咪传媒股份有限公司、湖南大球泥瓷艺有限公司、中合慧景（湖南）文化旅游投资控股集团有限公司等；专业化产业平台有湖南省广告协会、湖南省动漫游戏协会、湖南省标识行业协会、中国通讯工业协会电子竞技分会等；公共服务平台有国家知识产权局商标业务长沙受理窗口、中华版权代理总公司长沙工作站、湖南版权基层工作站、长沙商标品牌指导中心等。截至12月31日，文广园管服中心发布第二届长株潭融城半程马拉松赛暨乡村生态旅游节、“0731”长株潭广告创意大赛、长株潭绿心“九郎福柚福祐天下”品柚大会暨石峰区乡村振兴旅游节和长株潭盘龙花朝节4个文旅主题活动，组建天心区文化企业品牌联盟。

【湖南大数据交易所揭牌】 2022年1月11日，湖南省委常委、长沙市委书记吴桂英，市委副书记、市长郑建新，天心区委书记吴新伟，区委副书记、区长周志军共同为湖南大数据交易所揭牌。该交

湖南大数据交易所外景　　（天心经开区供图）

易所成为继贵州、咸阳、北京、上海之后的全国第5家、中部唯一的大数据交易所。湖数所采取会员制规则，数据资源提供商、数据技术服务商、数据产品供应商及数据需求方均可申请注册成为交易所会员，入驻交易所平台；湖数所在湖南省行业主管部门的指导下制定交易规划，确定八项运营业务规则，出台监管办法；引入华控清交信息科技（北京）有限公司，实现数据特定使用价值（使用权）的安全流通和安全使用。湖南大数据交易所于2021年1月开始主体施工，8月主体封顶，11月完成IDC机房、交易平台建设部署，12月投入试运营。

【长沙融城经济发展集团有限公司】 2022年，长沙融城经济发展集团有限公司聚焦“国企高质量发展行动”，推进重大项目建设。完成暮云片区13条建成区已建道路提质改造、天心数谷1期2栋高层封顶、融发菁英汇项目启动建设；湖南大数据交易所首开板块文化大数据交易中心挂牌上线。绿心退出片区签约企业总数达20家，年合同租金突破3000万元。总部基地、软件园楼宇去化率达90%。首只产业基金引优储强，完成企业投资7家，发起设立规模5亿元的科技成果转化基金。发行专项债券资金1.96亿元，争取中央预算资金2414万元，对接市、区财政及税务部门完成返税3695.7万元。谋划停车位、广告位、生态旅游等经营性项目开发，开展天心经开区智慧停车场项目招标及西湖生态村发展项目前期策划。

【彭华松到天心经开区调研重大产业项目】 2022年1月18日，长沙市委常委、常务副市长彭华松带队到天心经开区调研重大产业项目建设。彭华松一行先后到湖南大唐先一科技有限公司、青苹果数据城项目、中国电信天翼云中南数字产业项目、创辉达设计股份有限公司等重点企业、重大项目现场，了解在建项目建设进度及建成项目投产运营情况，协调园区及相关市直部门为企业排忧解难。

【邓建华到天心经开区调研】 2022年4月18日，湖南省自然资源厅副厅长邓建华一行到天心经开区专题调研园区地理信息产业发展情况，实地了解自然资源部门支持“五好”园区建设、打造产业综合体政策需求和实施路径。省自然资源厅国土测绘处、地理信息管理处、省第三测绘院发展研究部，天心经开区有关负责人陪同调研。

【品牌联盟沙龙活动举行】 2022年5月9日，以“品牌，与创新同行”为主题的长沙天心经开区品牌联盟沙龙活动在文广园举行。长沙天心经开区与园区知识产权相关部门负责人，省、市知识产权相关协会负责人，园区26家“知识产权领航企业”代表出席，共同谋创新、促发展，做好“融”字文章。活动由天心经开区主办，文广园承办，湖南省广告协会、长沙市商标品牌指导服务中心、长沙市商标品牌协会、湖南科德信息咨询集团有限公司、湖南东道品牌管理咨询有限公司协办。

【重点文化企业交流座谈会举行】 2022年5月19日，天心经开区组织召开年度重点文化企业产业交流座谈会，邀请4家平台协会、15家园区企业，围绕“产业及企业发展现状、存在困难及未来发展规划”“企业为‘强省会’战略、园区未来发展建言献策”主题进行。天心经开区党工委书记曾红鹰，经开区党工委委员、文广园书记，文广园管委会主任等参会。

【天心经开区召开专场银企对接会】 2022年5月20日，天心经

2022年5月9日，长沙天心经开区举行“品牌，与创新同行”品牌联盟沙龙活动（天心经开区供图）

开区举行“践行‘强省会’战略助企高质量发展”专场银企对接会暨“金融服务超市”揭牌仪式，曾红鹰、天心经开区党工委委员、副主任许伟斌共同为“金融服务超市”揭牌。建设银行、长沙农商银行、华融湘江银行、长沙银行等多家金融服务机构和企业代表参加活动。该金融服务超市由园区主导搭建，是政银企沟通对接的“一站式”金融服务平台，为企业精准匹配提供融资、基金、担保等各类金融服务，为各类金融服务机构打造应用场景提供统一市场。活动现场，区金融事务中心负责人介绍金融服务情况，与会银行分别围绕各自特点作产品分享并与40余家园区企业金融服务面对面交流。

【文化大数据交易中心上线】2022年9月7日，湖南大数据交易所文化大数据交易中心上线。该交易中心是湖数所下设的文化数据资产流通全链路机构，中心定位于通过为文化产业提供合规数字化服务平台，引导文化数据要素有序流动，推动文化大数据产业发展。长沙市政协党组书记、主席陈刚，湖南省政务管理服务局副局长周述东为文化大数据交易中心揭牌。湖南省委网信办、省自然资源厅、省工信厅、省文旅厅等相关负责人见证上线仪式。长沙市数据资源管理局党组书记、局长张武致辞。市委宣传部、市委网信办、市文旅局、市商务局等部门负责人出席活动。吴新伟、周志军、曾红鹰、黄文先、张界贻等区领导出席。

【天邵新经济创新产业（飞地）园揭牌成立】 2022年9月17—19日，周志军、曾红鹰一行到邵阳县，开展天邵新经济创新产业（飞地）园区合作及考察工作。邵阳县委副书记、县政府党组书记、县长周玉祥，邵阳县委副书记曾建新、邵阳县高新技术产业开发区党工委书记曾朝阳等相关领导陪同。18日，考察团到天子湖国家湿地公园、八一三军旅小镇、塘田战时讲学院、高新区新经济产业园等地，考察文旅产业建设发展情况、新经济产业园区发展建设情况，并开展交流座谈会。湖南省动漫游戏协会、湖南金贝基业集团有限公司、湖南金鹰卡通传媒有限公司等6家企业随行参加考察。19日，周志军、周玉祥、曾红鹰、曾朝阳共同为“天邵新经济创新产业（飞地）园”揭牌。曾红鹰、曾朝阳等签署战略合作协议，企业代表和邵阳县高新技术产业开发区管委会签订入驻飞地园区协议。

【中国电信天翼云中南数字产业园建设】 2022年9月15日，湖南最大数字新基建项目——中国电信天翼云中南数字产业园项目位于长沙市天心经开区，是“国家云”战略布局的重要组成部分，定位为国家级区域数据中心。项目一期总用地面积8.53公顷，2022年启动建设5栋单体，包括：2栋数据中心、1栋动力中心、1栋运维中心、1栋变电房，总建筑面积7.7万平方米。项目于2021年12月土方工程开工，2022年5月土建开工，8月C1区主楼完成正负零；9月A2区主楼完成正负零，C1栋运维中心完成主体结构的封顶；12月20日A1栋（数据中心）完成主体结构封顶。

【省长株潭一体化发展事务中心调研天心区】 2022年9月28日，湖南省长株潭一体化发展事务中心、省国土资源规划院到天心经开区调研融城片区规划工作。现场考察人力资源服务产业园安博人云、锐仕方达公司发展情况和天心数谷一期项目、中国电信天翼云中南数字产业园项目、兴马洲项目建设情况，听取天心区长株潭一体化发展事务中心关于融城片区规划情况的汇报。曾红鹰、王钰莹等参加座谈。

【相对集中行政许可权改革试点】2022年10月，天心经开区开展相对集中行政许可权改革试点，推进园区事园区办。区市场监督管理局在园区政务服务大厅开辟企业开办服务专区，设立市场监督综合窗口，打通园区企业开办通道。园区为企业开办事项提供全链条管家式服务，营业执照、企业公章等配套全部可免费快递上门，实现企业设立、变更、注销登记等在园区全程帮办代办、就近办。园区行政审批事项办结及时率100%，行政效能提速69.88%。“12345”政务服务便民热线满意率99.67%，双公示“三率”均为100%。

【九大平台签约入驻湖南文数交】2022年12月13日，湖南大数据交易所文化大数据交易中心（简称“湖南文数交”）与首批九大平台联盟共建生态合作关系签约，成为湖南文数交的“文悟链联盟成员会员”。首批签约入驻的九大平台为文悟、吾本熊元宇宙、GGAC银河画廊、保利当代艺术、

上海青石幻城、元象星球、隐元数艺、iCloser加密社交元宇宙，数元Meta。（李奕潜）

企业选介

【湖南安博人云科技有限公司】 该企业是中国人力资本云——上海肯耐珂萨人力资源科技股份有限公司旗下独立品牌，是一家为企业提供人力资源全生命周期数字化解决方案的提供商。安博人云依托母品牌肯耐珂萨强大的资源优势，凝聚核心团队十余年人力资源行业从业经验，以深耕长沙基础人事服务领域为基础，发展成为集“科学方法论+前沿技术+极致服务”三位一体的服务模式，以及人事管理云、招聘管理云、人才管理云、组织发展云四位一体的VX HCM产品体系于一身的人力资本云服务公司。安博人云凝聚核心团队15年以上人力资源行业从业经验，业务范围覆盖湖南省内14个地州市及全国各省市，为多家知名国企、民企、外企提供专业服务。通过坚持创新实践，安博人云专注于为企业提供优质高效的专业服务，助力企业塑造数字化闭环体系，成就组织健康与降本增效，提升客户商业价值与发展潜力，并力争为促进湖南产业升级、优化企业组织能力发展和人才培养等持续发力，推动湖南省人力资源服务产业蓬勃发展。

【长沙市云研网络科技有限公司】 该企业成立于2015年4月，提供“互联网+精准就业”解决方案，现拥有就业平台、就业大数据分析、企业招聘、职业培训等多项业务。旗下就业产品覆盖全国各省市，被国内近400家高校采用，服务600万名大学生，40万+家企业。云研科技致力于服务天下人职业一生。云研科技在行业内首创“精准就业四层模型”“就业质量指数”数学模型等一系列就业创新工作，获得全国就业指导中心和各大高校的认可，是一家专注于就业领域的专业型公司，也是全国就业指导中心就业促进会会员单位，湖南省就业促进会会长单位。云研科技目前核心产品为：互联网就业平台，就业大数据分析，企业招聘、职业培训等。3小时内即可完成就业网站的实施部署，提供系统使用手册及指南，上门进行现场培训，建立高校专属微信服务。

【湖南蚂蚁天承数字科技有限公司】 该企业核心产品为“V零工”（在灵活就业大趋势下，依托国家政策与法律法规，助力企业优化用工结构、提升组织效能、减少用工成本、提高抗风险能力，同时帮助个人灵活就业、增加收入的“一站式”共享经济平台）。平台通过在线系统在企业与灵活就业群体之间实现信息对接和需求匹配，提供非核心工作的派接单、临时性经营所得结算、个税申报缴纳等服务，一揽子解决灵活就业群体自主就业难题，解决企业用工信息及灵活就业群体就业信息不对称的问题。

（李奕潜）

街道

坡子街街道

【概况】 长沙市天心区坡子街街道位于天心区最北端，北依五一大道，与开福区接壤；南至白沙路，与裕南街街道毗邻；东邻黄兴中路、黄兴南路步行商业街，经南门口至劳动广场；西靠湘江，与岳麓区隔江相望。截至2022年年底，街道辖区面积1.94平方千米，常住人口4.8万人，下辖太平街、西牌楼、八角亭、坡子街、文庙坪、登仁桥、楚湘、碧湘、创远、西湖和青山祠11个社区。

2022年，汇景发展环球中心成为坡子街街道辖区第4栋亿元楼宇，长沙超级娱乐综合体云玺潮汇投入运营；长郡中学扩建工程项目启动征收；实施爱心天心帮扶工程，打造“坡多爱”特色帮扶品牌；推动隐患整改，大椿桥送变电宿舍燃气安全隐患、象牙红KTV重大安全隐患、文和友消防隐患整改到位；书记项目打造全省第1个示范化快递外卖小哥红色之家，接待省、市、区各级观摩20余场。坡子街获评“国家级旅游休闲街区”、省级充分就业社区、“十佳旅游休闲街区”等市级以上称号3项，被中央电视台财经频道、人民网、《湖南日报》、“新湖南”等省级以上主流媒体报道近200次。 （刘　波）

【街域经济】 2022年，天心区坡子街街道完成财政税收14.13亿元，固定资产投资17.39亿元，社会消费品零售总额15.77亿元，规模以上服务业营收9.81亿元，规模以上其他服务业营收6.61亿元。新增“四上”企业16家，新增高新技术企业3家，引进百万税源企业10家，世界500强企业1家。楼宇去化完成13979平方米。比亚迪腾势新能源汽车入驻华远云玺，渣打饼虎头局、墨茉点心局落户辖区，中海油、大家财产、兰博基尼签约入驻汇景发展环球中心。开展“纾困增效”行动，到60家重点企业开展走访调研、政策解读、业务指导和督导服务100余次，协调解决涵盖政策兑现、人才用工、社保、项目建设等方面的企业发展问题40个。 （刘　波）

【城建城管】 2022年，天心区坡子街街道4个结算项目按期完成结算；推进老旧小区改造，涉及2个片区的旧改工作完成工程量85%以上。推进既有住宅小区电梯加装工作，推进涉及254户居民水改工作。推进40处危房改造，完成改造13处，施工建设2处。拆除违法建筑97处5197平方米，清运收缴共享单车、助力车1200余辆。开展整治行动250余次，整治店外经营700余处。优化五一商圈停车管理和交通疏导，加强不文明行为劝导，优化五一商圈发展环境。推进“百街千巷整治”，实现64条街巷整治、提质。强化垃圾分类末端设施建设，宣传撤桶并点，建设垃圾厢房5处。 （刘　波）

【社会事业】 2022年，天心区坡子街街道春节慰问2651户，2270人享受高龄补贴；发放计生特扶对象扶助金411.68万元、独生子女父母保健费11.09万元；特扶老年补贴68.88万元；接受公租房申请156人，发放租赁补贴452人次。 （刘　波）

【综合治理】 2022年，天心区坡子街街道推动执法检查，开展大排查企业390次，下达执法文书238份，安全生产行政执法处罚单位26家，处罚金额2.55万元。开展消防培训演练活动20余场，发放宣传资料1.8万余册，推送安全提示信息10万余条。推广放心肉智能监管平台，辖区218家商户入驻，超额完成17%。推进综治宣传月、国家安全、扫黑除恶、反电诈、禁毒和“一盔一带”的宣传活动，制作宣传橱窗、板报40块，张贴宣传海报4万余张，发放便民服务卡1万余张，宣传资料7万余份。西牌楼社区平安志愿者自发编排“打击养老诈骗宣传快板”，进行反诈宣传。开展扫黑除恶线索摸排，走访摸排酒吧、酒店、宾馆、门店企业等8100处。开展禁毒专项行动40余次。推进重复信访治理和疑难复杂突出信访事项化解，化解信访积案14起。完善73人组成的街道、社区、居民小组三级人民调解网络，调解纠纷100余起，接受法律咨询300余次。（刘　波）

【党建工作】　2022年，天心区坡子街街道发挥35个网格党组织作用，有效运转18个“有事好商量”平台，走访居民11825户，协商议事100余场，调处矛盾纠纷200余起，解决民生实事300余件次。开展党员学习教育400余场、主题党日活动600余场。社会治理创新项目“小巷党建+”完善组织架构和队伍建设，打造老城区街巷基层治理新模式。深化清廉天心建设，开展廉政文化活动72场次。开展作风考勤25次，纪律督查30余次，查处“第一种形态”7人。强化巡察整改，巡察反馈的43个具体问题，移交的3个立行立改问题和2件信访件，全部整改办结。（刘　波）

【自建房安全隐患排查整治】　2022年，天心区坡子街街道开展自建房安全整治“百日攻坚”专项行动，摸排自建房1832栋，做好房屋安全鉴定，C、D级危房重建、维修加固等工作。成立天心区坡子街街道严重隐患房屋整治专项行动指挥部，辖区28栋868户危房，清空17栋撤离775户。5月4日，天心区委副书记、区长周志军带队到坡子街街道西湖路南墙湾巷、金盆岭街道天剑路轻院路等地督查居民自建房安全隐患排查整治工作；5月28日，周志军带队到湘江剧院、学院新村小区、南门口及S9地块督查居民自建房安全整治工作；6月10日，周志军带队督导坡子街街道文庙坪社区自建房安全专项整治工作。（刘　波）

2022年1月29日，长沙市“快递外卖小哥红色之家”在天心区坡子街街道楚湘社区挂牌启动（杨　威　摄）

【长郡中学扩建工程项目】　长郡中学扩建工程项目被列入长沙市2021年重大项目投资计划，建设单位为长沙市长郡中学，项目建设地点为天心区学院街24号。2022年6月10日，长郡中学扩建工程项目社会稳定风险评估报告论证会召开。天心区征收办介绍评估报告情况，区委政法委、区发改局、坡子街街道、长郡中学等参会单位围绕征收程序规范、补偿、安置及风险防范措施等方面，提出意见建议。会议认为该项目社会稳定风险评估初步意见，经参会相关部门、街道论证并予以修订之后，原则上一致同意通过，并要求加快公告发布，严格政策标准，形成工作合力。12月15日，天心区政府对长郡中学扩建工程项目范围内房屋作出征收决定。（刘　波）

【长沙市“快递外卖小哥红色之家”挂牌启动】　2022年1月29日，长沙市“快递外卖小哥红色之家”在天心区坡子街街道楚湘社区挂牌启动。市委常委、组织部部长罗缵吉，市委组织部副部长、市委“两新”工委书记、市公务员局局长杨俊，区委书记吴新伟，区委常委、组织部部长张建出席活动。揭牌仪式后，楚湘社区站和城南路天心阁站同步开展“就在长沙过大年”主题活动，来自顺丰、圆通、饿了么等平台公司50余名快递外卖小哥代表欢聚一堂，现场领取“家庭”大礼包，围炉吃饺子。

（鲁怡欣　刘　波）

【“坡多爱之爱在牌楼”志愿服务主题活动】 2022年3月3日，四季同行雷锋家乡学雷锋、天心区文明实践志愿服务“满天星”行动暨坡子街街道“坡多爱之爱在牌楼”志愿服务主题活动在天心区坡子街街道西文庙坪社区胥乐园前坪举行。街道工委相关负责人向西牌楼社区授予“爱在牌楼”牌匾，宣布“爱在牌楼”结对帮扶项目正式启动。西牌楼社区全体工作人员、长沙市最美志愿者谢安沙、孔万来与企业代表共同宣读爱心联盟集结倡议书，街道与德望志愿服务中心签订帮扶协议书，帮扶辖区低保、重残、独居、特困等68人。贾谊故居、湖南北山建设集团股份有限公司、中国建设银行长沙解放西路支行、龙腾国信工程咨询有限公司、米鲜剁椒米线、楚济堂大药房等多家爱心单位企业为困难居民送上慰问品。活动现场上演诗歌朗诵《我的社区，我的家》、乐器演奏《爱的奉献》、歌曲演唱《学习雷锋好榜样》等文艺节目。场外，米鲜剁椒米线为独居老人上门送爱心米线，来自太傅里义剪联盟团队的理发师为辖区清洁工人进行爱心义剪。（刘 波）

城南路街道

【概况】 长沙市天心区城南路街道位于天心区东北角，辖区东接芙蓉路、南起劳动路、西至黄兴路、北抵大古道巷。截至2022年年底，街道辖区面积2.1平方千米，常住人口1.41万人，流动人口近2万人，下辖白沙井、天心阁、燕子岭、吴家坪、古道巷、熙台岭、工农桥、城南中路8个社区。

2022年，城南路街道保持规模以上其他营利性服务业营业收入、规模以上工业总产值的合理增长，收窄建筑业总产值降幅，贺龙体育场文化圈、芙蓉路金融产业带、白沙路文化产业带，以及黄兴路商贸产业带“一圈三带”的经济发展格局初步形成；探索里仁坡2栋、3栋、4栋D级危房原址重建模式，成为全市启动危房原址重建的首创项目；开展南门口、古道巷等闲置土地整治，背街小巷违停整治，南门口、天心阁、白沙井等重点商业区的市容整治，全年数字化城管扣分案卷在区内最少；开展“一门受理、协同办理”的社会救助模式，深化特困人员救助服务，推进社会救助兜底工作；开展放心肉智能平台推广应用工作，辖区内未发生一起食品安全责任事故。

（唐卓琳）

【街域经济】 2022年，天心区城南路街道完成区级财政税收5.53亿元；全社会固定资产投资6.79亿元；社会消费品零售总额9.36亿元；限额以上批发零售业总额24.00亿元；规模以上服务业营收9.81亿元，其中其他营利性营收6.23亿元；规模以上工业总产值14.75亿元；高新技术企业认定9家；完成省外境内实际利用资金16.1亿元；重点外贸企业省机械设备进出口公司完成进出口总额1.95亿美元。在库考核项目22个。新增入库固定资产投资额比2021年增长39.32%。85%以上市场主体入驻信易贷平台，新增市场主体超额完成5%。申报“四上”企业13家、高新技术企业13家，提交上市资料企业1家、“个转企”8家。探索“以楼服企”，推动新世纪大厦楼宇提质试点。将长沙市戏剧艺术中心、贺龙体育馆、劳动西音乐剧街区和商业街区打造为文、旅、商多元化产业聚集地。古道巷地块实现出让。创建市级首批“四星”统计站点。

（唐卓琳）

【城建城管】 2022年，天心区城南路街道以吴家坪菜市场、晏家塘菜市场2个市场，熙台岭、白沙井、工农桥3个老旧小区改造项目，以及7条“百街千巷”改造项目整治为重点，打造“城南故事、长沙记忆”的典范。开展自建房安全整治“百日攻坚”行动，排查自建房852栋，并全部完成整改。街道邀请第三方技术机构对辖区内高层建筑全面进行“体检”，查出各类隐患近880处。加大对流动摊贩、跨门经营、落地广告牌等违法行为的治理力度。结合老旧小区改造，推进“百街千巷”环境提升行动，完成整治类街巷2条、提质类街巷5条。开展垃圾源头分类行动，厨余垃圾任务完成率在全区排名第1，城南中路社区创建市级垃圾分类示范社区。开展燃气安全隐患大排查大整治行动，排查燃气安全隐患380余处，全部完成整改，整改率100%。开展戴盔整治行动，全街交通路口戴盔率由年初的80%左右，提升至92%以上；开展道路交通安全的宣传与劝导，建立20人的劝导员队伍，开展易受伤害群体、涉毒驾驶人员等特殊群体的精准宣教。充实志愿网格员队伍，全街22个网格都成立对应网格党组织。（唐卓琳）

【社会事业】 2022年，天心区城南路街道帮扶困难户274户，发放帮扶资金120.89万元；基本生活帮扶95户，发放帮扶资金14.3万元；医疗帮扶36户，发放帮扶资金14.15万元。离校未就业高校毕业生就业率97.87%，5个社区创建全省充分就业社区。政务事项办理覆盖率88.79%，事项办结承诺压缩率81.14%。工农桥社区、熙台岭社区打造新社区阵地。对社区及社区专职工作人员进行双月、年度考核，实行末位淘汰制，建立社区专职工作人员后备库。开展“城心城益”爱心帮扶项目，发挥“五社联动幸福邻里”工作机制作用，使辖区内重病低保、因残致贫、孤寡独居等困境对象得到重点帮扶。完成优生优检156人，组织开展全区的“5·29”计生协会活动日等健康宣传活动。完成无证办学和违规补课的查处工作；加强文化和体育阵地建设，开展各种文体活动。春节、“八一”走访慰问重点优抚对象、现役军人家属等，制作“八一”纪念品及慰问信；做好退役军人建档立卡和优待证申领工作。（唐卓琳）

2022年3月10日，天心区城南路街道组织开展“普及消费维权知识 保障消费者合法权益”普法宣传活动（城南路街道供图）

【综合治理】 2022年，天心区城南路街道开展法律“七进”活动和主题宣传活动。抓好治安防控，坚持人防、物防、技防相结合，对辖区重点区域、重点部位、重点单位（贺龙东广场、南广场、高正街、县正街、步行街、学校）加强巡防。开展“反电诈”工作，通过“一个重点、两个举措、三个纳入、四项机制”（一个重点：推广“国家反诈中心”App，两个举措：战与防，三个纳入：纳入基层党建述职、纳入基层党组织书记推优评选、纳入社区双月考核，四项机制：日通报、周研判、月调度、季分析讲评）措施，破电诈案21起，刑事打击35人次，挽回经济损失23万余元。开展“综治宣传月”主题活动，组织街道、社区工作人员“综治大走访”，通过平安创建宣传海报、辖区单位的电子显示屏、制作发放宣传资料、街道短信平台等多种方式宣传和系列活动开展，浓厚辖区平安建设的氛围。4月，投入65万元打造集宣传教育、人员管理等于一体的城南路街道社区戒毒（康复）中心。开展禁毒主题宣传教育活动，实现重点场所禁毒宣传覆盖到位。全年走访摸排外来流动人员3733人，开展清查行动30余次，张贴发放禁毒宣传海报及手册5000余份，收集涉毒线索20余条；查处刑事案件2起、行政案件8起，责令强制隔离戒毒3人、社区戒毒2人。调解民事纠纷、调处矛盾纠纷70起，调处率100%，其中重大纠纷6件、疑难复杂纠纷5件、一般纠纷5件、简易纠纷54件；调处2起群体性事件。接待法律咨询240起，开展法律援助宣传23次，指导困难群众申请法律援助15次，调解或协助调解纠纷18起。通过上门见面、视频通话等方式，化解区交办信访积案9件，办理街道本级积案5件、重复件4件、其他类信访件40余件。开展安全专项行动，累计检查企业187家，下达责令整改书103份，实施行政处罚33起，金额3.57万元；累计摸排三类场所50处，排查隐患70处，整改隐患70处；开展群租房分类整治，摸排128家群租房，规范整治群租房70家，关闭和取缔群租隔断房15家；新增电动车集中充电点28处；排查自建房经营场所852栋，其中经营性自建房595栋，非经营性257栋，累计关闭门店40余家。（唐卓琳）

【党建工作】 2022年，天心区城南路街道推进“党建聚合力”工程，推进街道“大工委”制，深化街道区域化党建“四互”体系，与16家区域化党建联席单位共建共驻，完成8个示范化小切口党建项目，建成2个小区党群服务中心。探索“院落式党建”的基层社会治理“新模式”，新华社、《湖南日报》等媒体进行报道。快递外卖小哥红色之家落户天心阁社区。聚焦党员分类管理，《探索年老体弱党员管理“六式”新模式》获评全省离退休干部党建工作创新案例二等奖。

（唐卓琳）

【里仁坡危房重建项目】长沙市天心区城南路街道里仁坡2、3、4栋危房重建项目，是城南路街道重点民生项目。原房屋位于城南西路以南，黄兴南路以东，长沙阳光医院南侧。建于1971年，共4层96户，约273人，4173.43平方米，经鉴定为D级危房。2022年5月，街道全力推动项目启动，通过“三驾马车”（财政奖补、慈善援助、产权人自筹）渠道筹集资金，采取“四轮驱动”（政府、慈善、业主、企业）模式多方聚力，在105天内完成3栋96户的D级危房腾空倒地，提前兑现“动工一年内交房”的承诺。里仁坡2、3、4栋危房重建项目成为全市启动危房原址重建的首创项目，获省政府通报肯定，获国务院安委会综合检查第七组现场督导认可。

（李慧媛　唐卓琳）

裕南街街道

【概况】　长沙市天心区裕南街街道地处天心区北部，东至白沙路与城南路街道毗连，南与金盆岭街道接壤，西邻湘江与橘子洲头隔江相望，北至劳动路与坡子街街道交界。截至2022年年底，街道辖区面积6平方千米，下辖裕南街、石子冲、仰天湖、碧沙湖、东瓜山、杏花园、宝塔山、向东南、长坡、火把山、南站11个社区。

2022年，裕南街街道老旧小区改造拆除违章建筑4347.34平方米，自建房拆除违章建筑2995.43平方米；整合各方资源，化解信访案件15件；完成长沙市重点民生实事项目2个；成立长沙市首个外卖小哥党支部——长沙饿了么蓝骑士党支部。裕南街街道获评2022年度长沙市真抓实干激励奖——加强基层治理优秀街道、市级信访工作“三无街道”。

【街域经济】　2022年，天心区裕南街街道完成市、区两级税收6.05亿元。完成固定资产投资29.6亿元，比2021年增长10.78%；新增入库项目31个，总投资9.3亿元；其中“五上”（规模以上工业、限额以上批零住餐业、规模以上服务业、资质内建筑业和房地产开发业企业）项目4个，投资额5.2亿元；“五下”项目27个，投资额4.1亿元。完成批发额6.99亿元，比2021年增长25.8%；完成零售额24.13亿元，比2021年下降1.69%。完成建筑业产值85.58亿元，比2021年增长5.31%；完成服务业营收17.76亿元，比2021年增长8.2%；完成规上文创企业营收2.42亿元，比2021年增长17.55%；完成规上软件企业营收1.43亿元，比2021年增长51.06%。完成高新技术企业入库10家、科技型中小企业入库21家，技贸合同32个，高新技术产值9.96亿元，比2021年增长29.64%；完成研发经费投入0.92亿元，比2021年增长7.87倍。新增“四上”企业10家。

【城建城管】　2022年，天心区裕南街街道老旧小区改造总投资近1.7亿元，涉及10个社区共45个小区、281栋房屋，惠及10792户居民，改造总建筑面积76.86万平方米，其中长坡社区木材厂小区被评选为市级示范项目。南湖巷棚改项目和南湖小学改扩建征收项目均提前2个月完成结算任务，鼓风机厂征收项目完成清零倒栋；南湖小学征收项目3个月内完成清零倒栋腾地，且均无一遗留问题；长沙理工大学生物化工厂项目于7月完成清零倒栋腾地。推动辖区停车场接入长沙市智慧停车管理平台，全街停车场接入数量达到区考核任务数的2.1倍。完成556户居民自建房省市系统信息排查录入、隐患整治工作，完成自建房房屋安全鉴定501户（277户有鉴定报告、224户快检），建立“一户一档”资料556户，通过居民自建房市检和省检。开展“百街千巷”环境综合整治，19条街巷完成市、区两级验收，打造5条“美丽街巷”。全年关停四村街、经贸街、东瓜山二条巷3家气站，全街1207户燃气安全隐患全面整改到位。

【社会事业】　2022年，天心区裕南街街道完成13户老年人适老化改造，新建1家社区居家养老服务站并投入使用。完成区“暖心餐桌”老人助餐服务试点，新建1家社区老年食堂并投入使用。新成立长沙市天心区益力社区社会组织发展服务中心，完成88家基层社会组织备案制证工作。完成社区优化调整工作，新成立碧沙湖社区、撤销（原）东瓜山社区，7个社区界址优化，东电社区更名为东瓜山社区，指导碧沙湖社区组建等相关手续的办理，指导南站社区完成阵地装修并投入使用。

【综合治理】 2022年，天心区裕南街街道在“源头化解矛盾纠纷、防范化解突出风险、解决信访突出问题”3个方面发力，确保东怡外国退铺退租群体、慈孝非法吸收公众存款案、万宝大厦建设项目等风险化解。开展禁毒活动49场、发放宣传资料2万余份，联合派出所对污水涉毒区域进行全面清理排查和整治40余次，对社会面吸毒人员进行“一年一检”。开展“反电诈”工作，推送新媒体报道26篇，开展进社区、进校园、进企业各类宣传活动21场次，全年电信诈骗发案159起，比2021年下降7.02%。做好矛盾调解，接待居民526人次，调解纠纷46起，其中重大疑难19起，调解成功率100%；街道驻点法律顾问轮流驻点值班共600余小时，解答法律咨询（含电话解答）200余人次，参与或独立调解纠纷10件；开展讲座12场、座谈会9场、法治宣传29场，打造宣传栏板面44块。

【党建工作】 2022年，天心区裕南街街道开展幸福“医”家活动暨区域化党建联席活动。设立长沙外滩楼宇党群服务中心，得到省、市、区“两新”工委肯定。出台《裕南街街道关于落实“党建聚合力”工程推进党建“十项重点任务”“十一项重要探索”实施方案》，在辖区11个社区推行电动车集中停放场所和智能充电站建设，全街66个开放式小区全面推行“党建＋居民自治”项目，年底实现70%小区成立业委会或居民自治委员会。

【饿了么蓝骑士党支部成立】 2022年6月30日，长沙市首个外卖小哥党支部——长沙饿了么蓝骑士党支部授牌仪式暨蓝骑士党员学习教育活动在湖南第一师范举行。长沙市市场监督管理局副局长、市非公有制经济组织综合党委书记彭进，长沙市委“两新”工委办公室主任高思杨，天心区委组织部副部长童周，天心区裕南街街道党工委书记李勇军等出席活动。现场，23名饿了么蓝骑士现场递交《入党申请书》；与会成员开展“毛泽东与湖南第一师范”纪念馆参观学习活动，蓝骑士党员举行“重温入党誓词”集体宣誓活动。依托新成立的党支部，裕南街街道工会联合会组建起网约送餐员联合工会，所有外卖小哥正式加入工会组织。长沙饿了么蓝骑士党支部开展“爱心餐盒”公益养老送餐活动，解决了辖区老人就餐照料“最后一公里”的服务难题。

2022年8月24日，天心区裕南街街道召开长沙市高层次人才分类认定政策宣讲会暨区域化党建联席会　　（裕南街街道供图）

【区域化党建联席会】 2022年8月24日，天心区裕南街街道召开长沙市高层次人才分类认定政策宣讲会暨区域化党建联席会。天心区委组织部、区委“两新”工委、裕南街街道党工委相关负责人，裕南街街道各社区党组织书记，以及街道辖区50余家单位、企业代表参加。裕南街街道机关党支部与湖南矿湘置业有限公司党支部、长坡社区党委与湖南建筑高级技工学校党委、东电社区党委与曙光小学党支部、向东南社区党委与华瀚联合党支部、仰天湖社区党委与湖南省送变电工程有限公司党委和仰天湖小学党支部、火把山社区党委与湖南邮电职业技术学院党委、南站社区党委与雅礼书院中学党委、裕南街社区党委与国网湖南省电力有限公司长沙供电分公司党委、石子冲社区党委与长沙市第三医院党委、宝塔山社区党委与昱安电力设计有限公司党支部、杏花园社区党委与长沙饿了么蓝骑士党支部先后签订“联创共建”协议书，双方就如何做实区域化党建工作进行约定。长沙市高层次人才服务发展中心发展部部长伍璐从高层次人才分类认定、两大重点人才工程和“优才贷”风险补偿资金等方面对相关政策进行解读，并与有意向申报认定长沙市高层次人才的企业代表进行交流。

【“追访红色印记讲述裕南故事”活动】 2022 年 9 月 25 日，天心区裕南街街道举行“就认这个理 · 理论轻骑兵一线微宣讲”裕南街专场暨“追访红色印记讲述裕南故事”活动，11 名来自裕南街街道各社区的选手进行宣讲。区委常委、宣传部部长洪孟春，区委组织部副部长童周，长沙市委党校统战理论教研部副主任、副教授金庭碧，裕南街街道党工委书记李勇军等出席活动并担任评委全程观赛评分。长坡社区谭帅以《坡上幸福驿站直通美好生活》为题，介绍长坡社区进行老旧小区提质改造的经过与成就；裕南街社区谭科以《温情守护烟火人间——党建引领夜经济团结发展向未来》为题，展示裕南街社区党员志愿红的风采、法治治理的卓越成效、民族团结的温情画面与正能量故事。经现场评委评选，谭科获评一等奖；碧沙湖社区谭新懿、火把山社区张胜军获评二等奖；宝塔山社区胡丽等 3 人获评三等奖；仰天湖社区陈倩等 5 人获评优胜奖。（卢洪波）

金盆岭街道

【概况】 长沙市天心区金盆岭街道位于天心区中部，东枕芙蓉路、北接劳动路、南邻赤岭路至书院路、西与裕南街交界。截至 2022 年年底，街道辖区面积 3.97 平方千米，常住人口 6.5 万人，流动人口 10 万人，有商务楼宇 13 栋、企业 3000 余家、个体户 4000 余家。街道下辖 6 个社区：夏家冲社区、天剑社区、狮子山社区、黄土岭社区、涂新社区、赤岭路社区。街道办事处驻地赤岭路 30 号。辖区内主次交通干道有劳动路、芙蓉路、南湖路、赤岭路、书院南路等。

【街域经济】 2022 年，天心区金盆岭街道南湖大厦 B 座基坑建设、湖南农村产权交易中心平台及省中小企业公共服务窗口平台项目超时序完成年度目标任务。谋划推动狮子山片区城市更新项目启动。与湖南省建六公司对接辖区闲置地块整合开发事宜；服务推进华光源海国际物流集团股份有限公司上市前期准备工作，于 12 月 29 日在北交所上市；对辖区闲置楼宇进行全面清理与招商推介，筹备成立“微金盆之家”。优化楼宇企业业态结构，开展楼宇企业清查，建立精准台账底册，为新入驻企业提供惠企政策送达等服务。重点楼宇去化盘活面积 9163.84 平方米，实现税收 902.67 万元。

【城建城管】 2022 年，天心区金盆岭街开展自建房“百日攻坚”活动，排查居民自建房屋 170 栋，建筑面积 6.27 万平方米；完成 169 栋危房结构安全鉴定；开展排查“回头看”，拆除 D 级危房 3 栋，并定期进行督查巡查。完成赤岭路社区三角坪商业网点、涂新社区保险宿舍和乡镇企业局宿舍、天剑社区公安局宿舍改造工程；开展环境问题集中整治，涂新社区线缆杂乱、“牛皮癣”小广告乱贴等问题得到改善；推动垃圾厢房建设，建成投入使用 13 个。

【社会事业】 2022 年，天心区金盆岭街道对辖区的低保家庭、特困帮扶家庭、残疾人家庭等 4 类特困家庭开展个性化精准帮扶，发放低保金 2043 户、2773 人，发放金额 169.99 万元；发放特困金 178 户、178 人，发放金额 17.36 万元。推进“一网通办”工作，一网通办事项覆盖率 87.84%，承诺压缩率 81.81%；针对市民来电诉求集中且问题解决率低的工单进行剖析，督促问题整改解决，“12345”工单接收投诉 2727 个，解决 2167 个，解决率 83.86%。探索小区治理，推进网格小区长、楼栋长、单元长“三长”队伍建设。培育网格小区长 42 名，覆盖率 100%；楼栋长 185 名，覆盖率 80.4%；单元长 414 名，覆盖率 45.2%。出台《金盆岭街道 2022 年物业管理考核评比办法》，对辖区物业实施量化考核，制定奖惩措施。引进湖南唯实公共服务评估中心等专业社会组织等机构入驻社区，指导协助破解基层治理难题。举办志愿者座谈会，邀请专家、小区、青年三类志愿者为街道社区共解难题。截至 2022 年年底，有 5 个社区建立养老服务中心。

【综合治理】 2022 年，天心区金盆岭街道引导人民群众参与政法综治工作，提升平安创建居民群众的知晓率、参与率和满意率。推进区信访积案化解“百案攻坚”行动，化解罗某、吴某 2 件信访积案。受理、化解初访件 15 件，化解率 100%；来信 8 件，网信 197

件，程序办结205件，按期答复率100%，参评率97.9%，参评满意率100%。推动普法工作，全年开展法治宣传20余次，受教育群众4000余人次。开展安全隐患整治，摸排发现并整治隐患120余处；开展飞线整治行动70余次，新增电动车集中充电点1000余个；开展执法行动，执法检查单位67家次，执法检查处罚28宗，处罚金额1.88万元。

【党建工作】 2022年，天心区金盆岭街道召开基层党建工作推进会12次，开展“逐社督查、互评互比”行动3次。开展“两新”党组织组建集中攻坚，党组织覆盖的企业总数100家，重点非公有制企业党组织覆盖率75%。1月，发布2022年度第一批小切口党建项目；6月，召开项目观摩和拉练，开展“圆桌讨论”；9月，开展全面验收，通过民意走访、现场考察，提出整改优化意见，推动全街6个项目落地见效。开展“安家工程”，在长沙红海人力资源管理有限公司党支部创新探索流动党员管理模式，通过依托“两新”组织员工管理系统，将流动党员精准分类，实现流动党员教育管理全覆盖。

【金盆岭街道公益发展基金】 2022年1月15日，天心区金盆岭街道成立湖南省首家街道公益发展基金，聚焦社会救助、养老服务、儿童福利、社区治理、社会事务、平安建设等领域开展服务。基金覆盖全街6个社区，激活社区公益慈善氛围，涌现大批慈善人士，形成“金盆岭街道公益发展基金模式”。2022年，街道辖区有436家企业、1856家门店、1.6万余名居民参与爱心捐款；募集款物32批次，价值500万余元；9月，街道参加腾讯“99公益日”活动，3天时间募集资金40.61万元，帮助辖区困难家庭1395户。该基金围绕社会救助、保障民生、维护稳定、加强治理等重点，设计运行助困、助老、助残、助学、助医、助安、助力基层治理7大类别14个子项目。街道公益发展基金资助10万元启动“星仔乐园”项目，筛选12名家庭困难的心智障碍儿童进行团体课及“一对一”免费康复训练。“安享缮居”项目，街道公益发展基金列支6万元，为辖区内独居、特困供养、生活困难的残疾人家庭更换水电、照明和无障碍设施；列支39205元为存在安全隐患的424户生活困难的独居老人、空巢老人、残疾人家庭安装一氧化碳报警器，防止冬春季节一氧化碳中毒事故发生。街道聘请3名专家顾问作为专业支撑，吸纳4名优秀的企业代表，以及1名社会组织代表，成立基金管委会，制定相应的基金管理制度，出具第一份《金盆岭街道“99”公益筹款活动观察报告》，实现对基金人员、资金、项目的全流程管理。2022年，全街有4652名居民受益。在年底的项目观摩中，“金盆岭街道公益发展基金”获全区第1名。街道以公益基金推动“五社联动”（五社：社区、社工、社会组织、志愿者、慈善资源）、加强和创新社会治理的探索与实践，被湖南省民政厅评为“全省基层治理创新示范案例”。

（周　胤）

2022年1月15日，天心区金盆岭街道成立湖南省首家街道公益发展基金

（金盆岭街道供图）

赤岭路街道

【概况】 长沙市天心区赤岭路街道位于天心区中部，东邻芙蓉南路，与雨花区接壤；南靠南二环，与新开铺街道相邻；西邻湘江之水；北接赤岭路、殷家冲路，与

金盆岭街道、裕南街街道交界。截至2022年年底，街道辖区总面积3.72平方千米，常住人口6.6万余人，流动人口1.26万人，辖白沙花园、新丰、芙蓉南路、南大桥、广厦新村、书院路、猴子石7个社区居委会和新开经济合作社。街道辖区内有南郊公园、首战首捷广场、火车头党建文化公园等自然人文胜地，猴子石大桥横贯河东河西；2022年新命名的天心大道起点就是赤岭路街道核心地段。街道办事处驻地书院南路423号。

2022年，赤岭路街道实施“654321”工程，打造“品质赤岭、幸福高地”。1123文化艺术创意园、万润·时光里等商业项目交付使用，天心佳苑、天心馥园等保障性住房建设项目启动，新开经济合作社“城中村”改造项目被列为全市“城中村”改造的拟整村验收项目，绿城集团、中海地产入驻殷家冲48号地块投资开发。打造“赤岭有约”民情驿站、“网约赤岭”行动计划、“和煦赤岭风”新时代文明实践所。街道被评为2022年度长沙市铁路安全环境整治工作优秀街道；芙蓉南路社区获评湖南省民主法治示范社区，书院路社区获评2022年湖南省综合减灾示范社区、省级多功能残疾人社区康复综合服务社区，南大桥社区、广厦新村社区白沙花园社区获评2022年湖南省省级充分就业星级社区。

【街域经济】　2022年，天心区赤岭路街道完成市、区两级税收1.76亿元，比2021年降低6.25%；限上社零48652.6万元，比2021年降低5.62%；规模以上服务业其他营利性服务收入3.6亿元，比2021年降低16.6%。新引进百万税收企业5家，新增“四上”企业5家：长沙市停车场投资建设经营有限公司、长沙佰昌楠竹置业有限公司、长沙润江置业有限公司、湖南老树菠萝蜜贸易有限公司、浙江欣业建设集团有限公司湖南分公司。

【城市管理】　2022年，天心区赤岭路街道凸显“天心大道”起始地效应，加强城市管理，开展“百街千巷”环境整治提升工作，启动“四无”宿舍等4条街巷提质和水竹街等6条街巷整治。清除“牛皮癣”小广告4万余张、整治门店店外经营3000余起，累计完成厨余垃圾量3600吨。加强自建房整治，累计完成自建房“十必拆”拆除任务81处7225平方米，其中包括拆除违法建筑55处6425平方米，原湖南开关厂、磁性材料厂、水竹街化工厂车队拆违均在7日内全部完成，完成莲花小区、蓝调国际自建房整治任务。发现并处置食品安全风险隐患29个。开展生态环境保护及“蓝天保卫战”各项工作。

【社会事业】　2022年，天心区赤岭路街道组织慰问辖区内困难群众和高龄老年人，向高龄老年人发放生活补贴146.82万元；为辖区内65名残疾人申请物资帮扶；开展最低生活保障和特困供养、临时救助、医疗救助、“五帮扶”工作。街道全年筛选十大民生实事，涉及社区阵地建设、管网改造、电梯加装、开放式小区物业管理等，其中华新花苑小区完成全部36台既有多层住宅增设电梯工作。

【综合治理】　2022年，天心区赤岭路街道加强对各社区（合作社）法治示范创建指导，聘请专业法律人士定期到社区开展法律咨询服务。开展“十大”平安创建活动［平安家庭、平安小区（网格）、平安物业、平安社区（村）、平安街道、平安校园、平安医院（社区卫生服务中心）、平安经营单位（商场、门店、超市、酒店、餐馆、旅馆、文化娱乐场所等）、平安企事业单位、平安创建协会］。推进扫黑除恶、禁毒等重点工作整治。开展各类宣传活动30余次、发放宣传资料1.8万余份。处置新力铂园遗留问题，实现复工复产。开展安全生产大排查大整治三年专项行动，开展省级安全发展示范街道创建，狠抓小喇叭、小培训、小网格微治理，构建街道安全生产群防群治的格局。

【党建工作】　2022年，天心区赤岭路街道持续实施“赤色堡垒、强基工程”“赤色旗帜，先锋工程”“赤色纽带、连心工程”3个工作品牌，成立街道基层党校、党建指导中心和“两新”综合党委，利用党建述职评议方式加强对基层党组织的管理。推动党在小区的组织工作全覆盖，每个社区选取2个小区作为小区党建示范点，基本完成公交小区、水泵厂2个小区党群服务中心建设，完成小区电改、停车位改造、智慧门禁安装等“小切口”项目。针对小区矛盾纠纷探索推行“红色联盟”调解旁听制，纳入2022年“四项清单”中的党建引领基层社会治理创新项目。按照人才政策“升级版45条”及配套实施办法，对辖区38家企业开展普查工作，共上门走访宣讲政策500余次。

【华新花苑小区既有多层住宅增设电梯项目】 2022年，天心区赤岭路街道广厦新村社区坚持党建引领，依托网格长、网格员、网格党支部、业委会及物业成立华新花苑小区网格联络站，对加装电梯惠民工程实施“精细化”管理，了解居民需求，帮助居民加装电梯。截至2022年11月26日，华新花苑小区36个单元实现电梯加装全覆盖，是天心区加装电梯数量最多的一个小区，其中32个单元的加装电梯完成验收，3个单元进行加装，1个单元实现签名同意加装。华新花苑小区是湖南省地质院单位住宅小区，其中2006年建成的楼梯房12栋，2007年后建成的电梯房4栋，入住居民964户。

2022年，天心区赤岭路街道华新花苑小区完成36个单元既有多层住宅增设电梯工作 （赤岭路街道供图）

【退役军人“五优”精准服务站】 2022年，天心区赤岭路街道将党建引领与“精准服务”退役军人服务站建设相结合，吸纳优质人才，优中选优组成近50名成员的特色服务小组，重点帮助退役军人学知识、学技能，提高职业技能，增强市场竞争力。搭建退役军人精准服务赤岭平台，收集退役军人诉求，打通表达渠道；引进各类企业，打造“退役军人10分钟服务圈”，设置来访坐班机制，提供各类职业咨询等服务；开通线上职业小课堂，涵盖职业技能、知识产权、时事热点等知识；主动上门对优抚对象进行广泛走访慰问，定期组织下岗志愿兵（士官）、军烈属、参战老兵等重点服务对象召开恳谈会，倾听其实际困难和现实诉求。从“注重安置解难、坚持交心解忧、突出帮扶解困”三个方面用情发力，让退役军人始终保持“退伍不褪色”。2022年，赤岭路街道退役军人服务站被长沙市退役军人事务局评为首批“五优”服务示范站点。

【法“绘”芙蓉南】 2022年，天心区赤岭路街道芙蓉南路社区将党建引领与“法智”小区建设相结合，打造“法绘芙蓉南”特色品牌，通过“党工委+党委+司法所+律师+志愿者”模式，组成矛盾纠纷调解小组，有成员16名，线上线下对热点难点问题和风险隐患等进行排查梳理，积极化解消除；搭建“有事好商量”网约赤岭平台，收集居民群众诉求，疏通民意民情表达渠道；引进诚公律师事务所，打造“15分钟法律服务圈”，设置律师坐班机制，提供法律咨询、矛盾调解等服务；同时，开通线上普法小课堂。

【万润·时光里项目】 2022年5月28日，万润·时光里第三批公寓交付，是2022年长沙首个提前交付的商业地产项目。该次交付的为南塔公寓，该项目北塔公寓于2022年2月底交付。项目位于天心区赤岭路长沙理工大学正对面，毗邻城市主干道芙蓉路，距地铁1号线涂家冲站约500米。项目整体规划约15万平方米，公寓由南塔与北塔2栋组成，其中南塔为非毛坯公寓，共850套，其中平层816套，Loft34套；北塔为毛坯公寓，共1224套，其中平层1071套，Loft153套。

【天心佳苑项目】 2022年11月25日，天心佳苑项目主体结构全面封顶。该项目位于天心区新建西路与涂金路交会处以南100米，是2022年度长沙市重大民生项目，涉及1500余户拆迁对象的回迁；项目建设总住宅1531套，建成后可满足约5000人的入住。项目由中建国际投资（湖南）有限公司承建，于2021年3月25日开工，总占地面积约5.3万平方米，总建筑面积约20.7万平方米，其中住宅7栋，配套幼儿园、农贸市

场、社区用房以及相关设施（道路、绿化及水电、燃气、通信管网等）。（刘安妮）

新开铺街道

【概况】 长沙市天心区新开铺街道毗邻省政府，北起南二环、南至湘府西路、西邻湘江、东至芙蓉南路。截至2022年年底，街道辖区面积6.41平方千米，常住人口7万人，流动人口1.2万人，下辖桥头、新天、新开铺、木莲、豹子岭5个社区，新天、石人2个经济合作社。辖区内有企业700余家，有湖南省人力资源和社会保障厅、省政府政务服务中心、省机关事务局、省医保局、省建投集团、省钢铁集团等30余家行政企事业单位，以及明德中学、湖南师大附中双语实验学校、天心区实验小学、新开铺小学、新天小学、向家坡小学6所中小学。

2022年，新开铺街道开展志愿服务活动400余场，服务群众近3万人次；举办专题活动20余场次，200余篇文章在省、市、区相关主流媒体上宣传推介；落实“一件事一次办”改革，街道可办事项覆盖率88%、服务承诺时间压缩率81.6%；“12345”政务服务便民热线回访工单满意率98.39%。新开铺街道桥头社区获评全国青春行动优秀实施社区、全国先进基层群众自治组织、全省和谐社区示范单位，木莲社区获评湖南省省级充分就业星级社区。

【街域经济】 2022年，天心区新开铺街道完成固定投资40亿元、税收7.46亿元；新增百万税源企业7家，引进楼宇企业10家，新增亿元楼宇1栋，总数3栋。铺排重大建设项目19个，完成4个项目扫尾清零、5个项目结算，3个项目挂牌出让，出让面积近40公顷，占全区出让面积80%以上。肖家大屋、北大湖项目在1个月内扫尾清零。辖区湖南钢铁集团上榜世界500强；湖南建投集团完成国企改革；爱尔眼科集团全球总部基地投产运营，市值3800亿元，在市对区的重大项目观摩中获评一等。完成汇杰设计集团股份有限公司上市辅助工作。

【城建城管】 2022年，天心区新开铺街道摸排自建房389栋，做到不漏一户。推进“百街千巷”环境综合整治提升，投入资金2000万余元，完成8条道路整治提升；推进危房改造、老旧小区改造、铁路沿线改造工作，投入资金4800万元，完成长铸、仁和家园2个老旧小区和电力仓库后方铁路沿线改造，惠及1294户、4000余名居民群众。实施市容环境品质提升行动，推进“整脏”“治乱”工程，拆除违章建筑49处、处理数字化案卷2633条。开展餐饮油烟、裸露黄土等乱象整治行动50余次，下发整改通知22次，完成整治22处。将金石蓉园小区作为典型安置小区管理提质课题，探索开放式小区标准化、程序化管理模式。

【社会事业】 2022年，天心区新开铺街道铺排民生项目14个，投入资金2亿余元；新天经济合作社405户居民历经10年在外过渡搬进新居；完成2个老旧小区、8条道路提质改造。建立39个网格党组织，充实网格党组织、业委会、监事会、物业、志愿者“五位一体”网格力量。

【综合治理】 2022年，天心区新开铺街道创新设置监管账户，实行动态跟踪处置，推动文景领秀项目复工，促成克拉美丽三期交房，维护732户业主的合法权益。化解长沙机床厂信访积案。聚焦道路交通、建筑工地、消防安全等重点领域，开展常态化隐患排查和整治104次，开展应急演练40余场，下达责令整改文书25份，行政处罚24起，罚款1.6万元。整治海利科院围墙安全隐患，困扰小区6年时间的重大安全隐患消除。全年未发生安全生产责任亡人事故。

【党建工作】 2022年，天心区新开铺街道开展学习宣传中共二十大精神30余场次，受众2000余人次。完成2个社区党组织整建提质、3个党群服务中心和1个街道党校建设。推动爱尔眼科建设人才友好型楼宇，服务重点企业完成33名高层次人才认定。5个社区与32家单位签订共建协议，开展各类活动40余次。木莲社区与国有企业党建共创共建模式成为全区样板。完成以案释纪廉政教育4次，受理问题线索5件，立案3件，留党察看2人、党内警告1人。

【桥头社区小区治理】 2022年，长沙湘电线材生活小区移交属地桥头社区管理。桥头社区创新思路破解老旧小区治理难题，改善小区基础设施、引进社会组织建起居家养老服务中心，社区工作人员和社区居民志愿者组成服务队，通过老年大学、银发族餐厅等，向小区老年人提供贴心服务；利用闲置房屋打造小区党群服务中心，服务小区107名党员、2000余名居民；打造桥头社区“红船映初心”“1+N”党群服务体系，形成小区养老服务等多个“一小区一特色”品牌。2022年，“红船映初心”党群服务中心接待30余个党组织、1500余名党员群众打卡学习。文章《湖南长沙桥头社区“15分钟服务圈”深入万家灯火》在新华社等主流媒体上刊发。

【海利科院挡土墙重大隐患整改】 海利科院挡土墙位于天心区新开铺街道木莲社区辖区内海利科院佳园小区3栋东侧围墙，系海利科院与湘诚嘉园相邻土地红线上建筑挡土墙，于2008年建成。2022年5月，该挡土墙基础安全经专业机构鉴定为D级。天心区相关负责人多次进行实地勘察走访，联动应急、住建部门约谈海利集团和湘诚房产，督促落实主体责任。5月2日，区委副书记、区长周志军及区相关职能部门负责人到海利科院佳园现场查看围墙隐患情况；9月23日，区委书记吴新伟到海利科院佳园督导挡土墙开裂问题整改情况；11月23日，长沙市应急局总工程师刘瑶到海利科院挡土墙重大隐患整改项目调研，并现场查看施工进度情况。

【茅家冲提质改造项目】 2022年5月，茅家冲提质改造项目启动。该项目位于新开铺街道茅家冲安置小区以东、天翔新新家园以南、新开铺路以西、京广铁路线以北，属新天经济合作社区域。项目违章总面积近9000平方米，违建房屋45栋，涉及居民40户300余人。5月23日，新开铺街道将工作人员分成5个小组，上门宣讲自建房安全整治政策；5月25日，茅家冲小区拆建项目启动；5月26日，40户违建户全部签订违建拆除承诺书；5月26—30日，新开铺街道整合房源信息80余条，安排30人协助搬运，调配搬家车辆100余车次，茅家冲小区40户居民全部搬离。

【爱尔眼科全球总部基地启用】 2022年7月，爱尔眼科全球总部基地启用。该项目由爱尔眼科医院集团全资子公司湖南佳兴投资置业有限公司投资建设，位于天心区新开铺街道芙蓉南路与新姚北路交界处西北角。项目净用地面积1.63公顷，总建筑面积15.4万平方米，于2018年启动建设，有2栋大厦。（戴　威）

2022年7月26日，天心区邀请辖区各类人才代表观摩爱尔眼科项目
（新开铺街道供图）

文源街道

【概况】 长沙市天心区文源街道东起韶山南路，南至木莲冲路，西起芙蓉南路、新姚北路，北至南二环。截至2022年年底，街道辖区面积5.04平方千米，总人口7.5万余人，常住人口3万余人，在校大学生4万余人，下辖文源、金汇、天鸿、梅岭、状元坡5个社区。辖区内有中南林业科技大学、中南大学铁道学院、湖南开放大学3所高校，湖南省林业科学院、省科学技术研究院等5家科研院所；有限额以上贸易业企业20家、限额以上服务业企业21家、资质以上建筑业企业1家、资质以上房地产企业7家、“四上”联网直报企业49家，高新企业认定12家；有和庄、BOBO天下城、长大彩虹都、中云公寓、华银南苑融域、筑安雅居、中煤和悦府等8栋商务楼宇；有中国烟草总公司湖南省公司、长沙农村商业银行股份有限公司、中华联合财产保险股份有限公司湖南分公司、湖南红海人力资源公司4家影响较大的总部企业。

2022年，文源街道推进中煤和悦府、中煤建工化勘院·华时代项目等，认定国融证券股份有限公司湖南分公司、长沙雍禾既美医疗美容有限公司等7家企业为“百万税源企业”；开展“政用产学研”党建共同体创新联合体建设，成立美团外卖党支部和“红色之家”，开展“牛皮癣”小广告动态清零街道创建，迎接全区自建房整治现场观摩、全市老旧小区提质改造现场观摩、市区新时代文明实践站建设现场观摩。文源街道“源圈”公益服务站开展帮扶活动20余次，服务人数2000余人；街道新时代文明实践站开展亲子运动会、老年趣味运动会、剪纸大赛、传承传统文化的感恩重阳节、寄语母亲节、端午节湖湘文化传邻里、情系户外劳动者、“我是谁”青少年性教育等多种主题活动。文源街道政协委员工作室获评全省政协委员先进工作室。

【街域经济】　2022年，天心区文源街道实现税收4.3亿元，累计完成固定资产投资7.12亿元，新增固定资产投资项目20个；完成限额以上社会消费品零售总额9.15亿元，完成限额以上批发零售总额16.5亿元；培育高新企业12家，引入高新技术企业2家，技术贸易合同完成434项；新增“四上”企业8家。完成楼宇去化面积7149.71平方米，完成去化税收607.25万元。

【城市管理】　2022年，天心区文源街道对辖区自建房内11处隐患进行结构安全鉴定，拆除自建房“十必拆”违建12处、1300平方米，拆除高校周边经营性违章门面56处、4800余平方米。推动37台电梯加装工作。组织40余次环境卫生大扫除活动，清理“牛皮癣”小广告2500余张、垃圾堆物150余车，开展专项执法整治39次，重点区域精洗清洗2011平方米，流动摊贩整治741处，店外经营、占道经营等405处，清理堆物、建筑垃圾等整治210处，黄土裸露覆绿4378平方米，整治车辆乱停375台，整治桥下空间14处，整治临街立面204平方米，其他整治5处。针对天鸿小区、富绿山庄、金三角、兰景花园无物业老旧小区，探索组团引进物业新模式，与湖南鑫诚城市服务管理有限公司达成初步意向协议。妥善处置长大彩虹都物业退出和业委会选举、他城小区新老物业交接等物业矛盾纠纷。梅岭社区铁四院小区创新建立“楼栋负责制度”，争创街道“文明小区”以及“牛皮癣”小广告动态清零示范小区。坚持对垃圾分类志愿者团体进行奖励扶持，打造福邸雅苑垃圾分类示范小区。

2022年7月8日，长沙市首家美团党支部成立暨长沙天鸿快递外卖小哥“红色之家”启动仪式在天心区举行　　（文源街道供图）

【社会事业】　2022年，天心区文源街道完成城镇新增就业895人、失业人员再就业310人、就业困难对象再就业102人，办理失业登记460本，就业登记1946人，为102名失业人员进行就业困难对象认定，为96名未就业高校毕业生开展就业帮扶，就业率96.88%。有低保54户76人，累计发放低保金37.24万元，人均补差547.7元；办理低收入边缘家庭7户；特困供养3户3人；临时救助1人，救助金额3866.53元；住房低收入认证公租房4户、廉租房3户、租赁补贴2户；“五帮扶”（对城市急难、医疗、住房、就业和基本生活五类特殊困难群体进行帮扶）救助15人，救助金额3.68万元。医疗大病救助1人，救助金额3090元；因精神病住院救助3户；精神病药物救助79人，救助金额9663.4元。

【综合治理】　2022年，天心区文源街道开展各类集中整治20余次；累计开展矛盾纠纷排查20余次，介入调解42件，调处成功39件；接待群众来访300人次，办理来信来访200件，满意率100%，信访“三无街道”创建两项工作获市政府真抓实干奖。重点地区集中整治20余次，清查出租屋或群租房400余户、娱乐场所80余家。开展“一盔一带”整治200余次，依法查处电动车违法行为2500余人次。街道“源”课堂推送普法课件20余次，社区自主编拍上传或转发短视频50余条；推送短信5万余条；张贴海报500余份、悬挂横幅200余条；发放资料5万余份。稳妥处置3起意外亡人事故；稳妥处置兰景花园小区业委会与恒盛地产房产开发纠纷、上林国际小区公共区对外出租违规改建、中煤和悦府项目建筑工地施工等矛盾问题。

【党建工作】 2022年，天心区文源街道党工委组织召开党建工作部署推进会议14次。街道开展“党建聚合力”工程工作，明确区域化党建、“小切口”“红星耀物业”“一线党旗红”、党员分类管理等项目26个。新发展党员9名，民主评议不合格党员4人，开展培训宣讲44场次。完成“党建四项清单”项目，“两新”工作、人才工作迎接湖南省委“两新”工委、长沙县、岳塘区等调研交流学习。举办毕业季“党建+人才”惠企惠校专场大型招聘会1场，认定市、区级人才9名。开展街校共建、校地融合、双社联动等党建带团建带妇建活动100余场次，“红色之家”等工作被“学习强国”学习平台、人民网等宣传推介300余次。

【“源圈”项目】 2022年，天心区文源街道深化“源圈”品牌项目，实施“2+3+N”模式（2项清单，3个抓手，实现N项成果）迭代升级，创新制定“源帮扶”“源人才”“源课堂”“源协商”“源舞台”“源餐厅”“源心愿”7个“源”系列方案。举办“源人才”惠企惠校系列中南林业科技大学专场招聘会1场，为应届毕业生对接123个职位、735个岗位。专题研讨湖南省林业科学院、湘林小区“源餐厅”项目，明确“源餐厅”用餐申请制度、“爱心餐券”使用制度、志愿者管理制度、服务反馈制度等。“源帮扶”爱心共享轮椅进小区，为小区老年人及腿脚不便的居民出行，免费借小区居民使用。推进“源圈——爱心零距离”公益项目建设，通过走访电访摸底高龄、独居老人、残障、低保低收入等困难群众694人，收集资助、家政、陪伴等帮扶需求291人，用餐需求113人。截至2022年年底，街道成立社区志愿服务团队6个，爱心志愿者1500余人，开展专项主题活动100余次，提供物资和资金帮扶价值140万余元，加入“源圈”项目的爱心企事业单位、商家门店140家。

【“政用产学研”党建共同体、创新联合体建设】 2022年4月15日，天心区文源街道组织召开林业领域“政用产学研”党建共同体、创新联合体第一次联席会议。中南林业科技大学、湖南省林业科学院、湖南德荣林业有限公司、湖南林科达农林技术服务有限公司、长沙创远环保科技有限公司等单位负责人参会，就校企合作的契合点进行沟通交流。会议介绍“政用产学研”党建共同体、创新联合体项目背景、前期工作开展情况；与会单位就党建情况进行汇报，对人才和科研项目2个内容进行资源和需求匹配，推进企业在教学、实习、就业等方面与高校开展合作。6月10日，长沙市天心区离校未就业高校毕业生专场招聘会中南林业科技大学体育艺术馆大厅举行。天心区“政用产学研”（林业领域）党建共同体、创新联合体成员间、园区内、商会会员企业间进行交流互动，促进区域内资源融合。12月15日，文源街道组织召开天心区（林业领域）“政用产学研”党建共同体、创新联合体联席会议暨人才政策“微课堂”专场宣讲。湖南德荣林业有限公司总经理于芳代表长沙市高层次人才发言。各成员单位就2022年（林业领域）“政用产学研”党建共同体、创新联合体工作成效，2023年项目展望等进行交流。

【户外劳动者“红色之家”】 2022年4月，天心区文源街道文源社区党委腾出近40平方米的空间，历时2个月，按照快递小哥们、环卫工人等户外劳动者需求，升级打造户外劳动者“红色之家”，着力解决快递小哥、环卫工人休息难、吃饭难、喝水难、手机充电难、热饭难等实际民生问题。6月22日，上海拉扎斯信息科技有限公司（饿了么）文源片区1支分队周例会在“红色之家”召开，17名快递小哥参加；6月27日，3支分队68名快递小哥组建“源圈”蓝骑士志愿服务队，快递小哥领服务，担任“文源社区民情网格员”，在送餐服务的同时开展禁毒、反电诈、“一盔一带”、垃圾分类等走街串户宣传。 （戴鹤铭）

桂花坪街道

【概况】 长沙市天心区桂花坪街道地处省政府、区政府核心地区，北以湘府路为界、南以长沙绕城高速为圪、东与雨花区接壤、西至书香路。截至2022年年底，街道辖区面积6.2平方千米，总人口6.1万人，下辖新园、桂庄、九峰苑、银桂苑、金桂、丹桂6个社区及1个金桂经济合作社。辖区内有现代农业集团、现代投资股份有限公司、中国长城资产管理有限公司湖南省分公司、湖南鑫远投资集团有限公司、中国能源建设集团湖南火电建设有限公司、湖南省湘水集团有限公司、湖南新物产集团有限公司等大中型企业；方向感国际汽车6S街区占地30.67公顷，入驻企业70家；有长沙现代凯莱大酒店、长沙维也纳酒店、湖南天怡国际青年酒店、亚朵酒店等酒店服务业；有保险职业学院、湖南省总工会干部学校、桂花坪小学、青园小学梓枫校区、湘府英才小学等教育机构；有审计署驻长沙特派员办事处、共青团湖南省委、湖南省市场监督管理局、长沙市公安局刑侦支队等驻街单位。

2022年，桂花坪街道抓好汽车6S街区提质和五江广场建设，助力湘府消费中心建设；优化驻街单位服务，争取上级机关和央企国企在政策和资金上给予倾斜和支持；扩展党建引领社区治理内涵外延，提升城管精细化水平；抓好石碑中学等民生项目建设，夯实“美丽小区、幸福家园”底色；开展“三联三问三促”工作，激发发展活力。桂花坪街道获评市政府真抓实干督查激励加强基层治理示范乡镇（街道）、市信访工作“三无乡镇街道”先进单位、市综治红旗单位；金桂社区获评湖南省最美志愿服务社区（长沙市仅2个社区）。

【街域经济】 2022年，天心区桂花坪街道完成市、区级税收4.06亿元，固定资产投资14.5亿元，限额以上社会消费品零售额40.77亿元，高新技术产值57.21亿元，规模以上服务业营业收入18.19亿元，其他营利性服务业营业收入2.9亿元，规模以上工业产销总值1.48亿元。新增百万税源企业5家、新增税收1791.88万元。全街有上市公司1家、亿元楼宇1栋、省属国有大型企业集团3家、央企省公司3家；区级税收过100万元企业37家，过1000万元企业3家。街道全年走访调研企业120余家，梳理问题21大类，现场解决问题9个；建立企服专员制度，助力39家企业获区级奖补460余万元。

【城市管理】 2022年，天心区桂花坪街道开展各类市容秩序整治行动300余次，查处违法违规行为800余起，纠正倚门出摊1100余次、占道经营近1600起。组织开展禁燃限放、清明节及中元节禁烧、“蓝天保卫战”、“6·5”世界环境日等宣传活动及环保、垃圾分类宣讲20余次。推进生活垃圾分类工作，更换宣传标语2.3万余张，小区垃圾分类导视图查漏补缺15个，淘汰更换破损脚踏式垃圾桶100余个，督查整改86次。开展撤桶并点定时投放共7个小区，完成3个垃圾分类（厢房）建设。打造九峰小区垃圾分类示范小区、九峰苑社区市级示范社区、银桂苑社区达标社区。全年厨余垃圾收运量3481.61吨。

【社会事业】 2022年，天心区桂花坪街道新增城镇就业1000人，失业人员再就业488人。建有桂庄社区、银桂苑社区、金桂社区、新园社区4家社区居家养老服务站以及街道综合养老服务中心普亲惊蛰护理院，新建成九峰苑社区、丹桂社区2家居家养老服务站。特困帮扶（五帮扶）人数21户，帮扶金额4.12万元；发放各类专项救助金10.22万元，累计发放城乡低保资金9.9万元。医疗保险参保率95%以上，特殊困难群体医保参保率100%。城乡居民养老保险参保率98%。为企业退休人员提供咨询、接收和认证等服务11688人次。为辖区80岁以上375位高龄老人发放生活补贴费41.8万元。开展诗歌朗诵、老年健身舞、文艺表演、健康知识讲座等活动194场。办结“12345”工单2491条，较2021年增加1163条，增长87.57%；产生最终不满意工单53条，年满意率97.87%。

【综合治理】 2022年，天心区桂花坪街道开展平安创建活动，召开调度会议13次，开展综治宣传月集中宣传活动15场次，发放各类宣传海报3.5万余张、宣传手册6.5万余份、便民联系卡5000余张，发送综治民调宣传短信4.5万余条；开展“打击整治养老诈骗专项整治行动”宣传活动15次、宣传讲座10次，发放宣传彩页、宣传手册8500余份，在各社区醒目位置悬挂宣传横幅30余条，张贴宣传海报2500余份；开展禁毒清查活动20余次，结合“6·26”国际禁毒日，组织辖区学校开展5次专题禁毒知识讲座进校园活动；开展法治宣传教育活动25场次，发放宣传资料6000余份，制作普法短视频7个，编排普法情景剧1个。开展“省级法治街道建设示范创建”和“全市禁毒示范街道创建”工作，迎接省级市域社会治理现代化试点工作验收，完成街道、社区2022年法律顾问续签合同、选聘律师工作。

【党建工作】 2022年，天心区桂花坪街道召开工委会会议27次、工委理论学习中心组集体学习12次。学习宣传中共二十大精神，依托“宜美桂花宣讲团”开展巡回微宣讲13场次。牵头举办基层干部素质提升培训班6期。按照“三上三下”原则，制定40条不合格党员认定标准。新发展党员10名，吸纳入党积极分子21名。制定党建项目“四类清单”，解决兴汝金城外墙砖脱落、富景园缆线凌乱等问题，新改建绿地名邸、天和家园等4个小区党群服务中心。开展整建提质专项行动，成立合作社党委教育整顿小组，推进合作社党员教育整顿工作。新建“两新”党支部9个，其中1家为新消费企业。在金桂商业街打造快递外卖小哥红色之家。深化党建引领基层治理，长城水郡小区成为高度自治的样板小区。

【石碑中学项目】 石碑中学项目位于天心区桂花坪街道，桂花坪路与刘家冲路相交处西南角；总用地面积约5.5万平方米，总建筑面积约7万平方米，规划60班初中；主要建设内容包括教学楼、办公综合楼、食堂、宿舍、艺术楼、体育馆及室外附属工程。2022年5月，石碑中学项目进场施工。

【“长沙市关心下一代教育基地”授牌】 2022年7月5日，长沙市关工委在天心区桂花坪街道金桂社区“心中的梁家河”展示馆举行“长沙市关心下一代教育基地”授牌仪式。长沙市关工委常务副主任刘耀杰，市委组织部副部长、老干部局局长王俏，天心区委常委、组织部部长张建等参加。刘耀杰一行参观金桂社区“心中的梁家河”关心下一代教育基地、社区少年宫、家长学校等青少年活动阵地，听取相关工作汇报，就“心中的梁家河”开展青少年红色主题教育情况等进行沟通和交流，对“心中的梁家河”特色品牌工作表示肯定。“心中的梁家河”展示馆于2017年10月建成开馆，截至2022年7月，已接待参观团队1521批次、66857人次。

（肖雯靓）

青园街道

【概况】 长沙市天心区青园街道为湖南省政府、天心区政府所在地，辖区东起韶山南路，西至书香路、北接木莲冲路、南抵湘府路。截至2022年年底，街道辖区面积4.6平方千米，常住人口4万余人，下辖井湾子、青园、友谊、湘园、康园5个社区。

2022年，青园街道着力提升服务企业、服务民生的能力，加大城市管理与社会治理力度，推进市容秩序整治、拆违控违、燃气安全、垃圾分类、蓝天保卫、自建房排查整治等方面工作。太和广场闲置项目得到盘活；完成2条街巷整治、佳乐公寓提质提档工程施工与“正塘坡路绿色餐饮示范街”创建；发放平安创建、防诈、扫黑除恶、禁毒资料4.2万余份；通过“12345”政务服务便民热线办理历史违建、格子房、物业管理类，城管违停类，防疫类工单1394条，比2021年增长77%，按时签收、办结率、及时联系率均为100%，满意率97%；推进“家门口”“楼门口”党群服务体系建设，实施四类项目8个、“小切口”项目4个，新建“美在金秋”老党员之家4个，解决移交党员无活动阵地难题。

【街域经济】 2022年，天心区青园街道完成财税收入10.45亿元，固定资产投资15亿元；限额以上社会消费品零售额4.12亿元；规模以上服务业营业收入17.14亿元，比2021年增长0.08%，其中规模以上其他营利性服务业营业收入13.91亿元；建筑业产值421.64

2022年7月5日，天心区桂花坪街道金桂社区“心中的梁家河”展示馆获评“长沙市关心下一代教育基地” （桂花坪街道供图）

亿元，比2021年增长10.19%；楼宇去化面积1.12万平方米，楼宇去化税收1500.32万元；实现月度新增企业7家；引进百万税收企业9家；辖区千万税收企业22家。

【城建城管】 2022年，天心区青园街道对迎祥路、青园前路等处累计开展各类整治行动80余次；完成2条街巷整治，2000余平方米绿化修整、20余处附属设施修缮；清理新韶东路湘府华城小区、长沙医学院闲置地、地铁口等闲置用地等区域生活垃圾、建筑垃圾300余车；处理市数字化案卷3516条，区数字化案卷743条，网格化自采数字化案卷683条。完成入场湿垃圾4056吨。开展餐饮油烟排查专项执法行动10余次，完成“正塘坡路绿色餐饮示范街”创建；劝阻处置各类违规施工行为370余起。

【社会事业】 2022年，天心区青园街道春节慰问441户、26.68万元；高龄老人补贴发放1276人次、41.27万元；发放“两项补贴”2320人次、28.21万元；发放各项计生奖扶资金413人、106.96万元；发放低保金61.38万元；发放精神病药物救助155人次。完成2022年病媒生物示范小区建设和“健康细胞创建”验收督导。重新划分5个社区，统筹成立新社区康园社区。开展2023全民健身活动，促进重点人群健身活动。所有社区开设退役军人服务窗口，办理、发放优待卡，为辖区退役军人提供服务。辖区企业慈善捐款300万余元；街道摸排特困群体22361户，帮扶特殊困难对象50户，发放帮扶资金6.31万元，住房帮扶6户。

【综合治理】 2022年，天心区青园街道宣传“十大平安”创建工作，专题召开15次维稳工作会议；联合派出所搭建四级快速反应平台，将41个快反支援平台与33个社区网格深度融合，没有发生影响重大的刑事案件、群体性事件。收缴非法经营烟花爆竹76件，销毁60件；对沿街200家“五小门店”燃气使用情况、10家使用环保油的餐饮单位以及中储粮，大润发、省化肥基地老职工宿舍小区等进行专项检查；对267栋高层建筑进行隐患排查，排查隐患779项，没有发生安全生产责任事故、没有发生食品安全事故。

【党建工作】 2022年，天心区青园街道党工委会议研究基层党建工作12次，出台《青园街道关于提升党建融合度的十大行动方案》，推进“家门口”“楼门口”党群服务体系建设。对接市委党校资源成立街道党校，获评市级示范基层党校；实施“书记听我说”小区治理项目，举办现场协调会25场次，协商提供12个小区党群活动阵地，新建3个小区党群中心（其中，区级示范2个）。发放移交党员对接服务卡600余份，协调活动阵地10个，建立“美在金秋”老党员之家4个（其中省级示范、市级示范各1个），开办15类老年课堂。出台社区专职工作人员效能考核细则和编外合同制人员管理办法；成立“红小二”人才服务专班，建立分楼宇对接帮扶的人才服务机制，为辖区157家企业做好人才政策及惠企政策的宣传指导，申报长沙市高层次人才5人。

【“正塘坡路绿色餐饮示范街”创建】 2022年，天心区开展“正塘坡路绿色餐饮示范街”创建活动，强化餐饮业油烟污染防治工作，改善区域空气环境质量，推动绿色生活理念深入人心。创建做到所有餐饮门店证照、设施齐全，日常油烟防治措施落实到位，管理台账齐全，油水分离，餐厨垃圾统一规范收集运输，无店外经营、露天烧烤的情况。同时，对餐饮门店宣讲解读餐饮油烟污染相关的法律法规和环保知识，邀请专业技术人员对门店的设备升级和日常清洗进行指导。

【青园街道“两新”党建工作】 2022年，天心区青园街道开展“两新”党建主题轮值活动12期，推出5大类27项共享资源服务，收集解决企业经营问题20余个，辖区内137个“两新”组织基本实现“两个覆盖”（党的组织覆盖和工作覆盖）。街道“两新”综合党委实行主题党日活动“轮值制”，促进辖区各党支部的交流协作，解决各党支部开展主题党日活动形式单一等问题。6月8日，湖南省委组织部二级巡视员、省委“两新”工委办公室主任冯宗君带队调研天心区青园街道“两新”党建工作。冯宗君一行到湖南大象建筑规划设计有限公司党支部进行实地考察，进企业面对面交流，了解“两新”党组织党建情况。7月7日，长沙市委常委、组织部部长罗缵吉一行到青园街道调研考察“两新”党建工作。罗缵吉认为青园街道“两新”综合党委先行先试，组织架构健全、管理机制顺畅、活动开展有效，成效明显。

【"小切口"惠民党建项目】 2002年，天心区青园街道打造"家门口行动"，依托"青园益+"及惠民资金，结合群众实际需求，在各个小区内开展小切口惠民党建项目。友谊社区启动友谊小区四片区路灯增补项目，在小区安装12盏太阳能路灯；康园社区发挥康园红色物业联盟的优势，组织辖区热心企业、组织、门店举办爱心义剪、便民义诊等行动；井湾子社区对林木种苗宿舍楼道窗户和楼道全面提质，将宿舍楼道内6个破损的木窗户全部更换成铝合金窗户，对楼道墙面进行粉刷；湘园社区探索未成年人课外关爱新模式；以退休党员徐小英为核心人物，依托小区邻里党群服务中心，打造"五老"特色工作室，开展绘本阅读活动。

【自建房大排查大整治"百日攻坚"专项行动】 2022年5月1日，天心区青园街道部署自建房大排查大整治"百日攻坚"专项行动，发放800余份安全告知书，排查自建房，对友谊别墅区违章广告牌、佳乐公寓28户违章建筑进行拆除。针对农安小区自建房成立工作专班，委托专业检测机构对自建房屋安全隐患进行初筛，根据检测报告鉴定结果进行相关处置。截至2022年年底，辖区内697栋自建房屋全部录入系统，房屋检测率和报告率均为100%，全街541栋较大安全隐患、169栋一般安全隐患、22处自建房"格子房"均全部完成整改。

【青园街道学习贯彻二十大精神系列宣讲活动】 2022年11月8日，天心区青园街道举办"就认这个理·理论轻骑兵一线微宣讲"青园专场暨学习贯彻中共二十大精神微宣讲选拔赛，23名选手参加比赛，街道结合选拔赛结果组建青园街道宣讲团，吸纳14名宣讲员。11月16日，学习宣传贯彻中共二十大精神宣讲会暨青园街道宣讲团动员暨集体备课会举行，市委宣讲团成员、市委党校副教授全建业作中共二十大报告宣讲，为宣讲员们作宣讲备课技巧传授。11月17日，青园街道承办的天心区学习贯彻中共二十大精神基层党校"第一课"开讲，区委书记吴新伟、长沙市委党校副校长刘国杰作为主讲人，宣讲中共二十大精神。11月23日，区政协党组书记、主席张界贻到青园街道宣讲中共二十大精神。

（周　茜）

黑石铺街道

【概况】 长沙市天心区黑石铺街道位于天心区南部，北抵湘府西路与新开铺街道、青园街道毗邻，东邻书香路、石碑路、芙蓉南路与桂花坪街道相连，南至披塘路与先锋街道接壤，西倚湘江及京广线与大托铺街道交界。截至2022年年底，街道辖区面积9.53平方千米，常住人口3.8万余人，流动人口1.2万余人，下辖黑石铺、铭安、创谷、一力4个社区，披塘村1个行政村，黑石、九峰、披塘3个经济合作社。

2022年，黑石铺街道实现社保融资11号地全面清零，提前完成5712厂随迁项目92家转租企业腾空搬迁，完成九峰整村城改合作开发大协议签订，推进黑石铺片区城市单元项目（肉联厂清租）、腾飞之家闲置土地盘活项目、披塘两安用地合作开发项目、大唐印象商业中心建设、湘府海纳广场及国网湖南长沙供电公司产业示范基地项目等。

【街域经济】 2022年，天心区黑石铺街道完成地方一般预算收入5.79亿元，工业总产值比2021年增长10.4%；新增限额以上批零住餐企业6家，从业人员工资总额比2021年增长6.61%，社会消费品零售总额3429.5万元；新增建筑业企业1家，新增高新技术企业28家，科技型中小企业入库50家；楼宇去化面积3059平方米。围绕长沙人才政策"升级版45条"及配套实施办法，走访辖区重点企业28家，组织开展宣讲推介会暨企业数智化转型主题沙龙活动，累计协助企业申报各类高层次人才16人、产业特色人才2人，协助大唐先一科技有限公司申报城市"猎英行动"榜单岗位4个。

【城建城管】 2022年，天心区黑石铺街道推进长沙电大、长郡外国语实验中学及其第一附属小学扩建、湘府英才益清小学二期工程项目建设，配合天心大道路段提质改造和杉木冲路、工程路等基础设施建设，完成丹桂苑小区提质改造和电梯安装，完成长沙肉联厂篮球场改建和九峰篮球场标准化扩建工程。拆除各类违法建筑143处8000余平方米、违规户外广告招牌50余处约600平方米。组织城乡环境综合集中整治行动30余次，清除城市"牛皮癣"小广告6000余张，清退流动摊贩160余个，整治店外经营230余家，整治车辆违停330余起，清理大型裸露垃圾230余处420余吨，覆盖绿网5.3万余平方米，立案处罚33件。推进"蓝天保卫战"和垃圾分类工作，建成垃圾分类厢房19个，排全区第一。铭安社区获评"长沙市生活垃圾分类工作示范社区"。开展中央、省环保督查信访件"回头看"督查整治工作；对辖区24家产废企业定期开展危废管理排查和整治工作，对30余起市民投诉问题进行及时处置，累计采集完成环保网格化案卷近500条。

【社会事业】　2022年，天心区黑石铺街道城镇新增就业895人，失业人员再就业363人。开展2场次"春风送温暖，就业送真情"大型招聘会，组织开展技能培训班和创业培训班；协助15家企业申报市年度创新创业带动就业项目、6家申报年度创业经营场所租金补贴、7家申报年度一次性创业补贴、2家企业申报"小荷"青年人才创业项目。完成6名困难大学生慈善助学和20人次事实无人抚养儿童补贴发放，发放高龄补贴2763人次，为81户114人低保居民发放低保金，为4人次申请特困家庭医疗救助，为10户困难残疾人家庭申请补贴，为12名残疾人申请居家托养服务，为13名残疾人申请17份辅助器具，为4户残疾人家庭申请无障碍改造。"一网通办"平台受理办结253件，时限压缩率80%。

【综合治理】　2022年，天心区黑石铺街道以"协会+""网格+"等特色项目推进"矛盾纠纷大排查大化解"专项活动，成立长沙市钢材商会调解委员会，调解矛盾纠纷41起。开展《中华人民共和国反有组织犯罪法》宣传，无涉黑涉恶案件发生。处置因欠薪、延期交房和房屋质量引起的突发性群体性事件。设置31个戴帽工程查缉点，完成蓝天路、防洪大道、湘府路桥3处重点部位交通安全隐患排除。推进市域社会治理现代化试点，"创谷晴雨"品牌被省、市多家主流媒体专版推介。开展各类安全宣传教育培训12次、应急演练5次、观看警示教育片15部，排查整治各类安全隐患1150余条。披塘一期安置小区自建房隐患整治拆违行动"123"工作法被推介报道。

【党建工作】　2022年，天心区黑石铺街道党工委专题研究部署党建工作12次，建立2项规范党务工作操作细则；组织开展理论中心组学习12次，举办群众性宣讲活动30余场次；用好"学习强国"学习平台等，评选年度学习之星5名、优秀管理员5名、学习型管理组5个。推进民主评议党员试点工作，经验做法被湖南省委组织部"红星云"推介报道。开设"智轩学苑""红旗"班课程12期，评选出"治理""知农""奋进"红旗手13名。吸收入党积极分子30名，接收预备党员8名，预备党员转正26名。成立"两新"综合党委1个，新建"非公有制经济"党组织2个，打造货车司机红色之家1个，"两新"党组织覆盖率由16%提升至75%，45家企业被纳入联合支部进行管理，一力股份有限公司党委打造党建领航中心，被评为区"两新"党组织标杆建设示范点。"黑石聚力会"吸引25家社会组织入驻。成立退休支部21个，实现"美在金秋"老党员之家全覆盖，铭安社区退休支部党员在"一支部一故事"主题讲演比赛中分别获区级二等奖、市级三等奖。申报区级党建"四类项目"9个、街道级党建"四类项目"12个，申报小区便民设施安装、示范化党群服务中心建设、社会治理创新项目等在内惠民项目21个。

【长沙肉联厂清租项目】　长沙肉联厂清租项目是天心区黑石片区城市更新"首开项目"，东邻天心大道、西接京广铁路、南靠天心大道与牛冻路连接道路，土地总面积13.56公顷，地上建（构）筑物71栋、13.17公顷。该地块共有租赁户325户。其中，"中南大市场"（原长沙肉联厂将原有厂房改建而成的132户"门面房"所形成的市场）购买50年"门面"使用权104户、物流仓储以及食品加工企业52户、冷库及周边门面房租赁户138户、其他租赁户31户。2022年4月16日，天心区政府与湖南辉鸿食品有限公司（原长沙肉联厂改制后成立的新公司）签订《长沙市国有土地上房屋征收补偿协议》，对其所有的原肉联厂厂区（不含宿舍）地块及地上附属建筑（房屋）启动征收。黑石铺街道成立项目清租指挥部，抽调各办所、社区46名骨干力量组成攻坚组进驻，协助湖南辉鸿食品有限公司开展租户清退工作。截至2022年12月15日，325户租赁户中签约318户，签约率97.85%。

【披塘村安置小区一期自建房隐患整治拆违行动】　披塘村安置小区一期位于天心区黑石铺街道，于2001年启动建设，由村委会统筹负责宅基地的"三通一平"（水通、电通、道路通和场地平整），地上房屋由村民自建，因邻近一力物流钢材市场，流动人口频繁，违建情况较多，消防安全隐患较大。2022 年 5 月 18 日，披塘村安置小区一期自建房隐患整治拆违行动启动。黑石铺街道创新运用“123”工作法开展拆违行动（“1”即坚持“阳光公平”一条主线：黑石铺街道对披塘村安置小区一期自建房进行全面摸底调查，建立“一户一档”信息管理，将所有房屋违章搭建情况张榜公示，接受群众监督；“2”即聚焦“党建引领”“纪检监督”双轮驱动：发挥党组织战斗堡垒和党员先锋模范作用，发动党员带头拆，同时街道纪工委全过程参与，对存在徇私情况及时查处；“3”即推动“专业设计”“村民自治”“社会参与”三措并举：披塘村聘请专业设计公司对小区后续提升进行专业设计，在设计的同时广泛征求村民意见，让村民深度参与，对接物业公司，通过车辆收费、物业费缴纳等方式引进专业化管理，提升小区软件服务水平。）5 月 22 日，天心区委书记吴新伟带队到黑石铺街道披塘村安置小区一期，调研拆违工作成效。

2022 年 5 月 22 日，天心区委书记吴新伟（前左二），区委副书记、区长周志军（右二）带队到黑石铺街道披塘村安置小区一期，调研拆违工作

（黑石铺街道供图）

【国网湖南长沙供电公司产业示范基地项目开工】 2022 年 2 月 7 日，国网湖南长沙供电公司产业示范基地项目开工。该项目由国网长沙供电公司投资建设，位于天心区黑石铺街道，南邻雀园路、西邻新开铺路；总投资约 3.3 亿元，总占地面积 5.13 公顷，总建筑面积 4.5 万平方米；包含电网调度中心、供电指挥中心、信息通信中心及配套的数据机房、供电保障等设备设施用房建设。建成后承担长沙市电网的调度控制职责，成为长沙市电网的应急指挥、电网维修抢修等工作的指挥中心。

【黑石智轩学苑“红旗班”开班】 2022 年 3 月 2 日，天心区黑石铺街道黑石智轩学苑“红旗班”开班仪式举行，街道青年干部、各社区（村、合作社）“两委”成员、“两新”党组织书记等 90 余人参加。湖南省大众语言艺术研究会演讲首席专家蒋维以《演讲与口才能力进阶》为题，从街道、社区工作人员的实用方向入手，围绕在会议、接访、授课等情境中需要广泛应用的演讲与口才技能为学员们进行专题培训。

【披塘村第四届“新乡贤”表彰仪式】 2022 年 3 月 4 日，“党建引领乡村发展乡贤带动文明乡风”天心区新时代文明实践主题宣传活动暨黑石铺街道披塘村第四届“新乡贤”表彰仪式举行。活动对披塘村“移风易俗先进个人”“最美志愿者”、第四届“新乡贤”、“榜样力量最美黑石人”等先进典型进行表彰，倡导文明新风；披塘村第四届“新乡贤”代表陈应辉分享个人的孝敬老人、关怀子女故事；对蓝天保卫战和垃圾分类进行宣传，启动“黑石聚力，益起来——志愿红、文明美”3 月学雷锋主题活动；活动表演歌舞《万疆》、大合唱《党旗飘扬》、快板《新说垃圾分类》、歌舞《领航新时代》、少儿歌舞《中华孝道》等文艺节目。

【非公有制经济组织和社会组织综合党委成立】 2022 年 5 月 5 日，天心区黑石铺街道召开“强省会聚黑石促发展”——2022 年区域化党建联席会议暨非公有制经济组织和社会组织综合党委成立大会。街道“两新”综合党委成员、“两新”党组织书记，区域化党建联席会成员代表、重点企业代表，各社区村党支部书记、副书记 70 人参加会议。黑石铺街道党工委书记胡波宣布黑石铺街道“两新”综合党委成立并揭牌。中国电子科技集团公司第四十八研究所（简称“中电48所”）党群工作部代表以《如何加强党员教育管理，亲情护企融合力》为题，就落实共建项目进行发言；街道相关负责人对全街“两新”党组织组建攻坚行动进行部署；胡波从“明确定位，顺应‘强省会’战略的新形势”“积极探索，构建区域化党建发展新局面”“整合资源，实现区域高质量发展新目标”三个方面，强调努力实现区域化党建项目提质增效；长沙市高层次人才服务发展中心发展部部长伍璐开展“长沙市人才政策宣讲和申报指导培训”。

【“三上三下”民主评议】 2022年5月17日，天心区黑石铺街道召开2021年度基层党组织组织生活会和规范开展民主评议党员工作动员部署会。作为天心区规范开展2021年度民主评议党员工作试点单位，黑石铺街道围绕“严肃党风淳化民风”主题，率先采取“三上三下”民主评议方式对基层党员“把脉问诊”“开方抓药”。各基层党组织对全街道1652名党员进行民主评议，评出优秀党员424名、合格党员1099名、基本合格党员123名、不合格党员6名。“一上一下”收集问题：联点街道领导、社区（村、合作社）党委班子成员、街道办所干部、党支部委员、党小组长分别对社区（村、合作社）、村组党员群众联点包户，广泛开展谈心谈话、上门下访，在党员、“三长”代表、群众代表中征求对支部班子及党员的意见和建议；“二上二下”充分酝酿：各基层党支部根据党员日常积分和收集到的问题清单等，分别拟定党员评议办法（一稿），召开党员大会、党员、“三长”、群众代表座谈会听取各方意见，完善修订形成评议办法（二稿），经再次意见征集后，形成党员评议办法（草案）；“三上三下”审议决策：各基层党支部将充分讨论、完善的党员评议办法（草案）报街道党工委审核把关后，提交党员大会审议，表决通过最终党员评议办法。

【黑石铺街道助学活动】 2022年7月29日，天心区黑石铺街道“爱心天心·筑梦同行”2022年黑石铺街道助学活动启动。活动由黑石铺街道办事处、社工站、工会联合会与洋河股份湖南事业部长沙分公司、湖南购玖电子商务有限公司联合开展。黑石铺街道党工委委员、办事处副主任王帆，爱心企业代表以及6位受助学生代表参加活动。

【蓝天路整治】 2022年8月10日，黑石铺街道披塘村在蓝天路进出口两端安装限高设施，限高门跨度22米，限高2.3米，防止大货车违停。如遇紧急情况，可打开一侧的紧急通道进行放行。蓝天路东起工程路，西至天心大道，双向六车道，于2015年4月竣工通车，因邻近湖南钢材大市场，货运车辆长时间停放在马路沿线，并且经常两车、三车并排停靠，导致原六车道只有两车道可以通行，存在安全隐患。

【中电48所党群服务中心提质改造】 2022年11月，天心区黑石铺街道铭安社区的中电48所小区党群服务中心完成提质改造并通过验收。中电48所小区党群服务中心在原小区老年活动室基础上提质改造而成，通过增设党员之家、老年大学、志愿者工作站、爱心义剪屋等一批功能室，解决联系服务群众“最后一公里”难题。（曹晓姣）

大托铺街道

【概况】 长沙市天心区大托铺街道位于湘江长沙段解放垸境内，地处长株潭三市融城的最前沿，东邻京广铁路、西濒湘江，北与黑石铺街道接壤，南与先锋街道、南托街道接壤。截至2022年年底，街道辖区面积15.12平方千米，其中陆地面积11.86平方千米，常住人口1.8万人，下辖黄合、兴隆、桂井、大托新村4个行政村，村民组110个。

2022年，大托铺街道发展特色现代都市农业，通过培育临江鱼馆、王捌院子、湘江里等餐饮产业，结合湘江南路东侧绿化带种植四季花草、修建绿色停车场等，将湘江南路打造为一条沿江美丽经济带；成立临时党支部，助力暮坪湘江特大的项目建设；盘活集体资源，成立合股有限公司；打造“红壤禾场”，建设美丽庭院，推进美丽宜居村庄建设；培育现代化休闲农业，打造花卉基地、荷花种植园等。全年投稿各类主题宣传344篇，省级媒体174篇。

【街域经济】 2022年，天心区大托铺街道完成财税3400万元，比2021年增长0.2%；规模以上工业总产值2.54亿元，比2021年增长0.7%；固定资产投资1.66亿元，比2021年增长31.5%；社会消费品零售总额8108万元，比2021年增长11%；建筑业完成产值7000万元。新增长沙宝通管业有限公司、湖南文思昌安全科技集团有限公司、长沙国英金属材料贸易有限公司3家“四上”企业。辖区5个经济合作社联合成立湖南宇迪众托劳务服务有限公司，与湖南建工集团有限公司签订助力乡村振兴村级集体经济倍增计划合作框架协议，全年各村集体收入均破50万元。民革市委将大托新村作为助力乡村振兴示范建设点，签署供应链销售农商联营、葡萄种植、免费法律顾问等5个合作项目协议。

【城乡建设】 2022年，天心区大托铺街道推进“美丽三园”、美丽屋场、乡村振兴示范街道创建工作，建成农村道路5条，完成农村水利项目4个，千窑湾等4个美丽宜居村庄通过市级验收。自建房隐患排查4428栋，其中经营性自建房344栋，存在安全隐患类58栋全部完成整改，共拆除11处、面积2460平方米。推进人居环境整治，每月开展道路两边片区环境提质改造评比活动。

【社会事业】 2022年，天心区大托铺街道建设大托铺居家养老服务中心，创建“五社联动幸福邻里”民生品牌，开展“湘融湘爱”农民工市民化融合样板街道创建工作。4所提质升级的公办幼儿园投入使用。走访慰问各类优抚对象和退役军人及现役军人家属并发放慰问金；桂井村退役军人服务站被评为“2022年度长沙市‘五优’退役军人服务站”。

【综合治理】 2022年，天心区大托铺街道对辖区散乱污仓储物流场所等33处进行全面摸底造册，拆除16478.36平方米；加大图斑整治力度，全年无新增违法图斑。长沙蓝天救援队入驻大托铺街道大托新村。加大食品药品安全、公共消防、交通安全等领域综合整治力度，消除各类安全隐患，辖区连续多年保持无重大安全事故。

【党建工作】 2022年，天心区大托铺街道党工委组织开展主题党日活动12次、理论学习中心组学习12次、理论教育活动10余次、专题研讨12次。推进“党建聚合力”工程，开办“红壤党校”，对机关党员、村支“两委”、村党员骨干及全街党员4个梯队进行分类培训。分批提质13个建在田间地头、党员家中的“红壤禾场”，各村打造“合心”文化、村校联盟、党员爱心基金、联创共建等“一村一品”。开展“连心到户”，421名党员联系4307户居民，在自建房摸排等工作中开展“敲门行动”3万余次。打造一线“党旗红”品牌，在暮坪湘江特大桥征拆、“三人托”遗留问题处置等工作中，成立2个临时党支部，凝聚党员力量攻坚克难。

【暮坪湘江特大桥（大托段）项目集体土地征拆】 暮坪湘江特大桥（大托段）项目用地位于天心区大托铺街道大托新村范围内，东起大托新村田边湾组，西至湘江南路，涉及农村集体土地约6.21公顷、共43户。大托铺街道引导和规范拆迁及补偿行为，保障被征拆群众的合法权益，用时7天实现暮坪湘江特大桥（大托段）项目集体土地征拆签约清零，集中15天时间完成签约房屋倒栋清零，60天签订集体大协议交地。

【“湘融湘爱”农民工市民化融合】 天心区大托铺街道是全省首批37个“湘融湘爱”农民工市民融合样板建设街道。2022年，大托铺街道以辖区内主要用工企业为基地，辖区外集中用工区域为节点、行业为链条、企业为终端，以培养新型服务人才、实用技工人才为主体，形成“本地培训培养，就业创业联动，辖区内外共用”的“全链条技能提升机制”，打造农民工素质提升的中国“大托靓姐”“大托金厨”“大托技工”服务品牌。街道将农民工素质提

2022年6月15日，暮坪湘江特大桥（大托段）项目征拆进行集中签约

（大托铺街道供图）

升作为“湘融湘爱”样板建设的主要内容，落实辖区农民工信息监测，结合社保缴费等工作，摸清农民工就业创业和技能基本情况，建立技能监测信息台账，开展职业技能提升行动，推动服务品牌建设。

【“红壤禾场”】 2022年，天心区大托铺街道制定《中共大托铺街道工作委员会“红壤禾场”项目实施方案》和《大托铺街道“红壤禾场”联络员考核办法》，分批提质13个“红壤禾场”。街道以“红壤禾场”为活动阵地，通过小专题、微课堂、微宣讲等形式组织开展文明创建、理论宣讲、移风易俗等志愿服务活动，招募158名新时代文明实践“满天星”志愿者，每个禾场安排1支志愿服务队、1名专职雷锋志愿者，开展专题主题活动69次，收集基层突出治理问题5条，开展志愿服务80余次，服务群众8000余人次。7月16日，大托铺街道黄合村“就认这个理·理论轻骑兵一线微宣讲”在“红壤禾场”举行，近50名村民参加。

【人大代表助力乡村振兴联络站】 2022年，天心区大托铺街道成立人大代表助力乡村振兴联络站。该联络站建立代表定期学习、代表轮值、走访调研、民生实事督导等相关制度，设立群众意见箱，让代表们准确掌握第一手资料，更好为乡村振兴建言献策；联络站与湖南望龙律师事务所合作，将律所服务融入站点，为代表履职提供法律保障。人大代表陈建明为大托新村1.6公顷闲置两安用地招商引资20余家企业，盘活闲置土地，带动周边村民就业增收；代表陈建明、高智强被大托新村聘为“乡村振兴顾问”。人大代表开展“乡村振兴特色产品直播带货”活动，推介本地农产品；发挥资源优势，引进长沙0123露营基地、闻雨小院、瞰见文化传媒等新消费业态。人大代表参与村规民约的制定，开展移风易俗、反诈宣传等活动，指导村组基层社会治理。人大代表通过走访慰问、“爱心天心”慈善捐款、疫情志愿服务等方式，帮扶困难群众，累计捐款捐物价值5万余元。

【幼儿园提质升级】 2022年秋季，天心区大托铺街道辖区黄鹤幼儿园、桂井幼儿园、新港幼儿园、兴隆幼儿园4所公办幼儿园完成提质升级并投入使用。黄鹤幼儿园位于大托铺街道黄合村，2022年暑期，天心区投资100万余元提质园所设施及环境优化改造；桂井幼儿园位于大托铺街道桂井村桂井小学校内，是区教育局2019年举办的一所公办幼儿园，园所包括音乐室、美术室、科学室、阅览室等各类设施；新港幼儿园位于大托铺街道新港村，2022年暑期，天心区投资100万余元对新港幼儿园进行提质升级，优化资源配置；兴隆幼儿园坐落于湘水之畔、大托街道兴隆村兴隆小学校内，园所呈四合院式布局，2022年暑期，天心区投资近200万元对兴隆幼儿园进行提质升级，优化资源配置，打造设施齐全、环境优美、师资优秀、管理科学的儿童乐园。

【第七届大托小镇休闲美食消费节】 2022年9月28日，天心区第七届大托小镇休闲美食消费节暨乡村露营节开幕式在大托铺街道黄合村长沙0123露营基地举行。活动邀请长沙0123露营基地、湘江里老渔村、王捌院子、湘厨旺府等10余家企业参加，现场发布美食地图，展销40余种生态农产品。活动专设乡村振兴展区，益农信息社、长沙南泥湾食品厂等企业参展，手工红薯粉、应季蔬菜、莲蓬、莲藕等20余种绿色生态农产品进行展销。现场上演舞蹈《少年》、快板《严防严打电信诈骗》、萨克斯演奏《回家》等节目。该次消费节从9月28日持续至10月底，活动有“湘融湘爱”餐饮行业技能比武大赛，0123露营节、湘江里老渔村国庆趣玩丰收节、湘厨旺府的特色烤羊节、春舞花卉赏花节、王捌院子乡村嗨唱音乐节等，各门店推出招牌特色菜品秒杀活动，推介大托美食品牌。（刘　俏）

先锋街道

【概况】 长沙市天心区先锋街道位于长沙市南大门，长、株、潭融城核心位置，北靠桂花坪街道，地铁1号线和长株潭城际铁路交会于内，芙蓉南路、中意路、环保大道、新电路等城市干道贯穿全境，东接暮云街道，南邻南托街道，西连黑石铺街道、大托铺街道。截至2022年年底，街道辖区面积16.62平方千米，常住人口5万余人，下辖南城、嘉和、新宇、尚双塘4个社区，新路村1个村，先锋1个经济合作社以及大托铺机场区域。

2022年，先锋街道加快打造医药健康、商贸零售、人力资源、大数据等产业集群，持续跟进国家医学中心、中信工改等重点项目建设；加速推进先锋片区城市更新，盘活辖区闲置、低效土地以及两安留地，为产业发展打基础；强化小区党建工作，全覆盖打造小区党群服务中心。

（谢玉丽）

【街域经济】 2022年，天心区先锋街道完成市、区两级税收4.98亿元；千万税收企业18家，新增3个亿元楼宇、4家百万税源企业。固定资产投资项目在库36个，其中“五上”项目14个（5家房地产项目和9个投资项目），“五下”项目22个，累计完成投资28.16亿元；新增“五上”项目入库6个，投资121.6亿元，新增“五下”项目21个，投资3.21亿元。社会消费品零售总额2.93亿元，比2021年增长22%；限额以上批发零售业总额79.51亿元，比2021年增长10%；规模以上服务业营收56.54亿元，比2021年增长48.7%。楼宇去化面积1.2万平方米；建筑业产值完成49.39亿元，比2021年增长28.7%。累计申报认定高新技术企业21家，科技型中小企业50家。新增12家规上企业，其中商贸业5家、服务业6家、工业1家、建筑业1家，另新增1家文创企业。本年度上报星浩物流园、人力资源产业园、长沙中海大厦3座亿元楼宇，新增4家百万税源企业。街道辖区的国家医学中心、中海寰宇天下（中海湘城名庭）和鑫远·融泽府（F32地块）等省、市重大项目均已入库，完成投资6.78亿元；贤盛发项目、新路二小提前半年入库，完成投资3.94亿元。

（黄 国）

【城建城管】 2022年，天心区先锋街道推动产业、地产及基础设施项目征拆，人才公寓、12号农民社保用地项目均于1个月内完成清零，新路村M02-312地块半天签约清零。推进自建房专项整治，录入省平台居民自建房337处，拆除15处，查封并停止使用6处，停止经营13处。拆除违章建筑60余处，面积2万余平方米。拆除违规户外广告120余处、小区违章建筑1520平方米。推进“百街千巷”项目行动，打造一字墙街、积塘街2条精品街巷。推进老旧小区改造，投入148.34万元用于某部干休所小区全面改造，于年内完成建设。提标提质垃圾分类工作，发放资料8000余份，新建垃圾箱房5座，厨余垃圾年完成率100%。强化数字城管水平，市、区平台数字化案卷按期结案率均为100%。排查“散乱污”工地及企业31家，下发环境监管文书督促整改企业22家，责令限期企业11家。对路面渣土、噪声、垃圾秸秆焚烧污染环保督促案件16件，涉案行政处罚金额2.59万元。张贴禁燃禁烧通告2000余张、发放宣传单页4000余份，通过设点的喇叭，洒水车广播、LED显示屏等方式加大宣传。

（梁万霞 赵荣娜 胡杨娟）

【社会事业】 2022年，天心区先锋街道城镇新增就业884人，失业人员再就业423人，就业困难人员再就业42人，新增农村劳动力转移35人，完成率100%。实施就业指导帮扶，开办职业技能培训班4个，劳动关系协调员培训班3个，网络创业培训班1个，举办大型招聘会2场。接待并处理劳动维权投诉146起，涉及205人、金额49万元。2022年春节慰问321户家庭，慰问金额18万元；推进“爱心天心”帮扶工程，街道、社区、村干部职工捐款2.5万元，辖区爱心企业捐款119万元。对11户符合条件的困难老年人家庭进行适老化改造，各社区居家养老服务中心定期开展老年人防诈骗宣传工作。为困难残疾人申请无障碍生活改造2户，为7名残疾人申报辅助器具，为3名残疾人申报医疗救助，共7985元；为7名残疾人子女申请就学救助，发放补贴2.8万元；为1名残疾人申请家庭托养，共2400元。全街8371家企业、门店申报“场所码”。

（刘 伟 肖朝霞）

【综合治理】 2022年，天心区先锋街道开展综治宣传月等宣传活动，举办“金剑锋筑幸福梦”大型反诈、防险、禁传销巡回活动3场，编辑反诈短信10万余条、完成“国家反诈中心”App推广人数1.9万。开展扫黑除恶专项活动20余次，4个社区全部完成市域社会治理现代化试点工作。开展矛盾纠纷排查并成功调处矛盾纠纷87起。信访信息系统案件来访受理4件，办结4件；投诉受理49件，办结49件；其中，妥善处置德盛广场信访投诉件38件，业主满意率100%。推进湖南顶好展柜有限公司重大安全隐患、韶峰星苑重大火灾隐患整改销号。开展消防知识培训及应急演练活动26场。开展联合执法行动，排查经营门店300余家，联合派出所、社区（村）开展专项行动10次，对50余家“三合一”“多合一”场所进行整治。推进工贸行业安全生产大检查，警示约谈39家企业，排查整改隐患82处；坚持严管重罚，出具现场检查记录67份，下达责令限期整改指令书26份，立案处罚24家，罚款2.97万元。落实森林防火封山令，在仙姑岭公园、红毛岭地设置值守点，利用横幅标语、应急云广播等多种方式加强防灾宣传。

（刘 衍 胡 平）

【党建工作】 2022年，天心区先锋街道各级党组织开展“书记讲党课”33场、理论中心组学习12次、先锋基层党校专题宣讲3场、中共二十大精神宣讲24场。排查整改社区（村）换届“回头看”、党务工作清查整治突出问题各4个。4名本科学历以上的“80后”“90后”社区书记，均选举为区“两代表一委员”。建立18个小区党群服务中心；南城社区文广小区、尚双塘社区凯旋蓝岸小区作为示范性小区党群服务中心，接待市、区其他单位观摩50余次。依托“党建直播间”“行走的图书馆”“曲艺党课”等多种载体，探索实践“讲座型、情景型、观摩型、文艺型、指尖型、分享型、体验型”的“七型”党课模式，其中“南城在线”党建直播间进行直播18场。组建成立“锋速团”机关支部志愿服务队。激活“融城先锋号”党建长廊、港子河法治公园、新乡贤广场等阵地资源。《“锋”字诀行“四化”，打造文明实践新高地》基层原创性经验，被省、市推介。开展文明实践活动50余场，新路村“新乡贤评选”活动开展至第三届。探索“‘链’在先锋”书记项目，通过打造“党员参与链”、编织“小区治理链”、创新“居民服务链”，抓长沙理工大学西门周边整治、友阿奥特莱斯周边交通整治等“小切口”项目，服务居民1万余人。（周 佳 黄雅玲）

【贤盛发孵化基地三期项目开工】 2022年2月7日，贤盛发孵化基地三期项目开工。该项目由长沙贤盛发科技发展有限公司投资建设，位于天心区先锋街道新谷路以北、中意一路以西，总投资约10亿元，总建筑面积约14万平方米，主要建设4栋集办公、研发、展示、服务为一体的多功能综合工业楼宇。项目三期主要针对一期湘府机电市场进行拆除重建、提质改造，以大数据、人力资源、信息科技、现代商贸、医药健康为产业核心，打造融合发展、创新发展的示范引领项目。

（谢玉丽）

2022年3月，天心区先锋街道南城社区“好人馆”开馆

（先锋街道供图）

【新路二小项目开工】 2022年2月7日，新路二小项目开工。该项目由长沙天悦投资有限责任公司配套建设，位于天心区先锋街道新路村，东邻新园路、北接天悦和苑二期小区，总投资约6966万元，总占地面积约1.13公顷，总建筑面积约1.4万平方米，按18个班规模配建，包含2栋6层教学楼、运动场及相关配套设施。建成后可新增学位810个。

（谢玉丽）

【南城社区“好人馆”】 2022年3月，天心区先锋街道南城社区“好人馆”开馆。该馆位于天心区先锋街道南城社区新时代文明实践站，面积近70平方米，探索以“好人+志愿服务”模式，通过寻访选树、宣传推介、志愿服务厚植好人土壤，用身边人身边事感染人，共建好人社区。3月24日，南城社区新时代文明实践站“行走的图书馆——锋尚典型访谈录”第一期开播，邀请“中国好人”、全国最美志愿者、全国助残先进个人张建明进行分享。

（谢玉丽）

【兴威集团新路村签订捐赠协议】 2022年8月16日，湖南兴威建设开发集团有限公司（简称“兴威集团”）和天心区先锋街道新路村支两委干部在兴威集团签订捐赠协议。兴威集团董事长邓兴文、总经理邓小威代表兴威慈善基金会，向新路村捐赠80万元，用于新路村党建阵地建设。（谢玉丽）

【"党建引领聚合力，奋楫扬帆正当时"主题活动】 2022年9月21日，天心区先锋街道组织开展"党建引领聚合力，奋楫扬帆正当时"主题活动，从"融城先锋、文明先锋、开路先锋、学习先锋"的"四个先锋"回望十年奋斗路。活动现场，播放视频短片《我是先锋》，回顾先锋街道十年发展历程；表演舞蹈《十年青春，正当燃》，诠释在党建引领下，红色先锋的风貌；上演《锦绣先锋等你来》节目，以"土著"视角运用"说唱+街舞+走秀"新潮方式展示先锋街道发展"图谱"；演绎时空对话《那时，此刻》，以本地居民的视角和本色演出，聚焦先锋经济合作社10年变迁。

（谢玉丽）

暮云街道

【概况】 长沙市天心区暮云街道地处长株潭融城核心区域，是典型的城乡接合部，东接雨花区跳马镇、北接先锋街道和雨花经开区、南靠湘潭市昭山示范区、西抵南托街道。截至2022年年底，街道辖区面积34.6平方千米，户籍人口约4.5万人，常住人口约18万人，下辖暮云、楠竹、云塘、丽发、卢浮、华月湖、高云、弘高、怡海9个社区，莲华村、许兴村、暮云新村3个村及高云、西湖2个经济合作社。辖区有大中专院校2所，师生2.6万人，有省、市级驻点单位6家、商业楼盘20个、安置小区3个。

2022年，暮云街道坚持"绿色发展"理念，抢抓绿心中央公园、奥体新城建设的发展机遇；依托园区和高校资源发展数字经济，培育壮大长沙总部基地、青苹果数据城等产业平台；依托绿心资源，聚焦"农业+研学"，打造高云西湖绿心研学旅游示范片；依托奥体小镇，聚焦"运动+休闲"，打造官桥湖渠运动休闲产业带。暮云街道获评湖南省生活垃圾分类示范片区、2022年度农村人居环境常态化管理优秀乡镇、2022年度乡村文化与产业融合发展先进单位；云塘社区治理经验被《人民日报》头版专题报道，"云享农场"获各级关工委好评；怡海社区获评长沙市民族团结进步示范单位。

（张亚妮）

【街域经济】 2022年，天心区暮云街道完成市、区两级财政税收4.3亿元，比2021年增长23.5%；引进百万税源企业8家；新增固投项目22个，新增"五下"项目15个、"五上"项目6个、房地产项目1个，累计完成固定资产投资46.9亿元；规模以上服务业营业收入6.2亿元，其中其他营利性服务业营业收入2.8亿元，比2021年增长19.8%。新增"四上"企业4家，完成高新企业认定10家。盘活闲置楼宇，楼宇去化面积1.01万平方米。对辖区内重点税源企业建立"街道主要负责人+税务干部+网格管家"三级联动服务机制，走访企业300余家；深化证照分离改革，落实"一件事一件办"服务举措，"帮代办"办理证照300余本。

（单志华）

【城建城管】 2022年，天心区暮云街道新启动征拆项目9个，实现6个项目清零，共签约35户，倒房35户，腾地22.98公顷。协调解决新韶山南路项目的遗留问题，推动项目建设。对港子河小学项目2户违建房有序拆除。新增西湖安置区雨污分流改造项目、融城公园生态修复治理工程、莲华村"三小项目"3个。拆除违建96处，拆除面积1.38万平方米，其中控违12处、330平方米，拆违84处、1.34万平方米。督促辖区300余家燃气餐饮门店全部完成燃气报警装置安装，组织燃气企业排查整改燃气安全隐患229处；餐饮门店基本实现无煤化、油烟净化器安装率100%。开展"严禁违法倾倒渣土"行动，查处建筑垃圾偷倒、乱卸渣土案件27件，罚款13.25万元。全年覆盖黄土裸露面积8.58万平方米。完成2022年长沙市生活垃圾分类示范片区创建的申报及验收相关工作。

（曾喜军　李　军）

【社会事业】 2022年，天心区暮云街道城镇新增就业1104人，失业再就业922人，就业困难人员实现就业102人；处理失业登记网上自助申请审核1778人、困难认定56人。对失业人员开展免费职业技术培训，开展网络创业（电商版）11个班、培训377人，开展职业技术培训13个班、培训614人。卢浮社区、弘高社区、莲华村3个社区（村）创建为2022年省级充分就业星级社区（村）；卢浮社区、丽发社区、莲华村、花园岭社区、云塘社区、弘高社区、高云社区7个社区（村）创建为2022年省级充分就业社区。为居民办理社保补贴203人次、51.16万元；处理辖区内工资劳动纠纷106起，涉及劳动者210人、金额300万余元。街道城市低保保障对象51户，累计发放保障金66.27万元；农村低保保障对象105户，累计发放保障金143.5万元；2022

年春节慰问 1014 人，发放慰问金 62.7 万元。　（单志华）

【综合治理】　2022 年，天心区暮云街道平安创建活动设置展板 20 余块、宣传横幅 50 余条，发放宣传资料 4 万余份，发送宣传短信 4 万余条，开展志愿活动 500 余次，招募志愿者 610 名；常态化开展扫黑除恶斗争，发放宣传手册 1 万余份，制作宣传横幅 10 余条；开展禁毒“六进”宣传活动 480 余场，发放宣传手册 1 万余份，制作宣传横幅 10 余条，成立由社区（村）志愿者组成的禁毒志愿者队伍。开展“反电诈”集中宣传活动、反诈讲座“五进”宣传等。开展普法宣传活动 65 次，累计发放宣传资料 1.23 万余份，制作宣传展板 23 块，编写信息稿 28 篇，小丽普法工作室发送 563 个普法视频，在普法工作群发送普法信息 35746 条；丽发社区法律顾问王箭平担任区“八五”普法讲师团成员之一。受理信访投诉 282 件，化解初访件 221 件，化解积案 3 件，化解重复交办件 5 件。排查矛盾纠纷线索 51 条，成功化解矛盾纠纷 46 起，调处成功率 100%，其中疑难复杂纠纷 3 件、重大矛盾纠纷 1 件。开展“烟花爆竹专项打非治违”、“安全大检查百日攻坚”、工贸行业“强执法防事故”百日攻坚、“安全生产月”等系列活动，重点开展“厂中厂”消防安全、仓储物流消防安全、高层住宅消防安全专项整治工作。巡察门店和走访企业 460 余次，累计开展“打非治违”联合执法行动 93 次；消防安全检查 370 余次，排查消防安全隐患 180 余处；完成行政处罚案件 17 起，处罚金额 1.46 万元。　（易立峰　陈国英）

【党建工作】　2022 年，天心区暮云街道在城市社区以“红色云网”为载体，强化党员代表常态化联系群众；在南部农村，以“星级党员户”评选为抓手，增强党员责任意识，化解樟塘组信访积案。指导升格 3 家党总支，评出 17 名不合格党员。建立社区专职工作人员后备库，畅通编外聘用制工作人员依规解聘、择优递补工作机制，高云社区书记获评区“闯创干”三型干部。以“小蜜蜂”“新村阳光”等社会组织品牌为孵化器，发展党员志愿者队伍。

（贺小毛）

【乡村振兴】　2022 年，天心区暮云街道有乡村振兴项目 26 个，总投资 2300 万余元。打造并验收市级“美丽宜居村庄”3 个。莲华村获评乡村振兴示范创建先进单位；街道工委书记刘哲获评省级优秀林长，暮云新村党支部书记唐学斌获评省级优秀河湖长。投入 850 万元新建农村公路 5.6 千米，投入 210 万元实施水利项目 7 个，投入 300 万元推进还塘改造项目 7 个，全部完成验收。农村自来水工程实现同价同质通水 388 户。暮云街道厕所整改专项行动中，整改农村问题厕所 71 座。现代农业产业打造近郊美食休闲示范片区、环动物园研学示范片区、官桥湖运动休闲示范片区 3 个产业片区。暮云街道获评长沙市农村人居环境常态化管理优秀乡镇、长沙市乡村文化与产业融合发展先进单位。　（刘晓东）

【西湖安置区雨污分流改造项目】西湖安置区占地面积 37.33 公顷，小区居民楼 90 栋，建筑面积 40 万余平方米，排水方式为雨污合流式。天心区将西湖安置区的雨污分流改造项目列入 2022 年重大项目投资计划，项目总投资 5297 万元。项目方案为：在西湖安置区内充分利用现有完好的管道作为污水管使用，对破损、沉降的排污管道和检查井、化粪池等进行更换和修复，再增加一套导排雨水系统，管道埋设后对开挖的路面进行修复。项目划分为 2 个标段，第一标段的区域是西湖安置区内德惠路以南区域（包含德惠路），第二标段的区域是西湖安置区内德惠路以北区域（不包含德惠路）。2022 年 9 月 29 日，《西湖安置区雨污分流改造项目第一标段、第二标段招标公告》发布；11 月 7 日，西湖安置区雨污分流改造项目第一标段、第二标段中标结果公布，中标单位分别为浩天建工集团有限公司、湖南松雅建设集团有限公司，中标金额分别为 1969.59 万元、2021.69 万元。　（张亚妮）

【云塘社区治理】　2022 年，天心区暮云街道云塘社区以党建引领多元共治，把党员管理并入网格，以志愿服务助力网格。完善“社区党组织 + 网格党支部 + 楼栋居民户”的组织体系，织密党员志愿服务架构；通过线上线下联动互通，错时走访，及时掌握居民服务需求信息，建立健全网格事项发现、上报、反馈机制，畅通网格治理、志愿服务快速响应的渠道；通过整合社区志愿服务资源，以党员志愿者为主体，先后成立格兰“八大员”、哈佛“九理事”、紫湖“十管家”、平安创建协会云塘分会等社会组织，带动居民加入志愿者队伍。7 月 12 日，长沙市平安办副主任

2022年6月1日，中国关工委主任顾秀莲（右二）一行到高云社区“云享农场”调研　　（暮云街道供图）

王伟锋一行到云塘社区检查市域社会治理工作。9月3日，云塘社区举行“就认这个理·理论轻骑兵”一线微宣讲比赛，辖区11名党员围绕红色党史故事、长沙蝶变、党建引领基层治理等主题展开宣讲。10月起，云塘社区开始试点小区垃圾桶“撤桶”工作，推进垃圾分类行动。发挥社区、社会组织、物业作用，形成社区引导、志愿者协会支持、物业实施，共同推进垃圾分类工作的合力；试行绿色账户积分制，通过积分奖励垃圾分类行为。（张亚妮）

【“云享农场”】 天心区暮云街道高云社区联合青雅丽发学校利用农村社区的土地资源和地理位置优势，将农村集体土地中的1公顷荒地打造为“云享青少年劳动教育基地”（又名“云享农场”）。基地内设150平方米的农务理论教学教室、200平方米的烹饪加工制作教室，以及菜地、农务作坊、农耕农具陈列展示室等。社区20位“五老”担任基地“种植指导员”，在田间地头指导学生从开荒、栽种、浇水、施肥到售卖的全过程；学校编制劳动课程，组织学生教学活动，按照1名“五老”指导4个班，每天2名学生轮值管理1块菜土的模式开展常态化劳动实践课，受教育学生3000余名；社区和学校共同成立云享基金会，将基地售卖收获所得用于学校贫困学子、辖区贫困居民捐赠帮助，并对学校评选出的农场种植小能手、社区评选的优秀五老指导员给予激励。2022年3月3日，湖南省关工委主任杨泰波一行到高云社区调研“云享农场”，查看阵地建设并听取工作汇报；5月30日，长沙市关工委主任董学生一行到高云社区“云享农场”调研指导关工委工作；6月1日，第十届全国人大常委会副委员长、中国关工委主任顾秀莲一行到高云社区进行指导调研，对“云享农场”表示肯定；7月5日，市关工委常务副主任刘耀杰一行到高云社区，为“云享青少年劳动教育基地”授牌“长沙市关心下一代教育基地”；暑假期间，青雅丽发学校组织学生进入“云享农场”开展采摘活动、果蔬售卖活动30余天次，售卖收入1.7万余元全部存入基金会；9月，高云社区联合青雅丽发学校对学校贫困学生和社区困难群众进行中秋走访慰问，送上云享基金会慰问金；10月，高云社区联合丽发青雅小学“云享农场”开展以“劳动实践促成长，清风廉韵润童心”为主题的秋季劳作体验。（张亚妮）

【高云安置区自建房安全隐患排查整改】 2022年5月1日，长沙市纪委监委第一监督检查室主任王雁冰一行到天心区暮云街道督查高云安置区自建房情况。5月10日，湖南省应急管理厅厅长李大剑一行督查高云安置区自建房情况。5月10日，市委常委、统战部部长何朝晖一行督查暮云街道高云安置区自建房安全隐患排查整改工作。5月18日，市委常委、常务副市长彭华松，长沙理工大学副校长谈传生一行督查指导高云安置区自建房安全专项整治工作。（张亚妮）

【张庆伟到莲华村宣讲中共二十大精神】 2022年11月9日，中央宣讲团成员、湖南省委书记、省人大常委会主任张庆伟一行到天心区暮云街道莲华村，向基层党员群众宣讲中共二十大精神。张庆伟用“七个伟大”分享学习领会中共二十大精神的认识体会。在交流互动环节，莲华村党委书记莫新平、“90后”青年党员郑亚珍等基层党员畅谈学习中共二十大精神的收获和体会，并结

2022 年 11 月 9 日，中央宣讲团成员、湖南省委书记、省人大常委会主任张庆伟（中）一行到暮云街道莲华村，宣讲中共二十大精神
（暮云街道供图）

合工作和生活实际与张庆伟交流探讨。（张亚妮）

南托街道

【概况】 长沙市天心区南托街道位于天心区南部，地处长株潭三市融合、绿心保护区的中心地带，西与湘潭、岳麓区隔江相望，北邻先锋街道、大托铺街道，东邻暮云街道，107 国道、芙蓉路贯穿南北，截至 2022 年年底，街道辖区面积 30.05 平方千米，下辖沿江、牛角塘、滨洲新村 3 个建制村以及南托岭、北塘、融城、南鑫、牛角塘、欣南 6 个社区。街道驻地天心区南托街道南托岭社区市场路 108 号。

2022 年，南托街道固定资产投资增速和总量领先全区，限上社零、限上批零、高新技术产值、规模以上其他营利性服务业营业收入等主要指标增速超过全区平均水平；推进城市管理、蓝天保卫战、垃圾分类、拆违控违、食品安全、燃气安全等工作的开展与落实，配合自建房整治、牛角塘城改等中心工作的推进；实现社区居家养老服务站建设百分之百全覆盖，完成民生实事工程困难老年人居家适老化改造任务目标；完成《璀璨南托逐梦融城》等宣传片拍摄，推出《逐梦融城·看天心区南托街道化茧成蝶之路》非凡十年专题半版报道，在新华社、“新湖南”等媒体上发布新闻报道 300 余篇。南托街道获评长沙市平安创建优秀街道；北塘、牛角塘、南鑫 3 个社区获评省级充分就业社区星级社区，滨洲新村获评湖南乡村振兴青年先锋集体；南托司法所获评湖南省司法行政工作先进集体。

【街域经济】 2022 年，天心区南托街道完成市、区级税收 2.31 亿元；固定资产投资 48.31 亿元，比 2021 年增长 77.54%；工业技改投资 1.21 亿元；规模以上工业总产值 7.98 亿元，比 2021 年增长 89.79%；规模以上其他营利性服务业营业收入累计比 2021 年增长 20.7%；限上社会消费品零售额 5142.5 万元，比 2021 年增长 31.48%；限上批发零售业销售额 23.28 亿元，比 2021 年增长 15.06%；百万税源企业引进 5 家，服务业税收比 2021 年增长 90%。新增“五上”项目 8 个，计划总投资 75.26 亿元；“五下”项目 19 个，计划总投资 2.6 亿元。完成科技型中小企业备案 29 家；累计申报高新技术企业 19 家。“四上”企业新增 9 家，其中房地产企业 1 家、规模服务业企业 5 家、限上批零企业 3 家。推进天翼云、天心数谷一期、长沙市一中城南中学、南城雅苑、颐升学府、圭白路电力埋管等重点项目建设。市场主体新增 916 家，“个转企”（已办理营业执照的个体工商户重新登记为有限公司、个人独资企业或合伙企业）完成 7 家，创建“无传销社区（村）”工作出租屋涉传线索摸排 463 次，清查楼栋 404 栋，清查出租屋 463 户。

【城建城管】 2022 年，天心区南托街道非集体土地征拆项目 17 个，腾地 33.22 公顷，签约 87 户，完成 39 家企业退出，拆除房屋 2.19 万平方米、违章建筑 2.45 万平方米、临建 3320 平方米。开展长沙县 2013 年第四批次建设用地（8 户）、万家丽路西沿线（2 户）、圭白路泵站（5 户）的集中签约，实现签约清零。协调解决湖南省财政厅关于省测绘二院、特教中专、荣军医院备案时点争议问题，“107 项目”二标段完成施工建设，三标段进行综合管廊施工。城南中学高中部完成施工建设，于秋季开班招生入学。完成南湖雅苑“危改”、老暮云镇政府宿舍“旧改”、兴马洲码头一期建设改造、城南一中周边道路提质改造等项目。推进了城乡一体化自来水配套普及工程，解决5900余户、2.9万人的用水难题。拆除有安全隐患自建房90处、2.17万平方米，其中拆除屋顶擅自加建的违法建筑物9处、836平方米；拆除户外广告招牌13处、585平方米；拆除农村宅基地建新未拆旧的房屋16处、3660平方米；拆除自建厂房5处、1.09万平方米；拆除圭白路沿线违规建筑15处、2951平方米；拆除老政府宿舍违建30处、2400平方米。清理厨余垃圾2900吨，建成2个垃圾分类厢房。处理市数字化平台案卷3536条。开展环保巡查及整治，整治涉VOCs（挥发性有机物）问题汽修店3家，整改排口环境问题9处，解决“12345”政务服务便民热线环保投诉5件；牵头办理的15件督办件均整改到位。发放禁燃倡议书3000余份，开展联合执法行动15次，覆盖裸土约2万平方米。

【社会事业】 2022年，天心区南托街道有低保户121户208人，特困供养人员15户17人；有1196名高龄老人，发放高龄补贴121.26万元；认定精简退职老职工资格56人，发放补贴1.68万元；发放2022年春节慰问困难群众资金905户57.86万元；为314名困难重度残疾人发放90万余元补贴资金；救助1位本辖区在异地流浪乞讨人员，助其回归正常生活，并帮其申请相关补贴。建立爱心资源库，截至2022年年底，有35家爱心企业、105家辖区单位、2家社工组织、589名爱心志愿者参与帮扶并逐个建档。升级“南风”帮扶项目，救助帮扶5100余人次，救助帮扶资金500万余元。欣南社区、牛角塘社区AAAA级居家养老服务中心，南鑫社区、南托岭社区AA级居家养老服务中心，均挂牌成立。指导欣南社区成功创建市级五型示范社区，欣南、融城社区创市级五社联动项目，推动牛角塘社区、牛角塘村顺利完成新办公阵地建设。推进街道员额管理制度的落实和薪资调整方案，完善员额管理系统，规范社区人员管理。打造南托街道+9个村（社区）的“一心九型”新时代文明实践工作新格局，打造“南风乐龄帮帮团”“屋场蝶变计划”“南风行动”等文明实践活动品牌。开展“最美”“好人”“道德模范”等先进典型培育，挖掘宋明星、颜新艳、王喜南、邢庆英、康望才等6名好人，其中王喜南事迹被中央广电总台中国之声、央视新闻、《半月谈》等多家媒体刊发。

【综合治理】 2022年，天心区南托街道开展安全生产专项整治三年行动，深入工贸企业、烟花爆竹、危险化学品、人员密集场所等安全生产重点场所进行检查，排查事故隐患，开展联合执法行动132次，出动执法人员528人次，检查生产经营单位182家，下达责令限期整改指令书21份，现场处置2次，出具当场行政处罚决定书（单位）16起，罚款1.86万元。集中开展76次“打非治违”行动，出动执法人员304人次，检查门店100余家，对2家烟花鞭炮经营许可证过期的经营户非法销售的烟花爆竹及2家无烟花鞭炮经营许可证的超市非法销售烟花进行收缴，查封11家存在消防安全隐患的仓库及门店，取缔6家非法经营的仓储物流企业。在春节、元旦、清明及“五一”等时间节点，街道、村均成立应急救火队伍，完善森林防火设施设备，落实森林防火值班值守制度，24小时在岗值班；在重点林地出入口设立森林防火执勤点，安排专职巡查巡护人员。通过在林地入口或重点区域竖立告示牌、张贴禁火令、签订防火承诺书、村组微信群、村村通喇叭、移动宣传车广播等方式载体，加强森林防火宣传。

【党建工作】 2022年，天心区南托街道成立学习贯彻中共二十大精神宣讲团，开展大小集中宣讲30余场次，覆盖全街道10个村（社区），受众1500余人次。建立党员教育师资库，培养理论宣讲员10名，培训教育2000余人次，新发展党员11名，打造融城社区、欣南社区2个党员分类管理工作示范点，协助申报长沙市高层次人才5位。13个党建项目落地见效，打造融城社区离退休党员管理示范点，推广滨洲新村“家庭党旗红”品牌，完成小切口项目9个，打造欣南社区德泽苑小区、融城社区水电八局南托基地小区2个示范化小区党群服务中心。融城社区水电八局退休第六支部获评全市一类创优示范，南托岭社区老年教育网络课堂获评市级优秀站点，天心区南托街道“至善农场汇聚共建之力”获评全市“五老”参与基层社会治理优秀案例。欣南社区设置智汇工作站，将问题处理和化解在一线，融城社区完善“四融法则”，激发离退休党员共融共建共治。

【乡村振兴】 2022年，天心区南托街道创建美丽宜居村庄，完成6个达标型美丽宜居村庄建设；2个市级示范型美丽宜居村庄完工验收。完成30户美丽庭院创建。乡级河长巡河36次，村（社区）河长215次，下发村（社区）交办9份，处置整改9份；完成市、区级整改5份，并整改到位。组织街道、村（社区）干部开展防返贫监测问题排查，排查农户5040户；2022年申报乡村振兴产业项目5个，基础设施项目8个。完成滨洲新村稻鳖综合种养项目引进实施，推进沿江村中青旅文旅项目洽谈；加强产业人才培育，申报新型职业农民3人、现代农业产业领军人才1人和2家企业青年引才计划。发展水稻、蔬菜、玉米、花卉种植等农业生产，引进大户进行土地流转和规模化种植养殖。推进农村基础设施建设，开展农田水利、城乡供水一体化、农村公路“白改黑”等基础设施建设，完成农村公路硬化及“白改黑”4.6千米。开展防汛抗旱、森林防火、仓储物流、兴马渡口等安全生产工作，加强山林护林员和兴马渡口人员配备，集中开展仓储企业清退和整治工作。指导滨洲新村建设“高家湾法治屋场”，创建第二批长沙市“法治乡村示范点”；联系湖南司法警官职业学院开展“院所联动”大学生普法志愿者假期送法下乡活动。

2022年9—11月，天心区组织开展美丽乡村艺术创作大赛，助力美丽屋场建设。图为滨州新村黄家坪屋场作品　（南托街道供图）

【滨洲新村三兴片美丽宜居村庄创建】 2022年4月，天心区南托街道滨洲新村启动竹山、蒋家山、黄家坪、高家湾4个美丽宜居村庄建设，以圭白路两厢为主，东至污水处理厂前，西至湘江南路前，覆盖9个村民小组，184户农户，面积46.67公顷，投入资金800万余元，群众自主筹劳1669个工日，捐地1.04公顷。美丽宜居村庄建设注重挖掘文化特色，以文旅、农旅和乡村振兴相融合，通过优化乡村自然景观，利用好农业农村的生态价值。截至2022年年底，滨洲新村4个美丽宜居村庄建设全部通过市级验收，其中竹山、蒋家山被评为市级示范型美丽宜居村庄。

【“智汇欣南”党建引领基层治理项目】 2022年，天心区南托街道欣南社区通过开展“同心合力·智汇欣南”党建聚合力工程，与辖区湖南省气象局、湖南省自然资源厅直属事业单位等9家省直单位党委共筑共建。7月28日，欣南社区举行“志愿服务不停歇，文明花开竞芳菲”长沙市天心区新时代文明实践志愿服务“满天星”行动暨融城之星“智汇欣南”志愿服务小程序启动仪式。活动现场，以理论宣讲、科学普及和文艺文化3个篇章分别展示天心区满天星志愿服务队志愿者的风采。长沙好人颜新艳等4人开展主题微宣讲；辖区共建单位多支志愿服务队和社会志愿服务组织开展志愿行动。“智汇欣南”志愿服务小程序，设置志愿服务点单板块，实现点单、派单、接单、评单同步线上完成，由群众填写“发布需求”，或将自身需求告知社区工作人员通过实践站“点单”，新时代文明实践中心、所（站）“派单”，志愿者选择就近在线“接单”参与志愿服务活动，群众结合志愿服务效果进行“评单”，形成“点单、派单、接单、评单”的新时代文明实践志愿服务工作闭环。欣南社区新时代文明实践站采取“1+N”模式，在每个小区网格设立1个志愿服务站，让居民群众在家门口即可享受到理论政策宣讲、科学普及、文艺文化服务、平安创建等N项志愿服务。9月20日，欣南社区结合国防教育及综合减灾科普日，开展天心区南托街道欣南社区综合减灾科普馆揭牌暨“智汇欣南”国防教育基地启动仪式。该基地占地400余平方米，位于欣南社区德泽苑小区党群服务中心，以福建古田会议召开、军队光荣历史和民兵的优良传统为主题，设有国防教育展厅、退役军人服务站、战备物资器材库、综合减灾科普馆等区域，其中展厅里设置基地起源、红色军事故事、科普讲师团风采等。

【牛角塘社区阵地建设】 2022年，天心区南托街道牛角塘社区以“共创温馨家园共展文明新风”为宗旨，实行“三去一改一化”（去行政化、去办公化、去形式化，亲民化改造，办公最小化），腾出更多空间以居民需求为导向建设各种功能的群众活动阵地。引进银发族和湘雅夕乐苑2家社会组织，成立AAAA级居家养老服务中心2个，共享共建成立社区党群服务中心，为辖区党员群众、社会团体实体化提供党务、居务、文娱、科普、亲子等“一站式”服务。社区以“低龄帮高龄、服务换服务、助人即自助”的志愿服务理念，于2月推出“乐龄帮帮团”，打造属于中老年人的志愿服务品牌，提供心理抚慰、健康保健、文化文艺、法律援助、便民服务等服务项目，并以身边好人、雷锋式模范市民黄建军为契机，成立“建哥工作室”，成为“乐龄帮帮团”志愿骨干。

【“清廉北塘”】 2022年，天心区南托街道北塘经济联合社围绕“清廉天心”建设要求，传承廉勤文化，推进清廉村务工作，被天心区纪委树立为“清廉单元”样本培树点，被《清廉长沙》栏目专题报道。北塘经济联合社位于天心大道沿线，近一半区域是农安小区，南托街道80%的门店、商场、农贸市场聚集于此，经济发达，管理难度大。在北塘经济联合社，重大事项应参会人员参会率必须80%以上，表决同意率必须90%以上，每一项决议都对经济联合社股民公开，并进行7天的公示，公示期无异议后方可生效。北塘经济联合社发挥好村民代表大会、三组长会、党员代表大会等程序，所有决议的过程、流程、结果全程公开透明。该社设有专属档案室，保存20世纪60年代以来的档案，村、经济联合社的所有重大决议、人员、合同等档案一应俱全，分类整理有序。

【“至善农场”】 2022年，天心区南托街道北塘经济联合社以党建带关键，无偿提供0.8公顷土地给明德启南中学建立“至善农场”。4月29日，“至善农场”启动仪式举行。“至善农场”是南托街道联合明德启南中学开展的区域化党建项目，通过整合辖区优势资源，聘请老党员、退休老教师和劳动教育专业人员担任农场种植指导员，邀请关工委“五老”志愿者和家长共同参与，把农场打造成特色劳动教育基地。农场设置蔬菜区、果树区、花卉区、中草药区、家禽区、现场教学区、成果展示区等，由每一个班认领一垄地，开展常态化的耕种、养殖等生产劳动；以农耕文化为载体，拓展亲子教育、科普农耕学习、环保实践等活动内容，开设系列化的农场实践教育教学活动。

（李婝婝）

先进集体

省部级以上先进集体一览表（部分）

表 19

获奖单位	奖项名称	授予单位
中共天心区委宣传部（“满天星乐学课堂”志愿服务）	志愿服务促进中心“智惠行动”试点项目	中宣部
长沙市玉泉寺	全国宗教界先进集体	中央统战部
天心区检察院	2022 年度全国检察宣传先进单位	最高人民检察院、《检察日报》
天心区新开铺街道桥头社区	全国青春行动优秀实施社区	共青团中央
天心区教育局	义务教育优质均衡先行创建区	教育部
天心区新开铺街道桥头社区	全国先进基层群众性自治组织	民政部
天心区审计局	2022 年全国优秀审计项目一等奖	审计署
太平老街管委会	国家级旅游休闲街区	文旅部、国家发展改革委
天心区	在国务院真抓实干督查激励、国务院综合大督查和省政府综合大督查中受到表扬激励或经验推介的市州、县市区和园区	湖南省政府办公厅
天心区	固定资产投资增速增量大，产业投资占固定资产投资比重大，落实扩投资政策措施成效明显的市、县市区	湖南省政府办公厅
天心区应急管理局	2022 年省级安全生产和消防工作优秀单位	中共湖南省委办公厅
中共天心区委宣传部	2022 全省舆情信息优秀联系点	中共湖南省委宣传部

（续表 19）

获奖单位	奖项名称	授予单位
长沙市天心区人民法院刑事审判庭（未成年审判庭）	全省法院先进集体	湖南省人力资源和社会保障厅、湖南省高级人民法院
中共天心区委组织部	湖南省老干部工作先进集体	中共湖南省委组织部、湖南省老干部局、湖南省人力资源和社会保障厅
中共天心区委组织部	2022 年度湖南省文明单位	湖南省精神文明建设指导委员会
天心区检察院	2021 年度全省检察机关常态化开展扫黑除恶斗争先进集体	湖南省人民检察院
天心区审计局	2022 年度湖南省文明标兵单位	湖南省精神文明建设指导委员会
天心区税务局	2022 年度湖南省文明单位	湖南省精神文明建设指导委员会
天心区市场监督管理局	2022 年度湖南省文明单位	湖南省精神文明建设指导委员会
天心区市场监督管理局	全省市场监管（知识产权）系统先进集体	湖南省人力资源和社会保障厅湖南省市场监督管理局
天心区财政局	2021 年度市县财政日常工作整体水平高质量评价 A 级单位	湖南省财政厅
天心区公安分局	全省打击治理电信网络诈骗犯罪工作成绩突出单位	湖南省公安厅
先锋大讲堂	2022 年湖南省终身学习品牌项目	湖南省教育厅
天心区金盆岭街道社工站	湖南省五星级社工站	湖南省民政厅
天心区新开铺街道桥头社区	全省和谐社区示范单位	湖南省民政厅
湖南省一师范（老校区）	湖南省民族团结创建实践教学基地	湖南省民族宗教事务委员会
天心区南托街道滨州新村村民委员会	首届湖南乡村振兴青年先锋集体	湖南省农业农村厅
天心区南托司法所	湖南省司法行政工作先进集体	湖南省人力资源和社会保障厅、湖南省司法厅
天心区统计局	湖南省第七次全国人口普查先进集体	湖南省人力资源和社会保障厅、湖南省统计局、湖南省第七次全国人口普查领导小组办公室
天心区农业农村局	2022 年省委农村工作领导小组表彰	中共湖南省委农村工作领导小组
天心区审计局	2022 年全省优秀审计项目一等奖	湖南省审计厅

（续表 19）

获奖单位	奖项名称	授予单位
天心区司法局	全省社区矫正和安置帮教工作成效突出单位	湖南省司法厅
天心区司法局南托司法所	全省司法行政先进集体	湖南省司法厅、湖南省人力资源保障局
天心区赤岭路街道芙蓉南路社区	湖南省民主法治示范社区	湖南省司法厅
天心区工业和信息化局	“两上三化”工作先进单位	湖南省工业和信息化厅
天心区应急管理局	2022 年省应急系统真抓实干激励	湖南省应急管理厅
天心区赤岭路街道书院路社区	综合减灾示范社区	湖南省应急管理厅
先锋街道户外劳动者服务站点	百优驿站	湖南省总工会
长沙市天心区教育局	湖南省五一劳动奖状	湖南省总工会
天心区赤岭路街道书院路社区	省级多功能残疾人社区康复综合服务社区	湖南省残联

先进个人

省部级以上先进个人一览表（部分）

表 20

姓　名	工作单位、职务	奖项名称	颁发单位
颜新艳（女）	天心区南托街道兴马洲村医	中国网事·感动2022年度人物	新华网
文　亮（女）	天心区文管所所长	中国好人	中央文明办
张伟力	天心区公安分局青园派出所教导员	全国公安政治工作成绩突出个人	公安部
肖慧军（女）	天心区公安分局大托铺派出所民警谭灿江妻子	全国公安机关好警嫂	公安部
彭　星（女）	天心区法院综合审判庭副庭长	全国人民法院少年法庭先进个人	最高人民法院
卿雅琴（女）	天心区检察院办公室副主任	2022年度全国检察宣传先进个人	最高人民检察院、《检察日报》
颜新艳（女）	天心区南托街道兴马洲村医	2021—2022年度优秀乡村医生	中国农村卫生协会
罗宏磊	天心区政府办公室四级主任科员	2022年度全省政府督查工作先进个人	湖南省政府督查室
方群英（女）	天心区法院创谷人民法庭副庭长	全省法院先进个人	湖南省人力资源和社会保障厅、湖南省高级人民法院
方群英（女）	天心区法院创谷人民法庭副庭长	2021年度全省法院办案能手	湖南省高级人民法院
周智勇	天心区法院政治部副主任	全省法院网评之星	湖南省高级人民法院
黄　英（女）	天心区人社局党组成员、副局长	湖南省农民工工作先进个人	湖南省人力资源和社会保障厅
金　鹰	天心区人社局劳动仲裁科科长	湖南省第一批金牌劳动关系协调员	湖南省人力资源和社会保障厅

（续表 20）

姓　名	工作单位、职务	奖项名称	颁发单位
詹莉云（女）	天心区金盆岭街道赤岭路社区党委书记	湖南省优秀城乡社区工作者	湖南省人力资源和社会保障厅 湖南省民政厅
吴　晖	天心区税务局	全省税务系统先进个人	国家税务总局 湖南省税务局
邓　欣	天心区应急管理局局长	2022 年度全省应急管理先进个人	湖南省应急管理厅
罗红专	天心区市场监督管理局药械科副科长	2022 年度湖南省药品安全专项整治工作先进个人	湖南省药品监督管理局
何　湘	天心区自然资源和规划分局	2022 年度全省自然资源信访工作业绩突出个人	湖南省自然资源厅
鄢瑞航	天心区公安分局刑侦大队教导员	全省公安机关党的二十大安保维稳工作个人二等功	湖南省公安厅
黄　焱	天心区公安分局金盆岭派出所辅警	最美辅警	湖南省公安厅
刘玉凤（女）	天心区公安分局治安三大队民警苏济明妻子	最美警嫂	湖南省公安厅
邓文娟（女）	天心区赤岭路街道新丰社区书记	2022 年湖南省民政厅《社区服务平台服务质效群众满意度评级机制研究》课题组三等奖	湖南省民政厅
熊思安	天心区金盆岭消防救援站分队长	优秀消防员	中共湖南省消防救援总队委员会
李治龙	天心区大托铺消防救援站副站长	优秀政府专职消防员	中共湖南省消防救援总队委员会
丁　甜（女）	天心区暮云街道丽发社区、书记	省级“最美家庭”	湖南省妇联

长沙市天心区第四届“十大道德模范”一览表

表 21

姓　名	性别	工作单位、职务
		助人为乐道德模范
朱志邦	男	国家税务总局长沙市税务局第二税务分局征收管理科三科副科长
侯利纯	女	天心区金盆岭街道赤岭路社区“暖心厨房”公益项目主厨
		见义勇为道德模范
罗治国	男	天心区森林保护站副站长
		诚实守信道德模范
毛双喜	男	红海人力集团华中片区总经理
孙美华	女	天心区城南路街道熙台岭社区居民
		敬业奉献道德模范
肖宗文	男	长郡天心实验学校副校长、科学教师
宋明星	男	天心区南托街道南鑫社区党委书记、居委会主任
曾灿波	女	天心区坡子街街道坡子街社区党委书记、居委会主任
		孝老爱亲道德模范
张菊珍	女	天心区先锋街道先锋经济合作社保洁员
程宝贵	女	天心区桂花坪街道银桂苑社区居民

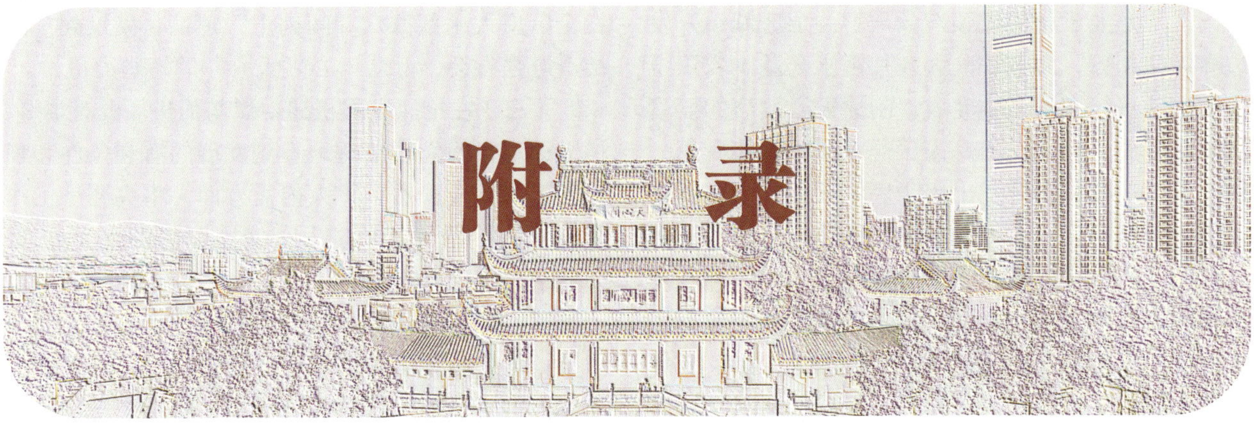

重要文献

在区委经济工作会议上的讲话

中共天心区委书记　吴新伟

（2022 年 12 月 31 日）

一、深刻认识全区经济社会发展形势，切实坚定推动高质量发展的信心决心

2022 年，我们全面学习贯彻党的二十大精神，深入落实“疫情要防住、经济要稳住、发展要安全”重要要求，坚决落实稳经济一揽子政策，全区经济发展稳中向好，各项工作协调推进，干部队伍奋发有为。

（一）在肯定发展成绩中乘势而上。2022 年经济社会发展整体上好于预期，我区多措并举全力护航经济社会发展的做法被省政府综合大督查作为典型经验全省推介。一是经济发展实现量质齐升。地区生产总值预计（下同）同比增长 5% 以上，地方一般公共预算收入、固投、规工分别增长 4.2%、8%、5%，在全国高质量发展百强区中排名第 52 位，比 2021 年上升 8 个位次。二是项目建设取得重大突破。实施重大项目 193 个，完成投资 417 亿元，天翼云、新韶山南路等重点项目加速推进，爱尔眼科总部大厦建成并投入使用，太和广场、中海湘城名庭等项目实现盘活。三是城市建管水平全面提升。完成天心大道更名，启动建设“智慧天心城市运营指挥中心”，系统推进八大片区千亿城市更新项目，积极争取国家医学中心、长沙奥体中心等项目落户，规划布局国际医学健康小镇、融城体育小镇。四是科创集聚效应加速形成。深入实施“天心红”人才工程，大力推进国家第三代半导体、先进运载装备与材料、高速铁路建设、岳麓山实验室林科大林科院片区等科创平台建设，创新能力排名全国百强区第 48 位。五是营商环境持续巩固优化。全力打造营商环境“首善之区”，率先全省创建“无证明园区”“信用示范商圈”，投资竞争力排名全国百强区第 40 位、全省第一。六是要素资源瓶颈有效破解。全区城镇开发边界大幅拓展，解放垸—大托片区永久基本农田全部调出，机场搬迁基本完成，制约天心发展的要素资源得到充分释放。七是人民群众得到更多实惠。将八成以上公共预算支出用于民生事业，重点民生实事项目全面完成，城乡居民基础养老金实现“18连涨”，更多学子实现在家门口就能读“名校”，乡村振兴提速年八大行动加快实施，健康天心建设积极推进，持续打好多轮疫情防控攻坚战，连续18年保持全省“平安县市区”称号，幸福百强区排名第29位。

（二）在总结发展经验中顺势而为。比看得见、摸得着的成绩更加重要的是，我们积累了应对复杂局面、推动高质量发展的宝贵经验。一是坚持创造性贯彻落实中央、省委、市委的决策部署。深刻领悟“两个确立”的决定性意义，对上级的决策部署，不折不扣抓好贯彻落实，同时结合区情实际，创造性地提出贯彻措施，如在应对2022年的变局中打出经济工作“一体两翼”等“组合拳”，做到了见事早、判断准、行动快，对稳定经济大盘起到了关键性作用。二是坚持一套思路、一张蓝图干到底。一年来，我们全面落实“三高四新”战略定位和使命任务、强省会战略和长株潭都市圈建设，以高端现代服务业服务国家重要先进制造业高地建设、以人才强区服务具有核心竞争力的科技创新高地建设、以优良环境服务内陆地区改革开放高地建设，加快建设“智慧天心、融城核心”，坚定不移走好高质量发展之路。三是坚持集中力量办好自己的事。对看准了的事果断决策，决定了的事强力推进，如在天心大道更名、解放垸—大托片区国土空间规划调整等事关长远发展的大事要事上放手大胆去干，坚持边干边统一思想、边干边总结提升，不断形成推动高质量发展、升华思想观念互相促进的良性循环。四是坚持以人民为中心的发展思想。深化“爱心天心”帮扶工程，聚焦“五位”建设解决民生急难愁盼问题，努力提升人民群众获得感安全感幸福感。五是坚持统筹发展和安全。强化全局观念、系统思维，保持“时时放心不下”的责任感和“箭在弦上”的备战姿态，全力以赴防风险、保安全、护稳定，以高水平安全护航高质量发展。六是坚持充分调动干部群众干事创业积极性。落实区委“狠抓落实年”要求，以效能建设和“天心红”人才工程为抓手，激发全区广大干部群众“闯创干”热情，凝聚起“团结奋进强省会、万众一心兴天心”的磅礴力量。

（三）在抢抓发展机遇中谋势而进。机遇难得、稍纵即逝，我们要清醒地看到发展的有利条件和积极因素。从全局看，扩大内需方面，中央经济工作会议强调“把恢复和扩大消费摆在优先位置”，近期党中央、国务院出台了《扩大内需战略规划纲要（2022—2035年）》，围绕提升传统消费、扩大服务消费、培育新型消费、倡导绿色消费等作出系统部署，这为我们进一步挖掘消费潜力、提振消费信心明确了着力点和主抓手；产业变革方面，中央经济工作会议强调“抓住全球产业结构和布局调整过程中孕育的新机遇，勇于开辟新领域，制胜新赛道”，我们必须顺应变革要求，抓好战略性新兴产业培育，推动传统产业迈上价值链中高端，打造一批新的增长引擎。从自身看，这一年来，在强省会战略、长株潭都市圈建设的驱动下，我区经济持续恢复，发展能级地位迅速提升，解放垸—大托片区永久基本农田全部调出，机场实现搬迁，加上我们在区位、产业、市场、科教、人力等方面优势明显，金融、建安、商贸等传统优势产业触底反弹，大数据、人工智能、新能源、医药健康等新产业有望快速增长，要素市场化配置、投融资体制、国企国资等改革释放发展动力活力，全区经济加快发展支撑良好、潜力巨大。可以说，束缚我们“放不开手脚”的绳子即将解开，压在我们头上“限高”的帽子即将拿掉，天心“跨越赶超”发展其时已至、其势已成、其兴可待，我们必须抢抓机遇、创造机遇、用好机遇，开创全面建设社会主义现代化新天心的崭新局面。

矛盾论告诉我们，任何事物都有两面性。毛主席说过，前途是光明的，道路是曲折的。我们也要清醒地看到，在发展中还面临着不少的挑战和问题。世界处在新的动荡变革期，全球经济面临滞胀甚至衰退风险，外部环境不稳定、不确定、难预料成为常态，需求收缩、供给冲击、预期转弱三重压力持续。具体到天心，主要表现为：推进产业升级方面，部分传统优势产业面临市场“天花板”，新兴产业规模不大、集聚度不高、动能不强；加快项目建设方面，从规划中要项目的能力不强，社会投资信心不足，2023年重大项目投资计划社会投资明显下降，以政府投资项目为主；提振消费市场方面，居民预期减弱，消费意愿和能力不强；统筹发展和安全方面，疫情防控面临“迎峰转段”新的压力挑战，房地产、政府债务、金融等领域风险不容忽视，等等。对此，我们要坚持用全面、辩证、长远的眼光分析当前形势和问题，努力在危机中育新机、于变局中开新局，推动天心经济社会发展行稳致远。

二、准确把握总体要求和目标原则，满怀豪情迈上加快现代化建设新征程

2023 年是全面贯彻党的二十大精神的开局之年，是“十四五”承上启下的关键之年，做好 2023 年的经济工作，意义重大、影响深远。总体要求是：以习近平新时代中国特色社会主义思想为指导，全面贯彻党的二十大精神和中央、省委、市委经济工作会议精神，深入落实习近平总书记对湖南重要讲话重要批示指示精神，坚持稳中求进总基调，完整、准确、全面贯彻新发展理念，服务和融入新发展格局，着力推动高质量发展，全面落实“三高四新”战略定位和使命任务，深入落实强省会战略，更好统筹疫情防控和经济社会发展，更好统筹发展和安全，全面深化改革开放，大力提振市场信心，把实施扩大内需战略同深化供给侧结构性改革有机结合起来，突出做好稳增长、稳就业、稳物价工作，有效防范化解重大风险，推动经济运行整体好转，实现质的有效提升和量的合理增长，为全力建设“智慧天心、融城核心”、全面建设社会主义现代化新天心开好局起好步。

2023 年全区经济社会发展的主要预期目标是：GDP 增长 7.3% 左右（省 6.5%、市 7%、第六次党代会 7%、“十四五”规划 6%），规工增加值增长 6% 左右（省 7.5%、市 8%），固投增长 8% 以上（省 7%、市 7%），地方一般公共预算收入增长 7% 以上（省 8%、市 7%），社会消费品零售总额增长 7.5% 以上（省 7%、市 7%），居民收入增长与经济增长基本同步。

区委把全区 GDP 增长确定为 7.3% 左右，主要考虑是四个方面：一是体现省会中心城区担当。全省增长目标定为 6.5% 以上，全市增长目标定为 7% 以上，天心作为省会中心城区，GDP 增速应该高于全市目标，为全市经济发展多作贡献。二是符合天心发展实际。随着强省会战略、长株潭都市圈建设的深入推进，随着机场、解放垸—大托片区土地资源的逐步释放，对区域经济将有一个明显的推动作用，完全可能实现预期增长目标。三是衔接中长期目标。综合考虑全市（“十四五”7%）、全区（区党代会 7%、“十四五”6%）中长期目标，2022 年因为疫情原因增速有所放缓（5%），但我们有信心有决心略高于全市增长速度，但同时也要看到解放垸—大托片区目前还处于规划期，增长还需要一段时间，到“十四五”末才能实现较快增长，就 2023 年而言，我们要保持或提升在全市的占比，实现中长期目标，必须要有高于全市的增长速度。四是有利于改善预期提振信心。近年来受疫情等超预期因素影响，经济运行受到较大冲击，方方面面压力加大，社会资本观望态度明显，GDP7.3% 的增长预期有利于释放积极信号，提振发展信心，汇聚发展力量，真正体现“抬高坐标、跨越赶超，创新实干、担当作为”的工作要求。

做好 2023 年经济工作，要认真贯彻中央经济工作会议提出的“六个统筹”，重点把握好六个方面：一是坚持紧抓高质量发展这一首要任务。注重以质取胜、以量增能，在提高质量效益的基础上保持合理的经济增长，以量变的积累实现质变。二是坚持强化政策引领这一重要支撑。全面对接落实中央宏观调控政策，加强各项政策协同配合，形成共促高质量发展合力。三是坚持把握扩大内需这一战略基点。发挥金融、建安、商贸等传统优势产业和大数据、人工智能、新能源、医药健康等新兴产业优势，扩大项目建设投资潜力，打通经济循环堵点，主动融入和服务新发展格局。四是坚持用好改革开放这一关键大招。把全面深化改革开放贯穿经济工作全过程，通过深化园区国企、民营经济发展环境、要素市场化配置等改革，激发经济发展活力。五是坚持提升防范化解风险这一突出能力。加强风险预判和战略预置，提高应对极端情况能力，做到心中有数、手中有招、行动有力，在发展中化解各类风险隐患。六是坚持保持打基础利长远这一战略定力。以“功成不必在我，建功必定有我”的胸怀境界谋长远抓当下，重点抓好解放垸—大托片区的整体规划、起步区建设和天心大道城市功能轴的规划，为长远发展打好基础、留好余地、做好衔接。

三、全力打好“八大战役”，纲举目张做好 2023 年度经济工作

2023 年注定是富有挑战的一年，更是极具前景

的一年。做好2023年的经济工作，必须从战略全局出发，从改善社会心理预期、提振发展信心入手，全力以赴深入打好“八大战役”。

（一）深入打好扩大内需战，大力提升经济增长的内生动力。国家实施扩大内需战略，核心是促进消费、扩大投资、建立“双循环”。我们要抢抓这一机遇，打破常规抓落实，特别是要通过扩大政府投资、拉动民间投资的增长，积极调动社会资金参与经济建设，真正做到创造性地抓好贯彻落实。一要以项目建设为抓手，积极扩大有效投资。项目建设是扩大投资的重要载体，没有项目就没有投资。坚持项目为王，持续抓好重大项目“八个一批”攻坚行动，确保征拆、腾地、招商、建设环环相扣、紧密衔接，推动2023年计划铺排的192个重大项目、486.16亿元年度投资全力落实到位，提高全年工作的可预见性、投资拉动的可持续性。按照“高大上+链群配”的标准抓招商引资，真正把符合天心发展实际的企业和项目选出来、引进来，为高质量发展注入“源头活水”。二要以新消费为抓手，促进消费回暖复苏。目前，疫情防控措施已经优化，人们对“久在樊笼里，复得返自然”的期盼与渴望十分强烈，我们要下好先手棋、打好主动仗，擦亮“网红长沙、红在天心”这张最具辨识度、最活跃的名片，发挥长沙新消费研究院的作用，以新消费为重点，一方面，打好消费券、云逛街、购物节等一系列提振消费“组合拳”，另一方面，加快布局打造“湘府消费中心”，支持线上线下商品消费融合发展，培育“互联网+社会服务”新模式，促进共享经济等消费新业态发展，发展新个体经济，大力发展新业态新产业新模式，努力培育壮大新增长点增长极，大力构筑新消费发展高地。三要以外向型经济为抓手，主动融入和服务新发展格局。作为“三驾马车”之一的出口一直是我们区的短板，2023年必须把短板拉长。落实稳外贸、稳外资、稳外经的政策要求，支持湖南钢铁、省机械进出口、华菱资源等龙头企业，带动区内关联企业“抱团联动”走出去“抢订单”，支持长株潭跨境电商平台更好发挥作用，积极引入外商外资来区兴办实体，加快外向型企业培育，扩大对外服务的影响与市场占有率，进一步打造结构更优、能级更强的大开放格局。

（二）深入打好产业升级战，全力构建现代化产业体系。立足区情实际，把发展经济的着力点放在现代化产业体系建设上，全力构建富有天心特色、具有核心竞争力的现代化产业体系。一要坚持现代服务业“当家”。突出搞好顶层设计，出台现代服务业高质量发展三年行动计划，锚定“稳总量、提质量、育增量”发展路径，既着眼现有优势产业，抓紧实施金融服务、现代商贸、文化旅游、软件信息、科技服务等专项提升行动，把金融、建安、电力等支柱型服务产业牢牢稳固提升好，又充分考虑未来发展方向，加快实施新兴金融、跨境贸易等高附加值、知识密集型的战略性新兴服务业培育行动，推动现代服务业高质量发展。二要搭建数字经济“四梁八柱”。“智慧天心”不是喊出来的，必须谋在深处、干在实处、走在前列。以数字经济为突破口，用好湖南大数据交易所、天心数谷等平台，聚焦数字经济、数字政府、数字社会、数字法治4个建设重点，瞄准数据服务、云计算、物联网、工业互联网、区块链、人工智能、软件服务、数字文化、虚拟现实和增强现实等9大产业，加快智能交通、智慧能源、智能制造、智慧农业、智慧教育、智慧医疗、智慧文旅、智慧社区、智慧政务等9大场景打造，在“智慧天心”建设上迈出实质性的步伐。三要培育壮大市场主体。结合现有的总部经济、商圈经济、楼宇经济，持续开展“纾困增效”专项行动，切实减轻市场主体负担，做到放水养鱼、留住青山。扎实开展优质企业梯度培育计划，完善政策支持体系，加强中小微企业服务管理，引导中小企业专精特新发展，全力促进“个转企、小升规、规做精、优上市”。

（三）深入打好示范引领战，在长株潭都市圈建设上迈出新步伐。党的二十大报告指出，构建以城市群、都市圈为依托的大中小城市协调发展格局。新的一年，“融城核心”建设要干出新成绩、见到新成效。一要在对接规划上搞好任务细化。积极对接《长株潭都市圈建设实施方案（2022—2026年）》，结合天心区五年行动计划和年度工作重点，从规划建设、基础设施、资源要素、产业创新、生态保护、公共服务等方面着力，搞好任务细化分工，明确到月份、单位、具体责任人，并强化执行落实。二要在项目建设上率先实现突破。坚持基础先行，在道路、交通、教育、医疗等配套方面主动率先发力，同时紧抓绿心中央公园、国家医学中心、长沙奥体中心以及国际医学健康小镇、融城体育小镇联动建设，稳步推进长沙奥体中心首开区建设，强化产业导入，抓紧“体育+”等产业布局，形成集聚效应，进一步提升南部融城片区的服务功能。三要在协同发力上争取更大作为。深化与毗邻的株洲石峰区、湘潭岳塘区之间的交流合作，产生的好经验、好做法能固化的机制化、能长效的常态化，争取在产业发展、消费升级、基础设施、公共服务、绿心保护等方面有看得见、摸得着、群众得实惠的实绩实效。

（四）深入打好创新驱动战，以高水平“双创”打造高质量发展新引擎。把创新摆在核心位置，坚持“敢为、敢闯、敢干、敢首创”，服务具有核心竞争力的科技创新高地建设。一要深化政产学研合作。充分发挥区内4个国家级、59个省级实验室和工程技术研究中心的优势，加快政产学研合作，全力支持国家第三代半导体创新中心、中南林科大林科院油茶研究中心、爱尔眼科产业创新研究院等研发平台建设，积极融入岳麓山、芙蓉、湘江等实验室，促动推进科教融合，深入参与我区各优势产业链的延链、补链、强链工作。二要持续实施“天心红”人才工程。激发区内11所高校、12万在校大学生、20万人才的潜能，做实做细“访院士、聚谋士、引博士、崇名士、汇贤士”这篇大文章，坚持好“一事一议”机制，吸引更多掌握关键技术、拥有自主创新成果的高层次人才及团队落户天心、深耕天心。三要大力营造良好创新生态。大力营造“鼓励创新、宽容失败”的社会氛围，形成有利于“双创”的制度体系，最大限度释放全社会创新创业创造动能，大力培育新经济、新业态、新模式，让天心成为催生、哺育、成就优质项目、优秀企业和成功企业家的沃土。

（五）深入打好提质升级战，着力建设人民满意的品质城区。坚持人民城市人民建、人民城市为人民，切实提高城市规划、建设、治理水平，建设更加宜居、韧性、智慧的品质城区。一要着力提升城区功能品质。突出抓好大托—解放垸片区的整体规划和起步区规划，加快天心大道城市功能轴的规划建设，加快实施城市更新行动，继续推进老旧小区改造、危旧房屋改造，持续加大闲置土地、烂尾楼项目处置力度，加快盘活存量土地资源，加强闲置楼宇招商引资，培植新兴业态，全力打通“断头路”“瓶颈路”，改善优化交通微循环，积极完善水电气供应等基础设施，大力推进公共停车位、“厕所革命”和垃圾收集站等公益项目建设。二要着力提升城区管理能级。着眼打造一流“城市大脑”，抓紧“智慧天心城市运营指挥中心”建设，强化平台作用，拓展城市管理电子信息化的覆盖领域和范围，提高城市管理效率；发挥政务信息化的示范作用，进一步拓展智慧医疗、智慧教育、智慧商圈、智慧楼宇、智慧社区等领域的应用，打造智慧城区善治样本。三要着力提升城区文明程度。城以人为本，民以城为家，提升城市文明程度，关键在人。实施新时代文明实践工程和公民道德建设工程，培育一批道德建设、文明实践典范品牌，让崇德之风、向善之为、文明之行在天心大地蔚然成风，在长沙争创全国文明典范城市中展现天心作为。

（六）深入打好改革攻坚战，全方位激发经济发展活力。坚持把问题作为时代的声音，以改革开放的精神和攻坚克难的勇气，推动更深层次改革、更高水平开放。一要以改革强园区。深入推进“五好”园区建设，深化园区闲置、低效产业用地改革，实施相对集中行政审批许可权改革，进一步完善园区内部体制机制，持续实施招商引资、科技创新、财源建设、空间突围、环境提质等“八大行动”，全力抢跑领跑大数据、地理信息、软件+人工智能、人力资源服务、文创广告、智慧医药健康等六条产业赛道，加速产业集聚，不断提升产业能级，做强主特产业，提升亩均效益，推动天心经开区向都市型高新数字产业园区发展。二要以改革优环境。全力打造全省营商环境首善之区，巩固拓展“一日一制一景三中心”营商模式，坚持内挖外引并举，加大招商引资力度，探索项目招商、签约、审批、开工、竣工、运营的全过程和全链条优质服务，真正让企业在天心投资放心、创业舒心、干事顺心、发展安心。三要以改革活国企。深化区国资公司、区城发集团、融发集团等区属国企转型，坚定市场化改革方向，建立健全现代企业管理制度，发挥好AA+主体信用评级作用，推动辖区城市资源、国有资产向区属国有企业集聚汇拢，增强融资能力、竞争实力。

（七）深入打好民生保障战，倾力打造共同富裕先行示范区。坚持既尽力而为又量力而行，丰富拓展“爱心天心”品牌的内涵和外延，把一项项利民惠民举措，转化为可观可感的实际成果。一要统筹社会事业发展。坚持就业优先原则，完善和落实减负、稳岗、扩就业措施，解决好高校毕业生、农民工、退役军人、城镇困难人员等群体多渠道就业；落实“双减”政策，强化义务教育优质均衡发展；深化健康天心建设，完善突发公共卫生事件监测预警、应对处置、兜底保障等全链条机制；完善社会保障体系，优化养老、托幼服务。二要全速全面推进乡村振兴。全面落实粮食安全党政同责，大力推进“田长制”，坚持最严格的耕地保护制度，推进永久基本农田全面建设成为高标准农田。加快建设宜居宜业和美乡村，发展新型农村集体经济，积极发展现代都市农业。巩固拓展脱贫攻坚成果，积极探索科学合理长效的乡村振兴模式和路径，加快打造共同富裕先行区。三要持续抓好生态建设。持续打好蓝天碧水净土静音保卫战，统筹抓好 $PM_{2.5}$、重金属污染、固体废物污染等问题整治，落实好“河长制”“林长制”“田长制”，全力守护好一江碧水、一片蓝天、一颗绿心，打造“天心蓝、绿心绿、湘江美”的生态画卷。

（八）深入打好安全保卫战，切实维护社会大局平安稳定。始终保持“时时放心不下”的责任感紧迫感，坚持底线思维，强化风险隐患预警，把隐患消灭在萌芽状态，确保社会大局和谐稳定。一要科学精准抓好疫情防控。统筹安排医院、社区卫生服务中心、发热门诊等医疗资源，加大常规药品供应和管理，保障群众就医用药需求，加大老年人和患基础疾病群体的疫苗接种工作，全力保健康、防重症。二要切实筑牢安全生产防线。严格履行安全生产责任制，坚决落实国务院安全生产十五条措施，深入开展居民自建房、高层建筑、园区企业、仓储物流、消防安全等重点领域风险排查整治，强化社会治安整体防控，坚决遏制重特大安全生产事故发生。三要防范化解重点领域风险。建立健全金融领域工作机制，积极稳妥化解房地产、金融、地方政府债务等领域风险，统筹抓好粮食、能源、产业链等方面的风险排查处置，扎实做好保交楼、保民生、保稳定各项工作，牢牢守住不发生系统性风险的底线。

四、切实加强党的领导，不断提高抓执行保落实的能力和水平

全区各级各部门要把党的领导贯穿到经济工作各领域全过程，深入贯彻落实中央和省市区委的决策部署、工作要求。

（一）深入贯彻落实中共二十大精神。着力在全面学习、全面把握、全面落实上下功夫，更加自觉忠诚拥护“两个确立”、坚决做到“两个维护”，切实把思想和行动统一到党中央决策部署上来。要强化责任担当，做到谋划时胸怀全局、落实上专业精准、操作中细致稳健，以奋发有为的精神状态和担当作为的责任意识做好经济工作。要完善落实机制，紧扣党的二十大和中央、省委、市委经济工作会议作出的部署安排，明确重点任务、制定具体方案、拿出务实举措，确保事事有回音、件件有着落。

（二）不断提升谋远谋深谋实的能力。坚持系统观念，加强对经济工作的前瞻性思考、全局性谋划、战略性布局和整体性推进，善于统筹兼顾、弹好钢琴，提高政策举措的系统集成、协同配合水平。提升专业能力，围绕市场主体需求施策，增强政策制度供给的时效性和准确性。加强学习钻研，坚持干什么学什么、缺什么补什么，努力成为精通专业领域工作的行家里手。年后，区委将组织大家到先进地区去学习取经，再回来召开务虚会，集思广益、群策群力，进一步坚定发展信心、理清发展思路、加快发展步伐、破解发展难题、形成发展合力，更好地将我们的各项工作推向前进。

（三）持之以恒锤炼过硬的工作作风。经济工作是实打实的，一深入就具体，一具体就深入。我们要按照中央、省委、市委经济工作会议精神，坚持实事求是、务求实效，将各项任务落地落细落具体。各级领导干部要在实践中坚定“想干事、能干事、干成事”的信念，磨砺“明知山有虎、偏向虎山行”的勇气，强化“踏平坎坷成大道，斗罢艰险又出发”的信心，拿出“抓铁有痕、踏石留印”的韧劲，以钉钉子精神抓落实，确保取得实实在在的工作成效。

政府工作报告

——2023 年 1 月 4 日在长沙市天心区第六届人民代表大会第三次会议上

天心区人民政府区长　周志军

本届政府及 2022 年工作回顾

2022 年工作回顾

2022 年极不寻常、极不平凡。在市委、市政府和区委的坚强领导下，我们深入学习贯彻中共二十大精神，坚决落实“疫情要防住、经济要稳住、发展要安全”重要要求，强力实施“强省会”战略、着力打造“智慧天心、融城核心”，攻克了一批制约发展的难题，干成了一批事关长远的大事，尽最大努力交出了殊为不易的答卷。

——实现了综合实力的大进位。地区生产总值增速前三个季度稳居内五区第 1，城区经济高质量发展指数排名全国百强区第 52 位，较 2021 年拉升 8 个位次。

——深化了创新驱动的大生态。全面推进省级创新型城区创建，深入实施“天心红”人才工程，国家第三代半导体技术创新中心（湖南）成功落户，全社会 R&D 占 GDP 比重连续三年全市领先，技术贸易合同成交金额突破 100 亿元，创新能力居全国百强区第 48 位。

——提优了近悦远来的大环境。全力打造营商环境“首善之区”，率先全省创建“无证明园区”“信用示范商圈”，投资竞争力排名全国百强区第 40 位，连续两年保持全省首位。

——构建了土地盘活的大系统。成立全省首个存量土地资源盘活工作指挥部，搭建全省首个存量土地信息平台，全区 3.2 万余亩存量土地“一图尽览”，土地要素实现精准配置，筑起了高质量发展的坚实支撑。

——推动了城市更新的大提速。系统铺排八大片区千亿级城市更新项目，新开铺、黑石铺片区启动首开区征拆，下碧湘街片区完成老旧小区改造，九峰、先锋、狮子山、麻园塘、天心数谷等片区竞相推进，以天心大道为主体的新发展轴加速构建，城区面貌即将实现跨越式蝶变。

——力促了新型消费的大发展。主导成立全国首个城市新消费研究院，率先出台促进新消费产业发展十条措施，黄兴路步行街被外交部新闻发言人赵立坚作为长沙形象窗口向全球推介，茶颜悦色、文和友等新消费品牌获省委书记张庆伟特别推荐，夜经济影响力荣居全国 20 强区县首位。

——加速了国企能级的大提升。区属国有企业资产总规模突破 700 亿元，区城发集团、区国资集团成功取得 AA+ 主体信用评级，天心成为全省首个拥有两家 AA+ 直属国有企业的市辖区。

——拓展了爱心天心的大品牌。举办首届“爱心天心”慈善大会，推出“爱心天心 +”系列慈善项目，出台慈善资金管理办法，募集善款 4200 余万元，实现困难帮扶与慈善公益深度融合，搭建了爱心桥梁、温暖了千家万户。

——破解了危房改造的大难题。系统性出台 D 级楼栋危房重建操作指引，探索解决“危房不住人、人不进危房”的历史性难题，打造了危房改造天心样板，经验做法被 2022 年第 56 期《省政府通报》全省推介。

——释放了未来发展的大空间。85万天心人民期盼多年的大托机场搬迁即将圆梦，新一轮“三区三线”划定天心城镇开发边界由74平方千米拓展至110.4平方千米，天心发展站上了新起点、迎来了新机遇。

回顾过去一年，我们主要抓了五个方面工作：

（一）精准发力稳增长，区域经济实现新跃升

全面落实稳经济一揽子政策，扎实抓好“两个统筹”，第一时间出台贯彻落实“强省会”战略行动方案，系统推进“一体两翼”，地区生产总值增长5%以上（预计数，下同）；完成地方一般公共预算收入70亿元、增长4.2%；固定资产投资增长8%；规模工业增加值增长5%；规上其他营利性服务业营收增长14.2%、全市第一；居民人均可支配收入达7万元，增长4.7%，稳居全省区县前列。项目建设支撑有力。铺排重大项目193个，完成投资417亿元，市级重大项目投资完成率达127%。天心数谷一期、新韶山南路、暮坪湘江特大桥等一批重点建设项目加速推进，中国电信天翼云中南数字产业园一期实现当年开工当年封顶，爱尔眼科全球总部大厦竣工运营，新开铺423、牛角塘城改一期等23个征拆项目扫尾清零，腾地1685亩；湖机、长机、古道巷等地块挂牌出让；闲置多年的太和广场等项目复工复产，盘活闲置楼宇11万平方米，西文庙坪资产化运营迈出实质性步伐。招商引资提质增效。创新推行“访厅拜院联企”和“三派”招商机制，大力推进“湘商回归”，新引进“三类500强”企业9家、10亿元项目4个、百万税源企业109家。系统推进区域性国际消费中心建设，推出“七个一”举措，成功承办2022中国（长沙）新消费城市峰会、第三届中国城市夜间经济发展峰会，成功招引兰博基尼、比亚迪腾势汽车等新消费、新能源品牌入驻，外商直接投资额增长26.3%。营商环境持续优化。巩固拓展“一日一制一景三中心”营商模式，创新升级区长企业接待日，推行336个服务事项免交复印件，经验做法获国务院政务联播推介，依申请类政务服务“网上可办率”100%，151个服务事项实现跨省通办。深入开展百名干部联千企“送解优”行动，减免企业税费26.6亿元，发放扶持资金2.6亿元，净增市场主体1.8万户。

（二）笃行蓄力聚动能，发展优势实现新跃升

坚持在全市大局中谋划天心发展，抢机遇、强动能、扬优势，打造城区高质量发展新标杆。示范建设都市圈加速突破。长株潭都市圈正式获批成为全国第四个、中部首个国家级都市圈，南部融城列为“强省会”战略重点功能片区。绿心中央公园总体规划、南部融城片区空间发展概念规划加速推进，大托－解放垸完成城市设计。国家医学中心、长沙奥体中心等标志性项目强力推进，天心大道一标、融城路西延线等骨干路网建成通车，长沙市一中城南中学、青园枈祥小学等优质教育资源扎根南部。成功举办“以文促融向未来”等系列主题活动，推出“长株潭精品旅游线路”，跨域通办政务服务增至158项，互动互通互享发展格局持续巩固。创新驱动引领力显著增强。数创示范引领，湖南大数据交易所文化板块上线运营，数字经济核心领域规上企业增加值达43.2亿元，增长12.4%。科创生态优化，率先推行校地人才“跟岗互派”“科技副总”制度，60余家国家、省级科研创新平台形成联动，高新技术企业达360家，高新产业增加值增速、技术贸易合同登记项数全市领先，规上企业研发投入增长13.8%。创新力量汇聚，深入开展访院士、聚谋士、引博士、崇名士、汇贤士行动，人才总量达20.1万人。平台载体主阵地巩固壮大。园区动能加速释放，天心经开区完成技工贸收入580亿元、增长28%，人力资源服务产业园获批全国首批“科创中国”创新基地，天邵新经济创新产业（飞地）园实现开园。国企改革深入推进，设立产业投资基金、科技成果转化基金，新消费新能源、大数据大健康等产业链群加速布局。楼宇经济、总部经济持续发展，亿元楼宇达22栋、全市最多，华光源海作为全省首家民营国际物流企业在北交所成功上市，全区上市公司增至8家，市值占全省近两成、全市近三成。

（三）持续加力强建管，城乡面貌实现新跃升

深入践行“四精五有”理念，扎实推进全国文明典范城市创建行动，城市生活更加美好。品质形象稳步提升。着力完善基础配套，完成天心大道更名，打通丽江路、黄土岭路等“断头路”“瓶颈路”8

条，治理城市防涝堵点39处，修复园林景观设施4587处，湘江南路等照明提质工程全面完成，湘江东岸更加璀璨夺目。强力开展市容环境全域提升达标“十大行动”、“百街千巷”综合整治，提质街巷137条，新改建停车场37座、公厕38座，新增车位14828个。大力推进城市更新，改造老旧小区157万平方米、危旧房屋96栋。生态环境持续改善。全面落实“河长制”“林长制”“田长制”，中央、省级环保督察及“回头看”转办事项全部办结销号。坚决打赢蓝天保卫战，空气优良天数比例达84.8%。雀园路截污管网等工程有力推进，港子河生态修复工程深入实施，国、省、市控断面水质100%达标。乡村振兴纵深推进。推动脱贫攻坚成果与乡村振兴有效衔接，系统实施乡村振兴提速八大行动，建成美丽宜居村庄15个，新建提质乡村公路20.5千米，新增农村自来水入户5800人，城乡供水实现全域一体化。大力推进“农业+”发展模式，培育现代农场、民宿餐饮、花卉苗木等精品项目50余个，打造首批劳动研学教育基地，村集体经济收入全面突破50万元。对口帮扶邵阳县、龙山洛塔乡工作持续有力。

（四）用情用力增福祉，幸福指数实现新跃升

始终坚持以人民为中心的发展思想，全面完成省市区民生实事办理，群众获得感、幸福感、安全感更加充实。圆满完成基层医疗卫生机构规范化建设和能力提升三年行动任务，14个社区卫生服务中心实现中医药服务全覆盖，联动10余家省市级医院建立专科联盟和医联体，强化了应急能力建设。优质教育均衡发展。连续三年获省政府真抓实干督查激励表彰，在幼幼、仰天湖、青园等优质教育品牌基础上新增以长郡外国语、湖南师大附中双语为主体的两大教育集团，打造了优质教育全新矩阵。新建中小学幼儿园15所，新增学位10600个。全面落实“双减”政策，幼儿园公办普惠率超90%。成功入选全国义务教育优质均衡先行创建区。文旅体育再上台阶。出台国际消费中心暨国际文化创意中心创建发展规划，五一商圈、太平街分别获首批国家级夜间文旅消费集聚区和旅游休闲街区，旅游人数、旅游收入分别增长12.7%、6.9%。大力开展全民健身活动，持续强化文体服务供给，新改建室外运动场20个。社会保障坚实有力。新增城镇就业14486人；城乡居民基础养老金实现“18连涨”；新增养老服务床位200张、老年人家庭医生签约3000人，完成困难老年人居家适老化改造115户；加装小区电梯199台；筹集保障性租赁住房1478套；打造退役军人“五优”服务示范站10个；扎实推进市场监管所标准化建设，助力长沙成功获评国家食品安全示范城市。社会大局和谐稳定。深入实施安全提质“十大工程”、安全生产大检查“百日攻坚”，强力推进自建房安全专项整治，拆除违法建设12万平方米，扎实开展高层建筑、仓储物流、燃气管网等重点隐患排查整治，全年生产安全事故数下降33%，获评省安全生产和消防工作优秀单位。有力防控重大风险，债务运行总体平稳可控。强力保障中共二十大期间社会安全稳定，坚决打好禁毒和反电诈人民战争，集中化解信访突出问题，连续18年获省“平安县（市、区）”称号。

（五）凝心聚力促实干，效能作风实现新跃升

保持永远在路上的坚韧和执着，自身建设全面加强。政治建设坚定有力。深入学习宣传贯彻中共二十大精神，深学笃用习近平新时代中国特色社会主义思想和总书记考察湖南重要讲话指示精神，坚决将捍卫“两个确立”、践行“两个维护”穿透落实到政府工作全过程。

法治建设全面深化。率先全市制定区级政府重大行政决策程序制度，深化行政复议体制改革，强化公共法律服务体系建设，经验做法在全省作典型交流。建立法治营商环境监督员制度、涉企权益保护府院联动机制，“茶颜悦色”商标保护入选全国知识产权行政保护典型案例。深化基层依法治理，创建全国民主法治示范社区3个、省级民主法治示范社区（村）14个。依法自觉接受人大、政协和社会监督，办理代表委员建议提案273件、办复率100%，“12345”政务服务便民热线工单办结率100%。能力建设持续增强。全面推进“智慧天心”建设，建成智慧城市运营指挥中心，城市治理、应急指挥即将实现“一屏调度、一网统管”。深入开展“狠抓落实年”活动，创新区政府“强协同、聚合力”会商会议制度，严守中央八项规定及其实施细则精神，坚决纠治形式主义、官僚主义。强化审计监督、统计监督和督查落实，审计项目连续两年荣获全国优秀表彰。

此外，国防动员体制改革全面深化，兵役征集、国防教育、人防、双拥工作深入推进，国家安全、民族宗教、机关事务管理工作扎实有力，工会、共青团、妇联、残联、文联、侨联、科协、对台、红十字会、工商联、史志档案、老干和关工委等工作都取得了新成绩。

在总结成绩的同时，我们也清醒认识到，前进道路上仍然面临一些矛盾和问题：平台作用发挥还不够好，大项目、好项目还不够多，开放型经济还不够强；片区发展仍不平衡，安全底座仍需加固；公共服务供给与人民群众的新期待还有差距；干部服务意识、担当精神、斗争本领有待提升。对此，我们将攻坚突破、实干解决，让全区人民感受到实实在在的变化和成效。

2023 年主要任务

2023 年是践行新思想、奔向新目标、推动中共二十大精神在天心落地生根的开局之年，是“十四五”规划实施的纵深推进之年。面对世界百年变局，中共二十大擘画了以中国式现代化全面推进中华民族伟大复兴的宏伟蓝图，发出了团结奋进伟大新征程的时代号召。做好 2023 年工作，必须以新的精神引领全局。牢牢把握高质量发展首要任务，强化教育科技人才战略支撑作用，坚持系统思维、底线思维，按照中共二十大确定的全面建成社会主义现代化强国两步走战略安排，自信自强、守正创新，集中精力办好自己的事，以实干实绩书写贯彻落实中共二十大精神的精彩篇章。必须以新的机遇跨越赶超。抓住机遇、赢得美好未来，错失机遇、落后一个时代。长株潭都市圈建设赋予天心更高的战略地位，“强省会”战略实施赋予天心更强的发展使命，在两大战略的加持下，天心南部融城片区迎来了巨大空间的释放、落地了关键引领的平台、站上了前所未有的高度，必须以放眼时代的战略眼光、时不我待的警醒紧迫、只争朝夕的拼劲韧劲，把握战略机遇的“窗口”、抢抓时代潮流的“风口”、拓宽赢得未来的“出口”，用好南部融城的独有资源、塑造天心发展的独特优势、绘就大城之南的独美风景，奋力跨越、全面赶超，“闯”出一条新路子、“创”出一片新天地、“干”出一个新天心。必须以新的状态担当使命。坚定“功成不必在我、建功必定有我”的责任感，树牢“今天再晚也是早、明天再早也是晚”的紧迫感，保持“不进则退、小进也是退”的危机感，用新面貌开启新征程、用高水平保证高质量、用严标准落实严要求，让天心阁下创新实干的底色更加厚重、让湘江东岸担当作为的强音更加嘹亮！

2023 年政府工作的总体思路是：坚持以习近平新时代中国特色社会主义思想为指导，全面贯彻中共二十大精神、中央经济工作会议精神和省委、市委、区委经济工作会议精神，坚持稳中求进工作总基调，完整、准确、全面贯彻新发展理念，服务和融入新发展格局，着力推动高质量发展，全面落实“三高四新”战略定位和使命任务、全力落实“强省会”战略，更好统筹经济社会发展，更好统筹发展和安全，大力提振市场信心，提升治理水平，突出做好稳增长、稳就业、稳物价工作，有效防范化解重大风险，推动经济运行整体好转，实现质的有效提升和量的合理增长，以“敢为、敢闯、敢干、敢首创”的强大合力，全力建设“智慧天心、融城核心”，确保全面建设社会主义现代化新天心开好局起好步。

主要预期目标是：地区生产总值增长 7.3%，地方一般公共预算收入增长 7%，固定资产投资增长 8%，社会消费品零售总额增长 7.5%，居民收入增长与经济增长基本同步，综合实力挺进全国高质量发展百强区前 50 强。重点做好十个方面工作：

（一）高站位推进南部融城发展

用好空间之阔，发挥引领之势，打造“强省会”战略承载地、长沙高质量发展新极点。坚持规划引领。紧密对接绿心总规修编和绿心中央公园建设规划，扎实推进绿心边界优化，以绿为底色、以山为风骨、以河为脉络、以田为自然、以湖为灵韵，打造生态价值转换的新路径、公园城市建设的新典范、湖湘人文荟萃的新窗口、未来品质生活的新场景、乡村全面振兴的新样板。紧跟长沙南中心发展规划，着力做优产业、交通、教育、文体、医疗等专项规划，做精大托—解放垸详细规划，加快牛角塘起步区和暮云东、西、南三片控规审批入库。重点聚焦大托—解放垸集中连片空间开发利用，建设国家大健康产业引领区、中部数字经济示范区、长株潭总部企业集聚区、长株潭幸福生活共享区、长株潭商业汇集区。推动基础先行。

进一步提升片区设施服务水平和交通集散能力，高标准建成长沙市一中城南中学初中部、湘府英才小学高云校区、师大附中双语幸福小学，加快建设暮坪湘江特大桥、新韶山南路、圭白路东延线、暮云大道，加紧启动锦绣大道、湘江大道南延线、融城路东延线、黎塘路等骨干路网建设，启动地铁5号线南延线建设，全力争取轨道交通第四期规划建设地铁9号线、7号线南延线。聚焦项目驱动。高标准推进国家医学中心建设，以湘雅医院新院区为核心，构建研发攻关圈、创新孵化圈、产业发展圈，辐射带动大托—解放垸、牛角塘片区产业导入和项目开发，打造全国有影响力的前沿性科技攻关平台、创新孵化和成果转化空间、健康产业集聚高地。稳步推进长沙奥体中心首开区建设，以“体育+”“+体育”为实施路径，着力打造全省体育新地标、长株潭融城新空间、绿心中央公园新景点、文旅体融合发展新示范。全力推动天心数谷建设，构筑数据集采、加工、交易、研发、应用全产业链平台，打造全省数字经济集聚示范区。促进协同发力。推进解放垸、大托机场、牛角塘、天心数谷、奥体新城、美丽乡村六大组团联动发展。全面落实长株潭都市圈建设实施方案要求，在组织互动优统筹、交通互联优通勤、数据互通优生活、资源互享优产业、生态互保优环境上持续发力，推动长株潭融城“先行区”向“先进区”稳步迈进。

（二）高质量推动经济稳定增长

坚定实施扩大内需战略，大力提振市场信心，推动经济运行总体回升、量质齐升。深入开展“十大行动”。开展现代服务业创新发展区创建行动，新增规模以上服务业企业40家，税收过亿元楼宇达27栋以上。开展财源建设及国有企业高质量发展行动，债务保持在绿色区间运行，城发、国资两家企业完成营收85亿元，经营净利润达5亿元以上。开展全省营商环境“首善之区”打造行动，巩固拓展“一日一制一景三中心”营商模式，推进“无证明城市”建设，“最多跑一次”比例达95%以上，全国投资竞争力百强区排名争先进位；精准高效落实中央、省市稳增长一系列政策措施，新增“四上”企业125家，市场主体总量增长12%。开展新消费、汽车消费双升级行动，把恢复和扩大消费摆在优先位置，全力推进五一商圈、湘府消费中心、长株潭商圈提质繁荣发展，新增限上社零企业70家。开展智慧天心建设行动，深化智慧天心城市运营指挥中心“1+1+N”功能建设，打造智慧小区、智慧楼宇试点应用10个，培育创新型中小企业32家。开展“科创天心”强基赋能行动，完成技术贸易合同交易3000项，推动科技型中小企业入库450家，高新技术企业达400家。开展建筑业高质量发展行动，落实建筑业发展扶持办法，搭建项目合作推介平台，支持企业转型升级，建筑业总产值增速达15%。开展金融业高质量发展行动，深化金融服务质效，拓宽企业资本市场融资渠道，实现上市后备企业20家以上。开展天心数谷建设行动，深耕大数据、地理信息、软件+人工智能、文创广告、人力资源服务、智慧医药产业6条赛道，数字经济规模达250亿元。开展国土空间规划暨国家医学中心建设行动，优化扩增城镇建设用地指标，做优南部融城片区规划；成功申报国家医学中心，全面夯实“一核三圈”生命健康产业基础。接续推进“八个一批”。征拆腾地一批，推动新开铺片区城市更新等12个项目启动实施，鼓风机厂等4个项目完成结算，长郡中学改扩建工程等19个项目扫尾清零。项目建设一批，市级重大项目完成投资100亿元以上，推动火宫殿地块商业开发项目等36个项目启动建设，中国电信天翼云中南数字产业园一期等23个项目完成建设，新增项目入库350亿元以上。闲置资源盘活一批，推动凯宝新天地等9宗闲置土地启动建设，新芙蓉家居广场等8个闲置项目重新盘活，西文庙坪A地块等国有资产市场化开发利用。土地出让一批，推动丁家垅城改、肖家大屋等20宗地块挂牌出让。楼宇去化一批，完成楼宇去化面积12万平方米、实现税收1.1亿元以上。招商引资一批，招引投资过10亿元项目9个以上、“三类500强”企业12个以上、年税收过百万元企业130家以上。开发销售一批，实现入市160万平方米，销售150万平方米。资源争取一批，争取资金20亿元以上，争取计划外重大项目落地、重要专项政策支持。

（三）高能级打造科教人才高地

坚持教育、科技、人才三位一体，塑造发展新动能新优势，夯实高质量发展基础支撑。深化教育强区建设。全面创建全国义务教育发展优质均衡区，完成石碑中学、长郡文庙坪小学等9所中小学校建设，新增优质基础教育学位17000个。推进学前教育优质普惠发展，进一步提升公办园占比和公办普惠率。深化教育领域综合改革，纵深推进集团化办学，做大做强长郡外国语、湖南师大附中双语等新一批天心教育品牌。坚持立德树人、“五育”并举，落实义务教育“双减”长效机制，招引优秀教师500名，打造一流教师队伍。加快科技强区建设。大力推进国家第三代半导体技术创新中心（湖南）、岳麓山实验室林大林科院片区等平台建设，持续壮大先进运载装备与材料创新中心、眼科产业创新研究院等研发平台，引导各级重点实验室、研究中心与企业开放对接，构建“产学研金用”联动的科技创新成果转化体系，全面创建省级创新型城区。强化企业创新主体地位，加强知识产权保护与利用，建成全省首个全类别知识产权公共服务平台，争取落地全省高价值专利转化中心，万人发明专利拥有量达50件以上，全社会R&D投入增长10%以上，高新技术产业增加值占GDP比重达36%。奋力人才强区建设。深入推进“天心红”人才工程，充分发挥国家级人力资源服务产业园平台优势，全面落实长沙人才政策“升级版45条”，吸引更多人才汇聚天心、创新创业、成就梦想，集聚产业领军人才、重点特色产业人才、企业骨干人才等“天心红”人才1000人，以爱才敬才的磅礴大气汇聚百川朝海的满满才气。

（四）高标准推进园区提能增效

坚持“三生融合”“三态协同”“三量齐升”，加快“五好园区”创建，实现技工贸收入640亿元。优化功能基础。支持园区调区扩园，更好发挥主阵地作用。推进园区亩均效益改革，做好做优土地资源文章，攻坚化解一批区划调整、绿心退出等历史遗留问题，推动收储土地高效开发利用、闲置低效厂房和批而未供存量土地有力盘活处置，最快速度实现“土地变项目、项目拉投资、投资出效益”，亩均税收增幅15%以上。夯实创新平台。大数据交易所要“数”说未来、强突会破，以更大的集聚度占领“新产业”高地；文化（广告）产业园要强“文”壮“广”、杀出重围，以更高的精准度凸显“特色化”方向；人力资源服务产业园要深耕细作、风生水起，以更好的融合度支撑“高质量”发展；地理信息产业园要拉高标杆、大步向前，以更强的标识度彰显“主阵地”担当；软件产业园要集零为整、聚沙成塔，以更优的质效度走好“再出发”新路。启动融发集团AA+信用评级工作，争取设立自贸区协同联动区。集聚产业项目。加快中国电信天翼云中南数字产业园、融发精英汇等重点项目建设，形成更大投资实物量。提升招商质效，健全招引联动机制、考评机制，开展“园区招商引资促进年”活动，招引“三类500强”企业3家、投资过50亿元产业项目1个、投资过10亿元产业项目1个，培育新增规上企业25家，形成“大项目顶天立地、小项目铺天盖地”的发展态势。

（五）高颜值塑造城区形象气质

尊重城市发展规律，精心构建城区空间形态、社会形态和发展生态，充分展现兼具现代感、内涵度、烟火气的城区新形象。深化城市更新行动。以人性化、精细化、景观化、时尚化的理念，深化设施嵌入、功能融入、产业导入、文化代入，统筹推进外滩片区、省府新区功能品质持续提升，强力推动下碧湘街、新开铺、黑石铺、狮子山等片区城市更新实质启动征拆开发建设，补齐城市短板，增强城市活力。开展“百街千巷”巩固提升工程，改造老旧小区61个、危旧房屋42栋、棚户区600户、农安小区13个。加快完善功能配套，推动广场东路、桂花坪路西段等20个城区道路基础设施项目建设，全面推进天心大道城市化改造，高标准打造形象之路、发展之路。提升城市管理水平。深入开展全国文明典范城市创建工作，开展“市容环境品质巩固年”活动，深化市容环境全域提升达标“十大行动”，持续推进美化、亮化、绿化工程，常态化开展最美道路、星级街巷等考核评比，新增城市绿地15公顷。全面提升城市智慧管理水平，有序推进智慧管理项目建设。加强生活垃圾全链条治理体系建设，推动生活垃圾分类提档进位。打造绿色低碳城区。坚决落实“双碳”要求，持续开展蓝天、碧水、净土、静音攻坚行动，推广绿色生产生活方式，持之以恒改善生态环境。推进南湖港排水提标改造、芙蓉南路污水管网改造，建好地下城市。践行“两山理念”，落实“林长制”“河长制”，以最严标准守护好生态绿心，确保空气质量优良率85%以上，国、省控断面水质优良率100%。

（六）高层次推进乡村全面振兴

扎实推进农村产业、人才、文化、生态、组织振兴，实现乡村和城市各美其美、协调发展。巩固拓展脱贫攻坚成果。严格落实“四个不摘”，健全防止返贫动态监测和帮扶机制，完善农村社会救助体系，畅通社会力量帮扶渠道，巩固“两不愁三保障”成果。持续抓好邵阳县、龙山洛塔乡对口帮扶。建设宜居宜业和美乡村。坚决落实最严格的耕地保护制度，严控耕地“非粮化”“非农化”。开展文明村组创建活动，统筹“山水林田湖草”系统治理，扎实推进南托水系连通工程，创建美丽宜居村庄 10 个、美丽庭院 100 户，高标准建设农村道路 11.5 千米，打造美丽乡村升级版。大力促进乡村产业发展。进一步强化以城带乡的禀赋优势，深化社会资本合作对接，着力推进“农业 + 文旅”“农业 + 科创”“农业 + 教育体验”发展模式，推进东窑港文化主题景区开发建设，打造一批特色田园综合体。巩固和完善农村基本经营制度，推动土地经营权流转，支持集体经济组织、农业能人发展农业产业，带动农民就业增收，集体经济组织收入增长 10% 以上。

（七）高水平保障民生事业发展

坚持在发展中更加注重保障和改善民生，打造共同富裕标杆城区。全力办好民生实事。坚持尽力而为、量力而行，认真办好省、市交办民生实事，全面完成区人大票决民生实事，努力让天心人民获得感、幸福感成色更足、更可持续。落实就业优先政策。统筹做好高校毕业生、退役军人等群体就业工作，加强困难群体就业帮扶，打造充分就业城区。大力支持多渠道灵活就业和新就业形态发展，确保零就业家庭动态清零，新增城镇就业 11000 人以上。扎实推动城乡居民人均可支配收入持续稳定增长，确保共同富裕路上一个都不掉队。深化拓展爱心天心。持续擦亮“爱心天心”民生品牌，实施更有影响、更具特色的“爱心天心 +”慈善项目，援建危房 40 栋、关爱农村“一老一小”1300 户、落实困难老年人居家适老化改造 100 户。强化养老领域安全发展，新增老年人家庭医生签约 3000 人。大力支持红十字会、社会福利、志愿服务等公益慈善事业发展。健全社会保障体系。扎实推进“保交楼、稳民生”工作，加快天心佳苑等安置房建设，提供保障性租赁住房 800 套。深入实施医保全民参保计划，严厉打击欺诈骗保违法行为，落实大病保险、“两病”等医保政策，优先保障困难群众 100% 参保。加快建设市民活动中心、老年大学，全力保障妇女儿童合法权益，建好儿童友好型城区。推进健康天心建设。扎实开展基层医疗卫生服务能力提质增效三年行动，全面创建省级医养结合示范区、全国基层中医药工作示范区、国家卫生城市。加快裕南街、南托街道社区卫生服务中心改造，推进城市医疗集团建设，做实医联体和分级诊疗工作。精准把握新阶段特点，加强统筹衔接，有序组织实施，保障群众就医用药，重点抓好老年人和患基础性疾病群体的防控和救治，着力保健康、防重症，确保顺利度过流行期，实现平稳转段。

（八）高效能提升安全发展水平

高效统筹发展与安全，建设更高水平的平安天心。坚定筑牢安全防线。持续推进安全提质“十大工程”，深入开展自建房安全、高层建筑重大火灾风险专项整治，突出抓好道路交通、燃气、消防、“两违”等重点领域以及密室逃脱等新业态安全监管，大力整治执法宽松软问题，坚决杜绝较大以上事故，全面创建省级安全发展示范区。加强食品药品安全监管，坚决守护天心人民“舌尖上的安全”。全力防化重大风险。加强重点领域风险监测评估和预警，抓好不良资产处置，积极防范和化解金融、房地产、企业债务等领域风险，严厉打击各类非法金融活动，守牢不发生系统性区域性风险的底线，守好老百姓“钱袋子”。持续做好生活物资保供稳价工作，确保拎稳“菜篮子”、充实“米袋子”、端好“果盘子”。深化完善治理体系。坚持大抓基层的鲜明导向，强化基层治理“到底到边”，完善“12345”政务服务便民热线服务平台和应急管理能力建设，做优做实“吹哨报到”、“三调联动”、网格化管理服务机制，全面提升服务群众能力。坚持和发展新时代“枫桥经验”，扎实开展信访积案和矛盾纠纷化解专项行动，“三无”街道和社区比例分别达 80%、90% 以上，创建省级信访工作示范区。加强立体化社会治安防控体系建设，强力推进扫黑除恶、禁毒、反电诈等工作，以党员干部的“时时放心不下”换取人民群众的“时时放得下心”。

（九）高品质推进文化繁荣兴盛

持续擦亮“半城历史在天心”金字招牌，发挥天心魅力“四色”独特优势，建设具有“长沙味、湖湘韵、中国范”的文化强区。实施文化固本工程。延续传承三千年湖湘文脉古城古韵，加快推动贾谊故居二期修复工程主体建设，精心打造西文庙坪、青山祠等历史文化街区，提优历史风貌特色区城市名片。用好用足“十步之内、必有芳草”红色资源，全力支持湖南第一师范旧址修缮，做好李富春故居、四正社等红色遗址保护，传承红色文化，赓续红色血脉。启动天心文化品牌塑造三年行动计划，以新文创点亮天心阁、城南书院等全国知名文化景点，打造一批彰显天心韵味的文化地标和文化景观。开展产业倍增行动。全面打造国际文化创意中心核心承载区，成立文化产业企业联盟，出台促进文化产业发展若干政策措施，持续壮大数字文创、影视动漫、音频视频等多元业态，支持新型文创企业、文创消费发展，让文创产业持续绽放“恰同学少年、风华正茂”的蓬勃活力。着力推进新媒体电商聚集区建设，强化产业项目招引，引进培育各类文创企业150家，新增规模以上文创企业6家，推动形成“北有马栏山、南有新创谷”的星城文创产业新格局。打造城旅共生样板。坚持以文塑旅、以旅彰文，优化升级文旅产业服务链条，强化“文旅商”新消费场景的引导培育，推动生态动物园提质升级，推进建设劳动西路音乐街区、湘江风光带文旅融合聚集区。实施公共文体设施提质工程，建设一批“小而精、小而美”的乡村（社区）图书馆、智慧健身房。

（十）高要求提升政府行政效能。

加快推进政府治理体系和治理能力现代化，全力打造实干政府、高效政府、法治政府、廉洁政府。坚持对党忠诚，锻造政治引领力。全面、系统、准确贯彻落实中共二十大精神，站稳政治立场，坚定政治方向，第一时间贯彻落实中央、省市和区委决策部署。坚持真抓实干，淬炼工作执行力。始终把抓执行、抓落实作为政府工作的生命线，深化整治形式主义、官僚主义，全面加强政府执行力建设，让“事不过夜、马上就办”在政府系统蔚然成风。巩固提振党员干部“闯、创、干”的精气神，在天心大局中找准定位，在推动发展中明晰方位，事不避难、义不逃责，争分夺秒、埋头苦干，真正让“努力到无能为力、拼搏到感动自己”体现在每一项工作上。坚持依法行政，筑牢政府公信力。严格实行重大行政决策合法性审查和风险评估，全面公正文明执法，加大政务公开力度，确保政府一切工作都在法治轨道上运行。自觉接受人大、政协等各方面监督，认真执行人大及其常委会决议决定，让政府决策充分体现人民的意志，让行政行为始终闪耀法治的光辉。坚持清正廉洁，永葆队伍战斗力。始终秉持严的基调，全面推进政府系统党风廉政建设，锲而不舍落实中央八项规定及其实施细则精神，为大公、守大义、求大我，让秉公廉洁用权、勤勉干净干事成为政府工作的鲜明底色。

名词解释：

1.“天心红”人才工程：聚焦天心发展需要，系统推出访院士、聚谋士、引博士、崇名士、汇贤士系列举措，着力打造高品质全链条人才生态圈。

2.“三区三线”：农业空间、生态空间、城镇空间三种类型空间，以及分别对应划定的永久基本农田保护红线、生态保护红线、城镇开发边界三条控制线。

3.“两个统筹”：统筹疫情防控和经济社会发展、统筹发展与安全。

4.“一体两翼”：“一体”即经济工作考核办法，“两翼”即经济工作“十大行动”（现代服务业创新发展区创建行动，财源建设及国有企业高质量发展行动，全省营商环境“首善之区”打造行动，新消费、汽车消费双升级行动，智慧天心建设行动，产学研对接暨高新技术企业提升专项行动，建筑业高质量发展行动，金融业高质量发展行动，天心数谷建设行动和国土空间规划行动）与项目建设“八个一批”（项目征拆一批、项目建设一批、闲置资源盘活一批、土地出让一批、楼宇去化一批、招商引资一批、开发销售一批、资源争取一批）。

5.“三派”招商机制：精选招商专干外派至北京、上海、深圳三地驻点开展招商引资和招才引智工作。

6. 三类500强：世界财富500强、中国企业500强和民营企业500强。

7.“七个一”：编制好一个规划、出台好一个政策、搭建好一个服务平台、组建好一个企业联盟、举办好一个全国性的峰会活动、打造好一批示范场景、设立好一个产业基金。

8.“一日一制一景三中心”：区长企业接待日，区领导联系走访服务企业制度，应用场景推广，企业服务中心、园企产销对接服务中心、夜间经济服务中心。

9. 送解优：送政策、解难题、优服务。

10. 四精五有：精准规划、精美建设、精致管理、精明增长；有颜值、有气质、有内涵、有格调、有品位。

11. 市容环境全域提升达标“十大行动”：重点区域清洗精洗行动、临街建筑立面整治行动、背街小巷环境整治行动、城乡接合部综合整治行动、闲置地块常态管控行动、建筑工地文明整治行动、桥下空间环境清理行动、城市管理执法办案行动、示范创建带动提升行动、市容环境全民参与行动。

12. 安全提质“十大工程”：以隐患整治为重点的事故防范能力提升工程、以风险普查为重点的城市应急能力提升工程、以“黑点”整治为重点的交通安全提升工程、以打通生命通道为重点的消防安全提升工程、以安装泄漏报警装置为重点的燃气安全提升工程、以拆除违建仓库为重点的仓储物流提升工程、以联合惩戒为重点的安全执法能力提升工程、以企业双控体系建设为重点的安全示范提升工程、以指挥平台建设为重点的应急指挥提升工程、以街道社区应急标准化为重点的基层应急能力提升工程。

13.“四上”：规模以上工业企业、资质等级建筑业企业、限额以上批零住餐企业、国家重点服务业企业等四类规模以上企业统称。

14. 智慧天心城市运营指挥中心“1+1+N”：1个运营指挥中心、1个能力中枢、N个应用场景。

15.“一核三圈”：以湘雅医院新院区为核心，梯次布局攻关研发圈（前沿性科技攻关平台）、创新孵化圈（创新孵化和成果转化空间）、产业发展圈（健康产业集聚高地）三个功能圈层。

16.“三生融合、三态协同、三量齐升”：“三生融合”即生产、生活、生态融合，“三态协同”即规划形态、园区业态、产业生态协同，“三量齐升”即项目数量、建设质量、投资总量齐升。

17.“五好”园区：规划定位好、创新平台好、产业项目好、体制机制好、发展形象好的园区。

18.“两山”理念：既要绿水青山，也要金山银山；宁要绿水青山，不要金山银山；绿水青山就是金山银山。

19.“两病”：高血压、糖尿病两种基础性疾病。

20.“两违”：违法用地和违法建设。

21. 魅力“四色”：魅力古色、红色、绿色、夜色。

长沙市天心区人大常委会工作报告

——2023 年 1 月 4 日在长沙市天心区第六届人民代表大会第三次会议上

天心区人大常委会主任　黄文先

2022 年工作回顾

2022 年是党和国家历史上极为重要的一年，是区六届人大及其常委会依法全面履职的开局之年。一年来，在区委的坚强领导下，区人大常委会坚持以习近平新时代中国特色社会主义思想为指导，认真学习贯彻中共二十大精神，深入贯彻中央和省、市、区委人大工作会议精神，切实履行法定职责，全面落实“三高四新”战略定位和使命任务，奋力助推“强省会”战略实施，共召开人民代表大会 1 次、常委会会议 9 次、主任会议 14 次，作出决议决定 3 项，任免国家机关工作人员 97 人次，听取和审议专项工作报告 30 个，发出审议意见函 6 件，圆满完成了开局之年各项目标任务。

一、强化政治引领，在服务大局中彰显人大新作为

常委会切实提高政治站位，牢牢把握“四个善于”① 要求，自觉坚持把党的领导贯穿人大工作各方面、全过程，确保人大工作正确政治方向。

坚持用科学理论指导人大工作。推进理论学习常态化、制度化，坚持第一时间、第一议题开展政治理论学习，深学笃行习近平新时代中国特色社会主义思想，坚持用习近平法治思想、习近平总书记关于坚持和完善人民代表大会制度的重要思想指导新时期人大工作。坚持把学习宣传贯彻中共二十大精神作为首要政治任务，深刻领悟“两个确立”② 的决定性意义，坚决做到“两个维护”③。主任会议成员带头学习宣讲，常委会会议、党组理论学习中心组、党支部会议持续学习研讨，举办了“中共二十大精神暨发展全过程人民民主”专题培训班，出刊两期“各级人大代表热议二十大”专刊，掀起了学习宣传贯彻二十大精神热潮。

坚持党对人大工作的全面领导。常委会党组切实发挥把方向、管大局、保落实的领导作用，严格执行重大事项、重要问题向区委请示报告制度，紧扣区委决策部署谋划和推进人大工作，确保区委中心工作部署到哪里，人大的监督服务就落实到哪里。率先提请区委召开区委人大工作会议暨贯彻落实中央、省委、市委人大工作会议精神推进会，出台《关于加强新时代人大工作和建设的意见》《贯彻落实中央人大工作会议和省委推进会议精神具体实施方案》，高质量推进 47 项具体任务落实落细。坚持党管干部与依法选举任免相结合，严格落实任前法律考试、任前陈词、向宪法宣誓、颁发任命书等制度，确保党组织人事安排通过法定程序得到实现，先后任命国家机关工作人员 51 人次，免职 46 人次，决定接受 6 名市人大代表辞去代表职务，补选市区两级人大代表 14 名，备案员额法官 1 人。

坚持在中心工作中担当作为。一年来，常委会始终紧扣中心，服务大局、主动作为，全力投入“八个一批”④ 重大项目攻坚、自建房安全整治、文明创建、“爱心天心”慈善工程、营商环境优化、信访等中心工作。服务重大项目攻坚，主任会议成员带队走访联点企业和项目 120 余次，协调解决各类困难和问题 100 余个；积极稳妥推进涉稳项目矛盾纠纷化解，新力铂园、文景领秀等一批问题楼宇实现复工复产。奋力助推“强省会”战略实施，常委会率先依法作出《关于全面落实“强省会”战略、助

推天心高质量发展的决议》，以法治方式明确全区国家机关、人民群众在推进“强省会”战略实施中的重点任务和工作要求。

二、强化监督职能，在依法履职中体现人大新成效

常委会坚持全面贯彻新发展理念，坚持寓支持于监督之中，突出监督重点，创新监督方式，提升监督质效，更好助推全区经济社会高质量发展。

聚焦经济发展强监督。加强计划审查监督，依法提请大会审查和批准年度区国民经济和社会发展计划，听取和审议了上年度重大项目（重点工程）建设完成情况和本年度建设计划，确保计划铺排的科学性、合理性。加强财政预算监督，依法提请大会审查和批准年度财政预算，严格审查和批准年度财政预算调整方案，主任会议还专题听取了全区债务情况报告，提高了财政资金使用效益。发挥审计监督作用，听取和审议了上年度区本级预算执行及其他财政收支情况审计工作报告以及审计查出问题整改情况报告，并开展满意度测评，促进审计查出的 47 个问题全部整改到位，测评满意率 100%。加强国资管理监督，开展国有资产管理专题调研，听取和审议了国有资产管理情况的报告，进一步夯实国有资产管理基础。

聚焦群众关切强监督。着力保障发展与安全，听取和审议了全区安全生产、交通安全、消防安全等工作报告，配合市人大开展了《湖南省居民自建房安全管理若干规定（草案）》征求意见工作，积极助推平安天心建设。着力加强环境保护，听取和审议了全区生态环境状况和环境保护目标完成情况报告，协助市人大对我区贯彻实施《长沙市湘江流域水污染防治条例》情况进行执法检查。着力助推乡村振兴，开展“乡村振兴长沙行”活动，组织代表开展了农村一、二、三产业融合发展、农村小微水体管理、农村公路建设等专项调研，主任会议专题视察了城乡供水一体化工作并听取和审议工作情况报告。着力改善民生福祉，对祝威岗巷环境综合整治提升情况进行集中视察，听取和审议了全区落实义务教育“双减”政策、残疾人权益保障工作、宗教工作、信访工作、工会工作等情况报告，协助市人大开展《宗教事务条例》及《湖南省宗教事务条例》调研。着力推进民生实事办理，建立人大机关委办联系项目制度，组织人大各委室和街道联系督办民生实事项目。加强过程跟踪督办，坚持每季度督查一次民生实事办理情况，并先后两次组织人大代表对十大票决民生实事项目实地视察督办，确保实事办好、好事办实，截至目前，区六届人大二次会议票决的十大民生实事项目均全部完成，加装电梯、新增学位、居家养老、农村安全饮水、公路提质改造等一批群众急难愁盼的问题得到解决，人民群众的获得感、幸福感极大提升。

聚焦法治建设强监督。加强宪法宣传教育，组织开展了纪念现行宪法颁布实施40周年系列活动。加强司法工作监督，持续深入开展“司法公正天心行”活动，常委会作出了《关于加强新时代检察机关法律监督工作的决议》，支持检察机关依法履行法律监督职能。首次听取和审议区监察委关于协同开展政法队伍教育整顿工作情况报告。听取和审议了全区诉源治理、禁毒工作、“七五”⑤ 普法规划工作暨“八五”普法规划编制情况报告。加强规范性文件备案审查工作，听取和审议了关于规范性文件备案审查工作情况的报告，全年备案审查政府规范性文件 10 份。

聚焦营商环境强监督。召开了全区“优化营商环境，服务天心高质量发展”座谈会，在全区授牌设立营商环境监测点18个，聘请营商环境监督员45名，广泛收集反馈影响营商环境的突出问题，切实为经济发展保驾护航。开展了建筑行业人大代表座谈会等活动，组织政府相关职能部门和人大代表、企业负责人面对面沟通交流，切实为企业发展排忧解难。探索开展政府专项工作评议。制定了《天心区人大常委会专项工作评议实施办法》，首批确定对区民宗局、区文旅体育局、区退役军人事务局三家单位进行专项工作评议，通过听取报告、征求意见、查看台账、开展测评、提出建议、督促整改等措施，督促被评议单位进一步依法行政、优化服务、提升效能。

三、强化主体地位，在代表工作中激发人大新活力

常委会积极践行全过程人民民主理念，不断提升代表履职能力，努力搭建代表履职平台，充分发挥代表的主体作用。

丰富代表活动载体。着力推进闭会期间代表活

动的规范化、常态化，创造性地推出了“双联双述双评”⑥主题活动，广泛开展“五个一”⑦活动，引导代表深入基层察民情、汇民意、解民忧。全区人大代表共联系小区（选区）249个，帮扶困难群众383名，帮扶（引进）市场主体331家，提出工作建议176条，解决民生问题152个，捐款捐物300余万元。全区233名区人大代表均通过书面或述职会议形式完成履职述职，评选表彰优秀代表49名。

搭建代表履职平台。加强代表联络站（点）建设，高规格建设街道代表联络站14个，代表联络点25个。深入开展“五星级”代表联络站（点）⑧创建活动，实行站点星级评定动态管理，评定示范联络站3个，示范点5个。依托站点平台，各人大街道工委积极开展代表履职培训、代表接待日等活动，培训代表300余人次，接待群众1000多人次，解决实际问题300多件。积极组织代表参与地区经济建设、公益事业和社会治理，形成了坡子街街道“代表+商会”、城南路街道“金融e+”等“一站一特色”的工作品牌，得到省市人大充分肯定。

完善代表参与机制。积极拓宽代表知情知政渠道，有计划邀请代表列席常委会议、主任会议、执法检查、会前调查、调研视察、民生实事项目督办等活动，参与代表达120人次。规范情况通报制度，开展了半年度政情通报会、常委会及“一府两院”工作报告征求意见会，并通过网站、微信公众号等媒体及时公布常委会相关决议和事项。各人大街道工委围绕“强省会”战略、民生实事项目办理、重大项目建设、优化营商环境等主题，组织各类代表视察、调研活动60多次，为代表履职奠定坚实基础。

强化代表建议办理。健全了由常委会牵头、主任会议集中督办、各专门委员会分线督办、政府领导领办、“一府两院”部门承办、人大代表评议等代表建议办理机制。召开了代表议案建议办理专题督办会，开展了议案和重点建议办理情况调研视察和专题督查，确保建议办理质效。区六届人大一次会议提出的109件建议，代表见面率、办复率均达100%，代表满意率97.25%，35件建议获评优秀代表建议。

四、强化自身建设，在创先争优中树立人大新形象

常委会牢牢把握“四个机关”⑨的定位要求，切实加强区人大及其常委会自身建设，提高履职能力，努力提升人大工作质量和水平。

加强理论武装。坚持以政治建设为统领，以“喜迎二十大，永远跟党走”为主题，狠抓机关学习教育，深入学习宣传贯彻中共二十大精神，坚持用习近平新时代中国特色社会主义理论武装头脑，以党的创新理论指导实践、推动工作。坚持集中学习与个人自学相结合，建立第一议题学习制度和学习分享制度，开展党组理论学习中心组、主题党日活动、“三会一课”⑩、专题辅导讲座等学习活动40余次，党员干部“学习强国”平台学习人均超过56课时，评选机关年度“学习之星”5名。深入实施“党建聚合力”工程，抓实“三表率一模范”机关⑪创建，大力开展“红色领航、党员先行”活动，组织党员干部赴少奇纪念馆、暮云莲华村、暮坪湘江特大桥项目等地开展培训教育现场教学。

加强队伍建设。加大人大干部转岗交流力度，区人大及其常委会各工作机构、专门委员会组成人员年龄和知识结构均得到全面优化，14个街道均配齐配强了工作班子，人大队伍活力不断增强。加强培训学习，举办了三期区人大系统工作者、人大代表履职能力培训班，培训人大干部、人大代表200余人次。加强制度建设，规范机关工作程序，提升工作效能，创造性推行常委会议审议卡制度，有效地提高了常委会审议质量。加强机关文化建设，以创建省级文明标兵单位为抓手，充分发挥机关党组和群团组织作用，活跃机关文化生活，组织代表参加全市人大系统第四届“活力人大杯”篮球赛、全区干部职工趣味运动会，广泛开展气排球、羽毛球、健步走等活动，增强了队伍凝聚力，营造了团结干事、奋勇争先良好氛围。深化作风建设，全面压实从严治党政治责任，扎实推进“清廉机关”建设，深入开展党风廉政教育，严格落实中央八项制度规定要求，营造了风清气正的政治生态。

加强工作交流。加强向上级工作汇报，多次接待省市人大常委会领导来区调研视察和工作指导，圆满完成省市人大交办的各项执法检查、立法调研、参观学习等工作任务，票决民生实事、“双联双述双评”活动、示范联络站点建设等工作得到省市人大好评。加强对外交流，接待了新疆吐鲁番市、包头白云鄂博矿区、太原晋源区等兄弟区县来区工作交流10余次，组织代表赴浏阳、安化等地交流学习，进一步拓宽视野，提升履职水平。加强工作宣传推

介，着力讲好天心人大故事，在新湖南、红网、云上天心等主流媒体宣传报道200余篇，《人民之友》《长沙人大》等杂志发表文章30余篇，进一步提升了天心人大工作的社会影响力。

各位代表，过去一年取得的成绩，是在区委的坚强领导和精心指导下，常委会组成人员、各级人大代表和全体人大工作者恪尽职守、共同努力的结果，是“一府一委两院”紧密配合、精诚协作的结果，也是全区人民、社会各界充分信任、大力支持的结果。在此，我谨代表区六届人大常委会，向大家表示衷心感谢并致以崇高敬意！

同时，对照中央人大工作会议精神的要求，对照全区人民群众的热切期盼，我们也清醒地认识到，常委会工作还存在一些差距和不足：发展全过程人民民主的创新实践还不够深入，人大监督的针对性和实效性还有待进一步提升，人大代表的主体作用还有待进一步发挥，“四个机关”建设整体水平还有待进一步增强等等，都有待我们在今后的工作中，集中智慧，开拓创新，奋发有为，不断创新工作方式方法，切实担负起宪法法律赋予的光荣职责，奋力推进天心人大高质量发展。

2023年工作建议

2023年是全面贯彻落实中共二十大精神、开启中国式现代化国家新征程、向第二个百年奋斗目标进军的开局之年，也是天心奋力实施“强省会”战略，推动经济社会高质量发展的重要一年。人大工作面临新的机遇和挑战。中央人大工作会议明确提出了新时代加强和改进人大工作的指导思想、重大原则和主要工作，并就人大及其常委会自身建设作出了“四个机关”的重要论述；中共二十大报告把“发展全过程人民民主”“全面依法治国”作为中国式现代化的本质要求和重要内容，深刻阐释了其内涵实质，指明了方向路径、作出了战略部署，为新时代新征程坚持和完善人民代表大会制度，推进人大工作高质量发展指明了前进方向，提供了根本遵循。当前，随着“强省会”战略的大力实施、长株潭都市圈建设的加速推进，新一轮国土空间规划的落地生根，天心发展的空间更为广阔，发展的态势更为强劲，天心发展未来可期，大有可为！人大作为党领导下的重要政治机关，我们要勇敢地肩负起党和人民赋予人大工作的新任务新使命，切实担负起宪法法律赋予的神圣职责，充分发挥人大的职能作用，努力开创新时代人大工作新局面，在全力助推天心高质量发展的进程中谱写人大工作的新篇章。

2023年，区人大常委会工作的总体要求是：坚持以习近平新时代中国特色社会主义思想为指导，全面贯彻落实中共二十大和中央人大工作会议精神，坚持党的领导、人民当家作主、依法治国有机统一，按照省市区委人大工作推进会的部署，准确把握“四个机关”的职能定位，全面履行宪法法律赋予的各项职责，不断发展全过程人民民主，切实提升天心人大工作质量和水平，更好服务保障“强省会”战略实施，为加快建设“智慧天心、融城核心”做出新的更大贡献。

一、把握政治机关定位，彰显人大的责任与担当

牢牢把握坚持党的全面领导这一最高政治原则，把坚定拥护“两个确立”、坚决做到“两个维护”内化于心、外化于行，落实到工作中、体现在行动上。坚持把政治建设放在首位。把学习宣传贯彻中共二十大精神作为当前和今后一段时期首要政治任务，深入学习贯彻习近平法治思想和习近平总书记关于坚持和完善人民代表大会制度的重要思想，坚持学思用贯通，知信行统一，用党的科学理论和创新理论指导人大工作实践，不断提高人大工作服务全区改革发展大局的能力和水平。坚决贯彻区委决策部署。始终坚持党对人大工作的全面领导，更好发挥常委会党组作用，严格执行重大问题、重大事项向区委请示报告制度，紧扣区委决策部署，认真思考、谋划和推进人大工作，确保人大工作与区委决策部署同频共振、同向发力，以人大的主动作为推动区委决策部署的全面贯彻和有效落实。始终将自身建设作为重要抓手。弘扬伟大建党精神，切实加强机关党的建设，认真落实从严治党主体责任，全面推进机关思想建设、组织建设、作风建设和廉政建设，坚决守好人大意识形态主阵地，全面提升机关工作水平。加强履职能力建设，强化理论学习和业务培训，提升人大干部的专业素质和能力水平。加强对人大街道工委的领导，进一步规范街道人大工作和建设，增强生机与活力，全面提升基层人大

工作质量和水平。

二、发挥国家权力机关作用，不断发展全过程人民民主

全过程人民民主是社会主义民主政治的本质属性。国家一切权力属于人民。我们要充分发挥人民代表大会的制度优势，为人民掌好权、用好权，切实保障人民当家作主。依法集体行使重大事项决定权。坚持民主集中制，紧紧围绕区委决策部署和落实“强省会”战略任务，着眼全区经济社会发展中具有全局性、根本性、战略性的重大事项和重大问题，突出工作重点，深入调查研究，精准把握社情，广泛汇聚民意，依法讨论决定重大事项，及时把区委的主张通过法定程序转化为全区人民的共同意志和自觉行动。加强对决议决定贯彻落实情况监督检查，健全“一府一委两院”向人大报告重大事项机制，确保决议决定全面落实。积极扩大人民有序政治参与。进一步完善人大常委会议事规则和工作机制，坚持代表列席常委会、主任会议制度，健全邀请代表参与会前调查、调研视察、执法检查等活动工作机制，建立重大事项公开制度和情况通报制度，发挥常委会网站、微信公众号等媒体作用，进一步拓展人大代表和基层群众有序政治参与的广度和深度，确保常委会决策、执行、监督落实等各方面各环节都能听到来自人民的声音。规范做好人事任免工作。坚持党管干部与人大依法选举任免相统一，进一步规范任免程序，完善任后监督制度，加强群众监督，切实增强地方国家机关工作人员宪法意识和依法履职意识。

三、履行工作机关职责，推动天心经济社会高质量发展

高质量发展是全面建设社会主义现代化国家的首要任务。我们要全面贯彻新发展理念，依法履行监督职能，寓支持于监督之中，切实保障和推动天心高质量发展。助推经济发展，依法审查批准国民经济和社会发展计划、重大项目（重点工程）建设、财政预算安排、重大民生实事项目铺排，加强对财政预算执行、国有资产管理、债务管理等情况监督，完善预算审查批准制度，持续跟进审计查出的问题整改落实情况。保障民生福祉，紧盯人民群众“急难愁盼”的热点难点问题，综合运用各种监督方式，针对群众关切的家庭教育、基层医疗卫生、生态环境保护、社会保障、安全生产、自建房整治、乡村振兴等开展工作调研和监督。高质量完成票决民生实事项目办理，进一步规范民生实施项目征集、票决、办理、督办和评议工作机制，确保办好办实办出成效，切实增强人民群众的认同感、幸福感和获得感。推动依法治区，大力推进法治社会建设，促进依法行政、公正司法，维护公平正义。开展法律法规实施情况检查，做好规范性文件备案审查工作，监督促进法治政府建设，让行政权、司法权始终在法治轨道上运行。优化营商环境，深入开展“优化营商环境天心行”活动，发挥人大代表、全区优化营商环境监测点和监督员的作用，建立问题收集、交办、督办和评价机制，着力解决好影响营商环境的突出问题，促进政务服务水平持续提升、惠企政策落地见效，切实营造亲商爱商护商的良好氛围，全力助推天心营商环境“首善之区”建设。推进政府专项工作评议，着力加强对政府及其部门的法律监督和工作监督，进一步规范评议工作机制，增强监督工作实效，促进政府职能部门进一步转变作风、依法履职，提升办事效能和服务水平。

四、夯实代表机关基础，充分发挥人大代表主体作用

人大代表来自人民，植根人民。我们要支持和保障人大代表依法履职，发挥好党和国家联系人民群众的桥梁纽带作用。提升代表履职能力。加大代表培训力度，通过集中培训、以会代训、视察调研、考察学习等多种形式，加强代表政治理论、法律法规、履职业务和相关专业知识学习，提升理论素养和履职能力。夯实代表履职平台。加强“五星级”示范代表联络站（点）建设，进一步完善工作机制，丰富活动内容，创新活动形式，促进闭会期间代表活动的规范化、常态化、实效化，使代表联络站成为代表听取民意、汇聚民智、为民解忧的主要阵地，成为代表联系群众、学习交流、督政议事、推进治理的履职平台，积极推进全过程人民民主在基层的创新实践。强化代表履职保障。进一步完善“双联双述双评”工作机制，深化“五个一”活动内涵，建立健全代表履职评价激励机制，进一步增强代表履职意识，激发履职热情，提升履职成效。用好代表履职成果。加强代表建议办理，切实规范代表议案建议的提出、交办、办理、督办、考评等工作机制，提升建议办理质效，提高建议办结率和满意度。

各位代表，奋进新时代，我们激情澎湃！踏上新征程，我们豪情满怀！让我们更加紧密团结在以习近平同志为核心的党中央周围，高举中国特色社会主义伟大旗帜，在区委的坚强领导下，踔厉奋发、勇毅前行，奋力书写新时代天心人大工作新华章，为全面建设社会主义现代化新天心贡献人大智慧和力量！

名词解释：

1.“四个善于”：善于使党的主张通过法定程序成为国家意志，善于使党组织推荐的人选通过法定程序成为国家政权机关的领导人员，善于通过国家政权机关实施党对国家和社会的领导，善于运用民主集中制原则维护中央权威、维护全党全国团结统一。

2.“两个确立”：确立习近平党中央的核心、全党的核心地位，确立习近平新时代中国特色社会主义思想的指导地位。

3.“两个维护”：坚决维护习近平总书记在党中央、全党的核心地位，坚决维护党中央权威和集中统一领导。

4.“八个一批”：项目征拆一批、项目建设一批、闲置资源盘活一批、土地出让一批、楼宇去化一批、招商引资一批、开发销售一批、资源争取一批。

5.“七五”普法规划：是指中央宣传部、司法部关于开展法治宣传教育的第七个五年规划。

6.“双联双述双评”：即街道班子成员联系代表，代表联系人民群众；人大街道工委、人大代表向区人大常委会述职、人大代表向选民述职；评选优秀代表、评选先进联络站／点。

7.“五个一”：即联系一个选区／小区、帮扶一个困难户、结对一家市场主体、领办一件民生实事、提交一条合理化建议或议案。

8.“五星级”代表联络站（点）：①硬件建设“五有”：有固定场所，有统一标牌，有必要设施，有学习资料，有代表征求意见箱。②接受监督“五公开”：公开代表信息、公开工作制度、公开年度计划、公开联系选民群众名单、公开履职情况。③组织管理“五到位”：代表驻站（点）到位，人员配备到位，服务保障到位，台账管理到位，经费保障到位。④活动组织“五定期”：定期学习交流，定期组织活动，定期接待群众，定期处理意见，定期述职评议。

9.“四个机关”：政治机关、国家权力机关、工作机关、代表机关。

10.“三会一课”：支部党员大会、支部委员会、党小组会和党课。

11.“三表率一模范”机关：在深入学习贯彻习近平新时代中国特色社会主义思想上作表率，在始终同以习近平同志为核心的党中央保持高度一致上作表率，在坚决贯彻落实党中央各项决策部署上作表率，建设让党中央放心、让人民群众满意的模范机关。

统计资料

2021、2022 年天心区国民经济主要指标一览表

表 22

指　标	单位	2022 年	2021 年	增长（%）
一、地区生产总值（现价）	万元	13021565	12153669	4.9
第一产业	万元	13514	14044	−8.9
第二产业	万元	4079061	3742377	5.8
工　业	万元	1403334	1248922	6.7
建筑业	万元	2675727	2493455	5.3
第三产业	万元	8928990	8397249	4.5
二、农林牧渔总产值	万元	22606	23511	−3.8
三、全部工业总产值	万元	—	—	—
规模以上工业总产值	万元	—	—	—
四、建筑业总产值	万元	15964200	14429596	10.6
五、固定资产投资总额	万元	—	—	9.1
六、社会消费品零售总额	万元	4659632	4630306	0.6
七、高新技术总产值	万元	—	—	12.7
八、外商直接投资实际到位资金	万美元	7528	5959	26.3
九、实际到位省外境内资金	万元	2780704	2474540	12.4
十、一般公共预算收入	万元	1580756	1542556	2.5
地区一般公共预算收入	万元	704804	671928	4.9
十一、一般公共预算支出	万元	778985	769797	1.2
其中：一般公共服务支出	万元	126047	158103	−20.3

（续表 22）

指　标	单位	2022 年	2021 年	增长（%）
十二、城镇居民人均可支配收入	元	69985	66716	4.9
十三、辖区内城镇登记失业率	%	1.59	1.42	12.0
十四、全区土地面积	平方千米	137.34	137.34	—
十五、年末常住人口数	万人	87.17	85.74	1.7
十六、年末辖区人口总户数	万户	20.71	20.44	1.3
十七、年末辖区户政人口数	万人	53.81	53.22	1.1
十八、居民消费价格总指数	%	101.7	101.1	0.6
十九、商品零售价格总指数	%	103.3	102	1.3

2022 年天心区主要经济指标占长沙市的比重一览表

表 23

指标名称	单位	天心区	长沙市	占全市比重（%）
一、地区生产总值（现价）	亿元	1302.16	13966.11	9.3
第一产业	亿元	1.35	451.3	0.3
第二产业	亿元	407.91	5589.58	7.3
第三产业	亿元	892.9	7925.24	11.3
二、规模以上工业增加值	亿元	—	—	—
三、固定资产投资	亿元	—	—	—
四、社会消费品零售总额	亿元	465.96	5235.56	8.9
五、地区一般公共预算收入	亿元	70.48	1202	5.9
六、外商直接投资实际到位资金	亿美元	0.75	30.99	2.4
七、城镇居民人均可支配收入	元	69985	65190	4795

2021、2022年天心区地区生产总值一览表

表24

指　标	按现价计算（万元）		按可比价计算（万元）		2022年			
	2022年	2021年	2022年	2021年	增长	现价结构	拉动点	贡献率
地区生产总值	13021565	12153669	12672851	12085484	4.9	100	4.9	100
第一产业	13514	14044	12954	14223	−8.9	0.1	0	−0.2
农林牧渔业	14099	14656	13524	14829	−8.8	0.1	0	−0.2
第二产业	4079061	3742377	3773535	3567403	5.8	31.3	1.7	35.1
工　业	1403334	1248922	1289561	1208454	6.7	10.8	0.7	13.8
建筑业	2675727	2493455	2483973	2358949	5.3	20.5	1	21.3
第三产业	8928990	8397248	8886361	8503858	4.5	68.6	3.2	65.1
交运仓储和邮政业	621874	588496	636583	611308	4.1	4.8	0.2	4.3
批发和零售业	1169427	1169684	1099905	1133625	−3.0	9.0	−0.3	−5.7
批发业	454797	468380	422124	446220	−5.4	3.5	−0.2	−4.1
零售业	714630	701305	677781	687405	−1.4	5.5	−0.1	−1.6
住宿和餐饮业	349924	343839	368544	354898	3.8	2.7	0.1	2.3
住宿业	103890	100962	109928	98590	11.5	0.8	0.1	1.9
餐饮业	246034	242877	258616	256309	0.9	1.9	0.0	0.4
金融业	1460335	1339568	1399903	1308447	7.0	11.2	0.8	15.6
房地产业	858302	869085	870598	891099	−2.3	6.6	−0.2	−3.5
房地产业（K类）	293196	332422	311914	356473	−12.5	2.3	−0.4	−7.6
居民自有住房服务	565106	536663	558684	534626	4.5	4.3	0.2	4.1
营利性服务业	3178665	2871343	3147995	2929714	7.5	24.4	1.8	37.2
非营利性服务业	1289877	1214621	1362264	1274161	6.9	9.9	0.7	15.0

2022年天心区社会消费品零售总额分类一览表

表25

指　标	2022年（万元）	增长（%）
社会消费品零售总额	4659632	0.6
一、按销售规模分		
全部限额以上企业	—	—
全部限额以下企业	—	—
二、按行业分		
1. 批发业	468290	7
2. 零售业	3509880	0.3
3. 住宿业	46258	4.1
4. 餐饮业	635204	−2.2

2021、2022年天心区农业生产情况一览表

表26

指　标	2022年现价（万元）	2021年现价（万元）
农林牧渔业总产值	22606	23511
其中：农业产值	15302	15846
林业产值	—	—
牧业产值	2963	3395
渔业产值	3261	3140
农林牧渔服务业产值	1080	1130

组织机构及负责人

（截至 2022 年 12 月 31 日）

中共天心区委

书　记　吴新伟
副书记　周志军
叶　妙（女，6 月止）
厉　波（11 月任）
常　委　吴新伟　周志军
叶　妙（女，6 月止）　厉　波
刘　向（7 月止）　许　波
洪孟春　张　建　张浩平
罗定豪　朱云辉
孙　泉（11 月任）

天心区人大常委会

主　任　黄文先
副主任　王海军　彭元强　凌　异
张长生　罗孟怡（女）

天心区政府

区　长　周志军
常务副区长　厉　波（11 月止）
张浩平（11 月任）
副区长　张浩平（11 月止）
刘　瑜（女）　欧阳伟沙
刘正文　郑　州
王钰莹（女）　肖盛辉
白甲龙（挂职，1 月任）
王舒军（挂职，11 月任）

政协天心区委员会

主　席　张界贻
副主席　黄　会（女）　赵英华
蔡　逸　秦　超
王　珊（女）
秘书长　易媛媛（女）

中共天心区纪律检查委员会 天心区监察委员会

纪委书记、监委主任　罗定豪
纪委副书记、监委副主任
盛春江（女，6 月止）　李衍富
纪委常委　段文波（1 月止）
吴　丹（1 月任）　孙美青
彭　程　邵汨波　彭　昂
钱　芳（女）
监委委员　段文波（1 月止）　彭　程
邵汨波　钱　芳（女）
杨　旭　钟慧余
办公室主任　李兴秋
信访室主任　傅俊瑾（1 月止）
谈建军（1 月任）
案件审理室主任　杨　胜
案件监督管理室　杨卓娟（女）
党风政风监督室主任　汤晓春（9 月止）
梁舸霈（9 月任）
第一纪检监察室主任　王　迪（12 月任）
第二纪检监察室主任　孙　震
第三纪检监察室主任　梁舸霈（9 月止）
涂　政（10 月任）
第四纪检监察室主任　薛　全
第五纪检监察室主任　肖叶嵩
第六纪检监察室主任　王　迪（12 月止）
纪检监察干部监督室主任　许化圣（10 月任）

天心经济开发区

天心经开区

党工委书记　曾红鹰（女）
党工委副书记、管委会主任
　刘　向（7月任）
党工委委员、管委会副主任　陈　宇
党工委委员　谢　巍
党工委委员、纪工委书记　陈玉英（女）
党工委委员、管委会副主任　何海兵
　许伟斌
纪工委专职副书记　彭野战（9月止）
　汤晓春（9月任）
企业党委专职副书记　王恒芳（9月止）
机关党委专职副书记　唐　敏（女，9月任）

办公室
主　任　唐　敏（女，9月止）
　郭　娟（女，9月任）
副主任　郑　娜（女，9月止）
　蔡　嘉（10月任）

组织人才局
局　长　周璐璐（女，9月任）
副局长　郑　娜（女，9月任）

产业促进局
局　长　罗树斌（9月止）
副局长　张　劲（女，9月止）

产业发展局（安全生产监管局）
局　长　罗树斌（9月任）
副局长　姚　云（女，9月任）
　胡　晓（挂职，7月任）
　黎　旺（9月任）

经济合作局
局　长　陈红丽（女，9月任）
副局长　王　霞（女，9月任）
　陈　丛（女，9月任）

规划建设局
局　长　杨　柳（女，1—9月任）
副局长　肖　金（1—9月任）

开发建设局
局　长　杨　柳（女，9月任）
副局长　陈云华（9月任）
　肖　金（9月任）

经济发展局
局　长　钟　辉（9月止）
副局长　姚　云（女，9月止）
　陈云华（9月止）

财政局
局　长　彭江华（9月止）
副局长　王　霞（女，9月止）

财政金融局
局　长　蒋惠英（女，9月任）
副局长　张　劲（女，9月任）

行政审批服务局（营商环境工作局）
局　长　秦　超（9月止）
　唐　华（9月任）
副局长　肖　坤（1月任）

天心文化（广告）产业园

党工委书记　谢　巍（3月任）
党工委副书记、管委会主任
　谢　巍（3月止）
　徐　伟（3月任）
党工委委员、纪工委书记、监工委主任（兼）
　陈红丽（女，9月止）
　张　佩（女，9月任）
党工委委员、管委会副主任
　肖集中
管委会副主任　欧阳伟
　周　缇（女，9月止）
机关党支部专职副书记
　谢丽娜（女，3月任）
纪工委副书记、监工委副主任
　王　杰（6月任）

办公室
主　任　陈　丛（女，9月止）
　周茂林（9月任）

产业发展局（安全生产监管局）
局　长　黎　旺（9月止）
　金　晶（女，10月任）

财政局
局　长　张　佩（女，9月止）

财政金融局
局　长　义燕莲（女，9月任）

规划建设局
局　长　徐　斌（9月止）

开发建设局
局　长　　徐　斌（9月任）
经济合作局
局　长　　姚　琴（女，9月任）
企业服务知识产权服务中心
主　任　　袁　霞（女）

天心区人民法院

党组书记、院长　　周　丹
党组副书记、副院长　　胡精华
党组成员、副院长　　彭　刚（12月止）
罗中东（12月任）
党组成员　　马铁夫（12月止）
党组成员、执行局局长　　颜　斌（12月止）
副院长　　杨华昭（女）
党组成员　　汤　伟（12月止）
党组成员、政治部主任　　陈新政（12月止）
廖龙芝（女，12月任）

天心区人民检察院

党组书记、检察长
陈　芳（女，12月止）
熊　焰（女，12月任）
党组副书记、副检察长（分管日常工作）
谢　彦（12月任）
党组成员、副检察长　　谢　彦　　刘　立
副检察长　　冯　苹（女）
张明秀（女，12月任）
党组成员、政治部主任
欧道华（12月止）
罗延庆（女，12月任）
专职委员　　焦　焰（女，12月止）
刘林玲（女，1月任）

区委工作机构

中共天心区委办公室（中共天心区直属机关工作委员会、天心区档案局）

主　任　　许　波
常务副主任　　夏　菲（女，6月止）
戴次强（6月任）
区纪委监委派驻纪检监察组组长
周红辉（女）
副主任　　廖道荣　　谢昌友　　马　壮
徐　乐（女）
中共天心区直属机关工作委员会
书　记　　许　波
常务副书记　　张　宁（女）
副书记　　周立兴
天心区直属机关党员教育服务中心
主　任　　杨振军（1月止）
张雨玲（女，1月任）
天心区档案局
局　长　　戴次强（7月任）

中共天心区委组织部（中共天心区委非公有制经济组织和社会组织工作委员会、中共天心区委老干部局、天心区公务员局）

部　长　　张　建
常务副部长　　贺红云（女）
区纪委监委派驻纪检监察组组长
唐志波（3月任）
副部长　　王　希（女）　　童　周
副部长（兼）　王文莉（女）
熊　玲（女，12月任）
中共天心区委非公有制经济和社会组织工作委员会
书　记　　唐　珺（女）
副书记　　周璐璐（女，9月止）
专职副书记　　刘　婷（女，9月任）
中共天心区委离退休干部工作委员会、老干部局
书记（局长）　　王　希（女）
工委委员（专职副局长）
许　静（女，9月止）
陈　坤（12月任）
天心区绩效考核办公室
副主任　　王　上
天心区党员教育中心
主　任　　彭　婕（女）
天心区老干部活动中心
主　任　　廖　卉（女，3月任）

中共天心区委宣传部
【天心区新闻出版局（天心区版权局）、天心区精神文明建设指导委员会办公室】

部 长　洪孟春
常务副部长　王 宁（女，3月止）
　杨晓雄（3月任）
区纪委监委派驻纪检监察组组长
　黄志敏（12月止）
　严景特（12月任）
副部长　朱德军　李贵勇
天心区精神文明建设指导委员会办公室
副主任　龚细梅（女）
天心区新闻中心（天心区融媒体发展服务中心）
主 任　徐婷惠（女，10月任）

中共天心区委统一战线工作部

部 长　叶 妙（女，6月止）
　厉 波（12月任）
常务副部长　胡 浩
副部长　汤 沛（女）
　陈 琳（女）

中共天心区委政法委员会

书 记　刘 向（7月止）
　孙 泉（11月任）
常务副书记　张庆祝（10月止）
　陈全政（10月任）
副书记　郭建华　杨志宇（6月止）
　罗桂华（6月任）
区纪委监委派驻纪检监察组组长
　蒯建红（9月止）
　张德志（10月任）
政治工作办公室主任　彭江华（9月任）
天心区综治中心
主 任　陈小妞（女）

中共天心区委网络安全和信息化委员会办公室（天心区互联网信息办公室）

主 任　王若飞
副主任　周 密（12月止）
　何汶蔚（女，6月止）
　石 琛（女，12月任）
　张海霞（女，6月任）

中共天心区委机构编制委员会办公室

主 任　熊 玲（女）
副主任　彭向茜（女）　许 姣（女）
天心区机构编制电子政务中心
主 任　李 琛（女）

中共天心区委巡察工作领导小组办公室

主 任　吴 丹
副主任　薛宏超（3月止）
　吴 宇（女，3月任）　曾巧明

中共天心区委巡察组

组 长　鄢 晔　陶曙山
　肖 兵（聘）
　彭 雁（女，聘）
　章建华（聘）　黄勇军（聘）
副组长　徐 路　何 蓓（女）

区人大常委会各专门委员会

民族华侨外事委员会

主任委员　贺 喜

监察和司法委员会（法制委员会）

主任委员　李昌林

财政经济委员会

主任委员　陈 泽（4月止）
　吴波勇（4月任）
副主任委员　杨纪军

教育科学文化卫生委员会

主任委员　邹仕斌

环境与资源保护委员会

主任委员　吴 浩

农业与农村委员会

主任委员　曾飞玲（女）

社会建设委员会

主任委员　杨 军

区人大常委会办事机构、工作机构

办公室

主　任　邓继红
副主任　童　莎（女）
　　　　李　沙（女，6月止）
　　　　严　晋（女，6月任）

选举任免联络工作委员会

主　任　刘傲雪（4月止）
　　　　尹娟娟（女，6月任）
副主任　尹娟娟（女，6月止）
　　　　李　沙（女，6月任）

预算工作委员会

主　任　陈　泽（4月止）
　　　　吴波勇（4月任）
副主任　罗朝晖（女，9月止）
　　　　彭野战（9月任）

坡子街街道工作委员会

主　任　晏荣祥（3月止）
　　　　何庭洁（女，3月任）
副主任　罗　园（女，6月止）
　　　　范方平（10月任）

城南路街道工作委员会

主　任　宁科良（3月止）
　　　　谭石泉（3月任）
副主任　董　劲

裕南街街道工作委员会

主　任　谭石泉（3月止）
　　　　宁科良（3月任）
副主任　邹彦妮（女，1月止）
　　　　娄新华（1月任）

金盆岭街道工作委员会

主　任　李　佳（女）
副主任　巩铂予

赤岭路街道工作委员会

主　任　何庭洁（女，3月止）
　　　　晏荣祥（3月任）
副主任　范雪清（女）

新开铺街道工作委员会

主　任　杨宏志（10月任）
副主任　张　照（女，1月止）
　　　　陈　娜（女，1月任）

文源街道工作委员会

主　任　刘　建
副主任　田凤林（女）

桂花坪街道工作委员会

主　任　喻　备（女，6月止）
　　　　潘　锋（6月任）
副主任　邓星方

青园街道工作委员会

主　任　何理萍（女）
副主任　刘　智

黑石铺街道工作委员会

主　任　张　卫（1月止）
　　　　陈　城（1月任）
副主任　邹　义（12月止）

先锋街道工作委员会

主　任　魏铁奇
副主任　李立志

大托铺街道工作委员会

主　任　吴荣娥（女）
副主任　郭　丹（女）

暮云街道工作委员会

主　任　朱剑锋
副主任　曹　菲（女）

南托街道工作委员会

主　任　吴智钢
副主任　刘胜雄（女，1月止）
　　　　谭　丹（女，1月任）

区政协工作机构及专门委员会

办公室

主　任　　易媛媛（女）
副主任　　罗鑫欣（女）　　丁　珂（女）

委员学习联络委员会

主　任　　张　瑜（女）

提案委员会

主　任　　张善翥

经济科技和外事委员会

主　任　　周文辉（11月止）
　　　　　刘顺来（11月任）

农业农村和人口资源环境委员会

主　任　　陈志文

文教卫体和文史委员会

主　任　　李劲松

社会法制和民族宗教委员会

主　任　　刘芳妍（女）

各街道政协联络工作负责人

坡子街街道　刘昆成（兼，1月任）
城南路街道　邱　阜（兼）
裕南街街道　张　照（女，兼，1月任）
金盆岭街道　周羌笛（兼，6月止）
　　　　　　李　凯（兼，10月任）
赤岭路街道　李　静（女，兼，1月止）
　　　　　　覃红伟（兼，1月任）
新开铺街道　袁　刚（兼）
文源街道　田　烨（女，兼，3月止）
　　　　　　张志云（兼，3月任）
桂花坪街道　刘　洋（兼）
青园街道　邓　静（女，兼）
黑石铺街道　陈　城（兼，1月止）
　　　　　　李建群（女，兼，1月任）
大托铺街道　彭彦华（兼）
先锋街道　徐卫星（兼，1月止）
　　　　　　蒋月异（女，兼，1月任）
暮云街道　李　静（女，兼，1月任）
南托街道　刘　展（兼）

区政府各部门

天心区人民政府办公室

党组书记、主任　　丁　洪
党组成员、区纪委监委派驻纪检监察组组长
　　　　　　　　　李凌波
党组成员、副主任　何定安
　　　　赵　纯　　蒋国坤　　郑启军
　　　　王玉宏（12月止）　　钟慧玲（女）
　　　　肖四军（1—9月任）
　　　　傅俊瑾（1月任）
　　　　胡志坚（12月任）
副主任　黄　洁（女）　　刘　幸（兼）
　天心区政府研究室
　专职副主任　　邹天涯
　天心区政府督查室
　主　任　王　谦
　天心区企业服务中心
　主　任　曾　程（女，1月止）
　　　　　彭　飞（1月任）

天心区发展和改革局（天心区国防动员办公室）

党组书记、局长　　杨　英（女）
党组副书记、副局长　唐　军
党组成员　杨爱军（10月止）
党组成员、总经济师　许言方（女）
副局长　罗丹妮（女，10月任）
　天心区国防动员办公室
　主　任　　杨　英（女，兼，12月任）
　专职副主任　胡华波（12月任）

天心区教育局

党委书记、局长　　张　伟（女）
党委副书记　　刘美兰（女，6月止）
党委副书记、副局长　喻　备（女，6月任）
党委委员、副局长　杨晓雄（3月止）
　　　　　　　　　张其林
党委委员、总督学　刘含冰（女）
党委委员、副局长　王明勇（6月任）

党委委员　　王雅敏（女，1月任）
陈凯兵（10月任）

天心区教育科学研究中心

主　任　　王雅敏（女，1月任）

天心区科学技术局

党组书记　　杨　倩（女，9月止）
蔡果时（9月任）

局　长　　蔡果时

党组成员、副局长　　许品方（女）
苏　奇（1月止）

副局长　　刘胜雄（女，1月任）

天心区工业和信息化局（天心区数据资源管理局）

党组书记、局长　　石宇峰（6月止）
湛　果（6月任）

党组副书记、副局长　　曾　程（女，1—9月任）

党组成员、副局长　　罗群峰（1月止）
易　芳（女，10月任）　向德航

天心区民族宗教事务局

党组书记、局长　　陈秋良

党组成员、副局长　　周　杰（12月任）
徐卫星（12月止）　　高　飞

党组成员　　彭明军（1月任）

天心区民政局

党组书记、局长　　刘顺来（10月止）
胡　波（10月任）

副局长　　黄大伟（9月任）

党组成员、副局长　　陈　晖（女，9月止）
何上元（3月任）　　彭承刚

党组成员　　刘　广（10月任）

副局长　　李新洲（3月止）

天心区社会救助事务中心

主　任　　莫　坤

天心区生活无着人员救助站

站　长　　彭　伟（1月任）

天心区社会工作事务中心

主　任　　陈　娜（女，1月止）
罗丽琼（女，1月任）

天心区司法局

党组书记、局长　　彭克伦

党组成员、副局长　　王　园（女）

党组成员、政工室主任　　周　婷（女）

副局长　　张　楧（女）

党组成员　　李昌化

天心区城南路街道司法所

所　长　　李昌化

天心区坡子街街道司法所

所　长　　周　律（女）

天心区财政局

党组书记、局长　　骆　理（女）

党组副书记、副局长　　周　彦

党组成员、区纪委监委派驻纪检监察组组长
黄勇军（6月止）
林嘉凌（6月任）

党组成员、副局长　　蒋惠英（女，9月止）
孙笑峰　　李　波（女，10月任）

总会计师　　彭燕燕（女）

天心区财政事务中心

主　任　　谭　曦（女，1月任）

天心区财政评审中心

主　任　　杨　欢（女）

天心区国库集中支付中心

主　任　　龙海媛（女）

天心区财源建设协调事务中心

主　任　　周建伟

天心区人力资源和社会保障局

党组书记、局长　　王文莉（女）

党组成员、副局长　　王　勇
黄　英（女）　　蔡　鹏

党组成员　　谢　勇（10月任）
任福辉（1—9月任）

天心区社会保险服务中心

主　任　　任福辉（9月止）
杨付德（12月任）

天心区就业服务中心

主　任　　梁　慧（女）

天心区住房和城乡建设局
（天心区人民防空办公室）

党组书记　周　雄
局　长　周　雄（9月止）
邓利民（9月任）
党组成员　谭　初（9月止）
党组成员、副局长　李纪清
刘振华（9月止）
党组成员、区纪委监委派驻纪检监察组组长
刘　武（9月止）
邓亚兵（10月任）
总工程师　周　垚
党组成员　熊　磊（1月任）
党组成员、副局长　汪　辉（9月任）
天心区人民防空办公室（撤销）
主　任　周　雄（9月止）
邓利民（9—12月任）
副主任　胡华波（12月止）
王道明（兼，1—12月任）
天心区建设工程质量安全监督站
站　长　肖　金（1月止）
石　宇（1月任）
天心区住房保障服务中心
主　任　熊　磊

天心区交通运输局

党组书记、局长　梁　晓
党组副书记、副局长　宋　刚（6月任）
党组成员、副局长　贺　颖
王志明（6月止）
党组成员、副局长　覃红伟（1月止）
刘良清（1月任）

天心区农业农村局
（中共天心区委农村工作领导小组办公室、天心区林业水利局、天心区乡村振兴局）

党组书记、局长　冯学武
党组成员、副局长　肖乾军
蔡慧勇（9月止）
尹文钊　邓富铁（9月任）
党组成员　易艳辉（女）
天心区动物疫病预防控制中心
主　任　蔡　嘉（10月止）
何冬莉（女，10月任）

天心区商务局

党组书记、局长　彭明霞
党组成员、副局长　陈益文
徐　璐（女，10月任）
党组成员　李　凯（10月止）
王　贤（女，12月任）
天心区投资服务中心
主　任　林展兴（12月止）
王　贤（女，12月任）

天心区文化旅游体育局

党组书记、局长　张　灵（女）
党组成员、副局长　陈　萍（女，1月止）
唐　娟（女）　段路遥
天心区文化馆
馆　长　李　羽（女）
天心区图书馆
馆　长　周　琼（女）

天心区卫生健康局

党组书记、局长　宋立湘（女，4月止）
盛春江（女，4月任）
党组成员　曾怡伯（12月止）
党组成员、副局长　温国清（12月止）
朱　斌（女，9月止）
周　阳　刘旭峰（12月止）
董锡娜（女，12月止）
党组成员、区纪委监委派驻纪检监察组组长
王　珊（女，1月止）
刘利才（1月任）
党组成员　许超伦
天心区卫生计生综合监督执法局
局　长　廖元平（9月止）
党支部书记　黄荟颖（女）
天心区疾病预防控制中心
主　任　兰泽龙
天心区妇幼保健计划生育服务中心
所　长　金　晔（女，9月止）
刘　姣（女，12月任）

天心区审计局

党组书记、局长　张　莹（女）
党组成员、副局长　陈志刚（12月止）
周　勇　曹永鸿
师　懿（12月任）

天心区政府投资审计中心
主　任　胡施扬（女）

天心区退役军人事务局

党组书记、局长　何　东（1月止）
段文波（1—6月任）
于　意（女，6月任）
党组成员、副局长　苏　奇（1月任）
曾维唯（女）
党组成员　邓荣华

天心区应急管理局（天心区防汛抗旱指挥部办公室）

党委书记　黄　健
局　长　邓　欣
党委委员、副局长　胡小军　叶大荣
陈　尧
党委委员、政治工作办公室主任
熊　琛（女，1月任）

天心区市场监督管理局（天心区知识产权局）

党组书记　童振宇（1月止）
党组副书记、局长　颜日强（1月止）
党组书记、局长　何　东（1月任）
党组成员、副局长　袁杰聪　涂　亮
王　密　谈奕麟　谭亚军
刘万江　张晓坤
党组成员　卿建光
党组成员、副局长　付柯瞰（12月任）

天心区市场监督管理综合行政执法大队
大队长　颜日强（1月止）
何　东（1月任）
副大队长　卿建光　付柯瞰（12月止）
梁　智　杨灿辉（女）

天心区统计局

党组书记　胡志坚（12月止）
王玉宏（12月任）
局　长　刘　婷（女）
副局长　范方平（10月止）
党组成员、副局长　梁海龙（10月任）
刘芙蓉（女）
党组成员、区普查中心主任　李　慧（女）

天心区城市管理和综合执法局

党组书记、局长　杨维君（女，3月止）
雷杰淋（3—10月任）
罗建民（10月任）
党组成员、区纪委监委派驻纪检监察组组长
吴宏智（1月止）
王　珊（女，1月任）
党组成员、副局长　段应定　李　飏（女）
党组成员　叶　军
党组成员、副局长　胡雄力（10月止）
戴步云（12月任）

天心区行政审批服务局

党组书记、局长　吴波勇（4月止）
宋立湘（女，4月任）
党组成员、副局长　陈湘彧
党组成员、政务服务中心主任　李晓欢（女）
副局长　吴　宇（女，3月止）
党组成员　李广湘
党组成员、副局长　李　群（女，3月任）

天心区信访局

党组书记、局长　刘　幸
党组成员、副局长　王　强　刘红亮
党组成员　马敢干（1月任）

天心区医疗保障局

党组书记、局长　肖四军（1月止）
童振宇（1月任）
党组成员、副局长　何上元（3月止）
副局长　李新洲（3月任）　黄慧宜（女）
党组成员、医疗保障事务中心主任　徐　敏（女）

天心区城市人居环境局

党组书记、局长　黄根明（3月止）
张勇刚（3月任）
党组成员、副局长　孙卫锋

副局长　杨　柳（女，1月止）
党组成员、副局长　王小军
陈　海（1月任）

区委、区政府直属事业单位

中共天心区委党校（天心区行政学校）

校　长　叶　妙（女，6月止）
厉　波（12月任）
常务副校长　周雅娴（女，3—6月任）
刘美兰（女，6月任）
副校长　周雅娴（女，3月止）　刘保平
教育长　张　芳（女）
办公室主任　唐正鹏

天心区接待服务中心

主　任　陈晓菁（女，12月任）
副主任　徐　璐（女，10月止）
陈晓菁（女，12月止）
连　丹（女，12月任）

天心区网格化综合服务中心

主　任　陈　智（女）
副主任　熊　琛（女，1月止）
吕正明（12月止）
向和平　姜　彬（1月任）
黄生粤（12月任）

天心区机关事务中心

党组书记、主任　刘秉玺
党组成员、副主任　崔　佳（女）
副主任　岳玲玲（女）

天心区征地服务中心

党组书记、主任　杨科应
党组成员、副主任　张镜文（10月任）
谭　媛（女）
副主任　谭军武（10月止）　黄　毅

天心区金融事务中心

党组书记、主任　于　意（女，6月止）
周雅娴（女，6月任）
党组成员、副主任　彭枫婷（女）
彭　莎（女）
副主任　胡馨文（女）

天心区公共工程建设中心

党组书记　谢　毅
主　任　邓利民（9月止）
谢　毅（9月任）
副主任　蒋　鹜
党组成员、副主任　康石喜（1月任）
张　乐（1月任）

天心区现代服务业发展中心（楼宇经济服务中心）

党组书记、主任　夏　志
党组成员、副主任　汤　莲（女）
李　伟　刘柏屹（10月止）
副主任　范诗蕊（女，12月任）

天心区长株潭一体化发展事务中心

党组书记、主任　张鹏飞（2月任）
党组成员、副主任　许化圣（2—10月任）
汪　献（女，2月任）
周　涛（10月任）

天心区智慧城市建设事务中心

党组书记　曾　程（女，9月任）
主　任　周　缇（女，9月任）
党组成员、副主任　曹　鼎（9月任）
汤　霞（女，9月任）

部门所属正科级事业单位

天心区档案馆（中共天心区委党史研究室、天心区地方志编纂室）

馆　长　符文滔（女，9月止）
李　园（女，10月任）
副馆长　李　强　邹彦妮（女，1月任）

天心区城市管理综合执法大队

党委书记、大队长　杨维君（女，3月止）

党委书记、大队长　雷杰淋（3—10月任）
　罗建民（10月任）
党委副书记、教导员　杨　柳
党委委员、常务副大队长　邹军荣
党委委员、副大队长　黄卫权　黄　丽（女）
　何青砖

天心区市政设施维护中心

党委书记　林嘉凌（6月止）
　罗建民（7—10月任）
　胡雄力（10月任）
主　任　罗建民（10月止）
　胡雄力（10月任）
党委副书记　罗建民（7月止）
党委委员、副主任　林嘉凌（6月止）
　邓海龙　于新丽（女）
　张颖杰

天心区市容环境卫生维护中心

党委书记、主任　杜志强
党委副书记　陈赛宏（3月止）
党委委员、副主任　魏洪亮（9月止）
　张文广　黄　畅　莫　莹（女）

天心区园林绿化维护中心

党委书记、主任　李政煌
党委委员、副主任　吴茁青
　刘昆成（1月止）
　朱杰辉　唐　冶（1月任）

天心区城市房屋征收和补偿管理办公室

主　任　胡伟军
副主任　严　凯　张镜文（10月止）
　向　葵（10月任）
　陈嘉庆（10月任）

天心区现代服务业示范区管理办公室（撤销）

副主任　周　涛（10月止）
　秦贵光（10月止）
　向　葵（10月止）
　严　晋（女，6月止）

步行商业街管理服务中心

主　任　杨　波
副主任　谭梓婕（女）

企业单位

长沙天心城市发展集团有限公司
长沙天心城市建设投资开发集团有限公司

党委书记、董事长　张勇刚（3月止）
　黄根明（3月任）
党委副书记、总经理　谭双剑
党委委员、监事会主席　刘湘俊（女）
党委委员、副总经理　周　浪（9月止）
　李　波（女，10月止）
　张　琳（女）
　毛桂平（10月任）
　秦贵光（10月任）
副总经理　贺利华（女）　宋平原
　彭　波

长沙融城经济发展集团有限公司

总经理　唐　华（9月止）
　周　浪（9月任）
监事会主席　黄大伟（9月止）
　王策谋（9月任）

长沙市天心国资发展集团有限公司

党委书记、董事长　何　竞（6月任）
党委副书记、总经理　左　罗（6月任）
党委副书记、副总经理　陈志刚（12月任）
党委委员、监事会主席　吴佳波（6月任）
党委委员、副总经理　周　亮（6月任）
　王卫刚（6月任）
　杨　龙（6月任）

公园管理处

南郊公园管理处

党委书记　颜日强
管理处主任　邹畅萍
党委副书记、管理处副主任
　陈　海（1月止）
党委委员、纪委书记　张　卫（1月任）

党委委员、管理处副主任　　龚　卓
肖林琼（女，1月任）

天心阁景区管理处

党委书记、主任　　徐　伟（3月止）
杨志宇（6月任）
党支部副书记　　王　静（女，1月止）
党支部委员、副主任　　钱伟明　何　锦（女）
党委委员、副主任　　李　洋
唐　迪（1月任）

中　学

雅礼书院中学

校　长　　朱全民
党委书记　　龙朝东
党委委员、副校长　　张胜军
姚国正（1月止）
邓志强（1月止）
鲁　丹（女，1月任）
周雪亮（3月任）

雅礼外国语学校

党委副书记、校长　　王唯之
党委书记　　张德志（10月止）
陈　丹（女，12月任）
副校长　　周新胜（9月止）
王明勇（6月止）
党委委员、副校长　　胡　正（1月任）
葛东伟（6月任）
陈凯兵（10月任）

民主党派

民革天心区工委

主　委　　刘湘勇
副主委　　周新胜　邓　欣

民盟天心区工委

主　委　　李昌林
副主委　　肖宗文　金　杰（女）
张　照（女）　曾桂秋
彭　伟

民建天心区工委

主　委　　赵礼发
副主委　　张　瑜（女）　唐　可（女）
吴　岳（女）　彭　宁（女）
伍　南

民进天心区工委

主　委　　彭燕燕（女）
副主委　　孙　刚　何国瑞　周红金

农工党天心区工委

主　委　　李光焰
副主委　　杨　昕　高智颖（女）
王　菁（女）　张　维
蒋亚辉　孟　娜（女）

致公党天心区工委

主　委　　邓　静（女）
副主委　　王　蓉（女）　万　强（女）
杨雅琴（女）　欧阳智

九三学社天心区工委

主　委　　苏　剑
副主委　　朱志邦　周　敏（女）
温湘婷

群众团体

天心区总工会

主　席　　凌　异
党组书记、常务副主席　　邹　展
党组成员、副主席　　何千才
王　鹏（1月任）
周立兴（挂职）　张　维（兼）

中国共产主义青年团天心区委员会

书　记　　周　云（女，6月止）
何汶蔚（女，6月任）
副书记　　邓玉冰（女，12月止）
康耀心（女，12月任）
易文宇（挂职）
蒋乐玲（女，兼）
傅麟雅（女，兼）

天心区妇女联合会

党组书记、主席　孙咏华（女）
党组成员、副主席　张　平（女，12月止）
　李小兰（女，挂职）
　金　晔（女，兼）

天心区工商业联合会

主　席　王　珊（女）
党组书记、常务副主席　陈　琳（女）
党组成员、副主席　彭立新
党组成员、秘书长　胡根华

天心区归侨侨眷联合会

主　席　汤　沛（女，兼）
副主席　饶　丽（女）

天心区残疾人联合会

党组书记、理事长　夏继明
党组成员、副理事长　何映章　郑跃晖

天心区科学技术协会

党组书记　杨　倩（女）
主　席　杨　倩（女，9月止）
　秦　超（9月任）
党组成员、副主席　谢小宁

天心区文学艺术界联合会

主　席　张少林
名誉主席　陈曦民
副主席（兼）　陈　萍（女，1月止）
　李春和　雷永鸿
秘书长　田　谧（女）

天心区红十字会

会　长　王钰莹（女）
专职副会长　许超伦

天心区计划生育协会

副会长　曹福新（6月止）
　彭　勃（6月任）

天心区党外知识分子联谊会

会　长　周　缇（女）
常务副会长　胡　浩
副会长　陈　武　任延杰（女）
　贺剑峰
秘书长　周　科

街　道

坡子街街道

工委书记　柳宏伟
工委副书记、办事处主任
　戴次强（6月止）
　夏　菲（女，6月任）
工委副书记　陈全政（10月止）
　谢　耿（10月任）
工委委员、纪工委书记　孟立国（12月止）
工委委员　晏荣祥（3月止）
　何庭洁（女，3月任）
　彭建中
　刘昆成（1月任）
　易　芳（女，10月止）
　李　航（10月任）
办事处副主任　汪　辉（9月止）
　章　越　刘昆成（1月任）
　刘晓宇（女，9月任）

城南路街道

工委书记　徐　伟（3月止）
　杨维君（女，3月任）
工委副书记、办事处主任　曾　科
工委副书记　封　颖（女）
工委委员、纪工委书记　刘利才（1月止）
　吴宏智（1月任）
工委委员　宁科良（3月止）
　谭石泉（3月任）　邢　瑛（女）
　邱　阜　周成军
　严景特（12月止）　杨红波
　黄志敏（12月任）
办事处副主任　邱　阜　周成军
　严景特（12月止）
　黄志敏（12月任）　杨红波

裕南街街道

工委书记　李勇军
工委副书记、办事处主任
　吴　智
工委副书记　易　皓（女）
工委委员、纪工委书记　舒用民
工委委员　谭石泉（3月止）
　宁科良（3月任）　张　伟
　刘　晖（3月止）
　贺舜贤（3月任）
　李孟玲（女，12月任）
　李　园（女，10月止）　刘　剑
办事处副主任　张　伟
　李　园（女，10月止）
　张　照（女，1月任）
　刘　剑（12月任）

金盆岭街道

工委书记　夏　天（女）
工委副书记、办事处主任
　湛　果（6月止）
　江　宇（6月任）
工委副书记　肖林琮（女，1月止）
　杨振军（1月任）
工委委员、纪工委书记　马旭奇（6月止）
　王志明（6月任）
工委委员　李　佳（女）　皮文奎
　石　琛（女，12月止）
　马　浩　周羌笛（6月止）
　李　凯（10月任）
办事处副主任　皮文奎　马　浩
　周羌笛（6月止）
　李　凯（10月任）　顾　勇

赤岭路街道

工委书记　龚承平
工委副书记、办事处主任
　刘　振
工委副书记　宋　刚（6月止）
　韦向怡（10月任）
工委委员、纪工委书记
　李　艳（女，12月止）
工委委员　韦向怡　何庭洁（女，3月止）
　晏荣祥（3月任）
　宋　刚（6月止）
　李　静（女，1月止）　周克俭
　任博文　周　杰（12月止）
　覃红伟（1月任）　李　艳（女）
　袁仲宇（10月任）
办事处副主任　宋　刚（6月止）
　李　静（女，1月止）　周克俭
　任博文　覃红伟（1月任）

新开铺街道

工委书记　王学中
工委副书记、办事处主任
　孙　喆
工委副书记　杨宏志（10月止）
　赵　哲（10月任）
工委委员、纪工委书记　池宏志（10月止）
　薛宏超（10月任）
工委委员　李清明（10月止）　肖险峰
　袁　刚　唐志波（3月止）
　王　露（女）　彭文杰
　薛宏超（3—10月任）
　邹　颖（女，10月任）
办事处副主任　袁　刚
　王　露（女）　彭文杰

文源街道

工委书记　黄振国
工委副书记、办事处主任
　江　宇（6月止）
　周　云（女，6月任）
工委副书记　彭　勃（6月止）
　周　晓（女，6月任）
工委委员、纪工委书记　孙学文（3月止）
　周　军（3月任）
工委委员　刘　建　张志云（3月任）
　付佳明　姜文志
　赵　哲（10月止）
　黄子慕（女，10月任）
办事处副主任　付佳明　姜文志
　田　烨（女，3月止）
　赵　哲（10月止）

办事处副主任　张志云（3月任）
李　科（12月任）

桂花坪街道

工委书记　周钰沂（女，6月止）
石宇峰（6月任）
工委副书记、办事处主任
陈建国
工委副书记　周　艳（女）
工委委员、纪工委书记　张　校
工委委员　张志云（3月止）
潘　锋（6月任）
孙学文（3月任）　朱建军
喻　备（女，6月止）　谢灿英（女）
刘　洋　胡　波
办事处副主任　谢灿英（女）
朱建军　刘　洋

青园街道

工委书记　张　毅
工委副书记、办事处主任
徐乙天
工委副书记　谢　耿（10月止）
刘柏屹（10月任）
工委委员、纪工委书记　刘殿军
工委委员　何理萍（女）　江建华
刘拥军　冯小珊（女）　杨　广
办事处副主任　刘拥军　杨　广
邓　静（女）　周　亮

黑石铺街道

工委书记　胡　波（10月止）
雷杰淋（10月任）
工委副书记、办事处主任
张春辉
工委副书记　邓亚兵（10月止）
刘润秋（10月任）
工委委员、纪工委书记　唐涌华（女）
工委委员　张　卫（1月止）
贺舜贤（3月止）
陈　城　刘　晖（3月任）
王　帆　郭　娟（女，9月止）
李建群（女，1月任）
陈赛宏（3月任）
周　密（12月任）
林展兴（12月任）
办事处副主任　王　帆
陈　城（1月止）　李建群（女）
陈赛宏（3月任）
林展兴（12月任）

大托铺街道

工委书记　汤宇驰
工委副书记、办事处主任
孙　辉（女）
工委副书记　杨　炼
工委委员、纪工委书记　虢海鹏
工委委员　吴荣娥（女）　曹　军
陈云龙（9月止）　熊亚东（女）
彭彦华
办事处副主任　曹　军　彭彦华
陈云龙（9月止）
谭军武（10月任）
罗丹妮（女，10月止）
邹　义（12月任）

先锋街道

工委书记　阳海波
工委副书记、办事处主任
李念奇
工委副书记　陈　丹（女，12月止）
李　帅（12月任）
工委委员、纪工委书记　周　军（3月止）
傅中辉（3月任）
工委委员　魏铁奇　裴中宏
蒋月异（女）　徐卫星
田　烨（女，6月任）
邓玉冰（女，12月任）
办事处副主任　傅中辉（3月止）
裴中宏　李　帅（12月止）
徐卫星（1月止）
蒋月异（女，1月任）
田　烨（女，3月任）
邓玉冰（女，12月任）

暮云街道

工委书记　刘　哲
工委副书记、办事处主任
王　镞
工委副书记　黄　栋
工委委员、纪工委书记　罗敏德
工委委员　朱剑锋　刘凌彬
刘良清（1月止）
毛桂平（10月止）
李　静（女，1月任）
吕正明（12月任）
办事处副主任　刘良清（1月止）
毛桂平（10月止）　雷剑峰
李　静（女，1月任）
吕正明（12月任）
吴思原（1月任）

南托街道

工委书记　喻　俊
工委副书记、办事处主任
雷杰淋（3月止）
王　宁（女，3月任）
工委副书记　潘　锋（6月止）
周羌笛（6月任）
工委委员、纪工委书记　周厚翔
工委委员　吴智钢　杨　广　刘　展
吴　俊　曾　文　粟晓宇（女）
办事处副主任　杨　广　刘　展
吴　俊　曾　文

双重领导与垂直管理单位

长沙市公安局天心分局

党委书记、局长　欧阳伟沙
党委副书记、政委　罗　晖
党委副书记、副局长　王　虎（8月止）
蒋鹏洲（8月任）
党委委员、副局长　邹笑平
谭跃华（5月任）
党委委员、副政委、纪委书记（兼）
张力伟
党委委员、副局长　朱旭东（8月止）
曹鹏飞（5月止）
党委委员、副局长　张　满（5月任）
党委委员、副局长、政工室主任（兼）
李幸生（8月止）
文　勇（8月任）
党委委员、副局长、坡子街派出所所长（兼）
黄俊龙（8月任）

国家税务总局天心区税务局

党委书记、局长　王勇刚
党委委员、副局长　邓　明（9月任）
刘明威（挂职，5月任）
彭　超（9月任）
黄　静（女，8月止）　邓　军
党委委员、纪检组组长　李　强（4月止）
陈科良（5月任）
党委委员、副局长　李剑平（12月止）
刘　乔

长沙市自然资源和规划局天心区分局

党组书记、局长　康哲新
党组副书记、副局长　李定平（9月止）
党组成员、副局长　张　杰　邓智亮
胡　敏（女）　姚　文
朱振宏
长沙市规划监察执法支队天心区大队
大队长　刘朝晖（9月止）
李炜路（9月任）

长沙市生态环境局天心分局

党组书记、局长　陈国其
党组成员、副局长　史毓和　姚和平
党组成员、总工程师　倪　正
长沙市天心生态环境监测站
站　长　向剑军

长沙市公安局交警支队天心大队

大队长　张　星
教导员　余卫东（9月止）
邱东波（10月任）
副大队长　邓日超　李　陵（5月止）
张　震（5月任）　韦克杰
刘　林

天心区消防（救援）大队

大队长　　陈卫华
教导员　　杨立明
副大队长　　陈　冶（9月止）
　　易　楠（3月止）
　　龚　毅（3月任）
　　蒋刚龙（9月任）

金融机构

长沙农商银行天心支行

行　长　　朱成报
副行长　　王　刚
行长助理　　严从善

长沙农商银行湘江支行

行　长　　张　翼
副行长　　张洁群（女）

发文目录

中共天心区委、区委办公室文件目录（摘要）

2022 年中共天心区委重要文件目录一览表（摘要）

表 27

发文字号	文件标题
天发〔2022〕2 号	关于印发《长沙市天心区“十四五”法治建设规划（2021—2025 年）》的通知
天发〔2022〕3 号	关于印发《长沙市天心区生态环境保护工作责任规定》《长沙市天心区一般生态环境问题（事件）责任追究办法》的通知
天发〔2022〕4 号	关于印发《长沙市天心区促进区域经济高质量发展奖励办法》的通知
天发〔2022〕5 号	关于转发《长沙市天心区人大常委会 2022 年工作要点》的通知
天发〔2022〕6 号	关于转发《政协长沙市天心区委员会 2022 年工作要点》的通知
天发〔2022〕8 号	印发《关于落实市委党建“六大行动”深入推进“党建聚合力”工程实施方案》的通知
天发〔2022〕9 号	印发《关于加强新时代人大工作和建设的意见》的通知
天发〔2022〕10 号	关于印发《长沙市天心区贯彻落实第二轮中央生态环境保护督察报告整改方案》的通知
天发〔2022〕11 号	印发《关于贯彻落实强省会战略行动方案（2022—2026 年）》的通知
天发〔2022〕12 号	关于印发《长沙市天心区党政领导班子和领导干部绩效考核管理实施办法》的通知
天发〔2022〕13 号	印发《关于全面推行田长制严格耕地保护的实施方案》的通知
天发〔2022〕15 号	关于认真学习宣传贯彻党的二十大精神的通知
天发〔2022〕19 号	关于深入学习宣传贯彻党的二十大精神为全面建设社会主义现代化新天心而团结奋斗的决定

（资料来源：区委办）

2022年中共天心区委办公室重要文件目录一览表（摘要）

表28

发文字号	文件标题
天办发〔2022〕1号	关于下达长沙市天心区2022年重大项目投资计划的通知
天办发〔2022〕3号	关于印发《关于进一步强化狠抓落实提升效能的若干措施》的通知
天办发〔2022〕4号	关于印发《长沙市天心区2022年重大项目建设攻坚行动方案》的通知
天办发〔2022〕5号	关于印发《长沙市天心区2022年经济工作“十大行动”方案》的通知
天办发〔2022〕6号	关于印发《长沙市天心区2022年经济工作考核办法》的通知
天办发〔2022〕9号	关于2021年度全区平安建设（综治工作）考核评估情况的通报
天办发〔2022〕10号	关于印发《2022年全区交通问题顽瘴痼疾集中整治行动实施方案》的通知
天办发〔2022〕13号	关于2022年1—2月天心区重点工作双月考核结果的通报
天办发〔2022〕15号	关于转发《关于迅速开展居民自建房大排查大整治的通知》的通知
天办发〔2022〕16号	关于印发《长沙市天心区居民自建房大排查大整治工作方案》的通知
天办发〔2022〕17号	关于印发《长沙市天心区2022年乡村振兴提速年实施方案》的通知
天办发〔2022〕18号	关于长沙市天心区2021年度优秀工作人员的通报
天办发〔2022〕20号	关于2022年1—4月经济建设“一体两翼”工作考核结果的通报
天办发〔2022〕22号	关于印发《深化全区应急管理综合行政执法改革的实施方案》的通知
天办发〔2022〕24号	长沙市天心区2022年度重点工作双月考核实施办法
天办发〔2022〕25号	关于2022年1—6月天心区重点工作双月考核结果的通报
天办发〔2022〕27号	关于2022年1—8月重点工作双月考核结果的通报
天办发〔2022〕28号	印发《关于加强“廉润天心”廉洁文化建设的若干措施》的通知
天办发〔2022〕30号	关于2022年1—10月重点工作双月考核结果的通报

（资料来源：区委办）

天心区政府、政府办公室文件目录（摘要）

2022 年天心区政府重要文件（天政发）目录一览表（摘要）

表 29

发文字号	文件标题
天政发〔2022〕6 号	关于 2022 年市人民政府《政府工作报告》目标任务实行责任管理的通知
天政发〔2022〕7 号	关于 2022 年区人民政府《政府工作报告》目标任务实行责任管理的通知
天政发〔2022〕27 号	关于印发《长沙市天心区人民政府工作规则》的通知
天政发〔2022〕29 号	关于对安徽捷建物业管理有限公司（博林金谷综合楼）存在重大火灾隐患单位实行挂牌督办整改的通知
天政发〔2022〕38 号	关于同意有关街道新设社区和优化调整工作的批复
天政发〔2022〕45 号	关于印发《天心区全民健身实施计划（2021—2025 年）》的通知
天政发〔2022〕59 号	关于印发《长沙市天心区新型智慧城市“十四五”区域规划（2021—2025 年）》的通知

（资料来源：区政府办）

2022 年天心区政府办公室重要文件（天政办发）目录一览表（摘要）

表 30

发文字号	文件标题
天政办发〔2022〕1 号	关于印发《长沙市天心区政府投资信息化建设项目管理办法》的通知
天政办发〔2022〕2 号	关于转发《长沙市天心区国资监管机构以管资本为主推进职能转变方案》的通知
天政办发〔2022〕3 号	关于印发《长沙市天心区区属国有企业违规经营投资责任追究暂行办法》的通知
天政办发〔2022〕4 号	关于印发《长沙市天心区大力推进 3 岁以下婴幼儿照护服务发展的实施意见》的通知
天政办发〔2022〕5 号	关于印发《长沙市天心区 2022—2025 年水环境改善工作方案》的通知
天政办发〔2022〕6 号	关于促进新消费产业发展十条措施
天政办发〔2022〕7 号	关于印发《长沙市天心区自然灾害救助应急预案》等 3 个应急预案的通知
天政办发〔2022〕8 号	关于印发《长沙市天心区进一步推行社区（村）法律顾问制度实施办法》的通知
天政办发〔2022〕9 号	关于印发《长沙市天心区国有土地上房屋征收项目管理办法（试行）》的通知
天政办发〔2022〕10 号	关于进一步加强和改进行政应诉工作的实施意见
天政办发〔2022〕11 号	关于印发《长沙市天心区城区居民住宅小区二次供水设施户表改造实施方案》的通知
天政办发〔2022〕12 号	关于印发《长沙市天心区学生乘坐船舶上下学管理办法》的通知
天政办发〔2022〕13 号	关于印发《长沙市天心区无障碍环境建设工作方案（2022—2025 年）》的通知
天政办发〔2022〕14 号	关于印发《长沙市天心区全民科学素质行动规划纲要实施方案（2022—2025 年）》的通知
天政办发〔2022〕15 号	关于印发《长沙市天心区行政许可事项清单（2022 年版）》和《长沙市天心区承接部分市级行政许可事项目录》的通知
天政办发〔2022〕16 号	关于印发《长沙市天心区创建全国基层中医药工作示范区实施方案》的通知

（资料来源：区政府办）

年度新闻媒体报道

2022 年中央、省市主要媒体报道天心区题录一览表（选编）

表 31

刊播时间	报道题目	媒体名称
1 月 2 日	特色非遗迎新年　又是一年好年景	央视新闻频道《新闻直播间》
1 月 3 日	笑起来都好看	《潇湘晨报》
1 月 4 日	“网红长沙”再出圈	《三湘都市报》
1 月 4 日	小店闯“年关”最暖烟火气	《新华每日电讯》
1 月 6 日	班主任给学生打个性化评语	《潇湘晨报》
1 月 6 日	量身定“歌”	《三湘都市报》
1 月 7 日	监护失职，离异妈妈被责令“依法带娃”长沙发出全国首份家庭教育令：如何承担教育责任，与老师联系频次都有明确要求	《三湘都市报》
1 月 7 日	审理一起抚养权变更纠纷，针对监护人监护失职情况，长沙天心区人民法院发出《家庭教育令》	《新华每日电讯》
1 月 8 日	湖南长沙：全国首份《家庭教育令》发出依“法”带娃有令可循	央视财经频道《第一时间》
1 月 9 日	家庭教育从“家事”上升到“国事”专家解读全国首份《家庭教育令》	中国法院新闻网
1 月 9 日	闲走太平街寻幽探古　感受老长沙城市文脉（在长沙过周末）	《长沙晚报》
1 月 10 日	守护解放西　民警面对面	央视新闻直播《致敬 110》
1 月 10 日	首批 55 个国家级旅游休闲街区名单公布	光明网
1 月 11 日	“向党前行、天心有礼”奏响建党百年　网上时代强音	澎湃网
1 月 11 日	湖南大数据交易所诞生记	《湖南日报》
1 月 11 日	长沙项目招商引资上演“速度与激情”2021 年新引进重大招商引资项目 155 个，总投资额 1800 余亿元	《长沙晚报》
1 月 11 日	致敬人民警察	《湖南日报》
1 月 12 日	湖南大数据交易所试运营，系全国第五家、中部第一家	《湖南日报》
1 月 14 日	“依法带娃”照进现实：家教没做好，国家要管的	《南方周末》
1 月 18 日	美丽经济绽放湘江东岸——天心区大托铺街道湘江南路经济带见闻	《湖南日报》
1 月 19 日	长沙市天心区：做好“内外”双文章　探索“双减”新样态	《湖南日报》
1 月 22 日	长沙天心夜经济，全国第一！	《人民日报》人民号
1 月 24 日	落实“依法带娃”可探讨建立儿童国家监护制度	《光明日报》
1 月 25 日	超多省级文旅体场馆集聚升级“天心气质”	“学习强国”学习平台
1 月 26 日	千家万户中国年·年货大集寻小康	央视综合频道《晚间新闻》

（续表 31）

刊播时间	报道题目	媒体名称
1 月 28 日	600 元现金＋400 元礼包！长沙市天心区 17 条举措留你过年	华声在线
1 月 31 日	长沙首批 8 个“快递外卖小哥红色之家”投用提供歇脚、热饭、充电、学习等服务，力争一年实现全市全覆盖	《湖南日报》
2 月 2 日	年味缤纷（农历大年初一，长沙火宫殿（坡子街总店）举办“2022 年迎新春庙会”）	《湖南日报》
2 月 10 日	各地多举措促就业创业　助力节后返岗复工	央视综合频道《新闻联播》
2 月 10 日	入选全国校园足球试点区，天心区凭的是……	腾讯网
2 月 11 日	又踏层峰望眼开——写在长沙市长株潭一体化发展事务中心挂牌之际	“学习强国”学习平台
2 月 12 日	2021 年长沙奏响招商引资最强音，引进“三类 500 强”项目 67 个，新引进重大项目 155 个总投资 1800 余亿元	《长沙晚报》
2 月 12 日	春风送暖入龙山长沙天心区深入推进“春风行动”就业帮扶	人民网湖南频道
2 月 13 日	技能大赛“虎”力全开，天心区多家企业返岗率达 100%	《长沙晚报》
2 月 13 日	马不停蹄火力全开——长沙市天心区项目建设现场见闻	《湖南日报》
2 月 15 日	欢天喜地闹元宵　湖南长沙：传统民俗唱主角	央视财经频道《正点财经》
2 月 17 日	新春“职”等你！天心区“春风行动”提供岗位万余个	掌上长沙
2 月 18 日	《守护解放西 3》融合综艺感	光明网
2 月 18 日	春风庆元宵　新年职等你　天心区南北联动举办春风行动专场招聘活动	新湖南
2 月 19 日	南方冰雪经济市场广阔——四季可来长沙“嗨”冰雪	《经济日报》
2 月 19 日	跃马扬鞭逐春光——长株潭一体化的“天心作为”	《湖南日报》
2 月 21 日	长株潭三区联合发布 4 大文旅活动	央广网
2 月 22 日	发布暴雪橙色预警，全力保障晚高峰出行	央视新闻频道《新闻直播间》
2 月 23 日	好有爱，最有爱的日子扎堆结婚，长沙当天下起大雪	《潇湘晨报》
2 月 24 日	集中力量！推进长沙奥体中心公园建设	红网
2 月 24 日	企业兴，财税金融再加力（稳字当头　稳中求进）	《人民日报》
2 月 28 日	百校千站线上引才　长沙“天心红”墩苗计划启动只待你来！	红网
3 月 1 日	来，你就是“天心红”！	智慧长沙
3 月 1 日	长沙“天心红”墩苗计划张榜引才，只待你来	人民网湖南频道
3 月 2 日	天心，智慧在这里启航丨课堂迈入数字时代，信息化赋能现代教育	人民网湖南频道
3 月 5 日	58 同城、安居客助力人才住房服务落地　长沙天心推出“天心红”工程	中华网
3 月 7 日	28 位监督员上岗　长沙天心区邀各界代表共护法治营商环境	中新网湖南频道
3 月 7 日	天心区举行学习贯彻党的十九届六中全会精神和省党代会精神专题读书班	人民日报客户端
3 月 9 日	两会特别节目《公平正义新时代》“依法带娃”第一令	央视综合频道《今日说法》
3 月 10 日	代表委员表示要牢固树立绿水青山就是金山银山的理念，推动生态文明建设迈上新台阶	《人民日报》
3 月 14 日	未来 5 年南部融城片区将这样发展（南部融城片区建设进行时）《长沙南部融城片区融合发展行动计划（2022—2026 年）》印发，明确 15 项重点任务	《长沙晚报》
3 月 16 日	湖南：“天心红辅”讲党史　幼幼少年向未来	中国未成年人网

（续表 31）

刊播时间	报道题目	媒体名称
3 月 16 日	长沙市天心区："小切口"解居民"急难愁""新治理"了群众"愿思盼"	"学习强国"学习平台
3 月 19 日	处罚与教育相结合　长沙市天心区交警开展"不礼让斑马线"专项整治行动	"学习强国"学习平台
3 月 19 日	快速生长后　剧本杀需补上一节法治课	《光明日报》
3 月 28 日	《长沙南部融城片区建设 2022 年工作要点》印发，铺排绿心中央公园、重点项目等工作，推进奥体中心公园和花博园建设（融合发展　创新引领·南部融城片区建设进行时）	《长沙晚报》
3 月 29 日	长沙市天心区：十年如一日　女村医守护江心岛 1600 多居民健康	"学习强国"学习平台
3 月 31 日	重磅！《长株潭都市圈发展规划》正式出炉	《人民日报》人民号
4 月 4 日	八大菜系之湘菜：湘菜之绝（报道长沙火宫殿）	央视财经频道《消费主张》
4 月 5 日	云中一样寄哀思　代祭扫、网络祭扫等新型祭扫方式调查	《新华每日电讯》
4 月 6 日	天心数谷：数字产业一道绚丽风景	《湖南日报》
4 月 6 日	湘菜首府火宫殿	央视财经频道《消费主张》
4 月 7 日	湖南 6 区上榜赛迪创新百强区	《潇湘晨报》
4 月 7 日	长沙太平老街：湖湘文化时尚表达——第一批国家级旅游休闲街区系列报道之十	"学习强国"学习平台
4 月 8 日	《守护解放西》：敲开繁华的蛋壳	《湖南日报》
4 月 11 日	烟火气渐浓	《湖南日报》
4 月 11 日	夜晚偶遇翻车事故，没有摄像头，也没有证人，15 岁少年毅然救人——"救人问心无愧，我们先救再说"	《长沙晚报》
4 月 13 日	2022 年全国五一劳动奖和全国工人先锋号拟表彰人选（集体）公示（长沙五七一二飞机工业有限责任公司飞机部件维修中心）	《工人日报》
4 月 14 日	9.8 亿成交！天心区湖南机床厂及周边地块棚改地块成功出让	《人民日报》人民号
4 月 15 日	全国五四红旗团支部名单	《中国青年报》
4 月 19 日	乘势而上　聚势而强——看强省会战略如何在长沙市天心区落地开花	《湖南日报》
4 月 21 日	狠抓落实年　勇当主力军，天心区打造长株潭都市圈强劲引擎	《长沙晚报》
4 月 21 日	中共湖南省委　湖南省人民政府关于实施强省会战略支持长沙市高质量发展的若干意见	人民网湖南频道
4 月 22 日	奋力实施"强省会"战略　|　长沙市天心区：狠抓落实年　勇当主力军	"学习强国"学习平台
4 月 22 日	青春榜 YOUNG 建功天心！2022 年天心区"号手"评选活动举行	《人民日报》人民号
4 月 23 日	奋力实施"强省会"战略　|　天心区打造长株潭都市圈强劲引擎	"学习强国"学习平台
4 月 24 日	打造强劲引擎，让"网红"变"长红"发力数字经济、"湘府消费中心"，天心区力当"强省会"建设主力军	《三湘都市报》
4 月 27 日	大师家常菜	央视中文国际频道《美食中国》
4 月 29 日	实施"强省会"战略　|　长沙市天心区：以"四强"举措助力省会之强	"学习强国"学习平台
5 月 1 日	促新消费产业发展，天心十条支持举措来了！	人民网湖南频道
5 月 1 日	基层党建　|　"红领新开"开新花　市域社会治理现代化"天心模式"	"学习强国"学习平台
5 月 5 日	"五一"假期盘点·消费　老场地新场景：商场里看动物　空中看城市	央视新闻频道《朝闻天下》
5 月 9 日	分类处置科学施策　全力以赴重点攻坚，郑建新到天心区检查督导自建房安全专项整治工作	《长沙晚报》

（续表 31）

刊播时间	报道题目	媒体名称
5 月 12 日	保障重点项目建设，有序推进复工复产（采访湖南长沙天心区南托街道南鑫社区党委书记　宋明星）	央视综合频道《新闻联播》
5 月 14 日	长沙市天心区“全要素生态”打造“天心红”人才工程	新湖南
5 月 15 日	“风口”过后更稳健	《经济日报》
5 月 15 日	“天心红”人才工程“撬动”人才积聚效应	长沙电视台新闻频道《长沙新闻》
5 月 16 日	办事不跑空，难事我帮办，天心区政务服务“私人定制”暖人心	《长沙晚报》
5 月 16 日	长沙市天心区：办事不跑空，难事我帮办	“学习强国”学习平台
5 月 17 日	瞭望｜湖南长沙桥头社区“15 分钟服务圈”深入万家灯火	光明网
5 月 17 日	他的防护服下，有个让人心疼的秘密……	《人民政协报》
5 月 17 日	太平老街　历久弥新	《湖南日报》
5 月 19 日	拓展场景，扩大规模，探索新模式新业态，动力电池梯次利用产业加力破局（支持新能源汽车加快发展·废旧动力电池回收利用调查①）	《人民日报》
5 月 19 日	长沙市天心区：青春正当“燃”“优苗计划”激发年轻干部新担当新作为	“学习强国”学习平台
5 月 22 日	青春的力量｜天心区新开铺街道封控小区里的青年担当　“不知不觉，我们已经被年轻一代保护着了”	“学习强国”学习平台
5 月 24 日	湖南长沙　专场招聘会线上线下同步服务退役军人	央视国防军事频道《国防军事早报》
5 月 25 日	【自建房安全整治百日攻坚专项行动】长沙市天心区：重点整治十类违建，长效机制保平安	“学习强国”学习平台
5 月 27 日	经典好味道：这些菜你吃过吗？（报道火宫殿）	央视财经频道《消费主张》
5 月 29 日	拆除阳光房还业主公共空间（自建房安全整治“百日攻坚”专项行动）市城管局、天心区联合对华菱香墅美地综合楼楼顶违建进行拆除	《长沙晚报》
6 月 2 日	蓝天碧水，宜居家园——长沙市天心区深入打好污染防治攻坚战综述	《湖南日报》
6 月 4 日	【天心要闻】周志军主持召开天心区自建房安全整治工作调度会	《人民日报》人民号
6 月 4 日	暮坪湘江特大桥主桥全面进入水上施工阶段（实施强省会战略　推进高质量发展）10 个深水钢围堰承台全部完成浇筑，为安全度汛和按期完工打下坚实基础	《长沙晚报》
6 月 6 日	“烟火气”升腾　“夜经济”回暖（中央传媒报道长沙）——长沙假日消费市场见闻	《长沙晚报》
6 月 6 日	下沉一线多方协力，7 栋 D 级危房被拆除（自建房安全整治百日攻坚一线报道）天心区南托街道扎实高效推进自建房安全整治“百日攻坚”专项行动	《长沙晚报》
6 月 7 日	长沙天心区：自建房安全整治既守“尺度”又有“温度”	人民日报客户端
6 月 8 日	奔赴你的山川大海	《潇湘晨报》
6 月 9 日	理论　｜　以高质量新闻宣传助力长沙市天心区高质量发展	“学习强国”学习平台
6 月 10 日	大桥建设稳步推进	《工人日报》
6 月 15 日	让诚信看得见——长沙市天心区共建“诚信消费新高地”	《湖南日报》
6 月 15 日	长沙暮坪湘江特大桥，该项目预计 2024 年基本具备通车条件	《新华每日电讯》
6 月 19 日	中南数字产业园：撬动“数字湖南”算力新世界	《湖南日报》
6 月 21 日	廉润天心·史鉴①　｜　清风润泽天心阁，千年廉脉振翮起	“学习强国”学习平台
6 月 21 日	四有”校园让耀华更闪耀，长沙市耀华中学坚持“平民化、高质量”办学，　精心打造有底蕴、有良心、有温度、有活力“四有”好学校	《长沙晚报》

（续表 31）

刊播时间	报道题目	媒体名称
6 月 22 日	长沙市一中城南中学启航，为全日制公办中学，高中部今年秋季开学首期办学规模为 16 个班	《长沙晚报》
6 月 24 日	天心区：8 大优质项目获资金支持（实施强省会战略　推进高质量发展·冲刺二季度　实现双过半）	《长沙晚报》
6 月 25 日	奋力实施强省会战略 | 长沙市天心区：8 大优质项目获资金支持	“学习强国”学习平台
6 月 25 日	长沙多条路统一更名为天心大道	《潇湘晨报》
6 月 26 日	“托尼”大作战你见过羊驼剪毛吗	《潇湘晨报》
6 月 27 日	百年老街如今变身网红文艺街	《潇湘晨报》
6 月 27 日	天心大道　磅礴问世，落实“强省会”战略，南城又添门户大道	《长沙晚报》
6 月 28 日	长沙天心大道磅礴问世　南城又添门户大道	中新网湖南频道
6 月 29 日	减材料，办实事！天心区取消 336 个事项申请材料复印件	人民号
6 月 29 日	全国市辖区高质量发展百强榜发布，长沙六区全部跻身 50 强	《长沙晚报》
6 月 30 日	凝聚红色力量“强省会”　长沙市天心区选树一批勇担当　敢创新“好榜样”	人民网湖南频道
6 月 30 日	全国市辖区高质量发展百强名单发布　天心区入选 30 强	《人民日报》人民号
6 月 30 日	实施“十大行动”　聚焦“八个一批”　为全市稳住经济大盘贡献天心之力（稳经济　强省会·区县委书记同期声）	《长沙晚报》
7 月 1 日	闯出新路子　创出新办法　干出新作为，天心区以大党建聚力“强省会”	《长沙晚报》
7 月 1 日	吴新伟：实施“十大行动”　聚焦“八个一批”　为全市稳住经济大盘贡献天心之力	“学习强国”学习平台
7 月 2 日	融城教育核心，一中城南崛起——长沙市一中城南中学全面启航	《长沙晚报》
7 月 4 日	多地“夜经济”点亮城市生活，点燃消费潜力	《新华每日电讯》
7 月 4 日	权力晒在阳光下　清风吹进乡野间（清廉长沙）长沙深入推进“清廉村居”建设强化基层治理效能，为助力乡村振兴营造良好的党风政风民风	《长沙晚报》
7 月 8 日	丰碑——湖南建工集团 70 周年经典工程剪影	《湖南日报》
7 月 8 日	走读长沙老街镇⑧丨千年妙高峰，心灵归属地	《人民日报》人民号
7 月 11 日	湖南首台 AI 证件拍照机在长沙公安投入使用	《潇湘晨报》
7 月 14 日	十年坚守成就最美村医　天心区颜新艳获评全国网络感动人物	《人民日报》人民号
7 月 15 日	长沙市以“红色之家”为载体，加强外卖小哥、快递员、网络主播等群体党建——为新就业群体筑起温暖的“家”	《湖南日报》
7 月 16 日	廉润天心·史鉴② | 史海钩沉话贾谊　廉政为民树丰碑	“学习强国”学习平台
7 月 18 日	天心区召开居民自建房安全整治“百日攻坚”　专项行动现场交流会	新湖南
7 月 18 日	弦歌新声　芳华待灼——长沙华中医卫科技中等职业学校创新发展纪实	《湖南日报》
7 月 19 日	强省会·向未来　狠抓落实看天心	人民网湖南频道
7 月 19 日	天心区“百日攻坚”全面推进，5000 平方米 D 级危房正在拆除中	掌上长沙
7 月 19 日	在“不夜城”长沙找到创业新方向，让享受夜生活的人越夜越美丽、越来越自信　夜妆师：一面化妆镜投映长沙“夜”精彩（城市新面孔 7）	《长沙晚报》
7 月 20 日	“垂直解放西”绽放夜空，天心区多措并举促进新消费产业发展，位列全国夜经济影响力区县榜榜首	《长沙晚报》
7 月 24 日	芙蓉路上看融城丨非凡十年	人民号
7 月 24 日	西文庙坪里的长沙记忆	《潇湘晨报》
7 月 27 日	【特稿 161】“坡所”的日与夜	《工人日报》
7 月 27 日	以才兴产，天心成为人才圆梦之城	掌上长沙

（续表 31）

刊播时间	报道题目	媒体名称
7月28日	赛迪百强区名单出炉，湖南6城区上榜	《湖南日报》
7月28日	湖南长沙市天心区：建好“红色之家” 为新业态、新就业群体蓄力赋能	中国共产党新闻网
7月29日	百年光明——写在爱尔眼科医院集团成立二十周年之际	《湖南日报》
7月30日	不亦乐“虎”	《三湘都市报》
7月30日	天心经开区：打造省心、舒心、暖心的政务营商环境	新湖南
7月31日	长沙市天心区：网红“坡所”的日与夜	“学习强国”学习平台
8月2日	暑期潮玩 IN 长沙 | 沉浸式红色剧本杀火爆出圈，深受年轻人喜爱	“学习强国”学习平台
8月3日	一块新路牌 两方融城道（融合发展 创新引领·南部融城片区建设进行时）	《长沙晚报》
8月5日	高质高效办好民生实事 持续提升群众获得感幸福感安全感，郑建新调研为民办实事项目及民生事业工作	《长沙晚报》
8月6日	廉润天心·史鉴③ | 李富春：以松柏之姿书写忠贞廉洁故事	“学习强国”学习平台
8月7日	市井生活里，蕴含时代之光	《三湘都市报》
8月8日	智慧天心，体育添彩长株潭一体化	《长沙晚报》
8月11日	《中国城市夜经济影响力报告2021—2022》发布	新华网
8月11日	家庭教育促进法实施以来，家庭学校社会协同育人机制不断建立健全，依法促进家庭教育 守护儿童健康成长（法治头条）	《人民日报》
8月15日	处处是风景，十年来，旅游业成为湖南经济增长新引擎（报道长沙市黄兴南路步行商业街）	《潇湘晨报》
8月16日	长沙天心区：“天心蓝”“绿心绿”“湘江青”成南城底色	“学习强国”学习平台
8月20日	持续发力加力 长沙天心区专题调度居民自建房专项整治工作	《人民日报》人民号
8月27日	2022年二季度湖南好人榜发布，长沙6位身边好人上榜（天心区暮云街道居民王艳红获评孝老爱亲类“湖南好人”）	《长沙晚报》
8月27日	落实落细管控措施 筑牢反诈“防火墙” 文树勋率市人大常委会主任会议成员专题调研全市打击电信网络诈骗犯罪工作（调研组前往城南路街道办事处等地，详细了解打击电信网络诈骗犯罪等相关情况）	《长沙晚报》
8月29日	湖南长沙：打造“从书本到农田”的劳动课堂（报道长沙市桂花坪小学）	《光明日报》
8月30日	“沉浸式学习”+“温习式学习”：初中学习一定要专注、深入（作者：何小钰，系长沙市长郡中学2022级高一新生）	《光明日报》
8月30日	新校园 新学期（报道湖南省长沙市天心区青园南湖小学）	《光明日报》
9月4日	抬高城市文明创建坐标 争创全国文明典范城市“满天星乐学课堂”志愿服务入选中宣部“智惠行动”试点项目（采访天心区科普教育学会会长）	长沙电视台新闻频道《长沙新闻》
9月6日	“爱心天心·慈善同行”公益慈善大会举行 表彰善心义举	中新网湖南频道
9月7日	焕然一新，这些变化点亮新学年（湖南长沙市天心区青园南湖小学，学生在课上和老师互动）	《光明日报》
9月7日	全力推进全过程人民民主长沙实践，文树勋率队督查天心区贯彻落实中央人大工作会议精神工作情况	《长沙晚报》
9月8日	2022年天心区“满天星乐学课堂”志愿服务入选中宣部“智惠行动”试点项目	长沙电视台政法频道《政法报道》
9月8日	湖南大数据交易所文化大数据交易中心正式上线运营	人民网湖南频道
9月8日	吴桂英在与全市教师代表座谈交流时强调，坚定不移落实教育优先发展战略 在全社会营造尊师重教浓厚氛围（吴桂英在长郡中学调研）	《长沙晚报》
9月10日	长沙仰天湖桂花坪小学30位老师组团抱送脊髓损伤女孩上课	《潇湘晨报》
9月12日	赏月夜经济 湖南长沙：民俗与潮流交融 赏月夜经济持续升温（采访湖南长沙野肆月球创始人）	央视财经频道《第一时间》

（续表 31）

刊播时间	报道题目	媒体名称
9 月 13 日	湖南“夜经济”热度依旧 支个帐篷看月亮	新华网客户端
9 月 14 日	点亮夜间经济 激发消费活力	人民网
9 月 14 日	非凡十年谱华章 非凡十面看南城	人民网
9 月 14 日	进一步扩大内需，夜间经济是备受关注的发力点，点亮夜间经济 激发消费活力（深度观察）	《人民日报》
9 月 15 日	我们是你的腿（报道仰天湖桂花坪小学）	《三湘都市报》
9 月 16 日	激发创业活力 激励创新动力，2022 年全国“双创”活动周湖南分会场启动，毛伟明宣布启动并巡展（湖南分会场设在湖南省科学技术馆）	《湖南日报》
9 月 17 日	张庆伟在中航飞机起落架公司、中国电科四十八所调研时强调，抢抓机遇只争朝夕提升产业核心竞争力 为实现高水平科技自立自强作出新贡献	《湖南日报》
9 月 21 日	天心区先锋街道：十年跨越 勇当先锋	《湖南日报》
9 月 22 日	根据 2022 年版义务教育劳动课程标准要求，今年秋季学期起，劳动课正式成为中小学的一门独立课程——全新劳动课，到底怎么上	《湖南日报》
9 月 23 日	湖南打造“五张名片”建设世界旅游目的地——发挥资源优势 培育强劲动能（报道长沙五一路、解放西路、茶颜悦色，文和友等）	《经济日报》
9 月 25 日	长沙理工大学：跨越五年的“双向奔赴”	《光明日报》
9 月 26 日	“让世界看见长沙，让长沙走向世界”——长沙市政协围绕强文旅强省会开展重点调研小记（报道茶颜悦色、文和友）	《人民政协报》
9 月 28 日	天心区治理欠薪分类施策，今年来处理 43 起工程建设领域拖欠农民工工资事件	《湖南日报》
9 月 28 日	张庆伟在长沙简牍博物馆调研时强调，让更多文物和文化遗产活起来 推动我省文博事业高质量发展	《湖南日报》
9 月 29 日	形式多样 氛围浓厚 天心区开展第十三届“中国统计开放日”暨“政务公开主题日”系列活动	新湖南
10 月 1 日	探索“无证明园区”数据应用与场景开发，天心经开区 不用提供材料 就能申报成功	《湖南日报》
10 月 1 日	笑颜（长沙黄兴中路一女孩站在路边拍照，灯下的她笑得很开心）	《潇湘晨报》
10 月 2 日	绽放（长沙黄兴广场，一名女子给手中的奶茶拍照）	《潇湘晨报》
10 月 5 日	有所乐 有所养 有所为 各地尊老敬老重阳节活动丰富（报道湖南长沙市湘园养老社区）	《新华每日电讯》
10 月 7 日	天心区崛起“总部之都”30 余栋总部型楼宇投入运营，全区税收过亿元楼宇达 20 栋	《湖南日报》
10 月 8 日	绿心的退与进（奋力强省会 喜迎二十大）长株潭生态绿心地区 526 家工业企业全面整改退出后，探索生态优势转化为经济优势的有效途径，绿色产业导入等正在推进（报道中国电信天翼云中南数字产业园）	《长沙晚报》
10 月 9 日	《湖南日报》头版头条｜ 天心区崛起“总部之都” 30 余栋总部型楼宇投入运营，全区税收过亿元楼宇达 20 栋	《人民日报》人民号
10 月 9 日	投资 200 亿元打造长沙城南消费中心，新开铺片区城市更新项目签约	《湖南日报》
10 月 10 日	智慧天心崛起湘江东岸（奋进新征程 建功新时代·非凡十年）党的十八大以来，天心区综合实力迈上新台阶，全力建设全省数字经济发展新高地	《长沙晚报》
10 月 13 日	踔厉奋发谱华章，勇毅前行向未来——党的十九届七中全会公报在湖南广大党员干部群众中引发强烈反响（报道长沙市天心区法院党组书记、院长周丹）	《湖南日报》
10 月 15 日	深入学习宣传贯彻《条例》 推动网信事业高质量发展（作者系长沙市天心区委书记、区委网络安全与信息化委员会主任）	《湖南日报》
10 月 16 日	湘江中路、芙蓉南路、天心大道是串起长沙市天心区城市的主动脉，更见证着天心迈入“智慧天心 融城核心”的新征程——条条大路 熠熠生辉 从三条道路看天心十年之变	《湖南日报》

（续表 31）

刊播时间	报道题目	媒体名称
10 月 16 日	学条例　书记谈丨吴新伟：深入学习宣传贯彻《条例》　推动网信事业高质量发展	红网
10 月 16 日	长沙　骏马驰骋十春秋（报道天心暮云）	《湖南日报》
10 月 17 日	美好智慧生活　智慧商圈（报道五一商圈）	央视财经频道《消费主张》
10 月 17 日	再造一个新园区——长沙市天心经开区十年发展掠影	《湖南日报》
10 月 17 日	中南林业科技大学教授袁红梅代表：浇花浇根　育人育心	《光明日报》
10 月 18 日	大城之南　璀璨教育，天心区大力建设教育强区，把天心教育打造成金字招牌、靓丽名片	《长沙晚报》
10 月 18 日	团结引领广大青年在全面建设社会主义现代化国家的火热实践中贡献青春力量——党的二十大报告在广大团干部中引发强烈反响（报道团湖南省长沙市天心区委书记何汶蔚）	《中国青年报》
10 月 18 日	宜美桂花：城市社区治理的样板	《湖南日报》
10 月 18 日	逐梦融城——看天心区南托街道化茧成蝶之路	《湖南日报》
10 月 19 日	“首善街区”铸非凡　“三字”诠释新青园	《湖南日报》
10 月 19 日	坡子街　引进企业数质双提升　居民幸福指数喜攀高，天心区坡子街街道着力稳定街区经济，高质量发展迈上新台阶	《长沙晚报》
10 月 19 日	坡子街街道：半城繁华　半城烟火	《湖南日报》
10 月 19 日	深化“放管服”改革　“标杆”长沙持续发力——长沙市行政审批服务局踔厉奋发、创新实干，推动行政效能不断提速（长沙市天心区 71 家企业收到第一笔“免申即享”惠企政策资金共 169 万元）	《湖南日报》
10 月 20 日	天心区要“起飞”，就看湘江大道南延线	今日头条
10 月 22 日	奋力书写“兴税融城”精彩篇章——天心税收事业十年回眸	《湖南日报》
10 月 26 日	残疾人的向往不断变为现实——天心区残联五年工作综述	《湖南日报》
10 月 28 日	一个平台六大功能！长沙市天心区创新智慧养老服务新模式	“学习强国”学习平台
10 月 31 日	天心区 69 个重大项目集中竣工，总投资约 92.7 亿元	《长沙晚报》
10 月 31 日	万吨钢梁上演“乾坤大挪移”暮坪湘江特大桥首跨钢槽梁顶推顺利完成	《长沙晚报》
11 月 1 日	风生水起不夜城——写在第三届中国城市夜间经济发展峰会长沙开幕之际（报道文和友、茶颜悦色、太平街解放西路）	《湖南日报》
11 月 1 日	新消费风口下我们应该做些什么，长沙新消费研究院正式成立，设立专项新消费产业基金（报道天心区人民政府）	《潇湘晨报》
11 月 1 日	新消费品牌如何从“网红”到“长红”2022 中国（长沙）新消费城市峰会开幕，成立长沙新消费研究院（会上，长沙市商务局与天心区人民政府共同发起成立了长沙新消费研究院）	《湖南日报》
11 月 1 日	长沙天心区 69 个重大项目集中竣工　总投资约 92.7 亿元	中新网湖南频道
11 月 1 日	长沙新消费研究院授牌　构筑新消费高地	中新网湖南频道
11 月 2 日	借名购房（报道长沙市天心区人民法院）	央视综合频道《今日说法》
11 月 2 日	一键直达“幸福家”——长沙市天心区持续推进既有多层住宅增设电梯工作	《湖南日报》
11 月 2 日	中国（长沙）新消费城市峰会启幕	新华网
11 月 3 日	凝聚党群“在一起”强大合力——长沙市天心区推进小区党群服务中心建设全覆盖	《湖南日报》
11 月 4 日	向着“国内一流国有资本运营平台”挺进——写在湖南兴湘集团第二次党代会召开之际	《湖南日报》
11 月 5 日	“校园农场”体验丰收农忙（报道湖南省长沙市天心区明德启南中学）	《农民日报》

（续表 31）

刊播时间	报道题目	媒体名称
11 月 5 日	领会精神实质　深化试点路径，天心区深入学习党的二十大精神，推进市域社会治理	《湖南日报》
11 月 6 日	天心区：“e 线天心红”凝聚“e 企蓝”	潇湘晨报网
11 月 6 日	长沙唯一！这所小学授牌为“全国围棋特色学校”	掌上长沙
11 月 8 日	打篮球、做公益，他戴着假肢重新“奔跑”他用自身经历帮助上千残疾人重获信心，汤俊杰：“只要不放弃，一切皆有可能”	《三湘都市报》
11 月 8 日	长沙天心强化信访矛盾源头治理	《法治日报》
11 月 9 日	为平安“加码”长沙公安“百日行动”全面强化社会面治安防控（报道长沙黄兴步行街）	《法治日报》
11 月 9 日	长沙天心“四转变”提升信访工作质效	《法治日报》
11 月 10 日	“校园农场”体验丰收农忙（报道湖南省长沙市天心区的明德启南中学）	《人民日报（海外版）》
11 月 10 日	踔厉奋发启新程　乡村振兴绘新篇——中央宣讲团在长沙市莲华村宣讲党的二十大精神侧记	《湖南日报》
11 月 10 日	张庆伟在长沙市莲华村宣讲党的二十大精神时强调，推动党的二十大精神在广大农村落地生根　在乡村振兴的火热实践中书写忠诚与担当	《湖南日报》
11 月 12 日	“双十一”我们结婚了（报道长沙市天心区民政局婚姻登记处）	《潇湘晨报》
11 月 12 日	家门口的专科门诊！长沙市天心区发挥人才第一资源作用　柔性引进三甲医院专家团队进社区	新湖南
11 月 14 日	“家常话”诠释“大道理”——长沙市天心区基层党员群众学习党的二十大精神直击	《湖南日报》
11 月 16 日	天心区委书记吴新伟在天心经开区宣讲：把党的二十大精神转化为推进园区高质量发展的生动实践	红网
11 月 16 日	长沙市天心区：全力打造营商环境“首善之区”	中新网湖南频道
11 月 17 日	36 个高频人才事项“一次办”！长沙市天心区开设“一站式”人才服务平台	华声在线
11 月 17 日	奋力天心红　e 线书记谈（一）	人民号
11 月 18 日	天心区非公有制经济人士暨“天心红”高层次人才培训班顺利开班	今日头条
11 月 18 日	下硬功夫打造政务服务“新样板”　以高效能提升群众满意度	红网
11 月 21 日	“2022 长株潭新消费经济文化创意产业人才训练营”在天心区正式开营	中国产业经济信息网
11 月 22 日	各地采取多种举措全方位促进残疾人事业发展，托底线　助成长　促增收（健全社会保障体系③）（报道湖南省长沙市天心区新开铺街道桥头社区居民李攀）	《人民日报》
11 月 24 日	天心区人才“安居计划”让“新市民”租房不愁	《湖南日报》
11 月 27 日	中国网红城市指数正式发布　康巴什区上榜	中国经济新闻网
12 月 2 日	全省榜首！天心区赛迪投资竞争力百强区（2022）再跃升 3 位	新华社客户端
12 月 3 日	踔厉奋发启新程　凝心聚力谋发展　在全面推进中国式现代化进程中贡献天心力量（新时代新征程新伟业·学习贯彻党的二十大精神）天心区委理论学习中心组	《长沙晚报》
12 月 3 日	建首善之区，赢天心精彩（营商就是赢未来·长沙优化营商环境系列报道 9）——解密投资竞争力百强区金字招牌背后的天心密码	《长沙晚报》
12 月 3 日	天心区荣登投资竞争力全省榜首	《潇湘晨报》
12 月 4 日	建首善之区，赢天心精彩	新华社客户端
12 月 8 日	激发思想共鸣　汇聚精神力量——学习贯彻党的二十大精神中央宣讲团宣讲活动综述（报道湖南省长沙市天心区暮云街道莲华村）	《新华每日电讯》《光明日报》

（续表 31）

刊播时间	报道题目	媒体名称
12 月 9 日	“飞燕展翅”跃湘江（新时代新征程新伟业·学习贯彻党的二十大精神）暮坪湘江特大桥已完成主桥所有桥墩、盖梁施工，即将进入上部结构施工阶段	《长沙晚报》
12 月 16 日	“网红东瓜山”升级民生幸福高地，天心区裕南街街道提质东瓜山片区，打造宜居宜业宜游城市宝地	《长沙晚报》
12 月 16 日	长沙市天心区：光学仪器独角兽回家乡	新华社客户端
12 月 18 日	小网格大服务， 筑牢基层治理桥头堡，天心区加强基层社会治理创新，推进市域社会治理现代化	《长沙晚报》
12 月 21 日	视频 | 长沙树⑥ | 天心阁梧桐树	“学习强国”学习平台
12 月 22 日	展示乡村文化，助力乡村振兴，村里的直播间，有看头！（花鼓小调《火宫殿》，推介长沙热门“打卡地”火宫殿和地道美食小吃）	《人民日报》
12 月 23 日	天心区 将书香送到村民家门口，计划到 2024 年底实现全区 12 个行政村乡村图书分馆全覆盖	《湖南日报》
12 月 25 日	提前完成年度建设目标，构建服务于长株潭一体化的国际大数据产业科创中心，天心数谷一期明年年中投入使用	《长沙晚报》
12 月 25 日	长株潭三市锚定新目标 都市圈建设开启新征程	掌上长沙
12 月 30 日	“智慧天心 融城核心”发展加速度	人民号
12 月 30 日	共享药箱——长沙市天心区文源街道天鸿社区的“红色之家”	《三湘都市报》
12 月 30 日	全国第 29 位！天心区上榜“赛迪幸福百强区”	《人民日报》人民号
12 月 30 日	展示乡村文化，助力乡村振兴，村里的直播间有看头（网上中国）（湖南省长沙市花鼓戏保护传承中心 95 后花鼓戏演员陈雨晴在短视频平台上传了一曲花鼓小调《火宫殿》）	《人民日报（海外版）》
12 月 31 日	“国际物流第一股”华光源海上市 长沙天心区迎来首家北交所上市企业	“学习强国”学习平台

（资料来源：区委宣传部）

索 引

说 明

一、本索引采用主题词分析法编制，设主题词索引、表格索引和人名索引。主题词和人名索引按汉语拼音字母顺序排列。

二、专文、大事记、荣誉榜、重要文献、附录等类目及概况条目不列入索引；分目作索引词的用黑体字体标明。

三、索引主题词后的数字表示页码。

主题词索引

1—9

A

B

C

D

E

F

G

H

J

K

L

M

R

S

T

表格索引

人名索引

W

X

Y

Z